마이클 포터의
경쟁우위

탁월한 성과를 내는 기업의 비밀

마이클 포터의
경쟁우위

COMPETITIVE ADVANTAGE

• 마이클 포터 지음 | 범어디자인연구소 옮김 •

비즈니스랩

차례

개정판을 내며—탁월한 성과를 내는 기업의 비밀 • 009
머리말—경쟁우위를 창조하고 지속하는 법 • 017

1장 **경쟁전략의 본질** • 023

산업의 구조적 분석 • 본원적 경쟁전략 • 이 책의 핵심 내용

1부
경쟁우위의 원리

2장 **가치사슬과 경쟁우위** • 069

가치사슬 • 경쟁 범위와 가치사슬 • 가치사슬과 조직구조

3장 **원가 우위** • 107

가치사슬과 원가분석 • 원가 행동 • 원가 우위 • 전략적 원가분석의 단계

4장 **차별화** • 188

차별화의 원천 • 차별화 비용 • 구매자 가치와 차별화 • 차별화 전략 • 차별화의 단계

5장 | 기술과 경쟁우위 •253

기술과 경쟁 • 기술 전략 • 기술의 진화 • 기술 전략의 형성

6장 | 경쟁사의 선택 •307

경쟁사의 존재에 따른 전략적 이익 • 무엇이 '유익한' 경쟁사를 만드는가? • 경쟁사의 행동유형에 미치는 영향 • 최적의 시장환경 구성 • 경쟁사 선택의 함정

2부
산업 내의 경쟁 범위

7장 | 산업 세분화와 경쟁우위 •353

산업 세분화의 기초 • 산업 세분화 매트리스 • 산업 세분화와 경쟁전략 • 산업 세분화와 산업의 정의

8장 | 대 체 •416

대체재 인지 • 대체의 경제원리 • 대체위협의 변화 • 대체채널 • 대체와 경쟁전략

3부
기업 전략과 경쟁우위

9장 | 사업단위 간의 상호관련성 •479

증가하는 수평적 전략의 중요성 • 사업단위 간의 상호관련성 • 유형의 상호관련성 • 무형의 상호관련성 • 경쟁자의 상호관련성

10장 | 수평적 전략 •540

수평적 전략의 명확화의 필요성 • 다각화 전략과 상호관련성 • 수평적 전략의 함정

11장 | 상호관련성의 획득 •567

상호관련성 획득의 장애 요인 • 상호관련성의 획득을 위한 조직적 장치 • 수평적 조직의 관리

12장 | 보완재와 경쟁우위 •616

보완재에 대한 통제 • 일괄판매 전략 • 교차보조판매 전략 • 보완재와 경쟁전략

4부
공격적 경쟁전략과 방어적 경쟁전략을 위한 시사점

13장 | 불확실성 하의 산업 시나리오와 경쟁전략 • 659

산업 시나리오의 구성 • 산업 시나리오와 경쟁전략 • 시나리오의 계획 수립과정

14장 | 방어전략 • 712

신규 진입 또는 지위 재조정의 과정 • 방어 전술 • 방어 전술의 평가 • 방어전략

15장 | 선도기업에 대한 공격의 조건 • 758

선도기업에 대한 공격의 조건 • 선도기업을 공격하는 방법 • 선도기업의 보복을 방해하는 요인 • 선도기업의 취약성을 나타내는 신호 • 산업구조와 선도기업에 대한 공격

주석 • 797
참고문헌 • 822

개정판을 내며
탁월한 성과를 내는
기업의 비밀

이 책은 1980년 발간된 『경쟁전략』(국내에서는 "마이클 포터의 경쟁전략"이란 제목으로 프로제 출판사에서 출간됨)의 후속편이자 완결편으로 1985년에 첫 출간되었다. 전작이 거시적인 산업구조를 조망하며 기업의 경영전략을 재정의했다면, 이 책은 개별 기업이 경쟁우위를 획득하는 실천적 방안이 무엇인지를 밝히는 데 중점을 두었다. 특히 개별 기업이 경쟁우위를 확보할 수 있는 기반을 구축하는 방법과 그렇게 확보한 경쟁우위를 지속가능하게 하는 구체적 요소들을 제시하여 기업의 영속성을 이론화하기 위해 노력했다.

이 책의 핵심 키워드이자 개별 기업 설명에 기초가 되는 것은 '활동기반이론(activity-based theoty)'이다. 어느 산업 분야든 기업의 활동 영역은 마케팅이나 R&D 등의 광범위한 기능적 단위부터 발주나 패키징 등의 단순 업무까지 범위가 매우 넓으면서도 독립적이며 세분화되어있다. 그리고 이러한 '활동'은 모두 기업의 비용과 상품(또는 서비스) 전반에 녹아들어 가치의 원천이 된다. 나는 이렇게 여러 활동이 녹아든 가치를 경쟁우위의 기본 구성단위로 보았다.[1]

여기서 다루는 또 하나의 핵심 개념은 '가치사슬(value chain)'이다. 가치사슬은 기업 활동에서 가치가 생성되는 모든 과정을 분석하는 구조적 틀인데, 기업이 지불한 비용보다 가치가 더 높다면 이윤이 생긴다. 따라서 어떤 제품이나 서비스를 위해 구매자가 지불할 비용과 그 선택을 받기 위한 기업의 비용의 차이가 이윤의 폭을 결정한다고 볼 수 있다. 구매자들이 더 높은 가격을 지불하는 가치의 원천은 무엇인지, 왜 어떤 제품이나 서비스는 금세 매력을 잃는지 등을 이해하는 데 가치사슬은 정밀한 분석 틀을 마련해 준다. 마지막으로 '전략'은 기업 내부에서 형성된 일련의 활동들로 해당 기업을 경쟁사들과 구분 짓는 기준이 될 수 있다.

기업을 활동기반 관점에서 보게 되면 여러 사업단위에 걸쳐 전략을 적용할 때에도 매우 유용하다. 이 책에서는 서로 보완적(complementary)인 제품이나 서비스를 대상으로 업계 내부의 경쟁과 경쟁우위에 관해서 살펴보고 있다.[2] 또 활동기반 관점은 사업의 다각화에 따르는 경쟁적 장단점을 알아보는 기초적인 도구로서도 효과적이다. 경쟁에서 승리함으로써 기업 가치를 높이는 능력은, 정반대 방식인 사업 간 협력 활동이나, 한 사업에서의 독점적인 기술을 다른 사업으로 이전해주는 활동 등을 통해 분석할 수 있다. 이런 분석을 통해 '시너지'라는 모호한 개념을 구체적이고 명확하게 이해할 수 있게 된다. 뿐만 아니라 이 책은 사업 간의 협업 과정에서 발생할 수 있는 조직구조상의 문제들에 대해서도 다루고 있다.[3] 특히 이 부분은 상대적 가치를 평가해야 하는 인수 합병의 물결과 함께 그 중요성이 다시금 부각되고 있다.

마지막으로, 활동을 기준으로 기업을 보는 관점은 국제전략, 더 일반적으로는 여러 지역에 걸친 경쟁전략을 한꺼번에 검토할 때도 강력한 틀을 제공한다. 국제 경쟁 국면에서의 기업은 그들의 활동을 최대한 넓고, 다양한 지역으로 확장시키며(여기에는 이를 '구성(configuration)'으로 정의하였다.) 동시에, 글로벌 네트워크를 통해 각 지역의 활동들을 서로 조정하여 잠재적인 경쟁우위를 얻으려고 노력한다. 『경쟁우위』에서도 이 국제 운영 부분을 언급하고 싶었지만, 워낙 방대하고 복잡한 내용을 담고 있어, 아쉽게도 다른 책에서 별도로 다루었다.[4] 국제 운영과 관련된 생각들은 경쟁우위에 있어서 지역 그 자체가 주는 영향에 대한 논의로 자연스럽게 이어졌다. 이 논의는 3부작 중 마지막 저서인 『국가 경쟁우위(The Competitive Advantage of Nations)』에서 확인할 수 있다.[5]

이 책이 출간된 지 오랜 시간이 흐른 지금, 나는 이 책에서 다룬 핵심적인 개념들이 널리 활용되고 있음에 말로 다 할 수 없는 보람과 큰 기쁨을 느낀다. '경쟁우위'나 '지속가능한 경쟁우위'와 같은 용어 또한 이제 더이상 새롭지 않다. '활동' 개념도 이제 경쟁과 전략 차원을 넘어 서비스 관리나 IT의 역할 설정 등과 같은 좀더 기능적인 면을 개발하는 데까지 활발히 쓰이고 있다. 활동기반 원가계산(activity-based coasting)은 전략적인 도구로서는 아직 개선이 필요해 보이지만, 관리회계 분야에서는 이미 새로운 기준으로 자리 잡아가고 있다.

돌이켜보면, 이 책은 집필 기간 동안에도 학자로서의 큰 만족감을 안겨주었다. 『경쟁전략』이 산업경제학(industrial economics)의 유구한 전통 위에서 풍부한 자료를 바탕으로 쓰인 반면, 이 책은 경제학과 경영학 분야 모두에서 딱히 선행된 저술이 없었다. 따라서 의문을 해결하는 과정에서 스스로 도출한 사례들과 깨달음이 대부분의 소재가 되었다. 어떻게 하면 기업의 핵심적인 차이점을 이론화할 수 있을까? 어떻게 하면 비용과 차별화에 직접 영향을 미치는 경쟁우위의 요소를 분석할 수 있을까? 그리고 그 방법이 너무 복잡하지 않으면서도 체계적일 수 없을까? 나는 '활동'이 이러한 질문들에 대한 해답을 내놓는 데 결정적인 역할을 한다고 확신했다. 그리고 집필 과정에서 그 확신은 훨씬 더 강력해졌다.

이유는 간단하다. 이 책은 단순히 경쟁우위를 정의하고 특징을 밝혀내는 것에 그치는 내용이 아니기 때문이다. 기존 연구들은 경쟁우위를 기업의 전체적인 규모나 시장점유율 수준에서만 산출하여 파악했다. 하지만 이러한 일차원적 접근은 다음과 같은 명백한 오류를 범할 수 있다. 첫째, 어떤 사업 분야는 비용 및 차별화 정도가 기업의 규모와 시장점유율에 훨씬 민감하게 작용한다. 둘째, 그럼에도 상대적 규모가 작은 기업들이 더 큰 규모의 기업들보다 높은 효율로 성과를 내곤 한다. 마지막으로, 규모가 크고 점유율이 높은 정도가 성과와 비례 관계에 있는 경우에도, 그것들은 대부분 경쟁우위의 '결과'로서 나온 것이지 경쟁우위의 '원인'은 아니다.

경쟁우위를 설명하기 위한 다른 시도들은(예를 들면 '강점과 약점', '핵심 성공 요소' 혹은 '차별화된 능력의 파악'과 같이) 기업의 다양한 측면을 인지하면서도, 경쟁우위의 원천을 체계적이고 정확하게 설명하지는 못한다. 그렇기에 이러한 시도들로 경쟁우위를 기업의 이윤과 연결시키는 것은 더욱 요원한 일이다. 이 책은 경쟁우위가 여러 가지 원인으로부터 비롯될 수 있다는 것을 전제로, 모든 경쟁우위가 어떻게 특정 행동과 연결되는지 그 행동들 또한 서로 어떻게 영향을 미치는지, 공급자 혹은 구매자의 행동과는 어떻게 관계를 맺는지 보여준다.

이 책은 각각의 행동 이면의 경쟁우위를 촉발하는 원인에도 초점을 맞추었다. 기업들의 행동이 어떻게 비용 절감에 기여하는지, 어떤 방식으로 고객 가치를 창출하는지를 보여준다. 결국 가장 확고한 경쟁우위란, 대단한 전략 몇 개가 아니라, 기존의 무수한 활동들이 누적되어 확보된다는 점을 강조하고 싶다. 일부 행동에서 비롯된 경쟁우위는 분석 시간도 짧을 뿐더러 동시에 다른 기업이 베끼기도 쉽다.

정리해보면, 활동기반의 관점과 가치사슬은 기업을 유기적인 시스템으로 파악할 수 있게 해 주며 각각의 요소들은 내부적으로 일관성을 지녀야 한다. 더 넓은 관점에서 바라본다면, 이 책은 기업에 현실적인 전략 지침을 마련해주고, 그렇게 확보된 경쟁우위를 지속 가능하게 만들어 줄 것이다. 활동은 기업이 실제 수행한 결과물이기 때문에, 관찰 가능하며, 실체가 있고 따라서 관리할 수 있다. 전략은 더이상 추상적이고 막연한 비전이 아니라, 경쟁상대를 넘어서기 위해 특정 활동들을 조직하고 구성하여 선택하는 작업이다. 예를 들어 최저가 전략을 취하느냐, 차별화 전략을 취하느냐에 따라 수행해야 하는 활동의 집합이 달라질 것이다.

활동은 '전략'과 '실행' 사이를 이어주는 교각 역할을 한다. 전략을 기업의 대략적인 포지셔닝을 위한 것으로 보았던 과거에는 전략과 구조를 명확하게 구분하는 것이 의미있고 또 유용했다. '무엇을'과 '어떻게'는 상대적으로 별개의 것이었다. 하지만 기업이 수많은 개별적인 활동들의 집합으로 이루어진다는 점을 인식하고 나면, 기존에 명확하게 구분지었던 전략, 전술 그리고 기업 구조 간의 경계가 허물어진다. 따라서 전략은 선택된 일련의 고객들에게 그들이 원하는 가치를 전달하기 위해 수행해야 하는 특정한 행동들로 다시 정의할 수 있다. 각각의 활동을 어떻게 조직하고 배열하느냐는 그 활동이 실제로 수행되는 방식, 즉 가용 가능한 인적·물적 자원과 구조적 배치에 따라 구체화된다. 어떤 기업이 지닌 능력은 비용과 고객 가치에서 멀리 떨어져 있는 어떤 추상적인 것이 아니라, 기업이 수행하는 특정한 활동들의 실질적 결과물로 드러나게 되는 것이다.

훈련이나 보상, 전체적인 의사 결정 시스템에 이르기까지 보통 기업의 구조적 부분이라고 여겼던 기능들 또한 '활동'의 일부로 봐야 한다. 나는 이를 제품이나 서비스와 관련된 생산, 유통, 마케팅 등 직접 관련된 활동과 구별하기 위해 '지원 활동'이라고 부른다. 지원 활동은 그 자체로 경쟁우위의 원천이 될 수 있다. 특정한 방법으로 경쟁하기 위해 활동을 조직하고 배열하는 과정에서, 기업이 직원이나 다른 기업과 맺는 계약 관계가 얼마나 공정하고 적절한가를 측정할 수 있다. 활동은 조직의 영역을 적절히 나누는 데에도 기준이 될 수 있다.

이처럼 활동은 전략을 제대로 실행하게 해 준다. 다시 말해, 기업을 활동의 집합체로 보는 관점은 기업의 모든 구성원이 전략의 일부 그 자체임을 명징하게 드러낸다. 또한 구성원 각자가 수행하는 활동의 근거가 무엇인지, 그리고 그것이 다른 구성원의 활동과 어떻게 연결되는지를 분명히 하기 위해서라도 최대한 많은 직원들이 전략을 이해해야 한다는 것을 알게 해 준다.

『경쟁우위』에서 제시하는 개념들은 『경쟁전략』보다 실제로 적용하기가 더 까다로울지도 모른다. 이들을 실제 현장에 적용하려면 해당 기업이 수행하는 모든 일에 대한 인지뿐 아니라 깊은 이해와 짜임새 있는 분석이 수반되어야 하기 때문이다. 최대한 간결한 방법을 찾으려는 대부분의 경영자들에게는 기업활동을 세부적으로 분석해야 한다는 것은 부담스러운 작업이며 앞으로도 쉽지 않을 것이다. 그러한 이유로 가치사슬이 실제로 적용되고 있는 사례를 찾는 것은 현실적으로 어렵다. 기업은 짤막한 몇 개의 예로 설명되지 않으며, 손쉬운 예측의 대상도 아니다. 게다가 깊은 이해를 위해서는 은밀한 정보들이 뒷받침되어야 하기에, 대상 기업을 찾는 것 또한 쉽지 않다. 그래서 성공한 대부분의 기업들은 활동의 세부 분석 결과를 기업 내부에서만 공유하고 있다. 이는 기업의 경쟁우위를 지속 가능하게 만드는 배경이 된다. 『경쟁우위』가 처음 출간된 지 오랜 시간이 흐른 지금도 책에서 제시한 개념들은 여전히 활발히 논의되고 있다. 다만 기존의 경쟁과 전략 부문에서 기업 운영에 외부 요인(산업구조와 위치)과 내부 요인(핵심 역량, 필수 자원)의 이분법을 적용하려는 경향이 강했다면, 지금은 내부 요인이 더 중요하다는 쪽으로 기울고 있는 듯하다. 그러나 외부든 내부든 두 요인을 별개로 취급하는 것은 빗나간 논리이며, 잘못된 이분법을 적용할 가능성이 크다. 이렇게 되면 어떤 제품이 시장에서 차지하고 있는 경쟁적 위치와 그 제품에 내재된 내부 기술, 명성, 조직의 능력 등을 분리해서 평가하기 쉽다. 하지만 실제 기업의 활동은 양쪽 모두와 밀접하게 연관되어 있다. 기업은 활동의 집합체인가, 아니면 여러 자원과 능력을 하나로 모은 것인가?

  기업이 실제로 수행하는 것은 '활동'이고, 기업이 어떤 활동을 하느냐에 따라서 어떤 자원과 능력이 정말 필요한 것인지 결정할 수 있다. 기업활동은 생산 요소 시장과 시장에서 제품이 차지하는 위치 사이를 연결하는 역할을 한다. 활동은 관찰 가능하고 운영 가능하며 비용과 차별화에 직접적으로 연결되어 있다.

어떤 전략에서는 매우 중요한 자원이나 역량이라 할지라도 다른 전략에서는 하찮아질 수 있다. 만약 자원과 조직의 역량을 활동, 전략, 산업으로 따로 떼어 생각한다면 그 기업은 우물 안 개구리처럼 내부적인 문제에만 집중하게 될 것이다. 물론 기업의 자산에 대해 상세하게 따져보는 것은 그 자체로 의미가 있으나, 절대로 별개의 작업이 되어서는 안 될 것이다.

이 책은 전략을 설명하고 검토할 수 있는 틀을 제공한다. 또한 전략을 기업 행위(behavior)와 연결시켜 경쟁우위의 원천을 이해할 수 있게 돕는다. 또한 관련 분야를 더욱더 깊이 파고들기 위한 기반을 제공한다. 되돌아보면, 이 책을 집필하면서 이 연구와 관련된 새로운 단계의 질문들이 무수히 떠올랐다. 경쟁 결과를 다르게 만드는 활동의 차이는 왜 발생하는가? 그 위치상의 변화는 언제 일어나는가? 활동을 모방하기 어렵게 만드는 것은 무엇인가? 각각의 활동들이 어떻게 맞물려 돌아가는가? 측정 위치가 가지는 독특한 위상은 시간이 지남에 따라 어떻게 발달했는가?[6]

한 가지는 확실하다. 한 기업이 다른 기업보다 뛰어난 성과를 거두는 이유는 분명히 존재하며, 이에 대해 배울 점이 아직 많이 남아 있다는 것이다. 기업이 독특한 전략을 개발하고, 실행하며 환경의 변화에 맞춰 수정해나가는 모든 과정은 아무리 돌이켜봐도 지나치지 않다. 이에 대한 해답은 결코 간단하지 않을 것이며 좋은 답을 찾기 위해서는 통합적 사고가 반드시 뒷받침되어야 할 것이다.

매사추세츠, 브루클린에서
마이클 포터

머리말
경쟁우위를 창조하고 지속하는 법

시장에서 경쟁이 없어지지 않는 한, 경쟁우위는 기업의 성패를 좌우하는 핵심이다. 그러나 지난 수십 년에 걸쳐 높은 성장을 이룩하여 이익을 취해 온 많은 기업들은 그들의 경쟁우위가 사라져가는 것을 목격하고 있다. 변함없는 노력과 다양한 다각화 시도에도 불구하고 말이다. 오늘날 기업들의 경쟁자는 전체 시장의 점유율을 1%라도 더 늘리려는 저성장 시절의 국내외 기업이 아니다. 그들이 치열하게 생존 싸움을 벌이는 상대는 아예 전체 시장을 독식하려는 거대 경쟁자들이다. 이런 기업환경에서 경쟁우위의 중요성은 아무리 강조해도 지나치지 않을 정도로 높아져 가고 있다.

이 책은 기업이 어떻게 경쟁우위를 창조하고 유지시켜 나아갈 수 있는지에 관한 연구의 결과물이다. 그리고 지난 수십 년간 쌓인 다양한 실제 경쟁전략들은 이 연구를 더욱 풍부하게 해주었다. 이 책은 많은 기업의 전략이 왜 실패했는지를 간단하게 설명한다. 그들은 광범위한 경쟁전략을 세웠고, 실행단계까지 끌고가지 못했으며 그 결과 경쟁우위 확보에 실패했다. 여기 나오는 개념들은 전략을 형성하는 방법과 그것을 실행하는 방법을 연결하고 있다. 이런 이유로 일반적인 경영전략 서적과는 달리, 전략의 형성 과정과 실행 과정을 따로 구분 짓지 않았음을 밝혀둔다.

앞서 출간된 『경쟁전략』에서 산업과 경쟁자를 분석하기 위한 이론적 틀로 세 가지 본원적 전략인 '원가 우위', '차별화', '집중화'를 소개한 바 있다. 이 책에서는 앞서 소개한 세 가지 전략을 실행으로 옮기는 구체적인 방법에 대해 기술한다. 즉 기업이 원가 우위 전략, 경쟁자와의 차별화 전략 그리고 세부 산업에 대한 집중화 전략을 어떻게 사용하는지, 한 기업이 경쟁우위를 확보하기 위해 관련 산업과의 전략을 언제, 어떻게 조정하는지, 또한 불확실한 시장 상황을 전략적으로 이용해서 경쟁적 지위를 어떤 식으로 방어하는지에 관하여 언급할 것이다. 경쟁우위는 근본적으로 한 기업이 그 기업의 제품이나 서비스를 구매하는 대상을 위해 창출해내는 가치로부터 발생한다. 다시 말해 동등한 가치를 ①경쟁자보다 낮은 가격으로 제공하거나, ② 상대적으로 비싸더라도 그 기업 제품에서밖에 얻을 수 없는 가치라고 느끼게 해주면 경쟁우위를 확보할 수 있다. 이 책은 가치사슬이라는 도구를 활용해서 기업, 공급자, 구매자를 각각 분리하여 그들 간의 상호관련성 속에서 가치가 창출되는 메커니즘을 분석한다. 가치사슬은 이 책에서 꾸준히 언급하는 개념인데, 이를 이용하여 경쟁우위의 근원들을 파악하고 그것이 구매자의 가치와 어떻게 연결되어 있는지를 설명할 수 있다.

경쟁우위는 더이상 낯설지 않으며, 이미 예전부터 경영학 분야의 많은 연구에서 직간접적으로 다루어져 온 개념이다. 원가 관리나 차별화 또는 시장세분화는 오래전부터 경영학의 주된 관심사였다. 이 책에서는 기업의 경쟁우위를 설명하기 위해 부분적으로 마케팅, 생산, 관리, 재무 및 기업의 많은 다른 활동들을 이용하는데, 이 또한 경영 정책과 산업경제학에서 경쟁우위를 설명하기 위해 전통적으로 이용되어 온 방법이다. 그러나 경쟁우위를 제대로 분석하기 위해서는 한 기업의 모든 요소들을 총체적으로 고려해야 하며, 특정 분야만을 설명한다든지 또는 각 기능 분야와의 연관성을 고려하지 않고 뭉뚱그려 하나의 관점으로만 접근하려 해서도 안 된다. 한 가지 짚어두고 싶은 점은, 경쟁우위의 근원을 폭넓게 분석하는 새로운 시각을 제공하려는 이 시도가 결코 기존 연구의 완전한 대체를 목표로 하는 것은 아니라는 점이다. 또한 기존 연구에서 영향을 받은 개념들을 활용하였지만, 모든 사항을 일일이 언급하지는 않았다는 점 또한 밝히고 싶다.

이 책은 기업의 전략을 담당하는 실무 담당자들이 읽고 현장에서 활용할 수 있기를 바라며 쓰였다. 이들이야말로 경쟁우위를 어떻게 획득하는지, 어떻게 하면 회사에 대한 이해도를 높여 성과를 얻을 수 있는지를 결정해야 하는 위치에 있기 때문이다. 경쟁우위의 잠재적인 원천은 회사의 모든 영역에 존재하므로 전략 부서 근무자들은 회사의 모든 부서, 공장, 지점 그리고 기타 조직단위의 역할에 대한 적확한 이해와 정의가 바로 잡혀있어야 한다. 나아가 전략 분야에 몸담고 있지 않더라도 모든 직원은 그들의 역할 또한 경쟁우위를 획득하고 지속시킬 수 있다는 사실을 인식하고 있어야만 한다. 한편 전략보다는 경쟁에 관한 연구를 하고 있는 학자들 중에서도 경쟁우위의 개념을 필요로 하는 경우도 있을 것이다. 어떠한 경우든 이 책을 집어 든 독자라면 자신의 위치에 맞는 실제적 도움을 얻어갈 수 있기를 바란다.

 이 책을 쓰는 동안 수없이 많은 사람들과 단체의 도움을 받았다. 우선 하버드경영대학원은 경쟁우위라는 주제를 연구할 수 있는 훌륭한 환경과 특유의 풍부한 자원을 제공해주었다. 나는 학술적 이론과 현장 실무가 밀착된 하버드 특유의 학문 전통에 많은 영향을 받았고, 이를 든든한 자양분으로 활용할 수 있었다. 격려와 응원만이 아니라 연구하는 동안 하버드대학원에서 강의를 병행할 수 있게 도와준 존 맥아더에게 이 지면을 빌어 감사의 인사를 전한다. 변함없는 후원자가 되어 준 대학원 연구 담당 주임교수 레이먼드 코리, 아낌없는 조언을 해준 C.롤랜드 크리스텐슨과 케네스 앤드루스에게도 고마움을 표하고 싶다. 하버드 경영정책 그룹은 이 책의 주제에 대한 내 생각이 정리되고 완성되기까지 도움을 아끼지 않았다. 또한 산업경제 분야에서 많은 영향을 주면서 끊임없는 지적 자극으로 나를 단련시킨 리처드 케이브스 교수에게도 고마움을 표한다.

 이 책의 출간은 수년간 나와 같이 작업을 병행하면서 연구에 열정을 쏟고 창의성을 더해준 많은 동료와 친구들이 있었기에 가능했다. 하버드 조교수인 존 R. 웰스는 나와 같이 강의를 진행하며 3장과 9장에 큰 공헌을 했으며 특히 경쟁우위와 관련한 그의 연구는 실무 적용에 큰 도움을 주었다. 또다른 하버드 조교수인 판카즈 게마와트 역시 전략형성에 관한 강의를 함께 진행하면서 개념 정립과 실무 적용에 유용한 조언들을 해주었다. 전직 하버드 교수이자 현재 모니터 컴퍼니(Monitor Company)라는 컨설팅 회사를 운영중인 마크 B. 풀러와는 수년간 함께 강의를 진행하며 공동연구에 참여했는데, 이 과정은 11장에 주로 녹아 있다. 모니터 컴퍼니의 컨설턴트인 캐서린 헤이든도 지속적인 조언과 응원을 해주면서 4장의 내용을 구성하는 데 많은 도움을 주었다.

조지프 B. 풀러는 전략 수행방법을 연구하는 데 큰 도움을 주었을 뿐만 아니라 초고 작성에 귀한 조언을 보탰다. 하버드 연구원인 리처드 롤린슨도 이 책의 전반적인 부분에 걸쳐 조언을 해주면서 연구를 도와주었다. 이외에도 하버드의 동료 교수인 마크 알비온, 로버트 에클스, 더글러스 앤더슨, 엘론 콜버그, 리처드 마이어 등 많은 사람들이 값진 충고를 위해 귀중한 시간을 아끼지 않았다. 또한 마이클 벨, 토머스 크레이그, 메리 커니, 마크 토머스는 이 책의 개념들을 전략 수행과정에 활용하기 위한 연구에 도움을 주었다. 제인 케니 오스틴, 에릭 에반스, 폴 로세티는 특정 주제에 대한 연구를 함께 하며 건설적인 의견을 더해주었다. 마지막으로 타 대학에 재직 중인 동료 교수들, 특히 조언을 아끼지 않은 리처드 슈말렌지와 존 스텐그레빅스에게 깊은 감사의 마음을 전하고 싶다.

원고 작성뿐 아니라 시간 관리에도 도움을 준 나의 조교 케글린 스벤손에게도 진심어린 고마움을 표하고 싶다. 그녀의 도움 없이는 이 책을 결코 완성하지 못했을 것이다. 또 나의 고집스러운 요구를 인내심 있게 들어준 이 책의 편집자인 로버트 월러스와 프리 프레스 출판사의 많은 사람들에게 고마운 마음을 전하고자 한다. 연구에 필요한 개념 정립을 위해 아낌없는 도움을 준 하버드의 MBA 및 박사과정 학생들에게도 고마운 마음을 전한다. 끝으로, 현실 세계에서 기업이 직면하는 문제와 그에 대한 의문점을 제기하면서 생각할 기회를 갖게 해준, 전략 수립과 실천을 담당하는 실무 책임자들의 배려에 진심으로 고마움을 전한다.

Chapter 01
경쟁전략의 본질

경쟁은 기업의 성공과 실패를 가르는 핵심이다. 경쟁은 기업이 혁신에 매달리게 하며, 더 좋은 성과를 위한 방법을 모색하게 한다. 또한 기업 내 모든 구성원이 똘똘 뭉치게 하는 고유한 기업문화 형성을 촉진하기도 한다. 경쟁전략이란 산업 내에서 유리한 경쟁적 지위를 확보하기 위해 기업이 추구하는 행위들의 집합이다. 경쟁전략의 목표는 기업이 경쟁적 상황을 결정짓는 여러 가지 요인에 맞서 이익을 내고 지속 가능한 지위를 확보하는 것이라 할 수 있다.

모든 기업들은 지속적인 수익을 위한 경쟁전략 수립에 앞서 다음 두 가지 질문에 대한 답을 갖고 있어야 한다.

첫째, 기업이 속한 산업 자체의 매력도와 그에 영향을 미치는 요인
둘째, 해당 산업 내 기업들의 상대적인 경쟁 지위를 결정하는 요인

이 두 가지 문제 중 어느 하나만으로는 경쟁전략의 수립을 충분히 설명할 수 없다. 아무리 매력적인 산업군에 속해 있는 기업이더라도 그 기업의 경쟁 지위가 형편없다면 수익은 기대에 미치지 못할 것이다. 반대로, 쇠퇴하고 있는 산업이라면 제아무리 높은 경쟁 지위를 가지고 있다고 한들 그 기업이 기울이는 노력에 비해 결과는 한계에 부딪힐 것이다.[1]

산업 매력도(industry attractiveness)와 경쟁 지위는 고정적이지 않다. 산업의 매력도는 시간의 흐름에 따라 끊임없이 변하며 산업 내에서 특정 기업이 점유하고 있던 우월한 경쟁적 지위 역시 영원하지 않다. 오랫동안 안정을 유지해 온 산업일지라도 경쟁사의 돌발 행동이 순식간에 해당 산업 전체의 불안정성을 높일 수도 있다.

흥미로운 점은 기업의 자체 노력이 산업 매력도에 영향을 미치고, 동시에 경쟁적 지위 또한 변화시킬 수 있다는 사실이다. 이 때문에 경쟁전략을 수립하는 활동은 도전적이고 매력적인 일임에 분명하다. 상대적으로 산업 매력도는 개별 기업이 거의 영향을 끼치지 못하는 요인들을 품고 있지만, 적절한 경쟁전략이 있다면 매력도를 한껏 끌어올릴 수도 있다. 동시에 기업이 취하는 전략에 따라 산업 내에서의 경쟁적 지위가 상승하거나 하락할 수도 있다. 그러므로 경쟁전략은 변화된 환경에 적응하기 위한 활동뿐 아니라, 기업에 유리하도록 환경 자체를 적극적으로 변화시키는 방안까지도 모두 포함한다.

앞서 출간한 『경쟁전략』은 산업과 경쟁자를 이해하기 위한 분석적 틀과 경쟁전략 수립에 관한 전반적인 설명을 담고 있다. 『경쟁전략』은 산업의 매력도를 결정하는 **5가지 경쟁 요인**과 그 요인을 구성하는 요소들 그리고 시간이 지남에 따라 변하는 요인들에 영향을 미칠 수 있는 전략을 설명한다. 그런 다음 경쟁우위를 획득하기 위한 방법으로 **3가지 본원적 전략**을 소개한다. 또 경쟁자를 분석하여 그들의 잠재적 행위를 예측하고 그 행위에 영향을 미치는 방법, 산업 내에서 가장 매력적인 경쟁 지위를 확보하도록 경쟁자를 전략집단 속에 위치시키는 방법을 보여주었다. 그리고 계속해서 그러한 체계를 세분화된 산업, 신생 산업, 성숙기로 전환하고 있는 산업, 사양 산업 그리고 글로벌 산업들을 포함하는 여러 형태의 산업환경에 적용시키고 이를 구조적 배치(structural setting)라고 칭했다. 또한 경쟁자를 분석하여 그들의 행위를 예측하고 그들에게 영향을 미치는 방법과, 경쟁자를 전략집단 속에 위치시켜 산업 내에서 가장 매력적인 경쟁 지위를 확보하는 방법을 보여주고 있다. 마지막으로 『경쟁전략』은 한 산업이 환경 내에서 발생하는 중요한 전략적 결정, 예를 들어 수직적 통합, 생산시설 확장 그리고 새로운 사업에의 진출 등의 문제를 다루고 있다.

이 책은 『경쟁전략』이 세운 체계를 기본 바탕으로 삼고 있다. 이 책의 목표는 기업이 실제로 특정 산업에서 경쟁우위를 창출하고 유지하는 방법, 다시 말해 **3가지 본원적 전략을 실행하기 위해서 어떻게 해야 하는가**를 규명하는 것이다. 그중에서도 특히 신경 쓴 부분은 전략의 수립과 실행이라는 2가지 주제를 각각 개별적으로 취급하거나 우열을 가르는 오류를 범하지 않으면서, 서로 긴밀하게 연결되어 있음을 밝히는 것이다.

기업의 경쟁우위는 기본적으로 구매자들을 위해 비용을 초과해서 창출해낼 수 있는 '가치'로부터 발생한다. 가치는 구매자들이 기꺼이 지불하고자 하는 대상의 속성이다. 우월한 가치를 지니기 위해서는 동등한 혜택을 경쟁자들보다 더 낮은 가격으로 제공하거나, 높은 가격 저항을 무너뜨릴 만큼의 특별한 혜택을 제공할 수 있어야 한다. 이것을 설명하는 용어가 '원가 우위(cost leadership)'와 '차별화(differentiation)'로 이들은 경쟁우위의 가장 기본적 개념이다.

이 책은 기업이 원가 우위를 획득하고 차별화에 성공하는 방법을 안내한다. 또한 기업이 경쟁우위를 결정할 때, 경쟁 범위나 활동 범위를 선택하는 것이 얼마나 중요한지도 설명한다. 그리고 '공격'과 '방어'를 마지막 경쟁전략으로 소개하는데, 이는 『경쟁전략』에 소개된 개념에, 앞서 언급한 '원가 우위'와 '차별화'를 전략 선택에 영향을 미칠 수 있는 '불확실성' 개념과 결합해 도출한 것이다.

한편 이 책은 개별 산업에서의 경쟁전략뿐만 아니라 다각화 기업에서 활용할 수 있는 전반적인 기업전략(corporate strategy)까지 적용시킬 수 있다. 한 산업 내에서의 경쟁우위는 관련 산업에서 경쟁하고 있는 기업 내의 다른 사업단위와의 상호관련성(interrelationship)을 통해 더욱 공고히 다질 수 있다. 사업단위 간의 상호관련성은 다각화 기업이 가치를 창출하고 기업전략을 수립하는 데 기초를 제공하는 중요한 수단이 된다. 그러므로 이 책에서는 여러 다각화된 기업들에서 조직이 직면한 어려움에도 불구하고 실제로 어떻게 상호관련성을 획득하고 있으며 사업단위 간의 상호관련성이 어떻게 정의되고 기업전략으로 바뀔 수 있는지 살펴보겠다.

비록 이 책과 『경쟁전략』이 강조하는 점이 다르긴 해도 이 둘은 서로 보완적인 관계다. 『경쟁전략』에서 기본적으로 중점을 두는 부분은 다양한 산업환경에서의 산업구조와 경쟁자 분석이지만 경쟁우위에 관한 시사점 또한 제공하고 있다. 그리고 이 책은 이러한 산업구조와 경쟁자의 형태에 대한 이해를 바탕으로 경쟁우위를 획득하는 방법에 역점을 두고 있다. 그러나 경쟁우위를 창출하는 행위가 결국 산업구조와 경쟁사의 반응에 중대한 영향을 미치기 마련이므로 이 주제들 또한 함께 다루게 될 것이다.

이 책을 『경쟁전략』과는 별개로 읽어도 무방하다. 그러나 만약 『경쟁전략』에서 제시한 핵심 개념에 익숙하다면 전략을 수립하는 실무 담당자에게 이 책은 훨씬 유용할 것이 분명하다. 따라서 이 장에서는 『경쟁전략』에서 다룬 몇 가지 개념을 다시 한번 상세히 설명하고자 한다. 핵심 개념에 대한 이해는 이 책에서 다룰 개념과 기법을 활용할 때 많은 도움이 될 것이다. 이 과정에서 핵심 개념을 실제로 적용할 때 발생할 수 있는 중요한 문제들이 무엇인지 확인해볼 것이다. 그러므로 이미 『경쟁전략』에 익숙한 독자라도 다시 이 책을 읽어보면서 새로운 시사점을 얻을 수 있기를 바란다.

산업의 구조적 분석

기업의 수익성은 기본적으로 해당 기업이 속해 있는 산업구조의 모습, 곧 산업 매력도에 따라 결정된다. 따라서 산업 매력도를 결정짓는 요소들을 정확히 알고 있다면 전략의 방향 또한 올바를 수 있다. 결국 경쟁전략이란 경쟁 법칙들을 이해하여, 기업에 유리하게 변화시키기 위한 일련의 작업으로 볼 수 있다. 어떠한 종류의 산업에서든지(국내 또는 국제적 범위, 제품 생산 또는 서비스 제공인지를 막론하고) 경쟁 법칙은 새로운 경쟁자의 진입, 대체재의 위협, 구매자의 교섭력, 공급자의 교섭력 그리고 기존 경쟁자 간의 경쟁 상황 이렇게 총 5가지 경쟁 요인의 모습으로 나타난다(〈그림 1-1〉 참조).

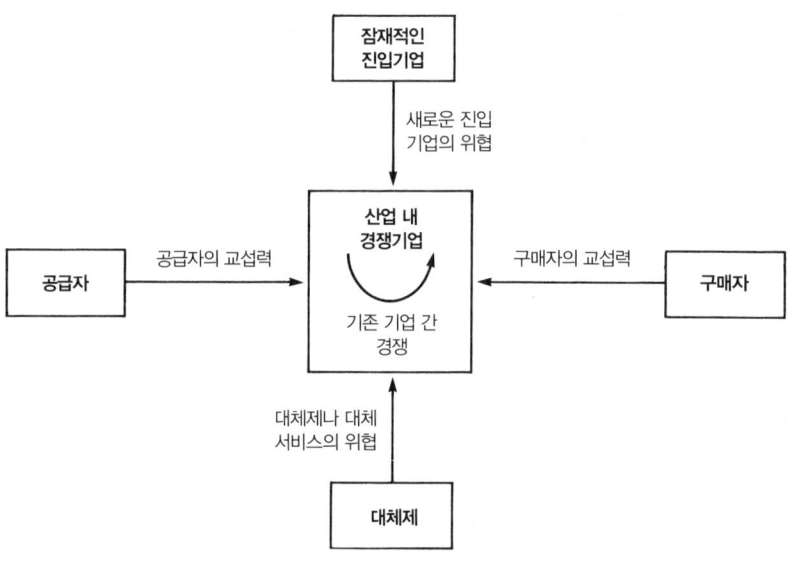

그림 1-1 산업 수익성을 결정하는 5가지 경쟁 요인

　이와 같은 5가지 경쟁 요인의 총체적인 강도는 한 기업이 특정 산업에서 투입한 자본비용을 상회하는 투자수익률을 얻을 수 있느냐 없느냐를 결정한다. 5가지 요인의 강도는 산업 자체의 모습과 진화 양상에 따라서도 달라지며 따라서 산업마다 창출해내는 수익성은 각자 다르게 마련이다. 5가지 요인의 압박을 상대적으로 덜 받는 산업들, 예를 들어 제약, 청량음료, 데이터베이스 산업 등에서는 많은 기업들이 매력적인 수익을 올린다. 그러나 고무, 철강, 게임과 같이 5가지 경쟁 요인 중 어느 한 가지로부터라도 강한 압력을 받기 쉬운 산업에서는 최선을 다한 경영 활동에도 불구하고 매력적인 수익을 얻기 힘들다. 보통 산업의 수익성을 판가름하는 것은 제품이 무엇인지, 기술력의 수준이 어느 정도인지보다 산업구조 자체인 경우가 더 많다. 이를테면, 단순 기계 제조나 농산물 매매 같은 산업은, 그 평범함에도 불구하고 높은 수익성을 자랑한다. 반면 인터넷, 온라인커머스 같은 매혹적인 하이테크 산업은 시장 참여자가 많고, 가격 경쟁이 치열하여 쉽게 높은 수익을 얻기 어렵다.

이러한 5가지 요인은 가격, 원가, 특정 산업의 기업이 필요로 하는 투자액(투자수익률의 구성요소) 등에 영향을 끼치기 때문에, 산업의 수익성 결정에 절대적이다. 예를 들어 구매자 교섭력과 대체재의 위협은 기업이 책정한 가격에 영향을 미친다. 또한 구매자 교섭력은 비용과 투자와도 관련되어 있다. 적극적 구매자는 비용이 많이 드는 서비스를 요구하기 때문이다. 한편 공급자 교섭력은 원자재를 포함하여 투입되는 다른 재화의 원가를 결정한다. 기존 경쟁자 간 경쟁 상황의 강도는 제조, 개발, 마케팅, 영업 등과 같은 영역에서의 비용뿐만 아니라 가격에도 영향을 미친다. 마지막으로 새로운 경쟁자의 등장은 가격 변동의 폭을 일정 한도 내로 억제시키고 그의 진입을 저지하기 위한 추가 투자를 강제한다.

5가지 경쟁 요인이 지니는 각각의 강도는 산업구조, 즉 그 산업의 기본적인 경제적 또는 기술적 특성과 관계가 깊다. 산업구조를 구성하는 중요 요소들은 〈그림 1-2〉를 참조하기 바란다.[3] 산업구조 자체는 보통 매우 느린 속도로 변하지만 해당 산업에서 급속한 진화가 일어나면 충분히 가속될 수 있다. 이러한 산업구조의 움직임은 경쟁 요인의 전체 또는 상대적 강도를 변화시켜 산업의 수익성에 긍정적 혹은 부정적인 영향을 미친다.

만약 5가지 경쟁 요인과 그들의 구조적 결정 요인만이 산업 특성만의 고유 특성이라면 적절한 산업을 선택하고 그 안에서 경쟁자보

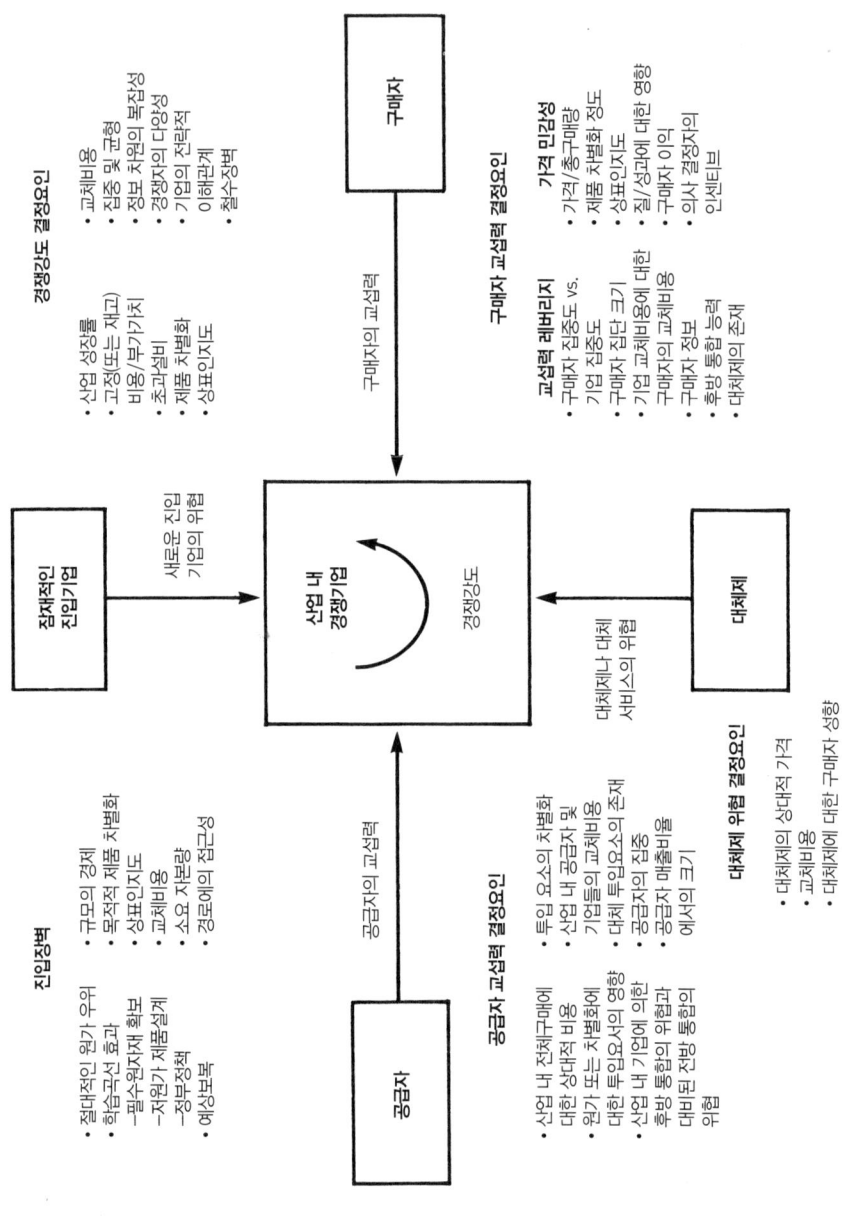

그림 1-2 산업구조의 구성 요인

다 5가지 요인을 더 잘 이해하는 것만으로도 충분한 경쟁전략을 펼칠 수 있을 것이다. 실제로 어떤 기업과 산업에는 산업구조 분석이 중요한 과제이며 경쟁전략의 본질로 작용하기도 한다. 하지만 일반적으로는 기업 경쟁력을 갖추기 위해 산업구조 분석에만 얽매일 필요는 없다. 기업은 그들만의 전략으로 산업구조를 결정하는 5가지 요인에 직접 영향을 미칠 수 있으며, 이런 방식으로 산업 매력도의 근간 자체를 뒤흔들어 놓을 수도 있다. 이렇게 경쟁의 규칙을 새롭게 써 온 훌륭한 전략들이 여지껏 여러 번 등장해 왔다.

〈그림 1-2〉는 한 산업 내에서 경쟁을 유발하는 모든 구성 요인을 보여준다. 모든 산업은 저마다 각기 독특한 구조를 이루고 있으며 각각의 산업에 따라 5가지 요인의 중요도나 핵심 구성요소도 서로 다르다. 하지만 이 5가지 요인은 어떤 산업에서도 적용 가능하기 때문에, 이를 전략적으로 활용하면 기업과 기업이 속한 산업의 수익성을 극대화하고, 경쟁을 일으키는 중요한 요인을 파악할 수 있을 것이다. 그러므로 5가지 요인 분석이 새로운 경쟁 방식을 발견하려는 창조적이고 혁신적인 사고를 저해한다는 세간의 오해는 억울하다. 오히려 장기적 수익성을 결정하는 가장 중요한 요소인 산업구조 측면으로 경영자의 창조적 에너지를 집중하게 만들어 바람직한 전략적 혁신을 발견할 가능성을 높여 주기 때문이다.

산업구조를 바꾸는 것은 양날의 검과 같은 전략일 수 있다. 본래 의도와는 정반대로 안정적이었던 산업구조와 수익성을 오히려 파괴할 수도, 또 반대로 더욱 쉽게 향상시킬 수도 있기 때문이다. 예를 들어, 어떤 기업이 진입 장벽을 무너뜨려 경쟁을 심화시키는 새로운 제품을 개발했다고 가정하자. 이 기업은 그것으로 일시적으로 높은 수익을 거둘 수는 있겠지만 장기적 수익까지 보장받을 수는 없을 것이다. 더군다나 가격 인하 경쟁이 또 다른 가격 하락을 불러오는 악순환이 이어지면 차별화는 그야말로 유명무실해질 것이다. 예를 들면 담배 산업에서 새로운 무인(無印) 담배(미등록 상표 담배)의 출현은 잠재적으로 담배 산업의 구조에 심각한 위협을 가했다. 이런 제품들은 구매자들의 가격 민감도를 강화하고 가격 경쟁의 원인이 되며 새로운 진입자의 출현을 막아왔던 높은 장벽을 허물어 버릴 수 있다.[4] 주요 알루미늄 생산기업들이 보여주었듯이 위험을 분산시키고 비용을 낮추기 위해 다른 산업의 기업과 합작투자(joint ventures) 하는 행동 역시 산업구조를 위태롭게 만들 수 있다. 과거 주요 알루미늄 회사들은 합작투자로 잠재적 위협이 될 수 있는 새로운 경쟁자들을 해당 산업으로 끌어들였는데, 이 과정에서 여지껏 견고히 쌓아왔던 진입장벽은 순식간에 무용지물이 되었다. 거꾸로 합작투자가 철수장벽(exit barrier)을 높이는 사례도 있다. 만약 어떤 회사가 공장을 폐쇄하고 싶다면 설비 투자에 참여한 모든 관계자들의 동의를 모두 받아내야 한다.

어떤 기업은 전략적 선택을 할 때 산업구조가 미치는 장기적인 영향을 종종 간과하기도 한다. 이런 기업은 그 전략으로 그들이 얻게 되는 경쟁적 지위와 그것이 가져다주는 이익에 대해선 잘 파악하고 있는 반면, 경쟁사의 대응은 예측하지 못한다. 만약 성공적인 전략을 주요 경쟁사들이 앞다퉈 모방하고 결국 잠재적으로 산업구조 자체를 파괴할 수 있다면 그 산업에 속한 모든 기업은 불이익을 면치 못할 것이다. 주로 경쟁 열위를 극복하려는 2위 기업이거나 파산 직전 필사적으로 해결책을 찾으려는 기업, 혹은 현실을 외면한 채, 비현실적 미래를 꿈꾸는 분별력 없는 기업들이 이런 산업 파괴자(destroyer)가

된다.

특정 기업이 산업구조 자체에 결정적인 영향을 미칠 수 있다는 사실은 특히 해당 산업의 선도기업에겐 부담이 될 수 있다. 선도기업의 규모가 구매자와 공급자 그리고 기존 경쟁자에게 미치는 영향력 때문이다. 동시에 선도기업의 시장점유율은 상대적으로 크기 때문에 전반적인 산업구조의 변화는 곧 선도기업의 점유율 변화를 의미한다. 따라서 선도기업은 자신의 경쟁적 지위를 유지하려는 노력과 더불어 산업 전체의 안정을 이끌어야 하는 무거운 책임이 있다. 이러한 이유로 그들에게는 더 나은 경쟁우위를 구축하는 것보다 전체 산업구조를 개선하거나 보호하는 행동이 결과적으로 더 이익을 가져다줄 수 있다. 코카콜라나 캠벨 수프(Campbell's Soup)와 같은 업계 리더들은 지금까지 이러한 원칙을 잘 따르는 모범기업이다.

산업구조와 구매자 욕구

종종 구매자의 욕구를 충족시키는 일이 사업의 성공을 결정짓는 핵심 요소라고들 한다. 그렇다면 이 사실을 산업구조 분석의 개념과 연결해 봐야 하지 않을까? 실제로 구매자의 욕구를 충족시키는 것은 한 산업과 그 산업 내의 기업이 생존하기 위한 전제조건이다. 구매자가 제품의 생산원가를 초과하는 가격을 지불할 용의가 있어야만 그 기업은 유지될 수 있기 때문이다. 어떻게 해야 구매자 욕구를 경쟁사보다 더 잘 충족시켜 차별화에 성공할 수 있는지는 4장에서 자세히 설명하겠다.

앞서 언급한 대로 구매자 욕구를 충족시키는 것은 수익성 창출의 전제조건이 될 수 있지만 그것이 전부는 아니다. 수익성을 결정하는 더 중요한 요소는 기업이 창출해낸 가치가 구매자의 가치에 부합하는지 그리고 이 가치가 다른 기업에서 창출한 가치보다 더 우월한지의 여부다. 산업구조는 누가 가치 창출의 기회를 잡을지를 결정한다. 진입의 위험은 신규 경쟁자가 비용을 낮춰 구매자에게 낮은 가격에 가치 제공이 가능한지 또는 경쟁 비용이 높아서 불가능한지를 파악해서 특정 사업 분야에 진출할지 여부를 결정짓게 만드는 요소다. 이때 구매자의 교섭력은 상품이나 서비스의 가치가 구매자의 욕구를 얼마나 충족할지 정도를 결정하는데, 강한 구매자 교섭력에 직면한 기업은 상대적으로 적은 수익을 올리기도 한다.

한편 대체재의 위협은 유사한 속성의 다른 제품이 동일한 구매자의 욕구를 충족시킬 수 있는가에 따라 가격 경쟁에 영향을 미칠 수 있다. 그리고 공급자의 교섭력은 구매자를 위해 창출한 가치 중에서 얼마만큼이 공급자에게 돌아가는가를 결정한다. 끝으로 기존 경쟁자 간의 치열한 경쟁 정도는 신규 진입의 위협과 유사하게 작용한다. 즉 경쟁 정도는 산업 내에 종사하는 기업들 중 누가 구매자를 위해 가치를 창출할 기회를 차지할 것인가에 영향을 미친다. 경쟁 양상이 과열로 치닫게 되면 가치창출분을 상쇄할 만큼의 비용이 들어 기업을 위험에 빠뜨릴 수도 있다.

그러므로 산업구조는 구매자들을 위해 창출된 제품의 가치를 나누는 방법에 결정적인 영향을 미친다. 만약 제품이 구매자를 만족시킬 만한 가치가 없다면 산업구조의 다른 요소들과 상관없이 기업이 얻을 수 있는 것은 거의 없다. 그러나 만약 제품이 높은 가치를 지니고 있다면 창출된 가치 배분에 산업구조는 중요한 역할을 한다. 승용차나 화물차 제조 산업과 같은 산업구조에서는 기업이 구매자의 욕구를 만족시킬 만큼 충분한 가치를 창출하지만 산업 평균적으로 볼 때 수익성 자체는 낮은 편이다. 채권등급 산정 서비스 산업이나 의료기기 산업, 유전설비 및 서비스 산업 같은 분야에서는 그 산업에 참여하는 기업들이 창출된 가치의 대부분을 차지하면서 앞에서 소개한 산업들보다 훨씬 높은 수익성을 보인다. 예를 들어 유전설비 및 서비스 산업에 종사하는 기업들은 매력적인 산업구조 덕분에 유전 굴착 비용을 상당히 절감했음에도, 가격은 그대로 유지시킴으로써 절감액의 대부분을 그들의 수익으로 만들 수 있었다. 그러나 최근에는 수요 감소, 신규 경쟁사의 진입, 제품 차별화의 둔화, 구매자의 가격 민감도 증가 등이 얽혀 유전설비 및 서비스 분야의 구조적 매력도는 점차 사라져가고 있다. 이에 따라 여전히 구매자의 욕구에 부합하는 가치를 창출하고 있음에도 산업구조의 변화는 기업과 산업이 누려왔던 높은 수익성을 과거 영광의 잔재로 만들어가고 있다.

산업구조와 수요-공급의 균형

산업의 수익성이 수요와 공급 간의 균형으로부터 비롯된다는 것은 정론 중 하나다. 공급을 초과하는 수요가 수익을 보장한다는 것은 상식이다. 수요와 공급의 불균형이 수익성을 결정하고, 산업구조는 장기적으로 이러한 수요와 공급의 균형을 달성하는 데 많은 영향을 미친다. 따라서 수요와 공급의 단기적 변동은 단기적인 수익성에 영향을 주지만 장기적인 수익성은 산업구조 그 자체에 달려있다.

수요와 공급은 서로 조정을 반복하며 지속적으로 변하는데 이 과정에서 산업구조는 경쟁자들이 새로운 제품을 얼마나 빨리 공급할지를 결정하게 만든다. 또한 진입 장벽의 높이는 신규 기업의 진입 가능 여부와 그들이 제시할 수 있는 최저가격을 결정한다. 경쟁 강도는 기존 경쟁사들이 공격적으로 설비를 확장할 것인가 혹은 수익률을 유지할 것인가를 결정하는 데 중요한 역할을 한다. 산업구조는 또한 얼마나 빨리 초과공급으로부터 벗어날 것인가를 결정한다. 그리고 철수장벽은 초과설비를 보유한 기업이 산업에서 철수하지 못하게 하고, 초과설비에 의한 운영 기간을 늘린다. 예를 들어 유조선 산업의 경우 보유 자산의 전문성 때문에 철수장벽이 매우 높아 활황은 짧고 불황은 긴 산업 고유의 특징을 만들어 낸다. 따라서 이러한 산업구조는 수요 공급의 균형과 불균형이 얼마나 지속되고 반복되는지를 결정한다.

또한 산업구조에 따라 수급 불균형의 결과는 매우 다양하게 나타난다. 어떤 산업에서는 생산량을 아주 조금만 초과해도 가격 전쟁과 수익성의 악화로 이어지는데 이는 기본적으로 경쟁이 치열하거나, 구매자들의 강력한 교섭력이 구조적 압력을 행사하는 산업에서 특히 심하다. 반면 우호적인 산업구조로 초과생산이 지속된다고 해도 수익성에는 별 영향을 미치지 않는 산업도 있다. 전자의 예로 석유채취 장비, 밸브, 기타 석유 산업과 관련된 설비 제품의 경우, 최근 급격한 경기 하락 시기에 가격이 대폭 하락했다. 반면에 드릴용 날은 상대적으로 가격 수준을 유지했다. 이렇게 휴즈 툴(Hughes Tools), 스미스 인터내셔널(Smith International), 베이커 인터내셔널(Baker International)과 같은 공구 제조회사들은 비교적 우호적인 산업구조에서 운영되는 경쟁사들이라고 할 수 있다(6장 참조).

산업구조의 차이는 초과수요로 얻게 되는 수익성에도 영향을 미친다. 매력적인 산업구조는 경기가 활황일 때 그 매력을 더욱 발산해 기업들에 엄청난 수익을 안겨주지만, 그렇지 못한 산업구조는 기업이 활황의 기회를 제대로 누리지 못하고 오히려 소외될 수 있다. 예를 들어, 강력한 공급자와 대체재가 있는 산업구조에서는 활황의 결실이 다른 기업에 돌아갈 수 있다. 따라서 산업구조는 일정하지 않은 수요에 대한 공급의 조정 속도 그리고 설비 가동과 수익성의 관계라는 2가지 문제에 결정적인 영향을 미친다.

본원적 경쟁전략

경쟁전략의 두 번째 핵심 문제는 산업 내에서 기업이 차지하는 상대적 지위다. 기업의 수익성이 산업 전반의 평균 수익성을 초과하는가, 미달하는가는 이 기업의 경쟁 지위에 달려있다. 따라서 자사의 경쟁 지위를 잘 선정한 기업은 수익성이 낮고 매력적이지 못한 산업구조에 속해있다고 해도 높은 수익률을 얻을 수 있다. 그런데 이 수익률을 장기적으로 얻을 수 있느냐는 이와 같은 경쟁우위의 지속성과 밀접하게 연관되어 있다.[5] 경쟁사 대비 어떤 기업의 수많은 강점과 약점 중 경쟁우위를 설명하는 두 가지 기본적인 요소가 바로 '원가 우위'와 '차별화'다. 산업구조를 바탕에 둔 두 가지 요소는 기업이 경쟁사보다 5가지 경쟁 요인에 얼마나 잘 대응하는가에 따라 결정된다.

한편 이 두 가지 기본적 유형의 경쟁우위는 산업 내에서 기업이 평균 이상의 성과를 얻기 위해 사용하는 세 가지 본원적 전략, 즉 원가 우위, 차별화, 집중화 전략과 연계되어 있다. 이 중 집중화 전략은 다

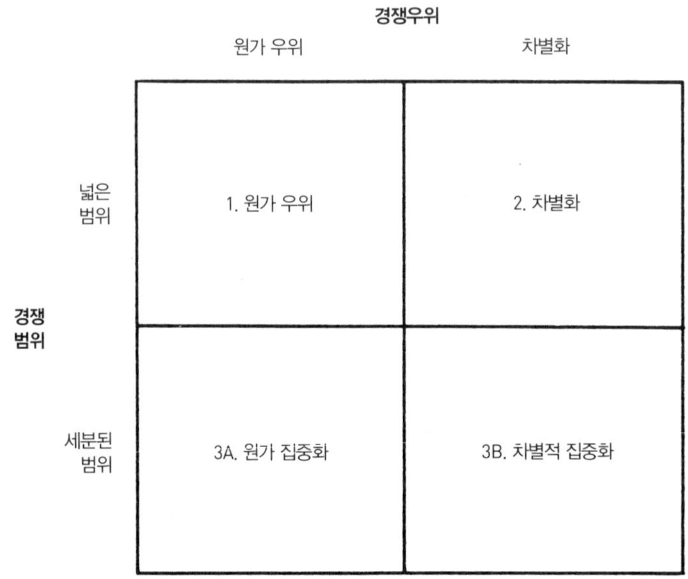

```
                        경쟁우위
          원가 우위              차별화
      ┌──────────────┬──────────────┐
  넓은 │              │              │
  범위 │  1. 원가 우위  │   2. 차별화   │
      │              │              │
경쟁   ├──────────────┼──────────────┤
범위   │              │              │
  세분된│ 3A. 원가 집중화│ 3B. 차별적 집중화│
  범위 │              │              │
      └──────────────┴──────────────┘
```

그림 1-3 3가지 본원적 전략

시 원가 집중화와 차별화 집중화 2가지로 구분할 수 있다. 이러한 본원적 전략을 이해하기 쉽게 〈그림 1-3〉에 정리해두었다.

3가지 본원적 전략은 기본적으로 서로 다른 경쟁우위를 출발점으로 삼기 때문에 어떤 목표 영역에서 어떤 전략적 유형을 선택하는 것이 경쟁우위를 얻는 데 유리한지를 결정할 때 활용이 가능하다. 즉, 산업 내 광범위한 영역에서 경쟁우위를 추구할 때는 원가 우위와 차별화 전략을, 세분화된 영역에서 원가 우위(원가 집중) 또는 차별화 우위(차별화 집중)를 추구할 때는 집중화 전략을 이용할 수 있다. 각 본원적 전략을 실행하는 데 필요한 행동은 산업별로 다양하며, 특정 산업에서 실행 가능한 본원적 전략도 마찬가지다. 적절한 본원적 전략을 선택하고 실행하는 것이 쉽지는 않겠지만, 어떤 산업이든 경쟁 우위를 얻을 수 있는 논리적 방법은 있게 마련이다.

본원적 전략 개념의 근간에는 어떠한 전략에서도 중심은 경쟁우위라는 점과 경쟁우위를 얻기 위해 기업의 전략적 선택은 언제나 신중해야 한다는 점이 깔려 있다. 기업이 경쟁우위를 얻기 위해서는 그들이 추구하는 경쟁우위의 유형이 무엇인지, 적용시키려고 하는 사업영역은 어디인지를 결정해야 한다. 이런 고민 없이 생산하는 모든 제품은 구매자를 만족시키지도 못할 뿐더러 결코 평균 이상의 성과를 얻어낼 수도 없다. 그리고 이러한 기업은 어떠한 분야에서도 경쟁우위를 갖지 못할 공산이 크다.

원가 우위 전략

앞서 소개한 3가지 본원적 전략 중 원가 우위만큼 가장 명백한 전략도 없을 것이다. 원가 우위 전략을 실천하는 기업은 산업 내에서 최소 원가를 맞추기 위해 다방면으로 노력한다. 대체로 기업들은 어느 한 영역뿐 아니라 광범위한 영역에 걸쳐 다수의 세분화된 산업에 속해 있는 경우가 많아 다른 관련 산업에까지 영향을 미친다.

이렇게 원가 우위의 원천은 산업구조와도 관련이 깊으며 다양한데, 규모의 경제, 독점적인 기술, 차별화된 원자재 확보 방법 등이 이에 포함된다(3장에서 자세히 다룬다). 예를 들어 TV 수상기 제조산업의 경우 원가 우위를 얻으려면 진공관 생산설비의 효율적인 크기, 저렴한 디자인, 자동화된 조립라인 및 R&D(Research&Development)에 투입된 비용을 상쇄할 수 있는 세계적인 규모의 시장이 뒷받침되어야 한다. 또

경비 서비스(security guard) 산업은 간접비용 원가가 매우 저렴하고 인건비를 구성하는 요소가 다양하며 이직률이 높다. 따라서 원가 우위를 낮추기 위해서 효율적인 경비원 훈련 시스템이 마련되어야 한다. 하지만, 단순히 이러한 절차의 효율을 높이는 것만으로는 부족하다. 원가 우위를 확보하기 위해 기업은 원가 우위를 결정하는 모든 단서를 찾아내야 한다. 보통 원가 우위 기업은 불필요한 기능을 제거해 제품이나 서비스를 표준화하여 모든 원가 우위 원천에서 절대적 원가 우위나 학습효과를 얻으려 한다.

원가 우위를 달성하고 그를 유지할 수 있는 기업이라면 산업 내에서 평균 이상의 성과를 얻을 수 있을 것이다. 원가 우위 기업의 수익은 경쟁사와 비슷하거나 더 낮은 가격에서 발생한다. 그러나 원가 우위 기업이 간과해서는 안되는 것이 있는데, 바로 차별화다. 구매자가 제품을 더이상 원하지 않거나 타사의 제품보다 매력적이지 않다면, 원가 우위 기업은 제품을 팔기 위해 경쟁사보다 가격을 낮출 수밖에 없을 것이다. 이렇게 된다면 제아무리 유리한 원가구조를 보유했다고 해도 거기서 발생하는 이익은 미미할 것이다.

손목시계 제조사인 텍사스 인스트루먼츠(Texas Instruments)와 항공운송사 노스웨스트 항공은 차별화 지점을 마주한 대표적인 원가 우위 기반 회사들이다. 그러나 두 회사의 대응에는 차이가 있었다. 그 결과, 텍사스 인스트루먼츠는 차별화의 불리함을 극복하지 못하고 결국 손목시계 산업에서 물러난 반면, 노스웨스트 항공은 적시에 문제를 인식하고 마케팅 방향과 서비스를 전면 개선하여 경쟁사에 맞서려고 노력했다.

종합하면, 원가 우위 전략을 추구하는 원가 선도기업(cost leader)이 원가 우위를 통해 경쟁우위를 확보했다 하더라도, 평균 이상의 성과를 얻기 위해서는 경쟁사와 분명히 구별되는 차별화 지점이 있어야 한다. 다시 말해 차별화 기반이 동등하다면 원가 선도기업은 원가의 유리함을 이용해 시장에서 높은 수익을 달성할 수 있을 것이다.[6] 차별화 수준이 비슷하기만 해도 시장점유율을 유지하는 데 필요한 가격할인이 원가 선도기업의 우위 요소에는 별 영향을 미치지 않으므로 평균 이상의 수익을 얻게 될 것이다.

따라서 원가 우위의 전략적 논리는 원가 지위(cost position)를 위해 경쟁하는 여러 기업들 중 하나가 아니라, 그들 중 최저 원가를 확보한 기업이어야 한다.[7] 이것이 대부분의 기업이 범하는 실수이자 실책이다. 원가 선도기업이 되고자 하는 기업이 하나 이상 존재하면, 시장점유율 확보가 무엇보다 중요하기 때문에 그들 간의 경쟁은 극심해지게 된다. 여기서 원가 우위 확보에 성공하여 타 기업들로 하여금 원가 우위 전략을 포기하게끔 만들지 못한다면 석유화학 산업 사례에서처럼 장기적 수익성은 악화될 것이다. 따라서 원가 우위 전략은 주요 기술변화가 그 원가구조를 급격히 변화시키지 않는 선도기업에 유리하다.

차별화 전략

두 번째 본원적 전략은 차별화다. 차별화 전략을 추구하는 기업은 그들이 가치를 구매자들로부터 인정받아야 한다. 기업은 구매자가 특별하게 여기는 속성을 선택해서 그 요구에 부응하도록 스스로를 차별화함으로써 가격할증 형태의 보상을 받게 된다.

차별화는 제품 자체와 배송 방법, 마케팅 방식과 그 밖의 다른 요소 등 광범위한 영역에서 이루어질 수 있다. 따라서 산업마다 통하는 차별화 방법이 서로 다르다. 예를 들어 건설장비 제조사인 캐터필러 트랙터(Caterpillar Tractor)는 제품 내구성과 서비스, 대체부품의 이용 가능성 그리고 훌륭한 유통망을 기반으로 차별화에 성공했다. 또 화장품 산업에서는 제품 이미지와 매장에서의 진열 위치에 따라 차별화가 이루어진다. 이러한 차별화 방법에 대해서는 4장에서 설명하겠다.

차별화 전략에 따라 발생하는 추가 비용을 능가하는 가격 프리미엄을 얻을 수 있다면, 기업은 산업 평균 이상의 성과를 얻을 수 있을 것이다. 그러므로 차별화 전략을 추구하는 기업이 유념해야 할 것은 차별화에 드는 비용보다 가격 프리미엄을 폭을 높이는 방법을 항상 탐색해야 한다는 것이다.

그러나 차별화를 추구하는 기업이 원가를 무시할 경우 약해진 원가 경쟁력 때문에 어렵게 만든 가격 프리미엄도 사라질 수 있다. 그러므로 차별화를 추구하는 기업은 차별화에 영향을 주지 않는 모든 영역에서 경쟁사보다 같거나 낮도록 원가절감 노력을 게을리해서는 안 된다.

차별화 전략의 성패는 경쟁사와 구별되는 독특하고도 특별한 요소의 선택에 달려있다. 구매자가 기꺼이 지불할 수 있는 가격 프리미엄을 위해서는 기업이 제공하는 제품이나 서비스가 독특하다고(실제든 아니든) 구매자가 인식해야 한다. 그러나 최저원가를 달성하는 것만이 유일한 성공 방법인 원가 우위 경우와는 달리, 평가받을 수 있는 속성이 여러가지라면 산업 내에서의 성공적인 차별화 전략 또한 다양해질 수 있다.

집중화 전략

세 번째 본원적 전략은 집중화다. 집중화 전략은 앞서 소개한 전략들과 상당히 다른데, 집중화 전략을 펼치는 기업은 산업 내 특정 세부 영역을 목표로 삼고 그에 최적화된 전략에 집중한다. 그렇게 전체 산업 내에서 전반적인 경쟁우위를 획득하지 못한다 할지라도, 목표로 한 분야에서만큼은 경쟁우위를 확보하고, 경쟁사를 밀어낼 수 있다.

집중화 전략은 두 가지 유형으로 나눌 수 있다. 먼저 '원가 집중화(cost focus)' 전략은 목표 산업에서의 원가 우위를 추구하고 '차별적 집중화(differentiation focus)' 전략은 목표 산업에서의 차별화를 추구한다. 이 두 가지 전략의 차이점은 집중화 전략 주체가 '목표로 하는 산업'과 산업 내의 '다른 세분 산업'과의 관계로부터 도출할 수 있다. 따라서 목표 산업은 반드시 독특한 욕구를 갖는 구매자를 대상으로 하거나 제품이나 배송 시스템 등에서 여타 세분화된 산업과 다른 차별적 특성을 지녀야 한다.

원가 집중화는 세분화된 산업에서 원가 행동(cost behavior)의 차이를 이용하는 반면, 차별적 집중화는 특정 세분화 시장에서 구매자의 특별한 욕구를 이용한다. 경쟁사가 광범위한 영역을 목표로 삼는다면, 그 기업은 이미 표준화된 수준에서 세부 영역을 공략하기 때문에, 일반적 구매자와 차별되는 특정한 욕구에는 관심을 두지 않는다. 여기에 바로 '틈새 시장', 즉 집중화 전략을 펼칠 장(場)이 펼쳐지는 것이다.[8] 집중화 전략을 펼치는 기업은 기업은 이렇게 찾아낸 특정 시장을 배타적이고 집중적으로 공략함으로써 경쟁우위를 획득할 수 있다.

햄머밀 페이퍼(Hammermill Paper)라는 제지 생산업체가 좋은 예다.

햄머밀 페이퍼는 소규모 생산시설만을 갖추고 있어서 소량 생산에 강점이 있다. 그래서 이 기업은 대량으로 생산할 필요가 없는, 품질이 좋은 특수 종이 생산에 집중했다. 상대적으로 규모가 큰 제지 업체들은 지속적인 대량 생산을 통해 규모의 경제를 창출해야 하는 반면, 햄머밀 페이퍼는 자사의 생산설비와 생산과정에 유리한 소규모 생산에 집중하는 전략을 펼친 셈이다.

집중화 전략을 채택한 기업은 그렇지 않은 경쟁사에 비해 어떤 분야에서도 부분적 최적화의 이점을 누린다. 이런 경쟁사들은 광범위한 산업 영역을 목표로 하고 있기에 특정 세분화 시장의 욕구를 충족시키는 데 한계가 있으며, 이는 곧 타 기업이 차별적 집중화 전략을 추구하는 기회가 된다. 광범위한 시장을 목표로 하는 경쟁자들이 하나의 세분화 시장에서 필요 이상의 성과를 달성한다는 것은 그만한 성과를 올리기 위해 이중으로 과도한 비용을 부담해야 함을 의미하기 때문이다.

그런데 집중화 전략을 펼치고자 하는 대상 산업이 다른 세분 산업과 차별점이 없다면 이 전략은 쓸모없게 된다. 예를 들어, 청량음료 산업에서 로얄 크라운(Royal Crown)은 콜라 시장에만 집중했다. 반면, 코카콜라와 펩시는 다양한 종류의 청량음료 제조를 위해 광범위한 생산라인을 구축하고 있다. 그러나 로얄 크라운이 주력으로 삼고 있는 콜라 산업은 이미 코카콜라와 펩시가 탄탄한 기반 위에서 성과를 내고 있는 시장이다. 따라서 코카콜라와 펩시는 광범위한 생산라인을 이용해 규모의 경제를 누리면서도 동시에 로얄 크라운에 비해 콜라 산업에서도 경쟁우위를 갖는다.[9]

만약 기업이 지속적인 원가 우위(원가 집중화)나 차별화(차별적 집중화)

를 그 기업의 세분 산업에서 달성할 수 있고, 그 산업이 구조적으로도 충분히 매력적이라면 집중화 전략을 세운 기업은 그 산업 내에서 평균 이상의 성과를 얻을 수 있을 것이다. 하지만 세분화된 산업의 수익성은 전체에 비해 비교적 낮을 수 있기 때문에 세부 산업의 구조적 매력에 대한 분석은 집중화 전략을 택할 때 반드시 필요한 부분이다. 집중화 전략을 내세운 기업들이 서로 다른 세분 산업을 선택한다고 가정하면, 위 사실은 한 산업 내 여러 개의 지속 가능한 집중화 전략들이 존재할 수 있음을 보여준다. 실제로 대부분의 산업은 다양한 세분 산업으로 이루어져 있고, 그 안에서 서로 다른 구매자 욕구나 서로 다른 최적 생산 규모 또는 배송 시스템을 지닌 각 세분 산업들은 모두 집중화 전략의 대상이 된다. 어떻게 세분 산업을 정의하고 지속 가능한 집중화 전략을 선택하는지는 7장에서 자세히 설명하겠다.

어중간한 상태

앞에서 언급한 본원적 전략을 채택하고는 있으나 그 가운데 어느 하나도 제대로 달성하지 못한 기업을 일컬어 '어중간한 상태(stuck in middle)'라고 할 수 있다. 이 상태에서는 전략적으로 우위를 점하고 있는 것이 아무 것도 없다. 이러한 전략적 지위는 보통 평균 이하의 성과로 이어진다. 각각 한 가지 전략에 집중한 기업들은 어떤 세분화 시장에서도 원가 우위나, 차별화, 집중화를 통해 더 나은 전략적 지위를 선점하고 있을 것이므로 어중간한 상태의 기업은 그 어디에서도 경쟁력을 갖지 못한다. 만약 어중간한 상태의 기업이 운 좋게도 수익성 있는 제품이나 구매자 집단을 발견했다 하더라도 그 행운은 경쟁우위를 확보한 경쟁자에게 금세 빼앗길 것이다. 현실은 대부분의 산업에서 무수한 기업들이 이 어중간한 상태에 놓여있다는 점이다.

어중간한 상태의 기업도 높은 수익을 올릴 수 있는 방법이 있다. 자신이 속한 산업이 유례없는 호황을 맞았다거나 산업 자체가 어중간한 상태인 경쟁사로 가득 차 있는 경우다. 그러나 현실에서는 보통 본원적 전략을 달성한 경쟁사에 비해 늘 매우 낮은 수익을 볼 수 밖에 없다. 산업이 성숙해감에 따라 본원적 전략을 달성한 기업과 어중간한 상태의 기업 사이의 성과는 더욱 현격한 차이를 보이는데, 이는 산업이 성숙함에 따라 기업의 성장 과정에서 채택해 온 전략의 성과 또한 누적되기 때문이다.

어중간한 상태에 머무르는 것은 어떻게 경쟁할 것인가를 선택할 의사가 없다는 선언과 같다. 이러한 기업은 경쟁우위를 확보하기 위해 온갖 방법을 취해보지만 그 방법이 모두 맥락 없이 제각각의 결과물을 낼 뿐 별반 소득 없는 행위에 그치고 만다. 또한 기존의 성장과 특권을 가능하게 한 본원적 전략을 변화시키려는 기업도, 얼마든지 어중간한 상태에 놓일 수 있다. 그 전형적인 예가 레이커 에어웨이스(Laker Airways)다. 이 회사의 초기 전략은 원가 우위 집중화였다. 그중에서도 특히 가격에 극도로 예민한 북대서양 지역의 여행자를 대상으로 시장을 개척하고, 가격 절감을 위해 어떠한 서비스도 추가로 제공하지 않았다. 그러나 시간이 지날수록 초기의 원칙을 벗어나 새로운 경로를 추가하거나 서비스를 고급화하기 시작했다. 이런 행동은 단순하고 저렴한 서비스를 제공해 오던 기존 기업 이미지를 흐릿하게 만들었고, 서비스와 물류시스템 또한 어중간한 상태에 빠뜨렸다. 결국 레이커 에어웨이스는 파산했다.

이처럼 집중화 전략으로 성장한 기업이 일단 목표로 했던 시장을 점령하게 되면, 다른 방식의 전략을 시도하고 싶은 유혹을 느끼게 된다. 그리고 바로 이 순간의 판단이 기업을 어중간한 상태로 이끌 수 있다. 집중화 전략 중에는 잠재적 판매량을 의도적으로 제한하는 방법도 있다. 특정 세분 산업에서 집중화로 성공하게 되면, 성공의 원인을 망각한 채, 성장을 위해 집중화 전략을 버리기도 한다. 하지만 지금껏 잘해온 집중화 전략을 버리기보다는 그 전략을 다시 잘 활용할 수 있는 관련성 있는 분야에서 성장을 추구하는 편이 낫다.

복수 전략 추구

각 본원적 전략은 기본적으로 경쟁우위를 획득하고 유지하기 위한 서로 다른 접근 방식이며, 한 기업이 추구하는 경쟁우위 유형의 조합이고, 전략적 목표의 범위다. 일반적으로 기업은 본원적 전략의 여러 선택지 중 하나를 선택해야만 하며, 그렇지 않으면 '어중간한 상태'에 놓이게 될 것이다. 만약 어떤 기업이 특정 목표 산업에서 경쟁하기 위해 기업의 전략을 최적화(집중화)하면서 동시에 그 대상 영역을 광범위하게 설정한다면(원가 우위 또는 차별화) 집중화 전략의 장점은 무용지물이 될 것이다.

물론 한 기업체 안에 사업부가 둘 이상이라면 서로 다른 본원적 전략을 펼칠 수도 있다. 영국의 호텔기업인 트러스트하우스 포르테(Trusthouse Forte)는 서로 다른 시장을 공략하는 5개의 호텔 체인을 운영하고 있다. 만약 이 기업이 서로 다른 본원적 전략을 추구하는 사업부들을 엄격하게 구분해서 운영하지 않았다면 각 호텔은 경쟁우위 획득에 실패했을 것이다. 다시 말해 하나의 기업문화와 동일한 정책 하에 사업단위 간 전략이 뒤섞이거나 서로 바뀌어 최적화 지점을 잃어버린다면 그 기업이 갈 곳은 어중간한 상태밖에 없다.

원가 우위와 차별화를 동시에 이루는 일은 쉽지가 않은데 그 이유는 일반적으로 차별화 전략은 어느 정도의 원가 상승을 전제로 하고 있기 때문이다. 가격 프리미엄을 얻기 위해 차별화 전략을 추구하는 기업은 고의적으로 원가를 높인다. 반대로 원가 우위 전략을 이용해 차별화 전략을 앞세운 기업을 넘어서고자 하는 기업은 최대한 제품을 표준화하고 마케팅에 드는 간접 원가를 줄이는 등의 노력을 한다.

그렇지만 원가절감이 늘 차별화와 대척점에 있는 것은 아니다. 많은 기업들이 더 효율적인 시스템을 개발하거나 기존 기술을 뛰어넘는 신기술을 채택함으로써 원가를 절감하면서도 오히려 차별화를 강화하는 방법들을 발견했다. 어떤 때에는 기업이 의도하지 않았음에도 차별화에 어떠한 손상도 주지 않은 채 예상치 못한 원가절감을 이루어낼 수도 있다. 그렇다고 원가절감을 원가 우위와 동일 선상에 두는 실수를 범하면 안된다. 언제든 원가 우위에 특화되어 있는 쟁쟁한 경쟁사가 등장하면, 차별화를 희생시키지 않고는 더 이상의 원가절감을 이룰 수 없는 시점에 직면하게 된다. 바로 이때가 기업의 본원적 전략들이 상충하는 시점이며, 기업은 선택의 기로에 설 수밖에 없다.

기업이 원가 우위와 차별화를 동시에 성취했다면 두 이점이 배가되어 높은 성과로 이어질 것이다. 차별화로 가격 우위를 획득함과 동시에 원가 우위로 원가도 더 낮추었기 때문이다. 이렇게 세분 산업에서 원가 우위와 차별화를 동시에 획득한 기업의 예로 금속용기 제조 분야의 크라운 코크 앤 실(Crown Cork and Seal)을 들 수 있다. 크라운 사는 맥주와 청량음료 그리고 스프레이 산업에 쓰이는, 소위 '그립감이 좋은 묵직한' 캔을 목표 시장으로 삼았다. 크라운 사는 알루미늄 캔은 배제하고 오로지 철제 캔에만 집중하여 서비스와 기술 지원, 전체 공정 시스템 제공 등을 차별화시켰다. 동시에 구매자의 욕구에 부합하는 캔만 생산하면서 과감하게 투피스 철제 캔 생산기술(two-piece steel canning technology)에 투자하였다. 그 결과 크라운 사는 금속용기 제조 분야에서 원가 우위 생산자의 지위를 확보할 수 있게 되었다.

이처럼 기업이 원가 우위와 차별화를 동시에 획득하기 위해서는 다음의 세 가지 조건이 충족되어야 한다.

• **경쟁사가 어중간한 상태에 빠진 경우** 경쟁사가 어중간한 상태에 있으면, 어떤 기업도 원가 우위 전략이나 차별화 전략이 상충하는 시점까지 그 기업을 위협할 만큼의 전략적 지위를 확보하지 못한다. 크라운 사의 경우가 이에 해당한다. 이 회사의 경쟁사들은 저원가 철제 캔 생산기술에 투자하지 않았고, 이를 노린 크라운 사는 공정상의 차별화를 희생하지 않고도 원가 우위를 획득할 수 있었다. 만약 경쟁사들이 공격적인 원가 우위 전략을 추구했다면, 원가 우위와 차별화를 모두 달성하려는 크라운 사의 시도는 성공하지 못했을 것이다. 경쟁사가 어중간한 상태에 있는 한 차별화를 희생시키지 않는 원가절감의 기회는 늘 열려 있다.

그런데 이 조건을 충족되어 이익을 얻었을지라도 이는 순간일 뿐이다. 경쟁자는 결국 본원적 전략을 하나로 집중하여 성공적으로 목표를 달성할 것이며, 이는 타 기업으로 하여금 원가와 차별화 전략이 서로 충돌하는 지점까지 몰아붙일 것이다. 그러므로 기업은 먼 미래까지 유지할 경쟁우위의 유형을 미리 선정해두어야 한다. 더욱이 현재 경쟁사들이 그다지 위협적이지 않다면 기업은 원가 우위나 차별화를 절충하여 함께 시도하기 쉽다. 그러나 나중에 강력한 경쟁자가 등장했을 때, 이런 시도는 독이 되어 돌아올 수도 있음을 유념해야 한다.

• **시장점유율 또는 사업 간 상호관련성이 원가 수준을 크게 좌우하는 경우** 원가 우위와 차별화를 동시에 달성하려면 원가를 구성하는 요소가 제품 디자인, 기술구조, 서비스 등 자체적일 때보다는 시장점유율에 더 크게 영향을 받아야 한다. 어떤 기업의 시장점유율이 매우 높다면 특정 활동에서 원가가 증가하더라도 원가선도 면에서 우위를 유지할 수 있어 경쟁사에 대한 차별화 비용을 상대적으로 줄일 수 있다(4장 참조). 마찬가지로 특정 경쟁사가 산업 간의 상호관련성을 적절히 이용할 수 있고 다른 경쟁사들은 그러지 못할 때 원가 우위와 차별화는 동시에 달성할 수 있다(9장 참조).

이렇게 경쟁사가 모방하기 힘든 상호관련성은 차별화 비용 자체를 낮추거나 혹은 높은 차별화 비용을 상쇄할 수 있다. 그럼에도 원가 우위와 차별화를 동시에 추구한다는 것은 적절한 본원적 전략을 선택하고, 그에 따라 과감한 투자를 하는 경쟁사의 도전으로부터 언제나 위협받기 쉽다.

• **기업이 중요한 혁신을 주도하는 경우** 중요한 기술적 혁신을 도입함으로써 기업은 원가를 낮추고 차별화를 강화하며 동시에 이중 우위를 확보할 수 있다. 새로운 자동생산 기술을 도입하고, 유통 과정을 시스템화하고, 컴퓨터로 제품을 디자인하는 등의 일이 모두 이러한

효과를 낸다. 기술과 관련 없는 혁신적 업무 방식도 마찬가지다. 또 공급자와의 부드러운 관계 개선 또한 투입 요소(purchased inputs)의 원가를 줄이고 질적 개선까지 도모할 수 있다(3장 참조).

그러나 원가 우위와 차별화를 동시에 달성하는 능력은 그 기업이 새로운 혁신을 이룩한 거의 유일한 기업이어야 한다는 점에서 쉽지 않다. 만일 경쟁사가 뒤따라 혁신에 성공하면 기업은 다시 원가 우위와 차별화 사이에서 갈등해야 한다. 특히 복수 전략을 추구하며 이룩한 그 혁신이 금세 따라잡힐 것이라는 가능성을 미리 고려해두어야 한다. 그렇지 않다면 실제로 후발기업이 혁신을 모방하였을 때 선도기업은 대응할 기회를 놓친 채, 난관에 봉착할 것이다. 하나의 본원적 전략을 선택한 경쟁사가 혁신을 등에 업고 무섭게 뒤따라온다면, 기업은 원가 우위와 차별화 모두에서 따라잡힐 위험이 크기 때문이다.

기업은 차별화를 희생시키지 않는 모든 원가절감 기회를 항상 공격적으로 추구해야 하며, 추가 비용이 크게 들지 않는 한, 모든 차별과 기회를 노려야 한다. 그러나 결국에는 궁극적으로 어떤 경쟁우위를 선택할지를 정하고 그 상충관계를 조화롭게 해결할 수 있도록 항상 준비되어 있어야 한다.

지속가능성

산업구조를 개선시키는 활동은 경쟁사가 모방한다고 해도 산업 전체의 수익성을 향상시킬 수 있겠지만, 본원적 전략은 지속 가능한 경쟁우위를 확보하지 못한다면, 평균 이상의 성과를 거두기 어렵다. 3가지 본원적 전략의 지속가능성은 기업의 경쟁우위가 경쟁자의 행동

원가 우위의 위험	차별화의 위험	집중화의 위험
• 원가 우위가 지속적이지 못할 경우 　– 경쟁자의 모방 　– 기술의 변화 　– 원가 우위를 변화시키는 기타 이유들 • 차별화의 유사성이 소멸될 경우 • 경쟁 기업이 더 낮은 원가를 확보할 경우	• 차별화 요소의 소멸 　– 경쟁자의 모방 　– 구매자 차별화 감소 • 원가 상 유사성이 소멸될 경우 • 경쟁사가 더 큰 차별화를 성취할 경우	• 차별화 전략이 요망될 경우 • 목표 시장의 구조적 매력이 감소할 경우 　– 구조적 침식 　– 수요의 감소 • 광범위한 시장을 담당하는 경쟁자가 세분산업을 장악하는 경우 　– 기타 인접 세분 산업과의 차이 　– 광범위한 시장의 이점이 증가 • 경쟁사가 시장을 더 세분화하는 데 성공할 경우

표 1-1 각 본원적 전략의 위험(risk)

이나 산업의 진화에 취약하지 않다는 것을 전제로 하여 논의될 수 있다. 각 본원적 전략이 내포한 위험은 〈표 1-1〉에 나타난 바와 같이 서로 다른 양상으로 나타난다.

　본원적 전략의 지속가능성을 유지하기 위해서는 전략을 쉽게 모방할 수 없도록 해야 한다. 그리고 이 장벽 또한 영원할 수는 없으므로 경쟁력 유지를 위해서는 끊임없는 연구와 투자로 경쟁사에 견고한 장벽의 이미지를 심어줘야 한다.

　각 본원적 전략은 경쟁사에게는 잠재적 위협이기도 하다. 예를 들어 〈표 1-1〉에서 볼 수 있듯이 집중화하는 기업은 넓은 시장을 목표로 하는 경쟁자를 주의해야 하고 그 반대도 마찬가지다.

이처럼 각 본원적 전략의 지속을 가능하게 하는 요소들은 3장과 4장 그리고 7장에서 자세히 설명할 것이다.

〈표 1-1〉은 경쟁자의 본원전 전략이 무엇이냐에 따라 그들을 어떻게 공략할 것인가를 분석할 때도 활용할 수 있다. 예를 들어 차별화를 추구하는 기업은 원가를 대폭 낮추거나 유사한 속성으로 차별화를 무색하게 하거나 소비자의 선호 무대 자체를 아예 옮기거나 혹은 세분 산업에 집중화하는 기업들에 의해 공격받기 쉽다. 각 본원적 전략은 15장에 자세히 설명하겠지만 아예 다른 유형의 본원적 전략을 채택한 경쟁자들에게 취약하다.

몇몇 산업에서는 산업구조나 경쟁자의 전략이 하나 또는 그 이상의 본원적 전략을 채택할 가능성을 없애버린다. 그 예로 어떤 기업이 무수한 노력에도 원가 우위를 확보하기 위한 더 이상의 방도를 찾지 못할 수도 있다. 이는 해당 산업에 속한 여러 기업들이 규모의 경제와 원료를 확보하는 능력, 혹은 다른 원가 동인(cost drivers) 등에서 거의 차이가 없기 때문이다. 비슷한 예로, 세분 산업 자체가 거의 없거나, 세분 산업 간의 차이가 별로 없는 저밀도 폴리에틸렌 같은 산업은 집중화 전략을 써 볼 기회가 거의 없다. 그러므로 전략의 혼용은 산업에 따라 다양할 것이다.

그러나 많은 산업에서 3가지 본원적 전략은 기업이 차별화나 집중화를 위하여 서로 다른 영역을 택하거나 서로 다른 전략을 추구하는 한, 수익성을 유지하면서 공존할 수 있다. 몇몇 선도기업이 서로 다른 원천에 뿌리를 둔 구매자 가치를 이용하여 차별화 전략을 추구하고 있는 산업 중 유독 높은 수익성을 보이는 경우가 있다. 이 산업 내의 기업들은 산업구조를 개선하고 안정된 경쟁을 유도하는 경향이 있다. 그러나 둘 이상의 기업이 동일한 영역에서 서로 닮은 본원적 전략을 추구한다면 지루하고 소득 없는 전쟁 상태가 지속될 수 있다. 최악의 상황은 전반적인 원가 우위를 다투는 기업이 여럿일 경우다. 이 경우 기업들은 경쟁사가 과거나 현재 어떤 본원적 전략을 취했느냐에 따라 대안적 전략의 범위나 기업의 지위를 변경하는데 드는 비용을 결정하게 된다.

본원적 전략의 개념은 산업구조에 따라서 경쟁우위를 얻는 방법이 다양하다는 점을 전제로 하고 있다. 만약 산업 내 모든 기업이 경쟁우위의 원리를 따른다면 각 기업은 경쟁우위를 창출하기 위해 서로 다른 경쟁기반을 선택할 것이다. 모두가 성공적일 수는 없다 하더라도, 본원적 전략은 더 나은 성과를 위한 대안을 마련해 준다. 그렇지만 몇몇 전략계획 개념들은 경쟁우위를 차지하기 위한 하나의 방안에만 국한되어 있는데 이는 대부분 원가와 관련이 있다. 따라서 이런 접근은 기업들이 성공한 다양한 모습을 설명하기에 부족하며, 기업 전체가 동일한 유형의 경쟁우위를 추구하게 만들어 산업에 비극을 불러올 수도 있다.

본원적 전략과 산업 진화

산업구조의 변화는 본원적 전략이 수립되는 기반에 영향을 미쳐 결과적으로 각 전략 사이에 유지되던 균형 상태를 바꾸어 놓을 수 있다. 이러한 구조적 변화는 〈표 1-1〉에서 확인할 수 있듯이 다른 위험 요소를 등장시킨다.[10]

산업구조가 변하면 해당 산업 내의 본원적 전략의 중요도도 달라질 수 있다. 구조적 변화는 곧 본원적 전략의 지속가능성이나 그 결과인 경쟁우위의 크기 변화를 수반하기 때문이다. 자동차 산업이 이에 걸맞는 예다. 자동차 산업 초기, 시장의 선도기업들은 비싼 여행용 자동차를 만들어 차별화 전략을 펼쳤다. 그러다 헨리 포드가 생산원가를 획기적으로 낮춰 자동차를 저렴한 가격에 판매하는 고전적인 원가 우위 전략을 펼쳤고 이후 자동차 산업의 기술과 시장 상황은 크게 변했다. 헨리 포드가 한 일은 단순히 자동차의 가격을 낮춘 것만이 아니라 산업 자체의 경쟁 규칙을 바꾼 것이었고 이것으로 포드 자동차는 전 세계 시장을 빠르게 지배할 수 있게 되었다. 이후 1920년대 말까지 이어진 급격한 경제성장은 자동차의 수요를 빠르게 증가시켰고, 산업 전반의 기술도 발달하였다. 바로 이때 기회를 포착한 GM은 자사의 라인과 모델을 확장하고 프리미엄 가격을 붙여 판매하는 차별화 전략을 택했다. GM이 다시 한번 규칙을 바꾼 것이다. GM뿐 아니라 산업 진화를 이용해 집중화를 시도한 다른 성공 사례도 연이어 등장했다.

본원적 전략 간의 싸움이 장기전으로 진행된 예는 일반판매업에서도 찾을 수 있다. K마트를 비롯한 기타 도매업자들은 시어스(Sears)와 같은 백화점을 상대로 낮은 간접비와 전국 단위 브랜드를 앞세워 원가 우위 전략을 시도하였다. 그러나 동시에 월마트를 필두로 한 더욱 차별화된 할인판매업자와도 경쟁이 벌어졌다. 뿐만 아니라 마침 이때 집중화 전략을 내세운 다른 할인판매업자들도 시장에 진입했는데 그들은 스포츠용품(Herman's), 건강과 미용제품(CVS) 그리고 서적(반스 앤 노블) 같은 제품을 집중적으로 파고들었다. 또한 TV쇼핑이나, 인터넷 쇼핑 등의 통신업자들도 세분 산업에서 저원가 전략을 채택하여 가

전제품과 보석류 분야에 집중했다. 장기전 끝에 결국 K마트는 경쟁우위 기반을 잃고 쇠퇴했다.

본원적 전략 사이에서의 주도권 다툼을 잘 설명해주는 또 다른 사례로 보드카 산업을 들 수 있다. 스미노프(Smirnoff)는 고급 브랜드 이미지와 공격적인 마케팅으로 산업 내에서 일찍이 자리매김하고 이를 기반으로 오랫동안 차별화 전략을 추구해온 기업이었다. 그러나 산업 성장이 둔화되면서 경쟁이 치열해지자, 소규모 양조 브랜드를 내세운 보드카와 저가 브랜드들이 우후죽순 등장하기 시작했다. 동시에 펩시사가 스톨리치나야(Stolichnaya) 보드카의 판권을 확보해 스미노프가 그동안 집중화를 통해 쌓아온 이미지를 단번에 뛰어넘은 입지를 확보했다. 오랫동안 보드카 산업에서 탁월한 성과를 거둬온 스미노프는 스톨리치나야에 대응하기 위해 프리미엄 브랜드를 포함하여 여러 개의 새로운 브랜드를 도입하는 등 자구책을 마련해야만 했다.

본원적 전략과 조직구조

각 본원적 전략을 성공으로 이끌기 위해서는 서로 다른 기술과 조건이 부합해야 하는데, 이는 보통 조직구조와 문화의 차이에서 온다. 예를 들어 원가 우위는 대개 치밀한 원가 통제시스템, 간접비 최소화, 규모의 경제 극대화, 학습곡선의 노력을 통해 확보할 수 있다. 그런데 원가 우위를 확보하는 노력은 기업이 신제품을 개발할 때, 차별화를 시도하기 위한 모든 조건과 상반된 위치에 있을 것이다.[11]

때로는 조직구조의 차이가 본원적 전략 수립에 영향을 미치기도 한다. 보통 본원적 전략을 성취하는 과정 중에 경제적 불일치가 발생하는 경우가 일반적인 것처럼 기업 또한 전략을 성공시키기 위한 일련의 행동 양식과 그것을 행하는 사람들이 모인 조직구조가 일치하지 않을 수 있다. 전략과 조직구조의 합이 서로 맞지 않는다면, 목표 달성에 치명적 단점이 될 수 있다. 이런 이유로 최근 기업들은 사업단위별 전략에 따라 그에 적합한 임원을 임명하고 동기를 부여하는 방향으로 방침을 세우고 있다.

기업마다 추구하는 본원적 전략이 다른 만큼 그 기업들에 형성된 조직문화도 다르다. 차별화를 전략적으로 이용하는 HP를 예로 들면, 혁신, 개인주의, 도전 등을 장려하는 조직문화가 형성되어 있고, 원가 우위 전략을 추구하는 에머슨 일렉트릭(Emerson Electric)의 경우에는 근면, 질서, 꼼꼼함 등이 주된 조직문화를 이룬다. 이처럼 전략과 딱 들어맞는 조직문화는 본원적 전략이 추구하는 경쟁우위를 더욱 강화할 수 있다. 여기서 주의해야 할 점은 그 자체로 좋거나 나쁜 조직문화는 있을 수 없으며, 조직문화는 어디까지나 경쟁우위를 얻는 수단이지 그 자체가 목적은 아니라는 사실이다.

본원적 전략과 조직 사이의 연결은 다각화된 기업에서도 중요한 부분이다. 다각화된 기업은 사업단위가 다양하더라도 동일한 본원적 전략을 추구하는 경향이 있는데, 특정 접근법을 선택해 그것으로 경쟁우위를 달성하면 기업 자체의 역량이 될 뿐만 아니라 구성원들에게 자긍심을 심어줄 수 있다. 임원진들 또한 대게 특정한 한가지 유형의 전략에서 전문성을 발휘한다. 애머슨 일렉트릭과 하인즈(Heinz)는 사업단위가 다양하지만, 여러 사업부가 동시에 원가 우위를 추구하는 것으로 유명하다.

이처럼 많은 사업단위에서 동일한 본원적 전략을 취하는 것은 다각화된 기업이 사업단위의 부가가치를 얻는 하나의 방법이다. 이 주제는 9장에서 사업부 간의 상호관련성을 설명할 때 논의할 것이다. 그러나 다각화된 기업이 전사적으로 단일한 본원적 전략을 채택했을 때는 반대 급부로 단점도 명백히 드러날 수 있다. 그런 위험 위험 중 하나는 다각화된 기업이 신규로 개별 사업단위를 추진할 때, 그 산업에 맞지 않는 본원적 전략을 강제할 수 있다는 점이다. 혹은 특정 사업단위가 조직 전체의 지배적인 본원적 전략과 일치하지 않는 산업환경하에서 전략적 실수를 범할 수도 있다. 더 심각하게는 그러한 사업단위들이 상위 경영진의 선택으로 처음부터 잘못된 전략을 취할 수도 있다. 더욱이 각 본원적 전략은 종종 다른 패턴의 투자형태, 다른 유형의 최고경영자와 조직문화를 필요로 하기 때문에 그를 바탕으로 한 기업정책이나 목표와는 상충하는 사업단위가 강제 존속할 수 있는 위험도 존재한다. 예를 들어, 전사적으로 원가를 절감하자는 목표나 기업 단위의 인사 정책들은 제품의 질이나 서비스에서 스스로를 차별화하려고 시도하는 개별 사업단위에는 불리하게 작용할 수 있다. 반대로 차별화에 적합한 간접비용 정책은 저원가 생산을 추구하는 사업단위에 해가 될 수 있다.

본원적 전략과 전략계획 과정

경쟁우위가 우월한 성과를 창출하는 기반임을 파악했다면, 이제 본원적 전략을 중점으로 계획을 세워야 한다. 본원적 전략은 기업이 추구하는 경쟁우위에 대한 기본적 접근방식을 자세히 설명하고, 각 기능 분야에서 취해야 할 행동의 맥락을 제공한다. 그러나 사실상 많은 전략계획은 기업이 어떤 경쟁우위를 추구하고 어떻게 추구해야 하는가에 대한 명확한 구분 없이 실행단계를 나열하는 정도에 그치고 있다. 그런 계획들은 수립과정에서 이미 경쟁전략의 기본 목표를 간과하기 쉽다. 들도 마찬가지로 내에서현실적인 들을 고려하지 않는다.실제로 많은 계획들이 수익성을 결정하는 경쟁우위에 대한 기본적인 이해가 부족한 상태에서 불확실한 예상 가격과 원가에만 의존하여 수립되고 있는 실정이다.

대부분의 다각화 기업은 그들의 사업 내역을 분석해 각각의 확장, 유지, 수확에 걸맞는 전략 방향을 제시해주는 시스템으로 사업단위를 분류한다. 이는 전략계획 과정의 일부이기도 하다. 이러한 분류는 종종 사업단위의 전략을 설명하고 요약하는 데 이용된다. 사업단위의 분류 체계는 다각화된 기업에서 자원을 분배할 때는 유용할 수 있지만, 그 자체를 전략으로 이해해서는 안된다. 사업단위의 전략이란, 사업단위의 성과를 결정짓는 경쟁우위를 창출하기 위한 수단으로 보아야 할 것이다.

전략계획은 사업단위의 경쟁적 지위를 오로지 시장점유율로 설명하려는 관행으로도 사용된다. 어떤 기업은 모든 사업단위를 업계 1, 2위로 만드는 목표를 세우는데, 이런 접근방식은 전략적으로 확실한 만큼 위험이 따르기도 한다. 시장점유율이 경쟁적 지위와 명백히 연관되기는 하지만(예를 들어 규모의 경제 때문에), 산업 내 리더십은 경쟁우위의 결과지 그 원인이 아니기 때문이다. 다시 말해서 시장점유율보다는 경쟁우위가 실질적인 경쟁에서 더 중요하다. 따라서 기업이 시장 리더십만을 추구할 경우 경영진들은 시장점유율로만 산업을 정의하는 데 열을 올리게 되어 경영전략의 핵심인 경쟁우위를 간과하는 우를 범하고 말 것이다. 그렇게 되면 경쟁우위 확보에 실패하거나 이미 가지고 있는 경쟁우위도 잃어버릴 수 있다.

실제로 어떤 산업에서는 시장 선두주자들의 성과가 가장 형편없는데, 이는 업계 리더에게 보상이 돌아가지 않는 해당 산업의 구조적 특징 때문이다. 일례로 콘티넨탈 일리노이 은행(Continental Illinois Bank)이 있다. 이 은행은 도매 대출 분야의 선두주자가 되려는 가시적 목표를 세우고 그 목표를 이루는 데 성공했다. 그러나 그 리더십이 곧 경쟁우위로 이어지지 않고, 필요 이상의 무리한 대출을 실행하여 비용 증가만 가속화했다. 즉, 산업 리더십이라는 목표 때문에 금리에 민감한 우량 대출 고객인 대기업을 상대로 영업을 해야했으며, 그것 때문에 수년 간 리더 자리의 대가를 치러야 했다. 그밖에 견직물 산업의 벌링턴 인더스트리즈(Burlington Industries)와 전자 산업의 텍사스 인스트루먼츠와 같은 다른 많은 기업들의 예에서 볼 수 있듯이 시장에서의 리더의 위치 자체가 목표일 경우, 경쟁우위를 획득하고 유지하는 것으로부터는 멀어질 수도 있다.

이 책의 핵심 내용

이 책은 기업이 경쟁우위를 확보하기 위해 본원적 전략을 선택하는 방법, 실행 과정, 목표 달성 이후의 유지 전략 등에 대한 일련의 과정을 설명하고 있다. 또 원가 우위와 차별화라는 2가지 유형의 경쟁우위와 기업활동 범위 사이의 상호작용에 관해 서술한다. 가치사슬은 기업의 경쟁우위를 분석하고 이를 강화하기 위한 기초적인 도구로,

기업 활동을 제품의 설계, 생산, 마케팅, 유통 등으로 나눠놓은 것이다. 기업활동이 일어나는 범위를 일컬어 '경쟁 범위'라 부르는데, 이 범위는 가치사슬에 영향을 미쳐 경쟁우위 획득에 막강한 역할을 한다. 이 책에서는 좁은 경쟁 범위(집중화)가 가치사슬을 어떻게 적합하게 조정해서 경쟁우위를 창출하는지, 넓은 경쟁 범위가 서로 다른 세분 산업, 또는 지리적 지역을 만족시키는 가치사슬 간의 상호관련성을 어떻게 창출해내는지도 이야기하고 있다.

이 책은 『경쟁전략』의 후속편으로, 경쟁우위 개념을 통해 실무에 종사하는 사람들이 산업과 경쟁사를 분석하는 데 도움이 되었으면 하는 마음으로 썼다.

이 책은 크게 네 부분으로 이루어져 있다. 1부에서는 각각의 경쟁우위 유형을 소개하고 기업이 어떻게 그 경쟁우위들을 획득할 수 있는지를 설명한다. 2부에서는 한 산업 내의 경쟁 범위와 그것이 경쟁우위에 미치는 효과에 대해 논의한다. 3부에서는 관련 산업 내의 경쟁 범위에 대한 분석과 함께 기업전략이 어떻게 각 사업단위의 경쟁우위에 기여할 수 있는지를 이야기하며, 4부에서는 산업 전망의 불확실성 또는 산업 내의 지위 향상이나 방어가 필요한 상황에 대처하는 방법을 중심으로 경쟁전략에 대한 전반적인 시사점에 대하여 논의한다.

2장에서는 가치사슬의 개념에 대한 설명과 함께 어떻게 가치사슬이 경쟁우위를 진단하는 기본적인 도구로 사용될 수 있는지를 보여준다. 즉, 기업활동을 경쟁우위를 지닌 각각의 가치활동(value activities)으로 분리하는 방법과 경쟁우위의 중심에 있는 이들 가치활동 사이의 연계(linkages)를 찾는 방법에 대하여 이야기한다. 또한 가치활동에 영향을 주는 경쟁 범위의 역할과 함께 한 기업의 가치사슬 내의 활동들을 대신할 수 있는 다른 기업과의 제휴(coalitions)에 관해 설명한다. 그리고 가치사슬을 활용하여 조직구조를 설계하는 방안은 간략히 고찰한다.

3장에서는 지속가능한 원가 우위를 획득하는 방법에 대해 설명한다. 여기서는 원가 행동과 그 전략적 시사점을 이해하기 위해서 가치사슬이 어떻게 사용되는지를 보여주는데, 원가 행동을 이해하는 것은 기업의 상대적인 원가 지위를 개선하는 데 필요할 뿐 아니라 차별화에 들어가는 비용을 확인하는 데도 필요하다.

4장에서는 기업이 어떻게 경쟁자로부터 스스로를 차별화할 수 있는지를 설명한다. 가치사슬은 기업의 차별화 원천과 차별화를 유발하는 방법을 제시한다. 특히 구매자의 가치사슬은 구매자의 비용을 낮추거나 구매자 성과를 개선함으로써 가치를 증가시키는 차별화의 원천을 이해하는 데 핵심 열쇠가 된다. 구매자 가치를 창조한다는 것은 실제로 구별되는 독특함(uniqueness)이 있어야 함과 동시에 그 가치를 구매자가 인지할 수 있게끔 만드는 능력을 말하는데 이는 곧 차별화로 이어진다.

5장에서는 기술과 경쟁우위가 어떤 관련성을 갖는지에 대해 이야기한다. 기술은 가치사슬에 침투하여 차별화와 원가 우위 양쪽 모두에서 경쟁우위 결정에 중요한 역할을 한다. 이 장에는 기술변화가 경쟁우위와 산업구조에 미치는 영향에 대해 기술했다. 또한 한 산업 내에서 기술이 변해가는 과정에 개입하는 변수들에 대해서도 설명하고 있다. 그다음으로는 기술선도기업이 되느냐 기술 라이센싱을 전략적으로 사용하는 기업이 되느냐에서부터 경쟁우위를 향상시키기 위해서 기업이 선택할 수 있는 기술 전략까지 서술하고 있다. 또한 기업이 현재 경쟁중인 분야에서 어떤 변화를 시도하는 데 따르는 잠재적인 위험과 이에 대한 보상을 강조하기 위해서 알아두어야 할 초기 진입자의 이득(first-mover advantage)과 어려움에 관한 논의도 이어질 것이다.

6장에서는 경쟁우위와 산업구조 향상에 있어서 경쟁사의 역할 또는 경쟁사의 선택 문제에 관하여 논의하고 있다. 이 장에서는 기업의 경쟁 지위에 도움이 되는 경쟁사에 대한 설명을 한다. 그리고 유익한 경쟁사를 파악하는 방법과 특정 산업 내의 경쟁사가 생기는 방식에 어떤 영향을 줄 수 있는지를 서술하고 있다. 더불어 한 기업이 유지해야 하는 적정 시장점유율과 결정 방법에 대해 설명하는데, 과도한 점유율은 최적화에 불리하게 작용하기 때문에 반드시 짚고 넘어가야 하는 중요한 문제다.

이 책의 2부는 7장부터 시작된다. 이 장에서는 산업의 세분화가 어떻게 이루어지는지 설명하고 있다. 이에 대한 연구는 3장과 4장에 제시한 바와 같이 구매자의 기호와 원가 행동과 관련하여 산업 내에 존재하는 차이에 대한 인식으로부터 비롯된다. 이러한 산업세분화 개념을 이용하면 광범위한 시장을 목표로 삼는 기업에 닥칠 수 있는 위험을 평가할 수 있을 뿐 아니라 집중화 전략 선택에 있어 좀 더 올바른 판단을 내릴 수 있게 된다. 또한 7장에서는 수익성이 있고 방어 가능한 집중화 전략을 어떻게 도출해낼 수 있는지를 설명한다.

8장에서는 대체재를 결정하는 요인과 타사 제품을 자사 제품으로 대체하는 방법, 대체재의 위협에 대처하는 방법을 설명한다. 5가지 경쟁 요인 중의 하나인 대체재는 대체재의 원가와 교체 비용(switching cost) 그리고 구매자가 대체시에 얻는 경제적 이익에 대한 평가를 상대적 가치와 비교함으로써 이루어진다. 대체재에 대한 분석은 산업영역을 확장하기 위해 매우 중요하며, 비교적 대체재 위험이 낮은 세분산업을 도출하게 할 뿐만 아니라 대체재를 발생시키거나 반대로 대체재의 위협을 방어할 수 있는 전략을 개발하는 데 도움을 준다. 그러므로 대체재의 개념을 이해하는 것은 경쟁 범위를 확장하거나 축소할 때 모두 매우 중요한데, 이에 대한 분석은 3장에서 7장에 걸쳐 이루어지고 있다.

9장부터는 이 책의 3부에 해당한다. 이 장은 다각화된 기업의 기업 수준 전략에 관해 기술된 네 개의 장 가운데 첫 번째 장이다. 기업 수준의 전략에서는 사업단위 간의 상호관련성이 경쟁우위를 형성하는 데 어떠한 영향을 미치는지가 주요 관심사다. 9장에서는 상호관련성의 전략적 논리에 관해 살펴본다. 여기서는 산업 간 상호관련성의 3가지 유형을 살펴보고 시간이 지남에 따라 더욱 중요시되는 이유를 설명한다. 그리고 경쟁우위를 위한 상호관계의 중요성이 어떻게 평가될 수 있는지를 보여준다.

10장에서는 기업 내 다수의 개별 사업단위에 걸친 전략을 가리키는 수평적 전략에 대해 논한다. 관련 산업에 다수의 사업단위를 가지고 있는 기업의 경우 개별 사업단위의 전략에 맞도록 그룹, 부문 및 기업 전체 수준의 전략을 짜야 한다. 여기에서는 새로운 산업으로 다각화할 때 필요한 전략의 상호관련성이 주는 시사점과 함께 이와 같은 여러 차원의 전략을 짜는 데 필요한 원칙에 대하여 알아본다.

11장에서는 사업단위 간 상호관련성이 실제로 어떻게 형성되는지를 분석한다. 상호관련성을 추구하는 과정에서는 각자 일하는 터전의 보호에서부터 부서 인센티브 문제에 이르기까지 여러 가지 조직 차원의 장애 요인을 꼼꼼히 짚어본다. 이후 '수평적 조직'이라고 명명한 조직구조를 통해 장애 요인을 극복할 수 있는 방법에 대하여 살펴본다. 관련 산업에서 경쟁하고 있는 기업들은 각 산업단위를 연결시켜 주는 수평적 조직을 가지고 있어야 하는데, 이는 전체를 통제하고 관리하는 위계조직을 보완하는 역할이지 그것을 대체하는 성격이어서는 안 된다는 점을 강조한다. 12장에서는 상호관련성의 사례 가운데 중요하면서도 특별한 경우로 제품이 보완재와 함께 쓰이거나 구매되는 산업에 대하여 다루고 있다. 이 장에서는 기업이 보완재를 외부의 공급자가 공급하도록 하는 대신에 이를 직접 통제해야 하는 상황을 설명한다. 또 별도의 제품을 하나의 패키지로 구성하여 판매하는 일괄 판매(bunding)와 이 전략이 시장에서 인정받는 이유를 설명한다. 마지막으로 교차보조 판매전략(cross-subsidization)은 가격을 책정할 때, 한 재화와 보완재의 가격을 개별적으로 매기지 않고 보완재 간의 관련성을 반영하는 것을 말한다.

4부에서는 『경쟁전략』에 나오는 개념을 함께 사용하여 공격 전략과 방어전략의 대략적인 원칙에 대하여 설명한다. 13장에서는 매우 불확실한 상황에서 경쟁전략을 공식화할 때 발생하는 문제를 다룬다. 그리고 미래에 발생 가능한 산업구조의 변화를 설명하기 위한 산업 시나리오의 개념과 형성 과정을 이야기한다. 또 전략 선택에 따른 불확실성에 대해 기업이 강구할 수 있는 대안은 무엇인지 살펴본다. 경쟁전략은 다음과 같은 2가지 조건이 충족되었을 때 더욱 효과적일 수 있다. 첫째, 발생 가능한 시나리오의 범위에 대한 인지가 명확할 것. 둘째, 여러 가지 시나리오를 포괄하여 일관성 있는 전략을 구성했는지 확인이 가능할 것.

이 책의 마지막 장인 14장과 15장은 방어전략과 공격 전략에 대한 설명으로 채워져 있다.

14장에서는 기업의 지위가 도전받는 과정과 경쟁사를 방해하거나 차단하는 데 사용 가능한 여러 방어 전술들을 소개하고 이를 토대로 개발해 낸 방어전략을 소개한다.

15장에서는 기업이 산업 리더 자리에 도전하기 위해 필요한 조건과 경쟁의 법칙을 성공적으로 바꾸기 위한 접근법을 소개한다. 이때 업계 선두주자를 공격하는 것과 관련된 원칙들은 동시에 다른 경쟁자에 대한 공격 전략으로도 쓰일 수 있다.

01
경쟁우위의 원리
Principles of Competitive Advantage

Chapter 02
가치사슬과 경쟁우위

Chapter 03
원가 우위

Chapter 04
차별화

Chapter 05
기술과 경쟁우위

Chapter 06
경쟁사의 선택

Chapter 02
가치사슬과 경쟁우위

 기업을 총체적으로 바라보는 시각만으로 경쟁우위를 이해하는 것은 어렵다. 경쟁우위는 한 기업이 제품이나 서비스를 만들고, 홍보하고, 배송하며 고객 응대까지 전 과정에 걸친 여러 가지 개별 행위 과정 속에서 발생하기 때문이다. 각각의 활동은 기업이 상대적으로 원가를 낮추고 차별화 요소를 만드는 기반이 된다. 예를 들어 원가 우위는 저렴한 비용의 유통시스템, 효율적인 조립공정 혹은 뛰어난 영업 인력 활용 등과 같은 개별적인 활동에서 생길 수 있다. 마찬가지로 차별화도 고품질의 원료, 적절한 주문발송 시스템 및 뛰어난 제품 디자인과 같은 다양한 요인에서 발생한다.

 경쟁우위의 원천을 분석하기 위해서는 개별 기업이 수행하는 모든 활동을 점검해보고 이러한 활동들이 어떻게 서로 영향을 미치는지를 체계적으로 알아보아야 한다. 이 장에서는 소개하는 가치사슬은 이러한 체계적인 분석을 위한 도구다. 가치사슬은 (원가의 모습이거나, 현존하거나, 잠재적으로 존재하는) 차별화의 원천을 이해하기 위해 도입된 개념으로, 한 기업의 활동을 전략적으로 연관성 있는 몇 개의 활동들로 나

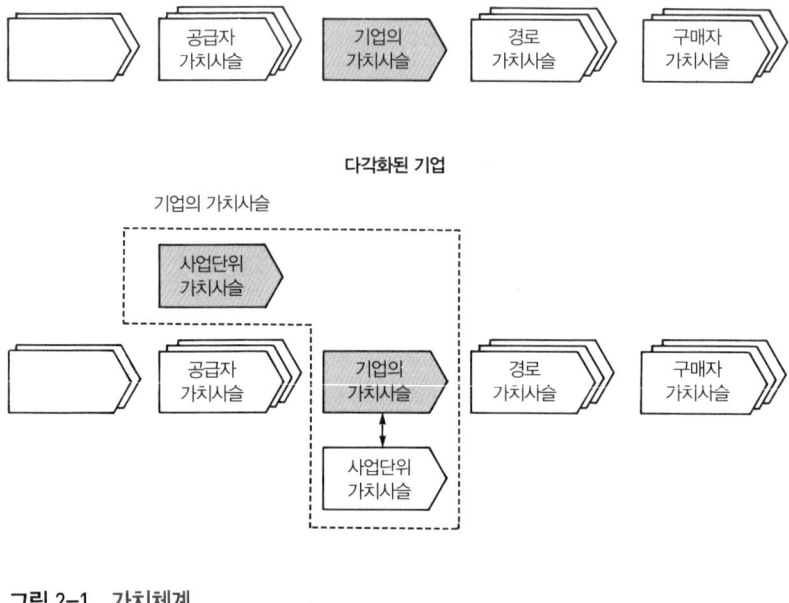

그림 2-1 가치체계

눈 것이다. 기업은 전략적으로 중요한 활동을 경쟁자보다 더 낮은 비용 혹은 더 효율적인 방법으로 수행함으로써 경쟁우위를 확보할 수 있다.

기업의 가치사슬은 보다 큰 활동 흐름인 '가치체계'에 포함된다(〈그림 2-1〉 참조). 간단히 설명하자면, 공급자에게는 공급자 가치사슬(upsteam value)이 있다. 이것은 기업 내 가치사슬에서 사용되는 투입 요소를 만들어내고 전달하는 과정 중에 형성된다. 이때, 공급자는 제품을 전달하는 역할뿐만 아니라 다른 많은 방법으로 기업의 성과에 영향을 준다. 그리고 제품이 구매자에게 전달되는 유통 과정에는 유통 가치사슬(channel value)이 존재한다. 유통채널 또한 마찬가지로 기업의 활동과 구매자에게 영향을 주는 추가적인 활동을 수행한다. 기업의 제품은 마침내 구매자 가치사슬(buyer's value)의 일부가 된다. 기업과 구매자 가치사슬에서 그 기업이 생산하는 제품의 역할이 차별화의 가장 궁극적인 원천이며 이것이 구매자의 욕구를 결정한다. 따라서 경쟁우위를 확보하고 유지하는 것은 기업의 가치사슬과 전체 가치체계에서 그 기업이 얼마나 잘 부합하는지를 이해하느냐에 달려 있다.

각 기업의 가치사슬은 그 기업의 역사와 전략 그리고 기업활동의 성공 여부 등을 반영하기 때문에 동일 산업 내에서도 각기 다르다. 이와 더불어 주목해야 할 차이점은 각 기업의 가치사슬이 경쟁우위의 잠재적 원천을 대표하는 경쟁 범위(competitive scope)의 차원에서 경쟁자의 가치사슬과 다를 수 있다는 점이다. 특정 산업 분야만 공략하는 기업은 그 분야에 적합한 가치사슬을 형성해서 경쟁자에 비해 유리한 원가 우위나 차별화를 획득한다. 지리적인 시장 범위를 결정하는 것도 경쟁우위에 영향을 줄 수 있다. 기업활동의 통합 정도는 경쟁우위에 있어 핵심적인 역할을 한다. 상호 조정된 가치사슬을 가진 연관 산업에서 경쟁하는 것은 상호관련성을 통해 경쟁우위를 획득하는 결과를 가져올 수 있다. 기업은 내부적으로 경쟁 범위를 넓게 형성하여 이에 따른 이점을 활용하기도 하지만 합작투자, 라이센스, 공급계약 등의 형태로 다른 기업과 제휴를 맺어 똑같은 이점을 얻기도 한다. 기업 간의 제휴는 서로의 가치사슬을 공유하거나 조정하는 것도 포함한다.

이 장에서는 경쟁우위의 원천을 파악하는 도구로써 가치사슬의 기본적 역할을 서술하려고 한다. 먼저 가치사슬과 그 구성요소를 알아보자. 모든 기업의 가치사슬은 관련성 있는 특징을 지닌 9개의 본원적인 가치활동으로 구성되어 있다. 본원적 가치사슬은 기업이 수행하는 특정 활동을 토대로 기업의 가치사슬이 어떻게 형성되는지 설명하기 위해 사용된다. 그리고 기업의 가치사슬 내 활동들이, 그 활동의 공급자와 유통채널, 구매자와 어떻게 연결되는지 설명한다. 궁극적으로는 이 모든 것들이 경쟁우위에 미치는 영향을 밝혀낸다. 기업의 활동 범위 또한 경쟁우위의 변화에 어떠한 영향을 미치는지도 빼놓지 않았다. 이를 바탕으로 3장부터는 기업의 상대적 원가 우위와 차별화의 원천을 분석하는 전략적 도구로 사용되는 가치사슬과 경쟁우위를 획득하는 데 있어서 경쟁 범위의 역할에 대해 상세하게 설명할 것이다.

가치사슬

기업은 활동의 집합체다. 기업은 제품 디자인, 생산, 판매, 운송 그리고 제품 지원 등 다양한 활동을 수행한다. 이러한 모든 활동은 〈그림 2-2〉와 같은 가치사슬로 나타낼 수 있다. 기업의 가치사슬과 개별 활동을 수행하는 방법에는 기업의 역사, 전략, 전략을 수행하는 방법 그리고 각 활동 자체가 지닌 경제적 논리가 반영되어 있다.[1]

가치사슬을 구축하기 위한 적정 수준은 특정 산업 또는 사업단위에서의 기업활동이다. 산업 전체 또는 섹터 범위의 가치사슬은 너무 범위가 크다. 같은 산업 내에서는 비슷한 가치사슬을 가진 기업들이 많지만 그 안에서 경쟁자 간의 가치사슬은 종종 다른 모습을 보인다. 피플 익스프레스와 유나이티드 항공의 경우를 보라. 양사 모두 항공운송업에 종사하고 있지만 공항 전용 탑승구 운영이나 직원 관리 혹은 항공기 운영 등에서 큰 차이를 보인다. 각자 형성하고 있는 가치사슬의 양상은 매우 다를 수밖에 없으며 이 차이가 바로 경쟁우위의 원천이다. 각 기업의 가치사슬은 생산품목의 차이, 구매자의 차이, 지역적 차이 또는 유통채널의 차이로 다르게 나타날 수 있다. 그러나 기업 내 이러한 부분들의 가치사슬은 서로 밀접하게 연관된 가치활동을 영위하고 있기 때문에 사업단위를 가치사슬의 맥락에서 이해하는 것이 가장 쉽다.[2]

경쟁의 의미에서 가치란 기업이 제공하는 제품을 구매하기 위해 구매자가 기꺼이 지불할 수 있는 금액을 말한다. 그렇다면 가치는 제품의 가격과 판매 수량을 반영한 총 수익으로 측정될 수 있다. 기업이 이익을 창출하는 원리는 제품 생산에 들어가는 원가보다 더 높은 가치를 만들어내는 것이다. 바로 이것이 모든 본원적인 전략의 목적이기도 하다. 종종 차별화를 통한 가격 프리미엄을 얻기 위해 기업들이 의도적으로 원가를 상승시키는 경우가 있는데, 이 때문에 경쟁적 지위를 분석하기 위해서는 원가가 아닌 가치를 분석해야 한다. 가치사슬은 총 가치(total value)를 보여주며, 가치활동과 한계이윤(margin)으로 구성된다. 가치활동은 기업이 수행하는 활동 가운데 기술적, 물리적으로 구별되는 활동을 말한다. 기업은 이 활동 구매자에게 가치 있는 제품을 생산하기 때문에 반드시 필요한 구성요소다. 한계이윤은 총가치에서 가치활동을 수행하는데 드는 총원가를 뺀 차액을 말한다. 한계이윤을 측정하는 방법은 다양하다. 공급자와 유통채널의 가치사슬에도 한계이윤이 포함되어 있는데 이는 구매자 총비용의 일부가 되

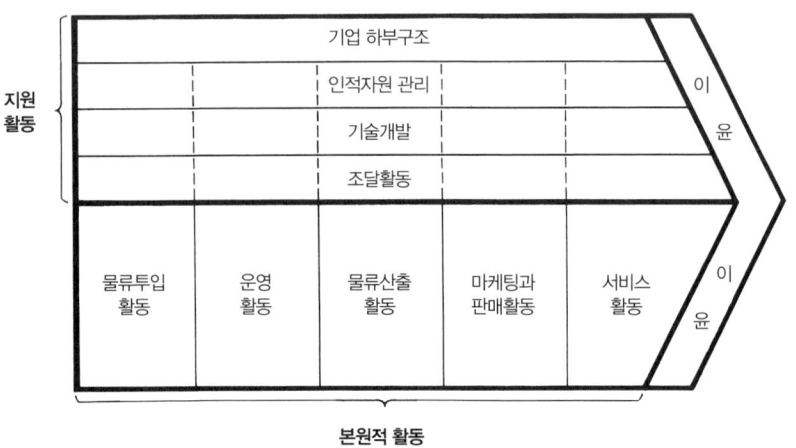

그림 2-2 본원적 가치사슬

므로 기업의 원가 지위 원천을 파악할 때 공급자 및 유통채널의 한계이윤을 별개로 생각하는 것이 중요하다.

모든 가치활동은 원자재의 구입, 인적 자원 그리고 특정 형태와 수준의 기술을 요구한다. 또 각 가치활동은 구매자 정보나 성과를 측정하는 다양한 테스트 및 제품에 관한 통계자료와 같은 정보를 이용하고 생성한다. 뿐만 아니라 가치활동은 재고자산이나 외상 매출금과 같은 재무자산, 외상 매입금 같은 부채를 발생시킨다.

가치활동을 크게 2가지로 구분하면 본원적 활동(primary activities)과 지원 활동(support activities)이 있다. 이제 〈그림 2-2〉를 참고해 보자. 그림의 아래 부분에 나열되어 있는 활동들이 본원적 활동으로, 이 활동들은 제품의 물리적 제조과정과 판매 그리고 구매자에게 전달되는 물적 유통 과정 그리고 사후관리(AS)를 포함한다. 〈그림 2-2〉의 5가지 본원적 활동의 범주는 어떤 기업에서든 똑같이 적용된다. 지원 활동은 원자재 구입, 기술, 인적 자원과 기타 회사 전반에 걸친 기능을 제공하는 것으로 본원적 활동 및 다른 지원 활동을 보조해주는 활동이다. 지원 활동이 전체 가치사슬을 지원하면서 동시에 특정 본원적 활동과 연관될 수 있다는 것을 그림에는 점선으로 표현하였다. 다만 기업의 인프라(firm infrastructure)는 특정 본원적 활동에만 국한되지 않고 가치사슬을 전반적으로 지원한다.

가치활동은 경쟁우위의 개별 단위다. 각 활동이 어떻게 각각의 경제적 논리와 결합하여 수행되는지에 따라 기업의 원가 지위가 결정된다. 또 각각의 가치활동이 어떻게 수행되는지가 구매자의 욕구와 차별화에 기여하는 정도를 결정할 것이다.

경쟁사와의 가치사슬을 비교하는 것은 경쟁우위를 결정짓는 차이점을 밝혀내는 방법이다.

따라서 부가가치보다는 가치사슬에 대한 분석이 경쟁우위를 분석하는 타당한 방법이다. 부가가치(판매가격에서 구매한 원재료 비용을 뺀 부분)는 때때로 원가를 분석하는 핵심이었는데 그것은 기업이 부가가치를 비용을 통제할 수 있는 영역으로 간주하였기 때문이다. 그러나 이는 기업활동에 쓰이는 다른 투입요소와 원재료를 정확하게 구별하지 못한다는 단점이 있다. 또 이를 수행하는 데 이용된 다른 모든 원자재를 동시에 고려하지 않고는 모든 활동의 원가 행동을 이해할 수 없다.

게다가 부가가치 분석으로는 원가를 절감하거나 차별화를 강화할 수 있는 기업과 공급자 간의 연계성을 파악할 수가 없다.

가치활동의 식별

가치활동을 밝히려면 우선 기술적으로나 전략적으로 구분되는 활동들을 분리해야 한다. 가치활동 구분은 회계적 분류와 대부분 일치하지 않는다. 가치활동을 부채, 직접노무비, 제조경비 등의 회계적 분류 항목에 따라 구분을 하게 되면 본질적으로 다른 기술을 하나의 활동에 묶어놓거나 동일한 가치활동 내의 비용을 분리하여 계산하는 오류를 범할 수 있기 때문이다.

본원적 활동

본원적 활동은 어떤 산업 분야든 〈그림 2-2〉와 같이 5가지로 나뉠 수 있는데, 각 활동은 기업의 전략과 기업이 속해 있는 산업의 특성에 따라 다시 여러 가지로 나뉜다.

- **물류 조달**(inbound logistics): 제품에 필요한 원자재 구입, 저장, 분배하는 것과 관련된 활동. 자재관리, 저장, 재고관리, 부품 사용 계획, 공급자에게 반품하는 것과 같은 활동을 말한다.
- **운영**(operations): 원자재를 최종 제품형태로 가공하는 것과 관련된 활동. 기계가공, 포장, 조립, 부품 유지, 테스트, 인쇄, 설비 운영과 같은 활동을 말한다.
- **판매 물류**(outbound logistics): 제품을 구매자에게 유통시키기 위한 수집, 저장과 관련된 활동 및 구매자에게 제품이 직접 유통되는 과정에 해당하는 완성품 보관, 자재 관리, 운송장비 관리, 주문처리, 유통 계획과 같은 활동이 포함된다.

- **마케팅과 판촉**(marketing and sales): 구매자가 제품을 구입할 수 있는 수단을 제공하는 활동. 광고, 판촉(promotion), 영업 및 영업량 할당, 유통채널 선택, 유통망 관리와 가격설정과 같은 활동이 포함된다.
- **서비스 활동**(service): 제품 가치를 유지하거나 높여주는 활동. 제품설치, 수리, 사용방법 교육, 부품 공급, 제품 조정과 같은 활동이 포함된다.

산업의 특성에 따라 위 카테고리 중 어떤 특정 활동이 경쟁우위에 더욱 결정적인 역할을 하기도 한다. 예를 들어 유통업자에게는 조달 및 판매 물류 활동이 다른 활동보다 훨씬 중요한 반면, 식당이나 소매상 같은 서비스업에는 운영이 핵심 활동이 된다. 기업대출을 주로 취급하는 은행의 경우에는 대출금의 이율 산정(즉, 가격설정)과 상환 방법 설정 그리고 대출자의 선별 등과 같은 마케팅과 판매 활동이 경쟁우위를 형성하는데 중요한 포인트다. 복사기 대여업자의 경우 서비스 활동이 경쟁우위 창출에 무엇보다 중요하다. 그러나 어느 기업이든 5가지 본원적 활동의 범주 내에서 경쟁을 하기 마련이라 모든 활동이 어느 정도는 다 일정 부분은 기여하게 되어있다.

지원 활동

지원 활동은 어느 산업에서든 〈그림 2-2〉와 같이 4가지 본원적 범주로 구분할 수 있다. 이 역시 주어진 산업 특성에 따라 다시 여러 가지 개별적인 가치활동으로 나뉜다. 예를 들어 기술개발에는 부품 설계, 외양 설계, 현장 검사, 공정 설계, 기술선택 등의 활동이 포함되어 있다. 조달 활동도 신규 공급자에 대한 품질검사, 다른 원재료에 대한 조달, 공급자 성과를 꾸준하게 관리하는 활동 등을 포함한다.

• **조달** 조달은 확보한 원자재나 원료 자체만 일컫는 것이 아니라 기업의 가치사슬 내에서 사용되는 모든 투입 요소를 구매하는 기능을 말한다. 조달을 통해 확보한 투입 요소에는 원재료, 비품, 소모품과 기계류, 실험실 시설, 사무기기, 건물 등이 있다. 투입 요소는 주로 본원적 활동과 연관되어 있지만 지원 활동을 포함하여 모든 가치활동에도 사용된다. 예를 들어, 실험실 시설과 독립적인 검사 서비스는 기술개발 활동에, 회계법인에 지급되는 수수료는 기업 내부 지원 활동에 사용된다. 다른 활동과 마찬가지로 조달 활동에도 기술이 사용되는데, 공급자(vendor) 관리 절차, 품질 기준, 정보 시스템 등이 포함된다.

조달 활동은 보통 기업활동 전반에 걸쳐 있다. 원재료 같은 항목은 전통적으로 구매 부서에서 구입하지만 기계 설비는 생산 공장 관리자가, 일시적인 인력 충원은 담당 부서 관리자가, 영업 활동 중 숙식 해결은 영업사원 스스로가 그리고 전략 컨설팅 업체 선정과 같은 경우는 대표이사가 직접 수행한다. 이 책에서 '구매(purchasing)'보다 '조달'이라는 용어를 쓰는 이유는 구매라는 표현이 너무 협소한 의미에 그치기 때문이다. 조달 기능의 분산은 종종 총구매의 규모를 애매하게 만들기 때문에 구매 활동 전체에 대한 감시가 소홀해질 수도 있다.

한 구매 부서가 여러 가치활동을 담당하기도 하고 구매 정책 역시 대개 기업 범위에서 적용된다. 하나의 조달 활동은 보통 하나의 특정한 가치활동 또는 그 조달활동이 지원하는 여러 가치활동과 연관 지을 수 있다. 총비용 대비 조달 비용 자체의 비율이 미미할 경우 금액이 크지 않은 것이 보통이지만, 이따금 조달 비용이 기업의 전반적인 원가나 차별화에 큰 영향을 미치는 경우가 있다. 이때 필요한 것이 구매 관행의 개선이다. 구매 관행을 개선하면 더 합당한 원가로 더 좋은 질의 원료를 구입하고 이를 사용하는 활동뿐 아니라 공급자와 상호작용하는 활동에도 긍정적인 영향을 미친다. 예를 들어 초콜릿 제조업이나 전기 설비업에서, 코코넛이나 연료의 구입은 각각의 사업에서 기업의 원가 지위를 결정하는 가장 중요한 요소가 된다.

• **기술개발** 모든 가치활동은 노하우, 제반 절차, 공정기술에 필요한 기술들을 포함한다. 대부분의 기업에서 사용되는 기술의 종류는 단순한 문서작성 기술에서부터 복잡한 최첨단 기술에 이르기까지 아주 다양하고 광범위하다. 게다가 대부분의 가치활동은 다양한 과학 원리를 적용한 수많은 하위 기술(subtechnologies)과 결합한 기술을 이용한다. 기계 가공 과정에 금속공학, 전자공학, 기계공학의 이론들이 도입되어 있는 것처럼 말이다.

기술개발은 제품과 공정을 개선하기 위해 수행되는 여러 범주의 활동으로 구성되어 있다. 이 책에서는 이러한 개선 노력을 연구개발 대신에 '기술개발'이라고 명명하였는데, 연구개발이라는 용어는 대부분의 경영자에게 너무 좁은 의미로 받아들여지기 때문이다. 기술개발 활동은 기술개발 부서나 엔지니어링 부서에서 전담하는 것이 보통이다. 그러나 이러한 활동은 사실상 기업의 모든 활동 부문에서 일어난다. 기술개발은 가치활동에 포함된 수많은 기술을 지원한다. 주문처리 시스템 설치에 쓰이는 통신기술, 회계담당 부서에서 사용되는 사무자동화 기술 등이 그 예다. 기술개발은 제품의 최종 단계에 직접 연결된 기술에만 적용되는 것이 아니라 개발 초기의 기초적인 연구, 제품설계에서부터 광고매체 연구, 공정설비 설계, 서비스 절차까지 여러 형태로 일어난다. 제품이나 그 제품 특성과 관련된 기술개발 활동은 전체 가치사슬을 지원한다. 반면에 특정한 본원적 활동이나 지원 활동하고만 관련이 있는 기술개발 활동도 있을 수 있다.

기술개발 활동은 모든 산업에서 경쟁우위를 획득하는 데 중요한 역할을 하지만 중요성이 특히 더 부각되는 산업이 있다. 공정기술이 경쟁우위에 있어 무엇보다 중요한 철강 산업이 바로 그 대표적인 예다. 이처럼 기술의 배열이 경쟁우위에 미치는 영향에 대해서는 5장에서 다시 언급하겠다.

• **인적자원 관리**(human resource management)　인적자원 관리활동은 채용, 훈련, 교육, 보상 등 전반적인 인사관리 활동들로 구성된다. 인적자원 관리활동은 개별적인 본원적 활동뿐만 아니라 전체 가치사슬(예:노사협상)에 대한 지원 활동을 하기도 한다. 인적자원 관리활동은 다른 지원 활동과 마찬가지로 다양한 부문에서 일어나는데 이런 활동의 분산은 일관성 없는 정책을 낳는다. 게다가 인적자원 관리활동의 누적 비용은 지금까지도 정확히 파악되지 않고 있으며 이직으로 인한 채용비, 교육비와 급여비의 비교처럼 서로 다른 인적자원 관리활동에 드는 비용 사이의 트레이드오프 관계 역시 이해하기 어렵다.

인적자원 관리활동은 채용과 교육 비용, 종업원들의 기술 능력과 동기부여의 정도에 따라 기업의 경쟁우위에 영향을 미치는데 몇몇 산업에서는 경쟁우위에 결정적인 역할을 하기도 한다. 예를 들어 세계적인 규모의 회계법인을 운영하는 아서 앤더슨(Arthur Andersen)의 경우 수만 명에 달하는 전문 회계사 채용과 교육으로부터 경쟁우위를 얻고 있다. 그럼 이 회사가 경쟁우위를 유지하기 위해 어떤 노력을 기울이고 있을까? 아서 앤더슨은 미래의 사원을 육성하고자 시카고 근처의 대학캠퍼스를 구입했다. 또한 상당한 금액을 투자해 그간의 경험을 체계적으로 정리하였다. 유수의 컨설팅 전문가를 초빙해 정기적으로 직원을 교육시키는 것도 이 회사가 인적자원을 관리하는 방법이다. 이렇듯 타의 추종을 불허하는 교육방침으로 이 회사는 경쟁회사들보다 고객의 요구를 더 잘 만족시킨다.

• **기업 하부구조**(firm infrastructure) 기업 하부구조는 일반관리, 기획업무, 재무관리, 회계 법률문제 관리, 대정부 관계 그리고 품질관리로 구성된다. 다른 지원 활동과 달리 하부구조는 개별적 가치활동보다는 전체 가치사슬을 지원하는 것이 보통이다. 기업의 다각화 여부에 따라 기업 하부구조가 하나의 통합된 형태를 보이든지 또는 모회사와 사업단위로 구분된다.[3] 다각화된 기업의 경우, 전형적으로 기업 하부구조는 사업단위와 기업 수준으로 나뉜다(예:다각화된 기업 내에서 재무는 기업 수준에서 이루어지고 품질관리는 사업단위에서 이루어진다). 그러나 보통의 경우 기업 하부구조 활동들은 사업단위 수준과 기업 수준에서 함께 일어나고 있다.

때로는 기업 하부구조가 단지 간접비로만 고려되기도 하지만 그렇게만 치부되기엔 이 활동이 경쟁우위의 강력한 원천일 수 있다는 점을 알아두자. 예를 들어 통신 사업자의 경우는 기업활동을 규제하는 이해관계자 집단과 협상하고 지속적인 관계를 유지하는 활동이 경쟁우위를 확보하는 데 가장 중요할 수 있다. 이와 비슷한 예로, 잘 구축된 경영정보 시스템(MIS)은 그 기업의 원가 지위에 상당히 기여하며, 어떤 산업의 경우 최고 경영진이 구매자와의 관계 개선에 핵심적인 역할을 맡기도 한다.

활동의 유형

본원적 활동과 지원 활동의 각 범주(category)에는, 경쟁우위 형성에 서로 다른 역할을 하는 3가지 유형의 활동이 있다.

- 직접활동(direct): 조립, 부품생산, 판매 활동, 광고, 제품설계, 채용 등과 같이 구매자 가치를 창출하는 데 직접적인 역할을 하는 활동.
- 간접활동(indirect): 유지보수, 시간 계획, 설비 관리, 판매원 관리, 연구 관리, 공급자 관리 등 직접적 활동을 지속적으로 수행할 수 있게 만들어주는 활동.
- 품질보증 활동(quality assurance): 감독, 검사, 시험, 재검토, 확인, 조정, 재작업 등 다른 활동의 질을 보장하는 활동. 기업의 많은 가치활동이 품질에 기여한다는 점에서 품질보증은 품질관리(quality management)와는 다른 개념이며 4장에서 논의될 것이다.

모든 기업은 이 3가지 유형의 가치활동을 하고 있으며, 이는 본원적 활동과 지원 활동에 모두 나타난다. 예를 들어, 기술개발 활동에서 실제 연구팀을 구성하는 것은 직접활동이고, 연구 활동을 관리하는 것은 간접활동이다.

　간접활동과 품질보증 활동의 역할은 아직 좀 생소할 수도 있다. 하지만 경쟁우위의 원천을 분석하기 위해서는 이 3가지 유형의 분류는 꼭 필요하다. 많은 산업에서 간접활동에 드는 비용의 비중이 급격히 높아지면서 간접활동이 직접활동에 미치는 효과를 통해 차별화에 중요한 역할을 하게 되었다. 이들 두 활동은 분명한 차이가 나는 경제원리를 가지고 있음에도 경영자들은 간접활동과 직접활동을 한데 묶어 생각하는 경향이 있다. 이따금 간접활동과 직접활동 사이에 트레이드오프 관계가 이루어지는데, 예를 들어 기계의 유지관리비(간접활동)를 늘릴 경우 기계 구입비(직접활동)가 감소할 수 있다. 또 간접활동을 간접비나 기타 비용으로 분류하는 일이 빈번해 간접활동에 드는 비용과 차별화에 기여하는 바를 간과하는 경우도 발생한다.

　한편 품질보증 활동은 지금까지 잘 알려지지 않은 낯선 개념이지만, 실제로는 기업 가치활동의 모든 부분에 걸쳐 발생한다. 그 예로 검사(inspection), 시험(testing) 등은 많은 본원적 활동과 관련이 있다. 운영 활동이 아닌 부분에서의 품질보증 활동은 명확히 드러나지는 않지만 그렇다고 무시할 수는 없다. 더욱이 품질보증 활동에 드는 총비용은 품질 비용에 대한 최근 연구에서 밝혀진 것처럼 상당한 비중을 차지할 수 있다. 품질보증 활동은 종종 다른 활동들의 원가 효율성에 영향을 미치며, 마찬가지로 다른 활동들이 수행되는 방식은 품질보증 활동의 유형과 필요에 영향을 미친다. 따라서 다른 활동이 더 잘 수행될 수 있게 도와주는 품질보증 활동의 필요성을 축소하거나 없애

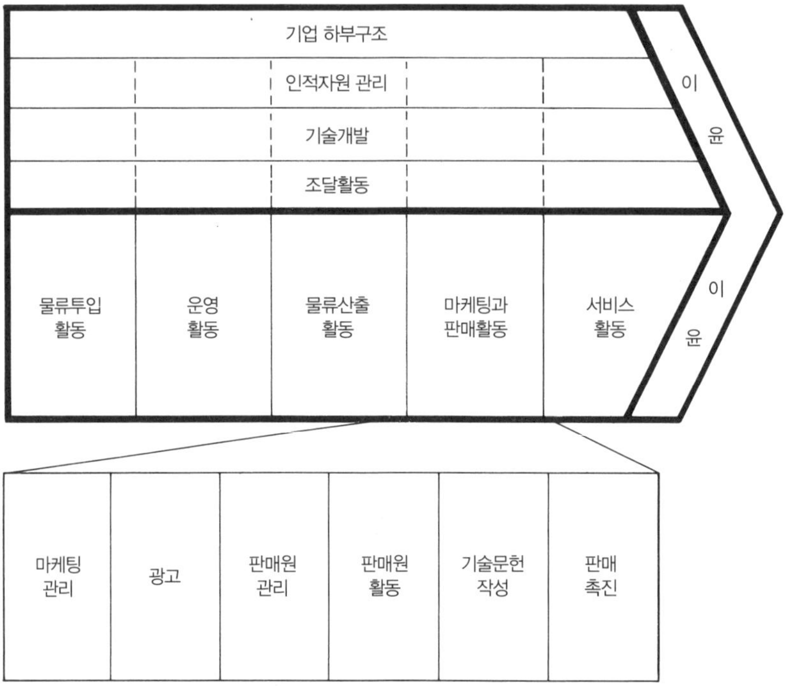

기업 하부구조					
	인적자원 관리				
	기술개발				
	조달활동				
물류투입 활동	운영 활동	물류산출 활동	마케팅과 판매활동	서비스 활동	

이윤

마케팅 관리	광고	판매원 관리	판매원 활동	기술문헌 작성	판매 촉진

그림 2-3 본원적 가치사슬의 분할

려는 시도들은 '품질은 거저 생기는 것'이라는 그릇된 사고에서 비롯된다.

가치사슬의 정의

경쟁우위를 진단하려면 특정 산업에서 경쟁하고 있는 기업의 가치사슬을 정의해야 한다. 본원적 가치사슬을 먼저 살펴보면, 특정 기업이 수행하는 개별 가치활동들이 파악된다. 〈그림 2-3〉을 보면 마케팅과

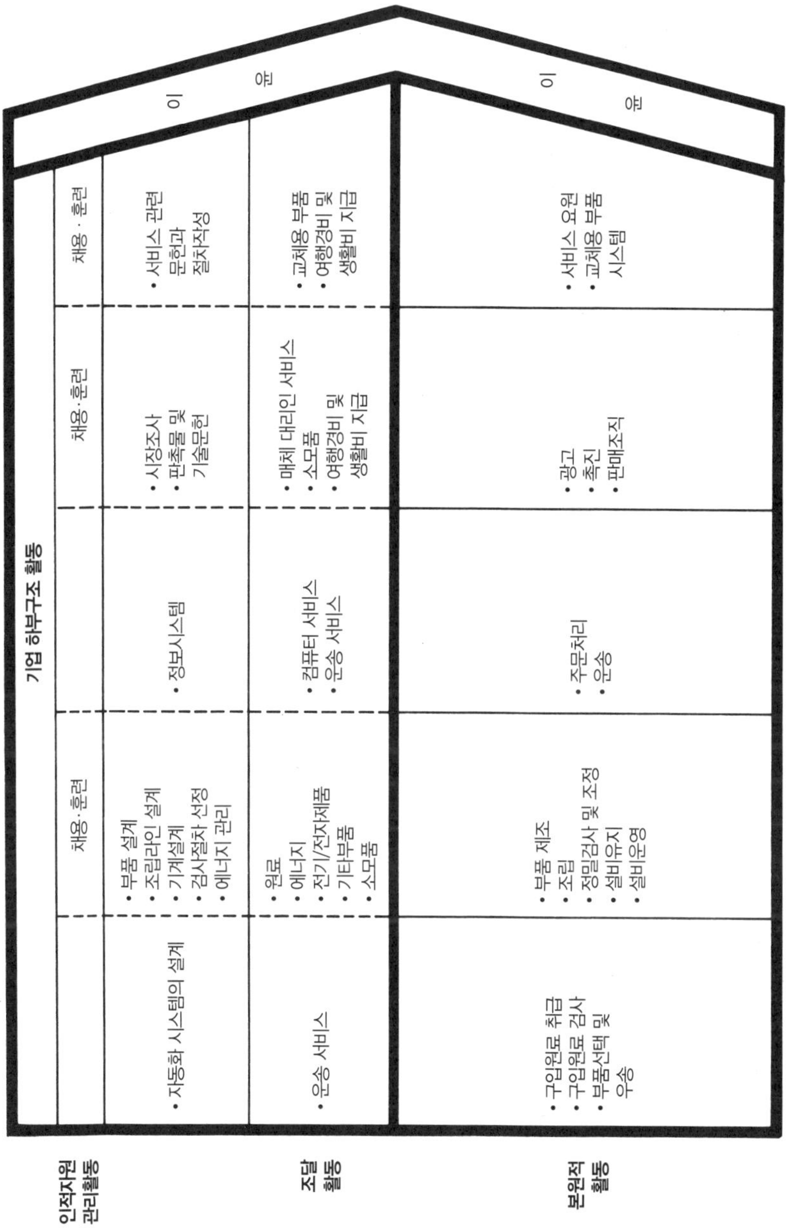

그림 2-4 복사기 제조업의 가치사슬

판매 활동이 여러 개의 독립적인 활동으로 나누어져 있다. 다른 본원적 카테고리도 마찬가지다. 〈그림 2-4〉는 완전한 가치사슬을 보여주기 위해 복사기 제조업을 예로 든 것이다.

가치활동을 적절하게 정의하려면 제조라든지 마케팅과 같은 독립적인 기술과 경제원리를 지닌 광범위한 개념의 활동을 다시 하위활동으로 분리해야 한다. 제품의 흐름이라든지 주문의 흐름, 문서의 흐름을 참조하는 것이 분리 활동에 도움이 될 것이다. 가치활동을 계속 쪼개다 보면 가장 작은 단위 수준까지 이르게 된다. 이를테면 공장의 기계 하나하나도 개별적인 활동으로 볼 수 있다. 그러므로 잠재적인 활동의 수는 표면적으로 보기보다 굉장히 많다.

분류의 기준점은 활동의 경제적 원리와 가치사슬을 분석하는 목적에 따라 정해진다. 다른 장에서 다시 이야기하겠지만 이에 대해 간단히만 설명하자면, 분리 대상이 되는 활동이 각기 다른 경제원리를 가지고 있고 차별화에 잠재적으로 높은 영향력을 가지며 원가가 상당한 비중을 차지하거나 그 비중이 증가하는 추세여야 한다는 것이다. 여러 활동을 세부적으로 나누는 것이 분석 결과 경쟁우위에 별로 중요하지 않거나 비슷한 경제원리를 가졌다는 이유로 함께 분류되기도 한다. 그러므로 하나의 활동을 포괄하는 범주를 선택하기 위해서는 분석자의 적절한 판단이 필요하다. 예를 들어 주문처리의 경우, 판매물류의 일부 또는 마케팅 활동의 일환으로 구분될 수 있는데, 유통업자에게는 주문처리 활동이 마케팅 기능에 가깝다고 할 수 있지만 영업사원에게는 서비스 기능에 해당하는 활동이다. 따라서 각 가치활동을 분류할 때는 그 활동이 기업의 경쟁우위에 높은 기여를 하는 범주에 넣어야 한다. 예를 들어 어떤 기업에서 주문처리가 구매자와 소통하는 중요한 수단이라면 이는 마케팅으로 분류해야 한다. 또, 자재 관리와 유통상품 관리가 동일한 설비와 인력을 이용하는 것이라면 이 둘을 하나의 가치활동으로 묶을 수 있다. 이렇게 분류한 기능은 어디에서든 경쟁에 강력한 영향력을 행사할 수 있을 것이다. 이처럼 기업들은 전통적인 활동의 역할을 재정의함으로써 경쟁우위를 얻기도 한다. 유전장비 제조회사인 벡토(Vecto)는 고객 교육을 마케팅 도구로 재정의한 다음 이를 활용하여 구매자의 교체 비용을 높이고 경쟁우위를 확보했다.

  기업이 수행하는 모든 활동은 본원적 활동과 지원 활동으로 분류할 수 있는데, 가치활동은 수행 중인 사업에 가장 훌륭한 통찰력을 제공해주는 방향으로 선택해야 한다. 서비스 산업의 경우 운영과 마케팅, AS 지원 등은 매우 밀접하게 관련되어 있기 때문에 가치활동을 구분해내기가 어렵다. 한편 각 가치활동의 순서는 전반적으로 활동이 일어나는 과정의 흐름에 따라 배열해야 하는데, 마찬가지로 적절한 수준의 판단력이 뒷받침되어야 한다. 기업은 종종 병행 활동을 수행하는데, 이때 가치사슬에 대해 경영진이 직관적이고 명확하게 알 수 있게끔 활동의 순서가 정해져야 한다.

가치사슬 내의 연계

가치활동은 경쟁우위를 창출하는 구성요소이고, 가치사슬은 이러한 각각의 활동들이 모여 관련성을 가지고 연결된 체계적인 시스템이다. 다시 말해서 가치활동은 가치사슬 내에서 서로 연계되어 있다. 여기서 '연계'라는 용어는 특정한 가치활동이 수행되는 방식과 또다른 가치활동의 비용이나 성과 간의 관계를 말한다. 예를 들어 철판을 재료로 사용하는 산업에서 미리 가공된 고품질의 철판을 구입하게 되면 제조공정이 단축되고 불필요한 재료의 낭비를 막을 수 있을 것이다. 패스트푸드 산업에서는 마케팅 이벤트 기간이 각 매장의 시설과 설비 활용 능력에 영향을 줄 것이다. 경쟁우위는 각각의 가치활동 자체에서 발생하기도 하지만 가치활동 간의 연계에서 발생하는 경우도 흔하다.

연계가 경쟁우위를 이끌어내는 방법에는 최적화(optimization)와 조정(coordination)의 2가지가 있다. 그리고 전반적으로 같은 결과를 가져오는 활동에서 트레이오프를 형성하기도 한다. 예를 들어 제품 설계 비용을 늘리거나 원료 품질검사에 더욱 주의를 기울이거나 공정검사 횟수를 늘리면 결과적으로 서비스 비용은 감소한다. 전략적으로 이러한 연계를 최적화하는 것이 경쟁우위를 확보에 도움이 된다.

조정의 필요성이 반영된 예로 적시배송(on time delivery)를 들 수 있다. 약속한 시간에 배송이 이루어지기 위해서는 운영, 판매 물류 및 설치와 같은 서비스 활동에서의 조정이 필요하다. 이처럼 연계 관계를 조정하는 것으로 원가를 절감하거나 차별화를 공고히 할 수 있다. 이 조정 단계가 잘 이루어지면 기업은 재고를 줄일 수 있게 된다. 연계의 존재는 기업의 원가 우위나 차별화가 단순한 비용감소와 성과 개선 노력의 결과가 아님을 시사한다. 최근 일어나고 있는 제조공정과 품질에 대한 철학의 변화는(일본 기업들로부터 큰 영향을 받았다) 결국 가치사슬 내 연계의 중요성을 파악했기 때문으로 보인다.

기업에 존재하는 연계의 형태는 수없이 많고 그중 일부는 여러 기업에서 공통적으로 발견된다. 가장 분명한 연계는 본원적 가치사슬에서 점선으로 표시된 지원 활동과 본원적 활동의 연계다(〈그림 2-2〉에서 점선으로 표시). 예를 들어 제품 설계는 제품 제조 비용 전반에 영향을 주고, 조달 활동은 원자재의 품질을 좌우하게 되어 제조비, 검사비, 마침내는 제품의 품질에까지 영향을 미치게 된다. 본원적 활동 사이의 연계는 보다 미묘하고도 세밀하게 이루어진다. 이해를 돕기 위해 다른 예를 더 들어보자. 반입하는 부품의 검사 강도를 보다 강화시키면 향후 제조과정에서 품질 보증에 드는 비용을 줄일 수 있다. 시설 유지 비용에 자금을 더 투입하면 기계 등의 장비를 장시간 효율적으로 가동할 수 있을 것이다. 상호 주문처리 시스템(interative order entry system) 도입으로 판매자가 주문을 신속히 처리하고 문의 사항이나 기타 문제 처리에도 속도가 붙으면 제품 하나를 판매하는 데 드는 시간이 획기적으로 줄어들 것이다. 철저하고 꼼꼼한 제품 검사는 시장에서 제품에 대한 좋은 이미지를 구축하고 신뢰도를 높여 그 반대의 경우에 일어날 수 있는 서비스 비용을 줄일 수 있다. 마지막으로, 제품 배송 빈도를 증가시켜 재고율을 낮추고 외상 매출금을 줄일 수 있다. 그리고 가장 인식하기 어려운 연계는 서로 다른 유형의 활동이나 범주의 활동과 관련한 것들이다.

가치활동 간의 연계는 매우 다양한 이유로 일어나지만, 그중 다음 4가지 측면이 가장 본질적인 이유라고 볼 수 있다.

• 동일한 성과를 얻을 수 있는 방법이 여럿일 경우: 월등한 투입 요소를 확보하거나 제조 공정에서 불량률을 현저히 낮추는 것, 또는 제품 출시 전 전수 검사를 거치는 것 등으로 기업의 검사 활동과 동일한 성과를 얻을 수 있다.

- 기업이 간접활동에 주력함으로써 직접활동의 성과나 비용을 개선하는 경우: 업무 일정 계획(간접활동)이 개선되면 직원의 외부 출장 시간이나 이동 시간(직접활동)이 줄어들며, 설비 유지 활동이 개선되면서 기계 불량률이 줄어든다.
- 기업 내의 활동으로 시장에서 기업이 수행해야 하는 각종 서비스나 구매자 교육의 필요성을 줄일 수 있는 경우: 전수 검사를 실행하면 시장에서의 서비스 비용을 현저히 감소시킬 수 있다.
- 품질보증 활동이 여러 가지 방법으로 수행될 수 있는 경우: 예를 들어 조달 활동 시 원자재에 대한 검사는 최종 제품 검사에 소요되는 시간과 비용을 줄일 수 있다.

경쟁우위 창출에 가치사슬 내 연계의 중요성이 높은 것은 사실이나 이를 제대로 인식하기란 쉽지 않다. 조달 활동을 예로 들면, 단순히 투입 요소를 확보하는 차원을 넘어 제조 원가와 품질에도 영향을 미치는 활동이지만, 그 점이 잘 드러나지 않을 수 있다. 주문처리와 제조 일정 계획 그리고 판매인력 활용 계획은 서로 연계가 필요하지만 순조롭게 이루어지지만은 않는다. 그러므로 연계를 제대로 파악하는 것은 결국 각 가치활동이 서로 어떤 영향을 주고받는지 확인하는 과정이다. 앞에 나온 4가지 본원적 이유를 그 출발점으로 잡고, 특히 본원적 활동과 지원 활동 간의 연계를 확인하기 위해서는 기술개발 활동이나 조달 활동을 분류해 특정 본원적 활동에 연계시켜 보아야 한다.

연계를 이용하기 위해선 우선 최적화나 조정을 가능하게 하는 정보가 무엇인지 찾고 그 정보의 흐름을 파악해야 한다. 그러므로 정보시스템은 연계를 통한 경쟁우위를 확보하는 데 있어 필수 요소다. 정보시스템 기술이 발전함에 따라 최근에는 기존에 몰랐던 새로운 연계를 발견하기도 하고 연계를 달성하는 능력도 높아졌다. 또 지금까지의 관행이나 조직 흐름은 연계를 실행하는 데 방해가 될 수 있으므로 최적화나 조정을 통해 이를 벗어날 필요가 있다. 예를 들어 제조기업이 제조 비용을 늘리면 서비스나 판매조직에서 비용을 줄일 수 있게 된다. 하지만 이런 트레이드오프 관계는 기업의 기존 정보나 통제시스템으로 측정하기엔 한계가 있다.

기업의 연계를 관리하는 것은 가치활동 자체를 관리하는 것보다 더 복잡한 조직적 과제이며 이것을 잘 해내기란 쉽지 않다. 그렇기 때문에 연계관리를 성공적으로 해내는 것은 곧 지속적인 경쟁우위의 원천을 확보하는 길이 된다. 원가와 차별화에 있어서 연계의 특정 역할에 대해서는 3장과 4장에서 좀 더 자세히 논의할 것이다.

수직적인 연계

연계는 기업의 가치사슬 내에만 국한되지 않는다. 공급자나 유통업자의 가치사슬과 기업의 가치사슬 사이에도 발생한다. 이러한 연계를 이 책에서는 '수직적 연계'라 부르기로 하겠다. 수직적 연계는 기업 가치사슬 내의 연계와 비슷하다. 공급자나 유통업자가 활동하는 방식은 기업의 활동비용이나 성과에 영향을 주고 그 반대 경우도 마찬가지다. 공급자는 기업의 가치사슬에 투입되는 제품이나 서비스를 공급하는 일뿐 아니라 다른 측면에서도 기업의 가치사슬에 영향을 준다. 예를 들어 기업의 조달 물류 활동은 공급자의 주문처리 시스템과 관련이 있고, 공급자로부터 제공받는 제품의 특성과 공급자와 접촉하는 방식 등은 기업의 원가와 차별화에 영향을 미치게 된다. 예를 들어 공급자가 제품 공급 횟수를 늘리면 기업은 재고 부담이 줄어든다. 제품 공급 시 포장을 적절히 해준다면 기업이 그것을 처리하는 비용이 절감될 것이다. 공급자 측에서 투입재에 대한 검사를 진행한다면 기업은 검사 과정을 하나 덜게 된다.

이처럼 공급자의 가치사슬과 기업의 가치사슬 간의 연계는 기업의 경쟁우위 증진에 도움이 된다. 기업과 공급자는 활동을 최적화하기 위해 종종 함께 가치사슬을 조정하기도 하고 공급자 가치사슬을 재구성해 모두에게 이익이 되는 전략을 취하기도 한다. 공급자와의 연계는 한 쪽이 잃어야 다른 쪽이 수익이 나는 제로섬(zero sum)게임이 아니라 양쪽 모두 이익을 보는 포지티브섬(positive sum)게임 관계라는 점을 여기서 알 수 있다. 초콜릿 산업이 좋은 예다. 초콜릿 원료를 공급하는 업체는 원료를 고체 형태가 아닌 반죽 상태로 탱크차에 실어 공급하기로 제과업체와 합의를 해서, 공급자는 원료를 고체화하고 포장하는 작업비용을 줄일 수 있고 제과업체는 그것을 조달받아 다시 녹이는 비용을 절약할 수 있게 되는 것이다. 기업과 공급자 간 연계를 최적화하고 조정해서 얻은 이익의 분배는 공급자의 교섭력(supplier's bargaining power) 기능이며, 이는 공급자의 한계이윤에 반영된다. 공급자의 교섭력은 자체의 구조를 가지고 있지만 한편으로는 기업의 구매정책 관행에 따르기도 한다.[4] 그러므로 기업은 공급자와의 관계에서 조정뿐만 아니라 이익을 차지하기 위한 교섭력을 확보하는 것도 중요하다. 경쟁우위 확보를 위해서 이들 중 하나라도 빠지면 안 된다.

유통채널과의 연계도 공급자와의 연계와 비슷하다. 유통채널은 기업의 제품이 유통하는 과정에서의 가치사슬을 가지고 있다. 유통채널에서 발생하는 이윤은 소비자가 제품이나 서비스에 대한 대가를 지불하는 가격에서 큰 비중을 차지한다. 기업의 판매가격(공장도 가격)에 더해진 유통채널의 이윤을 이 책에서는 '채널(또는 경로)가치(channel value)'라고 규정했다. 채널 가치는 특히 와인과 같은 소비재에서 그 비중이 높은 편인데, 주로 50% 이상을 차지한다. 유통채널에는 판매, 광고, 제품 진열 등의 활동이 포함되는데 이는 기업의 활동을 보완하거나 대체하는 역할을 한다. 판매원, 주문처리 그리고 판매 물류 등의 활동에서 양쪽 사업자의 가치사슬 간 많은 접촉점이 발생한다. 유통채널과의 조정이나 최적화를 이룩해 원가를 줄이거나 차별화를 강화하는 것은 공급자와의 경우와 마찬가지다. 유통채널과의 연계에서 발생하는 이익의 배분 시에 발생하는 문제점도 공급자와의 경우와 똑같다.

수직적인 연계 역시 빈번하게 간과된다. 심지어 수직적인 연계가 파악되었음에도 기업 간 적대적 관계라든지, 공급자나 유통채널의 소유권 문제 등이 발생하여 수직적 연계에 필요한 조정과 최적화에 걸림돌이 된다. 반드시 그런 것은 아니지만 때로는 독립 기업과 연계를 맺는 것보다 제휴 관계에 있는 기업이나 계열사와 수직적인 연계를 얻는 것이 더 쉬울 수도 있다. 수직적 연계를 활용할 때도 마찬가지로 새로운 가능성의 창출을 위한 정보와 정보시스템이 필요하다. 경쟁우위에서의 공급자나 유통채널의 수직적인 연계의 역할에 대해서는 3장과 4장에서 더 자세히 논의할 것이다.

구매자 가치사슬

구매자도 가치사슬을 가지고 있다. 기업의 제품이 바로 구매자의 가치사슬에서 구매한 투입 요소다. 산업 구매자, 상업 구매자 그리고 기관 구매자의 가치사슬은 기업의 가치사슬과 유사해서 직관적으로 이해하기가 쉬운 반면, 가계 구매자와 가계 내 개인 소비자의 가치사슬은 비교적 쉽지 않다. 개별 소비자를 포함한 가계 구매자의 가치활동 범위는 매우 넓으며, 구매한 제품은 가계 구매자의 모든 가치활동에 널리 사용된다. 출퇴근할 때, 여가를 즐길 때, 쇼핑하러 갈 때 사용하는 자동차가 그렇고 식사를 준비하고 먹을 때 사용하는 식재료들이 그렇다. 가계와 그 구성원이 하는 모든 활동을 포함한 가치사슬을 그리는 것은 너무도 광범위해서 어렵지만, 특정 제품의 용도와 관련한 활동의 가치사슬은 그릴 수 있다. 모든 가계의 사슬을 일일이 그릴 필요까지는 없고 가계를 대표하는 사슬을 그려본다면 차별화 분석의 도구로 이용할 수 있을 것이다. 이에 대해서는 4장에서 자세히 논의할 것이다.

  기업의 가치사슬과 구매자의 가치사슬이 어떤 관련을 맺고 있느냐에 따라 기업의 차별화 전략은 시작된다. 구매자가 기업의 제품을 어떤 용도로 쓰는지(기업의 제품을 조립공정에 사용한다든지 하는)와 같은 구매자의 활동은 기업활동과도 직결되기 때문이다. 전자 광학기기 부품 산업의 경우 기업의 제품은 구매자의 장비로 조립되며, 이는 명백히 서로 관계된 활동이다. 그러나 기업은 동시에 부품 디자인, 기술 지원, 문제 해결, 주문처리와 배송 같은 활동에서도 구매자와 밀접하게 협력한다. 이러한 모든 관계는 차별화의 잠재적 원천이 된다. 품질만으로 차별화를 달성할 수 있다는 생각은 오로지 제품만을 고려한 생각이며 구매자에게 영향을 미치는 가치활동의 범위를 과소평가한 것이다.

그러므로 차별화는 본질적으로 기업이 구매자 가치사슬에 미치는 영향을 통해 구매자 가치를 창출하는 데서 발생한다. 구매자 가치는 기업이 구매자의 비용을 절감해주거나 구매자의 성과를 향상시키는 방법을 통해 경쟁우위를 창출할 경우 생긴다.[5] 그러나 이렇게 발생한 구매자 가치가 만약 프리미엄 가격을 충분히 받을만하다면 이를 구매자가 인식해야 하는데, 이때 일반적으로 기업이 사용하는 것이 광고나 판매인력을 통한 홍보다. 공급자나 유통채널과의 연계와 마찬가지로 기업과 구매자 간의 연계를 통해 생기는 가치가 기업(프리미엄 가격)과 구매자(더 높은 수익이나 가격에 대한 만족)에게 어떻게 분배되는지는 그 기업의 한계이윤에 반영된다. 이와 같은 차별화의 창출과 유지에 관한 구매자 가치사슬과 기업 가치사슬 사이의 관련성에 대해서는 4장에서 더욱 자세히 논의할 것이다.[6]

경쟁 범위와 가치사슬

경쟁 범위는 가치사슬의 배열과 경제원리를 형성하기 때문에 경쟁우위에 큰 영향을 미친다. 가치사슬에 영향을 주는 범위에는 다음 4가지가 있다.[7]

- 세분 산업 범위(segment scope): 생산되고 서비스되는 제품의 다

양성
  • 수직적 범위(vertical scope): 가치활동이 외부가 아닌 내부에서 수행되는 정도
  • 지리적 범위(geographic scope): 기업이 조정된 전략(coordinated strategy)으로 경쟁하는 지역이나 국가, 국가군의 범위
  • 산업 범위(industry scope): 조정된 전략으로 기업이 경쟁할 수 있는 관련 산업의 범위

경쟁 범위를 폭넓게 설정하면 기업은 더 많은 가치활동을 내부적으로 수행하는 이점을 누릴 수 있으며, 다른 세분화 시장이나 지역, 관련 산업을 만족시키는 가치사슬 간의 상호관련성을 활용할 수도 있다.[8] 예를 들어 넓은 경쟁 범위 안에서는 두 사업단위 간에 판매원을 공유하거나 공통상표를 사용하는 것이 가능할 것이다. 그러나 공유나 통합은 또한 비용을 발생시켜 이에 따른 이익을 무의미하게 만들기도 한다.

이와는 반대로 경쟁 범위를 좁게 설정한 기업은 세분화된 산업이나 지역을 목표로 잡고 원가를 낮추거나 고객 만족에 집중해서 그들의 가치사슬을 변화시킬 수 있다. 통합할 때도 좁은 범위를 설정하게 되면 개별 기업이 독립적으로 수행하는 것보다 더 효과적이고 저렴하게 구매 활동을 할 수 있고 이는 다시 경쟁우위 향상으로 이어질 수 있다. 좁은 범위에서의 경쟁우위를 결정짓는 것은 제품의 다양성, 구매자 그리고 지역의 차이이거나 개별 기업이 확보한 자원과 기술의 차이에 있다.

경쟁 범위가 넓은지 좁은지 정도는 분명 경쟁자와 관련이 있다. 어

떤 산업에서는 광범위한 영역에서 산업 내 모든 제품과 구매자를 대상으로 해야 하고, 또 어떤 산업에서는 수직적 통합이나 그와 관련한 산업의 범위에서만 경쟁해야 한다. 산업 세분화에는 여러 방법이 있는데 상호관련성, 통합, 넓은 범위, 좁은 범위 등을 다양하게 결합하거나 나눌 수 있다. 그래서 어떤 기업은 가치사슬을 단일 제품에만 집중해 전 세계 속 세분화 시장을 만족시키는 지리적 상호관련성을 활용해 경쟁우위를 형성하기도 한다. 또 어떤 기업은 산업 내부의 개별 산업 단위 간의 상호관련성을 이용해 경쟁우위를 얻기도 한다. 이런 가능성에 대해서는 15장에서 다시 자세히 논의할 것이다.

세분 산업 범위

시장에는 서로 다른 제품들이 있고 그에 맞는 세분화 시장이 있다. 각각을 만족시키기 위해 필요한 가치사슬과 구매자의 욕구는 다를 수밖에 없다. 그 차이를 이용한 집중화 전략으로 경쟁우위를 확보하는 방법이 있다. 예를 들자면, 고사양 노트북 구매자를 대상으로 자체적으로 서비스 역량을 갖춘 기업의 가치사슬은 소규모 사업을 영위하는 기업과는 다를 것이다. 전자의 경우라면 하드웨어 성능을 개선하거나 사용자에게 편리한 소프트웨어 개발과 서비스의 확대 같은 활동에 집중할 필요가 있다.

세분 산업 간에 차이가 존재할 때는 좁은 경쟁 범위를 택하는 것이 유리한 반면, 다른 세분화 시장을 만족시키는 가치사슬 간에 상호관련성이 있을 때는 광범위한 경쟁 범위가 유리하다. 이를 쉽게 설명할 수 있는 예를 들면, GM의 대형차 사업부의 가치사슬은 소형차 사업부의 가치사슬과 분명히 다른 점이 있지만 양 사업부 간에 많은 가치 활동이 공유되고 있다. 이렇게 되면 세분화 시장에서 가치사슬을 공유하는 태도와 자기 사업부에 더 적합하도록 가치사슬을 바꾸려는 시도가 서로 부딪혀 긴장이 조성된다. 이러한 갈등은 산업 세분화와 집중화 전략 선택에 기본이 되는 전제이며 이는 7장에서 논의한다.

수직적 범위

기업이 얼마나 수직계열화를 이루었느냐에 따라 기업과 그 기업을 상대하는 공급자, 유통채널, 구매자 간의 활동 분담이 정의된다. 예를 들어 기업은 부품을 자체 생산하기보다는 외주 업체로부터 공급받을 수 있으며 기업 내부에 서비스 담당 조직을 두는 대신 외부업체와 계약을 맺어 일을 분담할 수 있다. 마찬가지로 유통업자는 기업 대신 유통, 서비스, 마케팅 기능을 수행할 수 있다. 기업과 구매자도 여러 가지 방법으로 서로의 활동을 분담할 수 있다.

기업이 수많은 구매자 활동을 담당하는 이유는 자사를 차별화하기 위한 하나의 방안이다. 필요에 따라서는 구매자가 속한 산업에 직접 진입하기도 한다.

가치사슬의 관점에서 통합을 바라보면 통합의 기회가 실제로 인식되는 것보다 훨씬 풍부하다는 것을 명백하게 확인할 수 있을 것이다. 일반적으로 수직적 통합은 가치활동을 대신하는 것이라기보다는 물리적인 제품이나 전체 공급자 관계를 대체하는 것으로 파악되는 경향이 있는데, 사실 수직적 통합은 이 둘을 모두 포함한다.

예를 들어, 기업은 공급자의 응용 공학과 서비스 능력에 손을 내밀 수도 있고 자체적으로 이 활동을 수행할 수도 있다. 그러므로 무엇을 기업 내부에서 처리하고 무엇을 외부로부터 공급받을 것인지에 대해 여러 선택 안이 있을 수 있다. 이와 동일한 원리가 유통채널이나 구매자와의 통합에 적용된다.

따라서 통합(또는 해체)이 과연 원가를 낮출지, 차별화를 강화할지는 기업 및 기업과 관련한 활동에 달려있다. 이것과 관련한 요인들은 『경쟁전략』에서 이미 다루었다. 가치사슬은 기업이 수직적 연계의 역할을 파악하는 데 유용한 도구로, 이를 통해 통합이 가져다 주는 잠재적 혜택을 더 확실히 알 수 있게 된다. 수직적 연계에 수직적 통합이 필수조건인 것은 아니지만 수직적 연계를 좀 더 수월하게 만들 수는 있다.

지리적 범위

기업이 지리적 경쟁 범위를 확보한다는 것은 동시에 여러 지역에 대한 통제가 가능하다는 의미다. 즉, 경쟁 범위에 걸쳐 사용되는 가치활동을 분담하고 조정할 수 있는 것이다. 복사기 회사 캐논은 제품 개발과 제조는 일본에서 하고, 판매와 서비스는 전 세계에 걸쳐 독립적으로 수행하고 있다. 기술개발과 제조를 일본에서만 하는 이유는 원가우위 확보를 위해서다. 한 국가에서 서로 다른 지역을 대상으로 하는 가치사슬 활동에서도 지리적 상호관련성을 찾기란 어렵지 않다. 식품 유통 회사인 모나크(Monarch)나 시스코(Sisco)는 미국 내 주요 도시에 각자 독립 운영단위를 소유하고 있지만, 이 단위들은 모두 동일한 기업 인프라와 조달 활동 그리고 가치활동을 공유한다.

이처럼 지리적 범위의 상호관련성을 이용한 가치활동의 공유나 조정을 통해 기업은 원가 우위나 차별화 우위를 확보할 수 있다. 그러나 가치활동을 조정하는 과정에서 비용 발생이 불가피할 수도 있고 공유의 이점을 감소시키는 지역 간 또는 국가 간의 차이가 있을 수 있다. 글로벌 단위의 전략 수행에서 발생하는 경쟁우위의 원천과 장애물은 『경쟁전략』과 기타 저서에서 이미 논의한 바 있는데,[9] 이를 지역이나 국가 간 가치사슬을 조정할 때 적용할 수 있을 것이다.

산업 범위

관련 산업에서 경쟁하는 데 요구되는 가치사슬 간의 잠재적인 상호관련성은 넓게 분포한다. 이 상호관련성은 본원적 활동(공동 기술개발 및 조달 활동과 같은)을 포함한 모든 가치활동에서 발견된다. 사업단위 간의 상호관련성은 가치사슬 사이의 지리적 상호관련성과 개념에서 유사하다고 볼 수 있다.

사업단위 간 상호관련성을 통해 원가를 절감하거나 차별화를 공고히 하면 경쟁우위에 큰 영향력을 행사할 수 있다. 예를 들어 사업단위 간에 물류시스템을 공유하면 기업은 규모의 경제를 누릴 수 있다. 관련 제품의 판매인력을 공유하는 것으로 구매자에게 더욱 효율적인 판매 효과를 거두어 차별화를 강화할 수도 있다. 그러나 상호관련성을 모두 공유한다고 해서 무조건 경쟁우위가 창출되는 것은 아니다. 사업단위마다 서로 다른 내용의 가치활동이 필요하기 때문이다. 활동을 공유하는 데도 비용이 들고, 그 비용이 커질수록 공유에서 얻는 이익은 줄어든다. 사업단위 간의 상호관련성, 그리고 이러한 상호관련성이 기업전략과 사업단위 수준의 전략에 주는 의미에 대해서는 9~11장에서 설명하겠다.

기업 간 제휴와 경쟁 범위

기업은 자체적으로 광범위한 활동을 추구하기도 하지만 외부의 독립 기업과 동일한 형태의 이익을 얻기 위해 제휴를 맺기도 한다. 제휴란 합병과는 달리 정상적인 시장거래 조건을 충족시키며 장기적으로 가치활동을 공유하는 계약을 말한다. 기업 간의 제휴는 기업조직을 확장하지 않고 경쟁 범위를 확대할 수 있는 방법이다. 이는 보통 기술라이센싱, 공급계약(supply agreement), 마케팅 계약이나 합작투자의 형태로 나타난다. 기업 간의 제휴는 기본적으로 수직적 제휴와 수평적 제휴의 2가지 형태로 나눌 수도 있다.

기업은 제휴 관계를 통해서 새로운 부문이나 시장, 관련 산업으로 직접 진출하지 않고도 가치활동을 공유할 수 있다. 제휴는 기업끼리 실제로 통합하지 않고도 수직적 연계의 이점인 원가 우위나 차별화 우위를 얻을 수 있게 해주며 동시에 기업 간 조정의 어려움도 극복할 수 있게 한다. 물론 제휴에도 일정 비용이 발생하기는 하지만 대개 장기적으로 계약을 맺기 때문에 더욱 긴밀한 조정 활동을 펼칠 수 있다는 장점이 있다. 그러나 계약 체결 단계에서 어려움이 발생하거나 제휴 기업과 관계가 악화될 수도 있는 변수가 있다는 점도 항상 염두에 두어야 한다.

제휴 관계에 있는 기업들은 각각이 독자적인 기업이기 때문에 제휴에서 발생하는 이점을 두 기업이 어떻게 나누어 가질 것인지에 관한 문제도 고려해야 한다. 그러므로 상대적으로 강한 교섭력을 가진 기업이 이 문제에 주도권을 가지며, 제휴가 각 기업의 경쟁우위에 미치는 영향을 결정한다. 예를 들어, 강력한 교섭력을 가진 제휴 파트너는 자사에 유리한 계약 조건을 내세워 협업하는 마케팅 조직에서 발생한 이익을 자기 쪽으로 더 끌어올 수 있을 것이다. 경쟁우위에서 제휴가 하는 역할은 글로벌 전략에 관한 다른 저서에서 다루고 있는데 제휴가 국제 경쟁에서 더 일반적이기 때문이다.[10]

경쟁 범위와 사업의 정의

관련 사업단위의 범위를 적정하게 정의하기 위해서는 가치사슬과 경쟁 범위 간 관계를 분석해보아야 한다. 즉 전략적인 개별 사업단위를 결정할 때는 활동의 통합과 분리에 가중치를 두거나 관련 세분 시장이나 지리적 범위 또는 관련 사업 간에 상호관계를 맺는 것의 이점과 개별적으로 수행할 때 가장 적합한 가치사슬 간의 차이는 무엇인지에 대한 비교가 이루어져야 한다. 만약 어떤 사업이 지리적 범위 또는 제품이나 구매자 범위의 차이로 뚜렷이 구분되는 가치사슬을 가진 경우 사업단위는 세분화 시장으로 정의된다. 이와 반대로 지역 간, 산업 간 광범위하고 강력한 상호관련성을 가졌다면 사업단위의 영역도 그만큼 넓어질 것이다. 유사하게, 가치사슬을 전 세계적으로 조정해서 강력한 경쟁우위를 얻는다면 관련 산업이 글로벌 산업임을 의미하며, 각 지역이나 국가 간의 차이가 큰 경우에는 지리적 사업단위의 범위가 좁아짐을 암시한다. 수직 통합으로 발생하는 강력한 경쟁우위는 사업단위를 상류 부문과 하류 부분의 영역으로 확장시키며, 이 과정에서 통합이 잘 이루어지지 않는다면 각 단계가 개별적인 사업단위임을 의미한다. 마지막으로, 상호관련성이 높은 사업단위는 결과적으로 합병 절차를 밟아야 할 수도 있다.

적정한 사업단위의 정의는 가치사슬이 서로 어떻게 관련되는가를 파악하고 서로 다른 분야에서 경쟁하는 기업들에 최적화된 가치사슬을 이해하는 데서부터 출발해야 한다. 산업 세분화에 따른 사업단위의 정의에 대해서는 7장에서 다시 언급하겠다.

가치사슬과 산업구조

산업구조는 개별 기업이 어떤 가치사슬을 선택할지를 결정하는 것과 동시에 경쟁사들의 가치사슬을 총체적으로 반영한다. 따라서 산업구조에 따라 구매자와 공급자 간의 교섭 관계가 결정된다. 또한 산업구조는 구매자, 공급자 그리고 제휴업자 간의 이윤 분배 방식도 결정한다. 한 산업에 가해지는 대체재의 위협은 구매자가 기대하는 가치활동에 영향을 미친다. 그리고 여러 가지 가치사슬 배열이 얼마나 지속 가능한가에 따라 진입장벽의 높이가 결정된다.

경쟁사들이 어떻게 가치사슬을 배열했는지는 산업구조를 결정하는 여러 요소의 기본이 된다. 예를 들면 규모의 경제나 학습은 경쟁사가 가진 가치사슬 기술을 모방해서 달성할 수 있다. 산업 내 경쟁에 필요한 자본의 규모를 산정하는 것도 가치사슬 상에서 소요되는 자본액의 합계를 구하면 계산이 가능해진다. 제품의 차별화는 또 어떤가? 기업이 생산한 제품이 구매자 가치사슬에서 어떻게 사용되는지를 살펴보면 된다. 따라서 경쟁사들의 가치사슬에 대한 분석은 산업구조의 다양한 요소를 파악하는 출발점이라 볼 수 있다.

가치사슬과 조직구조

가치사슬은 경쟁우위를 분석하는 기본 도구임은 물론, 경쟁우위를 창출하고 유지하는 방법을 모색하는데도 필수적인 도구다.(이 주제는 다음 장에서 중점적으로 논의될 것이다.) 그러나 무엇보다 가치사슬은 조직구조 진단에 매우 유의미한 역할을 한다. 조직구조는 마케팅, 생산과 같은 조직단위에 포함된 여러 활동을 한데 통합한다. 이러한 조직화의 논리에서는, 유사한 활동끼리는 같은 부문으로 통합되고, 동시에 부서끼리는 활동 간 차이점이 있어서 서로 서로 다른 그룹으로 분리되어야 한다. 조직 이론가들은 이것을 '차별화'라고 부른다. 조직단위들의 분리는 각 개별단위들을 조정할 필요성을 높이는데, 조직의 분화를 이루었을 때는 그와 병행해서 기업 내에 반드시 통합 메커니즘을 확립해야 한다. 조직구조는 분화와 통합의 이득 사이의 균형을 이루어 준다.[11]

가치사슬은 기업을 세분화된 여러 활동으로 구분하는 체계적 방법을 제공하는데 이에 따라 기업 내 여러 활동을 비슷한 것들끼리 나누어 조직화할 수 있다. 〈그림 2-5〉는 가치사슬에 전형적인 조직구조를 대입시킨 것이다. 이때 조직을 반드시 경제적 측면에서 유사한 일련의 활동을 기준으로 구분해야 하는 것은 아니다. 특히 구매부나 R&D 부서와 같은 조직단위가 기업 내에서 유사한 활동의 일부만을 담당한다는 것을 떠올려보면 이해가 쉬울 것이다.

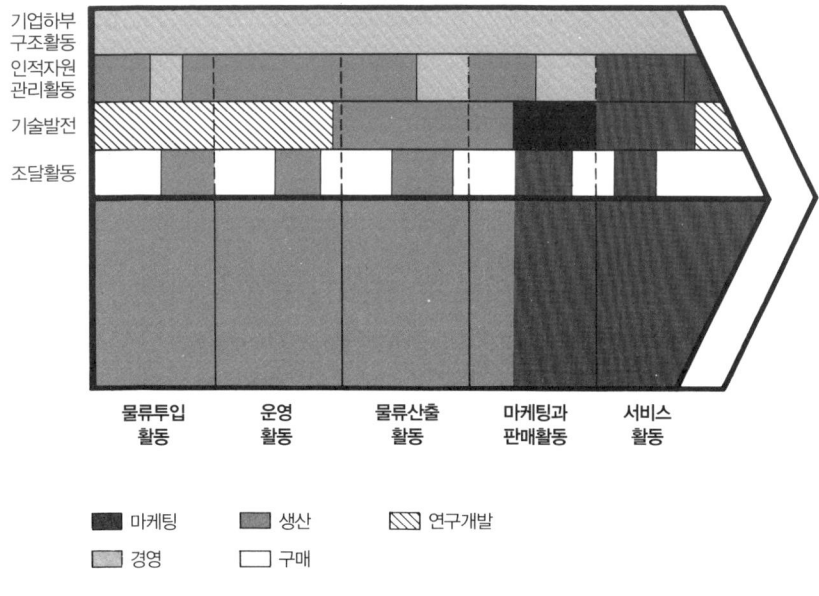

그림 2-5 조직구조와 가치사슬

 따라서 조직단위들을 통합할 필요가 있다는 말은 결국 연계를 적극적으로 이용할 필요가 있는 말과 같다. 일반적으로 가치사슬 내에는 많은 연계가 있다. 그러나 기업이 택한 특정 조직구조가, 연계가 필요한 활동들을 조정하여 최적화하는 메커니즘을 제공하지 못하는 경우도 많다. 연계를 조정하고 최적화하는 데 필요한 정보를 수집하기 위해 가치사슬을 이용하는 것 또한 쉽지 않다. 인적자원 관리나 기술개발과 같은 지원 활동의 담당자는 기업 전체의 경쟁적 위치와 자신이 수행하는 활동과의 관계를 제대로 파악하지 못하는 경우가 많으며, 조직구조에서의 수직적 연계를 잘 이해하지 못할 수도 있다.

 요컨대 기업은 자신의 경쟁우위의 원천에 더 적합한 방향으로 조직의 경계를 설정한 후, 공급자나 유통채널 혹은 가치사슬 내의 연계를 증진시키는 방향으로 조직구조를 개편해야 한다. 가치사슬이 잘 조정되고 연계되어 형성된 조직구조는 경쟁우위를 창출하고 유지하는 기업의 능력을 향상시킨다.

이 주제에 관해서는 여기서 마무리 지어야 하는 점이 아쉽지만, 조직의 문제는 전략을 실행하는 데 매우 중요한 과제라는 점은 분명한 사실이다.

Chapter 03
원가 우위

원가 우위[1]는 기업이 확보할 수 있는 2가지 유형의 경쟁우위 중 하나다. 물론 차별화 전략일지라도 경쟁자보다 원가가 월등히 높으면 불리하기 때문에 여기서도 원가는 중요하다. 차별화에 든 비용이 차별화를 통해 확보한 가격 프리미엄보다 높으면 이 전략 자체가 무의미하기 때문이다. 원가 우위 전략에 수반되는 원가 행동 또한 전반적인 산업구조에 큰 영향을 미친다.

기업들은 원가의 중요성을 잘 알고 있다. 그래서 전략계획 수립 과정에서 가장 흔하게 볼 수 있는 것이 '원가 우위 전략'이나 '원가절감'에 관한 것이다. 하지만 원가 행동이 무엇인지 제대로 이해하고 있는 경영자는 드물다. 한 기업의 경영자들 사이에서도 자기 회사의 상대적 원가 지위(relative cost position, 업계에서 자기 회사가 얼마나 낮은 또는 높은 수준의 원가를 유지하고 있는가의 정도)와 그 원인에 대해 의견 일치가 이루어지지 않는 경우가 많다. 원가를 계산하는 것도 제조 원가에만 치중하는 경향이 있고, 마케팅이나 서비스 그리고 기타 기반 시설이 원가 지위에 미치는 영향은 종종 놓치고 만다. 원가에 영향을 미치는 활동의 연계를 고려하지 않고 이들 활동의 원가를 개별적으로 분석하는 것 또한 문제다. 더군다나 기업이 자사의 상대적 원가 지위를 평가하기 위해서 경쟁자의 원가 지위를 분석하는 것이 반드시 필요한데, 이것이 무척 까다로운 일이라 비교적 쉽게 얻을 수 있는 자료인 근로자 비율이나 원재료 비용 정도를 가지고 비교하고 넘어가기도 한다.

이런 문제들이 발생하는 이유는 원가분석을 위한 체계적인 틀을 갖추고 있는 기업이 거의 없으며, 있다 하더라도 대부분 아주 좁은 범위나, 단기적 관점에서만 이루어진다. 경험 곡선과 같이 널리 쓰이는 분석 수단들조차 원가분석에서 잘못 사용되는 경우가 많다. 경험 곡선은 시작 단계에서는 매우 유용한 틀이지만 여러 가지 중요한 원가 행동 평가 요소들을 고려하지 않기 때문에 이들 사이의 중요한 연관성을 밝혀내는 데는 한계가 있다. 또 원가분석을 할 때 현재 사용 중인 회계시스템에 지나치게 의존하는 경향도 지적 대상이다. 회계시스템이 원가분석에 유용한 자료를 제공하는 것은 사실이나, 전략적 원가분석에는 적합하지 않을 수 있다. 회계에서 원가시스템은 원가를 노무비로, 즉 직접노무비, 간접노무비, 그 밖의 간접비 등으로 분류하고 있는데 이런 회계시스템은 서로 다른 경제적 논리를 가진 활동이라도 동일 집단으로 합쳐버리거나 동일 활동으로 발생한 노무비, 원재료비, 제조간접비등을 인위적으로 분리해놓기도 한다. 때문에 이를 기반으로 기업이 수행하는 기본 활동을 명확하게 밝힌다는 것은 상당히 어려운 일이다.

따라서 이 장에서는 원가 행동 분석 체계, 상대적 원가 지위를 결정하는 요소, 기업이 지속 가능한 원가 우위를 획득하는 방법, 그리고 원가 상 불이익을 최소화하는 방법에 대한 논의를 할 것이다. 이러한 분석들로 차별화의 비용을 밝혀내고, 차별화 전략을 사용하는 기업이 차별화를 희생하지 않으면서도 원가를 절감하는 방법을 알게 될 것이다. 또 이 분석 틀은 원가 지위와 차별화 전략을 달성하는 데 중요한 역할을 하는 공급자와 구매자의 원가 행동 분석에도 사용할 수 있다.

가치사슬은 원가분석에 기본이 되는 틀이다. 이 장에서는 원가분석의 차원에서 가치사슬을 어떻게 정의할 것인지를 논의할 것이다. 그러기 위해 우선 각 원가 및 자산들이 가치사슬과 어떻게 연계되는지를 파헤쳐 보고 그다음으로 '원가 동인'의 개념을 사용해서 원가 행동을 분석하는 방법에 대하여 설명하겠다. 원가 동인은 어떤 활동에 투입되는 원가를 결정해주는 구조적 결정변수를 말하는 것으로 기업마다 이를 통제할 수 있는 능력에 차이가 있다. 원가 동인은 특정 활동에 영향을 주는 연계 또는 상호관련성을 반영하면서 그 활동에서의 원가 행동을 결정한다. 그리고 기업의 주요 활동에 투입되는 각각의 원가는 다시 그 기업의 상대적 원가 지위를 형성해준다.

원가 행동 분석의 틀을 설명한 다음으로는 경쟁사의 상대 원가를 평가하는 방법과 지속 가능한 원가 우위를 획득하는 법을 제시할 것이다. 이와 더불어 원가 지위를 이해하면서 빠지기 쉬운 몇 가지 중요한 함정에 대해서도 언급할 것이다. 그런 후에 전략적 원가분석 단계에 대한 논의로 이 장을 마무리하겠다. 물론 여기에서 설명한 기법들은 생산관리나 가격 결정에 필요한 세부적인 원가분석을 대신할 수 있는 것은 아니며 재무회계나 원가회계의 필요성을 감소시키는 것도 아니다. 이 분석 틀의 주된 목적은 원가 행동에 대한 이해를 높여서 기업이 원가 우위를 달성하고 경쟁전략을 형성할 때 전체적인 관점에서 방향을 제시하고자 함이다.

가치사슬과 원가분석

기업의 원가 행동과 상대적 원가 지위는 기업이 한 산업 내에서 경쟁할 때 수행하는 가치활동에서 비롯된다. 이때 중요한 점은 기업의 전반적인 원가가 아닌 이들 가치활동 각각의 원가분석만이 의미 있는 원가분석이라는 것이다. 개별 가치활동은 각자 고유한 원가구조로 이루어져 있으며 각 활동에서 일어나는 원가 행동은 그 기업 내외부의 다른 활동과의 연계 및 상호관련성으로부터 영향 받을 수 있다. 따라서 원가 우위는 기업이 가치활동을 수행하는 과정에서 발생하는 여러 비용을 경쟁사보다 줄일 수 있을 때 이룰 수 있다.

원가분석을 위한 가치사슬의 정의

원가분석을 하기 위해서는 먼저 기업의 가치사슬을 정의하고 운영 비용(operating costs) 및 자산을 각각의 가치활동에 할당해야 한다. 가치사슬 내의 각 활동에는 고정비용은 물론, 운전자본 형태의 운영 비용 및 자산을 수반한다. 구매한 원재료, 기계 등의 투입 요소들은 각 가치활동 원가의 일부분을 구성하며, 모두 운영 비용(기업의 운용 및 영업을 위해 구매되는 투입요소)과 자산(구매자산)의 근본이 된다. 자산은 가치활동 별로 할당할 필요가 있는데, 이는 모든 가치활동의 원가에서 자산의 액수와 자산을 효율적으로 활용하는 것이 중요하기 때문이다.

원가분석에서 전체 가치사슬을 개별 가치활동으로 분리해낼 때는 다음에 제시된 상호 배타적이지 않은 3가지 원칙을 따라야 한다.

- 각 활동에서 나타나는 원가의 규모와 성장률
- 각 활동의 원가 행동
- 각 활동을 수행하는 데 있어서 경쟁자와의 차이

전체 운영비용이나 자산에서 비중이 크거나 급속도로 비중이 증가하는 활동은 원가분석을 할 때 분리시켜 보아야 한다. 보통 총원가에서 비중이 큰 부분은 쉽게 확인되지만 나중에 원가구조를 바꿀만한 성장 잠재력을 가졌어도 현재 비중이 작은 가치활동은 잘 드러나지 않는다. 규모가 작고 앞으로도 그 비중이 크게 달라지지 않을 원가나 자산의 경우에는 더 넓은 범주에 포함할 수 있다. 그렇지만 서로 다른 원가 동인을 갖는 활동들은 분리해서 더 세분화된 범주에 두어야 한다. 예를 들어 광고활동과 판촉활동은 일반적으로 다른 가치활동에 속한다고 보는데, 규모에 영향을 많이 받는 광고비에 비해 판촉비는 영향을 주는 요소의 변동성이 크기 때문이다.

한 사업부가 다른 사업부와 공유하는 활동은 그것이 무엇이든 기존의 가치활동과는 분리하여 취급해야 하는데, 이는 공동작업의 파트너가 된 사업부의 상황이 그 활동의 원가 행동에 영향을 미칠 것이기 때문이다. 이와 유사한 모든 연계 활동에도 이 논리는 똑같이 적용된다.

단 한 차례의 원가분석으로 원가 행동의 모든 요소를 확인할 수는 없다. 모든 가치활동을 정확하게 분석하기 위해서 여러 차례에 걸친 수정작업은 필수다. 처음 가치사슬을 가치활동 별로 분리할 때는 원가 행동의 주요 차이들을 추측에 의존하여 가려내는 수밖에 없다. 그러나 분석이 진행될수록 각 활동의 원가 행동이 지닌 유사점과 차이점이 드러나기 때문에 이에 따라 각 가치활동은 더 세분되거나 통합될 수 있다. 대개 통합된 가치사슬을 먼저 분석하고, 그런 후에 중요하다고 생각되는 특정 가치활동들을 더 자세히 조사한다.

가치활동을 분류하는 마지막 단계는 경쟁자들의 행동을 살펴보는 것이다. 분석 대상 기업이 특정 활동을 남다른 방법으로 수행할 경우, 이 활동은 따로 중요하게 취급할 필요가 있다.[2] 예를 들어, 피플 익스프레스를 비롯한 저가 전략을 펼치는 항공사들은 아메리칸, 이스턴, TWA, 유나이티드 등과 같은 기존 항공사들과는 완전히 다른 기내 서비스를 제공한다. 경쟁사 간의 이러한 차이는 활동이 상대적 원가 우위 또는 그 반대의 원천일 가능성을 높인다.

원가 및 자산의 할당

가치사슬을 파악했다면 이제 기업은 운영비 및 자산을 가치활동에 할당해야 한다. 운영비는 그 비용이 발생한 활동에, 자산은 이를 보유하고 통제하거나 그것을 사용하는 데 가장 영향을 주는 활동에 각각 할당된다. 운영 비용 할당에는 기존의 회계분류 방식과는 다른 원칙이 있다. 다소 시간이 걸리더라도 그 원칙을 따라야 한다. 특히 간접비나 원재료처럼 특정 활동을 위해 구매한 투입 요소는 가치활동에 따라 회계기록을 재정리해야 하는 경우가 많이 생긴다.

일반적으로 자산은 고가이고, 자산의 선택이나 사용이 운영 비용과 트레이드오프 관계인 경우가 많으므로 가치활동에 자산을 분배할 때는 원가 행동이 분석 가능한 방향으로 해야 한다. 따라서 운영비에 자산을 할당하는 것보다 가치활동에 자산을 할당하는 일에 더 섬세한 작업이 요구된다. 자산계정들은 각각의 활동에 일치하도록 재분류되어야 하고 일정한 방법에 따라 가치를 평가받아야 한다. 이런 자산 할당 방법에는 보통 2가지가 있다. 자산을 장부가치나 대체가치에 할당하여 같은 형태로 변형시킨 운영 비용과 비교하는 방법 그리고 자산 장부가치 또는 대체가치를 자본비용 기준에 따라 운영 비용으로 변형시켜 할당하는 방법이다. 그러나 어떤 평가 방법을 쓰더라도 문제점은 여전히 남는다. 예를 들어 장부가치는 구입 시기와 회계방침에 큰 영향을 받기 때문에 그저 숫자의 나열에 불과할 뿐일 수 있다. 대체가치를 계산하는 것도 만만치 않은 작업이다. 또한 감가상각 일정은 종종 고정자산과 현재 자산에 드는 자본비용과 마찬가지로 일정하지 않을 수 있다. 따라서 자산을 평가하는 방법을 선정할 때에는 산업 특성이 반영되어야 하는데, 산업의 특성은 자료에 담긴 가장 중요한 편차(biases)의 종류와 자료를 수집할 때 실질적으로 고려해야 할 사항을 결정할 것이다. 그 어떤 방법을 선택하든 자료에 포함된 편차의 내용은 잘 인지하고 있어야 한다.[3] 자산을 여러 방식으로 할당한다면 비용 분석 내용을 보다 분명하게 입증할 수 있을 것이다.

여러 사업부가 공유하는 가치활동의 비용과 자산은 일반적으로 몇 가지 배분 방식을 따라 기업이 현재 채택하고 있는 가치에 우선 배분되어야 한다.

공유 가치활동의 원가 행동은 어느 한 사업단위의 일부로 귀속되는 것이 아니라 전체로서 그 활동을 반영한다. 예를 들어 규모에 민감한 가치활동의 원가는 이 활동에 참여하는 모든 사업부의 총 규모에 달려있다. 게다가 공유활동에 적용되는 배분 법칙이 순수하게 경제적 기준으로 규정된 것이 아니고 담당자의 편의나 정치적 목적에 의해 정해진 것일 수 있다. 그러나 분석이 진행될수록 공유활동의 비용은 그 활동의 원가 행동에 바탕을 둔 의미 있는 방법으로 더 정확하게 분배될 수 있을 것이다.

한편 가치 활동에 원가와 자산을 배분하기 위해 선택한 기간은 기업의 실적을 대표할 수 있어야 한다. 따라서 원가에 영향을 줄 수 있는 계절적 또는 순환적 변동이나 가치활동이 중단된 기간도 반드시 반영하여야 한다. 운영비를 서로 다른 시점에서 비교해봄으로써 전략 변화의 효과를 파악할 수 있으며 원가 행동을 수월하게 진단할 수 있다. 예컨대 연속적인 기간에 일어난 활동을 파악하는 것은 학습 효과를 분석하는 데 많은 도움이 될 수 있고, 수행 수준이 서로 달랐던 기간 사이의 운영비를 비교하는 것은 규모의 경제나 가동률(capacity utilization)의 역할에 대한 올바른 기준을 제시해줄 수 있다.

그런데 비용 및 자산의 할당에는 재무보고 상에서 요구하는 정도의 정밀함은 필요하지 않다는 점을 알아두자. 전략적인 비용 문제를 다루는 데는 추산 정도로 충분한 경우도 많다. 특히 정확한 운영비를 산정하는데 큰 비용이 든다면 추산만으로 해결해도 된다. 분석을 진행하면서 특정 활동이 원가 우위에 중요하다는 것이 파악되면 그때 가서 정확한 분석을 하면 된다. 마지막으로, 기업은 경쟁사들이 그들의 운영비와 자산을 다르게 할당한다는 사실을 발견할 수 있다. 경쟁사들이 비용을 측정하는 방법은 행동에도 영향을 미치기 때문에 그들의 비용을 분석하는 작업의 일환으로 원가를 측정하는 방식을 진단하는 것이 필요하다.

대략적인 원가분석

각각의 가치활동에 원가와 자산을 할당하여 기업의 원가 분포를 도식화하여 가치사슬을 만들 수 있다. 이 작업은 가치활동의 원가를 운영비, 인건비(human resource costs) 그리고 자산이라는 세 가지 범주로 나눈다. 〈그림 3-1〉은 각 활동의 원가 및 자산 분배의 비중을 가치사슬에 반영한 것을 나타냈다.

운영 비용 및 자산을 가치사슬에 할당해 보는 시도만으로도 원가절감을 이룰 수도 있다. 예를 들자면, 가치사슬 내의 모든 투입 요소가 합산되는 경우는 별로 없어서 실제 계산을 해보면 투입 요소의 원가가 생각보다 더 높을 수도 있다. 또 2장에서 설명한 대로 가치활동을 직접활동, 간접활동, 품질보증 활동으로 나누어 집계함으로써 새로운 시사점을 얻을 수 있다. 경영자들은 직접원가에만 관심을 두기 때문에 간접원가의 상승을 모르고 지나가는 경우가 많다. 그러나 대다수의 기업이 총원가에서 간접원가의 비중이 상당이 크며, 또 간접원가는 다른 어떤 원가 요소보다 빠르게 증가하는 속성을 지니고 있다. 첨단 정보시스템이나 공정 자동화의 도입으로 직접원가는 줄었지만 복잡한 보수 작업이나 이를 수행할 고급 개발 인력이 필요하게 되어 간접비용이 증가하는 것이다.

예를 들어 밸브 제조업에서 간접원가는 총원가의 10% 이상을 차

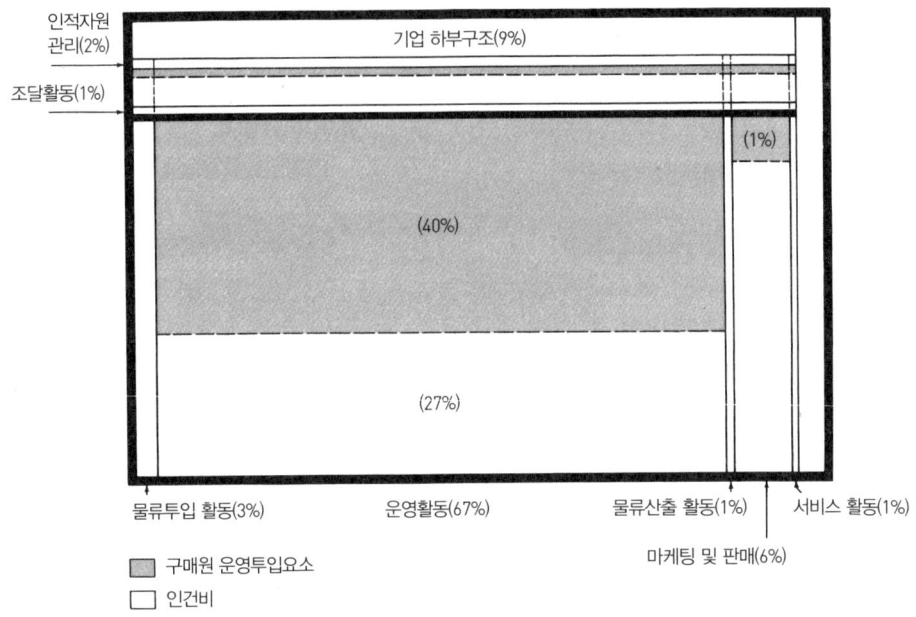
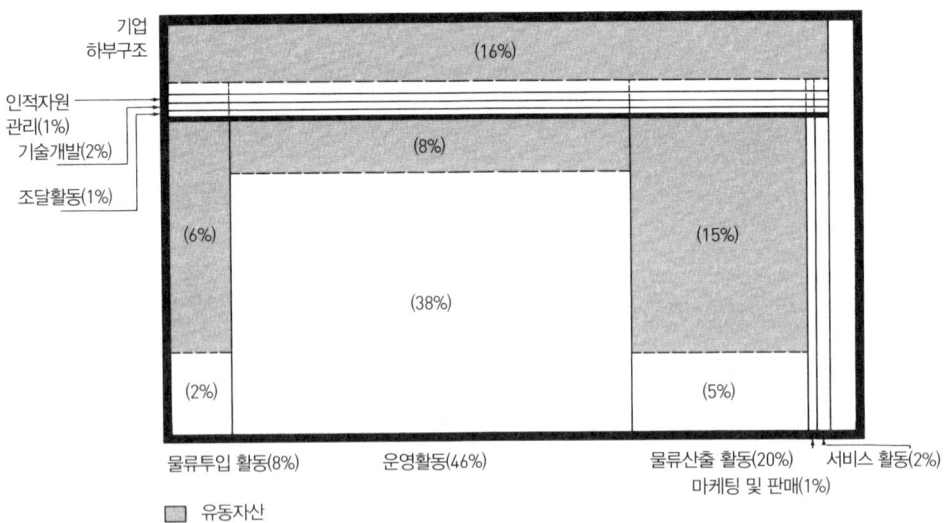

그림 3-1 유량제어 밸브의 운영비 및 자산 배분의 흐름

지한다. 이렇게 기업들은 가치사슬에서 모든 품질보증 활동의 총합이 원가에서 차지하는 비중이 상당히 크다는 것을 알게 되었고, 많은 산업에서 검사, 조정, 테스트 외에 품질보증에 대한 접근을 달리 하여 큰 비용 절감을 이루는 결론에 도달하기도 한다.

원가 행동

기업의 원가 지위를 결정하는 것은 기업이 수행하는 가치활동의 원가 행동이고, 원가 행동은 다시 원가에 영향을 미치는 수많은 구조적 요인인 원가 동인에 의해 결정된다. 그리고 몇 개의 원가 동인이 결합해 원가를 결정한다. 그러나 동일한 산업에서도 서로 다른 가치사슬을 가지고 있는 기업 간에는 중요한 원가 동인이 다를 수 있다. 특정 가치활동에서의 원가 지위는 중요한 원가 동인에 대한 기업의 입지에 영향을 받는다.

원가 동인

원가 행동을 결정하는 10개의 주요 원가 동인은 다음과 같다;

규모의 경제, 학습 효과, 조업 유형, 연계, 상호관련성, 통합 정도(integration), 타이밍, 자율정책(discretionary policies), 입지 조건, 제도적 요인(institutional factors).

원가 동인은 어떤 활동의 원가에 영향을 주는 구조적 요인을 말하며 기업에서 어느 정도 통제가 가능하다. 원가 동인들끼리 서로 영향을 미쳐 특정 활동의 원가 행동을 결정하며 동인이 미치는 영향력의 정도는 활동마다 차이가 있다. 따라서 특정한 한 가지 원가 동인이 기업의 원가 지위를 결정하는 지배적인 역할을 할 수는 없다. 그러므로 각 가치활동의 원가 동인을 파악하면 원가 지위를 결정하는 원천이 무엇인지 그리고 그것이 어떻게 변해가는지 이해할 수 있다.

규모의 경제와 비경제

규모의 경제 또는 비경제는 가치활동의 원가에 많은 영향을 미친다. 규모의 경제를 이루기 위해서는 더 큰 생산 수준에서 좀 더 효율적으로 활동을 해나가는 능력, 광고나 R&D와 같은 무형의 원가를 좀 더 많은 판매량으로 연결시키는 능력이 필요하다. 규모의 경제는 활동이 성장함에 따라 필요해지는 인프라나 간접비가 성장의 속도에 비해 더 낮은 비율로 증가할 때뿐만 아니라 확대된 규모에서 활동의 운용이 더욱 효율적으로 일어나게 되면 발생할 수 있다. 예를 들어, 보크사이트(알루미늄의 원재료) 광산에서 실제 채광비가 줄어드는 경우는 채광 규모가 확대될 때보다 전반적인 인프라 비용이 규모의 확산 속도보다 더 낮은 비율로 분산될 때다.

이러한 규모의 경제는 조업도의 개념과는 분명히 구별해야 한다. 조업도가 향상되면 기존의 시설과 인력에 드는 고정비를 많은 생산량에 분산시켜 원가를 낮추는 효과를 낸다. 반면, 규모의 경제는 완전 가동 수준에서의 활동 수행이 더 큰 규모에서 보다 효율적임을 의미한다. 따라서 '조업도'와 '규모의 경제' 개념을 혼동하면, 기존 설비가 완전 가동인 상태일 때 시설을 확장할 경우 원가가 지속해서 감소할 것이라는 오해를 불러일으킬 수 있다.

한편 규모가 증가하면서 나타나는 복잡함 및 조정 비용의 증가는 가치활동에서 규모의 비경제를 유발한다. 예를 들어, 금속 캔 공장에서 생산라인 수가 15개를 넘으면 공장관리가 더욱 복잡해진다. 규모의 확대는 직원의 동기부여를 저하하거나 임금 또는 원자재의 구매비용을 상승시킬 수 있다. 규모가 큰 공장일수록 노조가 결성될 가능성도 커지며 종업원의 기대 수준이 높아 노사 간 협상을 어렵게 만들 수 있다. 또 공급량이 탄력적이지 못할 경우, 원자재 사용이 늘면 가격이 상승하여 조달 활동에서 규모의 비경제를 유발할 수 있다. 규모의 비경제는 환경변화에 빨리 반응해야 하는 유행에 민감한 산업이나 큰 조직에서는 오히려 능률이 저하되며, 개인의 창의성에 의존해야 하는 전문 서비스업에서도 많이 나타난다.

활동마다 규모에 대한 민감도에는 큰 차이가 있다. 제품 개발, 전국단위의 광고, 기업 인프라와 같은 활동은 주로 고정비가 큰 비중을 차지하고 있어서 조달이나 영업직 관리 같은 활동보다 규모에 더 민감하다. 그리고 사실 기업의 모든 가치활동에는 어느 정도 규모의 경제(또는 비경제)가 작용하기 마련이다.

규모의 경제는 가치활동에서 사용되는 기술뿐만 아니라 기업이 그 기술을 운용하는 태도의 영향도 받는다. 공장을 예로 들면 규모의 경제는 생산기술에 더해 생산되는 제품의 다양성, 공장의 가동 기간 등에도 영향을 받는 것이다. 마찬가지로 판매원 관리는 인력 운영에서 규모의 경제에 영향을 줄 수 있다. 판매조직이 지역별로 나누어진 경우 지역의 매출액이 증가하면 판매원이 방문할 때마다 받을 수 있는 주문량이 늘어날 것이고 제한된 판매지역 때문에 밀집도가 늘어나 고객 간의 방문시간이 짧아져 원가가 낮아질 수 있다. 판매조직이 제품라인 별로 나누어진 경우 어떤 지역의 판매량이 증가하면 멀더라도 그 지역까지 인력이 파견되어야 하기 때문에 비경제를 유발하기도 한다.

규모의 경제가 늘 일정한 것은 아니다. 적정 규모를 측정하는 단위는 산업마다 다르고 가치활동마다 다르다. 이 사실을 간과하는 기업은 그들의 원가 지위가 흔들릴 수도 있을 것이다. 글로벌 단위의 규모가 적당한 원가 동인이 되는 활동도 있고 전국 단위, 지역 단위, 공장 단위, 프로젝트 단위, 생산설비 단위, 단일고객 단위, 주문량의 단위 등 여러 다른 규모의 경제가 원가 행동에 반영되어 있을 수 있다.[4]

예를 들어 제품 연구개발의 규모는 세계 또는 전국적 단위가 보편적이다. 신모델 개발에는 모든 판매 단위에 분산시켜야 할 만큼의 막대한 투자 비용이 필요하다. 전 세계를 대상으로 판매될 표준모델의 개발비는 글로벌 규모에 민감하지만 국가별 현지화가 필요한 제품의 개발비는 국가적 규모에 더 민감하게 반응할 것이다. 또 운송업에서 규모의 경제는 이용하는 운송 수단에 따라 지역별 또는 구매자별 규모에 영향을 받는다. 지역 수준의 규모에서는 특정 지역 내 구매자 밀도와 배송 거리가 대리변수로 작용한다. 운송업자들은 지역 단위의 규모의 경제에 영향을 주는 지역 내에서 컨테이너 단위, 차량 단위, 철도 노선 단위의 대규모 선적에 할인을 해주는 일이 있다. 이런 경우 제품을 배송하는 비용은 구매자의 주문 단위에 관계없이 고정적인 경우가 많으므로 구매자는 대량 구매를 할수록 비용을 줄일 수 있다. 따라서 특정 산업에서 규모의 경제가 원가에 어떤 영향을 미치는지를 이해하기 위해서는 산업에 또는 그 산업이 취급하는 제품 등에 내재된 규모와 관련한 특정 메커니즘을 알아내고 거기에 가장 적합한 단위 규모를 알아내는 것이 중요하다.

적절한 단위 규모를 설정하는 것은 기업이 그에 관련한 활동을 어떻게 관리하느냐의 영역이다. 예를 들어 글로벌 표준제품을 판매하는 대신에 국가별 특성에 맞춰 제품을 현지화하기로 했다면 이런 정책의 변화에 알맞은 규모의 단위가 달라질 것이다. 그러므로 기업이 미치는 영향력은 규모의 경제가 적용되는 범위뿐 아니라 기업활동의 원가에 영향을 주는 규모의 유형에까지 이른다. 이러한 사실로 미루어 볼 때, 기업이 그들의 경쟁사 대비 가장 큰 우위를 가지는 유형의 규모에서 원가에 최대한 영향이 미치도록 기업활동을 관리할 필요가 있다는 것을 알 수 있다. 즉, 특정 지역만을 대상으로 하는 기업에서는 그 지역 수준에서 규모의 경제를 극대화해야 하며, 어느 특정 지역이 아닌 전국을 대상으로 하는 기업은 전국 수준에서 규모의 경제가 극대화될 수 있는 활동을 펼쳐야 한다.

원가 동인 하위 항목

시간이 지날수록 기업활동은 학습 효과로 효율성이 높아져 가치활동의 원가가 감소하게 된다. 시간의 경과에 따른 학습 효과로 원가를 낮출 수 있는 메커니즘은 다양하다. 설비 배치의 변경, 일정 계획의 개선, 노동생산성 향상, 제품 설계 변경, 이익 개선, 자산 활용도를 높여주는 절차 고안, 공정에 적합한 원자재 확보 등이 바로 그것이다. 또한 학습 효과는 공장, 소매점 또는 다른 시설을 갖추기 위한 비용을 절약해주기도 한다. 어떤 활동에서 학습 효과가 나타날 가능성은 직원별로 이루어지는 학습의 경우보다 훨씬 높다.[5] 학습을 통한 개선의 가능성은 가치활동 별로 다르기 때문에 학습의 정도도 다양하다.[6] 학습 효과는 몇 개의 큰 이벤트로 획득된다기보다는 작은 개선 사항들이 꾸준히 축적된 결과물이다. 학습 효과는 원가절감에 신경 쓸 수 있을 만큼 여유가 있는 시기에 증가할 수 있으며 또한 이를 획득하기 위한 경영자의 의지에 따라 크게 달라지는 경향이 있다.

학습 효과는 동일 산업 내에서 다른 회사로 확산되기도 하는데 이때 확산은 공급자, 컨설팅 회사, 퇴직한 직원 및 리버스 엔지니어링(Reverse Engineering)과 같은 메커니즘을 통하여 이루어진다. 가치활동에서 기업 간 학습 효과의 확산이 많이 이루어지는 산업에서는 산업 전반에 걸쳐 학습이 이루어지는 비율이 더 높기도 하다. 그러나 지속 가능한 원가 우위는 기업 고유의 학습에서만 나타나는 것이므로, 확산의 정도는 학습효과가 특정 기업의 원가 우위를 창출하는 데 기여할 지 아니면 산업 전체의 원가를 낮추는 역할만을 할지를 결정한다.[7] 따라서 확산 정도를 분석하는 것은 학습의 속도 차이로 인한 경쟁사 간 상대적 원가 차이를 진단하는 데 중요하다.

규모의 경제와 마찬가지로, 적절한 학습 효과 수준은 가치활동마다 서로 다르게 나타난다. 학습 효과 수준은 한 가치활동에서 시간 경과에 따라 원가가 절감되는 것을 설명하는 특정 학습 메커니즘을 반영한다. 학습의 메커니즘들은 다양하면서 확산의 영향도 있기 때문에 각 가치활동에 알맞은 학습 효과 수준은 상당히 다른 모습으로 나타날 것이다. 예를 들어, 학습을 통해 직원의 능률을 향상시켜 원가 행동에 영향을 미치는 가치활동에서 학습 수준은 그 활동이 얼마나 축적되었는가에 달려 있을 것이다. 이런 경우 학습 수준은 규모와 높은 상관관계를 갖게 되는데 규모가 클수록 학습이 축적되는 속도 또한

- 특정 활동의 수행량 누계(생산 활동에서의 기계속도 또는 불량률의 전형적인 척도)
- 활동 수행 기간(공장의 작업 흐름별 설비 배치의 전형적인 척도)
- 투자액 누계(공장 효율성의 전형적인 척도)
- 산업생산량 누계(학습 확산이 잘 이루어지는 산업에서 원가절감을 목적으로 한 제품 설계 개선을 측정하는 전형적 척도)
- 외부적 기술 변동(기초 공정개선의 전형적인 척도)

표 3-1 학습 효과의 측정 단위

빨라지기 때문이다. 그러나 더욱 효율적인 설비의 도입을 통해 학습이 이루어지는 경우, 학습 수준은 설비 기술의 발달 정도와 관련이 있을 뿐 기업의 생산량과는 무관할 것이다. 한편 학습 수준은 시간의 경과와 관련이 있으며 활동 개선을 위해 벌이는 투자의 확대 수준과도 관계가 있다. 따라서 기업의 원가 지위를 개선하기 위해서는 각 가치활동에서 학습 효과가 나타나는 원리를 이해하고 그 수준을 측정할 수 있는 가장 적절한 단위를 알 수 있어야 한다.[8] 그런데 학습 효과는 보통 수익 감소의 영향을 받기 때문에, 산업이 성숙함에 따라 일부 가치활동에서는 효과가 감소할 수도 있다. 〈표 3-1〉은 특정 가치활동에서 나타나 학습 효과의 대리 변수 역할을 할 수 있는 몇 가지 다른 측정단위들과 그 대표적 예를 나타낸 것이다.

조업도의 유형

특정 가치활동에서 발생하는 고정비가 클 때, 그 활동의 원가는 조업도에 큰 영향을 받는다. 고정비가 크면 조업도가 낮을수록 불리하므로 변동 비용에 대한 고정비의 비율은 특정 가치활동이 조업도에 얼마나 민감하게 반응하는지 알려주는 기준이 된다. 그런데 가치활동을 수행하는 방법상의 차이는 그 원가의 조업도에 대한 민감도에 영향을 준다. 예를 들어, 슈퍼마켓에 식품을 판매하기 위해 판매대리인을 이용하는 것은 판매 직원을 직접 고용하는 것에 비해 조업도에 대한 민감도를 낮춰준다. 판매대리인은 판매액에 대한 커미션을 받을 뿐이지만 고용된 판매원들은 고정 월급과 그 외 운영 비용 그리고 인센티브(변동비용)를 지급받기 때문이다.

한편 특정 시기의 조업도는 경쟁 지위와는 무관한 계절적, 순환적(경기) 변동 그리고 수요 공급의 변동과 같은 기타 요인의 영향을 받는다. 따라서 특정 시기의 조업도보다는 전반적 순환주기에 걸친 조업도의 유형을 보는 것이 정확한 원가 동인일 것이다. 또한 조업도의 수준이 변하는 것은 조업을 확장하거나 감축하기 위한 조정 비용을 발생시키기 때문에 평균 조업도가 같은 경우에도 조업도 수준의 변동이 큰 기업은 일정한 수준을 유지하는 기업보다 원가가 높게 발생한다. 따라서 평균 조업도보다는 조업도 수준의 변동을 고려한 조업도 유형이 더욱 적절한 원가 동인이 된다. 한 가치활동의 조업도 패턴은 부분적으로 환경적 영향이나 경쟁자의 행동(특히 경쟁자의 투자 행동)에 의해서도 결정되며, 부분적으로는 마케팅이나 제품 선택 같은 영역에서의 전략적 결정을 통해 어느 정도 통제가 가능하다.

연계

특정 가치활동의 원가는 다른 가치활동이 어떻게 수행되는가에 영향을 받는다. 2장에서 설명한 것처럼, 각 가치활동 간에 연계는 가치사슬 내에서의 연계와 공급자 및 유통채널의 가치사슬과 수직적 연계와 같은 2가지 유형이 있다. 이러한 연계가 존재하기 때문에 어떤 가치활동을 개별적으로 분석하는 것만으로는 원가 행동을 제대로 파악할 수 없으며, 각 활동 간 연계를 종합적으로 고려한다면 서로 연계된 활동들의 총비용을 낮출 수 있다. 이러한 연계는 매우 미묘하며 조직을 통틀어 활동 간 종합적인 조정이나 연계 간 최적화를 요구하기 때문에 원가 우위의 매우 강력한 원천이 될 수 있다.

• **가치사슬 내 연계** 가치사슬 내에서 가치활동 간의 연계는 얼마든지 찾아볼 수 있다. 그 중에서 직접활동과 간접활동 사이의 연계(기계 사용과 유지 보수), 품질보증과 그 밖의 활동 사이의 연계(품질검사와 AS), 조정을 필요로 하는 활동 사이의 연계(조달 물류 활동과 운영 활동), 동일한 목표달성을 위한 대안으로 사용할 수 있는 활동 사이의 연계(광고와 직접 판매, 예매 및 현장판매) 등이 가장 흔히 볼 수 있는 것들이다. 이러한 연계가 존재하는지 여부를 알기 위해서는 기업 내에서 특정 활동의 수행 원가에 영향을 주는 또는 줄 수 있는 다른 활동은 무엇인지 알아보고자 하는 노력이 필요하다.

가치사슬 내의 활동 간에 어떤 연계가 존재할 때에는 그중 하나를 수행하는 방법을 바꿈으로써 두 활동의 총비용을 낮출 수가 있을 것이다. 전략적으로 한 활동의 원가를 높여서 다른 활동의 비용을 낮출 수도 있고 두 활동의 총원가도 절감할 수 있는 경우도 많다. 2장에서 설명한 것처럼 연계를 이용한 원가절감은 조정과 최적화라는 2가지 메커니즘을 통해 이루어진다. 재고는 조달 활동과 조립 활동 사이 연계와 관련한 좋은 예로, 이 두 활동 간 연계된 활동을 잘 조정하여 재고 비용을 줄일 수 있다. 연계된 활동을 결합하여 최적화하기 위해서는 이들 사이에 존재하는 트레이드오프 관계를 해결하는 것이 가장 중요하다. 복사기 산업에서는 구매한 부품의 품질이 조립 후 조정 활동과 연계되는데 캐논의 경우 정밀한 부품을 조달함으로써 복사기 라인에서 조립 후 조정 단계를 생략할 수 있었다.

• **수직적 연계** 수직적 연계는 기업의 활동과 공급자 및 유통채널의 가치사슬 사이에 존재하는 상호의존성(interdependencies)을 반영한다. 상호의존성을 밝히기 위해 기업은 공급자와 유통업자들의 행동이 가치활동의 원가에 어떤 영향을 미치며 또 그 반대의 경우는 어떤지 점검해야 한다. 그러나 수직적 연계는 이를 파악하기 위해서는 공급자와 유통업자의 가치사슬을 잘 알고 있어야 한다는 제약 때문에 자주 간과되는 경향이 있다.

공급자와의 연계는 공급자의 제품 설계 특성, 서비스, 품질보증 절차, 포장, 배송 절차 그리고 주문처리 절차에 주로 집중되는 편이다. 공급자와의 연계는 주로 기업이 수행해야 할 활동을 공급자가 대신 수행하는 형식으로 발생한다. 공급자가 다양한 가치사슬 내에서 활동을 수행하는 방법에 따라 기업의 원가는 올라가기도 하고 내려가기도 할 것이다. 원가에 큰 영향을 미치는 대표적인 공급자와의 연계의 예를 나열하자면;

공급자의 배송 빈도 및 배송 시기와 기업의 원자재 재고 사이의 연계,

공급자의 응용기술 수준과 기업의 기술개발 비용 사이의 연계,

공급자의 원자재 포장 여부와 기업의 원자재 취급 원가 사이의 연계 등이 있다.

2장에서 설명했던 것처럼, 초콜릿 원재료를 10파운드짜리 고체 판형으로 배송하는 대신 유체형태로 배송하면 공급자도 이를 판형으로 가공하고 포장하는 과정을 생략할 수 있어서 공급자와 기업 모두 원가를 줄이는 효과를 낸다.

다른 모든 연계의 경우와 마찬가지로 공급자와의 연계를 관리하는 것으로 조정이나 최적화를 이루어 원가를 낮출 수 있다. 가장 쉽게 이용할 수 있는 연계는 기업과 공급자 양쪽 모두의 원가를 낮추는 것이다. 그러나 때로는 연계를 이용하여 기업의 원가를 절감하려는 시도가 그 기업의 비용 절감에 대한 대가 이상으로 공급자의 원가를 상승시키는 결과로 이어지기도 한다. 이런 경우 그 연계의 가치를 유지하려면 이에 대한 보상으로 공급자에 지불하는 가격을 올려줄 수 있어야 할 것이다. 반대의 경우도 가능하다. 공급자가 보상 이상의 가격 인하를 제시할 경우 기업은 자체적인 내부 비용을 인상할 준비가 되어야 할 것이다.

유통채널과의 연계에서도 이와 같은 원리를 적용할 수 있다. 이때는 공급자와의 연계와 반대로 생각하면 된다. 예를 들어서 유통업자의 창고 위치와 원자재를 다루는 능력은 기업의 판매 물류 비용, 유통 비용 및 포장비용에 영향을 미칠 수 있다. 마찬가지로, 유통업자가 하는 판매촉진 활동은 기업의 판매 원가를 낮춰줄 것이다. 공급자의 연계와 마찬가지로 유통업자와의 연계에서도 양쪽의 원가를 동시에 줄일 수 있다. 그러나 마찬가지로 기업의 원가를 낮추려는 시도가 유통채널 과정에서 역으로 원가를 증가시키기도 한다. 이때는 기업이 원가절감에 대한 보상으로 유통업자의 이윤을 더 많이 남겨주는 것이 바람직하다. 시계 제조사 세이코(Seiko)의 경우 세이코 시계의 고장 수리를 접수하여 본사로 보내주는 귀금속상에게 후한 수수료를 지급해 왔는데, 이런 보상 활동은 결국엔 세이코 서비스센터의 수와 AS 처리 비용 그리고 고객들에게 수리 과정에 관해 설명하는 비용을 크게 줄이는 효과를 주었다.

수직적 연계는 독립된 기업 간의 문제이므로, 이를 어떻게 활용하고 그로부터 발생한 혜택을 어떻게 분배하느냐에 대한 논의는 쉽게 합의점을 찾지 못하고 있다. 특히 공급자나 유통 원가를 높이는 연계의 활용에서는 더욱 어려우며, 합의를 이루기 위해 기업은 상당한 교섭력을 가지고 있어야 한다. 연계를 이용하려면 양쪽을 서로 연결하는 부산물로서 교체 비용이 발생하기도 하는데 이런 경우는 고도의 협력과 신뢰가 필요하기 때문에 합의점을 찾기가 더욱 어렵다. 그러나 그만큼 경쟁자가 모방하기 어려우므로 이 연계를 잘 활용했을 때의 보상은 매우 클 수 있다.

상호관련성

9장에서 자세히 언급하겠지만, 기업 내 다른 사업단위들과의 상호관련성도 원가에 영향을 준다. 상호관련성이 가장 중요한 형태로 나타나는 경우는 기업 내 자매 사업단위와 공동으로 가치활동을 수행하는 것이다. 아메리칸 호스피틀 서플라이(American Hospital Supply)는 의료용품을 생산하는 각각의 사업부에서 주문처리 및 유통 조직을 공유하여 상당한 수준의 원가 개선을 이루었고, 금융서비스 기업인 시티코프(Citicorp)나 시어스에서는 마케팅이나 유통을 공동 수행함으로써 원가를 절감시켰다. 한편, 유사하지만 독립적인 가치활동 간 노하우를 공유하는 상호관련성도 있다. 에머슨 일렉트릭이 좋은 예시가

되는데, 이 회사는 한 사업부에서 이루어 낸 원가절감의 노하우를 다른 사업부에서 응용하고 있다. 이런 유형은 '무형자산의 상호관련성'이라고 부를 것이다.

하나의 가치활동을 공동으로 수행하면 활동 내 작업 처리량이 증가하게 된다. 그 활동의 수행 원가가 규모의 경제나 학습 효과에 민감하거나 여러 사업단위가 그 가치활동을 공동으로 수행하면 최적의 규모를 이루는 동시에, 학습곡선을 잘 활용하고 한 사업의 규모 이상으로 조업도를 높일 수 있다. 그러나 가치활동을 공유하면 그로부터 얻을 수 있는 혜택에 상응하는 원가가 발생한다. 상호관련성의 다른 유형—비슷한 활동에서 공유하는 노하우가 활동의 효율성을 충분히 개선할 수 있는 유형—이라면 노하우를 공유해 기업의 전체 원가를 낮출 수 있다. 노하우의 공유라는 것은 사실 하나의 활동에서 얻은 학습 효과의 성과를 다른 활동에 이전시키는 것에 다름 아니다.

통합

가치활동이 수직적 통합을 이룬 정도는 원가에 영향을 미친다. 예를 들어, 한 기업이 자체적으로 컴퓨터와 소프트웨어를 가지고 있다면 외부 용역회사에 맡기는 것보다 주문처리 시스템을 운영하는 비용을 줄일 수 있을 것이다. 마찬가지로 기업이 자체 운송시스템을 보유하고 있느냐의 여부에 따라 조달 물류·판매·유통 물류 활동 비용의 규모가 달라질 수 있다. 모든 가치 활동은 외부에서 필요한 자원을 실제 구입하고 있거나 잠재적으로 구입할 수 있으므로 명시적이거나 내재적인 통합 선택의 기회가 존재한다.

통합이 이루어지면 여러 가지 방법으로 비용을 절감할 수 있다. 조달 비용이나 수송 비용과 같이 시장을 이용할 때 드는 비용을 회피할 수 있고, 막강한 교섭력을 가진 공급자나 구매자를 상대하지 않아도 된다. 통합이 이루어지면 각 활동을 통합해서 운용함으로써 얻을 수 있는 경제적 이익을 누릴 수도 있다. 예를 들어, 철강 생산 시설에 단조 공정이 같이 있는 경우 철을 다시 가열하지 않아도 된다. 그러나 통합은 유연성을 저해하거나, 공급자가 수행하는 것이 더 경제적인 활동을 자체 수행하거나, 또는 철수장벽(exit barriers)을 높임으로써 오히려 원가를 상승시킬 수도 있다.[9] 따라서 통합으로 원가가 상승할지, 하락할지 또는 아무런 영향도 미치지 않을지는 그와 관련한 특정 가치활동과 구매 자원에 좌우될 것이며 경우에 따라서는 수직적 통합의 해체(de-integration)가 필요할지도 모른다. 그러므로 기업은 각 활동에서 중요한 구매자원에 대해 통합이 줄 수 있는 잠재적인 혜택을 평가할 필요가 있다. 반대로, 현재 자체적으로 수행되고 있는 기능 중에서 외부 자원에 의존할 때 기업의 전략에 해가 되지 않으면서 원가를 낮출 수 있는 부분이 있는지 수시로 검토해야 한다. 기업들이 원가분석을 하면서 종종 놓치는 것이 통합의 해체라는 대안적 전략이다. 통합이나 통합의 해체를 위한 분석을 중요 자원에만 국한하지 말고 보조 서비스나 기타 지원 기능으로 확대해서 살펴봐야 한다. 예를 들어 제품과 서비스는 종종 하나로 묶여 판매되지만, 서비스 없이 제품만 판매하는 방안을 생각해볼 수 있을 것이다.[10] 기본적인 제품만 구입하면서 그에 수반되는 서비스는 통합해 원가를 절감하는 방법도 종종 쓰인다.

원가 동인 하위 항목

가치활동의 원가는 종종 그 가치활동이 수행되는 타이밍에 영향을 받을 수 있다. 예를 들어 어떤 기업이 업계 최초로 특정 활동을 실행하면 그 기업은 초기 진입자 효과(first-mover advantage)를 누릴 수 있다. 시장에서 최초로 명성을 얻은 브랜드는 상표명을 알리고 유지하기 위한 원가를 낮출 수 있다. 이유식 산업에서 거버(Gerber)의 성공이 그 좋은 예다. 진입이 이루어진 시점부터 학습이 시작된다는 점을 생각하면 학습 효과와 타이밍이 얼마나 밀접한 관계를 맺고 있는지 쉽게 이해할 수 있다.

물론 초기 진입자만이 항상 유리한 것은 아니다. 나중에 진입한 기업은 최신식 장비를 갖출 수 있으며(가령 오늘날 컴퓨터 회사나 철강 산업이 누리는 것과 같은 이점), 초기 진입자가 치러야 하는 높은 수준의 제품개발 비용이나 시장개척 비용을 피할 수 있다.

뿐만 아니라 후발기업들은 주요 비용 요인에 맞추어 가치사슬을 설계할 수 있으며, 경력이 짧아 인건비가 덜 드는 인력을 사용할 수 있다. 피플 익스프레스 같은 신설 항공사는 팬암(Pan Am) 같은 기존 항공사보다 훨씬 경력이 적은 인력을 사용하였다. 초기 진입자 효과와 후발 진입자의 우위(later-mover advantages)에 대해서는 5장에서 더 자세히 다루겠다.

가치활동의 타이밍이 원가 지위에 미치는 역할은 단순히 절대적인 기간에 국한되기보다는 경기순환이나 시장 조건상의 시기와 관련된다. 예를 들어 석유 시추선의 구입 시기는 이자 비용뿐 아니라 시추 장비의 가격에도 영향을 미친다. 해저 유전 개발회사인

ODECO(Ocean Drilling & Exploration Company)는 원가 우위 전략의 일환으로 경기가 하락세에 돌입해 장비 가격이 많이 떨어질 때만 시추 장비를 구입했다. 가치활동에 따라 진입자의 진입 타이밍은 경쟁자에 비해 상대적으로 원가를 낮출 수도 높일 수도 있으며, 이에 따른 원가 우위는 지속 가능할 수도 있고 한시적으로 끝나버릴 수도 있다. 운좋게 적절한 타이밍에 자산을 싸게 구매한 기업은 나중에 이 자산을 교체해야 할 시기가 도래하면 너무 큰 차이로 상승한 구입 비용 때문에 원가 지위에 치명타를 입을 수도 있다.

다른 원가 동인과 독립적인 자율정책

어떤 가치활동의 원가는 다른 원가 동인과는 무관하게 기업이 결정한 정책의 영향을 받기 마련이다. 자의적으로 선택한 정책에는 기업의 전략이 반영되어 있으며, 원가 우위와 차별화 정책의 대안 사이에 있는 트레이드오프 관계를 반영해야 한다. 항공사의 정책을 들여다보자. 기내식의 품질 수준은 어느 정도로 정할 것인가, 어느 공항을 사용할 것인가, 터미널의 등급은 무엇으로 채택할 것인가, 무료 수화물량은 몇 kg까지 허용할 것인가, 탑승권 판매방식을 어떻게 할 것인가 등의 선택이 항공사의 원가 지위를 결정한다. 피플 익스프레스 같은 저가 항공사(no-frills airline)는 기본 기내식을 제공하지 않고, 무료 수화물 서비스를 없앴다. 대신 원하는 탑승객에 한해 기내식을 유료로 구매할 수 있게 했으며 탑승권은 기내에서 판매하는 등의 정책으로 원가를 절감할 수 있었다.[11]

이렇듯 원가에 영향을 미칠 수 있는 정책적 결정에는 다음과 같은 것이 있다.

- 제품 사양, 기능, 특성
- 제품 믹스와 구색의 다양성
- 서비스 수준
- 마케팅 및 기술개발 활동에 대한 투자 비용
- 배송시간
- 대상 고객(대형 또는 소형구매자)의 선택
- 유통채널(효율적인 소수의 유통망 또는 소규모의 점포를 다수 포함하는 유통망)
- 규모의 경제, 타이밍, 기타 원가 동인과는 무관한 공정기술의 선택
- 원자재, 기타 구매자원의 사양(가령 반도체에서 불량률에 영향을 미치는 원자재의 품질 수준)
- 업계 평균 수준 대비 임금 및 복리후생비 수준
- 고용, 훈련, 동기부여 등을 포함한 기타 인사관리 정책
- 생산, 보수유지, 판매 등을 위한 일정계획 절차

이러한 정책적 결정은 가치활동의 다른 원가 동인과는 별개로 원가에 영향을 주지만, 때로는 다른 원가 동인과 영향을 주고받기도 한다. 예를 들어, 공정기술은 가치활동의 규모와 갖추어야 할 제품의 특성 때문에 일부 영향을 받기 마련이다. 다른 원가 동인들이 불가피하게 특정 정책을 채택하는 것이 원가구조에 영향을 미치기도 한다. 자동 발권 및 좌석 배정 시스템은 규모의 경제와는 거리가 먼 소규모 항공사에서는 엄두를 낼 수 없는 정책이라는 것이 그 예다.

대개 이러한 정책적 결정은 특히 차별화 전략에서 중요한 역할을 한다. 차별화는 의도적으로 비용을 높여서 하나 또는 그 이상의 활동을 독특하게 수행할 수 있도록 하는 정책적 결정에 달려있다(4장 참

조). 차별화 전략을 선택한 기업은 차별화와 연관된 원가를 알고 있어야 하며, 차별화를 통해 얻을 수 있는 가격 프리미엄과 이 원가를 서로 비교해보아야 한다. 이러한 분석은 원가에 대한 각 정책의 영향을 분리해야만 가능해진다. 엄청난 비용이 들어 실행 가능성은 낮고 보기에만 그럴듯한 차별화 정책을 택하는 기업들이 생각보다 많다. 반면, 원가에 거의 영향을 미치지 않고 경쟁자보다 적은 비용으로 차별화를 거둘 수 있는 정책은 무시하는 기업들이 허다하다. 오웬스 코닝 화이버글라스(Owens-Corning Fiberglass)와 같은 시장선도기업은 광고에 집중 투자하는 차별화 전략을 택했고 이를 통해 전국에 브랜드 인지도를 높이는 규모의 경제를 구축할 수 있었다. 이는 경쟁사보다 낮은 원가로 차별화에 성공할 수 있었던 사례로 남았다. 이처럼 정책의 방향이 원가를 결정하는 것이나 마찬가지라 원가분석에서 그 영향력을 확실히 밝혀두어야 한다. 그러나 아직도 많은 기업이 그들이 내린 명시적 혹은 묵시적 전략 결정이 원가에 얼마나 영향을 미치는지 잘 모르고 있다. 특정 정책의 경우 거의 관행처럼 결정되는 경향이 있어서 기업은 스스로 선택했다는 인지조차 못할 때도 있다. 이런 경우에는 기업이 각 활동에서 선택한 정책을 검토하여 그러한 결정이 올바른지 판단할 수 있는 통찰력을 얻거나 이들을 개선하고 확장하여 원가를 절감하는 방법을 발견할 수도 있다. 결론적으로 올바른 전략적 결정은, 변경하는 그 즉시, 원가절감 효과를 거둘 수 있다는 점을 경영자들이 알아두어야 한다는 것이다.

입지

입지 조건은 다른 가치활동과 여러모로 관련성을 갖는데 이 때문에 가치활동의 지리적 입지 조건은 원가에 영향을 준다. 입지선정은 보통 정책적 선택의 결과지만 기업의 성장 배경이나 주요 원자재의 소재지 또는 다른 요소의 영향을 받기도 한다. 따라서 입지를 개별적 원가 동인으로 보는 것이 마땅하다.

가치활동의 입지가 원가에 영향을 미치는 방식은 다양하다. 입지에 따라 연구개발원을 포함한 모든 임직원의 인건비, 원자재비, 에너지 비용 및 다른 주요 비용에 차이가 생긴다. 예를 들어, 일반적인 임금 수준과 세율은 각 나라, 지역, 도시마다 큰 차이가 난다. 자동차 부품 제조회사인 이턴 코퍼레이션(Eaton Corporation)은 이 점을 활용해서 이탈리아와 스페인에 공장을 세워 유럽 내에서 상대적으로 유리한 원가 지위를 확보할 수 있었다. 대상 지역의 사회 간접 자본이 얼마나 잘 갖추어져 있는가에 따라 그곳에 입지한 기업들의 하부구조 구축에 들어가는 원가가 달라진다. 기후, 문화적 규범, 취향 등도 입지에 따라 다르기 때문에 이러한 요인들이 소비자의 요구와 그에 따른 기업의 가치활동 수행 방법까지도 바꿔놓을 수 있다. 공장에서 이루어지는 복리후생의 수준도 일정 부분 그 지역의 관행에 따라야 할 것이다. 마지막으로 물적 유통 비용 역시 종종 입지와 깊은 관련이 있다. 공급자에게는 입지가 조달 물류의 원가에 영향을 미치는 중요한 요소이며, 구매자에게 입지 문제는 판매 유통 물류 비용에 영향을 미친다. 또 생산시설 간의 입지는 물자의 이동, 재고, 수송 그리고 조정 비용에 영향을 준다. 그리고 입지는 기업이 채택할 수송 방법 및 통신 수단을 결정해주고, 이는 다시 원가에 영향을 미친다.

이처럼 입지의 설정이 거의 모든 가치활동에 영향을 미치는데도 기업은 입지에 따른 임금 수준이나 세율 등 명백히 드러나는 차이 외에는 그 영향을 인식하지 못하고 있다. 따라서 가치활동의 입지를 재배치하거나 각 시설을 다시 적절히 배치하는 등의 새로운 입지 유형을 개발해냄으로써 원가절감의 기회를 마련할 수 있다. 그러나 입지의 변경은 종종 한 부문의 원가를 낮추는 대가로 다른 부문의 원가가 올라가는 트레이드오프 현상을 야기하기도 한다. 예를 들어 수송 원가를 감소시키기 위해 결정한 입지가 규모의 경제에는 걸림돌이 될 수도 있는 것이다. 이와 같은 관점에서 볼 때, 기업은 입지 변경의 기회를 먼저 포착함으로써 원가 우위를 창출할 수 있다.

제도적 요인

원가 동인을 고려할 때 절대 빠뜨리지 말아야 하는 것이 제도적 요인이다. 제도적 요인으로는 정부 규제, 조세 감면, 기타 재무적 요인, 노조 결성 여부, 관세 및 기타 부과료, 지방자치단체의 규칙 등 다양한 사항들이 있다. 1980년대 미국의 트럭운송 산업에서는 제도적 요인들이 가장 중요한 원가 동인이었을 것이다. 더블 트레일러(두 개의 트레일러를 연결한 것) 사용 인가는 최소 10% 이상의 원가절감을 실현시켰고, 동시에 조합이 결성된 수송 차량을 이용하는 원가가 그렇지 않은 경우보다 더 높았다. 이 2가지 요소가 다른 모든 원가 동인을 제치고 트럭 수송회사의 상대적 원가 지위에 훨씬 큰 영향을 미쳤다. 제도적 요인이 중요한 원가 동인으로 작용하는 또 다른 예가 알루미늄 제련 산업에서도 일어났다. 알루미늄 제련 산업에서 중요한 원가 비중을 차지하는 전력은 전기회사가 부과하는 요율에 직접 좌우되기 때문에 정부가 전력회사를 소유한 지역에서는 이 문제가 정치적으로 매우 민감한 사항이다. 제도적 요인이 기업에 우호적이라면 원가를 낮출

동인	운영 활동			물적 유통		주문처리	
	원자재 재고	제공품 재고	생산설비	물류설비	완제품 재고	컴퓨터 시스템	외상매출금
규모	구매량 (공급자 배송에 대한 영향력 결정)	공장 규모	설비 규모	설비 규모	지역적 크기	전국 수준의 규모	주문 규모
학습효과			공장건설 경험	설비건설 경험			
연계	공급자의 배송 일정과 포장 방법			채널상의 창고 입지	채널의 재고 수준		채널의 대금지불 정책
조업도 유형		생산의 계절적·순환적 변동	제품 종류의 계절적·순환적 변동	수요의 변동			
통합		수직적 통합	수직적 통합	수직적 통합		수직적 통합	
적시성			• 건설 시기 • 자산구매 타이밍	타이밍		타이밍	
정책	• 안전재고 • 공급자에 대한 대금 지급 일정	• 안전재고 • 생산기술 • 일정한 생산율	• 생산기술 • 공장건설 속도	물류기술	• 배송시간 • 노후화와 교정	시스템 기술	• 지불 조건 • 신용정책 • 외상 매출금 감시 기술

표 3-2 가치활동에서 자산활용도에 영향을 미치는 요소들

수 있지만 반대일 경우 원가는 상승한다. 제도적 요인은 기업이 통제할 수 있는 영역 너머에 있는 경우가 대부분이지만 이에 영향을 미치거나 이로부터 받는 영향을 최소화하는 방법은 찾을 수 있다.

원가 동인의 진단

원가 동인은 특정 가치활동에서의 운영 비용을 결정할 뿐 아니라 자산 활용에도 영향을 미친다. 예를 들어 완제품의 재고회전율은 주문처리 활동의 규모와 배송시간 정책에 의해 결정된다. 그리고 자산 활용과 운영 비용 사이에는 종종 트레이드오프가 발생한다. 대규모 공장의 경우 소규모 공장보다 운영 비용은 낮을 수 있지만 자산회전율은 떨어질 것이다. 자산과 운영비 결합의 최적화로 총비용을 절감하려면 이런 트레이드오프 관계를 잘 파악해야 한다. 〈표 3-2〉에는 자산활용도를 설명하는 일부 동인이 나타나 있다.

특정 가치활동의 원가 행동은 다수의 원가 동인으로부터 영향을 받을 수 있다. 어떤 한 동인이 가치활동의 원가에 가장 강력한 영향을 미칠 때, 다른 여러 원가 동인들은 종종 상호작용을 통해 비용을 결정한다.

예를 들어, 항공사의 게이트 운영 비용은 그 항공사가 제공하는 서비스의 규모, 인력이나 편의시설 활용의 효율성 문제에 영향을 주는 지역의 규모, 수용활용도의 패턴 등에 관한 정책을 반영한다. 〈그림 3-2〉는 내구성 소비재 제조기업에서 가장 중요한 원가 동인을 나타내고 있다. 기업은 가능하다면 항상 원가 동인과 가치 활동 비용 사이의 관계를 계량화하려는 시도를 해야 한다. 이를 위해서는 규모의 경제나 학습곡선의 기울기, 여러 중요한 정책 결정이 원가에 미치는 영

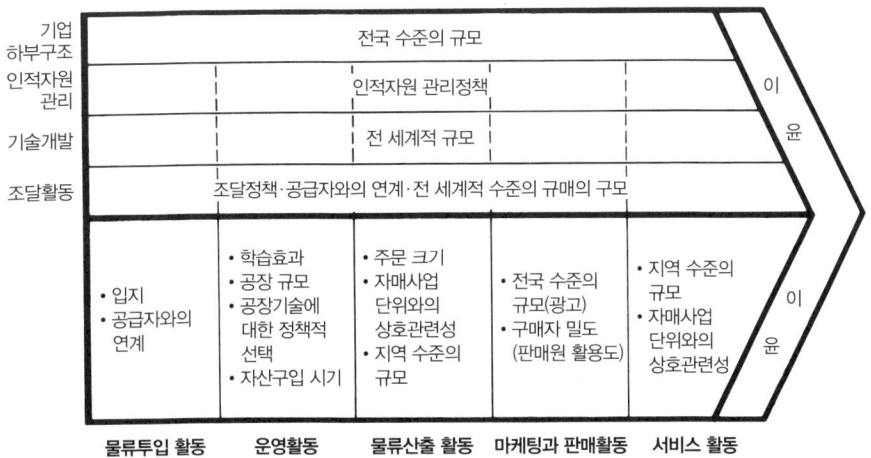

그림 3-2 내구성 소비재 제조기업의 원가 동인

향, 적절한 타이밍에 따라 발생하는 원가 우위나 원가 열위, 그 밖의 원가 동인의 효과들을 추정할 필요가 있다. 아주 정밀하게까지는 아니더라도 각 원가 동인의 상대적 중요성을 평가하기 위해서는 어느 정도의 계량화는 반드시 필요하다. 이는 경쟁사 대비 상대적 원가 지위를 추정하는 데도 큰 도움이 될 것이다.

가치활동에 채택된 기술은 그 자체를 원가 동인으로 보기보다는 원가 동인 간 상호작용의 결과로 보는 것이 옳다. 어떤 기술을 채택하느냐의 여부는 규모, 타이밍, 입지 및 기타 동인이 기업의 정책 결정과 결합하여 정해지기 때문이다. 기술과 원가 동인의 관계는 기술변화의 가능성(feasibility)을 결정하는 중요한 변수이며 이는 5장에서 다룰 것이다.

• **원가 동인 간의 상호작용** 원가 동인은 종종 특정 가치활동의 원

가를 결정하는 상호작용을 한다. 이러한 상호작용은 서로 영향력을 증대시키는 상호강화 또는 반작용의 2가지 형태로 나타난다. 동인들은 빈번하게 서로의 작용을 강화하거나 연관성을 지니면서 원가에 영향을 준다. 예를 들어, 특정 활동에 규모의 경제가 영향을 미치는 정도는 부분적으로 기업이 그 활동을 어떻게 수행할 것인가, 또는 제품 믹스를 어떻게 구성할 것인가와 같은 정책적 선택에 달려있다. 입지는 노조 결성 여부나 정부 규제 같은 제도적 조건과 관련하여 원가에 영향을 미치는 경우가 많고 소매업 같은 산업에서는 좋은 입지를 선점하려면 빠른 타이밍이 중요하다. 정책적 선택에 따라 연계 달성은 쉬울 수도 어려울 수도 있고 정책에 드는 비용은 앞서 언급한 다른 동인들의 영향을 받기도 한다. 입지 선점의 이점은 규모의 경제나 학습곡선으로 강화될 수 있으며 이에 대한 논의는 5장에서 계속될 것이다. 수직적 통합 역시 자주 규모의 경제를 강화하는 작용을 한다. 한편 원가 동인들끼리 서로의 효과를 상쇄하거나 반작용을 보일 때도 있다. 이는 한 동인의 입지를 개선하는 활동이 다른 동인의 입지는 악화시킬 수 있다는 의미다. 규모를 확장하고 수직적 통합의 정도를 높이는 것이 도리어 조업도의 효율을 감소시켜 이로 인한 비용을 증가시킬 수도 있는 것처럼 규모가 커지면 노조결성의 가능성도 커지며 규모 확대로 인한 수송 비용의 증가로 그 효과가 무의미해질 수 있다.

원가 동인들 사이의 상호관련성을 파악하는 것은 특정 가치활동의 원가 행동 결정에 꼭 필요한 과정이다. 기업은 동인들이 강화되는 지점에서 반드시 최저원가를 달성하기 위한 전략을 통합해서 조정해야 한다. 예를 들어, 정책적 결정은 반드시 기업이 규모의 경제로부터 혜택을 누리거나 연계를 활용하는 능력을 강화하는 방향으로 이루어져야 한다. 적절한 타이밍의 선택은 적극적인 학습 노력으로 활용 가능할 것이다. 기업이 정책 사이의 일관성을 유지하고 원가 동인의 강화 효과를 적절히 이용한다면 상대적 원가 지위를 현저하게 개선할 수 있을 것이다.

원가 동인 간에 반작용 관계가 존재한다는 것은 달리 말하면 최적화가 필요하다는 의미다. 예를 들어 입지를 선정할 때는 규모의 경제, 수송비, 인건비 사이의 트레이드오프 관계를 최적화해야 하며, 공장 규모를 선택할 때는 조업도 저하에 따른 원가 증가를 고려해야 할 것이다. 정책적 결정들은 종종 이러한 트레이드오프 관계를 바꿔놓을 수 있는데, 예를 들어 가변생산공정[12]을 채택하면 규모와 제품 다양성의 트레이드오프 관계를 변화시킬 수 있다. 그러나 이러한 트레이드오프 문제는 오직 각 활동 원가에 대한 동인의 영향을 계량화할 수 있을 때만 해결할 수 있다.

원가 동인들끼리는 미묘하게 얽히고설킨 경우가 많고 특히 이들 간의 변화를 알아차리기가 쉽지 않다. 따라서 원가 동인 사이의 상호관련성을 전략적으로 전환하는 통찰력과 능력은 원가 우위를 지속하는 원천이 될 수 있다.

• **원가 동인의 파악** 원가 동인을 파악하고 그들의 영향을 계량화하는 것은 쉬운 일이 아니며 방법 또한 여러 가지가 있다. 어떤 가치 활동의 원가 동인 중에는 그 기본적인 경제성을 파악하여 직관적으로 분명히 나타낼 수 있는 것이 있다. 예를 들어, 판매원 관리 비용은 특정 지역의 시장점유율에 따라 소요되는 이동 시간이 달라지므로

지역별 시장점유율과 직접 관련되는 경우가 많다. 따라서 점유율이 높아질수록 이동시간이 얼마나 감소하는지 추정하여 점유율과 판매원 관리 비용 사이의 상관관계를 합리적으로 계산할 수 있다. 또, 어떤 가치활동의 효율성을 측정하는 척도로 총원가 외에 수익률, 불량률, 노동시간 등의 다른 측정 단위를 선택하여 계량화한 다음 그 활동의 원가를 변동시키는 원천과 이유를 알아낼 수도 있다.

기업은 지금까지의 경험을 다시 점검해보면서 원가 동인을 파악하기도 하는데, 이것은 기업의 상황이 시간이 지나면서 달라지거나 여러 사업단위를 운영하는 경우에 특히 유용할 것이다. 가령 인플레이션, 정책, 제품 설계, 제품 혼합 등의 정책 변경에 관한 영향을 조정할 수만 있다면 과거의 원가자료로 특정 가치활동의 학습효과 그래프를 그릴 수도 있다. 또 이전에 서로 다른 규모의 산출 수준에서 나타난 원가 양상을 분석하여 규모의 경제를 파악하는 데 도움이 될 수도 있다. 만약 어떤 기업이 여러 지역에 제품을 팔고 있거나 여러 공장에서 생산을 한다면, 이들 사이의 차이점을 비교해서 원가 동인을 알아낼 수 있을 것이다.

한편, 전문가들과의 인터뷰도 원가 동인을 알아내는 한 가지 방법이다. 이런 질문을 던졌다고 생각해보자.

'원가와 관련한 여러 변수를 바꿨을 때 어떤 결과가 있을까요?'

관련 전문가라면 여기에 적절한 답을 줄 수 있을 것이다. 이와 마찬가지로 공장장과의 면담을 통해 생산라인의 속도를 두 배로 늘렸을 때 필요한 인력이나 에너지 소비량, 수익률은 어떻게 달라지는지에 대한 대략적인 답을 얻을 수 있다.

원가 동인을 파악하는 마지막 방법은 하나의 가치활동에 드는 원가를 경쟁사의 원가와 비교해보는 것이다. 원가 동인 측면에서 본다면 경쟁사들은 보통 서로 다른 상황에 놓여 있기 때문에 이런 비교를 통해 가장 중요한 원가 동인이 무엇인지 알아낼 수 있다. 경쟁사의 원가 행동을 분석하는 방법은 바로 이어서 설명하겠다.

외부로부터 구매된 자원의 원가

조달 활동은 거의 모든 산업에서 전략적으로 중요하지만 그만큼의 가치를 부여하고 있는 기업은 많지 않은 것 같다. 모든 가치활동은 조립 생산에 필요한 원자재로부터 전문적 서비스, 업무용 건물, 자본재에 이르기까지 외부로부터 구입한 자원을 사용한다. 이때 구매된 자원은 구매된 운영 요소(purchased operating inputs)와 구매된 자산(purchased assets)으로 나눌 수 있으며, 기업 가치와 비교해서 본 구매된 자원의 총원가는 조달 활동의 전략적 중요성을 나타내는 좋은 척도가 된다. 많은 산업에서 구매된 자원의 총비용이 기업 가치에서 차지하는 비중이 상당하지만 아직 인건비 절감에 쏟아지는 만큼의 주목도 받지 못하고 있다.

구매된 자원의 원가는 가치활동 원가를 구성하는 필수 요소이고, 구매 자산의 원가 행동은 앞서 설명한 원가 동인에 의해 결정된다. 개별 분석을 위해 구매 자원을 분리해 보는 작업은 원가 행동에 대한 새로운 시각을 제공해 주기도 한다. 하나의 가치활동에서 구매자원의 원가는 단위원가, 가치활동에서의 활용도 그리고 그들이 연계를 통해 다른 활동에 미치는 간접효과라는 3가지 측면의 조합이다. 특정 가치활동에서 자원의 활용 정도와 다른 활동과의 연계 정도는 활동의 전반적 원가 행동의 일부로 분석되는 것이 가장 적합하지만, 일반적으로 구매자원의 단가는 여러 활동에서 동일한 원가 동인을 바탕으로 작용한다. 기업 전체의 조달 관행은 또한 많은 자원의 구매단가에도 영향을 미친다. 따라서 기업은 구매 자원의 단가를 하나의 그룹으로 분석하여 단가를 낮추는 방법에 대한 통찰력을 얻을 수 있다.

그런데 기업이 이러한 분석을 하기 앞서 구매된 자원의 단가를 구별할 때 필요한 세 가지 요인이 있다. 단가, 활용 수준, 연계를 통한 간접효과가 바로 그것이다. 예를 들어 품질 좋은 강철은 단조 공정의 생산성을 향상시키고 기계가 하는 작업을 단순화할 수 있게 한다. 어떤 경우는 구매 자원에 더 많은 비용을 투자해서 총원가를 낮출 수 있다. 따라서 구매 자원 단가를 최대한 낮추는 것만이 능사는 아니다. 그러나 구매자산의 형태와 질이 적정한 수준에서 정해지고 나면, 그 선에서 가능한 최적의 단가를 확보하는 것은 바람직하다.

기업의 구매 활동에 대한 분석은 대개 원자재나 부품 같은 가장 눈에 잘 띄는 항목에 초점이 맞춰지곤 한다. 그러나 원자재나 부품이 아니어도 그 총합이 원가에서 훨씬 큰 비중을 차지하는 경우도 많다. 그런데 표준원가 회계시스템은 이런 항목들의 중요성을 무시하고 이들 원가를 여러 원가 항목으로 배분해버리는 우를 범한다. 또 보수유지 서비스나 전문 서비스 등 외부에서 구매한 서비스 비용이 구매 분석에서 간과되는 일이 허다하며, 자매 사업단위로부터 조달된 자원은 외부 조달된 자원에 적용되는 수준의 점검을 받는 일이 거의 없다. 마지막으로 자산을 취득할 때도 사전에 전문가의 조언 없이 관행적인 구매 절차에 따르는 경우가 많은데, 구매 자원의 단가를 대략적으로라도 분석하는 것은 원가 우위를 획득하게 하는 중요한 수단이 될 수 있다는 사실을 염두에 두어야 한다.

구매 정보

구매 단가를 분석하기 위해서는 우선 구매 정보를 수집해야 한다. 기업이 먼저 해야 할 일은 모든 중요한 구매 자산을 파악하고 이들에 대한 연간 또는 분기별 지출을 확인하는 것이다. 이때 구매 목록에 잊지 말고 포함해야 하는 것이 자매 사업단위로부터 구매되는 자원이다. 구매 자원 비용은 사용 기간으로 쉽게 측정할 수 있다. 그러나 이때 반드시 할인 금액, 선지급금 그리고 재고 변화를 고려해야 한다. 구매 자산의 비용을 측정하는 수단으로 총구매 가격을 사용할 수 있으며, 무료 서비스, 무료 부품, 저비용 구매 금융 등 공급자 이권을 조정하여 사용한다.

모든 중요한 구매 자원들은 총원가에 대한 중요도의 순서대로 작성해야 한다. 그런 다음 이들을 구매 운영 자원과 구매 자산으로 나누고, 그 안에서 정기적으로 구매하거나 지급하는 항목(원자재, 사무실 임대비 등)과 비정기적인 구매 항목(설비 구입비, 경영 자문비 등)으로 다시 나눈다. 이렇게 구매 자원들을 분류하면 원가절감이 좀 더 쉬운 영역이 구별되고 그 영역에 노력을 집중시킬 수 있다. 때로는 소액으로 구매되는 자원이 오히려 확실한 원가절감의 기회를 제공하기도 한다. 경영자들은 원가에서 큰 비중을 차지하는 몇몇 항목에만 주의를 기울이는 경향이 있어서 공급자들이 이를 노리고 구매자 입장에서 비용이 적은 항목에서 가장 높은 이윤을 창출하는 경우가 많다. 많은 기업이 정기적인 구매 활동을 잘 관리하고 이를 통제하는 절차를 나름대로 갖추고 있지만, 비정기적으로 구매되는 자원에 대해서는 소홀한 편이다. 한편, 기업은 기간별 인플레이션율에 의해 달라진 각 자원의 구매 원가 변동분도 계산해야 할 것이다. 이러한 계산은 철저하게 분석해야 할 자원들을 밝혀내기 때문에 반드시 필요한 과정이다. 구매 단가가 실질적으로 증가한다는 것은 기업이 원가를 통제하는 데 충분한 역량을 발휘하지 못했거나 공급자의 교섭력이 강화되고 있다는 것을 의미한다.

구매 자원을 규모에 따라, 기간에 따라, 실질 원가의 변동 여부에 따라 분류하고 나면 다음으로는 어디서 구매 결정을 하는지 파악해야 한다. 구매 부서 이외의 곳에서 구매에 대한 권한을 갖는 경우가 많지만, 그래도 역시 구매 절차, 구매에 대한 전문지식, 구매 원가의 추적시스템, 원가통제의 권한을 가진 곳은 구매 부서다. 실질적으로 구매 부서가 아닌 다른 부서에 구매 권한을 이양해야 하는 경우도 있지만 이때는 여러 자원의 구매 원가가 명확하지 않을 수 있고, 구매 부서만큼 전문적으로 일을 처리하지 않는다면 조달의 효율성이 확연히 떨어질 수도 있다.

구매 정보를 수집하는 마지막 단계는 각 항목마다 특정 기간 동안 맡긴 주문의 비중을 공급자별로 기록하는 일이다. 공급자의 수와 구성은 구매 원가 결정에 중요한 역할을 하므로 기업은 현재 구매 관계를 맺고 있지 않더라도 잠재적으로 거래를 시작할 수 있는 공급자를 체계적으로 파악해 두어야 한다. 이를 통해서 기업은 구매자 결정 시에 대체 가능한 공급자를 항상 염두에 둘 수 있으며 기존 공급자의 성과에 대한 정보도 확보할 수 있을 것이다. 때로는 각 항목에 대한 납품업체의 명단을 확보했다는 것만으로도 뜻밖의 결론을 얻을 수 있을 것이다. 예를 들어 독점기업에서 납품받는 항목이 총 구매에서 큰 비중을 차지한다는 사실은, 특별한 경우가 아닌 이상 공급자를 교체하는 비용이 클 수밖에 없으므로 시가보다 높은 구매 원가를 감수해야 함을 의미한다는 것을 확인할 수 있다.

구매한 투입 요소의 원가 동인

앞에서 설명한 것과 같은 원가 동인들은 산업 구조에서 형성된 기업과 공급자 사이의 구매 협상 관계와 결합하여 구매 자원의 원가 행동을 형성한다.[13] 구조적인 구매 협상 관계는 광범위한 수준에서 산업 내 공급자의 마진을 결정하는 요인을 반영하는 반면, 원가 동인들은 기업 특유의 상황이 이에 어떻게 영향을 미치는가를 나타낸다. 이러한 구조적인 요인때문에 기업이 어떤 자원에 대해서 납품업체에 더 높은 마진을 지불해야만 하는 경우도 있다. 그러나 원가 동인을 통제하여 거의 모든 구매 자원의 원가를 절감하는 방법도 있다. 몇몇 동인들은 많은 구매 자원에 비슷한 영향을 미치는데 〈표 3-3〉은 이 가운데 중요한 몇 가지 예를 보여준다. 따라서 원가 동인에 대한 각 구매자원의 상대적 지위에 따라 동일한 품질의 구매 자원들의 단가가 결정될 것이다.

2장에서 논의한 것처럼 기업은 공급자에 대한 교섭력을 강화해 총 원가를 낮추기 위해 노력하는 한편, 공급자와의 연계를 잘 조정해서 가치활동을 최적화해야 할 것이다. 이를 위해 공급자와의 효과적인 커뮤니케이션은 필수다. 기업이 활용 가능한 연계를 모두 끌어와 교섭력을 구사하면서 연계에서 발생한 이익을 차지한다면 더할 나위 없을 것이다. 이때 공급자와의 연계를 활용하거나 기업의 교섭력을 강화하는 데 중요한 역할을 하는 것이 바로 조달 정책이다.

원가 동인	조달 활동에 적용되는 원가 동인	적용 예
규모의 경제	구매 규모	• 특정 공급자에 대한 구매물량은 교섭력에 영향을 미친다.
연계	공급자와의 연계	• 공급자의 명세서, 배송 기타 활동에 대해 조정을 하면 총원가를 줄일 수 있다.
상호관련성	타 사업단위와의 공동 구매	• 자매 사업단위와의 공동 구매는 공급자와의 교섭력을 증가시킨다.
통합	구매 대 자체 조달	• 필요 부분을 통합시킴으로써 구매원가를 높이거나 낮출 수 있다.
타이밍	공급자 관계의 역사	• 예전부터 공급자와 유지해온 관계의 유형에 따라 구매 단가, 공급 부품의 물량 확보, 제공 받는 서비스 수준에 영향을 준다.

정책 선택	구매 관행	• 구매 관행은 공급자와의 교섭력뿐만 아니라 공급자가 추가적 서비스를 제공하고자 하는 의향에도 큰 영향을 미친다. 예컨대,
		  – 공급자의 수와 구성의 선택
		  – 위험 헤징(hedging) 절차
		  – 공급자 원가와 납품 가능성에 관한 정보
		  – 기간(1년) 계약 vs. 개별 구매
		  – 부산물의 활용

입지	공급자의 입지	• 공급자의 입지는 수송비와 통신의 용이함으로 인해 구매 원가에 영향을 미친다.
제도적 요인	정부와 조합의 제약	• 정부 정책에 의해 특정 자원의 인수를 제한받거나 관세, 세금 기타 다른 수단을 통해 영향을 받을 수 있으며, 조합이 외부 조달이나 비조합의 공급자로부터의 조달 가능성을 제약할 수 있다.

표 3-3 구매되는 투입요소의 원가 동인

공급자의 원가 행동과 투입 요소 원가

공급자의 원가 행동은 구매원가뿐만 아니라 기업이 공급자와의 연계를 활용할 수 있는 능력에도 중대한 영향을 미친다. 각 구매자원의 공급자는 각각 다른 상대적 원가 지위를 가지고 있으며, 충분한 교섭력을 갖춘 기업이라면 최저원가를 제시하는 공급자를 파악해서 잠재적인 구매원가를 낮출 수 있을 것이다. 공급자의 원가 행동을 분석하면 주문량 증가로 공급자의 원가가 낮아질 수 있는지 여부를 알 수 있고 기업이 채택했거나 공급자에 의해 선택하게 된 조치들이 공급자의 원가에 어떤 영향을 미치는지도 파악할 수 있다. 공급자의 원가 행동은 기업의 원가 행동을 분류할 때와 같은 방법으로 분류할 수 있다. 기업은 핵심적인 공급자들의 원가 행동을 이해함으로써 좀 더 나은 조달 활동 정책을 수립할 수 있고 연계의 활용을 검토할 수 있을 것이다.

세분 산업의 원가 행동

지금까지는 사업부 전체의 원가 행동을 분석하는 방법을 살펴보았다. 그러나 실제로는 한 사업부가 여러 가지 다양한 제품을 생산하여 여러 다른 구매자에게 판매하는 것이 일반적이며, 수많은 유통채널을 이용하고 있을 수도 있다. 예를 들어 조선회사는 천연가스 탱크와 컨테이너선을 모두 만들기도 하고, 은행에서는 기업 대출뿐만 아니라 개인에게도 대출을 해준다. 따라서 기업이 세분 시장에서 발생하는 원가 행동의 차이점을 깨닫지 못한다면, 가격설정을 제대로 하지 못하거나 오로지 평균 비용만을 이용한 가격설정으로 경쟁사에 허점을 드러내는 위험에 처할 것이다. 따라서 각 세분 시장의 원가분석은 사업부 전체의 원가분석과 병행되어야만 한다.

7장에서 세분 시장의 식별 및 분석에 대해 더 자세히 설명하겠지만 제품, 구매자, 유통채널, 지역 간의 원가 행동 차이는 세분 시장 존재에 대한 핵심 근거 중 하나이며, 따라서 원가분석은 세분 시장을 파악하는 데 매우 중요한 자료다. 세분 시장의 가치사슬은 기업 전체의 가치사슬과 대부분 일치하지만 어느 부분에서는 원가에 영향을 미치는 차이점을 보이기도 한다. 예를 들어, 대규모 제품과 소규모 제품은 생산 자체에서부터 다른 기계를 이용할 것이고 취급 요령이나 검사 방법, 선적 절차 등에서 차이를 보일 것이다. 대규모 라인은 소규모에서는 필요 없는 자원이 들어갈 수도 있다. 따라서 서로 다른 세분 시장의 가치활동에서 발생하는 중요한 차이점을 파악하는 것이 세분 시장의 원가를 분석하는 출발점이 될 것이다.

다음은 제품라인 및 구매자 유형별 원가분석 외에 기업이 원가분석의 대상으로 삼아야 하는 부분들이다.

- 현격하게 다른 가치사슬을 갖는 부분
- 서로 다른 원가 동인의 영향을 받는 부분
- 원가 배분 방법에 문제가 있다고 생각되는 부분

실제로 기업은 모든 제품이나 구매자를 상세히 분석하기보다는 각 세분 시장의 차이점을 나타내주는 대표 제품 또는 고객별 분류 방법을 선택할 것이다.

세분 시장의 원가 행동 분석 과정은 사업부를 분석할 때와 같다. 우선 세분 시장에서 기업의 가치사슬을 분석한 후 원가와 자산을 이에 맞춰 배분하고, 각 활동의 원가 동인을 최대한 파악하여 계량화한다. 그러나 똑같은 절차를 사용하더라도 좀 더 세부적인 분석이 필요한 경우도 있다. 세분 시장들 사이에는 공동으로 수행하는 가치활동이 있어서(7장 참조) 세분 시장 간의 원가 배분이 이루어져야 한다. 표준 원가회계에서는 각 세분 시장의 원가를 배분할 때 매출액 같은 비교적 알기 쉬운 측정 수단을 기준으로 삼는 편인데, 사실 이런 측정 단위는 이용이 쉽다는 점 말고는 각 세분 단위가 전체 원가에 미치는 영향력을 파악하기에는 직접적인 관련이 없어 별로 효과적이지 못하다. 예를 들어, 어떤 가치활동의 원가를 국내 고객과 해외 고객에게 배분할 때 매출액을 기준으로 삼는다면 실제 해외 판매의 원가를 과소평가하는 심각한 오류를 범할 수 있는데, 이는 수출 판매가 종종 내수 판매에 비해 훨씬 긴 시간과 많은 주의를 요구하기 때문이다. 지원 활동의 원가와 간접적인 본원적 활동의 원가도 잘못 배분될 소지가 매우 큰 것 중 하나이며, 잘못된 배분은 제품과 세분 시장의 원가나 가격 책정의 치명적인 실수로 이어지게 된다.

세분 시장 간에 공유되는 가치활동의 원가를 배분할 때는 세분 시장이 공동 수행하는 활동에 미치는 각각의 실질적 영향력을 고려해야 한다. 이렇게 측정 기준을 세우면 가치활동 공유로 발생하는 기회비용을 제대로 평가할 수 있다. 예를 들어 기술개발 활동에서는 각 제품의 상대적 매출액보다는 엔지니어와 과학자들이 특정 제품라인 연구에 사용한 추정 연구시간이 기회비용의 관점에서 원가 배분 기준이 되어야 한다.

그러나 세분 시장 사이에서 공동으로 수행하는 활동의 원가 배분을 지속하는 일이 항상 실행할 수 있거나 반드시 필요한 것은 아니다. 전략 목적에 필요한 분석은 고도의 정밀성을 요구하지도 않고 간헐적인 연구만으로도 충분한 경우가 많다. 예를 들어, R&D 비용을 할당하기 위해 엔지니어를 인터뷰하여 다양한 제품 및 구매자에 소요되는 시간의 비율을 결정할 수 있다. 예를 들어, 개발연구비를 원가에 할당하려면, 결함의 개선과 개발을 위해 다양한 제품 및 구매자에게 소요된 시간의 비중을 엔지니어에게 물어볼 수 있을 것이다. 어떤 기업에서는 판매사원들이 엔지니어들에게 접수한 제품 설계 변경 요구라든지 기술적 변경 요청사항을 수집하여 시간 배분을 계산할 수 있다. 비슷한 추정방법으로 대부분의 공유활동 원가를 세분 시장별로 배분하는 근거를 확보할 수 있다.

원가 역학

가치활동의 절대적 원가와 상대적 원가가 시간의 경과에 따라 변하는 것을 '원가 역학(cost dynamics)'이라고 한다. 기업은 일정 시점의 원가 행동을 분석하는 것만이 아니라 어떤 전략이든 그 가치활동의 원가가 변하는 양상 또한 고려해야 한다. 기업은 원가 역학을 분석해서 가치활동의 동인이 어떻게 변할 것인지 그리고 절대적 또는 상대적 원가의 중요성에 있어 어떤 가치활동이 증가하거나 감소할 것인지 예측할 수 있다. 자신의 원가 역학을 잘 이해하고 있는 기업은 이러한 변화를 예측하고 신속한 대응을 준비할 수 있으므로 원가 우위를 획득할 수 있다.

원가 역학이 나타나는 이유는 시간이 지나면서, 기업이 성장함에 따라 또는 산업의 조건이 변동하면서 원가 동인들 사이에 상호작용이 일어나기 때문이다. 원가 역학이 발생하는 가장 일반적인 이유는 아래와 같다.

• **산업의 실질 성장률** 산업 전반의 성장은 원가에 여러 가지 영향을 미친다. 자원 구매는 공급자 산업 규모에 영향을 주고 그것이 다시 구매원가에 영향을 주면서 성장이 이루어진다. 성장으로 수급 구조의 균형이 무너져 구매자원의 가격이 올라가는 산업이 있는가 하면, 성장을 통해 공급 효율성이 높아져 구매원가가 낮아지는 산업도 있다. 산업이 성장함에 따라 가치활동에 신기술을 도입할 수 있게 되어 규모의 경제를 달성할 수 있는 길이 열리기도 한다.

• **규모에 대한 민감성의 차이** 만약 가치활동마다 규모에 대한 민감성이 다르다면, 기업 매출액의 변동에 따라 가치활동의 절대적인 원가나 상대적 원가가 급변할 수 있다. 예를 들어 컴퓨터와 게임기, 통신장비 등을 생산하는 전자 산업은 소프트웨어보다 하드웨어가 규모와 학습효과에 더욱 민감한 반응을 보이는 것으로 알려져 있고, 하드웨어보다 소프트웨어의 원가 비중이 더 커지는 추세다. 또한 규모에 대한 민감도가 서로 다른 가치사슬을 가진 기업들 간에서는 똑같은 프로세스가 이 기업들의 상대적 원가 지위를 바꿀 수 있다. 예를 들어 일라이 릴리(Eli Lilly)가 개발한 DNA를 기반으로 인슐린을 만들어내는 기술은 같은 프로세스를 적용하고 있는 노보 인더스트리(Novo Industries)보다 규모에 대한 민감성이 큰 것으로 추정되는데, 그것이 사실이라면 일라이 릴리의 상대적 원가 지위는 생산 규모가 확대될

수록 개선될 가능성이 높다.

• **학습효과의 차이** 가치활동마다 나타나는 학습효과의 정도가 다르다면 각 활동을 수행하는 데 필요한 상대적 원가도 달라질 것이다. 학습효과가 매우 빠르게 나타나는 가치활동은 학습을 통해서 그 활동의 상대적 원가를 줄일 수 있다. 예를 들어, 전자 산업계의 기업들은 빠른 학습으로 전체 원가에서 조립 원가가 차지하는 비중을 급격히 감소시켰다. 그 결과 전자 산업에서 조립공정이 요구하는 노동 원가 비율의 지역별, 국가별 차이가 상대적 원가 지위를 결정하는 데 미치는 영향이 상당한 폭으로 줄어들고 있다.

• **기술 변동의 차이** 기술변화가 서로 다른 속도로 진행된다는 점은 각 가치활동의 상대적 원가와 그 원가 동인에 명백한 영향을 미친다. 예를 들어 컴퓨터의 가격이 낮아지고 항공운송 수단이 발전하면서 유통산업은 근본적인 체질 변화를 겪었다. 이런 변화로 유통업자들은 물류저장 시스템을 더 간소화·집중화하여 유통구조를 재구축할 수 있게 되었다.

• **원가상승률의 차이** 각 가치활동에서 핵심이 되는 원가의 상승률 차이는 활동을 수행하는데 드는 상대적 원가를 크게 변화시킬 수 있다. 원가상승률의 차이로 그전까지 크게 의미가 없던 가치활동이 갑자기 전략적으로 중요해지기도 하며, 가치활동 내 원가 항목의 비율이 갑자기 뒤바뀌기도 한다. 쉬운 예로, 높이 치솟은 유가는 항공사의 운영비 중 연료비의 비중을 단번에 50% 가까이 상승시킬 수 있다. 그

결과 현재 항공 산업에서는 보유 기종의 연료 효율이나 연료 소비량의 차이에 따른 노선 구성과 운항 수칙 등이 전략적으로 매우 중요해졌다.

• **노후화** 자본재가 노후화되고 직원들의 평균 연령도 상승하면 가치활동의 상대적 원가가 달라지기도 한다. 예를 들어 해저 시추장비가 오래되어 낡으면 보험료 및 보수유지비가 많이 들 것이고, 임직원들의 연령이 높을수록 임금이나 복리후생비의 지출도 그만큼 늘어날 것이다.

• **시장조정** 시장 운영 상황에 따라 기업이 개별적으로 좋은 조건에 구매한 자원에서 얻은 원가 차이가 무의미해지기도 한다. 피플 익스프레스를 비롯한 몇몇 신규 항공사들은 경기가 불황인 틈을 타 싼값에 중고 항공기를 구입할 수 있었다. 그러나 똑같은 전략을 모방하는 다른 기업에 의해 이런 원가 차이가 상쇄되어버리면 중고 항공기로 원가 우위를 확보하려 했던 항공사들은 결국 다른 항공사들과 대등한 조건에서 경쟁해야 할 것이다.

지금까지 살펴보았듯이 원가 역학은 산업 구조와 상대적 원가 지위에 엄청난 변화를 불러일으킬 수 있다. 예를 들어 철강 산업에서 기술적 변화가 일어나거나 원자재에 들어가는 비용을 바꾸는 행위는 제철소의 최소 효율 규모가 결정되는 단계를 바꿀 것이다. 한동안 압연공정이 최소 규모를 결정해왔지만 이제는 용광로가 그 역할을 대신한다. 압연공정 과정으로 철강판을 따로 생산하는 것보다 연속적인 주조공정이 더 낮은 원가가 드는 공정으로 환영받고 있다. 이러한 변화의 움직임은 기업이 어떻게 공정과정을 배열하느냐가 경쟁사와의 상대적 원가 지위를 좌우할 수 있다는 점에서 매우 중요하다. 이런 움직임 덕분에 연속 주조공정 기술을 쓰는 뉴코(Nucor)나 론스타(Lone Star) 같은 소규모 철강소가 성공을 거두었으며, 게다가 이들은 기존 경쟁사에 비해 노동원가 또한 현저하게 낮다. 원가 역학을 빨리 파악할 수 있다면, 현재는 큰 주목을 받지 못하고 있지만 앞으로 상대적 원가 지위에 상당한 영향력을 행사할 가치활동들에 전략적인 관심을 기울일 수 있게 되고 이를 바탕으로 경쟁자보다 유리한 원가 우위를 획득할 수 있다.

원가 우위

어떤 기업이 원가 우위를 가지고 있다는 말은 그 기업이 모든 가치활동을 수행하는 데 드는 총원가가 경쟁사의 총원가보다 낮다는 의미다.[14] 원가 우위의 전략적 가치는 그 지속성과 직접 관련되며, 기업이 확보한 원가 우위의 원천을 경쟁사가 모방하기 어려울수록 그 기업의 원가 우위는 지속성을 지닌다. 경쟁사보다 낮은 가격으로 적당한 가치를 고객에게 제공하면서도 경쟁우위를 지킬 수 있다면 기업은 원가 우위를 통해 만족할 만한 성과를 거둘 수 있을 것이다.

다음의 2가지는 기업의 상대적 지위를 형성하는 것들이다.

- 경쟁사 대비 기업의 가치사슬 구성
- 각 가치활동의 원가 동인에 대한 그 기업의 상대적 원가 지위

경쟁사 간의 가치사슬은 비슷할 수도 있고 다를 수도 있다. 항공운항 산업의 예를 계속 들면 TWA와 유나이티드 에어라인은 서로 유사한 가치사슬을 가지고 있지만 피플 익스프레스와는 그 양상이 다르다. 경쟁사와 서로 다른 가치사슬을 가진 경우 각각의 가치사슬이 지닌 효율성이 두 기업 간의 상대적 원가 지위를 결정하겠지만, 실제로 가치사슬 내에서 서로 다른 부분은 몇몇 가치활동에 국한되기 마련이다. 따라서 기업은 서로 다른 가치활동의 원가를 비교함으로써 각각의 가치사슬이 상대적 원가 지위에 미치는 영향을 알아볼 수 있다. 경쟁자의 가치활동과 동일한 부분에서 상대적으로 더 유리한 원가 지위를 확보할 수 있는지는 기업이 가치활동을 수행할 때 각 원가동인을 경쟁자보다 잘 통제하느냐에 달려있다. 예를 들어 지역 수준의 판매원 관리 비용이 가치사슬에 영향을 준다면 그 지역에서 경쟁사의 시장점유율과 규모 민감성이 기업의 판매원 관리 원가를 결정할 것이다. 따라서 공통의 가치활동 원가 지위를 하나씩 평가한 다음, 서로 다른 활동에 들어가는 원가와 이들을 모두 종합한 결과로 그 기업의 전반적인 원가 지위를 파악할 수 있을 것이다.

경쟁사의 상대적 원가 파악

경쟁사의 원가를 분석하는 데에도 가치사슬은 기본적인 분석 도구로 유용하다. 경쟁사의 원가를 분석하는 첫 단계는 해당 기업의 가치사슬을 파악하고 그들이 각 활동을 어떻게 수행하는지를 알아보는 것인데, 이 과정은 기업이 자사의 가치사슬을 분석할 때와 다르지 않다. 그러나 실제로는 경쟁사에 관한 직접적인 정보를 가지고 있지 않아서 경쟁사의 가치활동 수행 원가를 계산하기 위해서는 대중적으로 공개된 자료, 구매자, 공급자 등과의 면담을 통해 얻은 정보들을 활용한다. 이러한 정보를 이용하면 경쟁사의 현재 운영 상황, 즉 판매원의 수, 보상 체계, 급여액 등을 추산할 수 있다. 이러한 방식으로 기업은 부분적이지만 비교적 정확하게 경쟁사의 가치활동 원가를 파악할 수 있다.

그러나 원가를 거의 파악하기 힘든 가치활동의 경우에는 자사와 경쟁사를 비교하는 방법을 이용한다. 이 방법을 이용하려면 분석하려는 활동의 각 원가 동인에 경쟁사가 가진 상대적 지위를 알아야 한다. 그러면 기업이 알고 있는 원가 행동에 관한 지식을 이용해 경쟁사와의 원가 차이를 추정할 수 있다. 예를 들어 지역별 점유율이 물적 유통 비용과 직접 관련이 있고, 경쟁사의 점유율이 더 높다면 경쟁사가 그 활동에서는 원가 우위를 갖는다고 볼 수 있다. 이때 기업이 물적 유통 원가 규모의 경제 곡선까지 추정할 수 있다면 그 기업이 경쟁사보다 원가 측면에서 얼마나 불리한지도 알 수 있을 것이다.

이처럼 경쟁사의 원가를 분석하는 데 추정과 추리가 개입되면 특정 가치활동에서 발생하는 상대적 원가 차이의 절대 액수가 아닌 '방향'만 파악할 수도 있다. 그러나 이 경우에도 차이가 생기는 방향을 각 가치활동의 전반적 비중에 대한 지식과 결합하면 경쟁사의 상대적 원가 지위를 막연하게나마 그려볼 수 있기 때문에 이런 분석 정도라도 여전히 유용할 수 있다.

한편 기업은 결과의 정확도를 높이기 위해 여러 경쟁사의 원가를 동시에 추산하기도 한다. 이렇게 하면 한 경쟁사가 공개한 정보를 다른 경쟁사가 공개한 정보와 비교 분석할 수 있어서 더욱 정밀한 결과가 도출되는 경우가 많아서다. 뿐만 아니라, 어떤 특정 가치활동의 규모의 경제 곡선이나 다른 원가 모형들의 일관성을 시험하는 데도 활용할 수 있다. 실제로 기업의 원가 행동을 분석하고, 경쟁사와의 상대적 원가를 추정해내는 작업은 반복적인 과정을 필요로 한다.

원가 우위의 획득

기업이 원가 우위를 획득할 수 있는 2가지 주요 방법이 있다.

- 원가 동인의 통제: 전체 원가에서 큰 비중을 차지하는 가치활동의 원가 동인을 통제함으로써 원가 우위를 획득할 수 있다.
- 가치사슬의 재구성: 기존의 방식과는 다른, 좀 더 효율적인 제품 설계, 생산, 유통 그리고 마케팅 방식을 선택할 수 있다.

위에 설명한 두 방법은 서로 배타적인 것은 아니다. 경쟁사와 상당히 다른 가치사슬을 사용하는 기업의 경우에도 몇 가지는 공통된 활동을 수행할 것이며, 이 활동에서의 상대적 원가 지위가 그 기업의 전반적 원가 지위를 높일 수도 저해할 수도 있다.

원가 우위 전략을 성공적으로 구사하고 있는 기업 대부분은 가치사슬의 여러 원천에서 원가 우위를 얻어낸다. 지속적인 원가 우위는 다수의 활동에서 발생하며, 가치사슬을 재구성하는 것도 원가 우위를 창출하는 주요한 방법이다. 원가 우위 전략이 효과를 발휘하려면 기업이 수행하는 모든 활동에서 꾸준히 원가절감의 기회를 찾아야 하고, 그렇게 발견한 기회를 지속해서 활용할 수 있도록 해야 한다. 원가 우위 전략을 택한 기업에서는 보통 이런 태도를 강조하는 최고경영자들이 포진해 있어서 기업문화 자체가 원가 지향적인 경우가 많다. 검소한 시설이라든지, 임원들에게 박한 보너스를 지급하는 상징적인 관행들이 이런 범주에 들어간다.

원가절감이 반드시 차별화를 저해하지는 않는다. 그렇기 때문에 차별화에 영향을 미치지 않는 영역에서는 적극적으로 원가절감을 추구할 필요가 있다(4장 참조). 그러나 차별화의 전부나 일부를 희생하더라도 상대적 원가 지위를 향상시킬 수 있다면 그런 활동에 대해서까지 신중한 선택을 내릴 수 있어야 한다.

원가 동인의 통제

기업이 자신의 가치사슬을 확인하고, 중요한 가치활동의 원가 동인을 파악한 다음에는 경쟁사들보다 효율적으로 원가 동인을 통제할 수 있게 되어서 원가 우위를 획득하게 된다. 물론 원가절감 가능성은 잠재적으로 모든 원가 동인에 다 포함되어 있겠지만, 원가 지위를 향상시킬 가능성이 가장 높은 영역은 아무래도 원가 비중이 가장 크거나 증가하고 있는 활동일 것이다. 당연히 활동에 따라 중요한 원가 동인도 제각각이겠지만, 앞에서 설명한 10가지 원가 동인을 통제하여 원가 우위를 획득하는 방법이 무엇인지 이제부터 설명을 한번 해보겠다.

규모의 통제

• **적절한 유형의 규모 채택** 인수 합병, 제품라인의 확장, 시장 개척, 마케팅 등을 통해 규모를 증가시키면 원가를 낮출 수 있다. 그러

나 원가에 직접 영향을 주는 규모의 유형은 활동에 따라 다르다. 기존 제품으로 현재 영업하고 있는 지역에서 규모를 확대하면 판매원 관리 비용이나 물적 유통 원가를 줄일 수 있지만, 새로운 지역에 진입해 전국 단위의 규모로 확장하려 한다면 이에 따르는 원가비용이 상승할 것이다. 원가와 직결된 규모의 유형을 살펴보기 위해 전체 가치사슬을 점검함으로써 각각의 다른 유형의 규모(보통은 시장점유율)의 가치를 평가할 수 있다. 따라서 규모의 경제를 달성하려고 할 때는 특정 산업에서 중요한 활동의 원가에 직접 영향을 미치는 규모의 형태를 파악해야 한다. 또한 여러 활동에서 규모를 증가시킬 때는 한 가지 규모 증가가 다른 활동에서 규모의 비경제를 초래하지 않도록 균형을 맞추어야 한다.

- **규모에 민감한 활동에서 규모의 경제를 강화하는 정책 수립** 규모의 경제는 부분적으로 각 활동의 관리 정도에 따라 영향을 받는다. 한 자동차 부품 제조사는 생산라인을 최대한 단순화하여 엔진 밸브 생산에서 규모의 경제를 극대화하고 있다.

- **기업에 유리한 최적 수준의 규모의 경제 활용** 기업은 자사에 가장 유리한 수준으로 규모의 경제가 나타나도록 활동들을 관리해야 한다. 예를 들어 세계적 시장점유율을 갖는 기업은 제품 개발 단계에서 나라별로 현지화된 제품보다는 광범위하게 통하는 표준제품을 목표로 삼아야 글로벌 단위의 규모를 활용할 수 있을 것이다.

- **기업이 우위를 갖는 규모와 직접 관련된 가치활동 강조** 각각의 가

치활동은 서로 다른 수준의 규모와 연관되어 있으므로 기업에 최적이라고 판단되는 규모와 관련한 활동에 최대한 역량을 쏟아부어야 한다. 예를 들어 전국적인 규모의 기업들과 경쟁해야 하는 지역 생산 기업은 전국적 규모 또는 세계적 규모에 의해 원가가 정해지는 제품의 신속한 도입보다는 기존 판매원에 대한 지원이나 서비스를 강화하는 것이 좋을 것이다.

학습의 통제

• **학습곡선을 염두에 둔 관리** 학습효과는 경영자와 직원 모두의 노력과 관심으로 나타나는 것이지 저절로 발생하는 것이 아니다. 학습효과에 대한 관심은 인건비에만 국한되지 말고 시설 건설 비용, 폐기물 처리비용, 기타 중요한 가치활동에도 집중되어야 한다. 다시 말해 기업활동의 모든 영역과 관행에서 개선이 가능한지 늘 살펴야 한다. 경영자들은 적극적으로 학습을 통한 개선을 독려하고 목표를 설정해주는 역할을 해야만 한다. 일단 목표를 설정하면 학습효과 수준을 업계 표준을 비롯하여 사업장별, 지역별로 비교 검토해야 할 것이다. 또한 일단 확보된 학습효과를 공장 단위, 사업단위로 공유할 수 있게끔 지원해주는 시스템을 만들어야 한다. 그런데 지리적으로 멀리 떨어져 있거나 기업 내부에 경쟁의식이 팽배한 경우에는 학습결과의 공유가 저해되기도 한다.

• **학습결과의 독점적 유지** 학습결과가 경쟁사에 파급되는 것을 최대한 막을 수 있다면 기업은 그만큼 학습효과를 통해 기업의 상대적 원가 지위를 낮출 수 있다. 따라서 학습결과를 독점한다면 학습효과

에 민감한 가치활동에서 원가 우위를 충분히 누릴 수 있을 것이다. 이를 위해서는 구체적으로 다음과 같은 방법들을 활용할 수 있다.

- 생산설비를 자체 생산, 개량하는 등 후방 통합을 실현해 기술의 유출 방지
- 임직원이 외부로 정보를 공개하는 방식을 통제: 출판 등
- 핵심 인력의 지속 고용
- 고용 계약에 비밀 누설 금지 조항을 삽입

• **경쟁자로부터의 학습** 경쟁사의 학습결과를 자존심을 내세워 받아들이지 않는 것은 어리석다. 경쟁사의 학습결과에서 자사에 도움이 되는 좋은 아이디어를 발견할 수 있기 때문이다. 학습결과를 얻어내는 방법은 얼마든지 있다. 경쟁사의 제품을 직접 분해해볼 수도 있고, 특허청원, 학술논문 등 공개된 자료를 찾아 활용하고, 경쟁사에 납품하는 공급자와 관계를 구축해 경쟁사의 노하우나 최근 구입한 자원에 대한 정보를 얻을 수도 있다.

조업도의 영향 통제

• **안정적 조업도 유지** 가치사슬 내 생산량의 변동을 안정시킴으로써 평균 조업 수준을 높일 수 있다. 예를 들어 건포도와 호두 등을 생산하는 선-다이아몬드(Sun-Diamond)는 자사 제품의 연중 판촉 활동을 증가시킴으로써 조업도 하락에서 오는 비용을 절감시켰다. 이런 방법으로 크리스마스 시즌과 그 나머지 기간 사이에 크게 벌어진 수요 차이를 줄일 수 있었다. 마찬가지로 신용카드 단말기 회사는 해변 지역

상가와 스키리조트 지역 상가들로 고객을 구성하여 연중 성수기를 분산하였다. 연중 최대 사용 금액이 서로 다른 계좌들을 결합하는 방식으로 고객을 구성하니 조업도는 안정적으로 유지되었다.

이처럼 기업은 아래에 제시된 여러 가지 방법으로 조업도의 균형을 잡을 수 있다.

- 성수기, 비수기 가격 차별제
- 비수기에 판촉을 강화하거나 제품의 새로운 용도를 찾아보는 등의 마케팅 활동
- 계절 간 변동이 덜하거나 간헐적으로 유휴시설을 활용할 수 있는 제품(예를 들면 유통업자 상표부착 제품의 위탁생산)으로 제품라인 확장
- 안정적인 수요를 창출해내는 고객층 내지는 계절적 순환적 변동과 반대 주기를 갖는 고객층의 개발
- 성수기에 점유율의 일부를 포기하고 비수기에 이를 회복하는 전략
- 수요변동이 심한 세분 시장을 경쟁사에 양보하는 전략[15]
- 다른 유형의 수요를 가진 자매 사업단위와 협업(9장 참조)

· 중간 투입물 변동으로 인한 손실의 최소화 중간 투입물의 변동으로 인한 손실을 줄이는 노력 외에도 가치활동의 생산량 변동에 관련된 비용을 최소화하려고 노력할 수 있다. 그 방법으로 하청 기업을 계열화하는 것이 있는데, 이는 극성수기에 대비하여 자체 생산만이 아닌 납품업체를 활용하여 수요를 충족시키는 방법이다.

예를 들어 캐나다의 제철회사들은 매출액이 변동해도 매년 늘어나는 수요에 맞춰 시설을 증가시키기보다는 수요 증가의 추세선에 생산능력을 맞춰서 설비를 과잉 보유하지 않도록 관리해왔다. 성수기의 공급 부족분은 하청 기업이나 외국회사의 제품을 납품받아 확보한 것이다.

연계의 통제

- **가치사슬 내 원가연계의 활용** 가치활동 내의 연계를 파악하여 이를 활용하는 것으로 원가 지위를 개선할 수 있다. 예를 들어 부품 제작시 높은 정밀도를 유지하기 위해 추가 비용이 들었다면, 제품을 최종 검사할 때 드는 비용을 줄이는 것으로 상쇄될 수 있다. 최근의 기술진보는 이런 연계를 더욱 강화하고 더 쉽게 활용할 수 있게 해주고 있다. 최첨단 IT기술 덕분에 활동 간의 조정과 통합이 쉬워지고 있는데, CAD(computer-aided-design)와 CAM(computer-aided-manufacturing)은 초소형 전자기술이 다른 활동들을 어떻게 연계시키는지를 보여준다.

- **수직적 연계 활동을 위해 공급자, 유통업자와의 협력 강화** 수직적 연계의 존재는 공급자 및 유통업자와의 관계를 통해 각각의 가치사슬을 조정하고 결합시켜 최적화함으로써 협업하는 모두가 혜택을 입을 수 있다는 가능성을 시사하고 있다. 예를 들어 제록스(Xerox)는 납품업체가 제때 정확하게 부품을 선적할 수 있도록 컴퓨터로 생산 일정을 알려주고 있다. 이런 기회를 발견하고 활용하기 위해서는 협력업체에 대한 신뢰를 바탕으로 함께 고난을 극복하겠다는 다짐이 필요하다. 뿐만 아니라, 공급자 및 유통채널로의 가치사슬에 대한 철저

한 연구가 선행되어야 할 것이다. 또한 이 단계를 성공적으로 활용하려면 협력을 통해 얻은 성과를 공급자 및 유통업자와 함께 나눌 준비가 되어있어야 한다.

상호관련성의 통제
• **적절한 활동의 공동 수행**   다른 계열사와 가치활동을 공동 수행하거나 함께 수행할 기회가 존재하는 새로운 분야로 진출하는 것으로도 상대적 원가를 크게 절감할 수 있다. 원가절감을 위하여 활동을 공동으로 수행할 기회를 파악하는 방법에 대해서는 9장에서 상세히 논의할 것이다.

• **유사한 활동의 관리 노하우 공유**   다각화를 이룬 기업에서는 특정 가치활동을 관리하면서 얻은 노하우를 유사한 활동을 수행하는 다른 사업부로 전수해줄 수 있다. 이 문제에 대해서도 9장에서 논의하겠다.

통합의 통제
• **통합 및 해체 가능성의 체계적인 점검**   가치활동을 통합하거나 이미 통합된 가치활동을 해체하는 것은 모두 원가절감의 가능성을 제공한다. 경영 태도의 변화와 새로운 IT 기술의 발달로 공급자와의 연계가 쉬워지고 있어서 점점 많은 산업에서 통합과 해체가 매력적으로 인식되고 있다.

타이밍의 통제
• **초기 진입자 효과 및 후발 진입자 우위의 활용**   어떤 산업에 최초

로 진입하는 기업이 누릴 수 있는 특혜가 몇 가지 있다. 최선의 입지 선정과 최상의 인력 확보 그리고 좀 더 우호적인 환경에서 공급자를 확보하고 특허를 보장받는 것이 바로 그것이다. 이러한 선점 효과를 통해 최초 진입기업은 상당한 기간 원가 우위를 유지하기도 한다. 산업에 따라 다르지만 어떤 산업 구조는 사실상 선발기업만이 원가 우위를 누리게 되어있다. 그러나 일부 산업에서는 후발기업들이 급속한 기술변화를 이용해서 선발기업을 추월하거나 그들의 행적을 연구해서 아주 적은 비용으로 그들의 전략을 모방해 원가 우위를 획득하기도 한다. 초기 진입자 효과 및 후발 진입자가 갖는 우위에 대해서는 5장에서 설명한다.

• **사업주기상 적절한 시기에 구매** 수요가 적은 시기에 자산을 구입하는 것은 원가를 절감에 상당한 도움이 된다. 이 원칙은 기계설비, 선박, 심지어 공장 설비 전체에 이르기까지 다양한 자본재에 폭넓게 적용된다.

자율정책의 통제

• **차별화에 기여하지 못하면서 비용이 많이 드는 정책의 수정** 기업의 활동을 주관하는 정책 중에는 원가를 상승시키는 것이 많다. 기업이 차별화를 위해 일부러 원가를 상승시키기도 하지만 가끔은 정책 비용이 어디에 어떻게 쓰이고 있는지 제대로 파악하지 못하기도 한다. 원가분석이 필요한 이유다. 원가분석을 통해 수정해야 할 정책을 찾아내고 특히 차별화 정책 중에서 가격 프리미엄보다 더 많은 원가가 드는 활동을 가려낼 수 있을 것이다. 이 2가지 상황을 파악하는 것

이 모두 원가절감의 기회가 되는데, 4장에서 각 가치활동의 차별화에 미치는 영향을 평가하는 방법을 설명할 것이다.

- **기업에 유리한 원가 동인을 바꾸는 기술에 투자** 새로운 기술을 채택하면서 원가 우위를 획득하는 경우가 종종 있는데, 어떤 기술은 경쟁사가 원가 동인에 갖는 경쟁우위를 쓸모없는 것으로 전락시키기도 한다. 따라서 기술 투자의 수준은 정책적 선택이며, 대부분의 원가 우위 기업은 공격적으로 기술 투자를 하고 있다. 예를 들어 아이오와 비프 팩커스(Iowa beef Packers)는 매년 공장 설비 개선을 위해 2,000만 달러 이상을 투자하고 있다. 기술 투자를 통해 원가를 낮추는 방법과 중요한 몇 가지 예를 열거해 보면 다음과 같다.[16]

    - 저원가 공정의 개발: 유니언 카바이드(Union Carbide)의 저밀도 프로필렌을 생산하는 유니폴(Unipol)의 공정
    - 공정 자동화의 가속화: 아이오와 비프의 대규모 쇠고기 처리공장과 K마트의 자동화 유통센터
    - 저원가 제품의 설계: 부품이 적게 드는 캐논의 NP200 복사기

어떤 경우에는 가치활동의 규모가 새로운 저원가 기술을 적용할 수 있는지를 결정하기도 한다. 예를 들어, 콘택트렌즈 산업에서 바슈롬(Bausch and Lomb)이 개발한 저원가의 회전 주조 기술은 기존의 선반 기술에 비해 훨씬 규모에 민감하다. 그러나 기술의 선택은 타이밍, 입지 또는 통합과 같은 다른 원가 동인과의 관련성도 따져보아야 한다. 따라서 기업은 기업에 가장 유리하도록 원가 동인을 조작할 수 있는

영역의 기술개발에 투자해야 한다.

• **없어도 좋은 지출의 회피** 원가 우위를 가진 대부분의 기업은 가치사슬 내에서 크게 필요치 않은 재량적 지출에 대한 관리에 뛰어나다. 내셔널 세미컨덕터(National Semiconductor)의 임원들은 개인 사무실도 몇 개 안 되는 매우 단순한 환경에서 일한다. 링컨 일렉트릭(Lincoln Electric), 피플 익스프레스, 크라운 코크 앤 실 등 다른 원가선도기업에서도 상황은 비슷하다. 이러한 정책적 선택은 원가를 절감시키는 한편 그 자체로 상징적인 가치를 가진다.

입지의 통제

• **최적 입지의 선택** 각 활동 간의 연계와 더불어 공급자와 고객과의 연계를 고려한 입지선정은 인건비와 물적 유통의 효율성 및 공급자에 대한 접근성과 같은 요소에 중대한 영향을 미친다. 따라서 최적의 장소에 위치한 시설을 가진 기업은 상당한 원가 우위를 차지할 수 있다. 그러나 소형 제철소의 등장으로 제철 산업에서 벌어진 현상처럼 가치활동의 최적 입지는 시간이 지남에 따라 달라진다.

제도적 요인의 통제

• **제도적 요인을 주어진 것으로 받아들이지 말 것** 제도적 요인을 기업의 통제 영역 밖에 있는 것으로 보는 경향이 있지만, 기업들은 정부 정책이나 조합의 결정과 같은 제도적 요인에 영향을 미칠 수 있다. 예를 들면, 조합에 가입한 트럭 운송회사 중 상당수가 조합과는 무관한 자회사를 설립하고 있다. 또 다른 예로 일본계 기업들은 미국의 주 정

부가 외국기업에 과세하려는 움직임을 보이자 대대적인 로비를 펼쳐 각 주의 정책 결정에 영향력을 행사했다. 그리하여 많은 주 정부가 외국인 투자자에 호의적인 결정으로 과세법을 없애버리는 결과를 가져왔다.

조달 활동과 원가 우위

• **요구 조건을 정확하게 만족시키는 구매 자원의 스펙** 구매한 자원의 품질이 기업이 원하는 선을 넘을 필요는 없다. 요구하는 조건에 딱 들어맞는 자원을 확보하는 것으로 원가 지위를 개선할 수 있다. 예를 들어, 클라크 이큅먼트(Clark Equipment)는 리프트 트럭 모델 생산에 필요 이상으로 질이 좋고 비싼 트럭용 부품 대신 승용차용 부품을 사용하기 시작했다.

• **구매 정책을 통한 협상력의 증진** 구매 관행이 원가에 상당한 영향을 줄 수 있는데도 불구하고 구매 활동을 전략적으로 보거나 협상의 문제라고 생각하는 기업은 거의 없다. 공급자에 대한 협상력을 높이기 위해 기업이 취할 수 있는 여러 구체적인 활동은 다음과 같다.

- 공급자 간에 경쟁을 유발할 만큼이긴 하나 각 원천에서 중요한 고객이 되기엔 부족한 양을 공급자에게 구매함으로써 교섭력을 증가시키는 방법
- 서로 경쟁 관계에 있는 공급자를 골라서 이들에게 물량을 나누어 주는 방법
- 공급자가 주문을 당연한 것으로 여기지 않도록 가끔 각 공급자

에게 주문하는 물량의 비중을 바꾸어 주문하는 방법
- 한 번씩 새로운 공급자와 거래를 해서 시장가격을 조사하고 새로운 기술정보를 입수하는 방법
- 비정기적인 소량의 주문 대신 1년 단위로 장기공급 계약을 맺음으로써 구매 규모를 대형화하는 방법
- 자매 사업부와 공동 구매할 기회를 모색하는 방법
- 높은 수준의 구매기술을 구사할 수 있도록 전문 구매 담당 임원을 임명하는 방법
- 공급업체의 원가와 시장조건에 대해 잘 알 수 있도록 정보수집을 강화하는 방법
- 단가를 더이상 낮출 수 없는 부분에서는 고가의 원자재를 줄이거나 없앨 수 있는 기술개발에 주력하는 방법

- **적절한 공급자를 선택하여 그들의 원가를 관리** 기업에 가장 효율적인 공급자란 주어진 가치사슬에 적합한 제품을 가장 저렴한 가격으로 제공해주는 공급자를 말할 것이다. 이런 공급자를 선정하는 것이 바람직한 구매의 출발점이다. 바람직한 구매 관행에는 공급업체의 비용을 절감하도록 촉진하고, 기술개발에 필요한 경우 공급업체를 지원하고, 연계를 통해 기업의 비용을 낮추는 공급업체의 활동을 장려하는 일도 포함해야 한다. 영국의 유통회사인 막스 앤 스펜서(Marks & spencer)는 공급자들이 첨단 기술을 도입하도록 협력했고, 그 결과 업계에서 확고한 원가 지위를 확보할 수 있었다. 자사의 가치사슬을 분석과 마찬가지로 공급자의 가치사슬을 분석함으로써 그들의 효율성을 관리하는 것은 공급자에 대한 교섭력을 강화하는 것만큼이나 원

가 지위 획득에 중요하다.

가치사슬의 재구성

상대적 원가 지위가 극적으로 변하는 경우는 거의 대부분 경쟁사의 가치사슬과는 완전히 다른 가치사슬을 채택하는 데서 비롯된다. 가치사슬의 재구성은 다음과 같은 여러 가지 이유로 발생한다.

- 서로 다른 생산 공정
- 자동화율의 차이
- 간접 판매 대신 직접 판매
- 새로운 유통채널
- 새로운 원자재
- 전방 또는 후방 수직 통합에서의 현격한 차이
- 공급자, 고객과 관련한 입지의 변경
- 새로운 광고 매체

피플 익스프레스와 사우스웨스트 같은 저가 항공사들은 가치사슬의 재구성에 기초한 전략의 대표적인 실천 사례다. 이들은 〈표 3-4〉에서 보는 바와 같이 일반 항공사와는 현격히 다른 가치사슬을 채택해왔다.

가치사슬의 재구성을 통한 원가 우위 확보를 잘 설명하는 예를 서로 다른 2가지 산업의 경우에서 살펴보자. 쇠고기 포장 산업의 경우, 전통적인 가치사슬은 목장에서 소를 키우고 그들을 산 채로 화물열차에 싣고 노동집약적인 도살시스템을 갖춘 시카고 같은 도시로 운

구분	발권 업무	탑승 관리	항공기체 관리	기내 서비스	수하물 서비스	예약 사무소
일반항공사	완전 서비스	완전 서비스	• 신형 항공기 구입 • 조종사 노조	완전 서비스	무료 수하물 점검	주요 도시 중심가에 예약 사무소 설치
저가항공사	• 2등급 공항 및 터미널 사용 • 발권 카운터 없음 • 기내 티켓 판매 또는 무인 판매 • 환승 티켓 없음 • 가격차등 없음	• 2등급 공항 및 터미널 사용 • 선착순 좌석 지정 • 탑승 시 발권 서비스 없음	• 중고 항공기 구입 • 좌석: 밀집 배치 • 비노조 조종사의 수보다 적은 승무원과 더 긴 비행 시간	• 비노조 승무원 • 스낵만 제공 • 핫커피나 기내식 없음	• 기내 반입 수하물만 허용 • 유료 수하물 점검 서비스 • 수하물 환승 서비스 없음	• 예약 사무소 없음

표 3-4 항공사의 대체적인 가치사슬

송하는 것이었다. 이곳에서 도축된 소는 소비지로 운반된 다음 소매업장에서 더 작은 부위로 나뉘어 판매되었다.

그러나 아이오와 비프 팩커스의 전략은 달랐다. 그들은 목축지 인근에 대규모 자동화 공장을 짓고 그곳에서 부위별 포장까지 처리했다. 이를 통해 원가 중 가장 큰 비중을 차지하던 운송비를 대폭 절감할 수 있었고 산 채로 이동하는 동안 발생하던 가축의 체중 감소 현상도 막을 수 있어 수익률을 높일 수 있었다. 뿐만 아니라 아이오와 비프 팩커스의 공장이 입지한 지역은 낮은 급여의 비 노조 인력을 손쉽게 구할 수 있는 농촌 지역이어서 가치사슬 내의 운영 활동 비용도 크게 절감할 수 있었다.[17]

페덱스(Federal Express) 역시 항공수화물 운송 분야에서 새롭게 가치사슬을 구성했다. 에머리(Emery), 에어본(Airbone) 같은 전통적인 경쟁사들은 다양한 크기의 화물을 수령하여 이를 다른 항공사의 비행기로 수송한 다음 수신자에게 발송해왔다. 그런데 페덱스는 특급 소화물만 취급하면서 자체 비행기로 본부가 있는 멤피스로 보내 거기에서 일차로 분류하고, 다시 같은 비행기로 목적지에 보내 역시 자사의 트럭으로 최종 배송하는 시스템을 도입했다. 그 밖에도 초기의 할인 매장 소매상, 할인 주식 중개업자, MCI나 스프린트(Sprint) 같은 새로운 형태의 장거리 전화회사들이 가치사슬을 혁신적으로 재구성한 예들에 포함된다.

가치사슬을 재구성함으로써 원가 우위를 확보할 수 있는 이유는 2가지다. 첫 번째는 재구성이 점진적인 개선과 달리 기업의 원가구조를 근본적으로 바꾼다는 것이다. 새로운 가치사슬은 기존 가치사슬보다 본질적으로 더 효율적이기 마련이다. 저가 항공사가 성공을 거둔 예는 원가절감을 위한 새로운 가치사슬의 도입이 업계의 원가 기준을 어떻게 바꾸어 놓았는가를 보여주는 살아 있는 예다. 일반 항공사 대비 비용을 절반 가까이나 줄인 노선도 있었다. 새로운 가치사슬의 도입은 활동 비용을 줄일 뿐만 아니라 연계를 활용하는 기회도 제공했다. 예를 들어, 피플 익스프레스는 항공권을 기내에서 판매함으로써 발권 업무나 탑승 업무 등의 다른 가치활동의 원가를 현저히 낮출 수 있었다.

새로운 가치사슬의 도입으로 원가절감을 이룰 수 있는 두 번째 이유는 변화를 시도한 기업이 자사에 유리한 형태로 경쟁 양상을 바꿔 놓을 수 있다는 점이다. 가치사슬을 재구성하여 가치활동을 서로 다른 방법으로 수행하면 규모의 경제에 대한 민감성 및 상호관련성, 입지적 효과 그리고 다른 모든 원가 동인을 거의 대부분 바꿀 수 있다. 예를 들어 알루미늄 사업에 종사하는 일본 기업들은 보크사이트와 기타 광물을 중간 공정 없이 바로 알루미늄 주괴(ingot)로 전환하는 카보써믹 리덕션 프로세스를 개발해 에너지 사용을 획기적으로 줄일 수 있었다. 아이오와 비프의 경우도 원가 동인으로 입지조건의 역할을 재정의하고, 규모에 대한 민감성을 증가시켰다. 이처럼 시장점유율이 높은 기업은 가치사슬의 규모에 대한 민감도를 좀 더 높게 바꾸는 것으로 혜택을 볼 수 있다. 저가 항공사의 경우에는 새로운 가치사슬이 간접활동을 대폭 삭감했기 때문에 기존보다 규모의 경제에 대한 민감도가 떨어지는데, 바로 이 점이 신규 저가 항공사를 성공으로 이끌었다.

기업이 개별적으로 자사의 가치사슬을 재구성하기 어렵더라도 기업 간 제휴나 협정을 통해 가치사슬을 재구성할 수 있는 경우가 있다.

한 예로 케이블 TV 운영사들 중 상당수가 마케팅과 운영의 효율을 증가시키기 위해 가맹사들을 통합해왔다. 비슷한 예로 얼라이드 케미컬(Allied Chemical)과 처치 앤 와이트(Church & Dwight)는 수송비 절감을 위해 서로 다른 지역에서 생산된 동일한 원재료를 맞교환하는 계약을 성립했다.

새로운 가치사슬을 구성하기 위해서는 기존의 방식에서 벗어난 좀 더 창의적인 가치활동 수행방법을 찾아야 한다. 그러기 위해서 경쟁사의 가치사슬은 물론 자사가 수행하는 모든 활동을 항시 점검해야 한다. 기업은 모든 활동에 대해 아래와 같은 질문을 던져보아야 한다.

- 이 활동을 수행하는 더 나은 방법이 있는가? 필요하지 않다면 아예 없앨 수 있는가?
- 기업 내 연계된 가치활동을 재배열하고 재분류할 수 있는가?
- 다른 기업과 제휴를 맺음으로써 원가를 낮추거나 아예 없앨 수 있는가?

하류 부문의 재배열

구매자의 유통채널 비용 같은 하류 부문의 원가가 큰 비중을 차지하고 있다면 이 부문의 활동을 재구성해 원가를 크게 절감할 수 있다. 주로 슈퍼마켓에서 와인을 판매하는 갤로(Gallo)가 그 좋은 예다. 슈퍼마켓의 유통 원가는 도매상이 개입되는 주류 판매점에 비해 훨씬 저렴하기 때문에 갤로는 이 유통망을 적극 활용하여 와인 판매 비용을 낮출 수 있었다. 높은 매출액과 빠른 회전율을 자랑하는 갤로 제품 덕분에 슈퍼마켓들도 상대적 원가를 줄일 수 있었고 경쟁업체 제품보다 더 낮은 마진에도 갤로의 제품을 기꺼이 취급했다.

하류 부문 유통망의 효율성은 그들의 전략과 규모에 영향을 받는다. 예를 들어 체인점이 아울렛보다 더 효율적이며, 사무기기나 자동차 대리점은 매장 규모가 클수록 효율적이다. 기업은 최종 소비자에게 보다 효율적인 하류 부문 유통망을 선택할 수 있을 뿐 아니라, 통합을 촉진하거나 하류 부문 유통기업의 효율성을 개선하는 조치를 취할 수 있다. 필요하다면 하류 부문의 효율성 향상을 위해 전방 통합을 단행해야 하기도 한다.

기업이 하류 부문을 재구성하여 상대적 원가 지위를 향상하는 것에는 기업의 교섭력이 결정적인 역할을 한다. 갤로의 경우 슈퍼마켓이 갤로의 와인을 주류 판매점과 같은 가격으로 판매한다면 더 많은 이익을 거둘 수 있을 것이다. 하지만 갤로의 독특한 판매전략이 효과를 거두고 슈퍼마켓 사이의 치열한 경쟁으로 가격이 더 낮아지자 그 혜택의 대부분은 갤로로 돌아갔다.

집중화를 통한 원가 우위

집중화 전략은 그 초점을 원가 동인 통제에 두느냐, 가치사슬의 재구성에 두느냐 혹은 양자를 모두 강조하느냐에 따라 원가 우위를 획득할 수 있는 수단이 되기도 한다. 각각의 가치활동에 드는 비용뿐 아니라 각 세분 시장에 맞는 효율적인 가치사슬의 구성이 다르기 때문에 제대로 선택한 세분 시장에 모든 역량을 집중한 기업은 원가를 현저히 낮출 수 있는 경우가 많다. 페덱스는 신속한 배송이 필수적인 소형 화물 배송 시장을 타겟으로 가치사슬을 재구성했다. 피플 익스프레스의 경우도 비용을 획기적으로 줄여서 가격에 민감한 고객층을 대상으로 한 집중화 전략을 선택했다. 호텔 체인 라 퀸타(La Quinta)는 값비싼 레스토랑, 연회장 및 고가의 서비스를 없애고 객실만 제공하는 방침으로 객실당 투자 금액과 운영비를 줄였다. 그리하여 그들의 목표 고객인 '동일 지역을 주로 다니며 객실만 이용하는 비즈니스맨'들의 요구에 집중할 수 있었다.

페덱스, 피플 익스프레스, 라 퀸타의 예는 모두 목표한 세분 시장을 충족시키기 위해 기존 기업과는 다르지만 잘 구성된 가치사슬을 채택하고, 집중화를 통해 상대적 원가 지위를 완전히 뒤바꿀 수 있었던 사례다. 목표 세분 시장이 어떤 핵심적인 원가 동인과 관련이 있는 경우 집중화를 통해 원가를 절감할 수 있다. 예를 들어 어떤 지역에서 시장점유율이 핵심 원가 동인이라면 지역 집중화 전략으로 그 지역에서 점유율이 떨어지는 경쟁사들에 대한 원가 우위를 확보할 수 있을 것이다.

집중화 전략 성공의 열쇠는 산업을 혁신적으로 세분화하는 데 있다. 7장에서는 산업을 세분화하고 적절한 집중화 전략을 선정하는 방법을 설명한다. 산업 내의 세분 시장은 부분적으로 다른 가치사슬이 필요하거나 주요 원가 동인이 다르게 나타나는 제품라인, 고객 집단, 지리적 지역으로부터 형성된다.

원가 우위의 지속가능성

이미 원가 우위를 확보하고 있어도 원가 우위를 유지하는 경우에만 평균 이상의 성과를 기대할 수 있다. 상대적 원가 지위를 개선했다 하더라도 그 상태가 지속적이지 않다면 결국은 업계 평균 정도의 원가 수준을 가지는 데 그치고 만다. 따라서 원가 우위 전략을 달성하고 싶은 기업은 지속 가능한 원가 우위의 원천을 확보해야만 한다.

기업이 자사의 경쟁우위 원천을 쉽게 따라 할 수 없게 만드는 높은 진입장벽(entry barrier) 또는 이동장벽(mobility barrier)을 가지고 있다면 원가 우위는 지속력을 보일 것이다. 원가 우위의 지속가능성은 원가 동인 또는 산업별로 다르게 나타나지만, 다음의 몇몇 동인은 다른 것보다 비교적 더 지속적인 경향이 있다.

- 규모: 규모는 가장 핵심적인 진입장벽이자 이동장벽이며, 경쟁사가 모방하기에는 그만큼의 시장점유율을 확보해야 하므로 비용이 많이 든다.
- 상호관련성: 자매 사업부와 상호관련성이 있는 경우 경쟁사가 이를 모방하기 위해서는 다각화를 해야 하므로, 관련 사업에 진입장벽이 있다면 지속성이 높아진다.
- 연계: 연계의 정도와 수준은 다른 기업이 파악하기 쉽지 않고 연계를 이루기 위해서는 조직 전체 또는 개별 공급자 및 유통망과 조정을 해야하기 때문에 지속성이 높다.
- 독점적 학습효과: 학습효과는 실제로 달성하기가 어렵고, 더욱이 독점적으로 보유되는 경우에는 경쟁사가 이를 따라잡기 힘들다.
- 독점적 제품 또는 공정기술을 창출하는 정책적 선택: 특허나 기밀로 보호받는 제품 혁신이나 새로운 기술을 다른 경쟁사가 모방하기는 여간 어려운 일이 아니다. 특히 공정기술을 복제한다는 것은 하늘의 별 따기다. 특히 공정기술은 비밀 유지가 더 쉬워서 제품 혁신보다 원가 우위를 지속하게 하는 경향이 있다.

기업하부구조	제조 간접비에서의 규모의 경제					이
인적자원관리						윤
기술개발	블랜딩 기술					
조달활동	포도 구매에서의 규모					
	• 병 제조업으로의 후방 통합 • 고속병입 공정	슈퍼마켓 창고로의 대량 수송		• 전국 광고에 있어서의 규모의 경제 • 규모와 목표 고객에서 비롯된 판매원의 높은 활용		이 윤
물류투입 활동	운영활동	물류산출 활동	마케팅 활동	서비스 활동		

그림 3-3 포도주 산업에서 갤로의 원가 우위 원천

    타이밍과 통합 역시 모방하기 어려워서 지속 가능한 원가 우위의 원천이 될 수 있다. 그러나 이들의 지속성은 규모나 학습효과의 우위로 옮겨질 때 가장 높아질 것이다. 입지, 조업도 유형, 제도적 요인, 정책적 선택들도 어떤 산업에서는 원가 우위를 지속하게 하는 원천이 되지만 상대적으로 그 영향력이 미비하다. 그러나 지속성이 부족한 원천이라도 그 원가 동인이 지속성이 높은 원가 동인과 상호작용 한다면 상당히 강력한 장벽을 구축할 수도 있다. 예를 들자면 규모의 경제를 가속하는 정책적 선택은 모방이 어려울 수 있다.

    한편 원가 우위의 지속성은 그 원천 자체에서 비롯되기도 하지만, 기업이 창출한 원가 우위 원천의 절대적인 가짓수에 따라 영향을 받기도 한다. 한두 가지의 가치활동으로부터 발생한 원가 우위는 경쟁자가 모방하기 쉬운 대상이 될 수 있다. 성공적인 원가 우위 기업의 사례를 보면 대부분 가치사슬 안에서 상호작용하며 그 효과를 강화

하는 수많은 원천으로부터 얻은 원가 우위를 축적하고 있다. 이런 모델은 경쟁사가 모방하기에 너무 어렵고 비용도 많이 든다.

갤로는 이러한 원칙을 기반으로 지속 가능한 원가 우위 리더십 전략을 성공적으로 펼쳤다. 〈그림 3-3〉은 갤로의 가치사슬을 간략히 나타낸 것이다. 이를 살펴보면 갤로는 여러 가치활동에서 비롯된 수많은 원가 우위 원천을 확보하고 있다. 갤로가 원가 우위를 유지하는 주된 요인은 가장 지속성이 강한 원가 동인인 규모와 독점기술력 2가지다. 갤로는 일관성 있게 15% 또는 그 이상의 원가 우위를 이루어왔다. 갤로의 이런 강점 때문에 와인 시장에 진입한 코카콜라는 수익성에 타격을 입고 결국 철수하고 말았다.

가치사슬을 재구성하거나 새롭게 창출하는 것 역시 지속 가능한 원가 우위의 최종적인 원천이다. 재구성된 가치사슬에 대응하기 위해서 기업이 치러야 할 대가는 엄청나다. 특히 기존의 기업들, 즉 이미 정립된 산업 전통의 가치사슬에서 벗어나기 위해서는 막대한 비용을 지불해야 할 만큼의 이동장벽에 부딪힌 기업이라면 더욱 그러할 것이다. 아이오와 비프나 페덱스는 다른 경쟁사들이 재배열 되거나 새롭게 형성된 가치사슬에 대응하기 위해 분투하는 동안, 꾸준히 원가 우위의 이익을 누리고 있다.

원가 우위 전략의 실행

지금까지는 전략과 활동 방식에 변화를 꾀하여 원가 우위를 달성하는 방법을 집중적으로 알아보았다. 그러나 원가 우위 전략의 성공 여부는 사실상 그것을 수행하는 기업의 능력에 달려있다. 원가는 저절로 또는 우연히 낮아지는 것이 아니며 원가절감을 위한 노력과 끊임없는 관심이 수반되어야만 가능하다. 동일 업종에서 규모나 생산량이 비슷하고 비슷한 원가절감 정책을 펼치는 기업 간에도 실질적인 원가절감 능력은 다르다. 그러므로 상대적 원가 지위를 개선하기 위해서는 전략의 바꾸는 것보다 오히려 경영자의 관심이 더 필요한 것인지 모른다. 어느때고 기업은 자신의 원가에 절대로 만족해서는 안 된다.

다시 강조하자면, 저절로 결정되는 원가 동인은 없다. 기업활동을 수행하면서 원활한 운영에 필요한 대규모 자원이 제때 제공되지 못한다면, 어느 분야에서도 규모의 경제를 이룰 수 없다. 정책의 조정은 그래서 필요하다. 무조건 제품라인만 늘려서 규모의 우위가 분산되는 등의 실수를 하지 않기 위해서는 현명한 정책적 선택이 무엇보다 중요하다. 또한 관련 사업부들이 실제로 그들의 행동을 조정하지 않는다면 상호관련성을 통해 원가절감을 이룰 수 없을 것이다. 기업의 노력 없이 학습곡선의 우위도 나타날 리 만무하다.

직원 교육 및 동기부여, 기업문화, 공식적인 원가절감 운동, 지속적인 자동화 추구, 학습효과를 위한 군건한 신념 등 원가 우위를 달성하는 능력에 영향을 주는 요인들은 수도 없이 많다. 따라서 기업 내의 모든 개개인이 잠재적으로는 원가에 영향을 미칠 수 있는 요소에 해당하므로, 원가 우위 창출과 지속에 성공한 기업은 모든 가치활동 영역에서 원가통제를 하고 있다. 이 기업들은 활동의 수행 결과를 시간 경과에 따라 다른 사업부나 경쟁사와 비교한다. 한편 원가절감의 분위기 조성에 도움을 주는 상징적 요소도 간과해서는 안 된다. 원가 우위에 성공한 기업들은 전략의 초점을 운영 비용 최소화에 두면서 동시에 당장 필요 없는 지출 항목이 발생 여부에 끊임없는 주의를 기울이고 있다.

원가 우위 전략의 함정

전략적 관점에서 자신의 원가 행동을 완전히 이해하지 못하는 바람에 상대적 원가 지위를 개선할 기회를 놓치고 있는 기업들이 많다. 기업이 원가 지위를 평가하고 그에 맞춰 행동하는 데 있어 흔히 범하기 쉬운 실수들은 다음과 같다.

- **제조 활동 원가에만 매몰된 관심** '원가'라고 하면 대부분 경영자는 직관적으로 생산을 떠올린다. 사실상 전체 원가의 상당 부분이 마케팅, 판매, 서비스, 기술개발, 하부구조 등의 가치활동으로부터 발생하는데도 이런 부분은 원가를 분석할 때 거의 주목받지 못하고 있다. 여기서 힌트를 얻었다면 전체 가치사슬을 점검하는 것으로도 원가 지위를 개선할 수 있는 아주 간단한 조치를 찾아낼 수 있다는 걸 알았을 것이다. 하다못해 최신 IT 기술만 잘 활용해도 연구개발비를 크게 줄일 수 있을 것이다.

- **조달 활동을 소홀히 여기는 것** 많은 기업들이 인건비 절감에는 엄청난 노력을 기울이면서도 구매 자원의 원가에는 소홀한 경향이 있다. 이런 기업들은 조달 활동을 부차적인 기능 정도로 여기면서 거의 신경을 쓰지 않는다. 구매 부서에서 분석할 때도 핵심 원자재의 구매단가만 중요시하는 경우가 많다. 문제는 구매하는 항목이 너무 많

고 그에 대한 전문지식이 부족한 상태에서 관성적으로 구매가 이루어지다 보니 원가를 절감해야겠다는 동기부여가 없는 상황이 흔하다는 것이다. 이처럼 구매자원과 활동원가와의 연계는 간과되기 쉬우므로 기업에서 구매 관행을 조금만 바꿔도 원가부문에서 상당한 이득을 볼 수 있을 것이다.

• **간접적이거나 비중이 작은 활동의 간과**   원가절감 프로그램은 부품 생산과 조립 등 비중이 크거나 직접적인 활동에 주로 집중된다. 따라서 총원가에서 차지하는 비중이 작은 활동들이 충분한 분석의 대상이 되는 일은 매우 드물며, 보수유지와 같은 간접적 활동은 아예 고려 대상에서 빠져버리는 일도 많다.

• **원가 동인에 대한 그릇된 파악**   기업들이 원가 동인을 잘못 파악하는 일도 흔하다. 예를 들어 전국 최대의 시장점유율을 갖는 기업은 자신의 원가 우위를 단순하게 전국 수준의 시장점유율과 연관시키려 할 수 있다. 그러나 그 원가 우위가 실제로는 주된 활동 지역에서 높은 점유율을 보이기 때문일 수도 있다. 원가 우위의 원천을 이런 식으로 잘못 파악하면 기업이 시장지배력을 장악한 지역에서 전국 시장으로 점유율을 확대하려는 전략을 펼치려 할 것이고 그러기 위해 원가를 낮추다가 경쟁사로부터 심각한 위협에 노출될 수도 있을 것이다.[18]

• **연계활용의 실패**   기업들이 자사의 원가에 영향을 미치는 모든 연계, 특히 공급자, 품질보증, 검사 및 AS와 같은 활동 사이의 연계를

파악하는 일은 아주 드물다. 많은 일본 기업들의 성공의 이면에는 이런 공급자나 구매자와의 연계를 충분히 활용한 사실이 있다. 특히 마쓰시타(Matsushita)와 캐논은 그들의 정책이 전통적인 생산 및 구매 관행에 모순된다는 사실에도 불구하고 이러한 연계의 중요성을 파악하고 이를 충분히 활용하고 있다. 연계의 존재를 파악하지 못하는 경우 어떤 부문에서 원가를 상승시키는 것이 오히려 총원가는 감소하는 효과를 가져올 수 있음에도 불구하고 모든 부문에서 동일한 원가절감을 이루는 것이 능사라고 생각하는 함정에 빠질 수 있다.

- **원가절감 노력의 모순** 기업은 가끔 서로 모순되는 방법으로 원가절감 노력을 하기도 한다. 예를 들어 시장점유율을 높여 규모의 경제를 확고히 하려고 하면서 동시에 신모델을 다량 출시해 규모의 경제를 분산시켜 버리기도 한다. 구매자 비율이 높은 지역 가까이 입지를 정해 운송비를 절감하려고 하는 한편 신제품 개발에서는 중량 감소에 힘을 쏟는 경우도 있다. 또, 원가 동인 자체가 서로 반대로 작용하기도 하므로 기업은 이러한 상쇄작용들을 충분히 파악하고 있어야 한다.

- **무의식적 교차보조** 기업은 세분 산업 간에 원가의 형태가 다르다는 사실을 인지하지 못하고 불필요한 교차보조를 행할 수 있다.[19] 앞에서 논의한 것처럼 지금까지의 회계시스템으로는 제품, 고객, 유통망, 지역별로 나타날 수 있는 원가 차이를 모두 잡아낼 수가 없다. 따라서 제품라인이나 고객에게 과다한 가격을 책정하면서 다른 항목의 가격은 너무 저렴하게 매겨 무의식중에 가격 측면에서 교차보

조를 제공하는 경우가 있다. 예를 들어 화이트와인의 경우 레드와인보다 숙성 기간이 짧아 더 저렴한 숙성용 통을 사용한다. 그런데 와인 주조회사가 각각의 가격을 정할 때 평균원가에 근거해 동일한 가격을 매긴다면 더 높은 원가가 들어간 레드와인이 화이트와인을 지원하는 셈이 될 것이다. 이렇게 무의식적으로 이루어지는 교차보조는 경쟁사에게 그 기업의 원가구조를 파악하는 기회를 주고, 그렇게 얻은 정보를 바탕으로 한 가격을 책정하여 시장 지위를 강화할 수 있는 여지를 줄 것이다. 그리고 높은 가격이 책정된 세분 시장에서 집중화 전략을 사용하고 있는 경쟁사도 마찬가지다.[20]

• **점진적 사고방식** 기업들은 보통 가치사슬을 재구성하기보다는 기존 가치사슬을 점진적으로 개선하는 방식으로 원가절감을 추구한다. 가치사슬을 재구성하는 것은 전략의 획기적인 전환으로 완전히 새로운 원가의 지평을 여는 방식이지만, 점진적 개선은 한계 수확 체감의 법칙이 적용되는 부분이라 일정한 수준에 이르면 더 이상의 원가절감이 불가능해진다.

• **차별화의 저해** 원가절감을 위해 노력하는 과정에서 기업이 가진 독특한 매력이 사라져버린다면 차별화의 효과가 저해될 것이다. 비록 전략적으로 필요할지라도 독창적 매력의 원천을 희생하는 것은 신중한 선택과 결정이 필요한 일이다. 원칙적으로 원가절감의 노력은 기업의 차별화에 영향을 주지 않는 선에서 진행되어야 한다. 심지어 원가 우위가 굳건한 기업에서도 비용이 크게 들지 않는 활동을 차별화한다면 더 큰 성과를 보장받을 수 있다.

전략적 원가분석의 단계

이 장에서 설명한 기술을 전략적 원가분석의 관점에서 간단히 정리해보자.

- 적절한 가치사슬을 찾아내고 원가와 자산을 할당할 것.
- 각 가치활동의 원가 동인을 점검하고 가치활동들이 어떻게 상호 작용 하는지 확인할 것.
- 경쟁사의 가치사슬을 명확히 밝히고 경쟁사의 상대적 원가와 원가 차별화의 원천을 결정할 것.
- 원가 동인의 통제와 가치사슬의 재구성을 통해 상대적 원가 지위를 낮출 수 있는 전략을 개발할 것.
- 원가절감의 노력이 차별화에 부정적 영향을 주지 않도록 할 것.
- 지속가능성을 위한 원가절감 전략을 항상 검증할 것.

Chapter 04
차별화

 기업이 제공하는 특유의 제품이나 서비스를 소비자가 특별한 가치가 있다고 느낀다면 그 기업은 다른 경쟁사로부터 차별화 되어 있다. 차별화란 기업이 취할 수 있는 2가지 경쟁우위 중 하나로, 특정 산업 내 기업들이 자사를 차별화할 수 있는 정도는 그 산업의 구조를 결정할 만큼 중요한 요소다. 차별화가 이처럼 중요한데도 불구하고 차별화의 원천에 대해서는 정확히 이해하지 못하는 경우가 많다. 흔히 기업들은 차별화의 잠재적 원천을 너무 좁게 보는 경향이 있다. 차별화는 가치사슬의 어느 단계에서나 잠재적으로 일어날 수 있음에도 불구하고 마치 최종 제품이나 마케팅 과정에서만 나타날 수 있다고 본다. 어떤 기업들은 자기들만의 독창성을 추구해서 타 기업과 차별화를 이루긴 했지만 정작 구매자들이 원하는 가치와는 맞지 않아서 아무런 이득을 누리지 못하기도 한다. 이미 차별화에 성공한 기업들도 차별화 비용이나 그 효과 지속에 충분한 관심을 기울이지 않는 경우가 많다.

 이 장에서는 차별화의 분석을 위한 개념적인 틀과 차별화 전략을 선택에 관해 논의할 것이다. 먼저 기업의 가치사슬 어디에서나 나타날 수 있는 차별화의 원천에 대하여 설명한다. 성공적인 차별화 전략이란 마케팅 부문뿐만 아니라 기업의 모든 부문의 기능이 조정되었을 때 나타난다. 그리고 차별화는 대개 많은 비용을 요구하므로 차별화 비용을 어떻게 결정할 것인지, 경쟁사의 움직임에 따라 비용이 어떻게 변화하는지도 설명하겠다. 다음으로는 구매자의 가치사슬(buyer's value chain) 개념을 이용하여 어떤 유형의 차별화가 구매자 가치를 창조하는지 이야기한다. 다음으로 이러한 구매자 가치의 분석결과를 개별 구매자의 구매 기준에 어떻게 적용할 것인지 보여주겠다. 그리고 마지막으로 이러한 개념들을 이용하여 어떻게 차별화 전략을 선택할 것인지를 설명한 뒤 차별화 전략을 추진하면서 빠지기 쉬운 일반적인 함정에 대하여 소개하겠다.

차별화의 원천

기업이 경쟁사와 차별화하는 방법은 단순히 값싼 제품을 제공하는 것이 아니라 그 기업의 제품 또는 서비스만이 가지고 있는 독특한 가치로 구매자를 사로잡는 것에 있다. 차별화에 성공한 기업은 경쟁사보다 더 높은 가격을 책정할 수 있고, 그럼에도 더 많은 제품을 판매할 수 있으며, 고객의 충성도와 경기를 타지 않는 일정한 이윤을 보장받는다. 즉 차별화는 경쟁우위의 원천이다.[1] 만약 차별성을 유지하는 데 필요한 비용을 초과하는 가격 프리미엄을 얻는다면, 차별화를 통해 더욱 높은 성과를 달성하게 된다. 기업의 차별화 전략은 광범위한 구매자들에게 어필할 수도 있고 특정 니즈를 지닌 일부 구매자들에게만 매력적일 수도 있다. 예를 들어, 전통적인 스타일의 의상을 선호하는 구매자들은 브룩스 브라더스(Brooks Brothers)의 제품을 매력적이라고 생각하지만 그렇지 않은 구매자들은 같은 제품을 지나치게 보수적이라고 여긴다. 이 장에서는 차별화의 일반적인 의미를 다루고, 이후 7장에서 한 산업 내 구매자들의 욕구 차이를 어떻게 집중화를 통한 차별화 전략의 기회로 이용할 수 있는지에 대하여 설명하겠다.

차별화의 가치사슬

기업을 전체로 바라보면 차별화를 제대로 이해할 수 없다. 차별화는 기업이 수행하는 세부적인 가치활동에서 차별화의 원천을 파악하고 각 가치활동에서 창출된 차별화가 구매자에게 어떤 영향을 주는지를 고찰할 때 제대로 이해할 수 있다.[2] 차별화는 기업의 가치사슬에서 파생되는데, 모든 가치창출 활동이 차별성의 잠재적 원천이 될 수 있다. 원자재나 기타 투입 요소의 조달 활동은 최종 제품의 완성도에 영향을 미치며 따라서 차별화에도 영향을 준다. 예를 들어 하이네켄은 맥주 생산에 쓰이는 원료의 품질과 순도에 세심한 신경을 기울이고 있고 균일한 맛을 유지하기 위해 일정한 균주에서 배양된 효모를 쓰고 있다. 마찬가지로 스타인웨이(Steinway)는 피아노 제작에 사용할 최적의 재료를 고르기 위해 전문 인력을 투입하고 있고, 미쉐린(Michelin)은 타이어 재료로 쓰이는 고무를 고르는 데 경쟁사보다 몇 배는 까다로운 기준을 적용함으로써 차별화를 이룩하고자 노력했다.

이처럼 차별화에 성공한 기업들은 본원적 활동과 지원 활동을 통해 남다른 차별성을 만들어냈다. 예를 들어 슈퍼컴퓨터 시장에서 크레이 리서치가 보여준 것처럼 R&D 활동에 투자하여 독특한 성능을 갖춘 제품 설계를 완성할 수 있다. 또한 가치활동 중 운영에 관련된 활동은 제품 디자인, 설계도와의 일치 정도, 제품 신뢰도 같은 고유한 형식에 영향을 미친다. 퍼듀(Perdue)는 닭의 생육 조건을 아주 세심하게 조절하고 닭고기의 색깔을 개선하기 위해 금잔화를 먹이는 방법으로 그들만의 차별화를 강화했다. 한편 물류시스템은 배송의 속도와 일관성의 수준을 결정해줄 수 있다. 페더럴 익스프레스는 소형 화물 배송사업에 뛰어들어 멤피스 지역을 거점으로 최상의 신뢰도를 가진 물류시스템을 구축했다. 마케팅과 판매 활동도 종종 차별화에 영향을 미친다. 한 예로 팀켄(Timken)의 판매직원은 롤러베어링을 단순히 판매하는 것 뿐 아니라 구매자에게 제품을 더욱 효율적으로 사용할 수 있도록 구체적인 설명을 덧붙인다.

〈그림 4-1〉은 가치사슬 상의 활동들이 차별화에 어떻게 기여할 수 있는지를 보여준다. 만약 취급하는 상품이 생필품(commodity)이라고 하더라도 다른 활동이 상당한 차별화를 가져오는 경우가 많다. 또 비슷하게 설비유지 및 일정 계획과 같은 간접적인 가치활동들이 조립이나 주문과정 등의 직접적 활동과 마찬가지로 차별화에 공헌할 수도 있다. 예를 들어 반도체 제조과정에 먼지와 연기가 없는 설비시설을 도입하면 불량률을 현격히 낮출 수 있다.

가치활동이 총원가에서 차지하는 비중이 미미하더라도 차별화에 미치는 영향은 막대할 수 있다. 예를 들어 제약회사의 제품 검사에 드는 비용은 원가의 1%에 불과하지만 출하된 약에서 단 한 통이라도 결함이 발견된다면 제약회사의 이미지는 심각한 타격을 입을 수 있다. 가치사슬은 전략적 원가분석을 위해서 개발되었으므로 차별화에 중요한 활동이라면 어떤 활동도 분석에서 제외되어서는 안 된다. 물론 차별화에 거의 영향을 미치지 않는 가치활동은 포괄적으로 점검해도 되지만, 차별화에 큰 영향을 주는 몇몇 가치활동은 더욱 세분화하여 정밀한 분석을 해야 할 것이다.

한편, 차별화는 가치활동의 폭이나 경쟁 범위에서도 이루어진다. 예를 들어, 크라운 코크 앤 실은 병뚜껑과 충전용 기기를 캔과 함께 제공한다. 따라서 이 회사는 포장에 관한 한 완벽한 서비스를 고객에게 제공하게 되었고 포장 기계 분야의 전문성을 확고히 해서 고객 신용도를 높이고 더불어 캔까지 판매할 수 있게 되었다. 또 시티그룹은 금융서비스에서 가치활동의 폭을 최대한 넓혀 각 지점이 고객들에게 좀 더 다양한 금융상품을 제공할 수 있도록 함으로써 그 명성을 더욱 높이고 있다. 이외에도 기업은 경쟁 범위를 폭넓게 형성함으로써 다음과 같은 측면에서 차별화를 달성할 수 있다.

- 어디서든 고객의 니즈를 충족시키는 능력
- 광범위한 제품라인에서 대체부품과 기업의 디자인 철학이 공통적일 때 구매자를 위한 간편한 유지보수 시스템
- 한꺼번에 구매하기
- 한 곳에서 해결되는 고객서비스
- 제품 간 우수한 호환성

기업이 성공적인 차별화를 이루기 위해서는 가치활동 간의 일관성과 조정이 선행되어야 하는 것은 말할 것도 없다.

한편 차별화는 고객과의 접점이 이루어지는 하류 부문에서도 발생

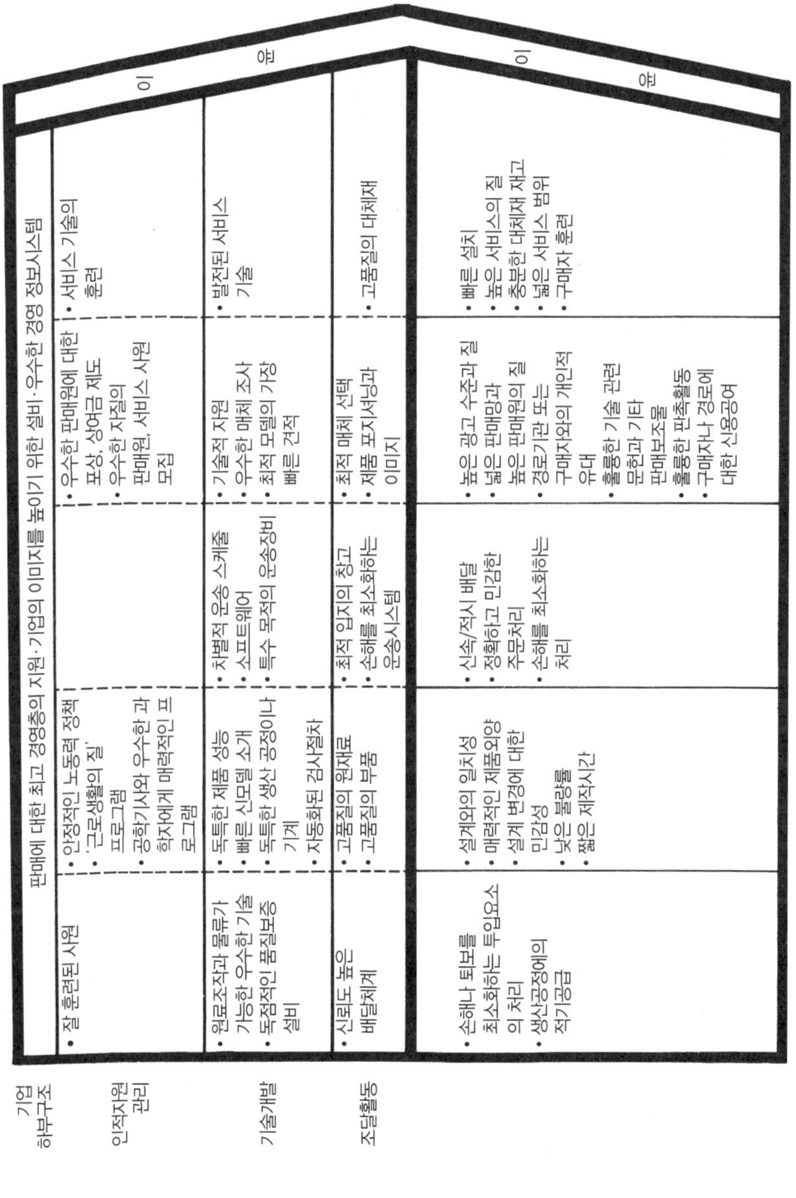

그림 4-1 가치사슬에서 차별화의 대표적인 원천

지원활동

기업 하부구조
- 판매에 대한 최고 경영층의 지원·기업의 이미지를 높이기 위한 설비·우수한 경영 정보시스템

인적자원 관리
- 잘 훈련된 사원
- 안정적인 노동력 정책·근로생활의 질 프로그램
- 우수한 판매원에 대한 포상, 성과급 제도·우수한 지원·판매원, 서비스 사원 모집
- 서비스 기술의 훈련

기술개발
- 원료조작과 물류가 가능한 우수한 기술·독점적인 품질보증 설비
- 독특한 제품 성능·빠른 신모델 소개·독특한 생산 공정이나 기계·자동화된 검사장치
- 차별적 운송 스케줄 소프트웨어·특수 목적의 운송장비
- 기술적 자원·우수한 매체 조사·최적 모델의 가장 빠른 견적
- 발전된 서비스 기술

조달활동
- 신뢰도 높은 배달체계
- 손해나 퇴보를 최소화하는 투입요소의 처리·생산공정에의 적기공급
- 최적 입지의 창고·손해를 최소화하는 운송시스템
- 최적 매체 선택·제품 포지셔닝과 이미지
- 고품질의 대체재

본원활동

물류투입 활동
- (위 조달활동에 연결)

운영활동
- 설계와의 일치성
- 매력적인 제품외양
- 설계 변경에 대한 민감성
- 낮은 불량률
- 짧은 제작시간

물류산출 활동
- 신속/적시 배달
- 정확하고 민감한 주문처리
- 손해를 최소화하는 처리

마케팅과 판매활동
- 높은 광고 수준과 질
- 넓은 판매망과 높은 판매원의 질
- 장기간 또는 구매자와의 개인적 유대
- 훌륭한 기술 관련 문헌과 기타 판매보조물
- 훌륭한 판촉활동
- 구매자나 경로에 대한 신용공여

서비스 활동
- 빠른 설치
- 높은 서비스의 질
- 충분한 대체재 재고
- 넓은 서비스 범위
- 구매자 훈련

한다. 기업의 유통채널은 차별성의 강력한 원천이 될 수 있으며, 기업의 평판, 서비스, 고객 교육 및 기타 많은 요소들을 향상시킬 수 있다. 예를 들어 청량음료 시장에서 용기 제조업자는 차별화에 결정적인 역할을 하므로 코카콜라와 펩시는 제조업자들의 발전과 효율성의 증진에 엄청난 자금을 투입했다. 코카콜라는 실적이 부진한 용기 제조업체를 능력 있는 다른 업체로 교체해왔다. 마찬가지로 캐터필러 트랙터의 중요한 차별화 원천은 판매거래자들이었다. 캐터필러 트랙터는 250개에 지점이라는 산업 내 최대 판매망을 통해 광범위한 서비스를 제공했다. 또 에스티 로더나 해더웨이(Hathaway) 등에서처럼 판매망을 선별하여 선택적인 유통을 하는 것도 중요한 차별화의 원천이 될 수 있다.

기업은 다음과 같은 활동을 통해서 유통망에서 차별화를 강화할 수 있다.

- 설비, 능력, 이미지 등에 부합하는 유통채널의 선택
- 판매망 운영 방법에 대한 기준과 정책 수립
- 유통망에서 쓰일 광고와 판매 교육용 물품 마련
- 신용판매가 가능하도록 충분한 자금 공급

기업들은 때때로 품질의 개념과 차별화의 개념을 혼동하기도 한다. 그러나 차별화 안에 품질의 측면도 포함되어 있어 차별화가 더 넓은 개념이다. 즉 품질은 제품과 연결된 개념이고, 차별화는 가치를 창조하기 위해 시도될 수 있는 가치사슬 전체 영역의 활동과 관련된 개념이다.

차별화의 동인

3장에서 우리는 원가 우위가 몇 가지 원가 동인에 의해 결정되는 것을 확인하였다. 차별성 또한 일련의 몇 가지 기본적 동인에 의해 결정된다. 차별화의 동인을 살펴보면 왜 기업의 특정 가치활동이 특유의 독특함을 만들어내는지 알 수 있다. 따라서 차별화의 동인을 제대로 밝히지도 못한 상태에서 새로운 형태의 차별화를 창조했다거나 차별화를 유지하는 비결을 개발했다고 하기는 어렵다.

기본적인 차별화의 동인들은 그 중요도에 따라 다음과 같이 제시될 수 있다.

• **정책의 선택** 기업은 무슨 가치활동을, 어떻게 수행할지에 대한 정책적 의사 결정을 내린다. 이러한 정책의 선택은 가장 일반적인 차별화의 동인이 될 수 있다. 존스 맨빌(Johna Manville)은 자사 제품 설치 방법에 관한 교육 프로그램을 고객들에게 대대적으로 제공하고 있으며, 그레이 푸폰(Grey poupon)은 산업 내 평균보다 훨씬 높은 빈도로 광고를 내보내 차별화를 꾀했다. 그러므로 기업이 어떤 정책을 선택하느냐에 따라 차별화 가능 여부와 그 유형이 결정되는 것이다.

차별성을 창출하기 위해 기업이 선택할 수 있는 전형적인 정책에는 다음 사항들이 포함될 수 있다.

- 제품 디자인과 성능
- 서비스(예:신용, 배송, 수리)
- 가치활동의 강도(예: 광고비 비중)

- 가치활동의 내용(예: 주문처리 과정에 제공된 정보)
- 가치활동의 실행을 위한 기술(예: 기계장비의 정확성, 자동화된 주문과정)
- 가치활동에서 개개인의 행동을 규제하는 절차(예: 서비스 절차, 검사 및 샘플링의 빈도)
- 활동에 필요한 투입 요소의 품질
- 각 활동에 고용된 직원들의 기술 수준, 경험과 제공된 교육 수준
- 가치활동 통제에 활용되는 정보(예: 화학적 반응의 통제에 사용되는 온도, 압력과 기타 변수들)

- **연계** 차별성은 때때로 가치사슬 상의 연계 혹은 공급자나 유통망과의 연계에서 나타날 수 있다. 만약 한 가지 활동을 수행하는 방법이 다른 활동의 성과에 영향을 준다면 연계를 통하여 차별화를 이룩할 수 있다.

- **가치사슬 상에서의 연계** 배송에 걸리는 시간은 판매유통 활동뿐만 아니라 주문처리 속도와 주문 빈도와도 관련되어 있다. 따라서 이 둘 사이의 연계를 더욱 효율적으로 강화하면 배송시간이 단축될 것이다. 이렇게 가치사슬에서 연계된 활동을 조정하는 것으로 구매자의 욕구가 충족될 수 있다. 이와 마찬가지로 판매 능력과 서비스 조직 사이의 연계는 더 높은 수준의 구매자 서비스를 낳는다. 또한 구매자의 욕구에 가장 잘 부합하도록 연계된 활동의 최적화가 필요하다. 예를 들어 일본 기업들은 복사기나 반도체 산업에서 불량 비율을 줄이기 위해 불량품 검사라는 단일 가치활동에만 의존하지 않고 불량을 일으키는 모든 활동을 조절하는 방식으로 큰 성과를 거두었다. 또 시설

유지 같은 간접활동에 투자를 늘려서 마무리 작업이나 도색 작업 같은 직접활동의 성과 향상에 도움이 될 수 있다.

• **공급자와의 연계** 공급자와 효율적으로 연계를 조정함으로써 구매자 니즈에 부합하는 차별성을 이룰 수도 있다. 새로운 모델 제작에 필요한 장비 설계가 마무리되자마자 공급자들로부터 필요한 부품을 납품받을 수 있다면 새로운 모델 개발 기간을 단축할 수 있다. 마찬가지로 공급자들이 판촉을 위한 홍보 역할을 해준다면 기업의 제품을 차별화하는 데 도움이 될 수 있다.

• **유통채널과의 연계** 유통채널과의 연계 역시 여러 가지 방면에서 차별성을 끌어낼 수 있다. 이때 차별성은 유통채널 간의 조정 혹은 기업과 유통채널 사이의 결합된 활동을 최적화하여 이룰 수 있다. 아래 몇 가지 항목은 유통채널과의 관계를 통해 차별성을 어떻게 끌어낼 수 있는지를 보여준다.

- 유통사업자에게 판매 및 경영 관행에 관한 교육 실시
- 유통망 간 협동 판매
- 유통업체에 보조 인력과 설비 투자 지원

• **타이밍** 차별성은 활동 수행이 언제 일어났느냐에 따라 나타나기도 한다. 예를 들어 처음으로 독특한 제품 이미지를 채택한 기업은 타 기업들보다 먼저 차별화를 이루어낼 수 있다. 유아 식품 산업의 거버는 이점을 적절히 이용하여 차별화를 이루는 데 성공했다. 바슈롬

의 경우 소프트렌즈의 법적 승인을 타 기업보다 먼저 받아서 차별화를 이룰 수 있었다. 반면 어떤 산업에서는 첨단 기술로 무장한 후발주자가 차별화를 이루는 기업도 있는데, 선발 참여자와 후발 참여자의 이점에 대해서는 5장에서 더 자세히 논의하겠다.

• **입지** 기업이 선점한 입지로부터 차별성이 나타나기도 한다. 예를 들어 은행은 고객의 입장에서 가장 편의성이 높은 장소에 지점을 두고 자동 금전출납기(ATM)를 설치할 수 있다.

• **상호관련성** 계열 기업끼리 활동을 서로 공유함으로써 가치활동에서의 차별성을 창출할 수 있다. 예를 들어, 금융업의 경우 이미 몇몇 선도기업들은 보험과 다른 금융상품 판매를 같은 조직이 담당하도록 하여 판매원들이 구매자들에게 더 나은 서비스를 제공하도록 하고 있다. 9장에서 이러한 상호관련성에 대해 자세히 분석하기로 한다.

• **학습과 전이효과** 가치활동을 좀 더 나은 방법으로 수행하는 방법을 학습해서 차별성을 얻을 수 있다. 예를 들어 제조공정에서 동일한 수준의 품질을 꾸준히 생산할 수 있는 것은 학습의 영향이다. 그런데 이러한 학습효과가 경쟁사로 넘어간다면 차별화를 가능하게 만든 학습효과의 영향력이 줄어들 것이기 때문에 독점적 학습이 필요하다.

• **통합** 기업의 통합 수준 또한 차별성의 원천이 될 수 있다. 새로운 가치활동을 통합하면 성과를 통제하는 것은 물론 다른 활동과의

조정이 수월해져 차별화의 원천이 될 수 있다. 예를 들어, 서비스를 외주기업에 맡기지 않고 직접 제공한다면 그 기업의 서비스는 경쟁기업과는 다른 독특한 방식으로 구현될 수 있을 것이다. 이처럼 기업이 통합을 시도할 때에는 공급자나 유통망에 있는 거래처 활동의 통합뿐 아니라 구매자들에 의해 수행되고 있는 활동까지도 통합의 대상에 포함시킬 수 있다. 예를 들어, 아메리칸 호스피틀 서플라이는 컴퓨터 네트워크와 병원을 연결해 필요한 물건을 온라인으로 주문할 수 있도록 하여 기존에 병원이 해오던 구매 활동까지 대신 수행하는 방향으로 차별화를 모색했다. 통합은 공급자 및 유통채널과의 연계를 더욱 원활히 만들어주기도 한다. 그러나 경쟁사보다 통합 수준을 낮추는 것이 차별화를 만들어내는 산업도 있다. 이 경우 통합을 하지 않는 것이 공급자의 능력이나 거래처의 독립성을 개발하는 데 유리하다.

• **규모** 기업의 규모가 크면 그렇지 않은 기업이 흉내낼 수 없는 독특한 방식으로 활동을 수행할 수 있다. 예를 들어, 허츠(Hertz)는 거대한 규모를 기반으로 자동차 임대업에서 차별화를 구축하였다. 허츠의 지점은 미국 전역에 걸쳐 있어서 어느 지역에서든 차를 빌리거나 반납할 수 있으며 수리하기에도 편하다. 그러나 큰 규모가 차별화에 항상 유리하게 작용하는 것은 아님을 보여주는 몇몇 사례가 있다. 대규모 생산라인을 구축한 패션업체는 구매자의 니즈 변화에 발빠르게 대응하기 어렵다.

• **제도적 요인** 제도적 요인 역시 차별화를 가능하게 하는 역할을

할 수 있다. 만약 노조와의 관계가 원만하다면 기업은 차별성을 높이는 방향으로 직무설계를 하여 이를 실현에 옮길 수 있다.

이러한 차별화의 동인들은 가치활동별로 다양하며, 동일한 가치활동이라도 산업별 차이 때문에 차별화의 동인이 다르게 작용할 수 있다. 따라서 기업은 그들의 사업영역 내에서 어떤 동인들이 차별화를 이루는가를 살펴보아야 한다. 어떤 차별화 동인은 다른 동인에 비해 지속적이기 때문에 이런 관찰은 차별화의 지속성에 결정적 영향을 미친다. 예를 들어, 상호관련성이나 연계에 의한 차별화보다는 정책적 선택에 따른 차별화를 경쟁사들이 모방하기 쉬울 것이다. 그러므로 무엇이 차별화를 가능하게 하는지를 잘 이해한다면 기업은 그런 요인들을 그냥 지나치지 않을 것이다. 또 기업은 차별화의 동인을 잘 파악함으로써 새로운 차별화의 원천을 찾아낼 수도 있다.

차별화 비용

차별화를 끌어내는 과정에서는 보통 비용이 추가로 발생한다. 우수한 기술을 지원하기 위해서는 더 많은 엔지니어들이 필요하며, 전문성을 확보하려면 더 많은 원재료가 필요하든지 또는 더 비싼 원재료를 써야 할 것이다. 예를 들어 록웰(Rockwell)은 경쟁사 대비 높은 내구성을 지닌 수량계측기를 만들기 위해 원가가 비싼 청동 사용량을 늘렸다.

여러 가지 차별화 방법 중에서 일부는 다른 전략보다 확실히 더 많은 비용이 든다. 예를 들어, 가치활동의 연계에 의한 차별화는 추가 비용 부담이 얼마 없지만 자동화된 기계설비를 이용해 더 좋은 제품을 생산하는 것은 비용 부담이 크다. 디젤 운송기기 산업처럼 예외도 있다. 이 경우 자동화를 통해 연료 효율성을 높임으로써 궁극적으로는 비용을 줄일 수 있다. 또한 꼭 필요한 기능만 추가해서 얻은 차별화는 더 많은 기능을 추가함으로써 얻는 차별화보다 비용이 적게 들 것이다.

차별화의 비용은 차별성의 기반이 되는 가치활동의 원가 동인을 반영하는데, 차별성과 원가 동인 간의 관계는 다음 2가지로 설명할 수 있다.

- 차별화 동인은 원가 동인에 영향을 미칠 수 있다.
- 원가 동인은 차별화 유지 비용에 영향을 미칠 수 있다.

차별화를 추구하는 과정에서 기업은 종종 활동의 원가 동인에 부정적인 영향을 미치기도 하고 의도적으로 비용을 추가하기도 한다. 예를 들어, 구매자와의 접근성을 높이기 위해 새로운 입지를 선정할 경우, 이전하려는 입지의 원가 동인 때문에 더 큰 비용이 들게 될 것이다. 드릴 제조업자인 스미스 인터내셔널(Smith International)은 재고 수준과 접근성을 높여 차별화를 이루었으나, 그 과정에서 재고 유지 비용이 많이 들었다.

차별화는 원가 동인에 영향을 미쳐 비용을 상승시키는 동시에 원가 동인은 어느 정도 비용을 추가해야 차별화를 달성할 수 있는지를 결정한다. 예를 들어, 최대 규모의 판매망을 구성하는 데 필요한 원가는 판매망 운영에 규모의 경제가 존재하는가에 영향을 받는다. 만약 존재한다면 판매망의 규모를 확대하는 데 들어가는 비용을 줄일 수 있고, 판매망의 확대는 높은 시장점유율을 가진 기업의 비용을 줄여 준다.

규모, 상호관련성, 학습과 타이밍은 특히 차별화 비용에 영향을 미치는 중요한 원가 동인들이다. 규모가 차별화를 가져다줄 수는 있겠지만, 규모의 증대를 통한 차별화는 비용이 엄청나게 많이 든다. 규모는 기업이 선택한 정책을 집중적으로 홍보하는 비용 또는 새로운 모델을 신속히 도입하는데 드는 막대한 비용을 결정한다. IBM과 같이 고도로 숙달된 판매조직을 갖춘 기업은 공통 판매망을 통해 컴퓨터는 물론 여러 가지 관련된 사무용품까지 함께 취급해서 차별화 비용을 절감할 수 있었다. 차별화된 가치활동에서 학습효과를 급격히 증대시킬 수 있는 기업은 원가 우위도 확보할 수 있다. 특히 광고업계처럼 영업권이나 기타 무형자산의 축적이 중요한 업종에서는 학습곡선의 급격한 하락이 완만한 하락에 비해 원가 측면에서는 이익이다.

그러므로 원가 동인은 차별화 전략의 성공 여부를 결정하는 데 중요한 역할을 하며, 경쟁 양상을 파악하는 기준이 된다. 만약 경쟁사들이 주요 원가 동인에 대해 서로 다른 상대적 지위를 가진다면 차별화를 이루는데 소요되는 원가도 달라질 것이다. 이처럼 차별화 전략을 추구할 때에는 기업의 상황과 관련된 원가 동인에 따라 비용이 다르게 나타난다. 컴퓨터 네트워크로 각 부문의 협력체제가 잘 이루어진 기업은 그렇지 못한 기업보다 제조과정을 자동화로 전환하는 데 드는 비용이 덜 할 것이다. 이와 마찬가지로 블랙 앤드 데커(Black & Decker)는 전 세계적으로 높은 시장점유율을 활용해 상대적으로 적은 비용으로 경쟁사에 비해 빠른 속도로 신제품을 소개해왔다. 극단적으로 보면, 기업이 특정 가치활동을 차별화하는 데 있어서 매우 큰 원가 우위를 가질 수 있기 때문에 그 활동에 드는 비용은 차별화를 시도하지 않는 기업보다 실제로 훨씬 낮을 수 있다. 이것이 바로 1장에서 언급한 것처럼 저원가와 차별화를 동시에 달성할 수 있는 이유다.

때로는 한가지 활동을 차별화하는 것이 원가를 낮추는 효과를 내기도 한다. 예를 들어 통합으로 한가지 활동을 차별화할 수 있는데 만약 통합이 주요 원가 동인이라면 원가를 절감할 수 있게 되는 것이다. 이렇게 차별화와 원가절감이 동시에 이루어질 수 있다는 사실은 다음과 같은 해석을 가능하게 한다. 첫째, 기업이 원가절감을 위한 모든 기회를 충분히 활용하지 못하였거나, 둘째, 차별화가 이전에는 바람직하지 않다고 판단하였거나 셋째, 비용을 낮추고 품질을 향상시키는 자동화 시스템의 도입과 같이 경쟁사가 채택하지 않은 중요한 발생했음을 시사한다.

때때로 기업은 연계 활동을 조정해서 원가를 낮출 기회를 놓치기도 한다. 예를 들어 견적, 조달과 제조 스케줄을 효과적으로 조정함으로써 재고 비용을 낮추고 동시에 배송시간을 줄일 수 있다. 또한 원료 공급 단계에서 철저한 검사가 시행된다면 기업의 검사 비용을 줄일 수 있을 뿐 아니라 최종 생산품의 신뢰성도 높일 수 있다. 품질을 향상시키는 동시에 비용을 절감할 수 있는데도 불구하고 이러한 차별화 기회를 놓치고 있었던 것은 품질은 저절로 발생하는 것이라는 생각이 사실상 지배적이었기 때문이다. 그렇기 때문에 연계를 이용해서 차별화와 원가절감이라는 두 마리 토끼를 다 잡는다는 것은 차별화에 비용이 들지 않아서가 아니라 원가절감의 기회를 기업이 완전히 포착하지 못했다는 것을 반증하는 것이다. 그래서 기업이 상당한 원가절감을 이루어냈다면, 차별화를 시도하는 것은 많은 비용을 수반하게 될 것이다. 만약 경쟁사가 새로운 혁신을 모방한다면, 기업은 차별화를 유지하기 위한 비용을 추가로 부담해야 한다. 따라서 차별화 비용을 제대로 평가하려면 자사의 차별화에 드는 비용과 경쟁사와 동일한 수준의 차별화를 유지하는데 드는 비용을 비교해보아야 한다.

구매자 가치와 차별화

기업이 창출한 차별화를 구매자가 알아주지 않는다면 그 기업은 차별화에 성공했다고 볼 수 없다. 따라서 성공적인 차별화는 차별화에 추가로 드는 비용을 초과하는 가격 프리미엄을 구매자들이 받아들이는 수준에서 새로운 가치를 창출하는 방법을 찾아낼 때 가능하다. 이때 구매자에게 가치 있는 것이 무엇인가를 이해할 수 있도록 하는 시발점이 바로 구매자의 가치사슬이다. 구매자들도 2장에서 제시한 기업의 가치활동과 유사한 활동들로 구성된 가치사슬을 가진다.[3] 이때 기업의 제품과 서비스는 구매자 가치사슬의 투입 요소가 된다. 예를 들어 철은 조선소의 생산공정에서 가공되거나 변형되는 원재료가 되며 그러한 공정을 겪은 후에 부품이나 최종 제품이 되는 것이다. 이처럼 구매자의 가치사슬은 기업의 제품이 어떻게 쓰일 것인지를 결정해준다.

　한편 산업 내 구매자, 상업 구매자, 기관 구매자의 가치사슬만큼 눈에 잘 띄지는 않지만 개별 구매자도 가치사슬을 가지고 있다. 개별 구매자의 가치사슬은 가계에서 수행되는 일련의 활동 순서를 대표하며,

보통 가계 구성원 개인의 구매 활동을 포괄한다. 이때 제품들이 얼마나 한 가계의 가치사슬에 잘 맞는지를 이해하기 위해서는 그 제품과 직접적 또는 간접적으로 연관이 있는 활동들을 규명해 볼 필요가 있다.

예를 들어, TV는 하루 중 몇 시간 동안 가족 구성원에게 오락 기능을 제공하지만 그 외엔 그냥 커다란 플라스틱 기기일 뿐이다. 상업 구매자, 기관 구매자나 산업 구매자의 가치사슬은 그들의 전략과 실행 방식을 반영하고 있으나 가계의 가치사슬은 구성원들의 습관과 니즈를 반영한다. 그러나 결국 기업의 입장에서 중요한 것은 구매자가 누구인지가 아니라 구매자의 가치사슬에 영향을 줄 수 있는 제품을 어떻게 공급하느냐 하는 점이다.

구매자 가치

기업은 다음 2가지 메커니즘을 통해 차별화로 인한 가격 프리미엄을 정당화하는 구매자 가치를 창출할 수 있다.[4]

- 구매자 원가절감[5]
- 구매자 효용의 향상

산업, 상업 및 기관 구매자를 대상으로 성공적인 차별화를 이루어 내기 위해서는, 낮은 가격을 제시하는 것 이외에 구매자에게 경쟁우위를 부여할 수 있는 독특한 차별성을 지녀야 한다. 만약 어떤 기업이 구매자의 비용을 줄여주거나 성과를 높여준다면, 구매자들은 기꺼이 가격 프리미엄을 지불하려 할 것이다. 예를 들어 유명한 자전거 부품 회사에서 생산된 부품으로 자전거를 조립해서 판매하는 업체는 부품의 명성과 우수성을 기반으로 완성된 자전거를 차별화시켜 높은 가격으로 판매할 수 있을 것이다. 이때 아무리 부품 가격이 높더라도 유명 업체의 부품을 구매하는 것이 더 옳은 결정이다. 코닥의 엑타프린트(Ektaprint) 복사기는 자동 제본 기능을 내장하고 있어 구매자가 복사를 하기 위해 인력을 투입해야 하는 시간을 줄여서 인건비 감소 효과를 가져다주었다. 이처럼 굳이 가격을 낮추어 제품을 판매하지 않더라도 구매자의 경쟁우위를 개선해줄 수 있다면 구매자는 해당 제품의 가격 프리미엄을 충분히 받아들일 것이다.

원가나 성과의 측정이 다소 어렵다고들 하는 가계나 개인 구매자의 경우도 마찬가지로 동일한 원칙을 적용할 수 있다. 가계 단위 구매자의 제품 구입 원가 개념에는 금전적 비용은 물론 시간과 편의성의 비용까지 포함된다. 구매자의 시간 비용은 구매 시 발생한 불만 사항, 귀찮음, 구매를 위해 들인 노력의 비용뿐만 아니라 구매 활동에 쓰느라 다른 데 활용하지 못해 발생한 기회비용까지 반영한다. 구매자 가치란 구매자가 부담하는 이러한 가격, 시간, 편의성의 비용을 낮추어 줌으로써 창출된다. 예를 들어 다른 냉장고에 비해 전기가 적게 드는 절전형 냉장고에는 높은 가격을 책정하는 것이 가능하다. 또 청소 시간이나 수고를 덜어주는 로봇청소기도 비싼 돈을 주고 구매할 만한 가치가 있는 제품일 것이다. 그러나 구매자의 쇼핑 시간을 줄여주는 직접 판매는 만약 구매자가 쇼핑하는 시간을 즐기는 경우엔 가치가 없을 수도 있다.

기업이 차별화된 제품을 통해 구매자 성과를 높인다는 것은 구매자들의 만족 수준 향상이나 욕구 충족 수준과 밀접한 상관관계를 지닌다. 예를 들어 어떤 TV 제품이 최고의 화질을 자랑하고 디스플레이의 수명도 경쟁제품보다 길다면 구매자는 더 큰 만족감에 높은 가격이라도 기꺼이 지불할 것이다. 또 구매자가 차별화된 제품을 구입할 때 느끼는 자신의 사회적 지위나 위신의 향상도 제품의 외관이나 품질처럼 중요한 변수다. 비록 소비자의 구매자 성과를 측정하는 것이 어려울지라도 그들의 가치사슬은 만족을 측정하는 중요한 기준이 될 수 있다.

한편 산업, 상업 혹은 기관 구매자들도 구매 의사 결정 시 전적으로 이윤이나 매출 성장만을 고려하지는 않는다. 이들도 개인 구매자와 마찬가지로 구매한 제품이 그들의 임직원에게 만족감을 제공하거나 그 조직의 사회적 지위를 상징적으로 보여주는 효과를 가져온다면 그 구매를 가치있다고 여길 것이다. 이와 마찬가지로 병원에서는 병원의 수익성은 조금 감소하더라도 환자들에게 더 좋은 치료를 해줄 수 있는 진단용 의료기기가 있다면 이를 구매하려 할 것이다. 이는 우선 병원이 양질의 의료 서비스를 제공하려는 본연의 목적에 부합하며 수많은 병원이 비영리 기관이라는 사실을 반영한다. 이처럼 많은 조직체에서는 수익성 이외에도 다른 여러 가지 목표들을 갖고 있고, 이러한 측면이 구매자 가치의 일부를 형성하게 된다.

가치사슬과 구매자 가치

기업은 자사의 가치사슬을 통하여 구매자의 가치사슬에 영향력을 행사함으로써 구매자의 원가를 줄여주거나 구매자의 성과를 높일 수 있다. 단순히 고객의 한가지 가치활동에 투입 요소 하나를 제공하는 것으로 그들의 가치사슬에 영향을 미칠 수도 있다. 그러나 대개 기업의 제품은 제품이 실제로 활용되는 가치활동뿐 아니라 구매자의 가치사슬 전체에 직간접적인 영향을 미치게 마련이다. 예를 들어, 키보드를 생산하는 기업이 있다고 하자. 이 기업이 키보드 구매자의 가치활동을 타이핑 기능에만 국한시킨다면, 키보드의 무게나 디자인 등은 신경쓰지 않아도 된다. 하지만 무선 키보드의 경우, 한 가지 디바이스에만 연결하여 사용하지 않을 뿐 아니라 이동을 하는 경우가 많으므로 키보드의 무게는 구매 여부에 큰 영향을 미친다. 더 나아가서 제품뿐 아니라 유통시스템, 주문입력시스템, 판매조직과 기술 지원 등의 기업의 활동도 마찬가지다. 때로 구매자는 기업의 가치활동을 개별적으로 접하기도 하지만(예: 판매사원과의 접촉) 대부분 가치활동들의 복합적인 결과만 보게 된다(예: 적시 배송 혹은 지연). 그러므로 기업이 구매자를 위해 창조하는 가치는 기업의 가치사슬과 구매자의 가치사슬 간의 전체 연계에 의해 결정되는 것이며, 이러한 관계는 〈그림 4-2〉에 나타나 있다.

　대형트럭 운송을 예시로 복합적 연계를 설명해보자. 대형트럭은 트럭의 운반 용량, 적재와 하역의 편의성, 연료비와 유지비 등의 측면에서 트럭 구매자의 운송 비용에 직접적인 영향을 미친다. 또 트럭은 구매자의 기타 비용에 간접적인 영향을 미치기도 한다. 트럭의 크기는 트럭 구매자의 운송 횟수와 관련이 있을 것이고 트럭 운반 시 온도나 습도, 짐칸의 흔들림 같은 요인이 제품의 품질에 영향을 줄 수 있다. 또 트럭 이용 시 제품 파손을 방지하기 위한 포장 비용도 추가될 수 있고 트럭 외관에 쓰인 회사 로고가 어떻게 보이느냐도 브랜드 이미지에 영향을 미친다.

이처럼 트럭 운송은 그 자체만으로 구매자의 가치사슬에 영향을 주지만, 트럭 제조업체의 가치활동 역시 트럭 운송을 이용하는 구매자에게 영향을 줄 수 있다. 대체부품을 구하기가 쉽다면 구매자들은 정비 시간을 줄일 수 있으며, 트럭 제조회사의 신용정책에 따라 구매자의 자금 부담 정도가 달라질 것이다. 또 제조업체 판매조직의 역량에 따라 새로운 트럭의 유지보수 방법이나 트럭의 활용 방안을 잘 안내하여 구매자에게 유용한 도움을 줄 수 있다. 트럭 제조업체와 구매자 간의 연계는 구매자의 원가를 줄이거나 성과를 높일 수 있게 해준다. 이러한 원칙은 가계 구매자들에게도 똑같이 적용될 수 있다.

그런데 구매자 가치와 관련된 구매자의 가치사슬과 기업 간의 연계는 제품의 원래 의도된 용도가 아니라 구매자가 그것을 실제로 어떻게 사용하는지에 달려있다. 만약 구매자가 제품을 어떻게 설치하고 사용하며 유지하는지를 모르거나 그 제품이 부적합한 용도로 사용된다면 아무리 세심하게 설계된 제품이라 할지라도 구매자에게 만족스럽지 못한 결과를 가져다줄 수 있다. 예를 들어, 냉동식품이 부적절한 온도에서 조리된다면 구매자는 냉동식품의 품질을 탓할 것이다. 마찬가지로 엉뚱한 곳에 기름이 칠해진 기계는 말썽을 일으킬 수 있다.

기업이 구매자의 가치사슬에 미치는 직간접적인 영향력은 기업에 차별화 기회를 제공해준다. 제품이 그들 구매자의 가치사슬에 영향을 더 많이 줄수록 차별화의 가능성과 차별화의 적용 범위는 더욱 커진다. 예를 들어, 제품이 구매자의 가치사슬에 어떤 영향을 끼칠지 잘 알고 있는 트럭 제조업자는 구매자의 이익을 높여주는 방향으로 트럭을 설계할 수 있을 뿐만 아니라 서비스, 부품 공급, 금융지원 등 다

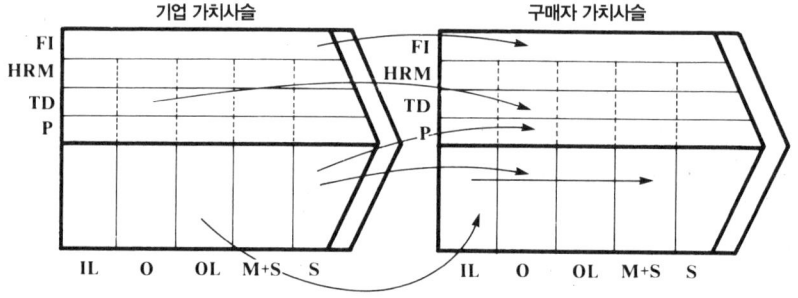

그림 4-2 기업과 구매자 가치사슬 간의 연계

른 가치활동도 구매자에게 더욱 유용한 가치를 제공하도록 수행할 수 있다.

  그러므로 차별화는 그 기업이 차별성을 가질 수 있게 해주는 기업과 구매자 간 연계로부터 창출된다. 가치활동에서의 차별성이란 구매자의 원가나 성과에 직간접적으로 영향을 미칠 때 발생하게 된다. 기업의 총체적인 차별화 수준은 가치사슬 전반에 걸쳐 구매자에게 제공한 차별적인 가치가 합쳐져서 결정된다. 총체적인 차별화 수준은 계량화될 수 있으며, 기업이 경쟁사보다 더 붙일 수 있는 가격 프리미엄의 상한을 규정한다. 기업은 구매자에게 구매 동기를 부여하기 위하여 창출한 가치의 일부를 구매자와 나누어야 하고 그래서 실제 가격 프리미엄은 제품의 가치에 비해 약간 낮게 책정된다.

구매자 원가의 절감

구매자가 제품을 사용하는 과정에서 발생하게 되는 총원가를 절감시켜주는 것도 차별화의 잠재적 원천이 된다. 따라서 구매자의 원가를 대폭 줄일 수 있는 기업의 활동은 차별화를 이루는 데 상당히 중요한 기회를 제공한다. 구매자가 어떻게 제품을 사용하고 있고 마케팅이나 배송과 같은 활동이 구매자의 비용에 어떤 영향을 주는지 세심하게 살펴본다면 구매자 원가를 줄이는 방법이 여럿 있음을 발견할 것이다.

다음은 기업이 구매자 원가를 줄이는 방법들이다.[6]

- 배송, 설치 비용 또는 금융 비용의 절감
- 제품 의무 사용률의 절감
- 노무비, 연료비, 유지비, 임대료 등 제품 사용에 따른 직접비용의 절감
- 제품 사용에 발생하는 간접비용 축소
- 제품이 다른 가치활동에 미치는 영향의 축소
- 제품과 실질적인 관련이 없는 기타 가치활동에서 구매자 원가절감
- 제품 고장 위험의 축소와 이에 대비한 구매자의 위험 비용 감소

〈표 4-1〉에는 기업의 제품이 구매자의 직접 원가를 절감해주는 몇 가지 방법이 나열되어 있다. 이는 기업이 자사 제품의 특성을 통해 구매자 원가를 줄일 수 있을 뿐만 아니라 다른 부수적인 가치활동을 통해서도 구매자 원가를 줄여줄 수 있다는 사실을 시사한다. 제품 배송의 신뢰도를 높여 구매자의 재고 비용을 줄인다거나 부품을 원활히 공급해서 제품 수리 시간을 단축하게 만드는 것이 바로 그런 것이다. 예를 들어, 아메리칸 호스피틀 서플라이는 온라인 주문 시스템을 도입해 전문적이지 않은 직원도 어렵지 않게 주문할 수 있게 했다. 기업

은 구매자에게 전문적 조언이나 기술 지도를 함으로써 구매자의 원가를 줄여줄 수 있다. 예를 들어, 인텔은 자사의 마이크로프로세서를 적은 비용으로 간단히 구매자의 기존 제품에 장착할 수 있도록 지원해주는 시스템을 갖추고 있다. 또 기업은 마치 전방 통합을 한 것처럼 구매자의 활동을 대신할 수 있다. 도매업에서 납코(Napco)가 그런 예를 잘 보여주는데, 구매자를 대신하여 재고를 처리하고 물건값을 매기며 회전율이 낮은 제품을 가려내 대체하는 기능을 수행하고 있다.[7]

이처럼 성공적인 차별화의 사례를 검토해보면, 어떻게 구매자 원가를 절감시키고 차별화로 성공할 수 있었는지를 알 수 있다. 관련된 몇 가지 예를 더 들어보면, 앞에서 소개한 코닥은 복사물을 페이지 순으로 처리하고 제본하는 기능이 있는 복사기로 구매자 원가를 절감시킬 수 있었던 반면, 복사기 산업의 선두주자인 제록스는 오로지 빠른 복사 속도에만 관심을 기울여 사용자들이 속도 외의 다른 기능에서 구매자 원가절감을 필요로 한다는 사실을 놓치고 말았다. 또 운송사업에서 베킨스(Bekins)는 제품인수 및 배송 날짜를 보증하였는데, 약속한 시각에 배송이 안 되면 고객에게 연체 보상금으로 100달러를 지급하였으며, 제품이 파손되었을 경우 구매가격이 아닌 대체가격을 근거로 손해를 변상해줌으로써 고객의 직간접 운송비용을 절감시켜주고 심리적 안정감까지도 보장해주었다. 한편 벨크로(Velcro)는 단추나 지퍼가 아닌 방식으로 섬유를 이어붙이는 방법을 고안했는데, 작은 플라스틱 고리들이 서로 엉키는 원리로 만들어진 벨크로 테이프는 다루기가 무척 쉬워서 미숙련공에게 맡길 수도 있었다. 따라서 이전보다 인건비를 줄일 수 있었고 이는 곧 구매자의 원가절감으로 이어졌다.

차별화 요인	예
• 동일한 효용을 얻으면서도 제품의 이용률을 절감시키는 방법	• 규격화된 철판
• 공정시간의 축소	• 밸크로 테이프
• 노무비의 절감	• 녹음기
• 원료투입량이나 보조장비의 절감	• 절전형 냉장고
• 유지비용의 절감 및 유지의 편리함	• 고장률이 낮은 복사기
• 유휴시간 축소	• 신속한 적재가 가능한 화물선
• 조정 및 감시 비용의 절감	• 균일 품질의 페인트
• 실패에 따른 비용의 절감	• 유전 분출구멍 마개
• 설치 비용의 절감	• 한 겹으로 덮는 지붕 조립재
• 검사 비용의 절감	• 반도체
• 가동 준비시간의 단축	• 프로그램 가능한 공작기계
• 다른 제품에 끼칠 손해에 따른 위험의 축소	• 여과 장비
• 대체 시 처분가치의 증대	• 높은 연비의 차
• 다양한 보조장비와의 호환 가능성	• 개인용 컴퓨터

표 4-1 제품의 특성을 이용한 구매고객의 직접 원가절감 방법

 그러므로 구매자 원가를 절감시킬 기회를 찾고 있는 기업이라면 재고, 유지, 연구개발과 관리 활동 등의 측면에서 그들의 제품이 어떻게 구매자의 가치사슬에 영향을 주고 있는지를 상세히 살펴보아야만 한다. 또 기업은 자신이 제공한 제품과 함께 사용되는 다른 제품 또는 투입요소에 대해서도 잘 알고 있어야 하며 그 투입요소들과 어떤 관련성을 맺는지 이해해야 한다. 또한 그들의 가치사슬에서 행해지는 모든 가치활동이 구매자의 가치사슬에 어떤 영향을 주는지 제대로 인식할 수 있어야 한다.

구매자 성과의 증진

구매자의 성과를 증진시키기 위해서는 구매자의 관점에서 바람직한 성과가 무엇인지를 이해해야만 한다. 산업, 상업 및 기관 구매자가 제품의 구매를 통해 성과를 증대시킬 수 있는가의 여부는 이들이 만들어낸 제품이 그들의 구매자에게 차별적으로 보일 수 있는지에 따라 좌우된다.

그러므로 구매자의 가치를 분석할 때와 같은 방법으로 구매자의 욕구를 파악해야지만 차별화를 통한 구매자 성과의 증진이 가능해진다. 예를 들어, 소비재를 판매하는 기업에 트럭을 팔았다면 그 기업이 트럭을 이용해 소매상에게 그들의 상품을 운송할 것이라는 사실을 추측할 수 있다. 만약 소매상들에게 배송이 빈번하게 이루어져야 한다면, 트럭 구매자는 잦은 운송에도 저렴한 비용을 보장해주는 효율성에 관심을 보일 것이다. 이와 마찬가지로 벨크로는 벨크로 테이프를 자동차 제조업체에 공급함으로써 차별화를 구현했는데, 이는 다양한 형태로 변형이 쉬운 벨크로 테이프의 특성상 자동차 구매자들의 개성에 따라 자동차 인테리어를 선택할 수 있는 폭을 넓히는 데 일조하였기 때문이다.

한편 산업, 상업 및 기관 구매자의 성과를 향상시키는 데는 그들의 사회적 지위나 이미지 같은 비경제적인 목적에 부합하는 차별성을 활용할 수도 있다. 예를 들어, 대형트럭 제조사 파카(Paccar)는 개인별 선택사양을 적극적으로 반영한 '캔워스 K-Whopper' 모델로 높은 수준의 차별화를 구축했는데, 이런 가치들은 사실 트럭의 경제적 효용과는 거의 관련이 없다. 그러나 캔워스 트럭을 구매하는 사람들은 트력 자체의 효용보다는 그 브랜드가 주는 이미지와 디자인의 가치를 높이 평가하고 있었고 이를 잘 포착한 파카의 차별화 전략은 성공을 거둘 수 있었다.

또 소비재의 판매에서는 구매자의 욕구를 더 많이 충족시켜줄수록 구매자 성과도 이에 비례하여 증진된다. 아메리칸 익스프레스의 여행자수표는 갑자기 돈이 필요하거나 여행계획이 바뀌거나 가까운 곳에 은행이 없다거나, 절도 혹은 분실의 위험이 존재하는 경우에 대비한 소비자의 가치활동에서 사용된다. 아메리칸 익스프레스는 잃어버린 수표의 신속한 재발급뿐만 아니라 세계 어디서나 늦은 시각까지 운영되는 수많은 지점에서 여행자들이 쉽게 돈을 찾아 쓸 수 있는 강점으로 여행자수표를 성공적으로 차별화할 수 있었다.

구매자의 가치인지

기업이 구매자에게 제공하는 가치가 어떤 것이든 구매자들이 미리 그 가치를 평가하기는 힘들다. 예를 들어, 아무리 철저한 검사와 시험운전을 해본다 할지라도 트럭 구매자가 그 트럭의 편안함, 내구성, 연비와 고장률을 완전히 평가할 수는 없다. 어떤 제품이 구매자의 원가와 성과에 얼마나 어떻게 영향을 미치는지 자세히 이해하기 위해서는 직접 사용해보고 경험해보는 수밖에 없다. 하물며 기업이 수행하는 수많은 부수적인 가치활동들이 어떻게 구매자의 가치에 영향을 미치는지를 구매자가 안다는 것은 더욱 어려운 일이다. 심지어는 구매자가 제품을 사용해본 후에도 기업의 활동과 제품에 대해 완전하고 정확한 평가를 내리기는 어려울 수 있다.

보통은 공급자가 실질적 혹은 잠재적으로 원가를 줄여준다거나 성과를 증진시켜 주는 모든 측면을 구매자 입장에서 완벽히 파악하기란 쉽지 않다. 따라서 구매자들은 공급자에게 구체적으로 무엇을 요구해야 하는지를 알지 못하는 것이다. 특히 구매자들은 구매한 제품이 그들의 가치사슬에 미치는 직접적인 영향에 대해서는 어느 정도 이해하지만, 공급자가 수행하는 부수적 가치활동이나 간접적 영향요인은 인지하지 못할 때가 더러 있다. 예를 들어, 구매자가 제품의 가치를 측정할 때 가격만 생각하고 운송비나 설치비같이 표면에 드러나지 않는 기타 비용은 고려하지 않는 경우가 많다. 그러므로 효과적인 차별화 수준을 결정하기 위해서는 기업이나 제품에 대한 구매자의 인지도가 제품의 실제 가치만큼이나 구매를 결정할 때 중요한 영향을 미칠 수 있다. 또 무엇이 그들에게 가치 있는 것인지에 대한 구매자의 불완전한 지식을 이용하면 차별화 전략을 구사할 기회를 발견할 수 있다. 이는 기업이 새로운 형태의 차별화를 최초로 채택한 후 구매자가 여기에 가치를 부여하도록 교육하여 차별화된 제품에 호의적인 인지도를 형성하도록 유도함으로써 가능해진다.

즉 차별화에 성공한 기업의 이면을 보면, 그 기업의 제품이 구매자의 원가를 절감시켜주거나 성과를 향상시켜주는지 여부에 대한 판단이 구매자의 불완전한 지식을 기반으로 이루어졌다는 것을 알 수 있는 경우가 많다. 구매자는 공급업체들이 창조하려고 하거나 혹은 이미 가지고 있는 가치를 판단하기 위해 광고, 명성, 포장, 전문성, 외양, 사원들의 개성, 최신설비의 사용 여부, 판매사원의 설명으로부터 얻은 정보 등과 같은 지표를 사용한다. 이제부터 공급업체가 창출한 가치를 판단하기 위해 구매자가 사용하는 요소들을 '가치의 신호(Signals of value)'라고 하겠다.

포장이나 광고 같은 몇몇 가치의 신호는 지속적인 비용이 들지만, 대개는 기업이 장시간 쌓아온 영업권이나 명성에 의해 생성된다. 또한 기업에 관한 구설과 같은 일부 가치의 신호는 기업의 통제를 벗어난 경우도 있다. 이처럼 가치를 신호화(signaling)하는 일은 경쟁사의 제품에 비해 우위를 누려왔던 제품의 숨겨진 원가를 파악하기 위해 필요한 작업이다. 어떤 산업에서는 구매자가 의사 결정 시 사용하는 가치의 신호가 차별화로 형성된 실제 가치만큼이나 중요하다. 이러한 사실은 특히 구매자의 원가나 성과에 미치는 기업의 영향력이 주관적이고 간접적이어서 측정하기 어려운 산업, 대부분의 구매자들이 최초 구매자가 되는 신생 산업, 구매자들이 그 산업에 대해 잘 모르거나 재구매가 자주 이루어지지 않는 경우에 특히 잘 적용되며, 법률 상담과 같은 각종 컨설팅이 이에 해당한다. 이렇게 가치를 신호화하여 파악하는 일은 사실상 어떤 산업이든 간에 필요하다.

구매자들은 사실 여부와 상관없이 그들이 인지하지 못하는 가치에 대해서는 대가를 지불하고 싶어 하지 않는다. 그러므로 기업이 요구하는 가격 프리미엄은 구매자에게 전달되는 실제 가치와 구매자들이 인지한 가치를 동시에 반영한다. 이러한 측면은 〈그림 4-3〉에 잘 제시되어 있다. 실제 가치는 크게 높지 않아도 이를 신호화하여 고객에게 호의적인 인지도를 창출할 수 있는 기업은 실제로는 높은 가치를 가지고 있지만 이를 신호화해서 전달하는 데 미숙한 기업보다 높은 가격 프리미엄을 받을 수 있다.

요약하자면 기업이 가격 프리미엄의 상한을 설정하기 위해서는 소비자 가치, 즉 경쟁사와 비교한 구매자 원가와 성과에 대한 영향을 반영하는 것이 원칙이다. 그러나 더 효과적으로 가치를 신호화하여 고객의 인지도를 높일 수 있다면 실제 가치보다 높은 가격 책정도 가능할 것이다. 하지만 이런 경우 시간이 지나면서 경쟁사의 노력으로 그 기업이 제공한 실제 가치가 가격 프리미엄에 미치지 못한다는 사실이 드러나는 경우가 많다.[8] 중요한 것은 이것이 효과적인 신호화에 성공했을 경우에만 해당할 뿐, 실패한다면 실제 가치를 넘어서는 가격 프리미엄은 실현 불가능한 꿈에 불과할 것이다.

구매자 가치와 실제 구매자

구매 의사 결정의 주체를 자세히 살펴보면, 제품을 구입하는 주체는 기업이나 가계가 아니라 그 속의 구성원인 개인이다. 그러므로 실질적인 의사 결정자에 의해 실제 가치와 인지된 가치가 평가된다는 사실을 알 수 있다. 실제로 구매 결정을 내리는 특정 인물의 신분이나 성격이 그 제품에 부여된 가치에 영향을 미칠 것이다. 따라서 구매 결정을 내리는 사람이 실제로 제품 구매 비용을 지불하는 사람일 필요는 없으며(약을 선정하여 구매하는 사람은 환자가 아니라 의사인 것처럼) 최종 사용자가 아닐 수도 있다(구매 담당자가 공장에서 사용할 제품을 선정하여 구입하는 경우). 유통기관 역시 어떤 기업의 제품을 취급할 것인가 그리고 그 기업이 바람직한 공급업체인가를 소비자를 대신하여 결정한다.

각각의 구매 의사 결정자들은 공급자의 각기 다른 면에 가치를 부여하고 그것을 평가하기 위해 각기 다른 신호를 사용할 것이다. 예를 들어, 구매 담당자는 공장 운영자만큼 제품의 신뢰도에 높은 가치를

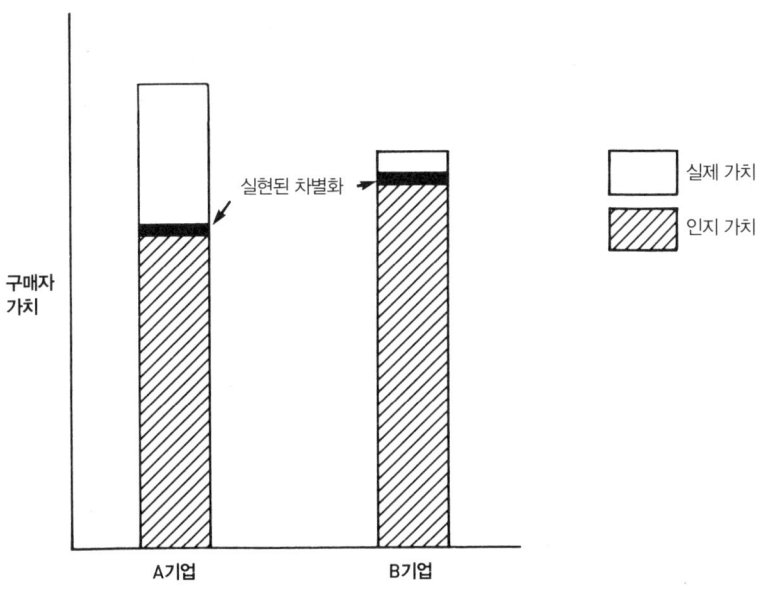

그림 4-3 실제 소비자 가치와 인지된 소비자 가치

부여하지는 않는데, 그 이유는 불량 제품을 생산해도 구매 담당자가 그 책임을 떠맡지 않기 때문이다. 구매 담당자의 입장에서는 구매 경비를 최소화하는 것이 최선이라 그것에 모든 관심을 쏟기 마련이다. 한편, 구매 담당자는 반드시 한 사람일 필요는 없다. 예를 들어, 주택 구매 시 남편과 아내가 함께 상의해서 결정을 내리듯, 여행사와 여행 브로커는 항공사와 호텔을 선정하는 역할을 함께 수행할 수 있다. 마찬가지로 구매 부서와 공장 기술자들이 함께 생산장비를 골라서 구매할 수 있다. 또 구매 결정 과정에 직접 참여하지는 않아도 많은 사람들이 의사 결정자에게 간접적으로 영향을 줄 수 있다. 그러한 사람들은 제품을 선택할 수 있는 권한은 없어도 특정 공급자를 거부할 수는 있을 것이다.

구매자 구매 기준

이러한 구매자 가치의 원리를 특정 산업에 적용해보면, 구매자 구매 기준, 즉 구매자를 위해 실제적이거나 인지적 가치를 창출한 기업 특유의 속성이 도출되는데, 일반적으로 구매자 구매 기준은 다음과 같은 2가지 형태로 구분될 수 있다.

- **사용가치 기준**(use criteria)　구매자 원가절감이나 성과증진을 통해서 구매자의 실제 가치를 높일 수 있는가에 따라 결정되는 구매 기준을 말한다. 사용가치 기준에는 제품의 품질, 디자인, 배송시간과 서비스 등의 요인이 포함될 수 있다.
- **신호가치 기준**(signaling criteria)　신호가치 기준이란 구매 제품의 실제 가치가 무엇인지를 추측하고 판정하기 위해 구매자들이 사용한 가치의 척도나 판단 방법에서 파생된 구매 기준이다. 신호가치 기준에는 광고, 최신 설비의 구비 여부와 명성 등이 포함될 수 있다.

소비자 가치를 만들어내는 것이 무엇인지를 측정하는 기준이 사용가치 기준이라면, 신호가치 기준은 구매자들이 실제 가치를 어떻게 인지하는지 측정하는 기준이다. 사용가치 기준은 공급자의 제품, 유통과 서비스 활동 등을 강조하는 경향이 있고, 신호가치 기준은 주로 마케팅 활동으로부터 파생되는 경향이 있다. 기업의 모든 기능 부문과 대부분의 가치활동은 양쪽 모두에 영향을 미친다.

기업이 요구할 수 있는 가격 프리미엄은 사용가치 기준과 신호가치 기준 양쪽에 모두 부합되는 수준에서 결정된다. 만일 신호가치 기준은 충족시키지 않은 채 사용가치 기준만 고려한다면, 구매자가 기업 가치에 갖는 인식의 중요성을 도외시하는 일이 될 것이다. 역으로 사용가치 기준과는 맞지 않는 신호가치 기준을 채택한다면 구매자들이 제품을 사용하는 과정에서 그들의 실제 욕구가 충족되지 못한다는 것을 깨달을 것이기 때문에 결국엔 성공하지 못할 것이다.

그런데 기업의 활동 대부분은 사용가치 기준과 신호가치 기준 양쪽 모두에 기여하기 때문에 가끔 이 둘을 구분하는 것이 어려울 때가 있다. 예를 들어 숙련된 판매원은 가치의 신호로 기능하는 동시에 구매자 원가를 절감시켜주는 지식의 전달자기도 하다. 마찬가지로 브랜드의 명성은 구매자들의 구매에 따른 책임을 경감시켜주기 때문에 구매 담당자의 입장에서는 그 인지된 가치가 매우 크다(아이폰을 선택한 것을 비난할 수 없듯이). 그러나 그러한 상황에도 불구하고 사용가치 기준과 신호 가치 기준 그리고 양쪽 모두에 영향을 행사하는 기업의 활동을 구분하는 것은 대단히 중요하다. 구매자는 가치의 신호 자체에 대가를 지불하지는 않는다. 따라서 적절한 가격 프리미엄을 결정하기 위해서는 사용가치 기준의 관점에서 기업이 구매자의 가치를 얼마나 잘 충족시켜주는지를 측정해야 한다. 신호가치 기준은 사용가치 기준과는 다른 방법으로 측정된다. 신호가치 기준은 구매자가 사용 기준을 충족하면서 창출되는 가치를 인지하는 데 얼마나 기여하는가를 의미하는 것이다.

사용가치 기준

사용가치 기준은 앞서 설명했다시피 기업의 가치사슬과 구매자의 가치사슬 간의 연계로부터 나타난다. 이러한 연계는 여러 측면에서 발생하기 때문에 실제 제품의 특성을 대변하는 사용가치 기준의 수도 상당히 많다. 사용가치 기준은 제품의 특성을 주로 포함하지만(예를 들면 닥터페퍼의 콜라 맛은 코카콜라나 펩시콜라의 맛과 다르다) 제품 특성이 차별화되지 않았다 하더라도 기업의 배송 및 지원시스템을 통해 사용가치 기준에 영향을 줄 수 있다. 제품과 부수적 가치활동 간의 구분이란 제품 특성에 대한 공헌도의 차이라는 관점에서 볼 때 정도의 문제에 불과하나 부수적 가치활동을 차별화함으로써 더 많은 차별화의 가능성을 제공할 수 있기 때문에 이러한 구분은 중요하다. 더욱이 많은 기업이 제품 특성을 변경하는 것을 어려워하므로 변경이 비교적 쉬운 부수적 가치활동은 차별화를 발생시키는 중요한 원천이 된다. 사용가치 기준은 기업이 제시하는 제품 사양은 물론 제품이 사양에 명시된 특성과 실제로 일치하는지를 주요 가치 신호로 포함하게 되는데, 때로는 이것이 제품 특성 자체보다 더 중요시되기도 한다.

또한 소비재의 사용가치 기준은 스타일, 브랜드파워와 이미지 같은 무형적 가치들을 포함할 수도 있다. 무형적 사용가치 기준은 좁은 의미에서 비경제적인 구매 동기로부터 파생된 것이다. 스미노프 보드카가 높은 가격을 책정한 것은 술이 많이 팔리고 있는 사회적 상황을 반영한 것이다. 그리고 술집 주인은 손님들이 '고급 술'이라고 인지하고 있는 보드카를 구매하려고 한다. 이러한 무형적 사용가치 기준은 대개 최종 소비자와 관련이 깊지만 제조업체 구매자들에게도 중요한 구매 기준으로 작용할 수 있다. 예를 들어 걸프스트림Ⅲ 제트기는 기업의 임원들에게는 사회적 지위의 상징으로 인식되어 인기가 높다. 이처럼 실제 구매자가 구매에 결정적인 재량권을 행사할 수 있는 개인이라면 무형적 사용가치 기준은 기업이나 기관의 구매 의사 결정에 영향을 줄 수 있다.

마지막으로 사용가치 기준에는 유통채널의 특성이 포함된다. 유통채널을 잘 이용하는 것도 차별화를 일으키는 요인이 되기 때문에 유통채널에서 제공되는 서비스나 신용제공 여부를 잘 반영해야 한다. 덧붙여 말하면, 유통기관은 그들만의 사용가치 기준으로 공급 기업을 평가 선정한다. 예를 들어 유통기관은 공급 기업에게 신용제공의 확대나 기술 지원의 확충 등을 요구하는데 이런 사항을 최종 소비자가 알기는 어렵다.

그러나 기업이 사용가치 기준을 성공적으로 충족시키느냐의 여부는 실제로 구매자들이 제품을 어떻게 사용하는지에 달렸다. 따라서 기업은 그들의 제품이 설명서에 적힌 그대로 활용될 수 있다는 것을 소비자에게 전달하여 제품에 대한 확신을 주어야 한다. 또한 기업의 노력은 제품 디자인, 포장, 훈련 등의 측면에도 반영된다. 제품이 원래의 용도대로 활용될 가능성을 높이는 작업 자체가 사용가치 기준이 될 수 있다. 일반적으로 기업들은 그들의 제품이 제대로 사용된다고 가정하기 때문에 그러한 기준은 차별화의 잠재적 원천이 될 수 있다.

신호가치 기준

신호(또는 심리적)가치 기준은 구매자가 구매하려는 제품이 사용가치 기준을 충족시켜줄 기업의 제품인가에 대한 구매자의 기업 인지도에 영향을 주는 가치의 신호가 반영된 것이다. 기업이 수행하는 가치활동은 구매자의 신호가치 기준에 영향을 미칠 수 있는데, 이 경우 공급 가능 업체 중의 하나로 고려되는 초기 단계부터 최종 구매 의사 결정에까지 중요한 역할을 할 수 있다. 전형적인 신호가치 기준은 아래와 같다.

- 명성이나 이미지
- 축적된 광고
- 제품의 무게나 디자인
- 포장과 상표
- 설비의 외양과 규모
- 근무시간
- 실제 사용자 기반(installed base)
- 구매자 리스트
- 시장점유율
- 가격(품질을 반영한 가격 수준)
- 모회사의 특성(규모, 재무상태 등)
- 구매기업의 최고 경영진 눈에 띄는 것

이러한 신호 가치 기준은 구매자의 결정에 미묘한 영향을 미칠 수 있다. 예를 들어 도색 작업이 제품의 성능에 미치는 영향은 거의 없다고 해도, 도색이 말끔하게 처리된 기기는 품질에 대한 구매자의 인식에 상당한 영향을 미친다. 마찬가지로 암앤해머(Arm & Hammer)가 세제 분야로 진출하면서 경쟁사보다 무거운 포장 용기를 사용하여 제품 차별화에 성공할 수 있었던 것은 실질적인 세탁 가능 횟수는 경쟁사와 별 차이가 없지만 제품의 양이 많아 오래 사용할 수 있을 것으로 여긴 구매자들의 인식 때문이었다.

기업이 성과 측정에 어려움을 겪는 경우, 구매를 자주 하지 않는 경우, 또는 구매 결정 시 다른 구매자의 자료를 객관적인 자료로 참고하기 어려운 경우에 신호가치 기준은 더욱 중요하게 부각된다. 예를 들어 신호가치 기준이 여타 업계보다 중요한 분야가 전문서비스 분야다. 전문서비스 분야는 고객의 주문에 맞춘 다양한 서비스를 제공하는데, 기업의 가치활동 자체가 고객의 주문이 발생하고 나서야 시작되기 때문이다. 그러므로 전문서비스 분야에 속한 기업은 사무실 인테리어나 직원의 옷차림 같은 외양에도 신경 써야 한다.

피아노 산업에서도 신호가치 기준이 매우 중요한데, 이는 일반 구매자들이 섬세하게 품질을 평가하기에 피아노는 고난도의 영역이기 때문이다. 여기서 스타인웨이는 유명한 피아니스트들이 어떤 피아노를 쓰는지가 고객에서 중요한 신호 가치 기준이 될 것이라는 것을 간파했다. 스타인웨이는 미국 전역에 그랜드 피아노 은행이라는 것을 운영해서 콘서트에 사용할 피아노를 저렴하게 대여해주었고, 그 결과 음악가들과 좋은 연대를 맺어 수많은 유명 콘서트에서 스타인웨이의 피아노가 무대 위에 선보일 수 있게 하였다.[9]

또한 신호가치 기준은 구매가 일어난 후에도 기업 인지도를 강화할 필요가 있을 때 큰 역할을 한다. 구매자들은 기업과 제품을 고를 때 옳은 결정을 내렸다는 확신이 지속되길 원한다. 또 구매자들은 제품이 사용가치 기준과 부합되는 정도를 평가할 수 있도록 교육받아야 하는데, 이는 구매자들이 구매 이후에도 제품과 그들의 사용가치 기준이 잘 맞는지를 판단하지 못하는 경우가 종종 있기 때문이다. 이러한 현상은 제품에 대한 정보가 충분하지 않거나 성능에 대한 관심이 부족해서 일어나는 것이 대부분이다. 기업이 구매자와 정기적인 커뮤니케이션을 통해 기업에 대한 관심을 높이고 기업의 공헌도를 인식시켜주는 활동을 벌이는 것도 차별화를 이루는 데 무척 중요한 역할을 한다.[10]

한편 신호가치 기준 중 일부는 특정 사용가치 기준과 밀접하게 연계되어 있지만 나머지는 공급자가 구매자에게 제공하는 일반적인 신호에 가깝다. 예를 들어 광고는 제품의 특성만을 강조하지만 기업의 명성은 구매자에게 그 기업의 제품을 구매하면 사용가치 기준의 상당 부분을 충족할 수 있을 것이라는 기대감을 제공한다. 가치의 신호와 특정 사용가치 기준 간의 연계를 살펴보려는 시도는 매우 중요한 일이다. 이러한 노력을 통해 추가적인 가치의 신호를 파악할 수 있으며 신호화하여 전달하고자 하는 가치의 속성을 정확히 이해할 수도 있다. 예를 들어 만약 기업의 고객 리스트가 서비스 신뢰도의 척도라면 이것을 강조한 형태의 고객 리스트를 만들 수 있을 것이다.

구매 기준의 파악

구매 기준을 파악하는 작업은 구매 의사 결정자와 결정자에게 영향을 미치는 개인을 밝히는 작업에서 시작된다. 특히 유통채널은 올바른 분석이 필요한 중간 구매자다. 구매 기준을 분석할 때는 구매자 가치의 원천을 나타내주는 사용가치 기준을 먼저 고려한 후 신호가치 기준을 평가해야 한다. 사용가치 기준은 다양한 평행적 접근 방법을 이용하여 파악할 수 있다. 이때 구매자의 니즈에 대한 기업 내부의 지식이 사용가치 기준의 기초가 된다. 그러나 보편적 지식은 사용가치에 대한 기업 내부의 인식에 영향을 미치므로 기업의 자체적 분석만으로는 충분치 못하다. 따라서 구매자 구매 기준 분석에는 반드시 구매자와의 직접적인 접촉이 수반되어야 한다. 구매자와 접촉이 이루어진다고 해서 정확한 분석이 항상 보장되는 것은 아니다. 그것은 구매자들이 제품을 구입함으로써 자신의 원가구조나 성과에 어떤 변화가 올 것인지를 완전히 이해하지 못하고 있고, 제대로 이해하더라도 솔직하게 말하지 않는 경향이 있기 때문이다. 구매자 구매 기준을 파악한 후에는 구매자 가치사슬을 살펴보고 그것을 기업의 가치사슬과 비교해 둘 사이의 실질적 또는 잠재적 연계에 대한 체계적인 분석이 이루어져야 한다. 이를 통해 그동안 덜 알려졌던 사용가치 기준을 밝히고 이미 널리 알려진 사용가치 기준의 상대적 중요도를 평가하는 법을 알게 될 것이다.

사용가치 기준은 차별화 전략에 중요한 요소이므로 철저히 파악해야 한다. 많은 기업은 구매자의 사용가치 기준을 '고품질' 또는 '적시 배송' 등으로 모호하게 표현한다. 이처럼 평범한 분석 수준으로 구매자의 사용가치 기준에 부합되는 가치를 파악한다거나 구매자 가치를 증대시키기 위해 가치활동에 어떤 변화를 가져와야 하는지 알아내는 건 불가능하다. 예를 들어 품질이란 훌륭한 제품 사양의 설정과 이에 부합하는 제품의 제공으로 판가름 날 수 있다. 맥도날드가 제공하는 햄버거와 프렌치프라이는 전 세계 어느 지점에서나 동일한 품질을 유지하는 것이 맛과 양만큼이나 중요하다. 따라서 기업은 제품 사양에 부합하는 품질을 꾸준히 유지하기 위한 노력을 다방면으로 기울이게 되는 것이다. 한편 불만 사항에 대한 적절한 대응, 설비보수 능력, 서비스 제공시간과 배송시간 등을 포함한 서비스 차원의 사용가치 기준도 분석해야 한다.

기업이 차별화를 통해 사용가치 기준을 잘 충족시키는 성과를 거두었다면, 이를 가능한 한 수치화해야 한다. 예를 들어 훌륭한 음식 맛을 유지하기 위해 음식에 들어가는 재료의 질을 성분의 정확한 중량과 비율 등의 기준을 이용해 계량화하듯이 수치화는 구매자 가치를 섬세하게 배려할 뿐만 아니라 사용가치 기준에 대비한 기업성과의 측정과 추적을 가능하게도 한다.[11] 이따금 이런 작업이 비약적인 성과증진의 기회가 되기도 한다. 또 수치화를 통한 경쟁사와의 비교는 그 기업이 상대적으로 구매자의 주요 사용가치 기준을 잘 충족하고 있는가를 알아보게 하고 경쟁사가 거둔 양호한 성과의 이면에 대해서도 연구할 수 있도록 해준다.

기업은 제품이 구매자 원가나 성과에 어떻게 영향을 미치는가를 구체적으로 측정함으로써 사용가치 기준을 충족시키는 각각의 가치 요소를 수치화할 수 있다. 이러한 작업은 계산 과정에서 개인적 판단이 끼어들 가능성이 있어 약간의 오차를 완전히 배제할 수는 없지만, 차별화 전략을 지속하기 위해서 필수불가결한 일이다.[12] 한편 어떤 사용가치 기준은 구매자의 니즈 부합에 영향을 미치는 최소의 수준만 충족시키면 되지만 다른 대부분의 사용가치 기준은 많이 충족시킬수록 좋다. 예를 들어 노트북이 로딩되는 데 2초가 걸린다고 한다면 그 시간을 1초로 줄인다고 해서 추가되는 혜택은 크지 않을 것이다. 그런데 대부분의 사용가치 기준은 한계 수익률 체감의 법칙을 적용받아 더 이상의 가치증대가 일어나지 않고 실질적으로 구매자 가치가 감소하는 수준에서 최대의 가치를 발생시킨다는 점을 명심해야 한다. 한편 제품이 어떤 사용가치 기준을 충족시키는 과정에서 다른 사용가치 기준에 반하는 트레이드오프가 나타나는 경우도 있다. 따라서 각각의 사용가치 기준에 맞는 구매자 가치를 계산해내는 것으로 가치의 적절한 임계점 및 트레이드오프 등을 파악할 수 있다. 기업이 차별화의 가치와 차별화 원가 사이의 균형점을 찾으려 한다면 이러한 측면에 대한 이해가 꼭 필요하다. 그런데 구매자 가치의 관점에서 사용가치 기준에 매겨진 순위는 사회의 통념에 어긋나는 경우도 있다.

신호가치 기준은 기업이 현재 사용가치 기준을 잘 충족시켜 주고 있는지와 앞으로 잘 충족시켜줄 수 있는지에 대한 잠재성을 판단할 때 구매자들이 사용하는 방법과 절차를 파악해서 밝혀낼 수 있다. 각 사용가치 기준을 쉽게 표현하는 신호를 찾아내기 위해서는 사용가치 기준 하나하나를 자세히 살펴보아야 한다. 예를 들어 중요한 사용가치 기준이 배송의 신뢰도라면 과거 배송 기록과 구매자들의 추천 후기는 의미 있는 가치의 신호가 될 것이다. 또한 다음과 같은 유형의 분석단계 역시 가치의 신호에 대한 통찰력을 제공해준다. 먼저 정보원을 탐색하고, 제품 테스트 단계를 거쳐 구매 의사 결정에 이르는 과정을 세밀히 분석함으로써 가치의 신호는 점차 분명해진다. 이러한 분석을 통해 기업은 구매자가 어떤 점을 자문하고 탐색하는지를 알게 된다. 한편 기업과 구매자 간 구매 전후의 중요한 접촉 포인트를 파악함으로써 신호가치 기준을 파악할 수 있는데, 이러한 접촉 포인트는 구매자들이 기업에 갖는 인식에 영향을 주는 기회가 되므로 유용한 신호가치 기준이 될 수 있다.

사용가치 기준과 마찬가지로 신호가치 기준 또한 차별화 전략을 이룰 수 있도록 가능한 한 정확하고 실제 활용이 가능하게 정의해야 한다. 예를 들어, 은행 지점이나 백화점은 점포의 외관과 내부 장식이 중요한 신호가치 기준이다. 각 신호가치 기준마다 그 중요성이 다르므로 기준 충족을 위한 자금 지출 우선순위를 결정하려면 신호가치 기준의 중요도 순위를 정해야 한다. 가격에 미치는 신호가치 기준의 영향을 계산한다는 것은 쉬운 일이 아니지만 일부 구매자를 대상으로 철저한 조사와 인터뷰를 실시한다면 많은 도움을 얻을 것이다. 한편 신호가치 기준도 마찬가지로 한계 수익률 체감 법칙의 영향으로 무한정 가치가 증대되지는 않는다. 예를 들어, 너무 으리으리하게 꾸며진 사무실은 그 기업을 겉만 번지르르한 비전문적인 기업이라고 생각하게 할 것이다.

구매자 구매 기준의 식별 과정은 〈그림4-4〉에 제시된 바와 같이 구매 기준을 분류하고 서열화하는 작업으로 끝이 난다. 〈그림 4-4〉는 초콜릿 제품의 구매 기준을 나타낸 것인데, 이때 가격 기준은 구매자가 설정한 순위에 따라 결정된다. 최종 구매자와 유통업체가 사용하는 사용가치 기준과 신호가치 기준은 명백히 구분해야 하는데, 이는 양측의 기준에 따라 기업이 서로 다른 행동을 취해야 함은 물론 구매 과정에 관련된 주체들이 다르기 때문이다. 최종 구매자와 유통업체의 사용가치 기준은 구매자 원가를 절감시키는 요인과 구매자 성과를 증진시키는 요인으로 구분될 수 있다. 때때로 한 가지 사용가치 기준만을 충족시켜서 낮은 원가와 성과증진을 모두 이루는 경우도 있지만 일반적으로는 여러 사용가치 기준이 어우러져야 두 가지 모두 달성할 수 있다. 초콜릿의 예처럼 맛은 구매자 성과와 관련 있고, 구매의 용이함은 구매자의 쇼핑 원가와 관련이 있다. 또한 사용가치 기준은 측정하기 쉬운 요인과 소비자들의 인지와 수치화가 어려운 요인으로 구분할 수도 있다.

〈그림4-5〉에 제시된 방향으로 사용가치 기준의 차이를 인식하는

일은 여러 가지 이유로 대단히 중요하다. 구매자 입장에서 원가를 낮추는 방향의 차별화는 구매자의 성과를 높이는 차별화보다 선호도가 높게 마련이어서 구매자가 가격 프리미엄을 기꺼이 받아들이도록 하는 차별화의 지속 효과가 클 수밖에 없다. 특히, 구매자가 재정적 여유가 없을 때는 원가를 줄여주는 제품에 한해서만 가격 프리미엄을 부담하려고 할 것이다. 또한 구매자가 가치를 쉽게 측정할 수 있는 차별화가 인지하기 어려운 차별화보다 가격 프리미엄을 매기기가 더 쉽다. 다만 기업의 운명을 좌우할 전략 컨설팅을 가장 유명한 회사에 의뢰했다든지, 구매자가 구매의 중요 기준을 사회적 지위에 두고 있다면 측정하기 어려운 차별화 제품이라도 가격 프리미엄을 제시하기가 쉬울 것이다. 〈그림4-5〉의 우측에 제시된 차별화는 신호가치 측면에서 높은 투자 수준을 요구하며 또한 설명하기 어려운 경향이 있다. 특히, 오늘날 구매자들 수준이 높아지면서 과거에는 있는 그대로 받아들여지던 측정하기 어려운 형태의 차별화가 점차 위협에 처하고 있다.

각각의 구매자는 제각기 다른 사용가치 기준과 신호가치 기준을 지니고 있을 뿐더러 그들 사이의 순위도 각각 다르다. 따라서 구매 기준의 유사성을 바탕으로 구매자를 분류해보는 것은 7장에서 제시할 구매자 세분화의 한 가지 기준이 된다.

차별화 전략

차별화는 기업이 독특한 구매자의 가치를 창출함으로써 나타난다. 차

	사용 가치기준	신호 가치기준
최종 구매자	맛 영양가 감촉 외관 가격 구매 용이성 포장의 크기	광고 매장 내 포지셔닝 디스플레이 구매 용이성
유통기관	주문처리 속도 처리 과정 유통 이윤 서비스의 신뢰도 판촉지원	판매호출의 빈도

그림 4-4 초콜릿 제품의 구매자 구매 기준의 위계

	가치의 측정 가능성	
	측정이 용이함	측정이 어려움
구매자 원가의 절감 (가치의 원천)		
구매자 성과의 증진		

그림 4-5 사용가치 기준과 구매자 가치와의 관계

별화는 사용가치 기준 혹은 신호가치 기준 중 어느 한쪽을 만족시켜 나타나기도 하지만 대개는 두 기준이 모두 충족되었을 때 가장 지속력이 높다. 그러므로 지속적인 차별화를 위해서는 이 두 유형의 구매가치 기준에 영향을 주는 독창적인 가치활동을 해야만 한다. 훌륭한 광고의 예에서처럼 어떤 경우에는 기업활동 중 한 가지만 잘해도 차별화를 이루어낼 수 있다. 그러나 대부분 구매자의 구매 기준은 기업의 여러 가지 활동에 복합적으로 영향을 받는다. 예를 들어 배송시간은 운영 활동, 판매유통 활동과 주문처리 과정 등이 얼마나 효율적인가에 좌우된다.

기업이 수행하는 많은 가치활동은 이용가치 기준과 신호가치 기준을 충족시키기는 역할을 한다. 〈그림4-6〉은 기업이 차별화에 중요한 영향을 미치는 활동을 명확히 식별하도록 도움을 주기 위해 가치활동에 대비하여 구매 기준을 어떻게 배열할 수 있는지를 보여준다. 앞에서 강조한 대로 기업의 가치사슬과 구매자의 가치사슬 간의 연계는 〈그림4-6〉에 잘 나타나 있다.

기업의 전반적 차별화 수준은 구매자의 모든 구매 기준을 만족시키기 위해 창출된 가치의 축적된 총합이다. 냉동식품 산업에서 스토우퍼(Stouffer)가 성공적인 차별화를 이룬 예(〈그림4-7〉 참조)에서 살펴볼 수 있듯이 수많은 차별화의 원천이 기업의 가치사슬 안에 있다. 스토우퍼는 사용가치 기준과 신호가치 기준을 모두 충족시키는 방향으로 차별화를 꾀했다. 메뉴 개발에 막대한 투자를 했기 때문에 스토우퍼는 우수한 소스(양념) 제조기술과 더불어 독특한 메뉴를 많이 보유할 수 있게 되었다. 원료를 세심하게 선택하고 준비한 결과 항상 일정한 맛이 나는 먹음직스러운 요리를 제공할 수 있게 된 것이다. 또 스토우퍼는 매력적인 포장으로도 유명한데, 이 가치 기준으로 스토우퍼는 제품 전반의 품질 이미지를 향상시킬 수 있었다. 게다가 냉동식품 산업에서는 보통 광고비 지출을 낮게 책정하는 것이 관행이었는데, 스토우퍼는 여기서 탈피해 광고 투자를 늘렸다. 빠른 식사 제공에만 초점을 맞춘 기존 냉동식품 이미지에서 벗어나 바쁜 사람도 별미를 먹을 수 있다는 내용으로 진행한 광고 또한 혁신적이었다. 마지막으로 매장에서 자사 제품이 눈에 잘 띄는 좋은 위치에 진열되게끔 노력해서 재고회전율을 높이고 상한 제품을 신속하게 회수하기 위해 자사 판매조직은 물론 식품 브로커들에 대한 투자를 강화하였다. 이처럼 가치사슬에서의 여러 차별화 원천이 다양하게 결합하여 스토우퍼는 경쟁업체들보다 상당히 높은 가격 프리미엄을 책정할 수 있었으며, 높은 가격에도 시장점유율은 증가하는 효과를 거두었다.

구매자가 제품 차별화에 추가되는 비용을 상회하는 가치를 얻을 수 있다면, 차별화를 통해 기업은 우수한 성과를 올릴 수 있다. 스토우퍼가 책정한 가격 프리미엄은 광고, 포장, 원료 선정, 브로커 육성과 리서치 기능 강화에 소요된 추가 원가를 능가하였으며, 이로 인해 경쟁사보다 높은 수익성을 실현할 수 있었다. 따라서 차별화 전략은 가격 프리미엄 원천인 차별화된 구매자 가치와 기업의 가치사슬에서 추가로 발생한 차별화의 원가 사이의 간격을 가장 크게 넓히는 것이 목적이다. 차별화 비용은 가치활동에 따라 달라지는데 기업은 차별화 비용에 비해 구매자 가치를 높이는 데 가장 큰 역할을 하는 가치활동을 파악하여 여기에 차별화 노력을 집중해야 한다. 이는 차별화의 비용이 많이 발생하는 차별화 원천뿐 아니라 비용이 거의 발생하지 않는 가치활동도 차별화의 원천으로 활용할 수 있음을 의미한다. 다양

구매자의 구매기준에 영향을 미치는 가치활동

	물류 투입	운영	물류 산출	마케팅과 판매	서비스	조달	기술 개발	인적 자원 관리	기업 하부 구조
사용 가치 기준									
제품 명세와의 일치성		X							
배달시간	X	X	X	X	X	X	X	X	
제품의 특징		X					X		
판매원의 자질				X				X	
심리 가치 기준									
판촉물		X		X			X		
최신 설비의 구비유무									X

그림 4-6   가치활동과 구매자 구매 기준과의 관계

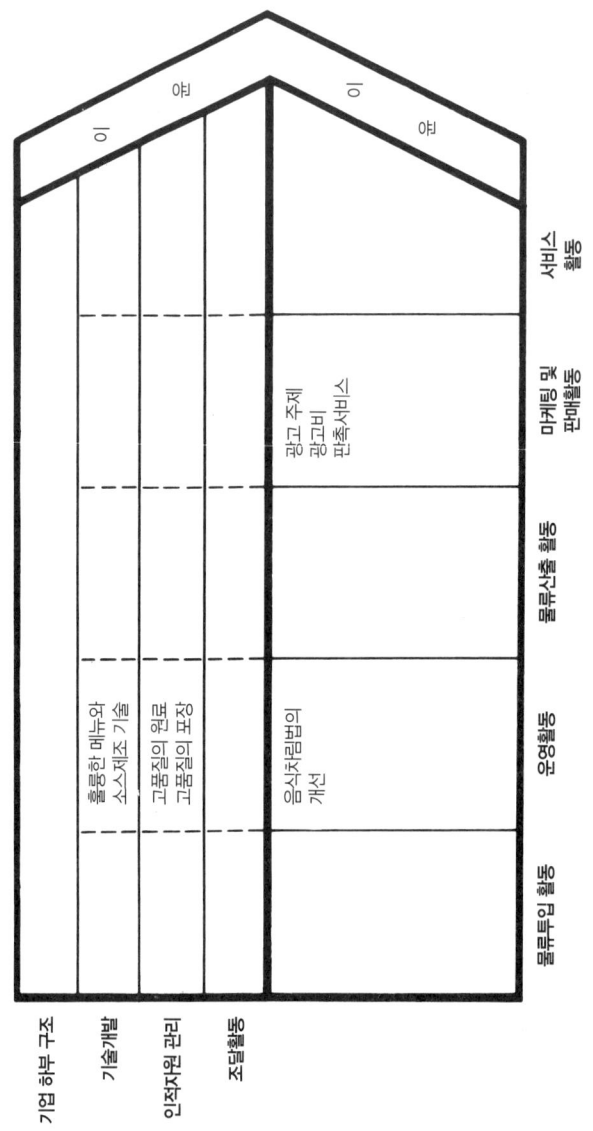

그림 4-7 스토우퍼의 냉동식품 산업에서의 차별화 원천

한 방식으로 기업을 차별화하기 위한 비용은 원가 동인에 대해 그 기업의 원가 지위가 어느 위치에 있는지에 따라 달라지며, 이 점은 기업이 택할 차별화의 방향과 그 성과에 영향을 준다. 예를 들어 스토우퍼는 높은 시장점유율을 발판으로 광고, 제품개발, 조달 활동을 차별화하는 데 따른 원가를 절감할 수 있었으며, 이는 훌륭한 성과로 이어졌다.

차별화 전략에서 마지막으로 고려해야 할 요소는 차별화의 지속가능성이다. 차별화는 그 원천이 구매자들에게 계속 가치 있는 것으로 남아있으면서 동시에 경쟁자들이 쉽게 모방할 수 없어야 오래 지속될 수 있다. 그러므로 기업은 경쟁자의 모방을 방지할 수 있는 지속적인 차별화의 원천을 찾아야만 한다.

차별화 전략의 방법

기업이 차별화를 촉진시키는 방법에는 기존의 가치활동을 수행하는 방식을 차별화하거나, 차별화 수준을 높이는 방식으로 가치사슬을 재구성하는 2가지 기본 방향이 있다. 기존의 가치활동을 좀 더 독특하게 바꾸려면 앞에서 설명했던 차별화의 동인들을 잘 다룰 수 있어야 한다. 기업이 차별화를 통해 우수한 성과를 내기 위해서는 차별화를 강화하는 것은 물론, 이에 추가되는 비용 통제가 잘 이루어져야 한다. 차별화를 통해 높은 성공을 거둔 기업들의 전략은 다음과 같다.

차별화 원천의 강화
- **가치사슬 상에서 차별화 원천의 다양화** 전체 가치활동에서 또 다

른 차별화 원천을 찾아냄으로써 전반적인 차별화 수준을 강화할 수 있다. 스토우퍼는 여러 가치활동에서 축적된 차별성으로 성공적인 차별화를 이룬 좋은 예다. 제품의 내구성, 부품 조달의 용이성과 훌륭한 판매망을 결합한 캐터필러 트랙터와 원료의 품질, 맛의 균질성, 신속한 선적을 통한 신선도 유지, 효과적인 광고와 방대한 판매망을 결합시킨 하이네켄 역시 다양한 차별화 원천으로 높은 성과를 올렸다. 따라서 차별화를 이루고자 하는 기업은 모든 가치활동을 점검할 필요가 있으며, 구매자 가치를 증진시킬 수 있는지에 대한 질문은 이를 시행하기 위한 출발점이 된다.

- **의도된 용도대로 제품 사용을 유도** 구매자들이 제품을 실제로 어떻게 사용하는가에 따라서 성과가 결정되기 때문에 다음과 같이 기획 의도대로 제품을 사용하도록 유도하는 노력을 해야만 차별화에 어려움을 겪지 않을 것이다.

  - 구매자가 제품을 실제로 어떻게 사용하는지 알아보기 위해 투자한다.
  - 제품이 쉽게 사용되도록 개선한다.
  - 효과적이고 상세한 매뉴얼과 지시사항을 개발한다.
  - 구매자들에 대한 교육과 훈련 기회를 다양한 경로로 제공한다.

- **사용가치 기준에서의 차별화를 강화하기 위해 신호를 활용** 기업이 구매자의 사용가치 기준은 충족시켰지만 신호가치 기준은 간과해 버렸다면 차별화의 결실을 얻기는 어려울 것이다. 심리적 가치 기준

에 영향을 주기 위해 선택한 활동은 차별화를 위해 선택한 사용가치 기준에서 벌이는 기업의 활동과 일관성을 지녀야만 한다. 예를 들어, 폴 코퍼레이션(Pall Corporation)은 액체 여과기 산업에서 차별화를 강화하기 위해 광고와 구매자 견학 프로그램을 통해 자사의 방대한 연구개발 시설을 의도적으로 선전했다. 구매자들이 간접적이거나 숨겨진 제품 원가를 파악하기는 어렵기 때문에 경쟁사에 비해 우월한 가치를 제공한다는 것을 보여주려면 가치의 신호화가 반드시 필요하다. 차별화 추구 기업은 제품 판매 후 구매자의 선택이 옳았음을 재차 확인시켜주어야 한다. 그러나 가치의 신호화는 구매자들에게 기업 가치를 인지시켜주는 수준까지만 효과를 발휘하므로 그 이상의 지나친 투자와 관심은 별 도움이 안 된다.

- **사용가치 기준과 신호가치 기준을 위하여 제품과 밀접하게 결합된 정보 이용** 정보와 IT 기술은 차별화의 중요한 도구이며 제품과 밀접하게 결합된 정보를 이용하면 차별화를 증진시킬 수 있다. 이미 앞에서 논의한 대로 제품의 작동 방식과 사용법 및 서비스 제공 방법을 효과적으로 설명할 수 있다면 실제 활용 수준을 의도된 활용 수준에 최대한 가깝게 맞출 수 있다. 제품 능력에 대한 정보가 주어지면 (예를 들어 자동차의 연비) 제품 자체의 가치와 활용도가 모두 높아진다. 이 밖에도 제품과 IT 기술을 접목하여 다양하게 구매자 가치를 증진시킬 수 있다. 카드 제조업체인 아메리칸 그리팅스(American Greetings)는 소매상들이 재고 수준을 제대로 관리할 수 있도록 자동화된 재고 관리 시스템을 제공했는데 그 결과 자사의 카드 판매가 늘어남과 동시에 소매상들의 재고 유지 비용도 크게 줄일 수 있었다. 마지막으로

어떻게 제품이 만들어지고 차별화된 특성이 무엇이며 대체재에 비해 어떤 차별적 성과를 낼 수 있는지에 대한 정보 등이 제품과 결합되면 효과적인 가치의 신호가 될 수 있다. 파타가스(Partagas)는 생산하는 모든 담뱃갑에 소유주 가족들의 역사와 어떻게 그들이 쿠바로부터 파타가스 상표를 구입했는지를 표시해서 차별화를 시도했다.

차별화 원가의 경쟁우위로의 전환

• **비용이 별로 들지 않는 차별화 원천의 개발** 적은 투자 비용으로도 훌륭히 차별화 기능을 수행할 수 있는 가치활동도 많이 있는데, 활동 간의 연계를 활용하는 차별화 방법이 그 좋은 예다. 기업은 내부 활동을 조정하거나 공급자 및 구매자와의 활동을 조정함으로써 차별화를 성취할 수 있을 것이다. 마찬가지로 단순히 기능을 추가시키는 것보다는 제품의 기능들을 결합해서 비용을 절감할 수 있다. 또한 불량품을 줄이는 것이 곧 서비스 비용을 절감하는 길이듯이 공정원가를 줄이는 활동에도 관심을 가져야 한다.

• **원가 동인 통제에 의한 차별화 원가의 최소화** 기업은 원가 동인의 영향을 파악함으로써 차별화 원가를 최소화할 수 있다. 기업은 3장에서 제시한 원칙에 따라 차별화의 원천이 되는 활동의 원가 동인을 가능한 한 효율적으로 통제하여야 한다. 예를 들어, 제너럴 모터스는 공장에 가변 생산 시스템(FMS)을 설치하여 제품 다양화에 따른 원가 증감분을 축소하는 시도를 하였다. 가치를 신호화하는 일 자체가 실제 가치를 창출하는 것은 아니기 때문에 이를 효율적으로 관리하는 것이 특히 중요하다. 과거의 투자나 명성에 기반해 신호화를 진행하면

그렇지 않은 경우보다 비용이 적게 들 수 있다.

- **기업이 원가 우위를 유지할 수 있는 차별화 방식의 추구** 차별화에 드는 비용은 경쟁자들 사이에서도 서로 다르게 나타난다. 따라서 기업은 원가 우위에서 가장 유리한 방식으로 차별화를 진행해야 한다. 예를 들어 시장점유율이 높은 기업은 광고나 R&D 등 규모에 민감한 활동을 차별화할 때 원가 우위를 얻을 수 있고, 다각화된 기업에서는 자회사 간의 연계를 통한 차별화를 추구할 때 원가 상의 우위를 지킬 수 있다.

- **구매자 가치에 대한 영향이 미미한 활동의 비용 감축** 차별화와 원가 우위를 동시에 추구하기 위해서는 선택한 차별화 전략과 관련이 적은 활동의 비용을 축소하는 데에도 관심을 가져야 한다.

차별화 유발 요인의 변경
- **기업의 차별성을 더 가치 있게 만들기 위한 의사 결정자의 교체** 기업에서 의사 결정자의 역할은 구매자에게 가치 있는 것이 무엇인지, 그 가치의 적절한 신호는 무엇인지를 파악하는 것이다. 만약 기업이 특정한 차별성에 높은 가치를 부여하는 의사 결정자에게 권한을 더 부여해 기존의 구매 과정을 바꾼다면 그 기업의 차별성을 증대시키거나 이미 인식된 차별성의 가치를 높일 수 있다. 예를 들어, 아주 정교한 성능을 지닌 제품은 구매 담당자보다는 기술자에게 좀 더 독특하고 가치 있는 것으로 인식될 수 있다. 의사 결정자의 변경은 일반적으로 다음과 같은 방식으로 기업의 가치사슬 변경을 유도한다.

- 판매원 배치 방식 변경
- 기술자의 판매 활동 참여
- 광고 매체와 광고 내용의 교체
- 판매 자재의 교체
- 의사 결정자 교체 결정에 대해 구매자를 대상으로 교육

• **기존에 인식하지 못했던 구매 기준의 발견** 구매자들(혹은 경쟁사)이 인지하지 못했던 주요한 구매 기준을 발견하게 되면 이는 차별화를 성취할 기회가 굴러들어온 것이나 다름없다. 기업은 이 발견을 통해 새로운 차별화 기준을 설정하여 시장을 개척하고, 기업의 이미지와 명성을 지속시킬 수 있다. 기존에 인지되지 않았던 구매 기준은 흔히 사용가치 기준, 그중에서도 특히 구매자의 가치사슬에 간접적인 영향을 주는 것일 가능성이 높다. 훌륭한 차별화 전략 중 대다수는 구매자 수요에 대한 수동적 반응의 산물이라기보다는 차별화를 위해 새로운 접근방식으로 수립하여 실현된 것이다. 앞에서의 예처럼 스토우퍼는 냉동식품 산업에서 완전히 새로운 방식으로 차별화를 실현하였다. P&G도 핸드크림과 바디로션을 개발하여 이것을 1년 365일 광고했다. P&G가 발견한 것은 구매자들이 기존에 알려진 방식대로만 로션을 사용하는 것이 아니라는 사실이었다.

• **변화하는 구매자 및 유통환경에 대한 최초 대응** 구매자나 유통업체가 구매 기준을 바꾸면 차별화 전략을 적용할 또 하나의 새로운 기회가 생기는 셈이 된다. 구매 기준의 변화는 차별화의 새로운 원천이 되기도 하고 구매자들이 지금껏 아무 생각 없이 구매하던 제품에 대

하여 새로운 시각을 갖게 할 수 있다. 예를 들어, 건강에 대한 구매자의 관심이 높아지면서 디카페인 커피 시장이 급속히 확대될 수 있었다. 구매자가 속한 산업의 경쟁이 증가하면 기술적 지원에 대한 욕구도 늘어나고 구매자 원가를 줄여주는 기업의 가치를 높이 평가하도록 만든다. 예를 들어, 석유 장비 산업의 구매자들이 재정적인 압박에 시달리자 비용 절감에 도움이 되는 공급자를 선호하게 되었다. 마찬가지로 개인용 컴퓨터 업계에서 구매자들의 수준이 높아지면 기초적인 구매자 서비스에 기반을 둔 차별화의 가능성은 감소하겠지만 사용 원가라든지 그 밖의 다른 사소한 측면에서 차별화의 가능성은 커질 것이다. 구매자의 원가를 절감시키는 방향으로 차별화하는 것은 구매자가 속한 산업이 어려운 상황에 처해있거나 구매자들의 수준이 한층 높아질 때 가장 좋은 수단일 것이다. 마찬가지로 수치화가 가능한 소비자의 성과를 높이는 방향으로 구축한 차별화는 그렇지 않은 경우보다 장기적으로 가격 프리미엄을 누릴 가능성이 클 것이다.

가치사슬의 완전한 재배열을 통한 차별화 유지

기업이 완전히 새로운 가치사슬을 만들어낼 수 있다면 차별화 가능성은 상당히 높아지기 마련이다. 페덱스는 소화물만 취급함으로써 전통적 가치사슬을 재조명하여 차별화하였다. 이 회사는 신속한 운송을 위해 트럭을 구매하고 항공사를 인수했으며 허브(배송집결지)의 개념을 처음으로 만들었다. 그래서 계획된 스케줄에 따라 운항하는 항공기나 여러 물류센터와 결합된 장거리 운행 트럭 등을 이용하는 경쟁사들에 비해 배송의 적시성과 신뢰성을 높일 수 있었다. 이처럼 가치사슬의 재배치는 차별화 전략의 극적인 성공 기회를 가져다 준다.

새로운 가치사슬을 생각해보는 것은 창조적인 작업이다. 기업은 구매자의 가치사슬과 연계해 구매 기준을 잘 충족시키게끔 가치활동을 재배열해야 한다. 이러한 일반적인 가치사슬의 재배열에는 다음의 내용이 포함된다.

- 새로운 유통채널이나 판매접근법
- 구매자 기능을 인수하거나 유통업체를 배제하는 방향으로의 전방 통합
- 제품 품질의 결정 요인들을 직접 통제하기 위한 후방 통합
- 완전히 새로운 공정기술의 채택

차별화의 지속적인 유지

차별화의 효과를 유지하기 위해서는 구매자가 차별성을 계속 인식하게 하거나 경쟁사가 차별적 특성을 모방하는 것을 방어해야 한다. 구매자 욕구나 인식 변화의 위험은 늘 존재하며, 경쟁사의 모방도 언제든 일어날 수 있는 일이다.

따라서 기업이 경쟁사에 대한 차별성을 지속시켜나갈 수 있느냐의 여부는 그 기업의 차별화 원천에 달려있다. 즉 차별화를 지속할 가능성을 높이기 위해서는 경쟁사의 모방에 대한 이동장벽이 존재하는 부분에서 차별화를 추구해야 한다. 이미 언급한 것처럼 차별화의 지속력은 차별화 동인에 따라 다르고 경쟁사마다 차이가 있는 차별화

의 원가에 따라서도 달라진다. 차별화는 다음과 같은 조건에서 더욱 지속력이 강해진다.

- **차별화의 원천이 진입장벽을 구축하고 있을 때** 독점적 학습경험, 연계, 상호관련성 및 초기 진입자 효과 등은 단순한 전략적 선택에 기인한 차별화보다 지속적일 수 있다. 광고처럼 심리적 가치를 창출하는 활동도 진입장벽을 구축할 수 있다는 점에서 지속가능성이 높다. 그러나 심리적 가치 기준에 지나치게 높은 비중을 둔 차별화의 경우엔 현명한 구매자들이 늘어나면서부터는 경쟁우위를 유지하기가 어려워진다.

- **차별화하는데 원가 상 우위를 지니고 있을 때** 기업의 차별화는 차별화를 가져다주는 활동을 수행하는 기업이 원가 우위를 가지고 있을 때 지속성이 좀 더 커진다.

- **차별화 원천이 다수일 때** 한 가지 요인에 기반을 둔 차별화보다는 복합적인 원천으로부터 차별화를 이룬 기업의 차별화 전략이 지속성이 크다.

- **차별화와 동시에 교체 비용을 파생시키는 경우** 교체 비용이란 공급자를 바꿀 때 구매자에게 부가되는 고정비의 성격을 지니며, 이러한 교체 비용이 존재함으로써 경쟁사와 비슷한 수준의 제품을 공급하는 기존 공급자가 가격 프리미엄을 유지할 수 있다.[13] 만약 차별화로 교체 비용까지 창출된다면 차별화의 지속성은 더욱 늘어날 것이

다. 차별화와 마찬가지로 교체 비용 역시 구매자가 사용하는 방식에 영향을 받는다. 기업에 차별적 특성을 부여해주는 가치활동의 경우, 구매자가 그러한 차별성을 최대로 활용하기 위해 스스로 가치활동을 수정하기 때문에 교체 비용을 높이게 된다.

앞에서 살펴본 스토우퍼의 예는 각각의 차별화 원천에 따른 차별화의 지속성을 어떻게 평가할 수 있는지를 보여준다(〈그림4-7〉 참조). 스토우퍼의 차별화 원천 중에서 특유의 메뉴와 소스 제조기술, 제품 포지셔닝과 상표 이미지, 주요 식품 브로커와의 관계, 업계 선두의 자리와 시장점유율을 토대로 형성된 광고 측면의 원가 우위 등이 가장 지속성이 높다. 경쟁사들이 이 모두를 모방할 수 있다고 해도 여기에는 막대한 규모의 투자가 필요할 것이다. 이런 이유로 스토우퍼가 구축한 차별화는 장기간 유지되었다. 반대로 헤인즈(Hanes)는 팬티스타킹을 새롭게 포장하는 방법과 소매점에 직접 유통하는 정책을 펼쳤는데, 이것은 독점적 학습으로부터도, 규모의 경제로부터도 그 밖의 다른 모방 장벽에 의해서도 보호받지 못했다. 따라서 헤인즈의 차별화 전략은 경쟁사들이 쉽게 모방하여 더 이상의 가격 프리미엄을 얻지 못하게 되었다.

차별화 전략의 함정

여기에서는 차별화 전략을 추구하는 과정에서 빠지기 쉬운 일반적인 함정에 대하여 언급하겠다. 대부분의 함정은 차별화 기준이나 차별화 원가에 대한 불완전한 이해에서 발생한다.

가치 없는 차별성

기업이 어떤 것에 대해 차별성을 이루었다는 것이 차별화에 성공했다는 의미는 아니다. 즉 차별성이 구매자 원가의 절감이나 구매자가 인정할 수 있는 구매자 성과의 증진으로 이어지지 못한다면, 차별성을 형성했어도 차별화 우위를 창출하지는 못한다는 것이다. 훌륭한 차별화는 구매자가 인지하고 측정할 수 있는 가치의 원천 또는 측정은 불가능하지만 충분히 심리적 가치 제공의 역할을 하는 원천으로부터 나타난다. 차별성이 차별화를 이룰 가치가 있는지를 알아볼 수 있는 좋은 방법은 제품에 익숙한 구매자들에게 지속적으로 가격 프리미엄을 요구할 수 있는가를 살펴보는 것이다.

너무 심한 차별화

만약 기업이 구매자의 실제 가치 또는 인지된 가치에 영향을 미치는 차별화의 메커니즘에 대해 잘 모르면 과도한 차별화를 시도하게 된다. 예를 들어 구매자의 요구 수준을 뛰어넘는 과도한 품질과 서비스를 제공하는 기업이 있다면, 구매자에게 알맞은 수준의 품질과 서비스를 저렴한 가격으로 제공하는 경쟁사가 등장해 그 기업의 차별화 전략에 타격을 입힐 것이다.

이처럼 너무 과도한 차별화를 하는 것은 구매자의 구매 기준에서 성과의 임계점이나 성과를 평가하는 체감적 속성을 제대로 파악하지 못했기 때문이다. 즉 기업의 활동이 구매자의 가치사슬과 얼마나 관련이 있는가에 대한 이해의 결핍이 이런 과도한 차별화를 낳은 것이다.

너무 높은 가격 프리미엄

차별화를 통해 얻을 수 있는 가격 프리미엄은 차별화된 가치의 매력성과 그것의 지속가능성이 결정한다. 차별화에 성공한 기업이라도 과도한 프리미엄을 요구한다면 결국은 구매자들로부터 외면받게 될 것이다. 기업이 적절한 가격 이상의 폭리를 취하고자 한다면 능력 있는 구매자가 후방 통합을 시도하려고 할지도 모른다. 적절한 가격 프리미엄 수준은 기업의 차별화 정도뿐만 아니라 상대적 원가 지위에 영향을 받는다. 기업이 경쟁사와 비슷한 수준의 원가를 유지하지 못하면, 차별화가 유지된다고 해도 가격 프리미엄 수준을 지나치게 높다고 느끼는 구매자들이 늘어나 차별화의 효과를 볼 수 없을 것이다.

신호가치 기준의 필요성 외면

기업은 눈에 보이는 사용가치 기준에 의한 차별화에 기반을 둔 나머지, 이따금씩 신호가치 기준의 필요성을 무시할 때가 있다. 그러나 일반적으로 구매자들은 공급자들의 차이점을 잘 모르거나 알려고 하지 않기 때문에 신호가치 기준이 차별화에 중요한 근거가 될 수 있다. 만일 이 기준을 무시하고 있다가 사용가치 기준 측면에서는 열등한 경쟁사가 구매자가 이해하기 쉬운 신호가치를 제공하는 전략을 펼치게 된다면 허를 찔리는 위험에 처할 수도 있다.

차별화 원가에 대한 무지

만약 구매자가 인식한 기업의 가치가 기업의 비용을 초과하지 못한다면, 그 차별화는 큰 효과가 없다는 의미다. 차별화를 추구하는 기업들은 흔히 차별화를 수행하는 데 따르는 가치활동의 비용을 차별화가 창출하는 가치와 분리해서 생각하지 못하는 경향이 있다. 그래서 기업들이 가격 프리미엄을 통해 투자분 이상을 회수하는 수준으로 차별화하는 데 실패하거나, 원가 동인을 분석해 차별화에 드는 비용을 줄이는 방법을 찾지 못하는 것이다.

가치사슬 전체가 아닌 제품에의 집중

제품 단계에서만 차별화를 생각하고 가치사슬의 다른 부문에서 차별화 기회를 발견하지 못하는 기업도 있다. 앞에서 이야기한 대로 비록 일차 상품이라고 할지라도 가치사슬은 지속성 있는 차별화의 원천을 상당히 보유하고 있다.

구매자 세분화 시장 인식의 실패

구매자 구매 기준과 우선순위는 구매자마다 다르며 이에 따라 구매자는 세분될 수 있다. 기업이 이러한 세분 시장의 존재를 인지하지 못하면, 그 기업의 전략은 구매자의 욕구에 부합하지 못할 것이고 결국 경쟁사의 집중화 전략에 타격을 입을 것이다. 세분 시장이 존재한다고 하는 것은 집중화 전략을 선택하도록 강요하는 것이 아니라 다양한 구매 기준에 입각한 차별화를 이루어야 함을 의미한다. 산업 세분화에 의해 제기된 전략적 이슈들은 7장에서 좀 더 심층적으로 논의하겠다.

차별화의 단계

이 장에 제시한 개념은 차별화의 기반을 결정하고 전략을 선택하는 데 필요한 분석적 단계를 서술함으로써 요약할 수 있다.

- **누가 진짜 구매자인가** 제품의 실제 구매자가 누구인지 가려내는 작업이 차별화 분석의 첫 번째 단계다. 기관 혹은 가계는 제품의 실제 구매자가 아니다. 사용가치 기준이나 사용가치 기준에 따라 구매 결정을 내리는 의사 결정자가 바로 진짜 구매자다. 유통업체도 최종 구매자에 제품을 재판매하기 위한 중간 구매자로 볼 수 있다.

- **구매자 가치사슬과 그에 대한 기업의 영향을 규명하라** 구매자가 원가절감이나 성과의 증진으로 만들어낸 가치를 통해 기업이 구매자 가치사슬에 미치는 직간접적 영향이 결정된다. 기업은 구매자 가치사슬에 영향을 줄 수 있는 모든 방식과 구매자 가치사슬에서 일어날 수 있는 변화에 기업이 미칠 수 있는 영향을 명확히 알아야 한다. 유통업체도 기업과의 연계를 통해서뿐만 아니라 독자적으로 구매자 가치사슬에 영향을 미치는 역할을 한다.

- **구매자 구매 기준의 순서를 결정하라** 구매자 가치사슬을 분석함으로써 구매자의 구매 기준을 결정하는 기초를 세울 수 있다. 구매자의 구매 기준은 사용가치 기준과 신호가치 기준의 2가지 형태로 구분된다. 사용가치 기준에 기반한 차별화는 구매자 가치를 창조하는 한편, 신호가치 기준에 기반한 차별화는 창조된 가치를 구매자가 인식하도록 만든다. 때때로 구매자 가치의 분석은 구매자들이 현재 인지하지 못한 구매 기준을 제시하기도 한다. 구매 기준은 변경 가능한 관점에서 정의되어야 하며 구매자 가치와의 연계를 고려해야 한다. 이

러한 구매 기준은 구매자 가치사슬 분석, 구매자 면담과 기업 내부 전문가의 의견 청취를 통해 확인할 수 있다. 이러한 확인 과정은 반복적으로 실시되어야 하며 구매자 구매 기준의 리스트는 지속적인 분석 절차를 거쳐 수시로 업데이트되어야 한다.

• 기업의 가치사슬에 현존하거나 잠재적인 차별화의 원천을 평가하라 차별화는 기업의 가치사슬 내의 차별적인 특성으로부터 발생한다. 따라서 기업은 어떤 가치활동이 각각의 구매 기준에 영향을 미치는지를 살펴보아야 한다(〈그림4-6〉 참조). 그런 다음 경쟁사와 대비되는 현재의 차별적 특성이 얼마나 지속 가능한지 파악하기 위해 차별화의 동인도 확인해야 한다.

무엇보다 차별화란 본질적으로 상대적인 개념이므로 기업의 가치사슬은 경쟁사의 가치사슬과 비교되어야 한다. 가치활동이 구매자에게 어떻게 영향을 미치는지를 이해하고 새로운 가치사슬 개발의 가능성을 타진하기 위해서는 경쟁사에 대한 세심한 분석이 매우 중요하다. 가치사슬을 수행하는 새로운 방법을 개발하기 위해서 유사품을 생산하거나 동일 구매자를 대상으로 하는 다른 산업의 예를 분석하는 것도 한 가지 방법이 될 수 있다.

• 차별화 원가를 확인하라 차별화의 원가는 차별화를 성취하게 해준 가치활동의 원가 동인에 따라 차이를 보인다. 기업은 차별성을 끌어내기 위해 특정 가치활동에 더 많은 투자를 한다. 비용이 별로 들지 않거나 오히려 원가를 절감해주는 차별화 방식도 있다. 그러나 기업은 보통 차별화를 이루기 위해 의도적으로 더 많은 비용을 들인다. 한

편 원가 동인과 관련된 기업의 위치에 따라 차별화를 추구할 때 경쟁사보다 비용이 더 많이 들기도 한다.

- **차별화의 원가와 비교하여 구매자에게 가장 가치 있는 차별화를 창출하도록 가치활동을 재배열하라** 기업의 가치사슬과 구매자의 가치사슬 간의 관계에 대한 이해를 높일 수 있다면, 구매자 가치와 차별화 원가 간의 격차를 가장 크게 벌리는 활동을 재배열할 수 있다. 성공적인 차별화 전략의 경우 가치사슬 상에서 다수의 차별화 형태를 제공해주는 동시에 사용가치 기준 및 신호가치 기준을 충족시켜주는 예가 많이 있다.

- **선택된 차별화 전략의 지속성을 평가하라** 경쟁사의 시장 침투나 모방에 대한 대책 없이 차별화가 성공적으로 지속되기는 어렵다. 차별화의 지속성은 고정적인 구매자 가치 원천의 선택과 모방에 대한 장벽을 포함한 차별화 방법의 선택으로부터 발생하거나 차별화 이후 원가 우위를 지속적으로 유지할 수 있을 때 나타난다.

- **선택된 차별화에 영향을 미치지 않는 가치활동 비용을 줄여라** 차별화에 성공한 기업은 구매자 가치창출의 관점에서 볼 때 중요도가 떨어지는 활동의 원가를 철저하게 줄인다. 이것은 수익성을 높여줄 뿐 아니라 가격 프리미엄의 수준을 올려주기 때문에 원가 지향적 경쟁사의 공격으로부터 안전한 위치를 확보할 수 있다.

Chapter 05
기술과 경쟁우위

    기술의 변화는 경쟁을 유발하는 중요한 요인의 하나로 산업구조를 변화시키고 새로운 산업 출현에 핵심적인 역할을 한다. 기술은 경쟁을 평등하게 만드는 힘이 있어서 시장선도기업도 기술변화의 흐름을 잘 읽지 못하면 경쟁우위를 잃을 수 있고 다른 기업에 선두의 자리를 빼앗길 수 있다. 오늘날의 대규모 기업들은 대부분 그들이 활용할 수 있었던 기술변화를 기반으로 성장해왔다고도 할 수 있다. 그러므로 경쟁 관계의 규칙을 바꿀 수 있는 여러 요소들 중에서도 기술의 변화는 가장 영향력이 크다고 할 수 있다.

    그러나 이와 같은 중요성에도 불구하고 경쟁의 관점에서 기술변화는 잘못 이해되는 경향이 있다. 기술변화는 대개 그 자체만으로 가치 있다고 인식하거나 기업이 개척할 수 있는 기술적 개선들은 모두 바람직한 것이라는 등이 그러한 예다. 일례로 하이테크 산업 내의 경쟁은 매우 높은 수익성을 보장받는 것이라고 인식하는 반면 일반 기술 산업은 수익성이 저조하다고 생각할 뿐만 아니라 종종 산업 자체가 폄하되기도 한다. 성공의 기반을 기술 혁신에 두고 있는 기업 대부분이 해외에 진출해 큰 성공을 거두면서, 다른 많은 기업이 막무가내로 기술개발에 엄청난 자금을 투자하는 경향을 보이고 있다.

그러나 기술의 변화는 변화 그 자체만으로 의미가 있는 것이 아니라, 기술변화가 경쟁우위와 산업구조에 영향을 미칠 수 있을 때 비로소 유효하다. 모든 기술의 변화가 기업에 전략적인 도움을 주는 것은 아니다. 기술변화로 오히려 기업의 경쟁적 위치나 산업 매력도는 저하될 수도 있다. 하이테크 산업이 반드시 높은 수익을 가져다주는 것도 아니며, 특성상 복잡성, 가변성 등의 불리한 요인 때문에 일반 기술 산업보다 수익성이 낮은 경우도 많다. 또한 기술은 여러 측면에서 기업의 가치사슬 전반에 고루 영향을 미치기 때문에 제품에 관련한 기술만이 기업에 도움이 된다는 것도 잘못된 생각이다. 사실 좀 더 넓은 시각에서 본다면 일반 기술 산업이라는 것은 존재하지 않는다. 어떤 산업이 기술적으로 성숙했다고 보는 견해 자체가 전략적인 오류를 범하는 원인이 될 수 있다. 실질적으로 경쟁적 우위를 형성하는 기술 혁신은 획기적인 과학적 발전을 토대로 한 것보다 매우 평범한 것에서 비롯된 경우가 많기 때문에 기술 혁신은 하이테크 산업뿐만 아니라 일반 기술 산업에서도 전략적으로 중요하다.

이 장에서는 기술의 변화가 경쟁우위 및 산업구조에 미치는 영향을 분석할 것이다. 이 장에서 다루고자 하는 핵심은 특정 기술이나 기술개발 활동이 아니라, 기술변화가 가진 전략적 의미와 이를 파악하고 활용하는 방법이다. 여기서 제시하는 기술의 범위는 매우 광범위할 것인데, 그것은 기업의 가치사슬과 관련된 모든 기술이 잠재적인 전략적 영향력을 행사할 수 있기 때문이다.

이 장에서는 먼저 기술과 경쟁의 관계를 살펴보는데 기술이 가치사슬에서 수행하는 역할과 그 결과로 기업이 확보하는 저원가 또는 차별화를 통한 경쟁우위를 검토한다. 두 번째로는 기술이 어떻게 산업 구조를 형성하는가를 살펴본다. 이렇게 생성된 분석 틀을 이용해 기술 전략(technology strategy)을 선택하는 방법을 검토할 것이다. 기술 전략이란

'어떤 핵심 기술에 투자할 것인가'

'기술적 우위를 추구할 것인가'

'언제 어떠한 방법으로 기술을 라이센싱할 것인가'에 대한 의사 결정의 문제를 다루는 것을 말한다.

세 번째로는 산업의 진화에 따른 기술변화의 경로를 예측하는 방법을 다룬다. 기술변화를 예측하는 것은 기술 전략을 선택하는 데 있어 필수다. 끝으로 기술 전략을 형성하는 각 단계에 대하여 설명한다.

기술과 경쟁

정도의 차이는 있지만 모든 기업은 여러 가지 기술과 연결이 되어있다. 경쟁에서 기술이 갖는 의미는 기술이 갖는 과학적인 장점이나 실제 제품에서 나타나는 탁월함에 있는 것이 아니다. 기업과 관련한 모든 기술은 경쟁에서 전략적 영향력을 가질 수 있으며, 이것이 경쟁우위나 산업구조에 중대한 영향을 미칠 때 기술은 경쟁에서 매우 중요한 역할을 맡게 된다.

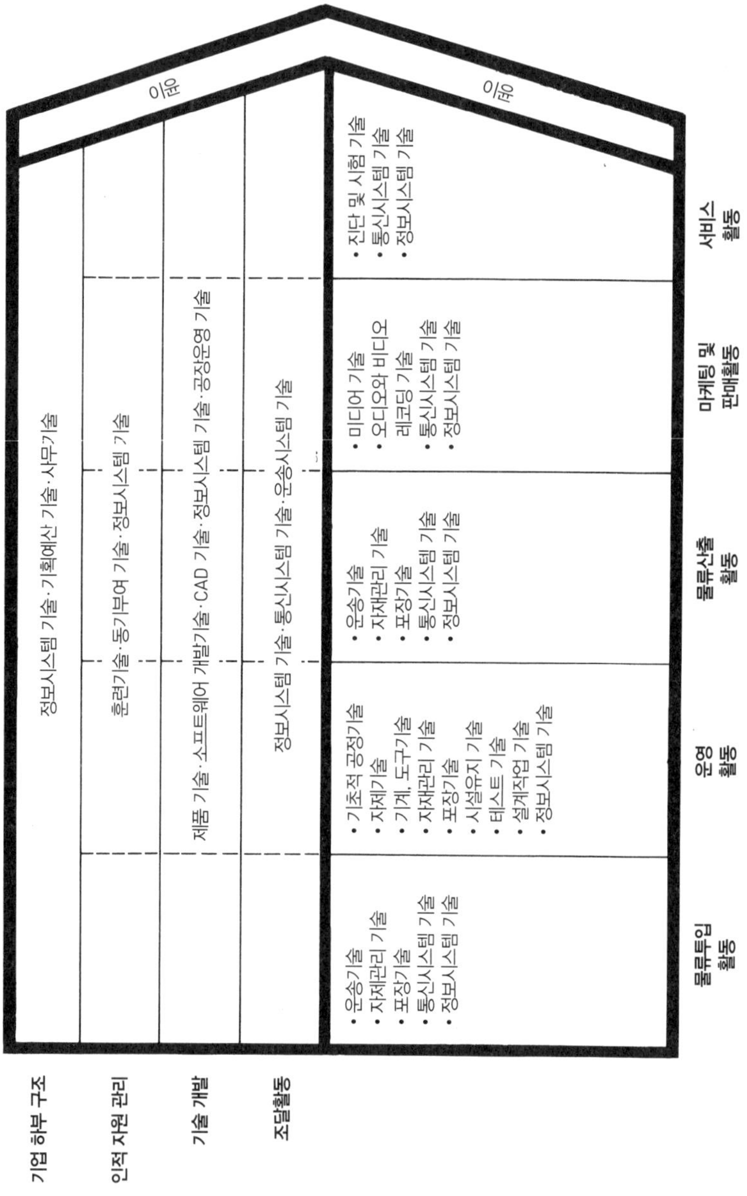

그림 5-1 기업 가치사슬에서의 대표적인 기술

기업 하부 구조: 정보시스템 기술·기획예산 기술·사무기술

인적 자원 관리: 훈련기술·동기부여 기술·정보시스템 기술

기술 개발: 제품 기술·소프트웨어 개발기술·CAD 기술·정보시스템 기술·공장운영 기술

조달활동: 정보시스템 기술·통신시스템 기술·운송시스템 기술

물류투입 활동
- 운송기술
- 자재관리 기술
- 포장기술
- 통신시스템 기술
- 정보시스템 기술

운영 활동
- 기초적 공정기술
- 자재기술
- 기계, 도구기술
- 자재관리 기술
- 포장기술
- 사문유지 기술
- 테스트 기술
- 설계작업 기술
- 정보시스템 기술

물류산출 활동
- 운송기술
- 자재관리 기술
- 포장기술
- 통신시스템 기술
- 정보시스템 기술

마케팅 및 판매활동
- 미디어 기술
- 오디오와 비디오 레코딩 기술
- 통신시스템 기술
- 정보시스템 기술

서비스 활동
- 진단 및 시험 기술
- 통신시스템 기술
- 정보시스템 기술

(이윤)

기술과 가치사슬

경쟁우위에서 기술이 갖는 의미를 이해하기 위한 기본적 도구로서 가치사슬이 있다. 각종 가치활동의 집합체인 기업은 각종 기술의 집합체라고도 할 수 있다. 기술은 기업의 모든 가치창출 활동 속에 들어 있기 때문에 기술의 변화는 실질적으로 모는 활동에 영향을 미쳐 결국 경쟁의 양상에 중요한 작용을 한다. 〈그림 5-1〉은 기업의 가치사슬에 나타나는 기술의 범위를 보여주고 있다.

모든 가치창출 활동은 구매된 원료와 인적 자원을 결합하여 산출물을 생산하는 과정에서 여러 가지 기술을 사용하고 있다. 이 기술은 인적 관리를 위한 단순한 절차의 집합 같은 것일 수도 있고 여러 과학적 원리와 하위 기술로 연결된 기술일 수도 있다. 예를 들어 물류 유통에서 사용되는 원자재 취급 기술은 산업공학, 전자공학 및 재료공학 등 여러 과학 분야의 결합체라 할 수 있다. 가치창출 활동에서 사용되는 기술은 모두 이와 같은 하위 기술의 집합체다. 또한 외부에서 구입한 소비재나 자본재와 같은 투입물에도 기술이 들어가 있다. 이렇게 투입재에 내재된 기술은 가치활동의 성과를 일정 수준으로 유지하기 위하여 다른 하위 기술과 상호작용을 한다.

기술은 주요 가치활동 외에 지원 활동에도 포함되어 있는데, CAD가 바로 그런 예다. CAD는 전통적 방법을 대체하는 새로운 기술이다. 이 외에도 지원 활동에는 여러 가지 형태의 기술이 사용되는데, 여기에는 전통적으로 기술에 의존하지 않았던 부문도 포함된다. 조달 활동은 물건을 주문하고 공급자와 거래하는 절차로 이루어진 활동이었으나 최근 IT 기술의 발전은 공급자와의 거래 방식 및 주문 절차 방법을 획기적으로 개선하여 조달 활동 과정의 혁신적인 변화 가능성을 보여주었다. 또한 인적 자원 관리 분야에서는 동기부여 연구(motivation research)와 훈련을 위한 기술에 초점을 맞추고 있으며, 사무용 설비에서 법률 연구와 전략계획에 이르기까지 기업 인프라 전반에 기술이 스며들어 있다.

IT 기술은 가치사슬에 광범위하게 연결되어 있는데 그것은 모든 가치창출 활동에서 정보가 만들어지고 또 사용되기 때문이다. 〈그림 5-1〉을 보면 이것이 명확히 나타나 있다. IT 기술은 가치사슬의 모든 부문에 연결되어 있으며 일정 계획, 통제, 최적화 문제, 성과 측정 및 여러 가지 활동의 수행 과정에 적용되고 있다. 예를 들면 원자재의 조달 물류 활동에서는 원자재의 취급, 배송 일정 계획, 원자재 재고관리 등에 IT 기술을 활용하고 있다. 마찬가지로 IT 기술은 주문 절차, 공급자 관리, 용역 업무의 일정 관리를 위해서도 사용된다. 이뿐 아니라 IT 기술은 여러 활동의 연계에서도 중요한 기능을 하는데 이것은 각 활동의 조정 및 최적화(2장 참조)에는 활동간 정보의 흐름을 파악해야 할 필요가 있기 때문이다. 가치사슬에서 정보가 미치는 광범위한 영향력 때문에 급격한 IT 기술의 발전은 경쟁의 양상과 경쟁우위의 변화에 핵심적인 역할을 수행했다.

가치사슬에 큰 영향을 미치는 또 다른 기술은 사무 또는 관리기술이다. 사무활동은 많은 가치창출에 공통으로 존재하는 활동이며 사무기능 부문에서 일어나는 기술의 변화는 오늘날 여러 기업에서 나타나고 있는 변화의 형태 중에서도 눈여겨봐야 할 조류가 되고 있다. 사무처리 기술이 IT 기술의 한 부문임에도 불구하고 여기서 따로 강조하는 것은 이것이 일반적으로 간과되기 쉬워서다.

각각의 가치창출 활동에 사용되는 기술은 서로 관련되어 있으며 이는 가치사슬 내의 연계로 이어질 수 있다. 예를 들어 생산기술은 제품 서비스 기술과 관련 있고, 부품생산 기술은 전반적인 생산기술과 연결되어 있다. 그러므로 가치사슬의 어느 한 부문의 기술변화는 다른 부분의 변화를 필연적으로 수반한다. 극단적인 경우, 한 부문에서의 기술의 변화가 가치사슬 전체의 형태 변화를 초래할 수 있다. 예를 들면, 엔진 부품을 세라믹으로 교체하면 기존의 기계 가공 과정 및 여러 생산단계가 단축되어 가치사슬 구조에 영향을 미치게 될 것이다. 또한 공급업자나 유통망과의 연계는 이들 활동을 수행하기 위한 기술 간의 상호의존성과 관계가 깊다.

가치사슬에서 기술의 상호의존성을 잘 보여주는 예가 아메리칸 에어라인의 SABRE 예약시스템이다. 아메리칸 에어라인은 각 여행사 단말기를 대여하였는데, 이 단말기를 통해 예약 및 항공권 발매가 자동화되었다. 이러한 시스템의 도입은 아메리칸 에어라인이 차별화를 달성한 원천이 되었을 뿐만 아니라 이후 아메리칸 에어라인 자체에서도 유사한 시스템을 활용할 수 있게 하는 기반이 되었다.

기업의 기술은 또한 구매자의 기술과도 상호의존 관계에 있다. 이전 장에서 언급한 것처럼 기업의 가치사슬과 구매자 가치사슬이 연계되는 접점은 기술이 잠재적으로 상호의존하는 영역을 말해준다. 기업의 제품기술과 구매자의 제품 및 생산기술은 서로 영향을 주고받는다. 예를 들면, 기업의 주문처리 기술은 상대방의 조달 활동 사무처리 기술과 서로 영향을 주고받는다. 결국 기술은 기업 전반에 영향을 미치며 부분적으로는 구매자에 대한 유통망과 공급자 기술에 영향을 받는다. 그러므로 기술개발은 연구개발을 주관하는 조직에 한정되는 것이 아니라 외부 영역으로 확대되어 구매자와 공급자에까지 연결된다.[1] 가치사슬에 존재하는 기술은 사업 고유의 영역에만 해당되는 것도 있으나 대개는 특정산업과 관련이 없다. 사무자동화 및 운송이 그러한 예가 될 수 있는데 여기서 사용되는 핵심 기술은 이 사업 특유의 것이 아니다. 그러므로 특정 기업과 관계있는 기술이 다른 산업에서 개발될 수도 있다. 기술의 이런 특성은 경쟁우위에서 기술이 차지하는 역할이 얼마나 중요한지 깊이 생각할 수 있게 해준다.

기술과 경쟁우위

기술이 원가구조에서 상대적 우위의 확보나 차별화에서 중요한 역할을 할 수 있다면, 경쟁우위에도 영향을 미치게 된다. 기술이 원가와 차별화에 강력한 영향을 미칠 수 있는 이유는 모든 가치활동과 관련이 있는 것은 물론, 이들 활동을 연결하는 데 중요한 역할을 하고 있기 때문이다. 앞의 3장과 4장에서 서술한 것처럼 만약 어떤 기술이 원가 동인이나 가치활동에서 차별성을 창출하는 동인에 영향을 준다면 그 기술은 원가 우위 및 차별화에도 영향을 줄 수 있다. 가치활동에 사용되는 기술은 규모, 타이밍 또는 상호관련성과 같은 서로 다른 동인에서 비롯된 결과이기도 하다. 예를 들면 생산 규모가 크면 고속 자동조립 설비의 설치가 가능해지며, 괜찮은 입지를 적절한 타이밍에 선점한 전력회사는 수력발전을 이용하여 전기를 생산할 수 있다. 이러한 경우 기술은 경쟁우위의 원천이라기보다는 다른 우위 요소의 결과라 할 수 있다. 그러나 기술이 다른 요인들과는 관련 없이 정책적으로 선택된 경우, 그 자체로 가치창출 활동에 중요한 동인이 된다고 보아야 한다. 경쟁자보다 가치활동을 더 잘 수행할 수 있는 우월한 기술을 발견한 기업은 그 기술을 통하여 경쟁적 우위를 확보할 수 있게 된다.

기술은 원가 및 차별화에 직접 영향을 줄 뿐만 아니라 원가 및 차별화의 다른 요소들을 변화시키거나 영향력을 행사함으로써 경쟁우위에 영향을 준다. 예를 들면 기술개발을 통하여 규모의 경제를 달성하는데 필요한 최소한의 생산단위 규모를 축소하거나 확대할 수 있으며, 관련성이 전혀 없던 활동들을 연결할 수 있다. 또 타이밍 우위를 선점할 기회를 만들기도 하고 원가나 차별화의 다른 동인에 영향을 주기도 한다. 그러므로 기업은 기술개발 활동으로 가치창출에 필요한 요소를 변경할 수 있으며 때로는 다른 기업에서는 생각지도 못한 특정 동인을 최초로 활용할 수도 있다.

다음 2가지 사례는 기술이 상대적 원가 지위를 바꾸는 데 어떤 역할을 하는지 보여준다. 첫 번째 예는 알루미늄 산업이다. 알루미늄 산업은 제련 과정에서 막대한 전력을 사용하는데, 에너지 가격의 급격히 상승하자 알루미늄 산업의 원가구조에서 전력 비용이 가장 큰 비중을 차지하게 되었다. 그 결과 에너지를 절감하는 것이 업계의 당면한 과제가 되었고 일본의 알루미늄 제련기업들도 상황은 다르지 않았다. 이 문제를 해결하기 위하여 일본 기업들은 보크사이트와 기타 광물을 중간 공정 없이 바로 알루미늄 주괴(ingot)로 전환하는 카보써믹 리덕션 프로세스를 개발해·에너지 사용을 획기적으로 줄일 수 있었다. 이런 예는 신기술 자체가 전략적 원가구조에 결정적 변수로 작용을 한 경우다. 과거 알루미늄 산업은 과도한 전력 소비산업으로 입지선정에 제한이 있었고 정부의 전기료 정책에도 영향을 받았지만,

카보서믹 리덕션 기술을 채택한 후 이런 측면이 해소되자 훨씬 유리한 사업 여건을 갖추게 되었다.

또 다른 사례로 알루미늄의 반제품 생산공정을 들 수 있는데, 이 분야에서는 기존 열 제조(hot mills) 기술을 대체하는 연속주조(casting) 기술이 도입되었다. 이 기술은 전력 소비의 절감에는 직접 기여하는 바가 적지만 규모의 경제에 의한 영향이 적다는 특징이 있다. 이 기술의 도입으로 규모에 의한 공장입지의 제약에서 벗어나 소비자에 근접한 입지를 선택할 수 있게 되었다. 이 경우는 기술 자체가 직접적인 원가 동인은 아니지만 규모나 입지와 같은 다른 영향요인에 영향을 줌으로써 다른 기업에 대하여 경쟁우위 요소를 창출할 수 있게 된 예다.

차별화에 기술이 미친 역할에 관한 사례는 미국의 배송기업 페덱스를 보면 된다. 페덱스는 소규모 단위에 초점을 맞춰서 빠르고 신뢰성 있는 배송 서비스를 선보였다. 소규모 화물 처리 기술의 도입은 페덱스의 가치사슬에 변화를 일으켰고 규모의 경제를 증대시키는 효과를 가져왔다. 이 기술로 페덱스는 해당 산업의 초기 진입자 이익을 창출할 수 있었을 뿐만 아니라 시장점유율 증가와 확고한 차별화로 경쟁사가 넘볼 수 없는 진입장벽을 구축했다. 이러한 사례로 알 수 있듯이 기술의 개발이 반드시 고도의 공학과 획기적인 과학기술을 필요로 하는 것은 아니다. 지극히 평범한 기술의 변경이나 기존 기술을 조합하는 것만으로도 경쟁우위를 창출할 수 있는 기반을 마련할 수 있다.

특정 기업의 기술은 대부분 구매자의 기술과 상호의존 관계에 있는 경우가 많기 때문에 기업 내부의 기술변화뿐만 아니라 구매자의 기술변화도 경쟁우위에 영향을 준다. 이러한 현상은 특히 차별화 전략에서 자주 발견할 수 있는데, 예를 들어 가격정책과 재고관리 기능에서 차별화 전략을 구사하던 유통업자의 경우, 만약 구매자가 온라인 판매시점 관리(POS, point-of-sale) 시스템을 도입한다면 그 유통업자는 차별화의 요소를 상실할 수도 있다. 마찬가지로 공급자의 기술변화도 기업의 원가 및 차별화 동인에 영향을 줌으로써 경쟁우위를 좌우하게 된다.

바람직한 기술변화의 판별

기술변화와 경쟁우위의 연계성은 기술변화의 바람직한 전개 방향을 설정하기 위한 여러 가지 판별기준을 제시한다. 특히 기업의 기술변화는 다음과 같은 상황에서 경쟁우위를 창출한다.

- **기술변화 자체가 원가절감 요인이거나 차별화를 가져올 경우 그리고 기업의 기술선도가 지속적인 경우** 기술변화가 원가절감이나 차별화에 기여할 수 있고 경쟁사의 모방에서 벗어날 수 있다면 기술의 우위를 유지할 수 있게 되며 기업은 경쟁우위를 갖게 된다.

- **기술변화가 원가구조나 차별성 창출에 있어서 기업에 유리한 방향으로 작용하는 경우** 가치활동의 기술변화나 제품기술의 변화는 원가구조 및 제품 차별성을 끌어내는 데 다방면으로 영향을 미치게 된다. 그러므로 비록 기술변화가 모방된다고 해도 가치창출의 동인을 기업에 유리하게 변경시킨다면 경쟁우위를 창출할 수 있다. 예를 들면 시장점유율이 높은 기업은 규모에 민감한 공정기술을 도입함으로써 경쟁사 대비 선도적인 위치를 구축할 수 있다.

• **기술변화를 최초로 시도하려는 노력이 초기 진입자 이익으로 작용하는 경우**   어떤 기술을 다른 기업이 모방한다고 해도 그 기술을 개발한 기업은 초기 진입자로서 원가 및 차별화 측면의 잠재적인 이점을 보유하게 된다. 초기 진입자의 장단점에 대해서는 다음에서 논의할 것이다.

• **기술변화가 산업 전반의 구조를 개선하는 경우**   기술변화가 전반적인 산업구조를 개선하는 경우 그 기술의 확산이 쉽게 일어나겠지만 이러한 기술의 확산도 기업의 입장에서는 바람직한 일이다.

기술변화로 기업의 경쟁적 지위가 개선되는 효과를 보려면 위에서 열거한 사항에 부합해야 할 것이다. 만약 기술적으로 상당한 성취를 보이긴 하지만 기술변화가 위 4가지 사항에 해당하지 않거나 심지어 상반되는 작용을 한다면 그 변화는 오히려 기업의 경쟁우위에 독이 될 수도 있다. 어떤 경우는 기술변화가 한 가지 특정 사항에는 부합하나 다른 사항에는 반대로 작용하여 기업의 경쟁적 지위가 악화시킬 수도 있다.

기술과 산업구조

가치창출 활동에 활용된 기술이 광범위하게 확산될 때 기술은 전반적인 산업구조의 중요한 결정변수가 된다. 산업 내에서 확산되는 기술은 5가지 경쟁 요인에 잠재적으로 영향을 미칠 수 있으며, 산업의 매력도를 증가시키거나 감소시킨다. 그러므로 비록 특정 기업에 경쟁적 우위를 제공하지 못하는 기술이라도 산업 내 모든 기업의 수익 잠재성에 영향을 미칠 수 있다. 반대로 특정 기업의 경쟁우위를 개선하는 기술적 변화가 경쟁사에 의해 모방되면서 산업구조를 더 악화시킬 수도 있다. 즉, 기술변화가 산업구조에 끼치는 잠재적 영향력은 기업이 기술 전략을 설정할 때 산업구조에 미치는 영향을 고려해야만 한다는 것을 의미한다.

기술과 진입장벽

기술변화는 진입장벽을 구축하는 강력한 결정 요인이다. 기술변화는 거의 모든 가치활동에 대하여 규모의 경제를 확대하거나 줄일 수 있다. 예를 들면, 유연생산시스템(flexible manufacturing system)의 설계는 규모의 경제를 축소하는 효과가 있다. 또 기술변화는 신제품의 개발 속도를 단축하거나 제품개발에 필요한 투자 규모를 증가시킴으로써 규모의 경제를 확대하기도 한다. 또한 기술변화는 학습곡선의 기본을 이룬다. 학습곡선은 기술변화의 한 유형인 레이아웃, 수익률, 기계속도 같은 부문의 개선에서 비롯된다. 저원가 생산설계와 같은 기술변화는 다른 절대적 원가 우위를 가져오기도 한다. 또 기술변화로 인해 특정 산업의 평균 자본 규모가 변하기도 한다. 예를 들면 배치형 공정에서 연속공정으로의 기술변화는 미국 옥수수 제분업에서 옥수수 녹말과 콘 시럽을 생산하는 데 필요한 자본의 규모를 증가시켰다.

기술변화는 제품 차별화 방식에서도 중요한 역할을 하고 있다. 예를 들면 에어로졸(aerosol) 포장 기술의 개발은 그동안 제품의 특성에 따라 차별화를 추구해온 포장용기 업체의 능력을 거의 무력화시키며 제품 포장에 표준화 바람을 불러일으켰다. 기술변화는 교체 비용을 높이거나 낮출 수 있는데, 경쟁사가 다른 기술을 선택할 경우 구매자는 공급업자를 변경할 때 직원 재훈련이 필요하거나 기존 설비에 재투자해야 하는 부담을 안게 된다. 이외에도 기술변화는 기존의 유통채널을 우회하는 새로운 유통망을 제공하거나 특정 유통망에 의존도를 높임으로써 유통구조에 영향을 준다.

기술과 구매자 협상력

기술변화는 산업과 구매자 간의 협상 관계에도 변화를 줄 수 있다. 특히 제품 차별화나 교체 비용을 형성하는 데 기반이 되는 기술은 구매자의 구매력을 결정하는 중요한 수단이 된다. 구매자는 핵심적인 교섭력 강화 수단이라 할 수 있는 후방 통합을 추구할 수 있는데, 이때 기술변화가 후방 통합이 쉽게 이루어질지를 결정한다. 예를 들어 컴퓨터 서비스 산업에서 기술변화에 따른 컴퓨터 하드웨어 가격의 급격한 하락은 시분할 장치를 판매하는 미국의 ADP와 같은 기업에 심각한 타격을 주었다. 가격이 하락하여 구매자들이 직접 보유할 수 있게 되었기 때문이다.

기술과 공급자 협상력

기술의 변화는 한 산업과 그 공급자 간의 구매 협상 관계를 변화시킨다. 기술변화는 강력한 공급자 집단으로부터 구매해야 할 필요성을 없애거나 반대로 새로 등장한 공급자로부터 구매해야 하는 필요성을 증가시킬 수 있다. 이는 산업과 공급자 간의 협상 관계를 변화시킨다. 예를 들면 지붕을 마감하는 건축자재 산업에서 고무 소재의 지붕 건축자재의 출현은 기존 아스팔트 소재 공급자 대신 강력한 합성수지 공급자의 등장을 초래했다. 또한 기술변화는 대체 가능한 원자재의 범위를 확대함으로써 공급자에 대한 협상력을 강화하기도 하였다. 예를 들면, 캔 제조업체는 알루미늄 캔 제관 기술의 출현으로 철과 알루미늄 공급자 사이의 치열한 경쟁에 대한 반사이익으로 공급자의 협상력을 강화하였다. 이처럼 기업의 기술에 대한 투자는 공급자가 가진 기술을 더욱 깊이 분석하고 파악하여 특정 공급자에 대한 의존도를 낮추고 협상력을 높이는 역할을 하게 할 수도 있다.

기술과 대체재

기술이 산업구조에 미치는 영향 중 가장 일반적인 현상으로 인지되는 것이 대체재의 효과다. 대체재는 서로 경합하고 있는 제품의 상대적 가치와 기존의 제품에서 다른 제품으로 전환하는 데 따른 교체 비용의 함수라 할 수 있다(이 내용에 대해서는 8장에서 자세히 논의한다). 기술변화는 기존에 없던 완전 새로운 제품을 창조해내거나 기존 제품의 대체품 또는 새로운 용도를 개발하는 기능을 하는데, 플라스틱이나 나무를 대체하는 탄소섬유의 탄생, 오븐과 튀김기를 결합한 대체품인 에어프라이어의 개발 등이 그런 예다. 요약하자면, 대체재를 개발하는 기술은 가격에 대한 상대가치와 교체 비용에 영향을 주며, 상호 대체성이 높은 제품을 생산하는 산업에서 가격에 대한 상대가치를 높이려는 기술경쟁은 대체 과정의 핵심이다.

기술과 경쟁

기술은 원가구조와 가격 책정에 영향을 줌으로써 기존 경쟁자 간에 존재하는 경쟁 관계의 기반과 특성을 변화시킬 수 있다. 앞에서 언급된 미국의 옥수수 제분업의 경우, 연속공정 기술의 도입은 고정비를 상승시켰으며 산업 내의 경쟁 관계를 확대시켰다. 조선 산업에서도 유사한 예를 찾을 수 있는데 건조 기술의 발전으로 등장한 거대한 유조선은 고정비의 증가와 원가 단위당 부가가치를 확대시켰다. 제품 차별화 및 교체 비용에 미치는 기술의 영향도 기업 간 경쟁 관계에 중요한 역할을 한다.

기술이 경쟁 관계에 미치는 또 다른 잠재적 영향력은 철수장벽에서 나타난다. 유통업을 예로 들면, 자재 관리를 자동화해서 특정 자재에 특화된 설비를 갖춘다면 철수장벽이 높아질 것이다. 이러한 현상은 과거에는 다목적이었던 설비가 전문화되고 자본 집약적으로 바뀌면서 나타나고 있다.

기술변화와 산업영역

기술변화는 산업영역을 변화시키는 데 중요한 역할을 한다. 산업영역을 구분하는 경계선은 명확하지 못한 경우가 많은데, 이는 산업의 제품과 대체재, 기존의 종사자와 잠재적 진입자 그리고 공급자나 구매자를 구분하는 자체가 부정확하기 때문이다. 그러나 산업영역을 어떻게 나누느냐보다 사실 더 중요한 것은 기술변화가 산업영역을 구분하는 경계의 확장과 축소에 영향을 준다는 점이다.

기술변화는 여러 가지 방법으로 산업영역을 확대하는데, 운송이나 물류 비용을 감소시키는 기술은 시장의 지리적 범위를 확장할 수 있게 한다. 이러한 예는 1960년대에서 70년대 사이 해운업에 등장한 대형 벌크선의 사례에서 찾아볼 수 있다. 기술변화는 또한 나라마다 다른 시장의 특성에 적응하는 데 수반되는 비용을 감소시킴으로써 산업을 국제화하는 데 도움이 된다.[2] 마지막으로 기술변화는 산업 간의 상호관련성을 높일 수 있다. 금융 서비스업, 컴퓨터 산업, 통신 산업 등은 기술의 변화로 경계선이 모호해져 전반적으로 하나의 산업으로 통합되는 경향을 보인다. 또한 출판산업에서도 편집과 인쇄기술이 자동화되어 좀 더 다양한 유형의 출판 부문에서 인쇄 작업을 효과적으로 공유할 수 있게 되었다(상호관련성에 대한 자세한 내용은 9장에서 논의한다).

한편 7장에서 논의하겠지만, 기술변화는 기업이 가치사슬의 특정 부문에 집중하게 함으로써 산업의 경계를 점차 좁혀주고 있다. 즉 산업 내 하나의 세분화된 단위가 사실상 하나의 세분 산업이 될 수 있는 것이다. 태블릿PC의 경우, 기술개발로 기능과 편의성 향상, 사용 용도의 확대를 통해 기존 노트북 컴퓨터와는 독립된 하나의 산업을 형성했다.

기술변화와 산업 매력도

흔히 기술변화가 산업구조를 개선할 것으로 생각하지만 앞에서 본 바와 같이 산업구조를 악화시킬 수도 있다. 기술변화가 산업 매력도에 미치는 영향은 5가지 요인과 밀접한 관계가 있다. 만약 기술변화가 진입장벽을 높이거나 강력한 공급자를 제거하거나 대체재를 없앤다면, 산업의 수익성은 마땅히 개선될 것이다. 그러나 기술변화가 구매자의 협상력을 강화시키거나 진입장벽을 낮추게 되면 산업에 부정적인 결과를 초래할 것이다.

기술변화가 산업구조의 변화에 미치는 역할은 혁신을 준비중인 기업에 잠재적인 위협이 된다. 어떤 기업의 경쟁우위를 강화시킨 기술혁신을 다른 경쟁사가 모방할 경우 산업구조가 붕괴되는 결과가 올 수 있기 때문이다. 따라서 기업은 기술 전략을 수립하거나 기술 투자를 할 때 기술변화가 기업경쟁력과 산업의 변화에 미치는 긍정적인 영향과 부정적인 영향을 모두 고려해야 한다.

기술 전략

기술 전략이란 기술의 개발과 사용에 대한 기업의 접근 방법이다. 기술 전략의 핵심적인 역할을 맡은 것이 연구개발 조직이긴 하지만 기술이 가치사슬 전체에 미치는 영향을 고려해보면 기술 전략을 더욱 넓은 시각으로 바라보아야 한다. 기술변화가 산업구조 및 경쟁우위에 미치는 영향력 때문에 기업의 기술 전략은 전반적인 경쟁전략에서 빠질 수 없는 요소가 되었다. 다시 말해, 기술 전략은 기존의 강력한 경쟁사를 공격하는 주요한 방법이 될 수 있다(이에 관해서는 15장에서 자세히 서술한다). 그러나 기술은 전반적인 경쟁전략 중 하나의 요소에 불과하므로 다른 가치창출 활동과 일관성을 유지하면서 다른 활동에서 비롯된 선택으로 강화되어야 한다. 이런 연계가 잘 이루어지지 못하면, 가령 제품 차별화를 위해 선택된 기술 전략이 미숙한 판매사원 때문에 구매자에게 제대로 어필되지 못하거나 생산과정에서 품질관리가 제대로 되지 않아 결국 아무런 효과를 나타내지 못하게 되는 것과 같은 결과를 낳을 것이다.

기술 전략은 다음 3가지 사항을 포함해야 한다.

- 어떤 기술을 개발할 것인가?

- 그 기술 분야에서 기술적 우위를 추구할 것인가?
- 기술 라이센싱의 역할은 어떻게 설정할 것인가?

개발할 기술의 선택

기술 전략의 방향은 기업이 어떤 종류의 경쟁우위를 획득하고자 하느냐에 달렸다. 이때 개발하고자 하는 기술은 성공의 확률을 어느 정도 보장하면서 기업의 본원적 경쟁전략에 가장 기여할 수 있는 것이어야 한다. 기술 전략은 기업이 3가지 본원적 전략을 각각 수행하는 데 있어서 강력한 도구가 되고 본원적 전략 중 어떤 것을 따르는가에 따라 〈표 5-1〉에서 보는 것처럼 매우 다양한 특성을 보인다.

많은 기업에서 행해지는 연구개발 활동은 경쟁우위 확보보다는 과학적 관심이 주된 목적이다. 그러나 〈표 5-1〉에서 보는 바와 같이 기업의 연구개발 계획은 기업이 추구하는 본원적 전략에 그 초점이 맞춰져야 한다. 예를 들면 원가 우위 전략을 추구하는 선도기업의 연구개발 프로그램 계획은 가치공학(value engineering)을 활용한 제품 디자인으로 원가를 감소시킬 수 있는 프로젝트가 되어야 한다. 뿐만 아니라 총원가의 상당 부분을 차지하는 모든 가치활동의 원가를 낮출 수 있도록 고안된 프로젝트를 중심으로 구성해야 원가를 절감할 수 있다. 즉 원가 선도기업의 연구개발 활동은 제품에 새 기능을 추가해 생산원가를 높이는 방향이 아니라 경쟁사와의 균형을 유지하는 데 힘을 써야 하며 그렇지 않은 연구개발 활동은 기업의 전략과 방향과 어긋나게 된다.

〈표 5-1〉에서 알 수 있는 또 하나의 중요한 사실은 제품과 생산공

구분	원가 우위 전략	차별화 전략	원가 집중화	차별적 집중화
제품 기술 변화	값싼 원료를 구입하거나 제조 방법을 간소화시키고 물적 흐름을 단순화시킴으로써 제조원가를 절감할 수 있는 제품개발	제품의 질·구색·교체 비용·운송 가능성을 개선해 주는 제품개발	목표 세분 시장의 욕구를 충분히 만족시킬 수 있는 제품개발	광범위한 시장을 목표로 하는 경쟁사보다 세분 시장의 수요를 더 잘 충족시키는 제품 설계
공정 기술 변화	원재료 사용을 증대시키고 노동력 투입을 감소시키는 학습곡선을 통한 공정개선	내구성을 높이고 품질관리 일정계획, 즉각적인 주문 배송 활동 등을 통해 구매자 가치를 향상시켜 주는 공정개발	세분 시장을 충족시키기 위해 소요되는 비용을 절감할 수 있도록 가치사슬을 세분 시장의 욕구에 부합하게 하는 공정개발	구매자 가치를 향상시키기 위해 세분 시장의 욕구에 가치사슬이 적합하도록 공정개발

표 5-1 제품 및 공정기술과 본원적 전략

정에서의 기술변화가 각각의 본원적 전략을 수행하는 데 중요한 역할을 한다는 것이다. 그렇지만 상당수 기업에서는 생산공정의 기술적 변화는 오직 원가에만 영향을 미치고 제품기술의 변화는 차별화를 강화하는 데만 영향을 준다는 오해를 하고 있다. 3장에서 이미 제품기술이 원가절감에 어떻게 결정적인 역할을 하는지를 이미 밝혔으며 4장에서는 일본 기업들의 예를 통해 생산공정에서 일어나는 기술변화가 차별화의 핵심 열쇠라는 것을 확인했다.

 기술 전략의 범위가 전통적으로 기술로 정의되는 제품과 공정의 R&D 범위를 넘어 확장되고 있다는 것도 중요한 변화다. 즉, 기술은 기업의 가치사슬 전반에 걸쳐 영향을 미치며 상대적 원가와 차별화는 전체 가치사슬과 함수관계에 있다. 그러므로 기업의 모든 기술에 대하여 체계적인 검토를 함으로써 생산비를 절감할 수 있고 차별화를 높일 수 있는 영역을 발견할 수 있다. 예를 들어, 오늘날의 기업에는 연구개발 부서보다 정보 관련 시스템(IS) 부서가 기술변화에 더 큰 영향을 미칠 수 있다. 또한 운송, 자재 관리, 통신 및 사무자동화와 같은 기술 분야도 기존의 무계획적이고 비공식적인 접근 방식에서 탈피할 필요가 있다. 결국 모든 기술 분야에서의 개발 활동은 다른 활동과의 일관성을 유지해야 하며 상호관련성을 고려해야 한다.

미국의 크라운 코크 앤 실의 사례는 기술 전략과 경쟁우위의 연계성에 대하여 좋은 사례를 제공해주고 있다. 크라운 코크 앤 실은 전략의 초점을 시장 선정과 고객의 요구에 빠르게 대응하는 높은 수준의 서비스를 제공하는 것에 두고 있다. 크라운 사는 새로운 제품을 선도적으로 개발하려는 노력은커녕 기초적인 연구도 거의 하지 않는다. 이 회사가 중점적으로 노력을 기울이는 분야는 오로지 고객의 문제를 신속하게 해결하고 타사의 성공모델을 모방하는 것이며 따라서 연구개발 부서에서도 이 부분에만 집중하고 있다. 이 기업의 연구개발 방식은 집중전략과 밀접한 관계가 있다. 크라운 사의 경우 캔 외에도 다양한 포장 용기 제품을 공급하는 등 미국의 다른 경쟁사인 아메리칸 캔(American Can)이나 콘티넨탈 그룹(Continental Group)과는 상당히 다른 양상을 보이는데, 크라운이 캔을 포함한 다양한 포장 용기를 공급에 집중한다면 아메리칸 캔이나 콘티넨탈 그룹은 기초 원자재 및 신제품 연구에 막대한 투자를 하고 있다.

가치사슬에 존재하는 기술 중 집중 개발해야 하는 기술의 선택은 기술변화와 경쟁우위의 관계로 결정된다. 기업은 직접적으로 또는 앞에서 설명한 판별방법을 통하여 원가 및 차별화에 가장 크고 지속적인 영향을 미칠 수 있는 기술에 집중해서 투자해야 한다. 이러한 판별방식은 기업의 경제적 이익을 발생시키는 정도에 따라 기술변화의 우선순위를 결정한다. 또한 연구하고 있는 기술이 성공할 가능성과 함께 기술개발에 들어가는 비용이 나중에 얻을 수 있는 이익과 균형을 이루는지도 살펴보아야 한다.

기업은 가치창출 활동에서 이미 사용되고 있는 기술을 발전시킬 것인지 또는 새로운 기술에 투자해야 할 것인지에 대하여 의사결정을 내려야 할 때가 많다. 예를 들어 알루미늄 제련사업의 경우, 기존 방식인홀 헤로울트(hall-heroult) 공법을 개선할 것인지, 아니면 카보써믹 리덕션 기술을 개발할 것인지에 대한 결정을 내려야 한다. 한편 기술은 일반적으로 하나의 라이프 사이클을 따라 변동하는 것 같은데, 이 라이프 사이클에서 먼저 개발된 기술이 나중에 등장하는 신기술에 의해 대체되거나 소멸하기도 한다. 이는 이미 성숙한 기술을 개선하는 것이 새로운 기술을 개발하는 것보다 이익과 비용의 트레이드오프가 더 적을 것임을 의미하는 것일지도 모른다.

그러나 어떤 기술을 성숙했다고 판단하는 것은 자칫 위험할 수도 있으므로 주의가 필요하다. 무려 1800년대 말에 개발된 알루미늄 제련 기술인 홀 헤로울트 공법은 오늘날까지 효율 향상을 위한 개선 작업을 해오고 있다. 이와 비슷한 예로 한 세기 가까운 역사가 있는 저속 디젤엔진은 가스 터빈 엔진과 비교하면 구식 기술 같지만 1974년 이후로 지속적인 연비향상을 보이며 선도적인 입지를 지켜왔다. 이 2가지 예에서 공통적으로 발견할 수 있는 것은 두 경우 모두 새로운 기술의 도래 내지는 기존 기술의 개선을 이끈 동력이 에너지 가격의 급상승이라는 것이다. 에너지 가격의 급등은 연료 효율에 대한 관심을 높아지게 만들었고, 이러한 관심에서 시작된 기술 개선 노력은 더 나은 재료와 기술, 기계 활용, 효율적인 공정 및 그 밖의 여러 가지 이익을 가져다주었다.

앞에서 살펴본 바와 같이 대부분의 제품과 가치활동은 한 가지 기술이 아니라 여러 가지 기술 또는 하위 기술들로 구성되어 있다. 그것은 개별적인 하위 기술 자체가 아니라 무르익었다고 가정할 수 있는 특정 하위 기술의 조합일 뿐이다. 이들 하위 기술 가운데 어떤 특정 기술에 중대한 변화가 일어나면 획기적인 제품 성능의 향상을 가져올 수 있는 새로운 결합 형태를 창출할 가능성이 발생하며, 알루미늄 제련이나 저속 디젤엔진이 바로 그 예라 할 수 있다. 한편 여러 가지 기술 분야에 응용이 가능할 것으로 보이는 최근의 AR이나 VR 기술의 출현은 좀 더 새로운 기술 결합의 가능성을 열어줄 것으로 기대되어 여러 산업에 지각변동을 주고 있다.

그러므로 투자해야 할 기술을 선택할 때 기업은 기술개발 연도와 같은 단순한 지표에 의존하는 것이 아니라 가치사슬 속에 존재하는 각각의 중요한 기술에 대한 깊은 이해를 바탕으로 결정을 내려야 한다. 앞의 두 예가 잘 알려주듯이, 때로는 기술 진보를 위하여 필요한 것이 노력과 투자일 경우도 있으며 진보한 하위 기술이 기존의 기술을 향상시킬 수도 있다. 한편 낡은 기술을 개선하려는 노력이 때로는 불필요할 때도 있는데 이럴 때 최선의 결단은 그 기술을 아예 포기하는 것이다. 기업이 보유하고 있는 기술을 포기하기란 무척 힘든 결정이다. 특히 그 기술이 기업이 주도하여 직접 개발한 경우라면 더욱 그렇다. 하지만 때로는 이런 과감한 포기가 기업의 경쟁적 지위를 유지에 꼭 필요하다.

그렇다면 어떤 기술을 개발하는 것이 좋은가. 중요한 기술, 획기적인 향상을 달성하게 만드는 기술은 개발의 여지가 당연하니 가치사슬에 존재하는 부수적 기술로 눈을 돌려보자. 이런 기술의 작은 개선을 통해서도 경쟁우위는 창출될 수 있기 때문이다. 더욱이 획기적인 기술향상은 경쟁사에게 모방의 표적이 되기 쉽기 때문에 여러 활동에서 종합적으로 축적된 기술이 더 지속력이 강할 수도 있다. 일본 기업들이 기술 분야에서 보인 성공은 바로 이렇게 획기적인 개선이 아닌, 가치사슬 전반에서 기술의 개선을 통해 이루어졌다.

기술선도 전략과 추종 전략

기술 전략을 수립할 때 기업이 직면하는 두 번째 문제는 기술 선도를 추구할 것인가 아니면 경쟁사의 기술을 모방하는 데 주력할 것인가를 결정하는 것이다. 기술선도의 개념은 비교적 명확한데 이것은 기업이 본원적 전략에 도움이 되는 기술변화를 도입하는 데 있어서 리더가 되고자 하는 것이다. 때로는 기술변화를 전혀 고려하지 않고 있는 기업을 포함하여 기술선도기업이 아닌 기업을 모두 기술추종기업으로 보기도 한다. 그러나 기술추종은 수동적으로 따라간다는 의미가 아니라 기업이 혁신적인 선도기업이 되기를 의도적으로 피하는 능동적인 활동으로 보아야 하며, 이 책에서는 이러한 의미에서 기술추종을 하나의 전략으로 다루고자 한다.

기술 선도성은 제품과 공정기술의 관점에서만 다루기에는 한계가 있는 광범위한 문제다. 이러한 기술 선도성은 가치활동에 사용되는

구분	기술적 선도	기술적 추종
원가 우위	• 가장 저렴한 제품 설계를 선도한다. • 학습효과를 먼저 취한다. • 가치활동을 가장 저렴한 원가로 수행하는 방법을 강구한다.	• 선도기업의 경험을 습득함으로써 가치활동이나 제품의 원가를 낮춘다. • 모방을 통해 연구개발비를 줄인다.
차별화	• 구매 가치를 증진시키는 독특한 제품을 개발한다. • 구매자 가치를 증대시키는 여러 가치활동에서 혁신을 일으킨다.	• 선도기업의 경험으로부터 구매자 욕구에 좀 더 밀접한 생산 시스템 혹은 배송시스템을 만든다.

표 5-2 기술선도 전략과 경쟁우위

어떠한 기술에서도 성립될 수 있다. 여기서는 가치활동을 혁신하는 데 있어 기업이 개척자의 역할을 할 것인지 추종자의 역할을 할 것인지를 전략적 선택의 관점에서 다루어보고자 한다.

• 기술선도기업이 될 것인가, 기술 추종기업이 될 것인가. 이 질문에 내린 결정은 〈표 5-2〉에 나타난 바와 같이 원가 우위 또는 차별화를 달성하려는 전략적 의사결정의 일환일 수 있다.

기업은 기본적으로 기술선도를 차별화를 달성하는 방법으로 여기고 기술 추종을 저원가 우위를 성취하려는 방법으로 보는 경향이 있다. 그러나 기술선도기업이 비용이 적게 드는 새로운 공정기술을 최초로 도입하면, 이 기업은 원가 우위 생산자로 거듭날 것이다. 또 기술 추종기업이 선도기업의 시행착오에서 교훈을 얻어 산업에 더 적합한 방식으로 변할 수 있다면 오히려 차별화를 달성할 가능성도 있다. 하나의 산업에는 여러 가지 기술이 관련되어 있고 추구하는 경쟁우위의 형태도 다양하기 때문에 여러 개의 기술선도기업이 존재할 수 있다.

기술선도기업이 되느냐 추종기업이 되느냐를 선택하는 것은 다음의 3가지 요소에 달려있다.[3]

- **기술우위의 지속가능성** 경쟁사에 대비하여 기술우위를 지속할 수 있는 가능성이 얼마나 되는가?
- **초기 진입자 이익** 신기술을 최초로 받아들임으로써 얻게 되는 이익은 어느 정도인가?
- **초기 진입자 불이익** 다른 기업의 진출을 기다리지 않고 먼저 진출함으로써 감수해야 하는 불이익은 어느 정도인가?

위의 3가지 요소는 기업이 최선의 선택을 하는 데 영향을 준다. 초기 진입자로서 감수해야 할 불이익이 있다면 기술의 선도적 지위를 계속 유지할 수 있다고 해도 선도기업의 역할에 주어지는 전략적 타당성이 감소할 수 있다. 반대로 초기 진입자 이익이 존재한다면 초기의 기술적 선도 자체는 사라지더라도 이것을 지속적인 경쟁우위로 전환할 수 있다. 이러한 초기 진입자의 이익과 불이익은 기술의 선택과 관련하여 자주 발생한다. 그러나 경쟁전략의 형성과 관련하여 초기 진입과 그 효과가 주는 의미는 기술 전략의 범위를 벗어난다. 이 문제는 진입 타이밍이 어떻게 경쟁우위 또는 그 반대의 경우에 영향을 미치며, 진입 및 이동장벽에는 어떤 영향을 미치는가와도 관련이 있다.

기술적 우위의 유지

기술의 선도는 특히 첫째, 경쟁사가 기술을 모방할 수 없거나 둘째, 기업이 경쟁사가 추격할 수 없을 만큼 빠르게 혁신을 수행할 수 있는 경우에 선호된다. 여기서 두 번째 조건이 특히 중요한데, 기술이 보통 확산되는 경향이 있어서 기술선도기업이 움직이는 목표물이 될 것을 요구하기 때문이다. 예를 들면, 코닥은 카메라 시스템과 필름제조 화학 분야에서의 계속적인 기술개발로 사진 업계에서 선두를 유지하며 디스크 카메라를 개발하기도 했다. 이러한 상황에서 단일 기술밖에 없는 경쟁사는 코닥에 대응할 수 없게 된다. 만약 기술적 우위의 선도가 지속될 수 없다면, 기술 추종기업에 비해 기술 선도를 유지하는 데 많은 비용이 들기 때문에 초반의 기술우위 선도가 초기 진입자의 이익으로 전환될 때만 기술의 선도가 정당화될 수 있다.

기술선도의 지속가능성은 다음 4가지 요소에 달려있다.

- **기술변화의 원천** 기술선도의 지속성은 그 기술이 산업 내부에서 개발되었는지 또는 외부로부터 도입되었는지에 따라 크게 달라진다. 기술변화의 상당 부분은 공급자나 구매자 또는 완전히 별개의 산업 같은 외부요인에서 발생한다. 예를 들자면 대부분의 디바이스 산업에서는 생산공정을 설계하고 공장을 건설하는 건설회사가 기술의 핵심적인 원천을 제공한다.

기술의 중요한 원천이 산업 외부에 존재하는 경우, 기술선도를 유지하기란 더욱 어렵다. 외부의 기술 원천은 다양한 기업이 접근할 수 있어서 기업이 자체적으로 보유한 기술 수준과 연구개발 비용 내에서 특정 기술에 대한 접근을 용이하게 만든다. 그러므로 외부의 기술

변화는 경쟁사들 사이에서 균형 장치 같은 역할을 한다. 산업 내에서 중요한 외부 기술 원천을 가진 기술선도기업들은 산업의 우위를 유지하고 기술선도를 하기 위해 기업 간 제휴 또는 배타적 계약을 통해 반드시 이들 요소로부터 발생하는 이득을 취하거나, 산업 외부에서 개발된 기술에 적응하는 월등한 능력을 갖추어야 한다.

- **기술개발 활동에서의 지속적인 원가 우위 또는 차별적 우위의 존재 여부** 기업이 기술개발을 하는데 원가 우위나 차별화 우위를 갖고 있다면 그 기업의 기술적 선도는 지속될 가능성이 크다. 기술개발에서 기업의 상대적 원가와 차별화 우위를 분석하기 위해서는 3장과 4장에서 소개한 도구들을 이용할 수 있다. 만일 규모의 경제나 학습효과가 존재한다면, 시장점유율이 높거나 경험이 많은 기업들은 연구개발 활동에서 원가 상의 우위를 확보할 수 있다. 초기 모델을 개발하는데 드는 고정비용의 비중이 큰 경우, 시장점유율이 높은 기업은 시장점유율에 비례하여 더 적은 연구개발 비용을 부담하게 된다. 그러므로 시장점유율이 높은 기업은 기술선도의 위치를 유지하기 위해 비용 부담 없이 연구개발에 더 많은 투자를 감행할 수 있다. 이런 사실은 GE가 대형 터빈 발전기 사업에 투자하여 기술적 우위를 유지한 예로 확인할 수 있다. GE는 경쟁사인 웨스팅하우스(Westing House)보다 연구개발에 절대적으로 많은 돈을 투입하였지만 사실상 매출액 대비 투자비율은 웨스팅하우스보다 낮았다. 어떤 산업에서 제품개발 비용이 증가하는 것 역시 높은 시장점유율을 확보한 기업에 유리하게 작용한다. 예를 들면, 새로운 제초제를 개발하는 비용이 3천만 달러 이상으로 증가하자, 제초제 산업에서 농화학 분야 선도기업의 우위 요

소가 확대되는 결과를 가져왔다.

기술개발 과정에서 기업의 상대적 원가나 효율성은 모기업 내 관련 사업단위 간의 상호관련성에도 강력한 영향을 받는다. 사업단위 간의 연계는 기술의 이전과 연구개발 비용을 분담할 수 있게 한다. 기술선도기업은 관련된 기술을 응용하여 새로운 사업 분야에 진출함으로써 종종 기술적으로 상호관련성을 공격적으로 추구한다. 이런 기업들은 사업단위 간 연구개발 교류를 위한 메커니즘을 고안하여 전사적 차원에서 잠재적 효과를 줄 수 있는 핵심 기술에 투자하는 경향이 크다.

기초연구, 응용연구, 개발 등 기술 혁신 사이클의 각 부분은 연구개발비에서 지속적인 원가 우위를 유지하기 위한 기회를 제공하기도 한다. 기초제품의 혁신은 이를 창출하는 신제품 형태와 새로운 기능을 창출하는 후속 활동에 비해서 규모 민감성이 떨어진다. 이러한 점이 제품개발에서 우위를 지속하는 것을 어렵게 만들기 때문에 혁신적인 미국 기업이 일본 기업에 추월당하는 이유다. 여러 기술선도기업들이 성공을 이룬 비결에는 규모나 학습효과 또는 연구개발과 관련해서 비롯된 이점을 모두 활용해서라기보다는 우위를 지속하기 위한 투자를 멈추지 않은 것이 더 주효했다. 또한 그 기업들은 새로운 모델을 신속하게 출시함으로써 연구개발의 규모 또는 학습효과의 우위를 활용한다. 일본 자동차 제조기업 혼다가 신모델을 계속 교체하여 경쟁적 우위를 강화하고 있는 점이 이를 잘 설명해준다.

• **상대적인 기술적 숙련도** 경쟁사에는 없는 고유의 기술적 숙련도를 축적한 기업은 상당한 연구개발 인력, 설비, 경영체제를 갖춘 기업에 비하여 오히려 기술적 우위를 유지할 가능성이 높다. 기술적 숙련

도는 규모, 학습효과, 상호관련성과는 무관하게 동일한 지출비율 대비 결과물의 차이에 영향을 준다. 기술적 숙련도는 경영체제, 기업문화, 조직구조와 연구 인력과 관련한 기업평판 및 기타 요소들의 영향을 받는다. 예를 들면, 일본의 NEC는 공학석사 출신 엔지니어들로부터 좋은 평판을 받고 있어서 이를 기반으로 우수한 엔지니어들을 확보하고 연구개발 능력을 강화하고 있다.

성공적인 기술선도기업은 연구개발 기술의 축적에 깊은 관심을 가지고 있다. 그들은 산업이 불황이거나 경상수지가 악화될 때도 연구개발 인력을 감축하지 않는다. 또한 관련 분야의 우수한 연구기관과 협업하기 위해 노력하며 훌륭한 연구 인력을 끌어오기 위해 좋은 이미지 구축에도 힘쓴다.

• **기술 확산과 속도** 기술선도가 얼마나 지속될 것인지를 결정하는 마지막 주요 요소는 기술이 확산되는 속도다. 연구개발 활동으로 확보한 원가 우위나 우수한 기술이 경쟁사에 쉽게 모방될 수 있다면 그간의 투자와 관심은 헛된 노력이 되고 만다. 산업에 따라 그 정도는 다르지만 기술의 확산은 끊임없이 일어나는데, 선도적 기술이 확산되는 과정은 대개 다음과 같이 요약된다.

- 경쟁사가 선도기업의 제품이나 제조방법을 직접 관찰하는 것
- 설비공급자나 대여자를 통한 기술이전
- 컨설턴트나 무역 관계 기자와 같은 산업관찰자에 의한 기술이전
- 새로운 거래처를 찾는 구매자에 의한 기술이전
- 경쟁사로 인적자원 이동

- 과학자의 연구발표 또는 논문

기술의 확산은 개발된 상품의 개선보다 기초 상품 및 공정기술의 혁신에서 더 잘 일어난다. 제품 및 공정기술의 개선은 독점적으로 이루어질 가능성이 높으면 지속하기 쉽고, 특히 공정기술의 경우에는 더욱 그렇다. 일본 기업들은 지속적인 공정의 개선에 중점을 두기 때문에 공정기술 자체를 개발한 미국이나 유럽의 기업보다 우위를 유지하는 경우가 많다.

기술의 확산 속도는 산업 자체의 특성에 좌우되기도 하고 부문적으로는 기업의 통제에 영향을 받기도 한다. 가정용 무선장비 업체에 쓰이는 기술은 제품 검사로 확인이 가능한 반면 일회용 기저귀에 사용된 기술은 기저귀 생산에 맞춤 제작된 기계로 인해 확산 속도가 느리다. 확산의 속도를 늦추는 요소로는 다음과 같은 것이 있다.

- 핵심기술 및 관련 기술의 특허 획득
- 기밀 유지
- 제품의 원형 및 생산설비의 자체 개발
- 기술의 혁신 및 단서를 제공하는 핵심 부문의 수직적 통합
- 인력의 유출을 막는 인사정책

성공적인 기술선도기업은 기술 확산을 저지하기 위해 적극적인 노력을 펼친다. 가능한 모든 부문에 특허를 취득하고, 특허 침해자는 즉각 대응한다. 모든 외부인, 심지어 구매자조차도 기업의 노하우가 노출될 수 있는 위험대상으로 간주하여 외부인의 내부 견학을 삼가고

구매자에게도 핵심 기술에 대한 정보는 비밀로 한다. 기술선도기업은 외부에 기술이 노출되는 것을 방지하고 기술을 보호하기 위해 수직 통합으로 설비를 자체 개발하고 제작하는 경우가 많다. 철저한 기밀 유지로 유명한 기업들 대부분은 기술선도기업인데 듀폰(Dupont), 코닥, P&G, 미쉐린 등이 이에 해당한다.

초기 진입자의 이익

기술선도는 초기 진입자 이익이 존재할 때 전략적인 유용성이 높아진다. 초기 진입자 이익은 심지어 다른 기업과 기술 격차가 줄어들어도 지속할 수 있는 다른 형태의 경쟁적 우위로 전환하게 함으로써 우위를 지속시켜준다. 초기 진입자 이익은 원가 우위 또는 차별화의 원천과 관련하여 기업의 경쟁적 지위를 개선하기 위한 진입 타이밍에 의해 좌우된다. 초기 진입자는 관련 분야에 먼저 진출하여 여러 측면에서 경쟁의 규칙을 설정하는 기회를 얻는다.

초기 진입자 이익의 주요 유형은 다음과 같은데 이러한 이익 요인들은 기술과는 무관하게 새로운 지역으로 먼저 진출하거나 시장을 개척해서 형성될 수 있다.[4]

• **명성**(Reputation) 최초로 시장에 진출한 기업은 개척기업 또는 선도기업으로서의 명성을 구축할 수 있으며, 후발 경쟁자는 이러한 명성을 극복하는 데 어려움을 겪게 된다. 선도성은 한시적으로나마 기업을 특별한 위치에 머무르게 해주며 이것은 장기적으로 기업 특유의 이미지를 구축하는 효과를 준다. 이러한 이미지는 다른 기업이 흉내 내기 힘들며 그 기업에 이점으로 작용한다. 최초 진입자는 구매자

에게 최초 공급자가 되기 때문에 고객 충성도(buyer's loyalty)를 높게 형성할 수 있다. 이러한 선도성에서 비롯되는 명성의 이점을 제대로 누릴 수 있느냐의 여부는 기업의 신뢰성과 마케팅에 투자할 수 있는 능력에 달려있다. 중소기업의 경우 홍보에 필요한 자원이 부족해서 명성을 더욱 높이는 데 실패할 확률이 높다.

• **시장 선점** 초기 진입자는 유리한 제품이나 시장에 먼저 포지셔닝해서 경쟁사가 상대적으로 덜 유리한 제품이나 시장을 선택하게끔 만들 수 있다. 따라서 초기 진입자는 자사에 유리한 방식으로 제품을 선정하고 마케팅할 방법을 규정할 기회를 갖게 된다. 냉동식품 산업의 선도기업인 스토우퍼는 이런 방식으로 업계 최초 미식가를 위한 고급 음식의 개념을 도입했다. 또한 초기 진입자는 경쟁사가 수익성을 높이는 방향으로 확장하는 데 필요한 경쟁자원을 선점할 수 있다.

• **교체 비용** 교체 비용이 존재하는 경우 초기 진입자는 고객에게 판매를 지속할 수 있다. 병원 경영 계약을 예로 들면, 병원이 경영 담당 업체를 교체해야 할 때 비용이 많이 들기 때문에 처음 계약자가 재계약에 유리한 위치에 서게 된다. 업체를 변경하게 되면 새로운 관리자 및 새로운 컴퓨터 시스템의 도입 또는 기타 변화 요인에 의해 혼란이 불가피하기 때문이다.

• **유통채널 선택** 초기 진입기업은 신제품이나 제품군에 유리한 유통채널을 획득할 수 있다. 이들이 유통망에서 브로커, 도매업자, 소매

업자를 고르는 데 최적의 선택을 할 권한이 주어진다면, 후발 진입기업은 차선의 선택만을 할 수 있다. 그마저도 불가능하다면 완전히 새로운 유통망을 이용해야 한다.

• **독점적 학습곡선** 초기 진입에 의한 독점적 학습곡선 효과가 가치창출 활동에 나타날 때 원가 우위 또는 차별화 우위를 확보할 수 있다. 영향을 받는 가치활동에서 먼저 학습곡선을 하향하고, 학습을 독점적으로 유지할 수 있다면 감당할 만한 원가 또는 차별화 우위를 확립할 수 있다.

• **설비, 원자재 또는 희소 자원에 대한 접근 용이성** 초기 진입기업은 시장 참여자들이 시장의 변화를 파악하기 전에 원자재나 기타 자원에 대한 접근을 쉽게 할 수 있다는 이점이 있다. 이것은 초기 진입기업이 설비를 세울 장소를 물색하거나 원자재 공급자와 거래를 시작하는 데 있어 유리한 조건으로 계약을 할 수 있다는 의미다. 항공산업이 그 좋은 사례인데, 초기의 참여자들은 싼 값에 항공기와 터미널 공간을 확보할 수 있었으며 실직 상태의 조종사를 고용할 수 있었다. 그러나 이러한 전략이 널리 모방되면서 사태를 파악한 시장 참여자들은 이러한 자원에 대한 가격을 높이기 시작했다.

또 다른 사례를 자원개발 산업에서 찾을 수 있는데 새로운 광산이나 공장들은 점차 도심으로부터 멀리 떨어지게 되었고 이는 건설 및 운영을 위한 간접자본 비용을 증가시켰다. 환경개선부담금 또한 만만치 않은데 초기 진입자들은 이 모든 상황을 더 낮은 비용으로 감당할 수 있었다.

- **표준의 설정** 초기 진입기업은 기술 또는 활동 사항에 대한 표준을 설정할 수 있으며, 후발기업은 이 기준을 따르게 된다. 이렇게 설정한 표준은 초기 진입기업의 지위를 더욱 강화하는 역할을 한다. 예를 들면 RCA는 컬러TV의 표준방식을 설정하였는데, 경쟁사들은 이 기준을 따르지 않을 수 없었고 RCA가 이미 성취한 학습곡선을 뒤쫓아야만 했다.

- **제도적 장벽** 초기 진입기업은 모방에 대비한 제도적 장벽을 형성할 수 있다. 이들은 특허권을 획득할 수 있고 특정국에 먼저 진출해서 그 나라 정부와 친밀한 관계를 맺을 수 있다. 이러한 제도적 요소는 초기 진입기업이 표준을 설정하는 데 도움을 주기도 한다.

- **초기의 이익** 몇몇 산업의 경우, 초기 진입기업은 경쟁자가 없는 상태에서 일시적으로나마 매우 높은 수익을 올릴 수 있다. 말하자면 경쟁제품이 출현하기 전에 높은 가격으로 구매자와 계약을 맺을 수 있고, 새로운 기술에 열광하는 구매자에게 높은 가격을 제시할 수 있다.

따라서 성공적으로 기술선도의 위치를 차지한 기업들은 기술 자체의 우위 확보에 안주하기보다는 초기 진입자로 누리는 이익을 활용하기 위해 적극적인 노력을 펼친다. 그들은 자신들에게 유리한 경쟁 관행을 형성할 기회를 적극 활용하며, 선도기업으로서의 명성을 강화하는 마케팅에 투자하는 한편, 교체 비용이 높은 구매자의 초기 수요를 확보하기 위한 공격적인 가격 정책을 채택한다. 지난 수십 년간 산업의 초기 진입자였던 상당수의 기업들이 계속해서 선두를 지키며 남아있다는 사실은 경이로운 일이다. 소비재 산업의 경우 대표적인 미국 기업인 크리스코(Crisco), 아이보리, 라이프 세이버(Life Savers), 코카콜라, 캠벨(Campbell's), 리글리(Wrigley), 코닥, 립톤, 굿이어(Goodyear) 등은 1920년대부터 산업 대표 자리를 지키고 있는 선두주자들이다.

초기 진입기업이 그들의 우위를 자본화하기 위하여 투자를 소홀히 한다면, 초기 진입으로 얻은 이점은 후발 진입기업의 공격적인 투자로 모두 사라져버릴 것이다. 전자계산기를 만드는 미국의 바우마(Bowmar)처럼 소규모 개척기업은 종종 후발 진입자에 의하여 추월당한다. 바우마가 선두 지위를 잃게 된 것은 초기 진입자로서의 우위가 없었기 때문이 아니라 그 우위를 활용할 만큼의 충분한 자원이 없었기 때문이다. 후발 진입기업이 자원과 사업부 간의 상호관련성을 기반으로 초기 진입기업을 압도한 대표적 사례로 개인용 컴퓨터 시장에서의 IBM을 들 수 있다.

초기 진입기업이 충분한 자원을 보유한 경우, 초기 진입자 이익을 누릴 수 있게 된다. 소형 컴퓨터 산업에서 디지털 이큅먼트는 소형 컴퓨터 기계를 최초로 개발하진 않았지만 제품을 개선하는 데 적극적인 노력을 기울인 최초의 기업이었기 때문에 초기 진입자 이익을 누릴 수 있었다. 디지털 이큅먼트는 제품 계열을 확장하고, 학습곡선을 이용하여 영업 부문을 강화하는 등 초기 진입의 이점을 활용하고자 전폭적인 투자를 단행하였다. 비슷한 상황이 VCR 산업에서도 나타났는데 제품을 개발한 회사는 앰펙스(Ampex)였지만 이 기술을 개선하고 생산단가를 낮추기 위해 적극적인 투자를 벌인 것은 일본 기업들이었다. 결국 기술적 우위 갖춰 초기 진입자의 이점을 누린 것도 일본 기업이었다.

초기 진입자 불이익

초기 진입기업은 시장 우선 진입에 따른 이익만 있는 것이 아니라 불이익에도 직면하게 된다. 초기 진입기업이 맞닥뜨리는 불이익은 크게 시장개척 비용과 상황 변화에 따른 위험이라는 2가지 원인에서 비롯된다.

- **개척 비용** 선발기업은 다음의 내용을 포함하는 상당한 수준의 개척 비용을 부담하게 된다.[5]

  - 정부 규제로부터 탈피하여 관리 기관의 승인을 획득
  - 관계 법령의 협력 획득
  - 구매자 교육
  - 서비스 시설 및 훈련 등과 같은 분야에서의 하부조직 개발
  - 원자재 공급원과 새로운 유형의 기계류와 같은 필수 투입자원의 개발
  - 보완 제품 개발을 위한 투자(12장 참조)
  - 공급의 희소성이나 소규모의 수요 주문에 따른 초기 원자재의 높은 가격

개척 비용은 기술 혁신의 유형에 따라 다르며, 능력 있는 경쟁사들과 비용을 분담함으로써 감소시킬 수 있으나(6장 참조) 대부분은 선발

기업이 불가피하게 부담해야 하는 경우가 많다.

• **수요의 불확실성** 선발기업은 미래 수요의 불확실성에 따르는 위험을 부담한다. 후발기업들이 보다 구체적인 최신 정보에 기초하여 결정을 내릴 수 있는 데 반하여, 선발기업은 불확실한 상황을 감수하면서 자원을 투자해야 한다. 다른 경쟁사들보다 먼저 진입하는 전략의 이점도 있지만 동시에 상당한 위험도 수반된다. 예를 들면 RCA는 신기술의 빠른 도약을 기대하면서 컬러TV를 최초로 개발하였다. 그러나 후발기업들은 RCA를 통한 간접경험으로 컬러TV의 수요가 일어나려면 몇 년이 더 걸린다는 걸 알았고, 그 결과 손실을 피할 수 있었다.

• **구매자 요구의 변화** 선발기업은 구매자의 요구가 변하거나 보유한 기술이 가치를 잃게 되면 매우 취약해진다. 선발기업으로서의 명성이 갖는 이점도 구매자의 요구가 변하거나 그 기업의 기술이 시대에 뒤떨어진 것으로 인식될 경우 사라지고 만다. 그러나 구매자의 요구가 급격히 변하거나, 구매자를 충족시키는 기술이 실질적으로 변화가 없는 한 선발기업은 보유 기술을 점차 개선해나가면서 우위를 지속할 수 있다.

• **초기 기술 투자에 고착하는 문제** 선발기업은 초기의 투자가 투자 시점 당시의 기술 상태에만 갇혀서 이를 시대의 변화에 맞게 개량하는 것이 쉽지 않을 경우 불이익을 얻게 된다. 예를 들면, 미국의 필코(Philco)는 대규모 자동화 공장을 건설하면서 반도체 산업에 다른 기업

보다 먼저 진입하였으며, 일정 기간 성공을 거두었다. 그러나 이후 새로운 공정이 개발되면서 필코의 초기 투자는 무용지물이 되어버렸다. 마찬가지로 제품이나 공정이 변화하는 생산 요소의 비용이나 품질을 반영한 것이라면 비용과 품질이 변화를 겪을 때 선발기업은 추후 불이익을 입게 된다.

• **기술의 단절**　기술의 단절이 나타난다면 기존의 기술에 대한 선발기업의 투자가 무력화될 수 있다. 기술의 단절은 기술상에서의 대대적인 변화를 뜻하며 선발기업은 기존 기술에 대한 투자를 의식하여 이에 적절하게 대응하지 못할 수 있다. 기술이 단절되면 높은 개척비용을 부담하지 않은 기술 추종기업에 유리한 상황이 전개된다. 반대로 기술이 단절 없이 비교적 연속적인 경로를 따라서 발전한다면, 선발기업은 우위를 획득하기가 유리하다. 이 경우 선발기업은 과거의 기술로부터 얻은 노하우를 신기술에 이전시킴으로써 학습곡선 상에서 선두의 위치를 고수할 수 있다.

• **낮은 모방 비용**　선발기업은 혁신에 드는 비용보다 낮은 비용으로 그 혁신을 모방할 수 있는 후발기업에 약점을 드러낼 수 있다. 그러나 후발기업이 모방과 적응을 하는데 큰 비용을 부담해야 하는 경우도 적지 않은데, 이런 사실은 선발기업에 유리하게 작용한다.

기술의 라이센싱

기술 전략에서 세 번째로 큰 이슈는 기업 간 제휴의 일종이라고 볼 수 있는 기술 라이센싱이다.[6] 독보적인 기술을 보유한 기업들은 종종 사회나 정부로부터 기술이전에 대한 압력을 받는다. 따라서 라이센싱은 기술에 접근할 수 있는 수단이 된다. 특히 경쟁적 우위의 원천이 기술인 경우, 라이센싱 여부를 결정하는 것은 매우 중요하다. 그럼에도 불구하고 많은 기업이 현명하지 못한 라이센싱 결정으로 기술에 기반한 경쟁우위를 상실했다.

기업은 언제 라이센싱을 해야 하는가?

기술이 경쟁우위의 원천인 경우, 다른 기업에 라이센싱하는 것은 정말 특별한 상황이 아닌 이상 위험하다. 라이센싱으로 발생하는 소득은 경쟁우위를 내준 것을 보상할 만큼 크지 않다. 그러나 다음과 같은 상황에서는 라이센싱이 전략적으로 가치가 있다.

• **기술 이용 능력 부족** 라이센싱의 허용은 기업이 기술을 제대로 활용할 수 없을 때 적절하다. 즉 기술을 개발한 기업이 자본이나 능력이 부족해 기술을 충분히 활용하지 못하거나 관련된 사업단위를 철수하려고 할 때, 또는 경쟁사들의 지위가 확고해서 시장 확보의 가능성이 없을 때 일어나는 경우가 많다. 오늘날 현장에서 가장 활발히 라이센싱이 일어나고 있는 곳은 창조적인 신생 기업이 자신들이 개발한 기술을 상업화할 능력이 부족한 생명공학과 전자공학 분야다. 때로는 기업이 상당한 자원을 보유하고 있음에도 신기술을 기반으로 한 시장을 차지하지 못하는 경우가 생기는데, 이는 이미 경쟁이 과열된 상태이거나 기술의 자국 소유권(local ownership)을 주장하는 정부의 요구 때문이다. 전자의 경우에 해당하는 것이 바로 스탠다드 브랜즈

(standard Brands)가 설탕 대체재인 액상과당(high fructose com syrup) 기술을 라이센싱한 사례다.

기업이 자사 기술을 이용하여 시장을 확보할 수 없는데 라이센싱도 하지 않는다면 경쟁사가 스스로 관련 기술의 혁신을 이루거나 발명하고자 하는 동기 상황이 발생할 수 있다. 몇몇 기업은 성공할 것이고 시장을 잘 활용하지 못하는 기업은 점차 도태될 것이다. 반대로 라이센싱을 하게 되면 경쟁사들이 자체적으로 기술개발을 하는 것보다 훨씬 적은 비용이 드는 데다가 위험부담도 줄어든 상태로 이미 주어진 기술을 사용하게 될 것이다. 따라서 라이센싱을 하는 기업은 기술모방을 겪는 대신 라이센싱을 통한 기술 표준을 설정할 수 있으며, 로열티를 받을 수 있고 아울러 자사가 점유하고 있는 시장에서 이윤을 획득할 수 있다.

- **접근 불가능한 시장의 이용** 라이센싱은 기업이 접근 불가능한 시장에서 이윤을 획득할 수 있도록 해준다. 즉 보유 기술 자체는 높은 가치를 지니고 있지만, 그 기업이 진입하기 힘든 산업의 경우 또는 기업이 침투할 수 없거나 진입 의사가 없는 시장의 경우 라이센싱을 활용한다.

- **기술의 급속한 표준화** 라이센싱은 특정 산업 분야에서 특정 기업의 기술을 표준화하는 과정을 가속시킨다. 여러 기업이 한 기술을 사용하기 위해 노력할 경우, 라이센싱은 이를 산업 표준으로 만들 뿐만 아니라 그 기술의 개발을 앞당긴다. 예를 들어 VCR 산업의 VHS와 베타(beta)를 개척한 기업들은, 라이센싱을 통해 광범위한 표준화를

이루려고 노력했다. 표준화야말로 구매자의 소프트웨어 구매 가능성을 높이는 결정적인 조건이기 때문이다.

- **열악한 산업구조** 산업구조가 취약한 경우에는 라이센싱이 유리하다. 이런 상황에서 기업은 높은 수익을 보장할 수 없는 시장 개척에 자원을 투자하기보다는 다른 수입을 확보하는 것이 더 효율적이다. 높은 라이센싱 비용을 요구할 수 있는 우수한 협상력을 보유한 기업일수록 라이센싱에 대한 선호도가 높고, 시장점유율이 낮아도 크게 위협을 느끼지 않는다.

- **유익한 경쟁자의 창출** 라이센싱은 유익한 경쟁자를 창출하는 도구가 될 수 있는데, 유익한 경쟁자는 수요의 촉진, 기술개척 비용의 분담, 타 기업의 침투 억제 등의 역할을 수행한다. 예를 들면 매그나복스(Magnavox)는 많은 경쟁자를 시장에 끌어들여 더 많은 제품을 개발하는 것이 시장을 빠르게 확대할 수 있다는 판단에 따라 자사의 콘솔게임 특허를 광범위하게 라이센싱했다. 매그나복스의 판단은 정확하게 들어맞았고, 그 결과 시장은 빠른 속도로 커졌다. 콘솔게임 산업의 경우 진입장벽이 낮은 편이어서 매그나복스는 굳이 독점적 위치를 구축하는 수고를 피했다. 6장에서 유익한 경쟁자가 지닌 잠재적 유익성과 유익한 경쟁자의 식별에 대해 더 자세히 서술하겠다.

- **크로스 라이센싱** 다른 기업의 기술을 받는 대가로 그 기업에게 자사의 기술을 라이센싱 하는 것을 말한다. ATT와 IBM이 그 예다. 그러나 이러한 크로스 라이센싱은 두 기업 모두에게 공정한 거래가 될

수 있다는 사실 확인이 전제된 후에라야 일어날 수 있다.

라이센싱 대상의 선택

기업이 라이센싱을 해도 되는 대상은 비경쟁자 또는 유익한 경쟁자뿐이다. 비경쟁자는 순식간에 경쟁자로 태세를 전환할 수 있기 때문에 라이센싱 할 때 계약조건을 까다롭게 하거나 계속 비경쟁자로 남아 있겠다는 확약을 받아서 이런 위험을 사전에 방지해야 한다. 잠재적 라이센싱 거래자가 비경쟁자라는 것을 확신하기 위해서는 기업이 현재의 시장뿐만 아니라 미래에 침투하게 될 시장에 대해서도 철저한 검토를 해야 한다. 구매자들이 수요를 내부적으로 해결하도록 라이센싱을 하는 것은 경쟁자나 잠재적 경쟁자의 시장을 위축시킨다는 측면에서 유효할 때가 있다. 비경쟁자에게 라이센싱을 할 경우 그들이 행여 경쟁자가 된다고 하더라도 유익한 경쟁자가 될 만한 기업을 고르는 것이 이상적이다. 또한 라이센싱을 준 거래자가 경쟁자가 되었을 때도 기술이전이 계속 일어나는 것을 방지하려면 계약 갱신 조건을 반드시 포함해야 한다.

라이센싱의 함정

기업은 라이센싱을 허용해서 손해를 보기도 한다. 라이센싱 과정에서 불필요한 경쟁자를 만들어 내거나, 소액의 로열티에 기업의 경쟁우위가 넘어가는 것이 라이센싱 과정에서 처할 수 있는 가장 일반적인 위험이다. 라이센싱은 단기적 이익을 올리는 데는 가장 손쉬운 방법이지만, 기업의 경쟁우위를 흐릿하게 만들어 이익의 잠식을 초래하기도 한다.

기업은 흔히 잠재적 경쟁자를 제대로 인식하지 못하고 라이센싱을 제공하는 실수를 할 때가 있다. 예를 들어 자국 시장에 진출하려는 외국 기업에 라이센싱을 주거나, 동종업계로 진입하려는 타업종 기업에 라이센싱을 하는 경우가 있다. 한편 시간이 지남에 따라서 라이센싱 거래자는 기술 제공자의 기술뿐만 아니라 다른 가치창출 활동에 관한 지식도 습득하게 되어 기술 제공자를 위협할 수 있는 경쟁자로 탈바꿈할 위험이 있다. 주로 라이센싱을 많이 받는 아시아의 기업들이 이러한 방법을 사용한다.

기술의 진화

기술변화는 경쟁에서 매우 중요한 역할을 하므로 자사의 지위 개선을 목표로 기술 진화의 방향을 예측한다는 것은 기업의 운명을 좌우할 만큼 중요한 일이다. 산업 내에서 기술이 어떻게 진화하는가에 대한 연구는 대부분 제품 수명주기 개념에 그 기반을 두고 있다. 수명주기 모형에 의하면 초기단계에서 기술변화는 제품 혁신에 초점을 맞추고 있고, 생산공정은 유동적인 상태로 남아 있다. 그렇지만 산업 성숙도가 올라가면서 제품 디자인의 변화 속도는 점차 느려지고 대량생산기술이 도입된다. 점점 표준화되는 제품의 생산원가를 낮추기 위하여 기술활동은 제품 혁신에서 공정혁신으로 전환된다. 결국, 기술에 대한 투자 수익률이 감소하는 지점에 도달하게 되는데, 이때부터는 모든 혁신 활동의 속도가 느려지고 쇠퇴하기 시작한다.

　제품 수명주기 모형은 애버너티(Abernathy)와 어터백(Utterback)의 연구로 더 정교하게 개선되었다.[7] 이들에 따르면, 제품 디자인은 늘 변할 수 있으며 제품의 특성도 상당히 다양하다. 혁신의 가장 지배적인 형태는 제품 혁신으로, 보통 생산원가 절감에 초점을 맞추기보다는 제품 향상에 집중한다. 꾸준한 제품의 혁신은 결국 가장 확고한 디자인과 최적의 제품 특성에 도달하게 한다. 그러나 제품 특성이 안정화됨에 따라 점차 자동화된 생산 방식을 활용하게 되고 저원가를 추구하면서 공정혁신이 혁신 활동의 주요한 위치를 차지하게 된다. 결국에는 제품 혁신과 공정 혁신 모두 속도가 둔화된다. 애버너티[8]의 이론에는 '역성숙화(dematurity)' 개념이 도입되기도 했는데, 이는 획기적인 기술변화가 산업을 다시 유동적인 상태로 변화시킬 가능성을 일컫는 말이다.

특정 산업 분야에서는 이러한 기술의 진행 과정에 대한 가설이 정확히 적용되지만, 이런 패턴이 모든 산업에 적용되는 것은 아니다. 비차별적 상품, 즉 광석, 화학 약품 등을 생산하는 산업의 경우 제품 혁신을 거듭하여 지배적인 디자인이 형성되는 단계가 전혀 나타나지 않거나 아니면 순간적으로 일어나 버리는 경우가 있다. 다른 산업 분야(예를 들면 군사용 및 민간용 항공기, 대형 터빈 발전기)에서는 자동화된 대량생산단계가 전혀 나타나지 않고 있으며 대부분의 혁신은 제품 지향적 성격을 지니고 있다. 산업이 지닌 여타 특성과 마찬가지로 기술 또한 산업별로 다른 양상으로 진화한다.[9] 기술적 진화의 형태는 산업 내 여러 분야의 특성을 기초로 형성된 것이므로 산업 전체의 구조적 발전과 맥락을 같이 파악해야 한다. 혁신은 전반적인 산업구조가 창출하는 유인에 의해 생성되는 자극에 대한 반응이면서 동시에 산업구조 형성의 원인이기도 하다.

산업에서 발생하는 기술적 진화는 다음과 같은 몇 가지 요소가 상호작용한 산물이다.

- **규모의 변화** 기업과 산업의 규모가 확대됨에 따라 새로운 제품 및 공정기술의 실현이 가능해진다.
- **학습** 기업이 채택한 기술의 변화과정을 통하여 제품 디자인과 가치창출 활동에 대하여 많은 것을 배울 수 있게 된다.
- **불확실성의 감소와 모방** 수요자의 욕구를 점차 알게 되고 경쟁자가 서로를 모방하게 됨에 따라 자연스럽게 표준화의 길로 들어서게 된다.
- **기술 확산** 기술은 앞에서 언급한 여러 가지 경로를 통하여 확산된다.
- **가치창출 활동의 기술 혁신에 대한 수익 감소** 기술은 더 이상의 개선이 불가능한 한계에 도달할 수 있다.

이러한 여러 요소들이 다음과 같은 방식으로 상호작용할 때 기술 진화의 수명주기 패턴이 발생한다.

꾸준한 제품 혁신과 모방으로 상품 특성에 대한 불확실성이 줄어들며, 최적화 디자인이 등장한다. 규모의 증대는 대량 생산을 가능하게 하며 제품의 표준화는 이러한 측면을 더욱 강화한다. 기술 확산은 제품 간의 격차를 좁히고 생산원가에서 경쟁력을 유지하기 위해 기업이 공정기술을 혁신하도록 만든다. 그러나 공정기술 혁신에도 불구하고 결국 수입은 감소하고, 이에 따라 모든 혁신 활동이 점차 줄어든다.

기술 혁신이 제품 수명주기의 유형을 따르게 되는지 또는 다른 형태를 갖게 되는지는 각 산업의 특성에 따라 달라진다.

• **물리적으로 차별화할 수 있는 내재적 기능성** 자동차나 기계공구와 같이 물리적으로 차별화가 가능한 제품은 여러 가지 디자인과 제품 특성을 가질 수 있다. 차별화가 어려운 제품은 빨리 표준화되는 경향이 있고 다른 형태의 기술활동이 나타난다.

• **구매자 욕구의 다양성** 서로 상이하면 각기 다른 욕구에 부합하려는 경쟁자들이 더욱 차별화된 디자인을 도입한다.

• **규모 및 학습에 대한 민감도** 산업의 규모에 비례하여 기술이 갖는 규모 또는 학습효과에 대한 민감성은 표준화의 추구 여부에 영향을 미친다. 규모의 경제 수준이 높다면 다양하게 분화된 소비자의 욕구에도 불구하고 표준화를 추구하려는 경향이 높아질 것이며, 낮은 수준의 규모의 경제는 제품의 다양화를 촉진할 것이다.

• **가치활동 간의 기술적 연계** 제품과 가치활동은 기술적으로 서로 연결되어 있는 경우가 많다. 예를 들어, 어떤 제품에서 하위 기술의 변화는 다른 하위 기술의 변화를 유발하게 되며, 생산공정에서의 변화는 조달 물류와 판매유통 물류에서 물적 유통의 변화를 수반한다. 가치창출 활동간의 기술적 연계는 한 가치활동에서의 변화가 기술변화의 형태에 영향을 미치면서 다른 가치활동에 기술변화를 발생시키는 것을 의미한다.

• **대체재의 논리** 대체재에 의한 압력(8장 참조)은 기술 진화의 형태를 결정하는 중요한 요소가 된다. 원가나 차별화 우위에 대한 대체재의 위협 정도는 이에 대응하는 기술변화의 양상에 영향을 미친다. 예를 들어 일회용 기저귀가 초기에 도전하려고 했던 것은 기존의 천 기저귀와 기저귀 서비스의 비용에 근접하는 것이었다. 이 문제의 해결법은 초창기에 일어난 제조 방법의 혁신에 있었다.

• **기술의 한계** 어떤 기술은 다른 기술에 비하여 생산원가나 기능에 있어서 많은 개선 가능성을 제공한다. 민간항공기나 반도체 같은 제품의 경우 생산물 혁신에 대한 수확 체감이 비교적 천천히 나타난다. 그러므로 가치사슬의 여러 기술에서 나타나는 한계는 기술변화의 경로에 영향을 준다.

• **기술의 원천** 기술변화의 패턴을 형성하는 마지막 특성은 산업에 도입된 기술의 원천이다. 산업에 특유의 기술이 지배적일 경우 기술의 변화 방향을 예측하기가 비교적 쉽고 외부 기술이 미치는 영향도 미미하다.

연속적 진화와 불연속적 진화

기술변화가 연속적이냐 또는 불연속적이냐에 따라 기술 진화의 형태는 산업 간에 많은 차이를 보인다. 기술변화가 연속적이면, 그 과정은 산업 참여자들의 행동이 결정하는 경우가 많다.

　기술변화가 불연속적이라면, 기술의 원천은 산업 외부에 존재할 가능성이 높다. 이런 경우에는 전혀 새로운 형태의 경쟁자 또는 새로운 공급자의 역할이 중요할 때가 많다. 기술의 불연속성은 산업의 성숙단계에 따라 기술 혁신 패턴의 충격을 완화시켜주기도 하는데, 그것은 외부의 기술 원천이 산업 내부 참여자의 연구개발 부서에 비해 산업환경 변화에 대하여 덜 민감하기 때문이다.

기술적 불연속성은 상대적인 경쟁 위치의 변화를 촉구하는 좋은 기회를 제공한다. 이러한 불연속성을 이용하면 선발기업의 이점을 무력화할 수 있으며, 기존 기술에 의해 형성된 이동장벽을 붕괴시킬 수 있다. 기술의 불연속성은 특정 가치활동의 변화가 아니라 가치사슬 전체의 변화를 초래하기도 한다. 그러므로 기술의 불연속성은 시장을 더욱 유동적인 것으로 만들고 시장점유율이 변동할 수 있는 계기를 형성한다.

기술 진화의 예측

기업은 산업 내의 기술변화 경로를 예측하기 위해 다음과 같은 모형을 쓸 수 있다. 예를 들어 상업용 항공기는 제품 차별화의 가능성이 매우 크다. 그러나 여기에는 제품의 다양성을 제한하는 제품 디자인에서의 높은 규모의 경제가 존재한다. 그렇지만 항공기 산업에 존재하는 생산공정의 유연성으로 제조생산 과정은 거듭되는 제품 혁신 활동에 쏟는 꾸준한 노력을 막는 걸림돌이 되지는 않는다. 그러므로 항공기 산업은 지속적인 제품개발 활동을 기대할 수 있는 산업이라 할 수 있다. 또한 생산공정의 유연성은 새로운 소재나 부품의 끝없는 탐색을 가능하게 해주는데, 이러한 특성은 자동화된 산업에서는 찾을 수 없다.

기술변화 형태에 대한 통찰력을 갖게 된다면 기업은 변화를 예측할 수 있으며 경쟁우위를 확보하기 위한 발 빠른 움직임을 보일 수 있다. 그러나 기술에는 늘 불확실성이 따르기 마련이다. 미래의 기술변화에 대한 불확실성 때문에 기업은 '산업 시나리오' 기법을 도입하려고 하는데, 산업 시나리오에 대해서는 13장에서 자세히 논의할 것이다.

기술 전략의 형성

이 장에서 논의된 개념들을 종합해보면 기술을 과학적 탐구에 제한하기보다는 경쟁적 무기로 전환하여 기술 전략을 구성하는 데 필요한 몇 가지 분석적 단계를 다음과 같이 제시할 수 있다.

- **가치사슬에 존재하는 각각의 기술 및 하위 기술을 파악한다** 모든 가치활동은 하나 이상의 기술을 포함한다. 따라서 기술 전략을 구성할 때는 기업이나 그 경쟁자에 의해 수용된 모든 기술과 하위 기술을 인식하는 것부터 시작해야 한다. 또한 기업은 상호의존 관계에 있는 구매자와 공급자의 가치사슬에 존재하는 기술에 대해서도 최소한의 지식은 가지고 있어야 한다. 기업은 대체로 제품기술이나 기본적인 제조기술에는 관심을 기울이지만 다른 가치활동에 존재하는 기술에는 무관심한 편이며 따라서 이러한 기술을 발전시키려는 노력은 거의 기울이지 않는다.

- **다른 산업이나 과학적 개발단계에 잠재되어있는 관련 기술을 식별해낸다** 산업 외부로부터 기술이 도입되기도 하며, 그러한 기술은 산업의 불연속적 변화나 경쟁에 의한 혼란을 야기하기도 한다. 따라서 각각의 가치활동에 외부 기술이 적용 가능한지에 대한 검토가 필요하다. 특히 정보 시스템, 새로운 원자재 그리고 전자공학 분야는 항상 철저하게 조사해야 한다. 이 3가지는 새로운 기술을 창출하거나 기존 기술을 결합하여 새로운 형태로 만들 수 있다는 점에서 지대한 영향력을 미칠 수 있기 때문이다.

- **핵심기술의 가능한 변화 방향을 결정한다** 기업은 각각의 가치활동과 구매자 및 공급자의 가치사슬에서 가능한 기술변화의 방향을 평가해야 하며 산업과 직접적인 연관을 갖지 않는 기술에 대해서도 조사해야 한다. 어떠한 기술도 성숙한 것이라고 섣불리 판단해서는 안 된다. 하위 기술이 변화할 수도 있는데다가 성숙한 기술처럼 보이는 것이 기술 혁신에 대한 노력의 부재를 보여주는 증거에 불과할 수도 있기 때문이다.

- **어떤 기술이나 잠재적 기술의 변화가 경쟁우위와 산업구조에 가장 중요한가를 결정한다** 가치사슬에 존재하는 모든 기술이 경쟁에 중요한 의미를 갖는 것은 아니다. 경쟁에서 중요한 기술변화는 아래 4가지 조건에 부합하는 것들이다.

    - 지속적인 경쟁우위를 창출하는가?
    - 가격이나 차별화 동인을 기업에 유리하게 전환시킬 수 있는가?

- 선발기업의 우위 확보에 기여하는가?
- 전반적인 산업구조를 개선시키는가?

기업은 이런 기술을 선별해야만 하며, 이런 기술들이 원가와 차별화 그리고 산업구조에 어떻게 영향을 미치는지를 이해해야 한다. 이러한 측면에서 구매자와 공급자의 기술은 가장 중요한 기술 가운데 하나다. 가장 결정적인 기술은 원가 및 차별화에 중대한 영향을 미치면서 기술적 우위를 유지하게 하는 기술이다.

- **중요한 기술에 대한 기업의 상대적 능력을 평가하고 기술을 개선하는 데 드는 비용을 평가한다** 기업은 기술적 변화를 따라갈 수 있는 능력에 대한 현실적 평가와 함께 주요 기술에 관한 상대적 장점을 파악해야만 한다. 기술에 대한 자부심에 도취해 이러한 평가를 왜곡하는 경우 기업은 자신의 경쟁적 지위를 개선할 가망이 없는 분야에 자원을 낭비하고 말 것이다.

- **선택한 기술 전략은 모든 중요한 기술을 포함하고 기업 전체 경쟁전략을 강화하는 것이어야 한다** 기술 전략은 기업이 획득하고 유지하고자 하는 경쟁우위를 강화할 수 있어야 한다. 경쟁우위 획득과 유지에 가장 중요한 기술은 기업이 기술적 우위를 지속할 수 있고 원가 우위나 차별화를 유리하게 달성할 수 있으며, 선발기업의 이점을 창출하는 방향으로 전환이 가능한 기술이다. 앞에서 서술한 바와 같이 기업은 기술로 획득한 우위를 다른 영역에 투자하여 강화할 수 있다.

기업의 기술 전략에 포함해야 할 사항은 다음과 같다.

- R&D 프로젝트의 순위 결정 : 반드시 경쟁우위에 결정력을 갖는 원가나 차별화에 기여하는 순으로 프로젝트가 진행되어야 한다.
- 중요한 기술에 대하여 선도할 것인가 추종할 것인가에 대한 방향 선택
- 단기적인 이윤 추구보다는 전반적인 경쟁 지위 향상을 위한 라이센싱 정책
- 라이센싱이나 기타 경로를 통하여 필요한 기술을 외부로부터 획득하는 방법

• 전사적 차원의 사업부 기술 전략을 강화한다 기술은 궁극적으로 각각의 사업부와 연결되지만, 다각화된 기업은 전반적인 기술적 위치를 강화하기 위하여 2가지 핵심 역할을 할 수 있다. 첫 번째는 사업단위에 영향을 미칠 수 있는 기술을 탐색하는 데 협조하는 것이다. 본사에서는 각 사업부에 영향을 미칠 가능성이 있는 모든 기술의 흐름을 파악하고 분석하기 위해 자원을 투자할 수 있으며, 이로부터 얻은 정보를 각 사업단위에 제공한다. 정보시스템, 사무자동화, 공장자동화, 원자재, 생명공학과 같은 기술에 대한 전사적 차원의 점검은 매우 중요하다.

기술 전략에서 기업의 핵심 역할 가운데 전사적 차원에서 두 번째로 중요한 기능은 사업단위 간 기술적 연관성을 찾아내거나 창출하여 활동하는 전략적 기능을 수행하는 것이다. 각 사업단위는 기술적 상호관련성을 이용하여 경쟁우위를 획득할 수 있다. 이에 관해서는 9

장에서 자세히 서술하겠다.

다음과 같은 기업 전체 수준 또는 각 부문 및 그룹 수준에서 일어나는 특정 행위는 기업의 전반적인 기술적 지위를 향상시킬 수 있다.

- 여러 사업단위에 영향을 미치는 기업 전체 수준의 핵심기술을 파악한다.
- 전사적 차원에서 적극적, 통합적 연구가 진행되고 있는지, 기술이 사업단위 간 원활히 소통되고 있는지 확인한다.
- 중요 기술에 대한 기업 연구자금은 희망하는 지식과 인재를 창출할 수 있다.
- 새로운 기술을 도입하거나 기존 기술을 활성화하기 위하여 기업 인수 합병이나 합작을 이용해본다.

Chapter 06
경쟁사 선택

 대부분의 기업에 경쟁사는 위협적인 존재다. 따라서 기업의 관심은 경쟁사보다 높은 시장점유율을 확보하는 것과 경쟁사의 진입을 초기에 막을 방법에 집중되어 있다. 이러한 관점에서 보면 경쟁사들은 모두 적이며, 반드시 제거해야 하는 대상이다. 또한 기업 대부분은 시장점유율이 무조건 높아야 좋다고 생각하는데, 특히 경험 곡선 지지자들이 이 주장을 옹호한다.

 물론 경쟁사는 분명히 위협적인 존재지만, 건전한 경쟁사(the right competitor)가 기업의 경쟁적 지위를 오히려 강화시킨 사례는 매우 많다. '유익한' 경쟁사(good competitor)는 기업의 경쟁우위를 높이고 산업구조를 개선하는 방향으로 전략적 목적을 수행하는 데 도움이 될 수 있다. 따라서 하나 이상의 유익한 경쟁사의 존재는 건전한 경쟁에 도움이 되며, 무조건 높은 시장점유율을 추구하는 것보다 때로는 시장을 일부 포기하는 것이 더 이로울 때도 있다는 것을 알아야 한다. 높은 시장점유율이 득보다 실이 되는 경우가 종종 있기 때문이다.

 따라서 기업은 '무익한' 경쟁사(bad competitor)는 공격하되, 유익한 경쟁사와는 서로 상대적 시장 지위를 유지하도록 조율하는 것이 좋다. 이러한 원칙은 시장선도기업과 추종기업 모두에게 똑같이 적용되는 것이다.

이 장에서는 기업의 경쟁우위를 향상시키고 산업구조를 개선하기 위하여 경쟁사를 이해하고 그들에게 영향을 미치는 방법에 관하여 다룬다. 이를 통해 기업은 공격 대상이 될 경쟁사를 구분하고, 자사의 경쟁적 지위와 산업구조에 도움이 되는 기업과의 경쟁은 피할 수 있다.

이 장에서는 우선 경쟁자의 존재가 가져다주는 잠재적 이익을 서술한 다음, 유익한 경쟁사와 무익한 경쟁사를 구별하는 법을 설명한다. 이를 기초로 하여 경쟁사에 영향력을 발휘하는 방법과 경쟁 과정에서 산업구조에 타격을 주지 않는 방법을 알아본다.

그런 다음, 기업의 관점에서 최적의 경쟁자 구성형태를 선택할 때 고려할 사항과 그것이 산업 안정성을 유지하는데 어떤 역할을 할 수 있는지 알아본다. 끝으로 경쟁사 선택의 원칙에 따라 경쟁사를 다룰 때 빠지기 쉬운 함정에는 어떤 것들이 있는지 살펴볼 것이다.

경쟁사의 존재는 일반적인 통념과는 달리 기업에 훨씬 유리하게 작용할 수 있다. 경쟁사가 있어서 기업이 절대 교만하지 않고 경쟁우위를 확보하는 방법을 찾는 노력을 게을리할 수 없는 것이다. 따라서 경쟁우위를 창출하고 이를 지속시키기 위해서는 기업은 어떤 경쟁사를 공격해야 하며, 직면하고 있는 경쟁사를 어떻게 배열하는 것이 산업구조에 영향을 미칠 것인지를 파악하고 이를 경쟁전략에 응용할 수 있어야 한다.

경쟁사의 존재에 따른 전략적 이익

건전한 경쟁사가 존재한다는 사실은 기업에게 다양한 전략적 이익을 줄 수 있다. 크게 경쟁우위의 증가, 기존 산업구조의 개선, 원활한 시장개발, 신규 진입의 저지라는 4가지 범주로 나눌 수 있는데, 구체적으로 얻을 수 있는 이익은 산업에 따라서 혹은 기업이 추구하는 전략에 따라서 달라질 것이다.

경쟁우위의 증가

경쟁사가 존재함으로써 기업은 경쟁우위를 높일 수 있다. 여기에서는 그와 관련한 메커니즘을 설명하고 그것을 특별히 가치 있게 해주는 산업 특성들을 살펴보도록 하겠다.

• **불안정한 수요의 흡수** 경쟁사가 순환적, 계절적 또는 기타 요인에 의해 야기되는 불안정한 수요를 흡수해줄 수 있으므로 기업은 생산설비의 가동률을 높일 수 있게 된다. 따라서 경쟁사가 있다는 것은 3장에서 언급한 원가 동인 중의 하나인 설비 가동률을 통제할 수 있다는 의미가 된다. 이러한 현상은 산업 선도기업의 시장점유율이 불황일 때는 높아지고 호황일 때는 낮아지는 것을 보면 명백하다. 경기가 좋을 때는 선도기업 혼자 모든 수요를 충족시킬 수 없고 그것을 원하지도 않기 때문에 생산능력이 수요에 못 미치게 되고 바로 이 때 경쟁사의 시장점유율이 늘어나게 된다. 불경기에는 선도기업의 생산능력만으로도 충분히 수요를 맞출 수 있어서 그들의 시장점유율이

늘게 된다. 경쟁사와 수요의 일정 부분을 나누는 것이 비정상적으로 높은 수요를 충족시키느라 능력을 초과하는 생산을 유지하는 것보다 낫다.

그러나 기업은 핵심구매자(key buyers)의 니즈를 충족시키고, 새로운 진입을 저지하는 데에 필요한 만큼의 생산시설은 유지해야 한다. 더욱이 제품이 서비스가 아닌 일차 상품일 경우에는 산업 내 가격 수준을 통제하기 위하여 초과 생산시설을 보유해야 한다.

• **차별화 능력의 강화** 경쟁사는 자사를 비교 기준으로 제공함으로써 기업이 스스로 차별화할 수 있는 능력을 강화하도록 해준다. 경쟁사가 없다면 구매자는 기업이 창출한 가치를 제대로 인식하지 못하거나, 가격이나 서비스에 민감해질지도 모른다. 그 결과 구매자는 가격이나 서비스 또는 제품의 질에 더욱 강력한 협상 태도를 보일 수도 있다. 그러나 상대적 성과를 비교할 기준점이 되는 경쟁사의 제품이 존재한다면, 기업은 자사 제품의 우수성을 설득력 있게 알리고 차별화의 비용을 줄일 수 있다. 이 경우 경쟁사는 제품에 대한 가치의 척도가 될 수 있다(4장 참조).

예를 들면, 소비재 산업에서 어떤 기업이 좋은 이미지를 가진 제너릭 브랜드(generic brand, =노브랜드)를 제품에 전략적으로 이용하고 있다면 그 제품이 타사의 제품보다 더 높은 마진을 유지할 수 있다. 그러나 경쟁사가 이익이 되는 모범사례가 되려면 2가지 전제 조건이 따른다. 구매자가 다른 제품과의 차이점을 인지할 수 있고, 또한 기업이 가격 프리미엄을 유지할 수 있을 만큼 차별화되어야 한다는 것이다. 한편 경쟁사의 존재가 차별화를 더욱 공고히 하게 하는 경우는 대부분의 경쟁사보다 더 우월한 지위에 있는 상태에서 가능하다. 품질이 표준화된 제품에서 다른 생산자보다 높은 가격 프리미엄을 유지한다는 것은 비록 그 기업과 제품이 충분한 가격 프리미엄만큼의 가치가 있다고 해도 상당히 어려운 일이다. IBM이 경영정보시스템 소프트웨어 개발 사업에서 높은 가격을 확보할 수 있었던 것도 미국의 8대 회계법인이 그 사업에 진출한 이후로 알려져 있다. 신망 있는 8대 회계법인이 높은 가격을 책정하자 그 덕분에 IBM은 독립 소프트웨어 부문을 통해 구매자들의 저항 없이 가격 프리미엄을 요구할 수 있었다. 이는 경쟁사가 존재함으로써 가격 프리미엄을 정당화하는 대표적 사례라고 할 수 있다.

경쟁사가 비교의 기준을 제공해서 얻는 이익이 특히 중요한 의미를 지니는 산업은 품질과 서비스에 대한 표준이 제대로 정립되지 않은 산업, 비용과 품질의 상관관계가 광범위하게 발생하는 산업 그리고 제품에 별다른 차별점이 없어서 가격에 민감한 경향이 있는 산업 등이다. 이런 산업에서 비교의 기준점이 없다면, 제품과 서비스에 대한 끊임없는 개선을 요구하는 구매자의 압력 때문에 기업의 수익성은 하락하게 될 것이다.

• **비매력적인 세분화 산업에의 참여** 기업이 산업구조상 비매력적인 세분산업에 자발적으로 참여하고 있는 경우가 있다.

그것은 경쟁사에 매력적인 세분 산업에 접근을 쉽게 하기 위해서일 수도 있고 방어적인 목적일 수도 있다. 비매력적인 세분 산업이란 기업이 지속적으로 활동하는 데 비용이 많이 들고, 구매자가 더 높은 협상력을 가졌거나 가격에 민감한 산업, 시장 지위를 유지하기 힘든 산업 또는 참여 자체만으로도 다른 매력적인 산업에서 기업의 경쟁적 지위를 떨어지게 만드는 산업 등을 말한다. 이 책의 7장에 제시하는 개념이 전략적으로 적합한 세분 산업과 그 매력을 정의하는 데 사용될 수 있다.

이와 같이 비매력적인 세분 산업에 참여한 경쟁사의 가치를 설명해 주는 예는, 기업이 차별화하기 어렵거나 만족할만한 수익을 올리기 어렵지만 전체 제품 판매를 위해 필요한 품목에서 찾을 수 있다. 구매자가 이러한 품목을 원할 때 이를 공급하는 유익한 경쟁자가 존재하지 않으면 구매자는 제품라인 전체에 새로운 공급원을 찾으려 할 것이며, 이는 기업에 매우 위협적인 상황이 될 것이다. 이 경우 유익한 경쟁자의 존재를 가치 있게 만드는 필수적인 요소는 제품라인에서 그 품목에 대한 수요가 다른 품목들에 대한 수요와 연결되어 있다는 점이다.

이러한 상황에서 특정 구매집단은 가격에 민감하기도 하고 협상력을 가질 수도 있다. 그런데 만일 유익한 경쟁자가 없다면, 그 기업은 위협적인 경쟁자(14장 참조)의 예상 진입로를 차단하기 위한 방어전략으로 비 매력적인 구매자 산업에도 참여해야 할지 모른다. 예를 들어 시어스와 같은 거대 유통업체는 차별화 전략보다 원가 우위 측면에 초점을 맞추어 경쟁하기 때문에, 작은 소매 유통업체와 비교할 때 제조기업과 더 강력하게 협상할 수 있고 가격에 민감하다. 만일 기업이 규모가 큰 대량 구매자와 거래할 경우에는 작은 유통업체와의 거래보다 수익이 더 감소할 것이며, 따라서 이러한 비매력적인 구매자로 인한 판매량의 증가가 전체 원가구조를 개선시킬 만큼 충분하지 않는 한 전반적인 수익성은 저하될 것이다. 더욱이 이러한 대형 유통업체의 수요가 유익한 경쟁사에 의하여 효과적으로 충족되지 않는 한 새로운 진입에 대한 요인을 제공한다.

또한 정부 구매가 있는 산업의 세분 산업에 참여하는 것은 다른 산업에서의 성과를 감소시키는 결과를 초래한다. 정부에 낮은 입찰 가격으로 공급한 것이 구매자들에게 알려지게 되면, 그들에게 지금까지 초과가격을 부과해왔던 기업의 이중 가격정책이 타격을 받게 되기 때문이다. 따라서 기업은 이러한 세분 산업을 담당하는 유익한 경쟁사가 있는 것이 더 높은 수익성 유지에 도움이 된다. 또한 기업이 특정 세분 산업에서 열악한 제품군을 보유하고 있어서 다른 세분 산업에서마저 신뢰성이 떨어지는 상황이라면, 해당 세분 사업을 경쟁사가 맡도록 하는 것이 더 유리하다.

특별히 비용이 많이 드는 세분 산업을 경쟁사가 담당한다면 이 또한 기업에 도움이 된다. 기업이 법적인 이유[예를 들면● 로빈슨 패트만(Robinson-Patman) 법안에 의한 규제]로 구매자들 간 서비스 이용 차이로 발생하는 가격 차별(price discrimination)[1]을 충분히 실시할 수 없거나 구매자들 간에 재판매가 일어날 가능성 때문에 차별적인 가격설정이 어려울 때가 있다. 이럴 경우에는 낮은 이윤에도 만족하고 저렴한 가격으로 판매할 의향이 있는 경쟁사가 높은 비용을 발생시키는 구매자를 응대해줌으로써 기업의 이익은 늘어날 것이다.

그러나 경쟁사가 유익한 존재가 되기 위해서는 해당 세분 산업이 비매력적인 구조여야 한다. 때로는 비매력적인 것 같은 세분 산업도

● 생산자에 의한 반경쟁적 관행, 특히 가격 차별을 금지하는 미국 연방법. 소매 제품의 최저 가격을 책정해 체인점과의 경쟁으로부터 소규모 소매점을 보호하기 위해 만들어졌다.

실제로는 올바른 가격 정책과 서비스를 시행하지 못하고 있기 때문일 수도 있다. 그러한 경우에는 경쟁사가 존재하는 것보다 직접 맡아 개선하는 것이 기업의 이윤을 높이는 방법이다. 이처럼 가격설정을 잘못해 처하는 위험에 대한 설명은 앞서 3장에 제시했다.

• **원가우산의 제공** 높은 원가구조를 가진 경쟁사는 때로는 낮은 비용구조를 가진 기업의 수익성을 증대시키는 '원가우산(cost umbrella)'을 제공할 수 있다. 산업 선도기업이 산업 후발기업에게 '가격우산(price umbrella)'을 제공한다는 것은 이미 잘 알려진 것이고, 이런 사례는 일부 산업에서 실제로 나타나고 있다.[2] 그러나 안정된 산업 내지는 성장하는 산업의 시장가격이 종종 높은 원가구조를 가진 경쟁사에 의해 결정된다는 사실은 거의 드러나지 않는다. 만일 높은 원가구조의 경쟁사가 자사의 원가를 기준으로 하여 가격을 결정하면, 낮은 원가구조를 가진 경쟁사는 그 가격을 기준으로 큰 이익을 올릴 수 있다. 그러나 높은 원가구조의 경쟁사가 없다면 커다란 가격 프리미엄의 존재가 가격에 대한 구매자의 관심을 고조시켜 구매자의 가격 민감성이 증대된다. 높은 원가구조의 경쟁사가 제공하는 원가우산은 소매업자를 포함한 구매자가 제2, 제3의 공급원을 희망하게 하여 높은 원가구조의 경쟁사에게도 일정 몫의 공급을 담당하도록 해줄 때 특히 가치가 있다.

고원가의 경쟁사가 가격을 설정할 때는 그 가격이 새로운 진입을 유도할 수도 있다는 위험이 따른다. 따라서 가격설정 전략이 성공하기 위해서는 반드시 진입장벽이 어느 정도 존재해야 한다. 또한 고원가의 경쟁사가 업계에서 충분한 사업 기회를 가지고 생존을 유지하는 것이 중요한데, 만일 고원가 기업이 파산하게 되면 무익한 경쟁사가 진입하려고 할 것이기 때문이다.

- **노동자나 규제자들과의 협상력 증대**   경쟁사가 존재할 때 기업은 노동자 및 정부 규제자와의 협상력을 더욱 강화할 수 있다.[3] 이때의 협상력이란 산업 차원의 협상력을 말한다. 산업 선도기업은 노동협상 과정에서 양보의 압력을 받거나 제품의 품질, 공해규제 등에 엄격한 기준을 적용할 것을 요구받아서 입지가 취약해질 수 있다. 이런 상황에 경쟁사가 존재하고 특히나 그 기업이 수익률이나 자본력에서 어려운 위치에 있다면 선도기업이 받는 요구들을 한층 완화하는 효과를 얻을 수 있다.

- **독점금지법에 저촉될 위험의 감소**   자생력 있는 경쟁사의 존재는 정부나 민간과의 소송에서 독과점의 규제를 위해 진행되는 조사나 기소의 위험을 감소시키는 데 필요할지도 모른다. 실제로 코닥과 IBM은 계속되는 독점금지법 소송으로 엄청난 시간을 소비하느라 정작 본업에는 제대로 집중할 수 없었던 경험이 있다. 정부가 반독점 기소를 할 가능성이 낮다 해도, 압도적인 시장점유율을 가진 기업은 신제품 도입, 기술 허가, 가격변동 등의 중요한 이벤트가 있을 때마다 소송에 휘말리기 쉽다. 높은 시장점유율을 가진 기업에게 소송의 위험은 의사 결정을 할 때마다 의식적이든 무의식적이든 신중을 더하게 해 결과적으로 경쟁우위에 악영향을 미치게 된다. 이럴 때 자생력 있는 경쟁사의 존재는 이러한 상황 개선에 도움이 될 것이다.

- **동기부여의 증대** 경쟁사의 역할 중 가장 중요한 것 중 하나가 동기부여다. 자생력 있는 경쟁사는 원가절감과 품질개선으로 기술변화에 대응하게 하는 중요한 동기부여 요인이 될 수 있다.

경쟁사는 조직 구성원들에게는 공동의 적으로 인식되어 구성원들을 뭉치게 만드는 힘이 있다. 또한 경쟁사의 존재는 조직 내부에 중요한 심리적 이익을 가져다준다. 제록스의 경우, 복사기 산업에 강력한 경쟁사가 등장하고 나서 더 나은 성과를 올리게 되었다. 즉, 경쟁자에 대응하는 것이 결국 제록스의 제조원가구조를 개선하게 하고 신제품 개발에도 박차를 가하게 했기 때문이다. 반면에 독점이나 준독점적 지위에 있던 기업의 역사를 돌이켜보면 기업의 현 위치에 만족하고 변화에 적극적으로 대응하지 못하는 바람에 변화의 흐름에서 벗어나 버리는 경우를 종종 볼 수 있다.

기존 산업구조의 개선

경쟁사의 존재는 또한 다음과 같은 측면에서 산업구조 전반에 이익이 된다.

- **산업 수요의 증가** 경쟁사가 있음으로써 전반적인 산업 수요가 증가할 수 있고, 기업의 매출액 또한 늘어날 수 있다. 예를 들어, 제품에 대한 수요가 산업 내 총 광고량의 함수라고 할 때 경쟁사의 광고 활동은 기업의 매출액 증대에 도움이 될 수 있다. 특히 후발기업이 규모의 경제로 인한 이점을 누릴 수 없는 경우 광고에 많은 비용을 투입해 그 부분을 상쇄하려는 경향이 있다. 또한 경쟁사들이 제품을 생

산하기 시작하면 산업의 인지도가 점점 높아지고, 그것이 산업을 더욱 매력적으로 보이게 해 수요가 늘어날 것이다. 한편, 경쟁사의 출현은 제품의 신뢰성을 높이는 계기가 되기도 한다. IBM의 출현으로 PC 전반의 신뢰성이 높아진 것이 그 예다.

제품라인에 보완재가 포함되는 산업에서 경쟁사의 존재는 수요를 더 큰 폭으로 증가시키는데, 카메라와 필름, 면도기와 면도날, 커피 원두와 우유 등이 그런 것들이다. 이처럼 한 제품에서 적절한 시장 지위를 차지하고 있는 기업은 다수의 경쟁기업이 보완재를 판매할 경우 더 큰 이익을 얻을 수 있다. 코닥은 카메라 기술을 여러 경쟁사에 판매하여 카메라 판매량을 늘린 다음 독점 기술력을 보유한 코닥 필름의 판매를 확대할 수 있었다. 이는 경쟁사들이 집단 마케팅을 통해 보완재에 대한 일차적 수요를 확대하는 능력에 기초한 전략인데, 특히 보완재에서는 적절한 수익을 얻기 어려워 일부 수요만을 충족시키기를 원할 때 더 효과적이다.[5]

• **제2, 제3의 공급원 제공** 많은 산업, 특히 원재료나 투입물이 절대적인 비중을 차지하는 산업에 속한 기업은 공급 중단의 위기에 대비하고 공급자와의 협상력을 강화하기 위하여 제2, 제3의 공급원을 원하게 된다. 이런 유형은 터빈 발전기, 금속 캔, 설탕, 화학 제품 등에서 나타나는데 상비된 유익한 경쟁사의 존재는 기업의 부담을 감소시켜준다. 즉 구매자가 후방 통합을 감행하고자 하는 위험을 감소시킬 뿐 아니라 위협적인 경쟁사를 그 산업으로 끌어들이는 것을 방지할 수 있기 때문이다.

예를 들면 교토 세라믹(Kyoto Ceramics)의 미국 자회사인 교세라(Kyocera)는 반도체 산업 내에 믿을 만한 경쟁사가 없어 어려움을 겪은 적이 있다. 교세라의 반도체 칩용 세라믹 하우징 시장점유율이 거의 독점적인 수준이 되자 반도체 제조사들은 새로운 공급원을 찾기 시작했고, 활발한 투자를 통해 새로운 공급자를 유인하려고 하였다. 신뢰할 만한 경쟁사가 있었다면 교세라는 이러한 구매자의 견제를 당하지 않았을 것이고 세라믹 하우징 가격에 대한 엄격한 조사를 받지도 않았을 것이다.

산업재 뿐 아니라, 똑같은 사례가 소비재에서도 일어난다. 소매업자들은 보통 특정 제조업자의 협상력을 견제하기 위해 다수의 브랜드를 취급하려고 한다. 따라서 유익한 경쟁사가 존재하면 소매업자들이 각종 편파적인 지원으로 다른 경쟁사가 산업으로 진입하는 것을 도울 가능성이 줄어든다.

- **산업구조의 바람직한 요인의 재강화** 유익한 경쟁사는 산업구조의 바람직한 측면을 강화할 수 있고 산업의 매력을 증가시키는 구조적 변화를 촉진할 수도 있다. 가령 품질, 내구성 그리고 서비스를 강조하는 경쟁사는 구매자의 가격 민감성을 줄이고 가격경쟁을 완화하는 역할을 할 수 있다. 또 광고를 많이 하는 경쟁사가 있다면 소수의 강력한 브랜드와 높은 진입장벽을 지닌 산업으로 진화하는 과정을 앞당길 수 있다. 반대로 무익한 경쟁사는 자사의 경쟁우위를 추구하는 과정에서 산업의 구조를 손상시킬 수 있다. 예를 들어, 이유식 산업에서 비치넛(Beech-Nut)은 높은 수준의 광고, 활발한 신제품 출시와 더불어 1970년대 중반 스큅(Squibb)에 인수되기 전까지 보여주었던 안정된 가격 유지 정책 등을 통하여 산업의 긍정적 측면을 강화했

다. 반면에 하인즈는 거버를 따라잡겠다는 목표로 저원가, 저가격 정책을 실시하여 산업구조를 훼손했다. 거기다 스큅이 비치넛을 합병한 후 기존 비치넛의 목표와 전략을 수정했고 회사를 무익한 경쟁사로 만들어버리면서 이유식 산업구조를 더욱 망가뜨린 것이다.

시장개발의 원활화

경쟁사는 새로운 산업 또는 제품이나 공정기술이 진전되고 있는 산업에서 시장을 개발하는 데에 도움을 줄 수 있다.

- **시장개발 비용의 공유** 신제품이나 신기술에 대한 시장개발 비용을 경쟁사와 공유할 수 있다. 시장개발에는 체험제품 구매, 대체재와의 경쟁(8장 참조), 법적 처리 또는 독자적 서비스 센터와 같은 하부구조 개발과 관련한 비용이 발생한다.[6] 그 밖에도 기초 기술을 정교하게 다듬고, 장래의 구매자에 의해 발생하는 교체 비용을 극복하며 활용도가 높은 제품의 설치 및 서비스 절차를 개발하기 위해 연구개발 비용이 필요하다. 그런데 경쟁사가 존재함으로써 시장개발 비용을 낮출 수 있고, 특히 경쟁사가 그들의 매출액에 비해 높은 수준으로 시장개발을 위한 투자를 하거나 시장개발 노력이 산업 전반의 문제점을 드러내는 영역에서 이루어질 때 두드러진다.

- **구매자 위험의 감소** 신시장(혹은 신기술)에서 비록 구매자가 또 다른 공급자를 원하지 않는다 할지라도 구매자에게 대체 공급원을 제공하는 경쟁사가 필요할지도 모른다. 구매자는 교체 비용이 높다든

지, 아니면 공급자가 충분한 서비스를 공급하지 않거나 사업을 포기하여 피해가 예상되는 상황에서는 단지 한두 회사에서만 생산하는 신제품을 구매하기를 꺼린다.

• **기술의 표준화 또는 합법화** 똑같은 기술을 사용하는 경쟁사가 존재함으로써 그 기술이 합법화되거나 표준화되는 과정을 단축할 수 있다. 구매자는 딱 한 기업만 이용하는 기술은 표준으로 받아들이기를 꺼려 구매를 유보하고 기술진보를 기다리는 경향이 있다. 따라서 유익한 경쟁사가 기술과 마케팅을 공유하게 되면 신기술과 신제품에 품은 의구심을 조금 덜고 채택할 가능성이 커질 것이다. 비디오테이프 산업에서 VHS와 베타 방식 기술을 개척한 기업들이 다른 기업들에 그들의 기술을 사용하도록 허가해준 것이 대표적인 예다. 또한 동일한 기술을 가진 경쟁자가 존재함으로써 정부나 기술에 대한 표준을 설정하는 협회 등의 승인을 얻는 과정을 좀 더 쉽게 할 수 있다.

• **산업의 이미지 개선** 건전한 경쟁사는 산업 이미지를 향상하는 데 도움이 된다. 다른 사업에서 명성을 얻고 있는 기업은 그 산업이 합법적이며 기업이 약속한 바를 이행할 것이라는 점을 각인시킴으로써 그 산업의 신뢰성을 높일 수 있다.

이처럼 시장개발 기간에 경쟁사가 있어 생기는 이익은 대부분 산업 발전의 초기나 성장기에 강하게 적용되는 일시적인 이익이다. 따라서 소수의 경쟁사를 갖는 것은 산업발전 초기에 전략적으로 가장 유용하며 발전이 진행될수록 경쟁사의 수가 줄어드는 것이 이상적이다.

신규 진입의 저지

경쟁사는 다른 기업의 진입을 저지하거나 기업이 경쟁우위를 유지하는 데 결정적인 역할을 한다.

• **보복의 가능성 및 강도증대**   경쟁사의 존재는 잠재적 진입자가 신규 진입 시 받을 보복의 가능성 및 심각성에 대한 부정적 예상을 확대할 수 있다. 경쟁사는 가격 인하와 같은 전술로 신규 진입자를 방어하는 최전선의 역할을 할 수도 있는데, 특히 높은 시장점유율을 가진 기업은 가격 인하 전술을 사용할 경우 총수익의 급감으로 이어지기 때문에 함부로 사용할 수 없다. 이런 경우에 경쟁사의 존재 가치가 더욱 두드러지는 것이다. 더욱이 기업 하나가 산업구조를 지배하고 있어 집중화 전략에 잠재적인 취약성을 보이는 경우보다는 믿을만한 경쟁사가 많이 있는 산업에 잠재적 진입자는 들어가기를 주저할 것이다. 일반적으로 지배적 기업들이 집중화 전략을 쓰는 진입자에게 노출된 특정 세분 산업을 방어하는 데에는 복합적인 동기가 작용하여 어려움을 겪는 수가 많다.[7]

그러나 경쟁사가 너무 약체로 인식된다면 다른 기업의 진입을 저지할 수 없다. 오히려 취약한 경쟁사는 진입자가 선도기업을 직접 공격하지는 못하는 상황에서 그 산업에 진입하는 발판이 되어줄 수도 있다.

• **성공적 진입의 어려움을 상징**   경쟁사는 선도기업을 상대로 성공적으로 경쟁하는 것이 얼마나 어렵고, 추종자의 수익이라는 것이 얼

마나 보잘것없는가를 잘 보여주는 상징이 될 수 있다. P&G의 폴저스(folgers) 커피가 커피 산업의 선도기업인 제너럴 푸드(General Foods)의 맥스웰 하우스 커피에 대항하여 남긴 기록을 살펴보면 이를 알 수 있다. 폴저스는 미미한 시장점유율과 낮은 수익성으로 선도기업과 경쟁하여 시장점유율을 늘리는 것이 얼마나 어려운가를 여실히 보여주었다. 만약 선도기업에 대항하다가 호된 경험을 한 경쟁사가 없다면, 잠재적 진입자는 진입장벽의 높이와 선도기업의 경쟁적 강점을 과소평가하게 될 것이다.

• **논리적 진입로의 차단** 경쟁사는 특정 산업의 논리적 진입로에 위치함으로써 잠재적 경쟁자가 이 산업으로 진입하는 것을 막아줄 수 있다. 예를 들어 미국의 리프트 트럭(lift truck) 산업에서 소규모 구매자에게 팔리는 소형 리프트 트럭 산업은 논리적으로 볼 때 잠재적 경쟁자가 가장 손쉽게 진입할 수 있는 예상 진입로였다. 소형 리프트 트럭은 높은 서비스 수준이 필요하지 않고 소규모 구매자 대부분이 한 대의 리프트 트럭만 소유하고 있어서 공급자를 바꾸는 데 따르는 교체 비용을 감소시킬 수 있다. 따라서 소형 리프트 트럭 산업에 대한 진입장벽은 다른 세분 산업에서보다 낮게 형성되어 있었으나 낮은 수익구조로 인해 미국 선도기업의 외면을 받아왔다. 그 결과 소형 리프트 트럭 산업으로 외국기업이 진입하는 것을 막을 수 있는 믿을 만한 미국 내 경쟁사가 없었고, 결국 이를 알아본 일본 경쟁사들이 미국 시장 진입 경로로 소형 리프트 트럭 산업을 성공적으로 이용하였다. 이처럼 선도기업이 잠재적 경쟁사의 예상 진입로가 될 수 있는 세분 산업을 직접 담당할 수도 있지만, 그 산업이 핵심 산업보다 구조적

으로 덜 매력적이라면 유익한 경쟁사에게 그 산업을 넘겨주는 것이 더 효율적일 것이다(7장 참조).

또한 선도기업에게는 너무 작거나, 선도기업이 직면하는 복합동기와 관련되어 선도기업이 방치해둔 세분 산업을 경쟁사가 대신할 수 있다. 따라서 이러한 세분 산업을 담당하는 경쟁사가 존재하게 되며 잠재적 경쟁사가 진입하는 데 따르는 어려움이 배가된다. 이 경우 잠재적 진입자는 경쟁사가 없는 세분 산업으로 쉽게 진입하는 대신 모방제품('me too' product)으로 진입해야 하기 때문이다.[8] 한편 제2, 제3의 공급원에 대한 구매자들의 요구는 경쟁자에게 진입 명분을 줄 수 있다. 따라서 이러한 역할을 맡아주는 유익한 경쟁자가 있다면 기업은 더욱 위협적인 진입자의 참여를 저지할 수 있다.

• **유통채널 접근을 어렵게 함** 여러 경쟁사가 있으면 유통업자 또는 소매업자가 다수의 브랜드를 가지게 되어 새로운 진입자가 유통채널에 접근하는 것을 더욱 어렵게 만든다. 반면에 한 산업에 한두 개의 기업만이 존재할 경우에는 유통업자들이 선도기업의 교섭력을 약화시키거나 유통업자 브랜드 제품(private label goods)을 공급하기 위하여 새로운 진입자를 환영할 것이다. 그러므로 경쟁사가 있으면 경로상에 이미 충분한 수의 브랜드가 존재하므로 새로운 진입자가 유통채널에 접근할 때 훨씬 더 높은 비용을 부담하게 할 수 있다. 또 유통업자 브랜드 시장을 담당할 유익한 경쟁자가 없을 때는 선도기업이 방어적 목적으로 유통업자 브랜드 제품을 공급하는 것이 바람직할지도 모른다. 그런데도 RCA와 제니스(Zenith)처럼 많은 선도기업은 그들 제품의 브랜드 인지도가 훼손될 것을 우려하여 유통업자 브랜드 사

업을 회피하려 든다. 이것은 장래의 진입 위험을 고려해보면 지극히 편협한 관점일 수도 있다. TV 산업에서 RCA, 제니스, 기타 우수한 미국 제조기업들이 품질 좋은 유통업자 브랜드 제품을 공급하지 않음으로써 일본 기업이 미국 TV 시장에 침투할 기회를 적극적으로 내준 셈이 되었던 것처럼 말이다.

무엇이 '유익한' 경쟁사를 만드는가?

유익한 경쟁사란 장기적으로 심각한 위협을 초래하지 않으면서 앞에서 언급한 호혜적 기능을 수행할 수 있는 경쟁사를 말한다. 즉, 유익한 경쟁사는 기업이 안주하지 않고 도전하게 하며 소모적 전쟁을 치르지 않고도 안정적이고 수익성 있는 산업의 균형을 달성할 수 있게 한다. 무익한 경쟁사는 대개 이와는 반대의 특성을 갖는다.

하지만 모든 조건에서 매력적이기만 한 경쟁사는 없다. 경쟁사는 대개 유익한 경쟁사의 몇 가지 특성과 무익한 경쟁사의 몇몇 특성을 동시에 지니고 있다. 그 결과 어떤 경영자들은 '유익한 경쟁사'라는 개념이 애당초 성립하지 않는다고 주장하기도 할 것이다. 이러한 견해는 어떤 경쟁사가 다른 경쟁사에 비해 훨씬 좋고, 기업의 경쟁적 지위에 서로 다른 영향을 끼칠 수도 있다는 점을 무시하는 것이다. 실제로 기업은 경쟁사를 '유익함'에서 '무익함'에 이르는 넓은 스펙트럼 중 한 위치로 파악하고 그에 따라 행동해야 한다.

유익한 경쟁사의 판별

유익한 경쟁사는 여러 특성이 있다. 그러나 어떤 기업의 목표, 전략, 능력 등은 고정된 것이 아니므로 경쟁사에 대한 평가 또한 변할 수 있다.

- **신뢰성과 생존 가능성** 유익한 경쟁사는 기업이 원가를 낮추거나 차별화를 개선하는 것뿐만 아니라 구매자들의 신뢰를 얻게 만드는 동기부여 역할에 충분한 자원과 능력을 지녀야 한다. 또한 경쟁사가 장기적인 생존에 필요한 자원을 보유하지 못했거나, 구매자가 그 기업을 수용 가능한 대안으로 보지 않는다면 시장을 발전시키는 기준이나 조력자로서 활동하지 못한다. 유익한 경쟁사의 신뢰성과 생존 가능성은 특히 새로운 진입을 저지하는 능력을 갖추는 데 있어서 중요하다. 경쟁사는 새로운 진입자에게 위협적인 보복을 할 수 있을 만큼 충분한 자원을 보유해야 하고, 구매자가 새로운 공급원을 찾는 것을 포기할 경우 납득할 만한 대안을 제시해주어야 한다. 마지막으로 경쟁사는 기업이 현상에 만족하여 안주하지 못할 만큼 강력한 존재여야 한다.

- **스스로 인정하는 명백한 약점 보유** 비록 신뢰성이나 생존 가능성은 갖추었더라도 유익한 경쟁사는 명백한 약점을 가져야 하며, 이것을 스스로 인식하고 있어야 한다. 이상적으로, 유익한 경쟁자는 모든 면에서 약점을 가질 필요는 없지만 어떤 기업이 주력하는 부문에서 상대적 지위를 확보하려는 것은 무익하다는 결론을 내리게 하는 명

백한 약점을 가지고 있다.

• **경쟁규칙의 이해**   유익한 경쟁사는 산업의 경쟁규칙을 이해하며 그에 따라 행동할 뿐 아니라, 시장에서 나타나는 신호를 인식하고 읽을 수 있어야 한다. 그런 경쟁사는 시장개발을 돕고 기존의 기술을 더욱 발전시키며 시장에서의 위치를 높이기 위하여 기술적으로나 경쟁적으로 불연속적인 무리한 전략을 감행하지 않는다.

• **현실적 가정**   유익한 경쟁사는 해당 산업과 그 안에서 자사의 상대적 지위에 관하여 현실적인 가정을 한다. 즉 산업의 성장 잠재력을 과대평가하여 생산시설을 무리하게 확장하지도 않고 그렇다고 생산시설에 투자를 게을리하여 새로운 진입을 허용하지도 않을 것이다. 유익한 경쟁사는 자사의 능력을 과대평가해서 시장점유율을 전투적으로 확대하려는 무모한 시도를 하지 않으며, 반대로 자사의 강점을 너무 과소평가하여 진입자에 보복하기를 주저하지도 않는다.

• **원가에 대한 이해**   유익한 경쟁사는 원가구조를 올바로 알고, 그에 따라 가격을 설정한다. 따라서 유익한 경쟁사라면 특정 제품계열에 무리하게 교차보조(cross-subsidize)를 제공하지도 않으며, 간접비용을 과소평가하지도 않을 것이다. 앞에서 이미 살펴보았듯이 우둔한 경쟁사는 장기적으로는 유익하지 못하다.

• **산업구조를 개선하는 전략의 수행**   유익한 경쟁사는 산업구조의 바람직한 요인을 유지하고 강화하는 전략을 취한다. 예를 들어, 유익

한 경쟁사의 전략은 산업으로의 진입장벽을 높여주고 가격경쟁 대신에 제품의 질과 차별화를 강조하며 판매전략을 통하여 구매자의 가격 민감성을 약화시키는 방향으로 설정된다.

• **본질적으로 제한된 전략개념** 유익한 경쟁사의 전략적 개념은 산업 내에서 자사가 흥미를 갖지 않는 세분 산업으로 활동 범위를 확대하지 않는 것에 초점이 맞춰져 있다. 예를 들면 우수한 품질을 기초로 집중화 전략을 시행하는 경쟁사가 시장점유율을 늘리려고 하지 않는다면 유익한 경쟁사일 수 있다.

• **완만한 철수장벽** 유익한 경쟁사가 만드는 산업 내의 철수장벽은 진입자를 저지하기에 충분한 정도여야 하지 신규 진입자를 완전히 가두는 수준으로 강력해서는 안 된다. 지나치게 높은 철수장벽은 무익한 경쟁사나 신규 진입기업이 전략적인 어려움에 처했을 때 시장을 포기한 채 떠나지 못하게 하고 산업구조 자체를 망칠 위험을 높이기 때문이다.

• **조화를 이루는 목표** 유익한 경쟁사는 다른 기업의 목표와 조화로운 목표를 갖는다. 유익한 경쟁사는 다른 기업과 더불어 높은 이익을 얻을 수 있는 시장 지위에 만족한다. 이러한 관점은 유익한 경쟁사가 갖는 다음 특성 중 몇 가지를 반영한 것이다.

• **산업 내에서 완만한 전략적 모험심을 기를 것** 유익한 경쟁사는 시장지배력이나 산업 내의 높은 성장을 위해 모험을 감행하는 대

신, 산업에 지속적으로 참여하고 적정 수준의 이윤을 벌어들이는 것을 바람직하게 여기기 때문에 상대적 지위를 높이는 것을 전략적으로나 감정적으로 대단히 중요하다고 생각하지는 않는다. 반면에 무익한 경쟁사는 속한 산업을 전사적 목표 달성의 중추적 장소로 여긴다. 그래서 전략적인 시장이라고 인지하는 곳으로 뛰어드는 외국의 경쟁사는 대개 무익한 경쟁사다. 이들은 보통 높은 모험심으로 무장해서 경쟁의 규칙을 올바로 이해하거나 받아들이려 하지 않을지도 모른다.

• **비교 가능한 투자수익률 목표를 가질 것** 유익한 경쟁사는 매력적인 투자수익률의 달성을 추구하는 반면 세제상의 혜택, 가족 구성원의 고용, 외환수익(정부 투자기관의 경우처럼), 상류 부문 제품에 대한 판로 제공 또는 산업 내부에서 받아들일 수 없는 이윤으로 해석되는 여타의 목표에는 커다란 중요성을 부여하지 않는다. 이처럼 양립 가능한 수익 목표를 가진 경쟁사는 기업의 시장 지위를 끌어내리기 위해 가격을 낮추거나 더 많은 투자를 할 가능성이 낮다. 예를 들면, 보잉(Boeing)의 입장에서 맥도넬 더글라스(McDonnell-Douglas)는 목표의 상이함이라는 측면에서 정부 소유의 에어버스에 비해 항공기 산업에서 훨씬 더 유익한 경쟁사가 될 수 있었다.

• **현재 수익성을 받아들일 것** 유익한 경쟁사는 매력적인 이윤을 추구하면서도 현재의 수익에 만족해하며, 그것을 개선하는 것이 불가능하다는 것을 안다. 요컨대 함께 경쟁하고 있는 세분 산업에서 경쟁사가 자사의 수익보다 다소 낮은 수준에서도 만족한다면 자사

의 입장에서는 더할 나위 없는 상태다. 이런 조화가 지속될 경우 경쟁사가 상대적 수익성을 개선하려고 산업 균형을 파괴하는 일도 없을 것이고 유익한 경쟁사가 보여주는 다소 낮은 수익성으로 인해 새로운 진입자의 의욕을 꺾어버리는 효과를 줄 것이다.

• **현금 창출을 원할 것** 유익한 경쟁사는 주주 또는 모기업을 위한 충분한 현금 창출에 관심을 가지며, 따라서 새로운 시설 확장이나 주요 제품라인의 증설을 통하여 산업의 균형을 파괴하려 하지는 않을 것이다. 그러나 유익한 경쟁사가 자사의 신뢰성과 생존 가능성을 위협할 만큼 경쟁적 지위를 약화시키려 하지는 않는다.

• **단기적 시간 함수를 가질 것** 유익한 경쟁사는 장기 계획에 따라 자사의 위치를 공격하는 장기전을 치르지는 않는다.

• **위험 회피형일 것** 유익한 경쟁사는 모든 위험을 감수하면서 경쟁우위를 바꾸기 위한 도전을 감행하기보다는 현 위치에 만족한다.

다각화된 기업의 소규모 사업 부문은 그들이 장기적인 기업전략에 필수적으로 인식되지 않는 한 대개 유익한 경쟁사가 될 수 있다. 그들에게는 그리 높지 않은 수익성 목표를 주면 현금 흐름의 창출을 기대할 수 있다. 그러나 성장을 지향하는 사업 부문은 무익한 경쟁사가 될 수도 있다. 스큅은 비치넛의 유아 식품 사업부에서 무궁한 성장 잠재력을 보고 흡수합병을 단행했다. 따라서 스큅의 경영진은 비치넛에 그에 걸맞는 경영 활동을 요구했고 그것이 결국은 기존의 안정적 산업구조를 손상시켰다.

그렇지만 강력한 힘을 가진 경쟁사라고 해도 올바른 목표와 전략을 갖는다면 유익한 경쟁사가 될 수 있다. 경쟁사의 목표와 전략에 따라 함께 공존할 수 있는 상황을 창조할 수 있다. 따라서 스스로 인식하는 명백한 약점의 존재 여부가 반드시 유익한 경쟁사의 선행조건이 되는 것은 아니다. 그렇지만 경쟁사가 매우 장기적인 시간 함수를 가지고, 현금 흐름에 대한 단기적 요구는 크지 않으면서 높은 위험을 감수할 의도가 있다면 그 기업이 실질적인 강점을 가졌는지와는 무관하게 안정적인 산업 균형을 달성한다는 관점에서 대개 무익한 경쟁사다.

때로는 어떤 경쟁사가 자사에는 유익한데 그 반대의 경우는 성립하지 않을 때도 있다. 또한 어떤 경쟁사는 규칙을 지키며 행동하는데 다른 경쟁사는 어떤 식으로든 공격을 하기도 한다. 산업은 기업들이 서로 유익한 경쟁자의 구조일 때 가장 안정적이다. 이를테면 어떤 기업이 중점을 두는 세분 산업이 다른 기업에는 매력 없는 산업일 수 있다. 서로 유익한 경쟁 관계에 있는 기업은 그들 각각의 강점에 따라 행동하며 각각의 내부 기준이 그에 맞춰 설정되어 있기 때문에 안정적인 산업구조 형성에 도움을 줄 수 있다.

유익한 시장선도기업

유익한 경쟁사를 구별하는 이런 판별기준은 후발기업이 유익한 시장선도기업을 구별하는 데도 응용될 수 있다. 만일 어떤 기업이 소속 산업에서 선도기업의 위치에 있지 않다면 그 기업의 성공 여부가 유익한 선도기업이 있는 산업을 선택하는 것에 달려있다는 논리는 어떻게 보면 매우 당연하다. 여기서 유익한 선도기업이란 후발기업이 이윤을 내고 생존할 수 있는 범위에서 보호막을 제공하는 목표와 전략을 가진 기업이다. 예를 들어 높은 투자수익률 목표를 가진 선도기업은 산업 전체의 건전성을 염두에 두고 차별화 정책에 따라 특정 세분 산업을 남겨두므로 후발기업이 안정적인 환경에서 이윤을 추구할 여지가 있다. 반대로, 생존력 있는 후발기업이 주는 이익을 이해하지 못하고 수익률과 관계없이 산업 내 거의 모든 부분으로 진출하여 산업구조를 훼손시키는 선도기업은 후발기업에 매력적인 환경을 제공하기 어려울 것이다. 예를 들어 구매자 협상력이 강하며 가격에 민감한 산업에서 낮은 가격으로 학습곡선을 따라 신속하게 이동하는 전략을 추구하는 선도기업은 후발기업 또는 그 기업의 산업구조를 붕괴시킬 수 있다.

유익한 경쟁사의 진단

어떤 기업이 유익한 경쟁사인지 진단하기 위해서는 완벽한 경쟁자 분석이 필요하다. 경쟁사의 목표, 미래에 대한 가정, 전략 및 능력은 특정 기업에 그 기업이 유익한지 무익한지를 결정하는 주요한 역할을 한다.[9] 어떤 기업도 유익한 경쟁사의 요건을 완전히 충족하지는 못하기 때문에 경쟁사가 갖는 바람직한 특성과 산업 및 기업의 위치를 손상하는 측면 중 어느 쪽이 더 강한가를 결정하는 것이 중요하다.

이처럼 어떤 기업이 유익한가, 무익한가를 평가하기 위하여 경쟁사의 특성을 평가하고 그 특성과 균형을 맞추는 과정을 잘 설명해주는 예는 쉽게 찾아볼 수 있다. 컴퓨터 산업을 예로 들면, IBM 입장에서 크레이 리서치는 유익한 경쟁사고, 후지쯔는 무익한 경쟁사다. 크레이 리서치는 컴퓨터 산업의 특정 세분 산업에서 허용되는 규칙에 따라 행동을 과대평가할 것으로 보이지 않는 반면, 후지쯔는 IBM에 직접 대항하는 모험을 감행했는데, 후지쯔는 침투하려고 시도하는 산업의 수익성에 대해 낮은 기준을 갖고 있었을 뿐만 아니라 차별화를 손상시킴으로써 산업구조를 악화시키는 전략을 시행했다.

한편, 복사기 산업에서 코닥은 제록스에 상대적으로 유익한 경쟁사다. 비록 코닥이 제록스로부터 수익성 있는 시장을 일부 빼앗긴 했지만, 코닥은 높은 투자수익률 기준을 가지면서 제록스와 유사한 규칙으로 경쟁하고 있다. 코닥은 대규모 시장에 진출해 품질과 서비스를 강조하는 기업이다. 결과적으로 코닥의 존재로 제록스의 품질은 개선되었다. 더욱이 코닥은 복사기를 낮은 이윤을 정당화시키는 사무자동화 전략의 교두보로서 파악하지 않고, 그 자체로서 수익성 있는 사업영역으로 보았다.

반대로 비료화학산업에서 석유회사는 무익한 경쟁사인 것이 입증되었다. 그들은 여유 자금을 기반으로 그들의 재무제표에 현저하게 영향을 미칠 수 있는 높은 시장점유율이 보장되는 대규모 신시장을 찾고 있었다. 이러한 노력의 일환으로 비료화학산업에 진출한 대부분의 석유회사는 R&D와 고객 서비스를 강조하는 대신에 가격경쟁을 유발하였다. 그들은 예견능력이 부족했는지 산업 침체기에 생산설비를 취득하지 않고 호황기에 큰 공장을 새로 지으려 했다. 이로 인해 비료화학산업에서는 생산능력의 과다한 확장에 따른 초과공급의 문제가 발생하였던 것이다.

한편 단층촬영기(CT scanner) 산업에서의 경쟁상황은 추종기업이 유익한 선도기업의 이익을 이해하고 있는 경우를 보여준다. 이 산업의 선도기업은 GE로 시장에서 2~3위 정도의 위치에 있는 이스라엘 기업인 엘신트(Elscint)는 GE를 따라잡으려는 계획이 없음을 공개적으로 밝혔다. GE가 높은 가격을 유지하고 서비스와 명성을 근거로 차별화를 이룩한 데다 시장개발과 교육에 막대한 비용을 투자한 것을 엘신트는 인정하고 GE를 유익한 시장선도기업으로 파악하였던 것이다. 역사적으로 볼 때 또 유익한 선도기업의 예는 코카콜라에서 찾을 수 있다. 코카콜라는 가격경쟁을 피했고 경쟁사의 움직임에 강경한 대응을 하지 않았으며 대신 '정치가'로서의 역할을 선택하였다. 펩시, 닥터페퍼 그리고 세븐업 등은 여러 해 동안 추종기업으로 안정적인 이윤을 누렸다. 그러나 펩시의 경영진이 교체된 후, 코카콜라의 시장점유율을 과도하게 뺏으려는 펩시의 시도로 코카콜라는 기존 경영방침에 변화를 보였다. 펩시의 이런 판단 착오는 유익한 경쟁사를 다루는 과정에서 빠질 수 있는 함정의 전형적인 예다. 여기에 대해서는 뒤에 더 언급할 것이다.

만일 산업 내 경쟁사의 존재가 무익하다면, 충분한 경쟁우위를 가진 기업이더라도 그 산업에서 경쟁하는 것이 비 매력적이라는 의미가 된다. 일례로 버섯재배업에서 랠스턴 퓨리나(Ralston-Purina)는 몇몇 잠재적인 경쟁우위 원천을 갖고 있었지만 대만 및 중국에서 수입되는 물량뿐만 아니라 낮은 투자수익률 기준을 가진 많은 가족 기업들의 저돌적인 공격에 휘말려 결국 그 사업을 포기하고 말았다.

경쟁사의 행동유형에 미치는 영향

유익한 경쟁사가 자사에 이익을 준다는 사실은 기업이 어떤 경쟁사에는 공격을 가하고 다른 경쟁사와는 우호 관계를 유지하며, 또 유익한 경쟁사의 기준에 부합하는 새로운 경쟁사의 참여를 유도하는 등, 바람직한 행동을 취하는 데 중요한 시사점을 준다. 대개 산업의 성숙단계보다는 초기 개발단계에서 경쟁사가 유익한 경향이 강하다. 따라서 장기적으로는 성공할 수 있을 것 같지 않은 경쟁사를 초기에 진입하게끔 유도하는 것이 현명할 것이다. 이러한 전략은 기업이 경쟁사에 만족해야 한다거나, 또는 공격적으로 경쟁행위를 증가시키려 해서는 안 된다는 것을 의미하는 것은 아니다. 다만 경쟁사를 선택하는 원칙을 정할 때 기업이 경쟁사에 대해 일반적으로 생각하는 것보다는 복잡한 관점을 가져야 한다는 것이다.

기업이 누구와 경쟁하게 되는가의 문제는 광범위한 요인에 의해 결정되며, 이 요인 중 많은 부분이 기업의 통제범위 밖에 있다. 어떤 경쟁사가 그 산업으로 진입할 것인가 하는 것은 어느 정도는 운명적으로 결정되게 마련인데, 이 문제는 14장에서 자세히 다루겠다.

마찬가지로 특정 기업이 특정한 시간에 한 산업을 매력적으로 인식하고 진입할 수 있는 자원을 확보하였는지 여부 또한 부분적으로는 운의 문제다. 그렇지만 일단 몇몇 경쟁사가 뛰어들고 나면 다른 경쟁사가 그 산업에 느끼는 매력은 줄어들 것이며, 특히 초기 진입기업이 신뢰성 있는 기업이라면 더욱 그러할 것이다. 따라서 만일 기업이 누가 먼저 산업에 진입할 것인가에 영향을 끼칠 수 있다면, 산업의 전반적인 진입 유형 및 경쟁 양상은 달라질 것이다.

따라서 기업이 경쟁사를 선택하는 전략을 펼치고자 한다면, 이는 단지 진입 유형에만 영향력을 행사하려는 것이 아니라 어떤 경쟁사가 생존에 필요한 시장점유율을 유지하며 어떤 세분 산업에서 경쟁할 것인가의 문제에까지 영향력을 행사하려는 것이다.[10] 다음은 경쟁사를 선택할 때 사용하는 전술로, 다른 많은 산업에도 적용할 수 있다.

• **기술 공여** 기업은 유익한 경쟁사에는 유리한 조건으로 자사의 기술을 라이센싱할 수 있다(5장 참조). 만일 기업이 올바른 경쟁사를 택한다면, 기술 공여를 통해 추가적인 진입을 효과적으로 막을 수도 있다. 예를 들면 반도체 산업에 제2, 제3의 공급원을 찾는 구매자의 요구가 있을 때 그 산업에서 라이센싱을 해주는 것이 일반적이며 라이센싱의 신중한 선택은 유리한 효과를 가져다줄 수가 있다. 인텔은 IBM과 코모도어(Commodore)에 8088 마이크로프로세서의 제작법을 라이센싱 해주었다. 여기에서 라이센싱은 어떤 면에서는 구매자를 경쟁사로 만드는 작용을 하기도 하지만, 그 과정에서 더욱 위협적인 다른 경쟁사의 진입을 막아주는 효과도 있다.

• **선택적 보복** 기업은 무익한 경쟁사에 대하여 강력한 보복을 할 수 있지만, 유익한 경쟁사는 무리 없이 시장점유율을 얻거나 시장에 진입하도록 도와주어야 한다. 예를 들면, 새로 도입하는 제품의 선택이나 신규 진입하려는 각 지역 시장의 선택 등을 통해 기업은 종종 특정 경쟁사에 더 큰 영향을 미칠 수 있을 것이다.

• **선택적 진입 저지** 유익한 경쟁사가 있으면 기업의 입지가 높아

질 수 있는 세분 산업에서는 진입장벽 구축을 위한 투자를 유보할 수 있다. 이때 전혀 예상하지 못했던 위협적인 경쟁사가 출현해 야심적이고 연속적인 진입 전략의 한 부분으로 방어력이 약한 세분 산업을 점령하기로 결정하게 된다면, 이러한 전략은 상당한 위험을 가져다줄 수도 있다.[11]

• **새로운 진입자를 유도하기 위한 제휴** 기업은 유통채널을 통하여 팔리는 제품계열 중에서 특정 품목의 공급원이 될 수 있는 유익한 잠재적 경쟁사와 계약을 맺을 수 있다. 그러면 이 경쟁사는 자사가 흥미를 느끼지 못하는 다른 세분 산업을 맡아줄 수 있을 것이다. 이런 식으로 유익한 경쟁사를 고무시킬 수 있는 제휴의 유형에는 부품 조달 계약 및 경쟁사가 자사의 상표로 판매되는 제품을 공급하게 되는 자가상표 계약 등이 포함된다.

무익한 경쟁사와의 경쟁으로 인한 유익한 경쟁사 파괴

유익한 경쟁사에 해가 되지 않으면서 무익한 경쟁사를 공격하는 것이 어려울 때가 더러 있다. 예를 들어, 무익한 경쟁사를 위협하기 위해 계획된 광고의 증대, 신제품 도입, 또는 보증정책 변화 등이 유익한 경쟁사의 시장점유율을 감소시키고 그 기업의 생존까지 위협하는 경우도 있다. 유익한 경쟁사를 약화시키는 것은 결국 산업의 매력도를 손상하고 새로운 진입을 초래할지도 모른다.

그러므로 유익한 경쟁사에 불리한 영향은 최소화하면서 무익한 경쟁사를 공격하거나 방어하는 적절한 방법을 찾는 것이 중요하다. 때로는 무익한 경쟁사의 위협이 미치는 세분 산업과 그 위협의 심각성 때문에 이것이 불가능할 때가 있다. 그러므로 기업은 자사의 위치를 개선하는 목표 및 위협에 적극 대응하는 목표 사이의 균형을 유지하면서, 다른 한편으로 유익한 경쟁사를 보호하는 것에도 전력을 다해야 한다. 또한 유익한 경쟁사로 하여금 그들이 공격의 대상이 아니며, 목표를 바꿀 필요가 없다는 것을 인식하게 해야 한다. 즉 기업은 유익한 경쟁사가 그들의 목표를 수정하지 않도록 유도함으로써 그들이 산업 내의 치열한 경쟁 속에서 무익한 경쟁사로 탈바꿈하는 것을 막아야 한다. 더욱 치열해진 경쟁의 와중에서 무익한 경쟁기업이 되는 것을 막아야 한다.

무익한 경쟁사에서 유익한 경쟁사로

때로는 무익한 경쟁사가 유익한 경쟁사로 변모할 수도 있다. 이상적으로는, 경쟁사의 잘못된 가정을 바로 잡는 방향으로 시장에서 신호를 전달해준다면 무익한 경쟁사는 알아서 유익한 경쟁사로 변화를 시도할 것이다. 예를 들면 알루미늄 산업에서 알코아(Alcoa)는 경쟁사의 낙관적인 수요 예측에 전반적으로 영향을 미치려는 시도를 해왔다. 또한 시간이 경과함에 따라 무익한 경쟁사가 유익한 경쟁사로 자발적인 전환을 시도하는 경우도 생긴다. 즉 시간이 흐르면 무익한 경쟁사가 자사의 전략이 별 이득이 없음을 스스로 깨닫고, 더 유익한 경쟁사로 변모하는 방향으로 자사의 목표와 전략을 재정립할 것이다.

그러나 기업이 무익한 경쟁사를 유익하게 바꾸기 위해 전투에 준하는 준비를 해야 하는 경우가 많다. 이런 전투를 통해 기업은 무익한 경쟁사가 자사의 상대적 약점을 들춰내고 자사의 위치를 잠식당하는 것을 참을 수 없다는 의사를 명백히 나타낼 수 있다. 이러한 싸움은 비용이 많이 들겠지만 장기적으로 보았을 때 포위 공격을 당하는 것보다는 훨씬 저렴할 것이다. 무익한 경쟁사와 장기전을 치르는 것은 종종 기업의 생존 여부마저 위태롭게 하는 결과를 가져올 수도 있기 때문이다.

때로는 결코 유익한 경쟁사가 될 수 없는 무익한 경쟁사도 있다. 이 경우 기업은 그들과 함께 경쟁하는 과정에서 자사의 위치에 대한 도전이 계속될 것이라는 사실을 받아들여야만 한다. 따라서 이 책에서 설명하는 모든 범위의 공격적, 방어적 전술들은 경쟁우위를 유지하고 산업구조의 손상을 피하는 데 필요할 것이다.

최적의 시장환경 구성

경쟁사 선택의 원칙은 시장점유율을 100% 유지하는 것이 설사 가능하다 해도 그것이 최적의 대안은 아니라는 것을 의미한다.[12] 때로는 시장점유율을 유지하거나 확대하는 것보다 그것을 유익한 경쟁사에 맡기는 것이 더 현명하다. 이것이 비록 어떤 기업에서는 경쟁의 신념에 어긋나는 것이고, 또 다른 기업에서는 이단에 가까운 일인지도 모르지만, 장기적으로는 경쟁우위를 강화하고 산업구조를 개선하는 가장 좋은 방법이 될 수도 있다. 그렇다면 여기서 이런 질문을 던져 볼 만하다. 시장점유율과 경쟁사를 어떻게 구성하는 것이 과연 최적의 조합일까? 지금까지 기업이 유익한 경쟁사를 구별하고 영향을 미칠 수 있는 방법을 서술하였으므로, 이제는 기업의 장기적 전략 지위를 가장 잘 유지하기 위하여 바람직한 경쟁사의 구성에 관하여 서술해 보겠다.

일반적으로 기업에 이상적인 시장점유율을 결정하는 요인은 무수히 많고 복잡하다. 그러나 기업이 유지해야 하는 시장점유율에 대한 평가 및 이상적인 유형의 경쟁사에 대한 일반적 원칙 몇 가지는 쉽게 도출할 수가 있다. 따라서 여기에서는 먼저 이상적인 시장 구성을 결정하는 요인들을 서술하고, 기존에 주어진 경쟁사 구성에서 기업이 이상적인 구성환경으로 어떻게 움직이는가 하는 것을 다루겠다.

최적의 경쟁사 구성

기업이 목표로 하는 산업의 특정 부문에서의 최적 시장점유율은 경쟁사가 그 부문에 도전할 생각조차 하지 못할 정도의 수준에서 결정되기 마련이다. 기업은 또한 산업 내에서 균형을 유지하기 위하여 충분한 시장점유율의 우위(시장점유율과 관계되지 않는 다른 경쟁우위와 결합된)를 확보하고 있어야 한다. 시장의 안정성을 유지하는데 필요한 선도기업과 추종기업 간 점유율 차이는 산업에 따라 다르다.

다음에 제시하는 많은 산업 구조적 특징은 선도기업의 최적 점유율에 영향을 주는 것들이다.

선도기업에 최적 시장점유율이 높다는 것을 암시하는 요인들[13]
- 규모의 경제
- 독자적이고 경사가 큰 학습곡선

- 소수의 산업에 속한 세분 산업
- 단일 공급자로부터 구매를 선호하는 구매자
- 다양한 브랜드를 보유한 유통채널의 부재
- 관련된 사업단위와 가치활동을 공유하는 경쟁사는 소규모 경쟁사의 점유율이 선도기업을 공격할 수 있는 효과적인 기반임을 시사함(10장 참조)
- 기타 높은 진입장벽

최적 시장점유율이 낮은 것을 시사하는 요인들
- 미약한 규모의 경제 효과
- 완만한 학습곡선
- 비매력적인 세분 산업의 존재
- 구매자가 제2, 제3의 공급자를 요구
- 교섭력이 있고 다수의 브랜드를 원하는 유통업자의 존재
- 경쟁사의 가치활동을 공유할 수 없는 단일업종 특화 기업
- 위협적인 기업의 진입을 효과적으로 저지하는 데 도움을 주는 추종기업의 존재
- 후발기업의 생존을 위해서 필요한 의미 있는 시장점유율
- 독점규제 문제를 겪은 경험이 있고 독점규제에 취약한 산업[15]

산업을 안정적인 최적의 상태로 만드는 데 필요한 기업 간의 시장점유율 배분은 산업구조와 유익한 경쟁사의 존재 여부가 결정적이다. 이상적인 시장점유율 유형을 결정짓는 가장 중요한 산업구조 변수는 차별화의 정도와 산업에서 나타나는 교체 비용 또는 산업 세분화의

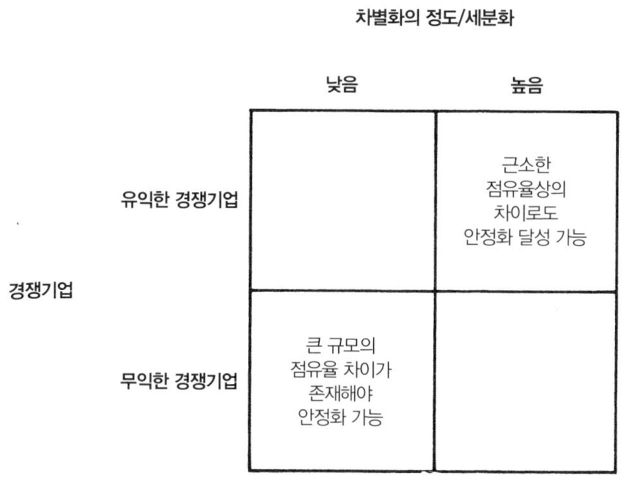

	차별화의 정도/세분화	
	낮음	높음
유익한 경쟁기업		근소한 점유율상의 차이로도 안정화 달성 가능
무익한 경쟁기업	큰 규모의 점유율 차이가 존재해야 안정화 가능	

그림 6-1 경쟁사 구성과 산업 안정화

정도 등이다. 시장이 거의 세분되어 있지 않고 차별화의 정도가 약하며 교체 비용도 낮을 경우에는 시장점유율의 차이가 커야 산업의 안정을 기할 수가 있다. 반면에 세분화가 잘 되어있고 높은 차별화를 이루고 있다면 비슷한 시장점유율을 가진 경쟁사라도 서로 공격할 필요가 없고 기회를 찾지 않기 때문에 기업들은 적정한 이윤을 누리며 공존할 수 있다.

한편 경쟁사의 본질 역시 매우 중요하게 생각해야 할 요소다. 경쟁사가 무익하다면 기업 간 시장점유율 차이를 크게 벌릴 필요가 있다. 무익한 경쟁사는 성공 가능성이 있는 기회를 포착하면 수단과 방법을 동원해서라도 덤벼드는 경향이 있기 때문에 시장 안정을 깨뜨릴 수 있어서다. 반대로 유익한 경쟁사가 있는 곳에선 서로의 공격을 완화하기 위하여 시장점유율의 차이가 작은 것이 바람직하다.

이러한 사항들을 결합하면 〈그림 6-1〉에 제시된 것과 같은 전략적 시사점을 도출해낼 수 있다.[16]

한 산업에서 나타나는 본원적 전략의 유형 역시 중요한 변수다. 서로 다른 본원적 전략을 가진 경쟁사는 동일한 본원적 전략을 가진 기업보다 공존하기가 훨씬 더 쉽다. 그러므로 기업이 산업에서 경쟁사의 구성을 평가할 때에는 시장점유율 이외의 조건도 볼 수 있어야 한다.

선도기업의 시장점유율을 빼고 난 나머지 시장점유율은 하나의 추종기업이 차지하는 것보다 다수의 추종기업이 나누어 갖는 것이 더 바람직할 것이다. 이렇게 되면 추종기업끼리 서로 경쟁할 가능성이 커서 선도기업을 노릴 여력이 없을 것이기 때문이다. 서로 다른 집중화 전략을 추구하는 추종기업이 정면충돌을 마다치 않는 추종기업보다 훨씬 더 좋다. 또한 추종기업은 자생력을 갖추어 새로운 진입자를 저지해야 하므로, 추종기업 집단의 분열은 새로운 진입을 유발하는 역효과를 낼 것이다.

경쟁사의 생존 유지

기업은 유익한 경쟁사의 경쟁력 유지에도 세심한 주의를 기울여야 한다. 유익한 경쟁사라도 생존의 위협을 받으면 제대로 역할을 해내지 못하며, 궁지에 몰리면 태도가 돌변해 기업의 경쟁우위와 산업구조를 해칠 수 있다. 생사의 기로에 선 경쟁사는 모두에게 이익이 되는 업계의 관행을 위반하려고 하며 산업구조를 손상하고 산업 이미지에 해를 주는 행동을 하게 된다. 그들은 또한 생존을 모색하는 과정에서 자사를 인수할 기업을 찾다가 위협적인 경쟁사를 새롭게 산업으로 끌어들일 수도 있다. 더욱이 존폐 위기에 처한 경쟁사는 경영진을 교체할 가능성이 높은데 새로운 경영진은 그 기업을 무익한 경쟁사로 바꿔버릴 수도 있다.

경쟁사의 생존을 위하여 필요한 시장 지위는 진입장벽과 이동장벽의 차이에 따라 산업별로 다르다. 청량음료 산업에서는 5% 이하, 냉동 어류 산업의 경우에는 아마 10%가 넘을 것이다. 따라서 기업은 유익한 경쟁사의 생존에 필요한 시장점유율 수준을 알아야 하며, 구조적 변화로 이 시장 지위가 어떻게 변할 것인가도 예측할 수 있어야 한다. 또한 유익한 경쟁사가 반복되는 문제에 직면하여 그들의 전략을 바꾸지 않을 만큼 충분한 성공을 허락해야 한다.

이상형 경쟁사 구성

위에서 언급된 사항들은 경쟁사의 이상적인 분포에 관하여 전략적 시사점을 주었다. 그러나 이상적 상태로 옮겨가는 것은 기업이 점유율을 늘리는 데 들어가는 비용 또는 반대로 시장을 점차 포기해야 하는 위험을 계산해야 한다는 의미다. 시장점유를 포기하는 것은 경쟁사에 더 많은 것을 갖게 하고, 또 잠재적 진입자에게 좋지 않은 신호를 보내게 됨으로써 안정화를 깨뜨릴 수 있다.

기업이 시장점유율을 확대할 필요가 있는 까닭은 자사의 매출액을 늘리기 위해서만이 아니라 앞에서 살펴보았던 것처럼 안정적인 경쟁사 구성을 통해 산업구조를 개선할 수 있기 때문이다. 점유율을 늘리는 데 들어가는 비용은 그 과정에서 누가 그 점유율을 상실하는가에 따라 달라질 것이다. 점유율을 잃은 기업의 목표, 능력 그리고 축소장벽 등이 특히 결정적 요인이다. 따라서 경쟁사의 목표, 사업에의 몰입 정도, 시장점유율에 부여하는 중요성 등이 이러한 전략적 시도의 평가에 있어 중요하다. 또한 경쟁사의 능력은 경쟁사로부터 구매자를 끌어오는 데 따르는 비용을 결정할 것이다.

축소장벽(barriers to shrinkage)은 산업에서 시장점유율을 낮추는 데(완전한 철수가 아닐지라도) 있어서의 장벽이다. 축소장벽은 철수장벽과 대단히 유사하며, 고정비용이 높은 경우에는 기존 시설의 유휴 비용이 커지기 때문에 이 장벽 역시 높아질 것이다. 경쟁사가 산업에서 높은 비중을 차지하고 시장점유율을 강조하는 목표를 지닌 데다가 축소장벽이 높을 때는 시장점유율을 늘리는 비용이 훨씬 많이 드는 것이 당연한 일이다. 그런 산업에서 이상적인 시장점유율을 상향하여 이동하는 경우에는 그 속도가 느려야 하며, 그 산업에서 발생하는 특정 사건에서 기회를 잘 포착해 이용하는 것이 바람직하다.

경쟁우위를 증대시키거나 산업구조를 개선하기 위하여 시장점유를 포기하는 데 따르는 위험 정도는 기업과 경쟁사 간 상대적 힘의 차이에 달려있다. 만일 그 차이가 크면, 기업이 시장점유율을 일부 상실하였을 때 이를 기회로 본 경쟁사(또는 잠재적 진입자)가 더 높은 시장점유율을 확보하려고 시도하여 산업 균형이 무너질 가능성을 줄여준다. 한편 시장점유를 포기하는 데 따르는 위험은 과거 경쟁사에 행한 보복의 강도에 따라 달라진다. 즉 경쟁사의 도전에 강경한 보복으로 강인한 이미지를 각인한 기업은 정치적 이미지를 가진 기업보다 더 작은 위험에 처한다. 마지막으로, 시장점유를 일부 양보할 때 직면하는 위험은 이러한 조치가 다른 기업(잠재적 진입자를 포함한)에 약점을 드러낸 것이 아니라 타당성을 지닌 조치라는 것을 인식하게 만드는 기업의 능력에 따라 좌우된다.

산업 안정성의 유지

산업의 안정성을 유지하기 위하여 기업은 유익한 경쟁사라 하더라도 그에 대하여 끊임없는 주목과 노력을 기울여야 한다. 경쟁사의 목표와 환경은 계속 변화하기 때문이다. 예를 들어 몇 해 동안 업계 상위에서 상대적으로 높은 이윤을 누려왔던 경쟁사가 돌연 더 높은 위치로 목표설정을 바꿀 수 있다. 때로는 모기업의 변화, 최고 경영진의 이동 등이 경쟁사의 목표나 가정을 변화시킬지도 모른다. 베어드 폴란(Beaird-Poulan)이 에머슨 일렉트릭에 합병된 후 소규모 기계톱 제조사였던 이 회사가 놀랄 만큼 야심적으로 변한 것이 그 예라 할 수 있다. 산업구조의 변화는 경쟁사로 하여금 살아남기 위해서는 단기적으로든 장기적으로든 시장점유율을 늘려야 한다는 압박을 가할 수 있다. 또한 한계에 직면하게 되면 아무리 유익한 경쟁사라도 산업구조를 파괴하는 일련의 행위를 연출할 수 있다.

　이러한 사실은 기업이 경쟁사의 기대와 가정을 꾸준히 관리해야 한다는 점을 말해준다. 이를 위해서는 기간별 경쟁방안 수립, 공격적인 시장 신호의 제공 그리고 이동장벽에 대한 투자 등이 필요하다. 이러한 일련의 노력은 경쟁사가 자사의 힘이나 그 산업에 몰입한 정도 등을 잘못 평가하지 않도록 하는 데 목표가 있다. P&G는 규칙적인 제품변화와 마케팅 투자로 경쟁사의 기대를 잘 관리한 대표적인 기업이다. 기존의 성과와 지위에 안주하여 유익한 경쟁사의 관리에 소홀하고 안정적인 산업구조를 유지하려는 노력을 기울이지 않는 기업은, 안정적이고 이윤이 높은 산업에서 시장점유율을 차지하기 위한 격전의 장으로 넘어가는 돌이킬 수 없는 강을 건너는 것과 다를 바 없다는 사실을 알아두어야 한다.

경쟁사 선택의 함정

경쟁사의 선택의 원칙이 항상 동일하게 적용되는 것은 아니다. 경쟁사를 선택할 때 기업이 흔히 빠질 수 있는 오류로는 다음과 같은 것이 있다.

• **유익한 경쟁사와 무익한 경쟁사 구별 실패** 많은 기업은 그들의 경쟁사들 중 누가 유익하고 누가 무익한지 잘 인식하지 못한다. 이러한 이유로 기업은 때때로 이율배반적인 행동을 하며 최악의 경우엔 무익한 경쟁사는 그대로 두고 유익한 경쟁사를 공격하는 결과를 초래한다. 이 과정에서 산업구조에 상당한 피해를 입히는 경우도 있다. 그 전형적인 예를 특수 고무제조업에서 볼 수 있는데, 이 산업의 선도기업은 특정 경쟁사를 심각할 만큼 엄중히 견제했다. 그럴만했던 것이 두 기업의 시장점유율이 거의 비슷했기 때문에 경계의 초점이 이 경쟁사에 집중되었던 것이다. 그러나 실제로 이 기업은 싸움을 원하지 않는 유익한 경쟁사였다. 오히려 진짜 적은 타이어회사의 특수 사업부였는데, 이들은 특수 고무 시장에서 발생하는 생산품의 초과분을 덤핑시장으로 이용하고 있었다. 결국 유익한 경쟁사를 제대로 판별하

지 못한 선두기업은 상생에 실패하고 타이어회사가 어부지리로 특수 고무 산업에서 위치를 확고히 함으로써 산업의 매력을 감소시켰다.

이처럼 대부분의 기업은 흔히 자사와 가장 비슷한 시장점유율을 가진 기업 또는 가장 유사한 전략을 펼치는 기업을 최대의 적으로 쉽게 간주한다. 따라서 정작 공격해야 할 대상을 내버려 둔 채 실제로는 거의 위협을 주지 않는 유익한 경쟁사를 공격하는 경우가 종종 있다.

• **경쟁사를 절망적 상태로 몰아넣음** 일반적으로 기업들은 경쟁사가 큰 성공을 거두게 되었을 때의 결과에 대해서는 잘 생각하지 않는다. 그러나 경쟁사를 절망적 상태로 몰아넣게 되면 이미 언급한 바와 같은 심각한 결과를 초래할 위험성이 있다. 예를 들어 소프트 콘택트렌즈를 생산하는 바슈롬은 스스로 심각한 문제를 만들어 왔다. 1970년대 후반, 이 기업은 가격을 낮추고 경험 곡선에 따른 상당히 공격적인 전략으로 시장점유율을 확대해 나갔다. 그러나 이로 인해 경쟁력을 잃어버린 기업들이 하나둘씩 다른 기업에 인수되었는데, 그들을 인수한 기업은 콘택트렌즈를 유망업종으로 평가한 레블론(Revlon), 존슨앤드존슨 그리고 쉐링푸라우(Schering-Plough) 등으로 모두 바슈롬보다 훨씬 큰 기업들이었다. 결국 바슈롬은 경쟁사에 새로운 자본을 투입하여 유익한 기업을 무익한 기업으로 만들어버린 셈이 되었으며, 결국 훨씬 심각한 경쟁상태에 돌입하게 되었다.

• **지나치게 높은 시장점유율** 일정 수준 이상의 성장은 새로운 문제를 불러일으킬 수가 있는데 이러한 문제는 유익한 경쟁사와 시장을 나누어 갖는다면 피할 수 있는 것들이다. 높은 시장점유율은 실질

적으로 투자수익률을 더 낮게 만들 수도 있다. 시장점유율이 높은 기업은 점유율을 더 늘리려고 하는 것보다 다른 산업에서 성장기회를 모색하는 것이 훨씬 유리할 것이다. 또는 시장점유율을 높이려는 시도 대신 전체적인 산업 규모 및 수익성을 증대시키는 방법을 찾는 것이 좋을 것이다. 그렇게 되면 시장점유를 늘리기 위하여 산업을 불안정하게 만드는 일 없이 시장이 확대되는 것에 비례해서 커진 이익을 얻을 수 있다. 그러나 대부분의 기업은 자사의 강점이 두드러지는 영역에서 상대적 지위를 점차 증가시키기를 원한다.

• **유익한 선도기업을 공격** 추종기업은 때때로 유익한 선도기업을 공격하는 결정적 실수를 범한다. 그렇게 되면 선도기업은 어쩔 수 없이 보복을 단행하게 되고, 후발기업이 수익을 실현하던 시장이 지극히 한계적인 시장으로 변한다. 예를 들어 웨스턴(Western)은 유전 굴착 시공 서비스 산업에서 선도기업인 핼리버튼(Halliburton)이 차별화 정책을 쓰고 있었기 때문에 매우 안정적인 이윤을 유지할 수 있었다. 그런데도 웨스턴은 핼리버튼을 추월해 더 높은 시장점유율을 차지하고자 공격을 시작했다. 의심할 여지 없이 핼리버튼의 악의에 찬 보복은 웨스턴의 이익을 크게 감소시키는 결과를 가져왔다.

• **너무 많은 무익한 경쟁사가 있는 산업으로의 진입** 무익한 경쟁사가 너무 많이 있는 산업에 진입하게 되면 경쟁우위를 가진 기업이라도 장기적으로 공격을 당하게 될 수 있다. 무익한 경쟁사의 수가 너무 많으면 그들을 유익한 경쟁사로 만드는 비용도 막대할 것이며, 이 때문에 진입의 이점은 모두 사라지게 될 것이다. 따라서 진입하고자 하

는 산업에 너무 많은 무익한 경쟁사가 있다면 차라리 다른 산업을 찾아보는 것이 바람직할 것이다.

경쟁자의 존재는 축복이 될 수도 불행의 씨앗일 수도 있다. 따라서 경쟁자를 불운의 그림자로만 보는 것은 기업의 경쟁우위뿐만 아니라 전반적인 산업구조까지 침식시킬 수 있는 단편적인 판단이다. 물론 기업은 적극적으로 경쟁에 임해야 한다. 그러나 때로는 적극성만큼이나 필요한 것이 신중한 선택임을 알아야 한다.

02

산업 내의 경쟁 범위

Competitive Scope Within an Industry

Chapter 07
산업 세분화와 경쟁우위

Chapter 08
대체

Chapter 07
산업 세분화와 경쟁우위

모든 산업의 모습은 동일하지 않으며 발전 양상도 다르다. 각 산업 내의 세분 산업은 전체 산업과 마찬가지로 하나의 구조를 갖고 있으며, 이들 세분 산업별로 5가지 경쟁 요인은 각기 다른 양상을 보인다. 대체로 각 산업 내 세분 산업은 서로 다른 구매자 가치사슬과 이에 대응하는 세분 산업 고유의 가치사슬을 가지고 있다. 그 결과 각 산업의 세분 산업은 구조적 매력도 및 경쟁우위 측면에서 서로 매우 다른 모습을 보이게 된다. 그러므로 기업의 전략에서 핵심적으로 고려해야 할 사항은 특정 산업 내 어느 세분 산업에서 경쟁할 것이며, 세분 산업 사이에 장벽을 구축해서 집중화 전략을 유지할 수 있는 세분 산업에는 어떤 것들이 있는가 하는 것이다.

산업의 세분화란 경쟁전략의 수립을 목적으로 특정 산업을 하위단위로 나누는 것을 말한다. 경쟁전략의 수립을 목적으로 하는 산업 세분화는 일반적으로 통용되고 있는 시장에 세분화 개념을 포괄하는, 훨씬 더 넓은 개념이다. 시장세분화가 구매자의 요구 및 구매 행동의 차이를 밝혀내 고유의 마케팅 프로그램으로 기업의 능력에 맞는 세분 시장을 선택하게 한다면, 산업 세분화는 구매자의 구매 행동뿐만 아니라 원가 행동, 즉 생산원가 및 고객의 욕구를 충족시키는 데 필요한 원가도 함께 고려하고 있다. 또한 시장 세분화가 가치사슬 중 마케팅 활동에만 초점을 두고 있는 반면, 산업 세분화는 가치사슬의 모든 활동을 포괄하고 있다. 산업 세분화는 세분화된 산업 간의 구조적 매력도의 차이, 여러 세분 산업에 동시에 참여할 때 발생할 수 있는 갈등 요소들을 밝혀준다. 이렇게 포괄적인 산업 세분화 방법은 세분화 접근 방법에 대한 새로운 통찰력을 제공하며, 아울러 경쟁우위를 창출하고 유지하는 데 있어서 기초 자료가 될 수 있을 것이다.

산업 세분화는 특정 산업 내의 경쟁 범위를 결정하고, 세분 산업을 어떤 방법으로 공략할 것인지를 결정하는 데 있어서 반드시 필요한 작업이다. 또한 산업 세분화는 집중화 전략 선택의 기초가 된다.[1] 광범위한 세분 산업을 목표로 삼고 있는 기업들이 성공적이지 못한 경우 산업 세분화를 통해 집중화 전략을 지속적으로 추진할 수 있는 수익성 있는 세분 사업을 가려낼 수 있게 해주기 때문이다. 더 광범위한 세분 산업을 목표로 하는 기업도 산업 세분화를 이해해야 한다. 산업 세분화를 통해 집중화 전략에 취약한 영역을 밝혀내고 경쟁사에 양보하는 것이 최선인 매력적이지 않은 세분 산업을 파악할 수 있기 때문이다. 전략적 관점에서 세분화에 관심을 기울이는 것은 점차 중요해지고 있다. 새로운 기술 발전을 따라 집중화 전략을 선택한 기업이나 광범위한 세분 산업을 목표로 하는 기업 모두에 의미 있는 시사점을 던져주며 과거의 세분화 규칙을 일부분 바꿔놓고 있기 때문이다.

이 장에서는 전략적 목표하에 특정 산업이 어떻게 세분화될 수 있는지, 그것이 경쟁우위를 창출하고 유지하는 데 어떤 교훈을 주는지를 다루고자 한다. 이를 위해 먼저 산업을 세분화하는 요소들이 무엇이며 실제로 산업을 세분화하는 데 쓸 수 있는 객관적인 지표들이 무엇인지를 살펴본다. 이러한 원칙들은 산업 세분화 매트릭스를 작성하고 해석하며 특정 산업을 세분화하는 데 사용 가능한 여러 대체안을 파악하는 기초를 제공해준다. 또한 7장에서는 특정 산업을 어떤 식으로 세분화할 것인가에 대해 연구한 후 산업 세분화에서 도출되는 중요한 전략적 의미들을 찾아보고자 한다. 그리고 특정 산업을 구조적으로 매력 있게 만드는 상황적인 조건들, 세분 산업 간에 전략적인 상호연계성을 갖게 하는 요소들을 확인하고자 한다. 그러고 나서 기업이 어떤 방식으로 집중화 전략의 기초가 되는 세분 산업들을 선택하고, 경쟁사에 동일한 전략이 얼마나 실효성이 있을지를 어떻게 평가하는지 설명하고자 한다. 끝으로 산업 세분화와 산업의 정의가 어떻게 상호관련성을 맺게 되는지 설명하면서 마무리 지을 것이다.

산업 세분화의 기초

산업이란 〈그림 7-1〉에 간단히 나타나 있듯이, 유사한 제품 또는 상호 밀접한 관련성을 갖는 제품들이 고객들에게 판매되고 있는 시장이다.[2] 일부 산업에서는 한 종류의 제품군이 모든 고객에게 판매되고 있다. 그러나 일반적으로 그러한 산업의 제품라인에는 규모, 성능, 기능과 같은 특성에 의해 구분할 수 있는 여러 기존 품목 내지는 잠재

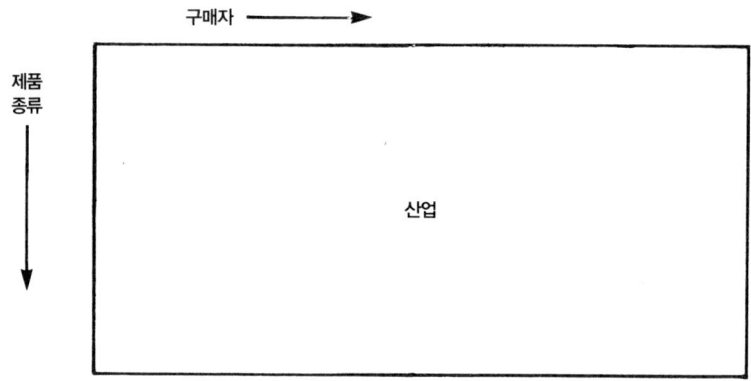

그림 7-1 제품과 구매자의 배열로서의 산업

적 품목들이 존재한다. 또한 물리적 생산품(physical product)과는 별도로 제공하는 보조적 서비스(수리, 할부, 기술적 지원) 역시 사실상 하나의 물리적 생산품과 별도로 하나의 제품이다.[3]

일부 산업(예컨대, 일부 방위 산업 및 우주 산업)에는 단 하나의 구매자만 존재하기도 한다. 그러나 일반적으로는 수많은 기존 구매자 혹은 잠재적인 구매자들이 존재하는 산업이 더 많다. 이들 구매자들은 일반적으로 모두 다르기도 하지만 인구통계학적 특성, 그들이 경쟁하고 있는 산업의 특성, 입지 및 기타 특성에 따라 각양각색이다. 기업은 제품과 고객을 서로 연결해주는 역할을 한다. 기업들은 서로 경쟁 하면서 가치사슬을 통해 제품을 생산하고 판매하며 이를 배송한다(2~4장 참조). 일부 산업에서는 출하액의 전부 내지 일부를 맡아 담당하는 독립된 유통채널이 기업과 구매자 사이에 존재하기도 한다.

특정 산업의 경계는 일반적으로 유동적이며, 제품 라인들은 대체로 끊임없이 변화한다. 기업들은 새로운 기능을 추가하거나 여러 기능을 새로운 방식으로 통합하거나 특정 기능을 분리해내서 새로운 제품을 창조할 수도 있다. 또한 신규 구매자들이 특정 산업에 진입할 수도 있고, 기존 구매자들이 이탈하거나 혹은 구매자들 스스로 구매 행동을 변화시킬 수도 있다. 기존의 제품 및 고객 구성은 지금까지 기업들이 생산해왔고 고객들이 구매해온 제품들을 반영할 뿐, 잠재적으로 특정 산업에 포함될 수 있는 제품과 고객은 나타나 있지 않다.

세분화의 구조적 기초

경영전략 수립을 위해서 산업을 세분화해야 하는 이유는 특정 산업 내의 제품, 고객 혹은 제품과 고객이 동시에 산업에 내재한 매력도에 영향을 미치는 방식이나 기업이 산업에 진출하며 경쟁우위를 획득하는 방식에서 서로 다른 양상을 보이기 때문이다. 특정 산업의 제품별, 구매자별, 구조적 매력도 및 경쟁우위의 여건 차이 모두 산업 세분화를 유발한다.[1] 세분 산업은 서로 다른 제품을 공급하거나 서로 다른 구매자들을 상대하면서 나타나는 경제성의 차이뿐만 아니라 구매자 행동의 차이로부터 발생한다. 산업구조나 경쟁우위에 영향을 미치지 않는 제품 및 구매자의 차이는 생산과 마케팅에서 중요할지 모르지만, 이에 대응하는 것이 경쟁전략에 필수는 아니다.

• **구조적 차이의 세분화** 제품 및 고객에서 나타나는 차이가 만약 5가지 경쟁 요인 중 하나 이상에 변화를 가져다줄 때 산업 세분화가 발생한다. 1장에서 이미 이들 5가지 경쟁 요인이 어떻게 전체 산업의 매력도를 결정하는지를 설명하였다. 이런 산업구조 분석은 산업 세분

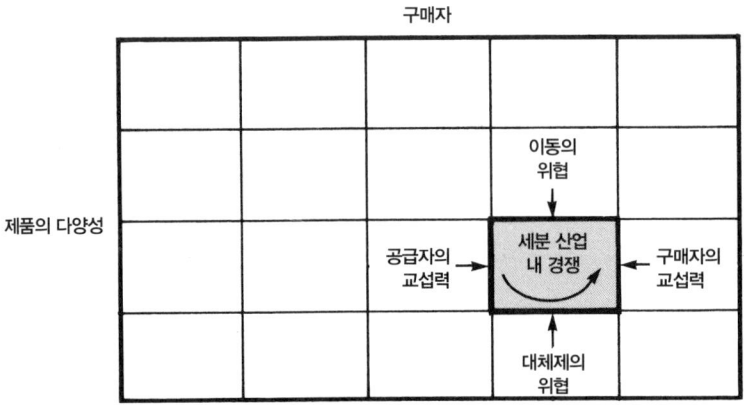

그림 7-2 세분 산업별 5가지 경쟁 요인의 차이

화에도 적용이 가능하다. 예컨대, 규모의 경제 내지 공급자의 교섭력은 동일한 고객에게 판매된다고 할지라도 제품 종류에 따라 다를 수 있다. 특정 고객에게 판매되는 서로 다른 제품군에 대해서도 종류에 따라 각기 다른 대체 가능성을 가질 수도 있다. 비슷하게, 동일한 제품군에서도 교섭력 또는 대체재의 위협도 구매자에 따라 각기 달라질 수 있다. 〈그림 7-2〉는 5가지 요인들이 세분화된 산업별로 어떻게 달라질 수 있는지를 체계적으로 보여준다.[5]

TV 산업은 구매자가 누구인지와 상관없이 제품 종류에 따라 5가지 요인들이 어떻게 달라지는가를 보여주는 전형적인 예다. TV는 제품 종류에 따라 휴대형, 테이블형, 콘솔(consoles)형, 복합형으로 세분화될 수 있다. 작은 화면의 휴대형 TV가 널리 보급되었고, 콘솔형 TV는 스타일, 외장재, 마감재, 특성 등에 따라 얼마든지 차별화가 가능하다. 더구나 콘솔형 TV의 생산은 휴대형 TV를 생산할 때보다 훨씬 더 다양한 생산공정 및 공급업체들을 이용할 수 있으며 규모의 경제에 덜 민감하다. 이러한 차이는 이동장벽, 공급자의 교섭력, 구매자의 교섭력 및 경쟁 강도 등에 영향을 미친다. 5가지 경쟁 요인에 영향을 주는 이와 유사한 차이들이 테이블형 등 다른 TV 종류에도 존재한다.

대형 화력 발전소는 구매자가 구매하는 제품 특성과는 상관없이 고객 특성의 차이가 일반적으로 어떤 구조적 의미를 담고 있는지를 잘 보여준다. 개인 소유의 민간 발전소는 구조적 측면에서 공공 발전소와 구별되는데, 민간 발전소는 대체로 기술 수준이 더 높고 협상 과정을 거쳐 구매하지만, 보통 공공 발전소는 기술 수준이 낮은 편이고 공개 입찰을 통해서 구매한다. 이런 점이 가격 민감도의 차이나 고유의 차별화된 제품 특성과 같은 이동장벽을 창출할 수 있는 기업의 능력 차이를 만들어낸다.

특정 산업 내의 제품 종류나 구매자들은 5가지 경쟁 요인 측면에서 서로 다르게 나타날 가능성이 있다. 예컨대 TV 산업에서 콘솔형 TV와 휴대형 TV의 구분은 이동장벽, 공급자의 교섭력, 경쟁 관계의 측면에서 중요한 의미를 지닌다. 화력 발전소 산업에서도 투자자 소유나 공공 소유냐에 따라 그들의 협상력, 기존 기업들 사이의 경쟁 관계, 진입장벽의 구축 가능성 정도가 달라진다. 심지어 동일한 제품 종류라 할지라도 최종 소비자의 특성에 따라 공급자의 교섭력이 달라질 수 있다. 예를 들어 자전거 마니아라면 자전거의 변속 장치(hubs)와 같은 핵심 부품들의 제조사와 브랜드 이름을 아주 잘 알 것이다. 이런 점은 자전거 마니아를 목표 대상으로 삼고 기업에 부품을 공급하는 업자에 대한 교섭력을 강화해줄 것이다. 그러나 이들 부품 공급업자들은 일반적인 자전거 구매자들을 대상으로 자전거를 판매하는 기업들에 부품을 공급할 때는 훨씬 작은 크기의 교섭력만을 가지게 된다.

• **가치사슬의 차이와 세분화** 제품이나 고객의 차이가 만약 경쟁우위 요건에 영향을 미치게 된다면, 새로운 세분 산업들이 창출된다. 따라서 제품이나 고객의 차이가 경쟁우위 요건에 영향을 미치는지를 진단하는 데 가치사슬을 사용할 수 있다. 제품과 고객의 차이가 다음과 같은 의미를 가지는 경우 산업의 세분화가 나타나게 된다.

- 기업의 가치사슬상에서 원가 동인 및 차별화 동인에 영향을 줄 경우
- 기업 가치사슬의 배열을 변화시키는 경우
- 구매자의 가치사슬상의 차이를 암시해주는 경우

제품 차이가 가치사슬에 영향을 주고 있는 대표적인 예는 자전거를 보면 알 수 있다. 일반적인 표준형 자전거들은 자동화된 제조공정을 통해 생산된다. 반면 특수 자전거들은 보통 수공제품인 경우가 많다. 이 밖에도 많은 가치활동이 두 제품 사이에 다르게 나타나며 이에 따라 가치활동의 원가 동인 및 차별화 동인이 달라진다. 그 결과 일반 자전거냐 특수 자전거냐에 따라 경쟁우위의 원천이 확연히 달라져 각기 독립된 세분 산업이 형성되는 것이다. 또 다른 예로 같은 맥주지만 병맥주와 생맥주는 서로 다른 제품으로 보아야 하는데, 그래서 둘은 가치활동에서 많은 차이를 보인다.

구매자의 차이가 기업의 가치사슬에 영향을 미치는 예는 건물 절연

재 산업에 잘 나타나 있다. 절연재 산업에서 원가의 상당 부분은 판매 지역별 규모 및 소비자와 설비 사이의 거리에 따라 발생하기 때문에, 지리적으로 서로 다른 지역에 거주하는 구매자 집단들은 각기 하나의 중요한 세분 산업을 구성한다. 이러한 예는 구매자들의 구매 행동이 어떤 식으로 차이를 보이며, 비록 동일한 제품이라 할지라도 이를 고객에게 제공하는 데 요구되는 비용의 함수가 어떻게 달라질 수 있는지를 보여준다.

　가치사슬은 구매자에 따라 달라진다. 호텔 체인에서 TV를 사용하는 방식은 일반 가정에서 사용하는 것과는 다르다. 이것은 가치의 기준 및 신호에 중요한 의미를 던져준다(4장 참조). 구매자들 간의 가치 판단 기준 및 신호 사용의 차이는 세분 산업을 규정지어주는데, 그 차이가 경쟁우위를 달성하기 위해 충족해야 하는 요인에 영향을 미치기 때문이다. 동일한 구매자의 가치사슬에 서로 다른 제품 종류(예를 들면 새로운 부품 대 교체 부품)가 부합되는 방식이 다를 수 있다는 점을 인식하는 것도 중요하다. 요컨대 구매자의 사용 가치 기준 및 심리적 가치 기준에 영향을 주는 제품 차이가 세분 산업을 정의한다.

• 세분 산업 배열　이론적으로 특정 산업에서 각각의 구매자 혹은 제품 종류는 모두 하나의 세분 산업이 될 수 있다. 이는 각 구매자나 제품별로 5가지 경쟁 요인 혹은 가치사슬이 상당히 다르기 때문이다. 예를 들어 TV의 경우 스크린의 크기나 종류에 따라 잠재적으로 독립된 세분 산업으로 나눌 수 있다. 마찬가지로 화력 발전소의 경우에도 각각의 발전소가 상당히 다른 가치사슬을 가지고 있다. 실제로 제품 종류나 구매자들의 중요한 차이점을 반영하여 제품과 구매자를 그룹

으로 묶는 방법을 정하는 것은 바람직한 세분화의 핵심이며, 이것이 여기서 다루고자 하는 주제 중 하나다.

세분 산업은 일반적으로 하나의 제품 종류(또는 다양한 제품군)와 이를 구매하는 몇몇 구매집단이 결합하여 형성되게 마련이다. 경우에 따라서는 구매자들 사이에 뚜렷한 구조적 차이점 없이 제품 종류에 따라 산업이 세분화되거나 혹은 그 반대인 경우도 있다. 그러나 보통은 제품 종류와 구매자의 구조적 차이가 모두 존재하며, 이 차이점이 하나의 하위 제품 단위와 하나의 하위 구매자 단위로 구성된 세분 산업을 만들어 낸다. TV나 화력 발전소처럼 제품 종류는 종종 이를 구매하는 특정 유형의 고객들과 밀접한 관련이 있다는 점을 주목해야 한다.

또한 세분 산업은 기존 경쟁업체들이 선택하고 있는 활동 범위와는 상관없이 정의되어야 한다. 세분 산업은 기존 업체가 인식하는 것과는 별개로 특정 산업의 구조적 차이로 발생하기 때문이다. 비록 아직까지 어떤 경쟁업체도 관심을 두고 있지 않은 세분 산업이라 할지라도 중요한 산업으로 부상할 수 있다. 산업 세분화는 기존의 제품 종류나 구매자 집단뿐만 아니라 잠재적인 제품 종류나 구매자 집단도 포함해야만 한다. 주로 관찰 가능한 제품 종류나 구매자의 차이에만 신경을 쓰는 것이 일반적이겠지만 지금까지 생산되지 않았어도 앞으로 그럴 가능성이 있는 제품 또는 아무런 관계가 형성되어 있지 않지만 잠재적으로 거래를 할 가능성이 있는 구매자 집단을 두루 살펴야 한다. 아직 관찰되지 않았거나 잠재적 가능성이 있는 세분 산업들은 경쟁우위를 선점할 기회를 제공하기 때문에 이런 가능성을 확인해보는 것은 무엇보다 중요하다.

세분화 변수

산업을 세분화하기 위해서는 우선 산업 내 잠재적인 제품 종류를 포함하여 구별이 가능한 제품들을 확인하고 난 후 다른 제품들과 얼마나 구조적 차이가 있으며, 가치사슬상의 차이가 있는지를 검토해보아야 한다. 이러한 제품의 다양성은 세분화 변수로 채택하여 사용할 수 있다. 또한 세분화된 구매자 역시 산업 내의 모든 구매자들을 검토하고 과연 이들 간에 얼마나 큰 구조적 차이와 가치사슬상의 차이가 존재하는지 검증해서 밝혀낼 수 있을 것이다. 구매자들의 특성은 매우 다양하기 때문에 세분화의 시작점을 구매자 유형, 지리적 위치, 주로 이용하는 유통채널이라는 3가지 관점에서 차이점을 비교해보는 것이 좋다. 이때 구매자 유형은 구매자의 크기, 소속 산업, 전략 또는 인구통계학적 특성과 같은 것들을 포함한다. 이들 구매자별 세분화의 3가지 관점은 서로 관련을 맺고 있지만 독립적으로 영향력을 행사하기도 한다. 구매자의 지리적 위치는 다른 구매자 특성이 모두 동일하더라도 구매 행동 및 고객 서비스에 필요한 가치사슬에 큰 영향을 미친다. 또한 많은 산업에서 유통채널이 구매자 유형과 밀접한 관련성을 맺고 있지만, 동일한 고객에 도달하는데도 서로 다른 유통채널이 사용된다. 예컨대 전자부품 구매자들은 긴급히 필요한 소량의 반도체 칩을 유통업체로부터 구매하면서도 대규모로 주문할 경우에는 직접 제조업체로 연락한다.

그래서 특정 산업을 세분화할 경우, 생산자와 구매자의 차이점을 정확히 나타내도록 다음 4가지 중요한 세분화 변수들이 개별적 혹은 복합적으로 사용되고 있다. 어떤 산업에서든 이들 변수의 일부 혹은 전부가 전략적으로 타당한 세분 산업들을 확인시켜줄 수 있다.

- **제품 종류** 생산 중이거나 생산 가능하며 독립적으로 구별이 가능한 제품 종류들
- **구매자 유형** 특정 산업의 제품들을 구매하고 있거나 앞으로 구매할 수 있는 최종 소비자 유형들
- **유통채널**(중간 구매자) 최종 소비자들에 도달하기 위해 현재 채택하고 있거나 채택 가능한 여러 대체 가능한 유통채널들
- **구매자의 지리적 위치** 지역적 특성, 특정 지방, 국가, 국가 연합에 의해 정의된 구매자의 지리적 위치[6]

특정 산업을 세분화할 때 세분화 변수를 확정 짓는 작업은 고도의 창의성을 필요로 한다. 구조적 혹은 가치사슬상 중요한 의미가 있는 제품과 구매자의 차이점을 파악해야 하기 때문이다. 그러므로 산업 세분화를 제대로 하기 위해서는 기업과 구매자의 가치사슬뿐만 아니라 산업구조에 대한 명확한 이해가 선행되어야 한다.

제품별 세분화

제품별 세분화를 위해서는 제품과 별도로 제공될 수 있는 보조 서비스를 포함하여 특정 산업에서 생산되고 있거나 생산 가능한, 물리적으로 구별되는 모든 제품형태를 하나의 독립 산업으로 취급해야 한다. 대체부품 역시 하나의 독립된 제품이다. 아울러 하나의 묶음으로 일괄 판매되는 패키지 상품도 하나의 독립된 제품 종류로 취급해야 할 것이다.[7] 예를 들어 병원관리 산업의 경우 일부 기업들은 완벽

한 관리 업무용 패키지를 일괄 판매하고 있고 여타 기업들은 의사채용과 같은 개별 서비스를 별도 판매하고 있다. 서비스가 요구되는 제품에는 독립적으로 판매되는 제품, 독립적으로 판매되는 서비스, 일괄 판매되는 제품 및 서비스라는 3가지 종류가 있을 수 있다. 많은 산업에서 이러한 과정을 통해 얻을 수 있는 제품 종류는 일반적으로 생각하는 것보다 훨씬 많다.

특정 산업의 제품들은 각기 다른 구조적 차이와 서로 다른 가치사슬에서 발생하는 여러 가지 차이를 보이며 결국 각각 독립된 세분 산업이 된다. 세분 산업을 규정하는 구조적 차이, 또는 가치사슬상의 차이를 보여주는 변수로써 제품 특성의 차이를 찾아낸 후 이러한 특성의 차이를 어떻게 세분화에 반영하는지에 대한 간단한 예를 들어보겠다.

- **물리적 크기** 제품의 크기는 차별화 가능성에 영향을 미치게 되는 기술적 복잡성 및 제품사용 방법에 변수로 작용한다. 예를 들어 서로 다른 크기의 지게차는 일반적으로 다른 용도로 사용되고 있다. 또한 제품의 크기 차이는 서로 다른 제품을 생산할 때 필요한 가치사슬의 차이로도 이어질 수 있다. 크기가 다른 제품들은 대체로 각기 다른 기계로 생산되며 사용되는 부품도 서로 다르다. 예컨대 초소형 카메라는 표준형 카메라와는 전혀 다른 제조공정을 거치며 훨씬 더 정밀한 부품들을 사용한다.

- **가격 수준** 제품의 가격 수준은 대체로 구매자의 가격 탄력성과 연관을 맺고 있다. 가격은 또한 일부 산업에서 제조 및 판매 가치활동

의 설계와 특성에 대한 훌륭한 대용물 역할을 한다.

- **제품 특성** 각기 다른 특성이 있는 제품들은 다른 기술적 복합성과 제조공정, 서로 다른 공급업자들과 연계될 수 있다.

- **기술 또는 디자인** 기술적 차이(예: 아날로그 시계 vs 디지털 시계)나 디자인에서의 차이(예: 전방에 배치된 렌즈 vs 후방에 배치된 렌즈)는 서로 다른 기술적 복잡성, 상이한 제조공정, 또는 다른 요인들을 필요로 하는 경우가 많다.

- **투입물** 때때로 제품마다 상당히 다른 원자재나 투입물이 사용된다(예: 플라스틱 부품 vs 금속 부품). 이러한 차이는 종종 제조공정이나 공급업자의 교섭력에 중요한 시사점을 준다.

- **포장** 봉지 설탕과 낱개로 포장된 설탕, 생맥주와 캔맥주처럼 제품 종류에 따라 포장방식이나 배송방식이 달라질 수 있다. 이러한 차이는 기업이나 구매자의 가치사슬 차이로 나타난다.

- **성능** 내구성, 연료 효율성, 정밀도와 같은 성능 차이는 제품의 기술 및 디자인과 연관이 있으며, 이러한 차이는 R&D, 제조 난이도, 검사상의 차이를 반영한다.

- **신제품 vs 대체품** 대체품은 독립적인 신제품과는 일반적으로 전혀 다른 하류 부문의 가치사슬을 거치게 되며, 이에 따라 구매자의 가

격 탄력성, 교체 비용, 배송에 걸리는 시간 등이 다를 수 있다.

• **제품 vs 보조 서비스 물품** 제품이냐 아니면 보조 제품 및 서비스냐에 따라 가격 탄력성, 차별화 가능성, 교체 비용, 제품을 공급하는 데 요구되는 가치사슬이 달라진다.

• **일괄 판매 vs 개별 판매** 하나의 패키지로 묶어 다양한 제품을 판매하는 경우(일괄 판매)와 개별 품목을 판매하는 경우(개별 판매) 사이에는 이동장벽은 물론 가치사슬 면에서 다른 특성이 나타나 차별화에 영향을 준다(12장 참조).

산업 세분화에 결정적인 영향을 미치는 제품 차이는 제품의 가장 특징적인 구조적 차이를 반영하는 방향으로 산업을 세분화하는 데 매우 중요한 것이다. 가격 수준, 기술 및 성능과 같이 서로 연관성이 있는 수많은 제품 특성 변수들은 기본적으로 제품 간에 비슷한 방향으로 차이를 반영한다. 만약 이 변수들이 같은 방향으로 차이점을 평가할 경우, 가장 완벽하게 구조적 차이 및 가치사슬상의 차이를 보여줄 수 있는 변수를 선택해야 한다.

여러 가지 제품 특성이 타당성 있는 세분 산업을 규정지을 수 있으므로 산업구조에 영향을 미치는 모든 제품 차이를 검토해야만 할 것이다. 다수의 세분화 변수가 존재하는 산업을 세분화할 때 어떤 방법이 가장 바람직한가에 대해서는 앞으로 논의할 것이다. 한편 제품별 세분화에 있어 독립적으로 판매될 수 있는 서비스나 새로운 특성들이 배합된 제품과 같이 현재는 생산되고 있지 않으나 앞으로 생산 가능한 제품들도 고려하는 것이 중요하다.

구매자별 세분화

구매자별 세분화를 위해서는 특정 산업이 판매 대상으로 삼고 있는 서로 다른 유형의 최종 소비자가 어떤 중요한 구조적 차이와 가치사슬의 차이를 지니고 있는지 반드시 검토해보아야만 한다. 대부분의 산업에서 구매자를 분류하는 방법에는 여러 가지가 있다. 소비재의 경우 연령, 소득, 가계 규모, 구매 의사 결정권자 등이 중요한 요소이며, 산업재 및 상업용 제품 그리고 공공 수요 제품은 구매자의 크기, 기술적 복잡성 정도, 제품 사용 특성 등이 구매자를 구분하는 데 중요한 요소들이다.

마케팅 전문가들 사이에서 구매자를 세분화하는 가장 좋은 방법에 관한 논의가 활발히 진행되고 있다.[8] 사실상 어떤 변수도 세분 산업을 결정하는 모든 구매자의 차이(buyer differences)를 나타내줄 수는 없다. 특히 세분화에 있어 구매자를 위한 서비스 비용에 영향을 주는 차이가 구매 행동의 차이 못지않게 중요하기 때문이다. 세분화의 목적이 이러한 모든 차이점을 밝혀내는 것이기 때문에 구매자에 의한 세분화는 단일 분류체계보다 구매자 간의 기본적인 구조적 차이 및 가치사슬의 차이를 나타내줄 수 있어야만 한다.

① 산업 구매자와 상업 구매자

산업 구매자 및 상업 구매자를 구분 짓고 세분화하는 구조적 차이 및 가치사슬의 차이를 나타내주는 변수와 이들이 어떻게 세분화를 유발하는지에 대한 간단한 실례를 들면 다음과 같다.

- **구매자의 소속 산업** 구매자가 소속된 산업은 보통 제품이 구매자의 가치사슬에서 어떻게 사용되며, 총구매분에서 얼마만큼의 비중을 차지하는지를 나타내주는 변수다. 예를 들어 캔디 바(candy bar) 제조사는 유제품 제조사보다 훨씬 더 많은 양의 초콜릿을 사용하고 있다. 유제품 제조사는 더 적은 양의 초콜릿을 사용할 뿐만 아니라 품질에 대한 요구도 낮은 편이다. 이와 같은 차이는 구매자의 가격 탄력성, 대체 가능성, 구매자에 대한 공급비용 등과 같은 요소들에 영향을 미칠 수 있다.

- **구매자의 전략** 차별화 전략 및 원가 우위 전략과 같은 구매자의 경쟁전략은 제품의 사용 방식 및 가격 탄력성 정도를 나타내주는 중요한 지표다. 이러한 구매자의 전략은 구매자의 가치사슬 및 가치사슬에서 특정 제품의 역할을 규정한다. 예를 들어 고가의 차별화된 식품 가공업체들은 가격경쟁력으로 승부하는 유통업자 직접 제조 식품 생산업체보다 성분의 품질과 균질성에 더 많은 관심을 쏟는다.

- **기술적 숙련도** 구매자의 기술적 숙련도는 차별화 가능성 및 가격 탄력성 정도의 중요한 지표가 될 수 있다. 예를 들어 석유의 탐사 개발에서부터, 정유 및 유통 단계까지를 총괄하는 메이저 석유회사는 그렇지 않은 독립계 석유회사보다 석유 부문 서비스 및 설비 부문에 훨씬 까다로운 구매자를 가지고 있다.

- **OEM 업체 vs 직접 사용업체** 제품을 구입하여 자사 상표를 붙인 후 이를 다시 다른 기업에 재판매하는 OEM 기업은 대체로 구매 제

품을 제조과정에서 사용하는 기업과는 다른 가격 탄력성 및 숙련도를 지니고 있다.

• **수직 통합** 구매자가 특정 제품 또는 보조 제품 및 관련 제품 분야를 부분적으로 통합하고 있는지의 여부는 구매자의 교섭력 및 기업 스스로를 차별화할 수 있는 능력에 영향을 주게 된다.

• **구매 의사 결정단위 및 구매 과정** 구매 의사 결정에 참여하고 있는 개인들은 구매 의사 과정의 복잡성을 결정함으로써, 요구되는 제품 특성 및 가격 탄력성에 중대한 영향력을 행사한다. 산업재의 경우 많은 인원이 참여하는 복잡한 구매 의사 결정 과정을 통해 구매가 이루어지는 일이 일반적인데(4장 참조), 많은 경우 이들 구매 과정은 동일 업종의 구매자 사이에도 상당히 다른 모습을 보인다. 예컨대 전문 구매 대행업체를 통해 구매 활동을 하는 일부 전자부품업체들은 구매 시 엔지니어의 도움을 받거나 다른 부품을 구매할 때만 대행업체를 이용하는 구매자보다 훨씬 가격에 민감하다.

• **규모** 구매자의 규모는 구매자의 교섭력, 제품사용 방식, 구매절차, 제품공급 시 최상의 가치사슬을 표시해주는 지표가 될 수 있다. 때때로 회당 주문량의 크기가 타당성 있는 규모의 척도로 받아들여지고 있지만 산업에 따라서는 연간 총 구매량이 규모의 지표가 될 수도 있으며 총자산으로 대변되는 기업 규모가 교섭력 및 구매 과정을 결정하는 최상의 결정변수가 될 수도 있다.

- **소유권** 구매기업의 소유 구조는 같은 기업에 구매 동기를 부여하는 데 중대한 영향을 미칠 수 있다. 예컨대 사기업과 공기업이 중시하는 제품의 특성은 다를 수가 있으며, 다각화된 기업의 사업부는 모기업이 결정한 구매 방침을 그대로 답습하는 경향이 있다.

- **재무적 강점** 구매자의 수익성 및 재무적 자원은 가격 탄력성, 신용 요구 정도, 구매빈도 등을 결정지을 수 있다.

- **주문 형태** 구매자들은 각기 다른 방식으로 주문할 수 있는데, 이러한 주문 형태는 구매자의 교섭력 내지 제품 공급의 가치사슬에 영향을 미치게 된다. 예를 들어 정기적으로 제품을 주문하는 구매자들은 간헐적으로 주문을 하는 구매자들보다 훨씬 더 저렴한 비용으로 구매할 수 있을 것이다. 계절에 따라 그리고 좀 더 주기적인 구매유형을 보이는 구매자들도 있는데, 이는 기업의 설비 운용에 영향을 준다.

② **소비재 구매자**

소비재 구매자를 세분화하기 위해 구매자 간의 차이를 나타낼 수 있는 전형적 변수와 이들 변수가 어떻게 세분화를 유발하는지 간단한 실례를 살펴보면 다음과 같다.

- **인구통계학적 특성** 구매자의 인구통계학적 특성(demographics)은 그들이 요구하는 제품 특성, 가격, 탄력성 정도를 판별하는 데 있어 하나의 변수가 될 수 있다. 예를 들어, 1인 가구는 아이들이 있는 가구와 비교할 때 냉동식품에 대한 구매 욕구가 더 클 것이다. 중요한

인구통계학적 특성으로는 가족 규모, 소득 수준, 건강, 종교, 성별, 국적, 직업, 나이, 취업 여성의 존재, 사회계층 등이 있다. 금융업을 예로 들면, 구매자의 재산이나 연간 소득, 가족 구성원의 교육 수준에 따라 각 구매자가 관심을 두는 금융서비스 종류나 구매자의 가격 탄력성이 달라진다.

- **심리적 특성 및 라이프스타일** 라이프스타일이나 자아상(self-image)은 비록 측정하기가 모호하지만 구매자들이 보이는 구매 행동의 차이를 유발하는 주요 변수가 될 수 있다. 예를 들어 제트기족(jet setters:제트여객기를 타고 휴양지를 찾아다니는 상위소득자)은 비슷한 수준의 재산을 가진 보수적인 소비패턴의 구매자와는 전혀 다른 가치 판단을 내릴 것이다.[9]

- **언어** 언어도 세분화에 있어 하나의 기준이 될 수 있다. 예를 들어 음원 산업에서 스페인어권은 하나의 타당성 있는 세분 산업이다.

- **구매 의사 결정단위와 구매 과정** 가정 내의 구매 의사 결정 과정은 구매자가 기대하는 제품 특성 및 가격 탄력성에 중대한 영향을 미칠 수 있다. 예를 들어 어떤 배우자는 자동차의 성능에 더 관심을 가질 수 있으며, 다른 배우자는 안락함이나 신뢰성을 기준으로 차종 선택을 하도록 구매자를 이끌 수 있다.

- **구매 의도** 구매 의도란 특정 제품을 구매하는 이유가 선물용인지, 자신이 사용하려는 것인지, 혹은 특정 이벤트 때문인지 등의 여부

를 말한다. 구매자의 구매 기준은 구매자가 동일 인물이고 제품 역시 동일하다고 해도 구매 의도가 무엇이냐에 따라 상당히 달라지게 된다. 예를 들어 선물용으로 볼펜을 구입하는 사람은 자신이 직접 사용하기 위해 볼펜을 구입할 때와는 달리 몽블랑(Montblanc) 같은 인지도 높은 브랜드를 더 선호할 것이다.

한편 구매자별 세분 산업을 규정할 때 다음과 같은 몇 가지 구매자 특성들이 중요한 기준이 될 수 있다. 예를 들어 석유 부문 설비 산업에서는 구매자의 크기, 기술적 복잡성 정도나 소유권 등이 모두 타당성 있는 변수들이며, 냉동식품의 경우는 가계 규모, 가족들의 연령, 맞벌이 여부, 소득 수준 등이 중요한 구매자 특성 변수다. 특정 제품을 현재 구매하고 있지 않으나 잠재적 구매자인 경우도 세분 산업에 포함될 수 있을 것이다. 또한 구매자별 세분화 변수들은 서로 밀접하게 연관되어 있으므로 이 가운데 구조적 차이 또는 가치사슬상의 차이를 극명하게 나타낼 수 있는 변수들을 가려내는 작업도 필요하다고 하겠다.

유통채널별 세분화

유통채널에 근거하여 세분화하기 위해서는 제품이 구매자에게 도달하기까지의 모든 기존 경로와 잠재적 경로를 확인해야 한다. 유통채널을 확인하면 일반적으로 특정 기업이 가치사슬 및 수직 연계를 어떤 식으로 배열하고 있는지에 대해 시사하는 바를 알 수 있다(2장 참조). 또 유통채널은 주문 규모, 선적 규모 그리고 배송까지 걸리는 시간과 같은 중요한 원가 동인을 반영한다. 예컨대 전자부품의 경우(종종 동일한 구매자라 할지라도), 대량 주문은 직접 판매방식을 통해 이루어지는 반면 소량 주문은 유통업자를 통해 판매가 이루어진다. 또한 유통채널에 따라 교섭력에 상당한 차이가 있다. 시어스나 K마트 같은 대형 유통업자들은 소규모 독립 유통업체보다 훨씬 큰 교섭력을 가지고 있다.

세분화를 유발하는 전형적인 유통채널 간의 차이는 다음과 같은 것이 있다.

- **직접 판매 vs 유통업자** 직접 판매방식은 유통채널에 대한 접근이 필요하지 않으므로 유통업자를 통한 판매방식과는 전혀 다른 가치사슬을 가지게 될 것이다.

- **온라인 직접 판매 vs 오프라인 도소매 판매** 온라인 직접 판매는 중간 유통업자의 잠재적 교섭력을 축소시킬 뿐만 아니라 물적 유통 시스템과 같은 가치활동에 새로운 바람을 불러일으켰다.

- **유통업자 vs 중간상** 중간상은 대체로 재고를 보유하지 않으므로 유통업자와는 다른 제품라인을 취급하게 된다.

- **유통업자 및 소매상의 유형** 제품에 따라 서로 다른 형태의 소매상 내지 유통업자를 통해 판매가 이루어질 수 있다. 이들은 서로 다른 제품라인과 전략 및 구매절차를 갖추고 있다.

- **독점 대리점 vs 비독점 대리점** 대리점이 특정 기업의 제품만을

취급하고 있는가의 여부는 유통채널의 교섭력에 영향을 미치는 것은 물론, 기업과 유통채널이 각각 수행하게 되는 활동에도 영향을 준다.

흔히 하나의 산업에는 여러 형태의 유통채널이 존재한다. 복사기의 경우 복사기 유통업자, 사무용품 유통업자, 소매상 그리고 직접 판매 방식으로 제품이 판매된다. 한편 경로에 따라 세분화를 할 때는 이용 가능한 잠재적 유통망도 포함해야 할 것이다. 예를 들어 레그스(L'eggs)는 슈퍼마켓을 통해 양말과 속옷 제품을 직접 판매하는 새로운 형태의 유통망을 발견해냄으로써 속옷류의 제품 시장을 다시 세분화하였다.

지역별 세분화

구매자의 지리적 위치는 구매자의 욕구와 서비스 비용에 영향을 미친다. 지리적 위치는 직접적 원가 동인으로써 중요한 위치를 차지할 뿐만 아니라 구매자에게 도달하는 데 필요한 가치사슬에 영향을 미칠 수 있다. 또한 지리적 위치는 기후, 관습, 정부규제 등의 차이에 따라 고객이 요구하는 제품의 특성이 어떻게 달라지는지를 보여주는 대용변수이기도 하다. 예를 들어 미국 남부지방에서 판매되는 조립식 지붕에는 북부지방에서 판매되는 지붕보다 더 적은 양의 단열재를 사용하는 반면, 북부지방에서는 지붕에 쌓이는 눈의 무게를 견딜 수 있도록 훨씬 두꺼운 골재가 사용된다.

전형적인 지역별 세분 산업은 다음과 같은 변수에 기초하고 있다.

- **지역 및 국가별 차이** 지역에 따라서 운송시스템이나 각종 규제

에 차이가 있기 마련이다. 구매자의 지리적 위치는 규모의 경제를 실현하는 데 있어 핵심적인 역할을 한다. 규모의 경제를 실현할 수 있는 지리적 범위에 따라 각기 다른 크기의 지리적 상권을 하나의 독립적인 세분 산업 단위로 묶을 수 있을 것이다. 지붕 골재 산업에서는 값비싼 운송비용 때문에 특정 공장에서 운송할 수 있는 지역이 제한되어 있다. 따라서 이 경우 지역 단위가 하나의 적합한 세분 산업 단위다. 한편 식품유통 산업에서는 트럭을 이용해 지역 단위별 배송을 하고 있어서 구매자가 밀집된 대도시가 하나의 세분 산업 단위다.

• **기후권** 기후조건은 대체로 제품에 대한 요구뿐 아니라 특정 지역 구매자를 충족시키는 데 필요한 가치사슬에 강력한 영향을 미친다.

• **국가 발전단계에 따른 분류 또는 기타 방법에 의한 국가의 그룹화** 개발도상국에 거주하는 구매자는 선진국 구매자와는 전혀 다른 종류의 니즈가 있을 수 있다. 따라서 포장, 유통시스템, 마케팅 시스템 및 기타 가치사슬의 여러 활동이 상당히 달라질 수 있다. 또한 국가 발전단계와는 다른 방법으로 각 국가를 그룹화하는 경우에도 국가별 세분 산업을 구분하는 유사성을 밝혀낼 수 있을 것이다.

세분화를 위한 지리적 위치의 적절한 측정 방법은 산업에 따라 달라질 수 있다. 대부분 세분화에 사용되는 적절한 지역이란 제품이 실제로 소비되거나 사용되는 지역을 의미하지만 경우에 따라서는 제품 선적이 이루어지는 지역(예: 보세창고)이 더 적절성이 있을 뿐만 아니라, 또 다른 경우에는 구매자의 제품사용 지역과 무관하게 본사의 위치

내지 구매자의 원거주지가 가장 중요한 지리적 세분화 변수가 되기도 한다.

한편 지리적 세분화를 할 때는 2개 이상의 의미 있는 지리적 세분화 방안이 있을 수 있다. 예를 들어 핵심적 부가가치 창출 활동의 비용이 지역 규모로 발생하고 있는 산업에서 특정 지역은 상대적 원가지위를 결정하는 중요한 세분 산업일 수 있고, 국가는 제품 특성 및 차별화 능력에 있어서 중요한 세분 산업인 경우가 많다.

새롭게 세분화된 산업의 탐색

몇몇 세분화 변수는 산업관행이나 경쟁기업의 형태를 분석해보면 명확하게 파악할 수 있다. 특정 산업 내 결성된 협회 또는 정부 기관이 수집한 역사적 자료를 기초로 구매자를 구분하거나 지역이나 구매자를 집단화하는 규범이 이미 만들어져 있는 경우가 종종 있다. 예를 들어 석유 산업에서 메이저 석유회사와 독립계 석유회사를 구분하는 것은 이미 일반화된 세분화 방식이다. 또한 산업에 존재하는 제품 종류에 대한 전통적 분류체계 역시 그 전형적인 예다. 기업은 집중화 전략을 통해 이미 알려진 세분 산업을 확인할 수 있다.

그러나 더욱 깊이 있는 산업 세분화를 위해서는 전통적 사고방식과 일반적으로 수용되는 분류체계를 한 단계 뛰어넘을 필요가 있다. 즉 더욱 정밀한 산업 세분화를 하려면 제품별, 구매자별, 유통채널별, 지역별로 산업구조와 가치사슬에 존재하는 중요한 차이를 반영해야 하며, 앞서 논의된 항목을 인지하고 이런 차이점들을 고려해야 한다. 경쟁우위를 창출할 수 있는 최대의 기회는 새로운 방식의 세분화에서 나올 수 있다. 그렇게 해야 구매자의 요구를 다른 경쟁사보다 더 잘 충족시켜줄 수 있고, 상대적 원가 지위를 개선할 수 있기 때문이다.

잠재적인 새로운 제품별 세분 산업을 찾아내기 위해서는 다음과 같은 사항을 검토해보는 것이 바람직하다.

- 구매자의 가치사슬에서 요구되는 기능을 수행할 수 있게 해주는 기술이나 디자인이 있는가?
- 제품을 보완함으로써 추가적 기능의 수행이 가능한가?
- 제품의 수많은 기능을 일부 축소함으로써(그리고 가능하다면 가격을 낮춤으로써) 고객의 욕구를 좀 더 잘 충족시켜줄 수 있는가?
- 크기와 관계없이 일괄 판매방식으로 판매가 가능한 제품이나 서비스 패키지가 존재하는가?

가격 할인 소매점(off-price retailers)은 제품 기능을 일부 축소하는 방법을 토대로 만들어진 세분화 방법의 한 예다. 로만(Loehmann)은 신용판매나 반품과 같이 비용이 많이 드는 서비스를 없애고, 넓은 의류 매장과 서비스 센터를 없앤 단순한 매장 구성으로 판매 활동을 벌이고 있다. 이처럼 전통적인 가치활동의 상당 부분을 제거해버린 단순한 가치사슬은 완전히 새로운 성격의 세분 산업을 창출해왔다. 호텔 산업에서도 비슷한 변화가 일어나고 있다. 라 퀸타 같은 저가 호텔 체인은 레스토랑이나 바 등을 없애고 객실 위주의 서비스를 제공하는가 하면, 그와 반대로 새로운 방식으로 서비스를 모두 통합한 호텔 체인도 생겨나고 있다.

한편 새로운 채널로 유통망을 사용할 가능성도 많다. 기업은 에이전시나 유통업자를 이용하던 기존 유통 관행에서 벗어나 직접 판매 방식을 택하거나, 새로운 형태의 유통업자나 소매상들을 이용할 수 있다. 시계 산업의 타이맥스(Timax)나 화장품 산업의 에이본(Avon)이 대표적인 예다. 이처럼 사용 가능한 유통망이라면 얼마든지 잠재적인 세분 산업이 될 수 있다.

지역적으로나 구매자별로 새롭게 세분 산업을 구분할 때는 2가지 부분에서 창의적 발상이 필요하다. 첫 번째는 구조적 차이나 가치사슬상의 차이를 반영할 수 있도록 지역이나 구매자를 구분하는 새로운 방법을 찾아내는 것이다. 앞에서도 살펴보았듯이, 스토우퍼는 1인 가구와 자녀가 있는 맞벌이 부부가 있는 가구 사이에 냉동식품을 구매하는 기준이 서로 다르다는 사실을 발견했다. 두 번째는 현재 특정 산업에서 인식하지 못하고 있는 새로운 구매자 유형이나 지역을 찾아내는 것이다. 새로운 구매자 유형이나 지역을 발견하기 위해서는 제품의 수정이 필요하며, 또 다른 경우에는 구매자의 욕구나 자사 제품의 잠재적 용도를 정확히 이해해야만 한다. 제빵용 소다가 냉장고 탈취제로 쓰일 수도 있다는 사실을 알아낸 암앤해머, 유아용 샴푸가 성인들에게 인기가 있다는 사실을 알아낸 존슨앤존슨의 사례를 보면 새로운 구매자 유형을 찾아내기 위해 그 어떤 제품수정도 하지 않았다는 것을 알 수 있다.

산업 세분화 매트릭스

가치사슬에서 특정 의미를 지니거나 산업 구조적으로 적절한 세분화 변수를 찾은 다음, 후속 작업은 산업 내의 전반적인 세분 산업과 이들 변수를 통합하는 것이다. 그런데 적절한 세분화 변수가 여러 개 존재할 수 있으므로 이 일은 대단히 어려운 작업이다. 따라서 경쟁전략 개발의 관점에서 가장 의미 있는 세분 산업을 찾아낼 수 있도록 만들어 주는 대표적 변수를 찾는 작업이 가장 우선 해결해야 할 과제라고 할 수 있다.

이러한 변수를 선정하는 작업에서 제일 첫 번째 단계는 각 세분화 변수가 지니는 의미를 검증하는 것이다. 경쟁우위의 원천과 산업구조에 '유의미한' 영향을 미치는 변수만이 전략적 분석을 위해 추출되어야 하기 때문이다. 의미는 있으나 중요성은 덜한 변수들은 마케팅이나 생산관리 활동을 할 때 참고할 수 있을 것이다.

이러한 작업을 거쳐 선정된 변수를 가지고 세분화를 하는 기본적인 방법이 '산업 세분화 매트릭스'다. 〈그림7-3〉은 2가지 세분화 변수로 만든 세분화 매트릭스로 구매자인 석유회사의 기업 규모 및 구매자의 본사가 위치한 국가의 발전단계에 따라 석유 부문 설비 산업을 간단히 세분화해본 것이다.

세분화 매트릭스를 작성하면서 가장 먼저 마주하게 되는 첫 번째 실무적 문제는 '선택된 각 세분화 변수를 몇 가지 유형으로 분류할 것인가' 일 것이다. 〈그림7-3〉에서는 구매자의 규모를 크게 3가지 유형으로 분류하고 국가의 발전단계를 2가지 유형으로 분류하였다. 현실적으로 구매자 규모는 지속적인 변수고 국가 발전단계도 훨씬 많이 나눌 수 있다. 각 세분화 변수를 별개의 유형으로 분류할 때는 가장 의미가 있는 구조적 또는 가치사슬의 차이를 반영해야 하며, 세분 산업의 수를 관리 가능한 만큼 제한해야 하는 실무적 필요성과 균형

```
                         구매자 유형
              메이저      대형 독립계    소형 독립계
              석유회사    석유회사      석유회사
         ┌─────────┬─────────┬─────────┐
     선진국│         │         │         │
         │         │         │         │
지역적 위치  ├─────────┼─────────┼─────────┤
     개도국│         │  무의미  │  무의미  │
         │         │         │         │
         └─────────┴─────────┴─────────┘
```

그림 7-3 유전설비 산업의 산업 세분화 매트릭스

을 이루어야 할 것이다. 전략적 목적을 위해 세분화 변수의 유형을 결정하는 것은 냉철한 판단과 반복적인 과정 속에서의 심사숙고가 필요한 일이다.

〈그림 7-3〉의 작은 칸(cell)들은 한 산업 내의 세분 산업을 의미한다. 이들 칸 중 일부는 현재 어떤 기업도 참여하고 있지 않은 부분일 수 있다. 게다가 개발도상국에 기반을 둔 소규모 독립계 석유회사가 존재하지 않고 앞으로도 존재하지 않을 것이라면 이 세분 산업은 공백으로 남을 것이다. 특히 이 매트릭스에서 대형 독립계 석유회사와 소형 독립계 석유회사 부문에서 공백인 산업을 볼 수 있다. 만약 특정 세분 산업이 공백 상태라면 이것은 이들 세분 산업은 어디까지나 잠재적 가능성이 전혀 없는 세분화 변수의 결합을 의미하는 것이어야지, 현재 아무도 참여하고 있지 않다는 사실만으로 무의미하다고 판단해서는 안 된다. 즉 현재 사용되고 있지는 않지만 활용 가능성이 엿보이는 칸은 잠재적 기회를 나타내는 것이기 때문에 논의 과정에서 배제되어서는 안 되며 오히려 강조되어야 할 영역이다.

〈그림 7-3〉은 2가지 변수만을 고려한 단순한 예에 불과하다. 실제로는 구매자 유형, 채널 유통망, 지역적 위치 등으로 나눈 제품의 4가지 유형에 따라 수많은 변수가 존재할 수 있다. 자세히 살펴보면 대부분의 산업은 매우 이질적이다. 유의미한 세분화 변수가 많으면 많을수록, 세분화 매트릭스의 수도 기하급수적으로 증가하게 될 것이다. 따라서 올바른 전략 수립을 위해서는 세분화 변수를 간단명료하게 정리하여 세분화 매트릭스의 수를 줄이도록 해야 한다.

세분화 변수들 간의 관계

수많은 세분화 변수를 가장 의미 있는 세분화 매트릭스로 변화시키기 위해서는 먼저 세분화 변수들의 관계를 분명히 밝혀야 한다. 서로 상관관계가 매우 높거나 측정 대상이 동일한 세분화 변수를 하나로 통일시킴으로써 세분화 변수의 수를 줄일 수 있다. 예컨대 지역적 위치는 특정 고객 유형과 서로 밀접한 연관성을 가질 수 있으며(예: 자동차회사는 중서부지방에 위치한다) 고객 유형은 유통망과 밀접한 관련성을 가질 수 있다(예: 소규모 고객은 지붕용 건축자재를 유통업자를 통해서 구매한다). 여기에서 주의해야 할 점은 서로 상관관계가 있는 세분화 변수를 가지고 세분화 매트릭스를 작성하게 되면 매트릭스상의 많은 칸이 무의미해질 수도 있다는 사실이다.

상관관계가 높은 세분화 변수는 동일한 효과를 나타내기 때문에 하나로 통일시키는 것이 좋다. 상관관계가 그렇게 크지 않을 때라도 부분적으로 있으면 매트릭스의 많은 칸이 무의미해지면서 진출 가능한 세분 산업의 수는 상당히 줄어들 수 있다. 따라서 통합 가능한 모든 변수를 찾아내어 매트릭스상의 공백을 최소화하는 작업이 중요하다.

변수들이 왜 관련되어 있는지에 대해 이해하는 것 또한 중요하다. 이들 관계의 원인이 중요한 결과로 이어지는 경우가 많아서다. 만약 두 변수 간 상관관계의 발생 원인이 실제로 어떤 관계가 있어서가 아니고 현재 기업 행위의 결과 나타난 우연의 일치라고 한다면 이들을 하나로 통합하는 것은 실수일 수 있다. 미처 탐색하지 못한 기회를 제공해줄 수 있는 숨겨진 세분 산업을 무시하는 결과를 낳을 수 있기 때문이다. 예를 들어 소규모 고객이 경제적 이유보다는 관습적으로 유통업자로부터 지붕 재료를 구매하고 있다고 할 경우, 소규모 고객에 대한 직접적인 판매방식을 하나의 세분 산업으로 취급하는 방안을 배제하는 것은 잘못된 것이다. 또한 자동차를 온라인 주문으로 판매하는 방식은 과거에는 하나의 세분 산업으로 취급하기가 곤란했지만, 현재는 하나의 세분 산업으로 자리 잡고 있다.

세분화 매트릭스들의 결합

위에서 언급한 과정을 통해 추출된 의미있고 독립적인 세분화 변수는 산업 세분화 매트릭스의 각 중심축이 될 수 있다. 이때 세분화 변수가 셋 이상일 경우, 산업 세분화 매트릭스는 2차원에서 표현하기가 불가능하다. 이를 해결하는 한 방법은 편법으로 두 개의 변수들끼리 두 개씩 조합을 만들고 그 조합별로 각각 다른 여러 개의 세분화 매트릭스를 작성하여 이들이 어떤 전략적 의미를 지니고 있는지를 분석해보는 것이다. 그러나 이것이 완전히 만족스러운 방법은 아니다. 셋 이상의 변수를 결합해 살펴본다면 전체적으로 더 의미 있는 세분

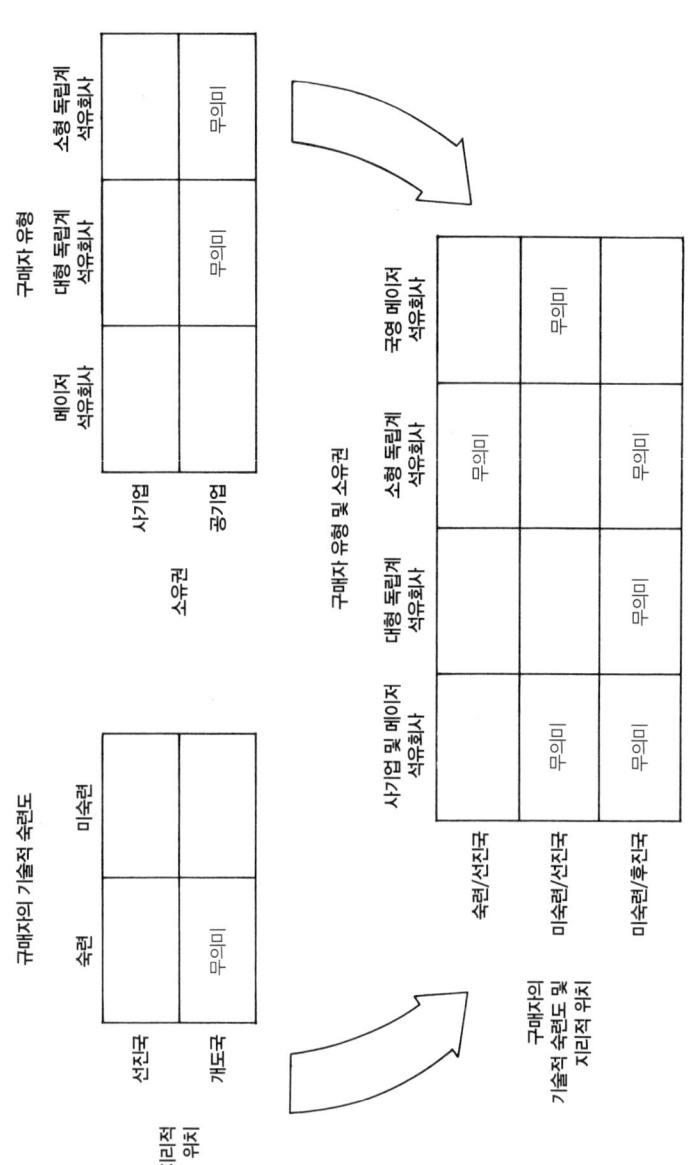

그림 7-4 유전설비 산업의 세분화 매트릭스의 결합

산업을 찾아낼 수 있기 때문이다.

3가지 이상의 세분화 변수를 취급할 때는 세분화 매트릭스들을 결합하여 작성해보는 것이 유용하다. 결합 매트릭스를 작성하는 과정은 〈그림 7-4〉에 잘 나타나 있다. 유전설비 산업에서는 구매자 유형이나 지리적 위치 외에도 최소한 두 개 이상의 고객 특성에 근거한 세분화 변수가 있을 수 있는데, 그 대표적인 변수가 석유회사의 기술적 숙련도 및 소유권이다. 〈그림 7-4〉에서는 4가지 변수를 두 개씩 짝지어 공백으로 나타난 두 개의 칸을 제거한 후, 두 세분화 매트릭스를 하나로 통합했다.

매트릭스를 통합하기 위해서는 공백을 제거하여 세분 산업의 수를 줄이는 한편, 간과해버린 변수들의 상관관계를 규명해야 한다. 〈그림 7-4〉는 이런 과정을 거쳐 만들어진 모든 고객 특성에 의한 세분화 변수의 조합이다. 통합된 매트릭스는 각 범주에 속한 모든 세분화 변수들을 통합하여 만드는 것이 가장 효과적이다.

특정 유형 내의 세분화 변수를 결합한 후에는 서로 다른 유형별로 변수를 각각 조합해야 한다. 이때 일반적으로는 한쪽 축에는 제품 특성에 의한 세분화 변수를, 나머지 한 축에는 구매자 특성과 관련된 변수의 조합을 배치한 세분화 매트릭스를 작성하는 것이 가장 좋은 방법이다. 세분화 변수의 수를 관리할 수 있을 때, 이러한 절차를 이용하여 2차원적 산업 세분화 매트릭스를 작성할 수 있다. 이러한 매트릭스는 비교적 간단하면서도 산업 전체를 일목요연하게 보여주기 때문에 전략적 분석을 좀 더 쉽게 만들어주는 장점이 있다. 〈그림 7-5〉는 유전설비 산업의 세분화 매트릭스를 특수형 제품 대 표준형 제품 그리고 심층 굴착용 제품 대 표층 굴착용 제품을 추가하여 나타낸 것

	숙련			미숙련		
구매자	사기업인 메이저 석유회사	개도국의 국영 석유회사	대형 독립 석유회사	대형 독립 석유회사	소형 독립 석유회사	개도국의 국영 석유회사
특수형/ 심층굴착용						
표준형/ 심층굴착용						
표준형/ 표준굴착용						

제품 종류

그림 7-5 유전설비 산업의 산업 세분화 매트릭스

이다. 종종 적절한 세분화 변수와 그 결과로서 세분 산업의 수가 너무 많아 하나의 매트릭스를 만들기가 곤란한 경우가 있다. 이와는 반대로 지나치게 광범위한 전체 세분화 매트릭스가 존재한다면, 각 세분화 변수는 물론 이들 변수를 더 세분화한 변수 유형을 다시 검토하여 과연 이 변수들 간의 차이점이 얼마나 의미가 있는지 재차 확인해야 한다. 이 경우 세분화 매트릭스에서 제시되는 중요한 전략적 의미를 놓치지 않기 위해서는, 2~3개의 세분화 매트릭스를 연속적으로 분석해보는 것이 바람직할 것이다.

산업 세분화 매트릭스를 작성할 때에는 현재 기업이 진출해 있는 세분 산업뿐만 아니라 잠재적 세분 산업도 포함해야 한다. 잠재적인 세분 산업이 존재할 수 있다는 사실은 새로운 세분화 변수(예: 장래에 유통업자를 통한 판매방식 대신 직접 판매방식의 채택이 가능하다고 보일 경우, 유통채널은 새로운 세분화 변수가 될 수 있다) 및 기존 변수로부터 새로운 변수의 유형이 있음을 의미한다(예: 합금의 새로운 품질 등급).

그러나 세분화 매트릭스는 하나의 분석 도구이지 그것 자체가 최종 목적은 아니다. 따라서 세분화 매트릭스를 지나치게 신뢰하여 추가적 세분화의 잠재적 가능성을 미처 발견하지 못하는 상황을 피하기 위해 먼저 세분화 변수의 목록부터 분석해야 한다. 그런 다음 변수를 통합하거나 제거하고 실질적인 세분화 매트릭스를 작성해나가야 한다. 이러한 과정에서 산업구조상 가장 중요한 제품 및 구매자 차이를 단계적으로 밝힐 수 있도록 수많은 다양한 세분화 체계를 시험해보아야 한다.

경쟁사의 전략을 검토해서 작성된 세분화 매트릭스가 적절한지 시험해볼 필요도 있다. 만약 경쟁사의 활동 범위가 동일한 매트릭스상에 나타난다면, 새로운 세분 산업이 드러날 것이다. 특히 경쟁사의 활동을 면밀히 살피면, 경쟁사와 자사가 함께 존재해도 무방한 세분 산업도 발견할 수 있을 것이다. 이 점에 유의하여 이 책에서는 세분 산업 간의 상호관계를 더 자세히 살펴보고자 한다. 〈그림7-6〉은 산업 세분화 과정에서 필요한 단계를 요약한 것이다.

산업 세분화와 경쟁전략

각 세분 산업은 산업의 매력도나 경쟁우위의 원천에서 각기 다른 모습을 보이고 있다. 따라서 산업의 세분화 과정을 통해 전략 입안자는 다음과 같은 전략적인 문제에 답을 구해야 한다.

- 산업 내 어디에서 경쟁해야 할 것인가?(세분화 범위)
- 어떤 식으로 세분화를 전략에 반영시킬 수 있을 것인가?

기업은 다수의 세분 산업을 공략하는 광범위한 목표를 전략으로 삼을 수도 있고 소수의 세분 산업만을 집중 공략하는 집중화 전략을 택할 수도 있다. 각 세분 산업은 근본적인 구조적 차이가 있기 때문에, 집중화 전략기업이 자사의 세분 산업이나 다른 세분 산업과 경쟁하는 광범위한 목표 전략 기업의 위협을 인식하고 대응해야 하듯이, 광범위한 목표 전략 기업도 직면할 수밖에 없는 취약성을 인지하고 있어야 한다. 이처럼 세분화는 고정된 개념이 아니므로 세분 산업 내에 구조적 변화가 일어날 때는 이를 적절히 수정해야만 한다.

산업구조나 경쟁우위 면에서 중요한 의미를 지니고 있는
서로 다른 별개의 제품종류나 구매자 유형, 경로 그리고 지역의 추출

유의성 검증을 통한 세분화 변수의 축소

각 변수별로 가장 유의성 있는 세분화 유형의 추출

상관관계가 높은 변수를 서로 통합함으로써 세분화 변수의 수를 더욱 축소

변수를 2개씩 짝지어 2차원 세분화 매트릭스를 작성하고
상관관계가 있는 변수나 무의미한 세분 산업을 제거

이들 세분화 매트릭스를 한두 개 정도의 전체 산업 세분화 매트릭스로 결합

경쟁기업을 매트릭스상에 대입해봄으로써 매트릭스를 검증해봄

그림 7-6 산업 세분화 과정

세분 산업의 매력도

어느 세분 산업에서 경쟁할 것인가를 결정하는 데 있어 첫 번째로 고려해야 할 문제는 세분 산업이 얼마만큼 매력적인가를 판단하는 것이다. 특정 세분 산업의 매력도는 구조적 매력, 규모, 성장률 그리고 기업의 능력이 얼마만큼 세분 산업의 요구 조건과 맞아 떨어지는가의 정도에 따라 결정된다.

구조적 매력도

세분 산업의 구조적 매력도는 세분화된 산업 단위 수준에서 5가지 경쟁 요인이 미치는 강도에 따라 달라진다. 세분화된 산업 단위 수준의 5가지 경쟁 요인에 대한 분석은 전체 산업 단위 수준의 경쟁 요인을 분석하는 것과는 차이가 있다. 즉 세분 산업에서 잠재적 진출 기업이란 현재 동일 산업에서 활동하지 않는 기업도 포함되며, 특정 제품의 대체재 역시 다른 산업의 생산품뿐만 아니라 동일 산업에서 생산되는 다른 제품일 수도 있다. 또한 산업 내 경쟁사의 범위는 같은 세분 산업에 종사하는 기업에서부터 다른 세분 산업에 진출해 있는 기업까지 두루 포함한다. 구매자나 공급자의 교섭력은 좀 더 세분화된 산업 특성을 보여주는 경향이 있지만, 다른 세분 산업에서 구매나 판매가 이루어질 경우 교섭력에 영향을 받을 수 있다. 그러므로 일반적인 산업구조 분석이 다른 산업에 의해 영향받는 정도보다 세분 산업의 구조 분석이 다른 세분 산업의 경쟁 요인에 의해 영향을 받는 정도가 훨씬 크다. 특정 산업 내 세분 산업은 구조적 매력도에 많은 차이가 있다. 예를 들어 대형 터빈 발전기 산업에서는 대규모 민간발전소를 대상으로 하는 대용량 발전기 위주의 세분 산업이 구조적으로 더 매력적이다. 대용량 발전기는 제품개발과 생산에 고도의 기술력을 요구하기 때문에 높은 수준의 규모의 경제 또는 학습곡선 장벽이 존재한다. 또한 대형발전기는 소형발전기에 비해 차별화 여지도 더 많다. 대형발전기는 열효율이 뛰어나서 그만큼 가동비용이 적고, 그 결과 가격 탄력성도 낮아지게 되는 것이다. 또한 대형발전소들은 대체로 눈높이가 높은 구매자인 경우가 많고 제품 특성을 더 중요하게 평가하고 있어 그들 자신을 차별화할 수 있는 기업의 능력을 강화시켜준다. 또한 대형발전소는 풍부한 자금력으로 가격에 덜 민감한 특성을 가지고 있다. 더욱이 민간발전소를 대상으로 이루어지는 판매 과정을 살펴보면 최저가 입찰자를 선택하는 공개입찰 방식보다 비밀협상을 통해 이루어지는 경우가 많아서 차별화된 제품인 대형발전기가 시장을 개척할 여지가 구조적으로 큰 것이다.

산업 내 어디에서 경쟁할 것인가를 결정하는 첫 번째 단계는 이처럼 각 세분 산업의 매력도를 분석하는 작업이다. 따라서 현재 경쟁 중인 다양한 세분 산업의 제품별 수익성을 계산한 후 이를 세분 산업별 구조분석 내용이나 입수 가능한 수익성 자료와 비교해보는 작업은 이러한 구조적 매력도 분석을 검증할 수 있다는 차원에서 매우 의미 있는 일이다. 예를 들어 집중화 전략을 선택하고 있는 경쟁사는 자사가 현재 참여하고 있는 세분 산업의 수익성이 얼마나 되는지에 대한 자료를 제공해줄 수 있다. 세분 산업별 수익성의 차이는 매우 중요한 것이라 할 수 있다. 그러나 기존의 수익성이 반드시 잠재적 수익성의 지표가 되는 것은 아니다. 왜냐하면 기업이 각 세분 산업에서 최적의 전략을 택하고 있지 않을 수도 있기 때문이다.

세분 산업의 크기와 성장성

세분 산업에 따라 절대 규모나 성장률이 차이가 나는 경우가 많다. 절대 규모나 성장률은 어디에서 경쟁할 것인가를 결정하는 데 있어 매우 중요한 변수다. 각 세분 산업의 기대 성장률은 경쟁 정도 및 신규 진입 위협 정도를 결정하는 데 중대한 영향을 주며, 세분 산업의 절대 규모는 대규모 경쟁자가 세분 산업의 매력도를 평가하는 데 영향을 주게 된다. 따라서 어떤 기업은 대규모 기업이 관심을 보이지 않는 작은 세분 산업에서 자신의 위치를 지킬 수도 있는 것이다.

그런데 세분 산업의 규모나 기대 성장률을 추정하기란 쉬운 일이 아니다. 의미 있는 세분 산업, 특히 일반적 산업관행보다는 수요 및 원가요인에 의해 결정되는 세분 산업의 기준에 정확히 일치하는 자료를 수집하는 것은 극히 어렵다. 그러므로 기업은 자료수집 및 시장조사에 적극적인 투자 활동을 벌일 필요가 있다.

세분 산업 내의 기업의 위치

가치사슬에 나타나는 기업의 자원 및 기술은 특정 세분 산업에 더 적합한 경우가 많으므로 특정 기업에 세분화된 산업의 매력도는 그 기업의 자원 및 기술 정도에 영향을 받게 된다. 각 세분 산업은 각기 다른 경쟁우위 요건을 가지고 있다. 다양한 세분 산업에서 기업의 상대적 경쟁 지위나 이를 변화시킬 가능성을 파악하는 데 사용될 수 있는 기법들은 3장과 4장에서 이미 설명했다.

세분 산업의 상호관련성

기존 세분 산업은 앞으로 어떤 기업이 진입하려고 하는 세분 산업에 중요한 영향을 주면서 서로 관련되기도 한다. 세분 산업들 간 가치사슬 활동이 서로 공유되고 있을 때 발생하는 관계를 이 책에서는 '세분 산업 간의 상호관련성'이라고 표현하고자 한다. 현실적으로 살펴보면 세분 산업들 사이에 활동을 공유하는 기회가 많은 것을 알 수 있다. 예를 들어 동일한 판매원이 각기 다른 유형의 구매자를 상대로 판매 활동을 벌일 수도 있으며 동일한 생산 설비로 각기 다른 제품 종류를 생산해낼 수도 있다.

〈그림 7-7〉과 〈그림 7-8〉은 상호관련성을 가진 가치사슬이 각기 다른 두 개의 세분 산업에서 활동하는 전형적인 예를 보여주고 있다. 상호관련성이 높다는 것은 공유하고 있는 가치활동이 전체에서 차지하는 비중이 상당하거나 차별화에 중대한 영향을 미친다는 의미다. 세분 산업 간의 상호관련성은 연관 산업 내의 사업단위 간 상호관련성과 비슷하다.

세분 산업 간의 상호관련성은 특정 산업 내에서만 존재하나 사업단위 간의 상호관련성은 산업 사이에 존재한다.[10] 또한 세분 산업 간의 상호관련성은 서로 다른 지역에서 경쟁할 때의 상호관련성과 비슷한 성격을 띠고 있다.

상호관련성에 관한 분석은 9장에서 좀 더 자세히 다룰 것이지만 이와 동일한 개념이 여기서도 적용될 수 있으므로, 이들 개념을 간단히 설명하고 넘어가겠다. 세분 산업 간의 상호관련성은 가치활동의 공유로 발생하는 이점이 비용을 초과할 때만 전략적으로 중요한 의미를

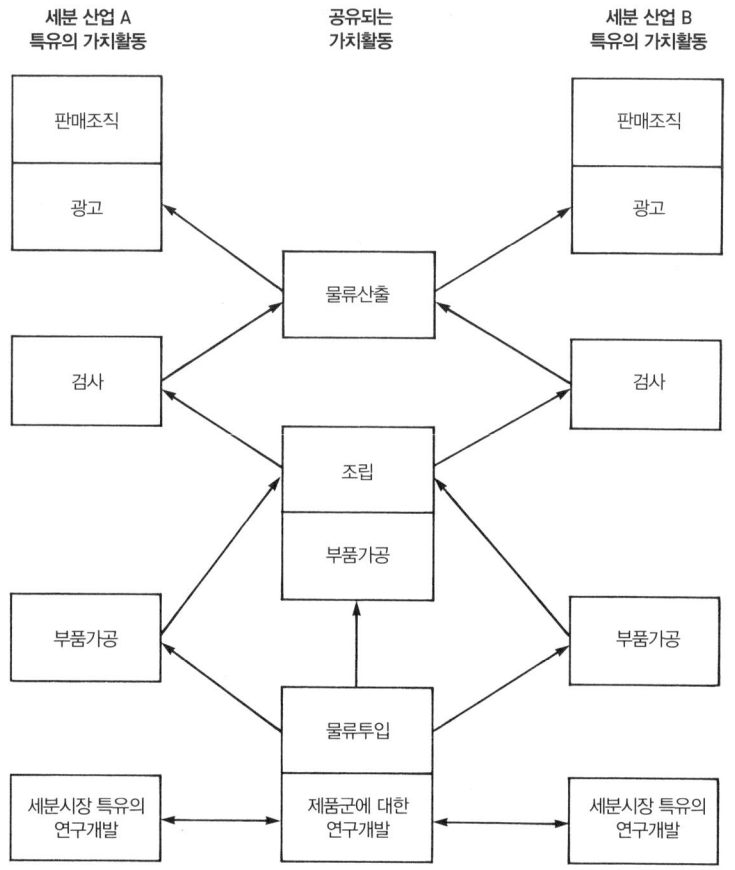

그림 7-7 세분 산업 간의 상호관련된 가치사슬

지닌다. 가치활동의 공유는 가치활동의 비용이 상당한 학습효과 또는 규모의 경제를 지니거나 공유로 인해 가치활동의 효율성을 개선시킬 수 있을 경우 최대한의 이점을 가지게 된다. 가치활동에 규모의 경제나 학습효과가 작용하게 된다면, 기업은 세분 산업 간의 공유를 통해 단일 세분 산업에 전념하고 있는 경쟁사에 비해 상대적으로 원가 상의 이점을 가질 수 있다. 또한 세분 산업 간의 가치활동 공유가 가치

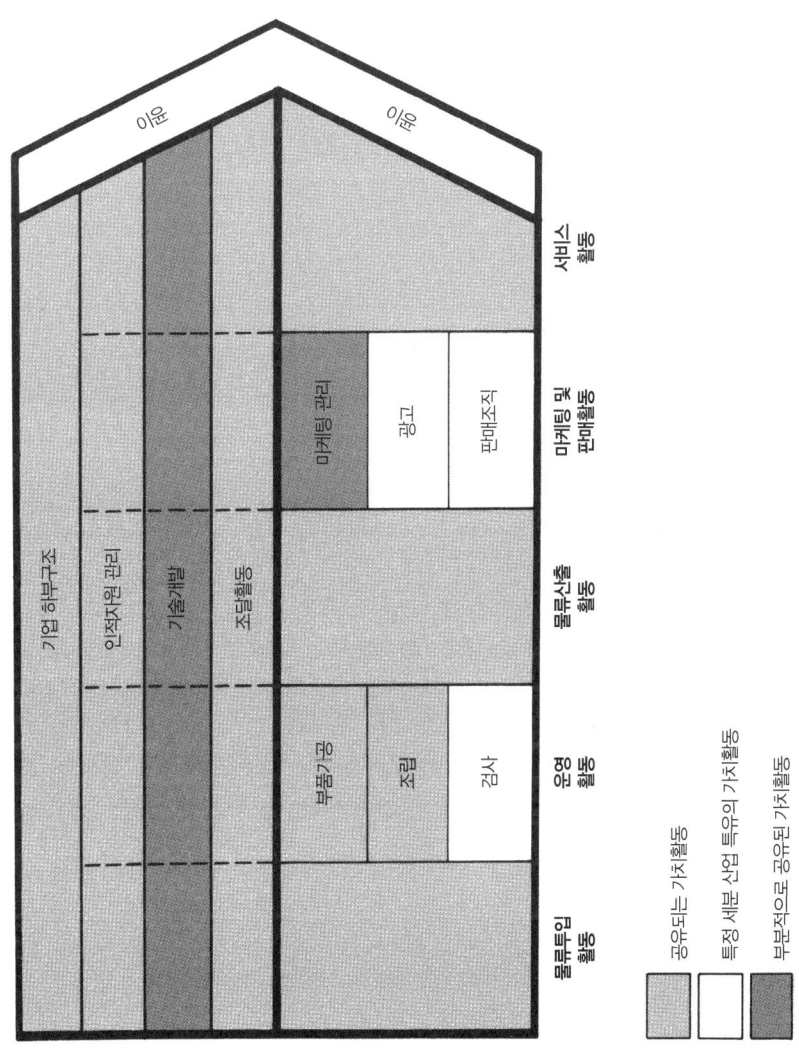

그림 7-8 가치사슬에 나타나는 세분 산업 간의 상호관련성

활동상에서 차별화를 증대시키거나 차별화 원가를 감소시켜 줄 경우에도 이익이 된다. 즉 공유된 가치활동이 차별화에 중대한 영향을 주거나, 차별화된 특성을 강화하거나, 차별화 비용을 절감시켜줄 경우 가치활동 공유의 문제는 차별화 실현에 매우 중요한 의미를 지닌다. 예를 들어 세분 산업 간에 서비스 조직을 공유하는 기업은 그 서비스가 차별화에 핵심 요소이거나 공유를 통해 서비스 제공 비용을 절감시킬 수 있다면 단일 세분 산업에 참여하고 있는 경쟁사보다 우위를 차지할 수 있다. 또한 세분 산업 간에 상표명을 공유하는 것도 차별화의 원천이 될 수 있다.

그런데 가치활동을 공유하는 데는 조정과 절충이 필요하다. 이때 융통성을 제대로 발휘하지 못한다면 추가로 발생하는 비용으로 인해 상호관련성으로 생기는 이점은 상쇄되고 말 것이다. 조정 비용은 공유된 가치활동으로 동시에 여러 세분 산업에 종사하는 데서 비롯되는 복잡함의 증가로부터 발생한다. 절충비용은 특정 세분 산업에 맞게 설계된 가치사슬이 다른 세분 산업에는 최적이 아닌 경우, 2가지 세분 산업에서 동시에 활동하는 것이 개별 세분 산업에는 오히려 악영향을 미칠 때 발생한다. 예를 들어 고급제품에 어울리는 브랜드나 광고, 이미지는 저가 제품을 찾는 구매자의 욕구와는 맞지 않을 수 있다. 만약 기업이 이러한 2가지 세분 산업에서 모두 활동하기 원한다면 각 산업에 맞는 별도의 브랜드를 개발하고 광고하는 것이 필요하다. 예를 들어 하토리(K.Hattori)는 고가 손목시계에는 세이코 브랜드를 사용하고 중간 가격 손목시계에는 펄서(Pulsar) 브랜드를 사용하고 있다.

조정절충 비용은 특정 세분 산업에서 활동하는 데 최적인 가치사슬이 다른 세분 산업에서는 최적이 아니고, 동일한 가치사슬을 동시에 2가지 세분 산업에서 사용할 때 원가 및 차별화에 다소 불이익이 발생하게 되는 경우에도 나타난다. 예를 들어 2가지 구매자 특성에 의해 세분화된 시장을 대상으로 판매 활동을 하는 인력은 아무래도 한 가지 세분 산업에만 전념하는 인력만큼 효율적이지 못하며, 2가지 제품을 탄력적으로 생산할 수 있는 제조공정은 한 가지 제품만 생산하도록 설계되어 있는 제조공정에 비해 효율성이 떨어진다.

한편 세분 산업 사이에 일어나는 전이 효과는 기업이 다수의 세분 산업에 참여할 때 발생하게 되는 절충의 한 형태다. 한 세분 산업의 구매자는 다른 세분 산업의 구매자에게 적용되는 것과 똑같은 조건을 요구할 수 있다. 예를 들어 어느 한 세분 산업의 구매자에게 부가되는 가격은 모든 구매자가 동등한 대우를 요구하는 관계로 다른 세분 산업으로도 파급되어 적용된다. 그렇지만 단일 세분 산업에만 전념하는 기업은 이런 문제를 겪지 않을 것이다. 세분화의 개념 속에는 각 세분 산업별 최적 가치사슬에 차이가 있기 때문에 다수의 세분 산업에 동시에 참여할 때에는 조정절충이 필요하다.

다수의 세분 산업에 동시에 참여하는 데 필요한 조정과 절충은 세분 산업 간에 가치활동을 공유함으로써 기업이 경쟁우위를 획득할 수 있는 가능성을 부분적으로 또는 완전히 막아버린다. 그 결과 기업은 조정 절충 비용 대신 또 다른 세분 산업에 뛰어드는 데 필요한 별개의 가치활동 비용을 부담하는 방향으로 전략을 수정해야 할지도 모른다(예를 들어, 서로 다른 공정 내지 다른 브랜드). 극단적인 경우, 다수의 세분 산업에 참여하는 데 필요한 조정과 절충이 가치활동 공유로 발생하는 이점을 상쇄하는 것으로 그치지 않고 불이익을 가져다줄 수도 있기 때문이다. 예를 들어 브랜드 이미지나 생산공정이 상충한다면 이로 인해 완전히 별개의 가치사슬을 구성하더라도 또 다른 세분 산업에서 활동하는 것이 어려울 수도 있다.

세분 산업 간에 가치활동을 공유하는 데 따른 부족한 유연성도 추가 비용을 발생시킨다. 가치활동을 공유하게 되면 각 세분 산업의 전략을 별개로 수행하는 데 제약이 뒤따를 뿐만 아니라 한 세분 산업을 정리하고자 할 때 높은 철수장벽을 마주하게 될 것이다. 이런 융통성의 결여로 발생하는 비용은 다른 공유비용(costs of sharing)과 함께 9장에서 심도 있게 논의할 것이다.

하나 또는 소수의 세분 산업에 집중하는 것보다 다수의 세분 산업에서 경쟁함으로써 경쟁우위를 확보할 수 있는지 여부는 가치활동의 공유에 따른 이익과 비용의 균형에 달렸다. 대부분의 산업에서, 세분 산업 간의 상호관련성은 균형을 이루고 있지 않으며 어떤 집단이 다른 집단보다 더 강력한 상호관계성을 보이기 마련이다. 기업은 또한 한 세분 산업 전체에 걸쳐 일부 가치활동을 공유할 수도 있고, 다른 가치활동 집단 전체와 어쩌면 중복되는 세분 산업의 가치활동을 공유할 수도 있다.

한편 세분 산업들 사이의 상호 관련 결과로 일부 기업은 종종 자신이 진출해 있는 세분 산업을 군집화하기도 한다. 복사기 산업의 경우, 제록스, 코닥, IBM 등은 전통적으로 대형 복사기 분야에서 경쟁하고 있고, 리코(Ricoh), 사빈(Savin), 캐논, 미놀타(Minolta) 등은 소형 복사기 분야에서 서로 경쟁하고 있다. 대형 복사기는 대량 생산에 의존하고 소량 생산, 직접 판매방식, 기타 기술조건 등 소형 복사기와는 다른 특성을 갖는다. 그런데 제록스만 별도의 회사인 후지 제록스를 설립

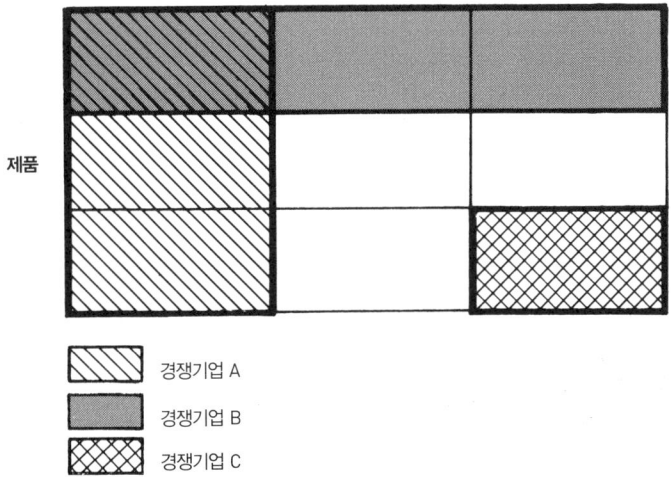

그림 7-9 세분화 매트릭스상의 경쟁사의 위치

하여 전체 제품 범위를 확장하고 있으며 캐논은 고급제품 분야에 필요한 새로운 가치활동에 투자해서 조심스럽게 고급 제품라인 쪽으로 비중을 늘리고 있다. 이러한 예는 세분 산업 간에 가치활동을 공유함으로써 발생하게 되는 비용이 크면 클수록 광범위한 산업을 목표로 하는 기업의 입장에서는 별도의 가치사슬을 만들어내는 것이 더욱 필요하다는 것을 의미한다. 그러나 별개의 가치사슬은 광범위한 산업을 목표로 하는 전략의 이점을 상쇄해버린다.

  기업의 세부 산업 간의 상호관련성에 대한 이해 정도를 시험해보는 좋은 방법 하나가 세분화 매트릭스상에 경쟁사를 각각 대비해보는 일이다(〈그림 7-9〉 참조). 특정 산업에 참여한 모든 기업이 다른 세분 산업에서도 경쟁하고 있다면 이 산업 간에는 강력한 상관관계가 존재할 가능성이 크다. 따라서 두 세분 산업에서 일어나는 경쟁사의 행동유형을 살펴봄으로써 상호관련성의 형태에 대한 통찰력을 얻을 수 있다.[11] 그러나 경쟁사의 모든 세분 산업 간 상호관련성을 인식하거나 탐색할 수 없다는 사실을 고려해야 한다.

이 경우 세분 산업 간의 상호관련성을 이용하면 산업 세분화 매트릭스를 통합할 수 있다. 만약 어떤 기업이 논리적으로 특정 세분 산업에 활동하기 위해서는 다른 세분 산업에 참여해야만 한다면 상호관련성이 큰 두 가지 세분 산업을 통합할 수 있다. 때때로 기업은 인접 세분 산업에 진출하는 데 별다른 장벽이 없는 세분 산업들에 우선 진출해왔다. 그러므로 상호관련성을 검토해봄으로써 산업 세분화 매트릭스를 전략적 목적으로 단순화할 수도 있다.

세분 사업 상호관련성과 광범위한 산업 목표전략

세분 산업 간의 상호관련성이 순수하게 경쟁우위를 가져다준다면, 다수의 세분 산업을 포괄하는 광범위한 산업 목표를 추구하는 데 전략적인 근거를 제공할 수 있다. 세분 산업 간의 상호관련성이 강력하다면, 이는 기업이 동시에 참여해야 할 세부 산업군이 무엇인지 확인시켜준다. 또한 강력한 상호관련성을 분석해봄으로써 특정 산업 내의 기업이 한 세분 사업으로부터 다른 세분 산업으로 이동하는 경로를 논리적으로 파악할 수 있다. 특정 세분 시장에서 경쟁하고 있는 기업은 세분 산업 간 강력한 상호관련성만 있다면 다른 세분 산업으로 진출할 수가 있다.

광범위한 산업 목표전략을 채택하는 기업은 세분 산업 간의 상호관련성에서 발생하는 이득이 비용을 초과한다고 주장하면서 상호관련성을 더욱 강화하는 동시에 조정 및 절충비용을 최소화하는 전략을 세운다. 오늘날 제조기술의 발달은 동일한 생산 설비로 각기 다른 제품을 생산하는 데 필요한 조정절충비용을 절감시켜주었다. 원가 내지 차별화의 측면에 별다른 손실을 발생시키지 않은 채 가치활동의 융통성을 증대시키고 있는 이러한 조류를 잘 이용한다면 광범위한 산업 목표전략을 택한 기업은 경쟁에서 유리한 고지를 점할 수 있을 것이다. 그러나 일부 세분 산업의 경우, 절충비용이 가치활동의 공유에 따른 이익보다 커서 광범위한 산업 목표전략을 채택한 기업이 모든 세분 산업에 참여하는 것을 어렵게 만든다. 모든 세분 산업이 구조적으로 매력적인 것은 아니므로 모든 산업에 참여하는 것이 바람직하다고 볼 순 없다.

그러나 광범위한 산업 목표전략을 채택한 기업은 구조적으로 매력적이지 않은 산업이라도 가치활동 전체 원가를 절감하고 차별화에 도움이 되거나 다른 매력적인 세분 산업에서 자사의 지위를 방어하는 역할을 한다면 그 산업에도 참여할 수 있다. 14장에서 자세히 살펴보겠지만 일부 비 매력적인 세분 산업에 참여하는 것은 상호관련성을 이용하여 자사의 세분 산업으로 진출하려는 경쟁사의 전략적 교두보를 사전에 차단하는 효과를 준다. 예를 들어, 미국 자동차 브랜드들이 수익성이 낮은 소형차 분야에서 제품생산을 축소하는 바람에 일본 자동차 기업이 미국 시장에 진출할 수 있는 기회를 제공하게 되었다. 일본 기업들은 소형차 시장에서 구축한 시장 지위를 발판으로 미국 자동차 브랜드들이 점유하고 있던 중·대형차 시장까지 위협하였다.

집중화 전략의 선택

집중화 전략은 세분 산업 간 가치사슬의 차이에 전략적인 근거를 두고 있다. 특히 다수의 세분 산업에 참여할 때 발생하는 조정, 절충, 비유연성 비용은 집중화 전략의 지속가능성을 높여주는 밑바탕이 되고 있다. 하나 또는 소수의 세분 산업만을 위해 가치사슬을 최적화함으로써 집중화 전략을 추구하고 있는 기업은 가치사슬이나 전략을 절충해야 하는 광범위한 산업 목표전략을 추구하는 기업보다 특정 세분 산업에서 원가 우위나 차별화 우위를 실현하고 있다. 여기에서 주의해야 할 점은 집중화 전략이 특정 활동만을 대상으로 삼는 것이 아니라 가치활동 전체를 대상으로 삼고 있다는 점이다.

집중화 전략은 다수의 세분 산업이나 높은 상호관련성을 지니고 있는 몇 개의 세분 산업을 대상으로 한다. 그러나 특정 세분 산업을 위해 가치사슬을 최적화할 수 있는 기업의 능력은 목표 산업 영역을 넓힘으로써 감소하게 된다. 기업은 특정 산업에 집중하면서 다른 산업에서 경쟁하고 있는 사업단위와 상호관련성을 맺을 수도 있다. 이러한 경쟁 범위의 선택은 15장에 제시하는 2가지 차원에서의 상호관련성에 대한 이해를 전제로 이루어져야 한다.

기업은 서로 다른 세분 산업 집단을 대상으로 집중화 전략을 구사할 수 있는데, 이들 집단은 중복이 될 수도 있다. 〈그림 7-10〉은 많은 기업이 금융서비스 기업에 정보상품을 제공하고 있는 실례를 간단히 설명해놓은 것이다. A 기업은 하나의 제품(데이터베이스)을 모든 구매자에게 공급하는 제품 중심의 집중화 전략을 채택하고 있으며, B 기업은 보험회사를 대상으로 모든 종류의 제품을 공급하는 구매자 중

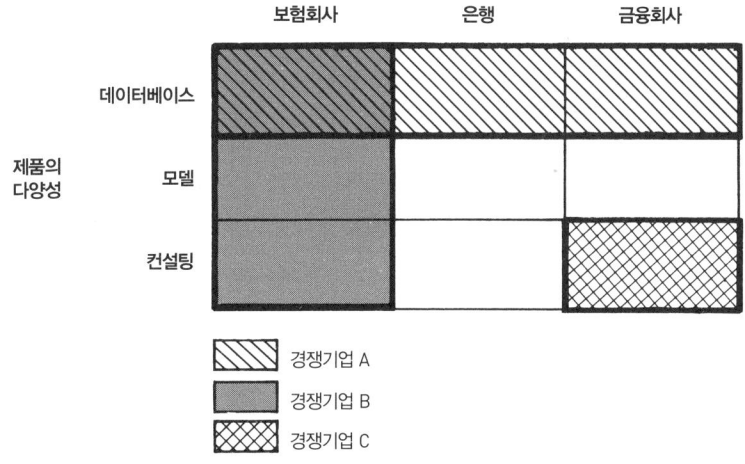

그림 7-10 금융서비스 산업에서의 집중화 전략 대안들

심의 집중화 전략을 선택하고 있다. 한편 C 기업은 제2금융권 기업을 대상으로 컨설팅 서비스만을 제공하는 데 초점을 맞춘 집중화 전략을 선택하고 있다. C 기업의 구매자는 스스로 자료를 수집하거나 여타 소스를 통해 획득하고 있다. C 기업의 집중화 전략은 A 기업 및 B 기업이 수행하고 있는 세분 산업과 중복되지 않는다.[12]

앞서 언급했듯이 몇 개의 세분 산업을 대상으로 하는 집중화 전략의 채택 여부는 다수의 세분 산업에 참여함으로써 발생하게 되는 조정과 절충 문제 등에서 비롯되는 준최적화(suboptimization)를 상쇄하고도 남을 만한 강력한 상호관련성이 세분 산업 간에 존재하느냐에 달려있다. A 기업은 데이터베이스의 연구개발 및 생산을 공유하는 것만으로 상호관련성을 극대화하고 있다. 이것은 다양한 유형의 구매자가 다른 유형의 데이터베이스 내지는 배송시스템을 선호할 것이라는 사

실을 상쇄하고 있다. 반면 B 기업은 보험회사를 상대로 금융서비스의 제공 및 판매 시스템을 최적화함으로써 경쟁우위를 획득하는 구매자 중심의 집중화 전략을 선택하고 있다. C 기업은 제2금융권의 기업을 대상으로 컨설팅 서비스만을 제공함으로써 차별화의 이점 및 제품 전문화에 따른 이점 확보에 초점을 맞추고 있다. 물론 C 기업은 광범위한 집중화 전략을 통해 얻을 수 있는 잠재적인 규모의 경제 효과를 상실하고 있다. 이들 각 기업은 서로 다른 상호관련성 및 경쟁우위에 기초한 집중화 전략을 펼치고 있으며 서로 다른 면에서 절충비용을 부담하고 있다.

그런데 각기 다른 '세분 산업 간 상호관련성'을 기초로 하는 집중화 전략이 서로 중복되는 세분 산업에서는 흥미로운 경쟁에 관한 이슈가 제기된다. 〈그림 7-10〉에서는 매트릭스 좌측 상단에 각 경쟁사가 채택한 집중화 전략의 중복 현상이 나타나고 있다. 각기 다른 집중화 전략으로 같은 세분 산업에서 경쟁하는 두 기업은 서로 다른 형태의 경쟁우위 및 경쟁열위를 갖게 된다. A 기업은 저렴한 가격의 데이터베이스 및 설계에 대한 정확한 이해가 강점인 반면, B 기업은 보험회사 시스템에 대한 깊은 이해와 모든 제품라인을 일괄 공급하는 데 따른 원가 우위가 강점이다. 이와 같은 상호관련성이 경쟁우위로 이어질 수 있듯이 상호관련성을 이용하여 경쟁하는 것은 탄력적인 대응을 어렵게 할 수도 있다. 예를 들어 A 기업은 보험회사가 원하는 방향으로 데이터베이스 관리시스템을 수정하기가 쉽지 않다. 이러한 수정행위가 은행 및 제2금융권 회사와의 거래에 영향을 주기 때문이다. 따라서 A 기업과 B 기업이 경쟁하고 있는 세분 산업에서 두 기업의 상대적 경쟁우위는 다른 세분 산업과의 상호관련성으로 발생하는 경쟁우위가 어느 정도인지에 따라 달라진다. 또한 상호관련성으로 생기는 전략적 대응의 한계를 극복하기 위해 기업은 자신의 세분 산업의 상호관련성이나 경쟁우위는 최대한 탐색하고, 경쟁사가 상호관련성 때문에 부담해야 하는 절충비용을 확대하는 방향으로 경쟁 양상을 바꾸고자 노력하기 마련이다.

집중화 전략이 가능한 신규 세분 산업

세분 산업에서 집중화 전략의 실행 가능성은 세분 산업의 크기에 영향을 받음과 동시에 집중화 전략이 새롭게 수정된 가치사슬의 원가를 얼마나 절감해줄 수 있는가에 달려있다. 비록 새로운 특정 세분 산업의 요구에 잘 부합하게끔 수정된 가치사슬이라도 비용이 원가가 절감되지 않는다면 수정에 따른 비용을 보상받지 못할 수도 있다. 이러한 사실로 인해 집중화 전략의 대상이 되지 못하는 잠재적 세분 산업이 많이 있다.

집중화 전략의 대상이 될 수 있는 새로운 세분 산업은 다음 4가지 요건을 충족시켜야 한다. 첫째, 가치사슬을 수정할 때 비용을 절감할 수 있어야 한다. 또한 규모의 경제가 작을수록 집중화 전략을 선택하는 것이 유리하다. 둘째, 고정비용을 충분히 보상할 수 있을 만큼 세분 산업의 성장 속도가 빨라야 한다. 셋째, 특정 시장에 참여하여 발생하는 규모면의 열위를 극복하기 위해서는 다른 세분 산업과의 상호연관성이 있어야 한다. 마지막으로 규모의 경제를 극복할 수 있도록 가능한 많은 국가에서 판매물량을 늘려서 전 세계적으로 집중화 전략을 시도하는 것인데, 이때 기업은 지리적 상호관련성을 추구하게 된다.

　기업은 새로운 세분화 체계를 찾아내거나 새로운 세분 사업에 대한 진출 가능성을 타진해봄으로써 한발 앞서 집중화 전략을 추구할 수 있다. 한편 최근에는 규모의 경제가 감소하는 현상이 컴퓨터화된 제조, 설계공정과 같은 일부 기술에서 나타나고 있다. 이러한 현상은 사업단위 간의 상호관련성을 탐색하거나(9장 참조) 글로벌 경쟁력을 강화함으로써 새로운 집중화 전략 추구기회를 계속해서 창조할 수 있는 여지를 만들어주었다.

집중화 전략의 지속가능성

지금까지 세분 산업이 가지는 매력과 상호관련성을 기초로 기업이 하나의 세분 산업 내지는 세분 산업 집단을 어떻게 선택하는지 살펴보았다. 집중화 전략을 선택하는 데 있어서 마지막 쟁점은 경쟁자에 대응하여 집중화 전략을 얼마만큼 유지할 수 있을까 하는 것이다. 집중화 전략의 지속가능성은 다음 3가지 요인에 의해 결정된다.

- **광범위한 산업을 목표로 하는 기업에 대한 지속가능성** 광범위한 산업 목표전략을 채택한 경쟁사와 비교해볼 때 집중화 전략을 통해 얻을 수 있는 경쟁우위의 크기 및 지속가능성
- **모방자에 대한 지속가능성** 집중화 전략의 모방 내지 작은 목표 세분 산업을 가지고 있는 경쟁사에 의해 초점이 흐려지게 되는 것을 막는 이동장벽
- **세분 산업의 대체에 대한 지속가능성** 집중화 전략 채택기업이 목

표 대상으로 삼고 있지 않은 다른 세분 산업으로의 이탈 가능성

광범위한 산업을 목표로 하는 기업에 대한 지속가능성

광범위한 산업 목표전략을 채택한 기업은 집중화 전략을 추구하는 기업이 활동하고 있는 세분 산업에서 이미 경쟁하고 있거나 혹은 다른 세분 산업에 참여하고 있거나, 아니면 기존 세분 산업에서의 지위를 바탕으로 새로운 세분 산업에 진출할 수 있을 것이다. 이때 집중화 전략 추구기업이 가질 수 있는 경쟁우위는 다음과 같은 요소에 의해 결정된다.

- 집중화 전략을 추구하는 기업이 활동하고 있는 세분 산업과 활동하고 있지 않은 다른 세분 산업에 동시에 참여함에 따라 광범위 산업 목표전략을 채택한 기업이 직면하는 절충의 정도
- 광범위 산업 목표전략을 채택한 기업이 활동하고 있는 다른 세분 산업과 가치활동을 공유해서 얻는 경쟁우위

집중화 전략을 추구하는 기업의 가치사슬이 다른 세분 산업에 참여하는 데 필요한 가치사슬과 다르면 다를수록 집중화 전략의 유지가 수월해진다. 예를 들어, 미국과 유럽의 냉방 산업에서 일반 가정용 및 상업용 냉방시장의 유통채널은 산업용 냉방시장의 유통채널과는 전혀 다르다. 그러나 라틴아메리카, 아시아, 중동지역에서는 일반적으로 동일한 채널이 이용되고 있다. 따라서 이 지역에서 펼친 집중화 전략은 미국과 유럽 시장에서보다 성공적이었고 지속성도 높았다. 미국과 유럽에서는 집중화 전략을 추구하는 기업이 목표 세분 산업의 요

구에 맞게 가치사슬을 수정할 수 있었기 때문이다. 목표 세분 산업 내 구매자의 욕구가 다른 세분 산업과 비교해 많은 차이가 날수록, 특수한 주문이 많을수록 집중화 전략의 유지는 더 쉽다.

청량음료 산업의 로얄 크라운이 대표적인 예다. 로얄 크라운은 다양한 맛의 청량음료를 공급하는 코카콜라, 펩시와는 달리 오직 콜라에만 매진했다. 그러나 콜라만을 전문적으로 공급하는 것과 다양한 청량음료를 공급하는 것의 가치사슬에는 별다른 차이가 없었다. 다른 맛에 대한 선호를 제외하면 구매자의 욕구나 구매 행동은 콜라나 다른 음료수와 별 차이가 없기 때문이다. 오히려 다양한 음료수를 생산, 공급하는 것은 생산과 마케팅 등에서의 가치활동 공유에 따른 상당한 이점을 제공한다. 그 결과 집중화 전략을 택한 로열 크라운은 경쟁사에 비해 어떠한 경쟁우위도 창출하지 못하고 불이익만 감수했다. 반면 메르세데스(Mercedes)는 다양한 제품라인을 갖춘 경쟁사를 상대로 수정된 가치사슬을 사용함으로써 자동차 전문화에 바탕을 둔 강력한 경쟁우위를 획득할 수 있었다.

한편 종이 용기 산업의 미드(Mead)의 사례는 집중화 전략의 지속가능성에 영향을 주는 요소가 어떻게 변하는지를 잘 보여준다. 1970년대 후반 대형 용기 부문에서 일어난 과도한 원가 경쟁의 대응방안으로서 미드는 작은 고부가가치 용기를 목표로 집중화 전략을 선택했다. 그러나 1980년대 초반에 속도도 빠르고 설치시간이 대폭 줄어든 새로운 골판지 제조기가 개발되었다. 이러한 기술 혁신 덕분에 대형 생산라인을 가지고 있는 기업도 소량 주문을 경제적으로 소화할 수 있게 되었다. 이로 인해 미드는 결국 지금까지의 집중화 전략을 수정할 수밖에 없었고, 새로운 설비투자를 통해 다양한 제품을 생산해내기 시작했다.

만약 세분 산업 간의 차이가 시간이 지나면서 적어진다거나 기술적 변화가 다수의 세분 산업에 참여하는 데 드는 절충비용을 감소시키거나 상호관련성을 증대시킬 수 있다면 집중화 전략을 유지하기가 어려워진다. 특정 세분 산업에 맞게 수정된 가치사슬이 표준화된 가치사슬에 비해 큰 비용이 들게 한다면 이 또한 집중화 유지를 어렵게 만든다. 따라서 집중화를 시도할 세분 산업을 선택할 때에는 이러한 변수를 반드시 고려해야 한다. 이 변수들은 세분 산업에 집중할 때 생기는 이익과 다수의 세분 산업에서 경쟁함으로써 얻을 수 있는 공유의 이익 사이의 트레이드오프의 변화 관계를 나타내준다.

모방 기업에 대한 지속가능성

집중화 전략을 택한 기업이 직면하게 될 두 번째 위험은 다른 기업이 집중화 전략을 그대로 모방할 수 있다는 사실이다. 모방은 신규 업체가 할 수도 있고 기존 전략에 만족하지 못한 기존 경쟁사가 할 수도 있다. 모방 기업에 대한 집중화 전략의 지속가능성은 3장과 4장에 제시된 개념을 토대로 파악할 수 있는 집중화 전략기업의 경쟁우위 지속가능성 정도에 따라 달라진다. 집중화 전략의 모방을 어렵게 하는 이동장벽에는 규모의 경제, 차별화, 유통채널 충성도 및 기타 집중화 전략 특유의 장벽이 있다. 예를 들어, 복사기 산업에서 코닥이 채택한 고급제품 중심의 집중화 전략을 모방하려고 한다면 판매 및 서비스망 구축 시 나타나는 규모의 경제뿐만 아니라 독점적 기술에 따른 장벽을 극복해야만 한다.

한편 세분 산업의 크기는 집중화 전략의 모방 위험 정도에 영향을 준다. 완만한 규모의 경제를 누리고 있는 소규모 세분 산업에 진출하고자 하는 기업은 별로 없을 것이다. 그러나 성장 산업에서는 집중화 전략이 모방되거나 후발기업이 작은 세분 산업을 개척할 가능성이 늘 존재하므로 집중화 전략 추구 기업이 집중화의 초점을 상실할 위험이 도사린다. 한 예로, 급속도로 성장하고 있는 정보 산업에서 각 기업이 작은 목표 구매자 집단을 대상으로 전문화된 데이터베이스를 개발해낸 결과 초점이 불분명해진 현상이 만연했던 것을 들 수 있다.

세분 산업 대체에 대한 지속가능성

집중화 전략의 지속가능성을 결정하는 마지막 변수는 세분 산업의 대체위험이다. 특정 세분 산업에만 집중하고 있는 기업은 이 산업이 소멸하게 되면 큰 타격을 입을 수밖에 없다. 이러한 세분 산업의 소멸은 환경이나 기술 그리고 경쟁 행위의 변화에 따른 결과일 수 있다. 세분 산업의 대체위험은 일반적인 대체(8장 참조)와 마찬가지 방식으로 분석할 수 있는데, 세분 산업의 대체는 산업 수준의 대체와 마찬가지로 경쟁사로부터 영향을 받을 수 있다. 많은 경우 경쟁사는 마케팅과 기술 혁신 또는 세분 산업의 상황을 악화시키는 정부의 정책 변경을 위한 로비활동으로 집중화 전략기업의 세분 산업에서 수요를 이탈시키려고 시도하기도 한다. 집중화 전략을 추구하는 기업이 광범위한 시장 목표전략을 구사하는 기업과 경쟁할 때 경쟁사의 광고비 지출 및 기타 마케팅 활동이 구매자의 태도를 형성하고, 결국 집중화 전략기업의 세분 산업에서 구매자를 이탈시킬지도 모른다.

광범위한 산업 목표전략과 집중화 전략의 기회와 함정

집중화 전략을 추구하는 기업과 광범위한 시장을 목표로 하는 기업 모두 이러한 분석을 통해 몇 가지 중요한 교훈을 얻을 수 있다. 다음은 분석을 통해 얻을 수 있는 6가지 교훈이다.

• **집중화 전략이 성공하기 위해서는 경쟁사가 절충비용이라는 덫에 빠져 있어야만 한다** 하나의 세분 산업 또는 세분 산업 집단에만 전념하는 것이 경쟁우위 실현의 충분조건은 아니다. 선택된 세분 산업이 서로 다른 욕구를 지닌 구매자를 가지고 있거나 다른 세분 산업에 필요한 가치사슬과는 다른 가치사슬을 요구해야만 한다. 그러면 집중화 전략을 추구하는 기업이 속한 세분 산업과 다른 세분 산업의 차이로 인해 광범위한 산업 목표전략을 추구하는 기업은 준최적화 상태에 머무르는 반면 집중화 전략을 추구하는 기업은 경쟁우위를 획득할 수가 있다.

• **새로운 산업 세분화 방법의 발견은 경쟁우위 확보를 위한 중요한 기회가 될 수 있다** 올바르게 작성된 시장세분화 매트릭스는 기존 경쟁사의 행동에 반영되어 있지 않은 세분 산업을 밝혀줄 것이다. 새로운 산업 세분화 방법의 발견을 통해 각 기업은 과거에는 하나의 세분 산업으로 인식되지 않았으나, 구조적 차이 내지 가치사슬상의 차이를 지니고 있는 제품 종류, 구매자 집단, 유통채널 그리고 지역에 따라 집중화 전략을 설계할 수가 있다. 새로운 세분 산업은 현재 인식되고 있는 세분 산업보다는 규모가 작은 경우가 대부분이지만, 상황

에 따라 오히려 큰 규모를 보이기도 한다. 이러한 새로운 세분 산업은 이 산업으로 진출할 때 별도의 전략 및 가치사슬이 필요하거나 다른 세분 산업과 함께 이 세분 산업에 참여하고 있는 경쟁사가 준최적화 상태에 머물 수밖에 없는 경우에 집중화 전략 채택 기업의 좋은 공략 목표가 될 수 있다.

이처럼 의미 있는 새로운 세분화 방법을 알아낸 기업은 남보다 앞서 경쟁우위를 획득할 수가 있다. 예컨대 페덱스는 그때까지 어떤 기업도 관심을 기울이지 않던 야간배송이 필요한 소화물에서 새로운 세분 산업의 기회를 보았다. 페덱스는 이 세분 산업에 알맞게 가치사슬을 재배열하는 전략을 펼쳤으며, 그 결과 이 분야를 광범위한 산업 목표전략의 일부분으로만 인식하고 있던 경쟁사들에 비해 막대한 경쟁우위를 얻을 수 있었다. 또한 센추리21은 부동산 중개업 역사상 처음으로 광범위한 전국적 부동산중개를 하나의 세분 산업으로 보고 이 산업을 집중 공략하여 성공을 거두었다.

• **세분 산업이 존재할 경우 광범위 산업 목표전략이 반드시 경쟁우위를 가져다준다는 보장은 없다** 광범위한 산업을 목표로 하는 기업이 만약 평균 이상의 수익을 얻으려 한다면 다수의 세분 산업에 뛰어들어 원가 우위를 획득해야만 한다. 이러한 경쟁우위는 대체로 세분 산업 간의 상호관련성으로부터 발생한다. 원가 우위 전략은 여러 개의 세분 산업에 참여해 규모의 경제나 기타 우위를 확보하는 요인을 통해 얼마나 저렴한 원가 지위를 달성할 수 있는지에 성패가 달렸다. 차별화 전략은 많은 세분 산업에서 다양하게 평가되고 있는 구매 기준을 만족시키기 위해 기업이 얼마나 독특한 차별적 제품 특성을 선보

일 수 있느냐가 관건이다. 광범위한 산업 목표전략을 통해 어떠한 경쟁우위도 얻을 수가 없다고 한다면, 세분 산업 간의 구조적 차이 내지 가치사슬상의 차이로 인해 광범위한 산업 목표전략을 추구하는 기업은 어중간한 상태에 빠져버리게 될 것이다.

• 광범위 산업 목표전략 기업은 종종 지나치게 많은 세분 산업에 참여한다 지나치게 광범위한 전략적 목표를 가지고 있는 기업은 준최적화의 위험뿐만 아니라 집중화 전략을 추구하는 기업에 자신의 취약점을 노출시킬 위험을 가지고 있다. 비 매력적인 세분 산업을 제거하여 참여하고 있는 산업의 수를 줄인다면 수익성을 증대시킬 수 있을 뿐만 아니라 스스로의 취약점도 감소시킬 수 있다. 광범위한 산업을 목표로 하는 기업은 다음과 같은 상황에서는 세분 산업의 수를 줄여야만 할 것이다.

- 다른 세분 산업과의 상호관련성으로부터 경쟁우위를 거의 얻지 못할 때
- 기업 전체 전략의 수정이 요구될 때
- 세분 산업이 구조적으로 매력적이지 않을 때
- 산업의 잠재적 매출액이나 성장률이 제한되어 있을 때
- 산업 내의 경쟁사를 봉쇄할 수 있는 방어적 수단이 존재하지 않을 때

• 타당하다고 인정되는 범위의 세분 산업이나 목표라 할지라도 지속적인 검토가 필요하다 산업 내에서 전략적으로 의미 있는 세분 산업

도 구매자 행동의 변화, 새로운 구매자 집단의 등장, 상호관련성을 변화시키는 기술의 등장 등으로 시간이 지남에 따라 변화가 일어나기 마련이어서 경쟁 범위를 선택하는 일은 지속적으로 재검토되어야 한다. 과거의 세분화 방법이 현시점과는 맞지 않은데도 기업의 역사상 중요했던 방법이라고 그대로 수용하는 것은 옳지 않다. 이처럼 기존의 세분 산업을 영구적인 경쟁 범위로 인식해버리면 결국에는 큰 위기에 봉착하게 될지도 모른다.

• **새로운 기술은 세분화에 대한 과거의 가정을 바꿔놓고 있다** 새로운 기술들, 특히 마이크로일렉트로닉스나 정보시스템 기술은 새로운 집중화 전략이나 광범위한 산업 목표전략을 창출할 기회를 제공한다. 이러한 새로운 기술을 이용하여 제조, 물류 및 기타 가치활동에서 융통성을 발휘한다면 광범위한 산업 목표전략을 채택한 기업은 단일 가치사슬은 그대로 유지하면서 세분 산업의 실정에 맞게 가치사슬을 수정해 나갈 수 있을 것이다. 또한 기술 혁신을 활용해서 새로운 세분 산업에 적합하게 전략을 수정할 수도 있다. 오토캐드가 신제품의 설계 비용을 혁신적으로 줄여주었듯이 말이다. 각 기업은 새로운 기술 변화가 집중화 전략 및 광범위한 산업 목표전략의 전통적 논리를 어떻게 근본적으로 바꾸어놓을 수 있는지를 주의 깊게 관찰해야 할 것이다.

산업 세분화와 산업의 정의

산업의 경계는 무엇을 기준으로 하느냐에 따라 다르게 설정되기 마련이다. 제품별, 구매자별 구조적 차이나 가치사슬상의 차이는 산업의 경계를 작은 범위로 나누고 있다. 따라서 산업 세분화는 산업 내의 구조적 이질성을 밝혀내 산업을 좁게 정의하는 하나의 도구로 이용된다. 세분 산업 및 사업단위 간의 상호관련성(9장 참조)은 광범위한 산업의 개념 정의를 가능하게 해주고 있다.

특정 산업의 개념 정의가 유용하려면 상호관련성이 매우 큰 세분 산업을 모두 포괄할 수 있어야 한다. 상호관련성이 적은 세분 산업은 때때로 전략적 관점에서 별개의 독립된 산업이 될 수 있다. 또한 강력한 상호관련성으로 서로 연계된 산업은 전략적 관점에서 하나의 단일 산업으로 취급될 수 있다.

산업의 경계를 실제로 어디까지 설정할 것인가 하는 문제는 세분화 및 전략적 상호관련성이 구조분석의 한 방법으로 검토되기만 한다면 그렇게 중요한 문제는 아니다. 이러한 구조분석은 경쟁 범위로부터 발생하게 되는 경쟁우위의 모든 중요 결정변수를 밝혀줄 것이기 때문이다.

Chapter 08

대체

모든 산업은 대체의 위협에서 벗어날 수 없다. 대체란 구매자가 찾는 제품 또는 서비스의 특정 기능이 다른 기능으로 바뀌게 되는 과정을 말한다. 이와 같은 대체의 원리는 가치사슬에 있는 모든 가치활동에 적용될 수 있기 때문에 대체에 대한 분석은 제품과 제조공정에 똑같이 적용된다. 이러한 대체의 위험은 제품이나 서비스의 가격 상한을 제한하기 때문에 산업의 수익성을 결정하는 5가지 경쟁 요인 중 하나가 바로 대체다. 동시에 대체는 산업과 기업의 수요를 결정하는 데 있어서 중요한 역할을 한다. 대체재를 파악하고 이에 적절히 대응한다면 그 산업과 기업은 계속 성장하는 반면, 대체재 출현에 효과적으로 대응하지 못하면 그 산업과 기업은 쇠퇴의 길로 들어서게 된다. 또한 대체재는 산업 내에서 세분 산업의 범위를 늘리거나 줄일 수 있기 때문에 산업 내 기업의 경쟁 범위와 밀접하게 관련되어 있다.

대체제에 대응하는 최선의 방법은 무엇일까? 반대로 기업이 대체재를 개발하거나 보급하는 입장이라면, 대체를 촉진하는 최선의 전략은 과연 무엇일까? 이와 같은 질문은 많은 산업의 경쟁전략에서 쟁점이 되고 있다. 따라서 이 장에서는 대체재를 분석하고 의문에 해답을 찾기 위한 도구를 제시할 것이다. 먼저 대체 분석의 필수적인 단계로서 어떻게 대체를 정의할 수 있는가에 대한 논의를 할 것이다. 다음으로 대체의 위협을 정의하고, 대체에 영향을 미치도록 의도된 전략적 동기들의 토대가 되는 대체의 경제성 원리에 관한 윤곽을 그려볼 것이다. 또한 이것을 기초로 하여 대체채널에 영향을 끼치는 요인들을 확인할 것이다. 대체는 시간이 지나면서 몇 가지 특징적인 유형으로 진행되는데, 이것은 위협의 정도를 평가하고 대체재의 침투를 예측하는 데 중요하다. 마지막으로 대체재를 확산시키기 위한 공격적 전략과 대체재에 대한 방어전략의 분석 틀과 그 전략적 시사점에 대하여 서술하겠다.

이러한 논의는 산업 수준(예를 들면 티타늄과 알루미늄에 대한 대체재인 탄소섬유)에서 이루어질 것이다. 그러나 이와 동일한 기본 원리들은 제품 간의 대체에도 적용될 수 있다.

대체재 인지

대체 분석의 첫 번째 단계는 특정 산업이 직면하고 있거나 직면할 가능성이 있는 대체재를 파악하는 것이다. 이것은 보기보다 까다롭고 쉽지 않은 작업이다. 형태는 물론이고 본원적으로 같은 기능을 가진 제품이나 서비스를 찾아야 하기 때문이다. 트럭과 기차는 생김새는 상당히 다르지만 둘 다 화물 수송이라는 근본적으로 동일한 기능을 수행한다.[1]

제품이 수행하는 기능은 구매자의 가치사슬에서 제품이 하는 역할에 달려있다. 제품은 구매자의 욕구를 충족시키는 특정 기능을 가지고 있다. 예를 들어, 트럭이나 기차는 구매자의 물류투입 및 산출 활동의 수단으로 사용되고, 스키와 같은 제품은 구매자의 겨울 여가생활 욕구를 충족시키기 위해 판매된다. 4장에서 논의한 바와 같이 제품은 사용하는 구매자의 가치활동뿐만 아니라 다른 많은 가치활동에도 영향을 끼친다. 예를 들어 물류투입 활동을 거쳐 제품에 장착된 부품은 사용되기 전에는 재고상태에 있지만 제품 판매 후에는 서비스 활동의 대상이 된다. 또한 기저귀는 아기에게 필요한 것이지만 누군가가 아기에게 기저귀를 입혀주어야 하고, 재사용이 가능하다면 이를 세탁해야 한다. 또 기저귀를 구매하여 보관하는 것도 실제 사용자인 아기가 아니라 양육자의 책임이다. 이와 같이 제품이 구매자에 미치는 모든 영향요인은 대체재들과 대체재의 상대적 성과를 정의하는 데 반드시 고려해야 하는 요소다. 마지막으로 제품을 이용한 가치활동은 연계를 통해서 다른 활동과 연결될 수 있다. 예를 들면 부품의 정밀도는 제품 조정과 판매 후 서비스 필요 여부에 영향을 줄 수 있다. 또한 이러한 연계를 통해 종종 가치활동을 결합하는 새로운 방법을 발견함으로써 대체에 영향을 끼칠 수 있다.

한편 가장 단순한 형태의 대체는 한 제품이 동일한 구매자의 가치활동에 동일한 기능을 수행하는 다른 제품으로 대체되는 경우를 들 수 있는데, 세라믹 엔진이 금속 엔진을 대체하는 경우가 바로 그렇다. 이렇게 대체가 이루어지더라도 가치활동 간의 연계는 계속 존재하기 마련이다. 그런데 간단한 대체를 시도하더라도 제품의 기능을 본원적으로 정의하는 작업은 여전히 중요하다. 일반적으로 제품의 본원적 기능은 그 범위가 넓은데, 특히 소비재의 경우 더욱 광범위하다. 예를 들어, 가장 광범위하게 정의된 금속제 스키의 본원적 기능이 여가 활동이라면, 금속제 스키 제조업자들은 에폭시(epoxy) 또는 파이버 글래스 소재의 스키뿐만 아니라 크로스컨트리 경기용 스키는 물론 다른 겨울용 스포츠 장비 및 레저 제품, 더 넓게 보면 겨울보다는 여름에 주로 여가를 보내는 구매자의 대체 위험에 직면하고 있음을 파악할 수 있다. 이처럼 어떤 제품의 기능이 일반적으로 표현될수록 잠재적인 대체재의 숫자는 더욱 증가하게 된다.

좀 더 복잡한 형태의 대체는 대체재가 다른 유형의 기능을 가지고 있거나 서로 다른 방식으로 구매자 활동에 영향을 주는 경우다. 예를 들어 기차의 대체재로서 트럭은 둘 다 같은 수송기능을 수행하더라도 적재, 하역, 포장, 적재화물의 크기는 다르기 마련이다. 또한 대체재는 기존의 제품보다 더욱 다양한 범위에서 기능을 수행할 수도 있다. 예를 들어 모바일폰은 단순히 전화기의 기능을 대체한 것을 넘어 카메라, 오디오, 비디오, 녹음기 등 광범위한 기능을 대체한다. 기존의 보일러 시스템은 난방에만 사용될 수 있지만 열펌프는 난방과 냉방의 겸용으로 사용된다. 일회용 기저귀는 세탁의 필요성을 없앤다. 한편 와플 제조기는 토스터 오븐보다 적은 기능을 수행하며, 전문점은 백화점과 달리 특정 제품만을 전문적으로 판매한다. 따라서 대체재를 정의하는 데 있어 반드시 기억해야 할 사항은 제품이 가진 기능 중 중요한 기능을 대신하는 제품들뿐만 아니라, 기존 제품의 기능에 더해 다른 기능을 수행할 수 있는 제품도 포함해야 한다는 것이다.

대체재는 기존 제품보다 넓거나 좁은 범위의 기능들을 수행할 수 있기 때문에 그 종류가 매우 다양할 수 있다. 예를 들어, 경마의 기능은 도박과 오락을 포함한다. 이때 도박 기능에 대한 대체재는 카지노와 스포츠 베팅 등이 있을 것이며 오락 기능을 대체하는 것은 영화, 독서, 운동, 게임 등 그 종류가 더욱 다양하다. 이처럼 제품이 구매자의 가치사슬에 수행하는 기능이 많아질수록 대체재의 종류와 수는 더욱 많아진다.

사람들은 보통 다른 제품만을 대체재로 생각하지만, 최소한 다음 4가지에 부합되는 경우 넓은 의미에서 대체재로 간주해야 한다. 첫째, 구매자가 특정 기능이 있는 제품을 구입하지 않는 경우다. 예를 들어 수량측정기(water meters)의 경우, 구매자가 수량을 전혀 측정하지 않는다면 이러한 구매자의 행동은 대체의 위협으로 작용할 수 있다. 비슷한 예로 미국의 소금 생산업체인 모튼 노리치(Morton Norwich)는 나트륨이 건강에 나쁜 영향을 미치는 것에 대한 일반인의 관심 때문에 대체의 위협을 받고 있다.

두 번째 잠재적인 대체재는 특정 기능을 수행하는 데 들어가는 제품의 사용률을 낮추는 경우다. 예를 들어, 새로운 음료 캔은 점점 더 얇아지고 가벼워져 이에 필요한 알루미늄이 적게 들어가 자연히 알루미늄 수요가 줄어들게 되었다. 또한 연근해용 굴착 장비의 경우 새로운 굴착기술과 굴착 과정에서 구멍을 측정하는 방법을 개발해 굴착 소요 시간을 줄임으로써 훨씬 적은 수의 장비만으로도 과거와 동등한 수준의 작업을 할 수 있게 되었다.

자주 간과하는 세 번째 대체재는 중고제품이나 재활용품, 또는 재순환된 중고제품이다. 알루미늄의 경우 일차 생산자들이 직면하는 가장 위협적인 대체재는 재활용된(recycling) 알루미늄일 것이다. 이러한 재활용 사업은 미국과 일본에서 급속도로 성장하고 있다. 자동차나 레크리에이션 기구와 같은 내구성 제품을 생산하는 많은 산업에서 중고제품들은 신제품에 중요한 대체재가 되고 있다. 다시 사용할 수 있게 수리와 도색을 거친 중고제품은 비행기 엔진 부품에도 쓰일 만큼 중요한 대체재로 부각되면서 새로운 교체용 부품의 판매에 위협이 되고 있다.

마지막 잠재적 대체재는 구매자가 내부적으로 기능을 수행하거나 후방 통합을 하는 경우다. 많은 유통산업에서 주요한 대체재는 구매자가 제조업자로부터 직접 구매함으로써 유통기능을 수행하는 경우다. 또한 저축형 보험이나 손해보험의 경우 구매자 스스로 보험기능을 수행하거나 보험기능을 수행할 수 있는 조직을 만들어 보험상품의 구입을 대체시킬 수 있다.

한편 세분 산업(7장 참조)별로 대체재가 달라지게 될 것이다. 구매자마다 제품을 사용하는 방법이 다르므로 그 제품의 기능에 기대하는 가치 또한 다르다. 어떤 구매자는 친구와 구경을 하면서 즐기기 위하여 경마장에 오는가 하면, 어떤 구매자는 마권 판매 창구나 경마장에 배치된 경마 관련 정보지를 읽는 데 시간을 보내려고 경마장을 찾는다. 그러므로 대체재는 구매자나 구매자별 세분 산업에 따라서 달라진다. 이처럼 세분 산업에 따라 변화하는 대체재의 형태 중 기업에 가장 위협적인 대체재는 기업이 실질적으로 활동하는 산업에서 제공하고 있는 기능이 될 것이다.

경우에 따라서는 제품 간의 대체가 비슷한 시기에 연쇄적으로 발생할 수도 있다. 예를 들어 콘솔게임 산업에서는 프로그램을 변경할 수 있는 소프트웨어(게임 카트리지를 교체하여 여러 게임을 실행할 수 있는)를 보유한 콘솔게임이 프로그램 변경이 불가능한 게임을 대체하였고, 동시에 게임이 가능한 개인용 컴퓨터는 프로그램 변경 가능한 게임기를 대체하였다. 이와 같이 제품들 사이에 다수의 대체 관계가 존재함으로써 기능을 넓히거나 좁힐 수 있다.

이런 다수의 대체 관계는 한 산업의 전체적인 대체율을 형성하는 과정에서 상호작용을 하여 본래 의도와는 다른 결과를 낳을 수 있다. 예를 들어, 아스파탐은 사카린을 대체하는 인공 저칼로리 감미료인데, 아스파탐과 사카린은 모두 설탕의 대체재다. 몇몇 전문가들은 아스파탐이 성공적으로 시장을 개척함으로써 사카린을 대체하는 속도보다 더욱 빠르게 인공 감미료 전체 시장을 확대해서 진입 초기에 한동안은 사카린에 대한 수요를 감소시키기보다는 오히려 증가시킬 것으로 기대했다. 이것은 아스파탐처럼 늦게 개발된 대체재가 사카린처럼 먼저 개발된 대체재를 완전히 누르기보다는 오히려 시장 전체 파이를 크게 만들어서 이익을 제공한 경우다. 반대의 상황도 가능하다. 즉 첫 번째 대체재의 성공 또는 실패가 다음번 대체재의 성패를 좌우할 수도 있다.

어떤 산업이 대체재의 위협에 직면하고 있지 않더라도 하류 부문에서 대체의 위협이 있다면(즉 구매자의 제품이 대체재의 위협에 직면하게 되었다면) 간접적인 영향을 받을 것이다. 예를 들어 오랜 기간 대형트럭 부문에서 디젤엔진이 가솔린엔진을 대체해왔지만, 중형트럭 부문에서는 가솔린엔진이 디젤엔진과 경쟁 관계를 유지하고 있었다. 만약에 중형트럭 부문에서도 디젤엔진이 가솔린엔진을 밀어내게 된다면 가솔린엔진 부품의 경우 직접적으로 대체재에 직면하고 있지 않더라도 수요 감소의 여파로 가솔린엔진 부품에 대한 수요 또한 줄어들게 될 수도 있었다.

하류 부문에서의 대체는 구매자의 제품이 보완재의 판매에 의존하고 있을 때도 발생할 수 있다. 예를 들면 마이크로웨이브 오븐이 전통적인 오븐을 대체한다면 전통적인 오븐 부품 제조업체뿐만 아니라 거기에 사용되는 보완재로써 조리기구를 생산하는 기업도 영향을 받을 것이다.

이러한 하류 부문에서의 대체가 일어난다면, 산업 수요는 감소하고 동시에 구매자의 형태도 바뀌게 된다. 하류 부문이 대체될 위험이 있으면 구매자의 구매가격 민감성이 높아지게 된다. 또한 대체재가 존재할 경우 구매자는 기존 공급자가 제품 혁신을 통해 차별화를 높이거나 구매자의 비용을 낮추어주기를 기대한다.

특정 제품에 대한 대체재의 수는 산업에 따라 큰 차이가 있다. 잠재적인 대체재는 기존 제품을 대체하게 되는 방식과 잠재적인 위협의 수준에 따라 다르게 나타난다. 그런데 많은 기업이 대체재를 신중하게 고려하지 않고 너무 쉽게 간과해버리는 경향이 있다. 따라서 최대한 많은 대체재의 목록을 가지고 분석을 시작하는 것이 중요하다.

대체의 경제원리

어떤 제품이 대체하는 데 따르는 어려움을 극복하면서 교체 비용을 초과하는 가치를 제공한다면, 구매자는 대체재를 구매하게 된다. 즉 대체재가 현재 사용하고 있는 제품보다 훨씬 좋은 가성비를 가지고 있다면, 구매자는 제품을 변경하고 싶은 충동을 강하게 느낄 것이다.

그러나 대체재를 이용하기 위해서는 대체 시 반드시 나타나는 구매자 행동의 혼란과 구매자 가치사슬의 재배열 문제로 발생하는 교체 비용을 부담해야 하는 경우가 대부분이다. 따라서 대체재의 위협은 예상되는 교체 비용의 크기에 따라 변화하게 된다.

이처럼 가격과 교체 비용을 고려한 대체재의 상대적 가치 외에도 구매자의 교체 성향(buyer's propensity to switch)이 대체의 형태를 결정하기도 한다. 대체에 따른 경제적 유인은 동일하지만, 구매자는 자신의 교체 성향에 따라 종종 상황을 서로 다르게 평가하기 때문이다. 따라서 대체의 위협은 다음 3가지 요인의 함수라고 할 수 있다.

- 구매자의 제품을 기초로 계산된 가격에 대비한 대체재의 상대적 가치(RVP)
- 교체 비용
- 구매자의 교체 성향

이와 같이 대체의 경제원리를 간단히 설명함으로써 복잡한 분석을 단순화시켰지만, 실제 분석을 하기란 절대 간단하지가 않다. 대체재가 제품을 변경할 때 제공하는 유인은 구매자가 대체재를 사용하는 전 기간에 걸쳐 측정해야 하고 이를 현재의 가치로 할인해서 계산해야 한다. 또한 교체 비용은 때로는 대체 즉시 발생하거나 심지어는 대체재가 어떤 이득을 제공하기 전에도 발생한다. 상대가치가격(RVP, Relative Value-Price)과 교체 비용은 다양한 요인이 어우러져 결정되며, 시간의 흐름에 따라 변하고 구조적으로도 상당히 불확실해서 분석의 오류를 범하기 쉽다. 따라서 상대가치가격과 교체 비용을 제대로 이해하기 위해서는 대체재를 생산하는 산업의 구조는 물론, 제품이 구매자의 가치사슬에 어떻게 영향을 미치는지에 대한 명확한 분석이 선행되어야 한다. 한편 구매자의 교체 성향을 이해하기 위해서는 구매자의 경쟁 상황, 자원 그리고 구매자가 대체재에 어떤 행동을 할 것인지 예견하는 데 영향을 미치는 여러 특성에 대한 많은 정보가 필요하다.

가격에 대비한 대체재의 상대적 가치

가격에 대비한 대체재의 가치는 구매자가 대체재에 지불하는 가격과 대체재가 구매자에게 제공하는 가치를 대비해 봄으로써 파악할 수 있다. 이때 상대가치가격은 대체 대상인 기존 제품의 가격가치와 비교되기 때문에 정확하게 파악할 수 있다. 대체 시 교체 비용이 없고 기존 제품의 재고가 빨리 소진될 수 있다면 적절한 상대가치가격은 현재 구매자가 처한 상황만이 조건함수다. 구매자가 특정 시점의 상대가치가격에 따라 대체재와 기존 제품을 빨리 그리고 비용 발생 없이 교체할 수 있다면 미래의 상황은 크게 중요하지 않기 때문이다. 그러나 교체 비용이 있거나 제품이 내구재일 경우, 대체재를 사용하게 될 일정 기간의 기대 상댓값이 대체재의 매력을 가늠하는 적절한 척도가 될 수 있다.

대체재와 기존 제품의 현재 가격은 쉽게 파악할 수 있다. 그런데 예상 상대가치가격을 계산할 때는 미래 각 시점의 기댓값을 포함해야 하므로 그 기간에 예상할 수 있는 가격 변화를 반영해야 한다. 또한 대체재와 기존 제품의 구입 가격은 구입 시의 할인, 보상, 무료 사은품 증정 또는 서비스에 따라 조정 작업을 거쳐야 진정한 가격을 파악할 수 있다. 예를 들면 사무기기는 구매자에게 일정 기간 무상서비스를 제공하는데 이는 전자 복사기 같은 대체재의 가격을 비교하는 데 고려해야 할 특성이다. 또한 구매자가 구입할 때 얻을 수 있는 세금 감면 효과도 가격 조정 시 고려해야 할 요소다.

대체재의 상대적 가치는 4장에서 논의된 차별화를 결정하는 요소와 유사한 요소에 기초를 두고 결정된다. 즉, 대체재가 기존 제품보다 구매자 원가를 감소시키거나 구매자의 성과를 증진시킨다면 가치가 있다고 할 수 있다. 그러나 이러한 가치는 구매자가 직접 인지할 수 있어야 하므로 대체재의 가치를 측정하여 구매자가 인식할 수 있게 하는 대체재 제공자의 능력도 상대적 가치 결정에 영향을 준다. 그런데 상대가치가격 계산에서 고려되는 가치는 대체재의 현재가치가 아니라, 대체재의 사용 기간에 예상되는 각 시점의 기대 상대값(expected relative value)이라는 점을 명심해야 한다.

대체에 있어서 가치를 신호화하는 일은 차별화 때보다 더 중요할 수도 있다. 대체는 흔히 이미 그 성능이 입증된 기존 제품을 신제품으로 교체하는 행위다. 따라서 기존 제품의 성능은 잘 알려졌지만 대체재의 성능은 아직 입증되지 않아 그 가치가 매우 불확실하다. 그러므로 가치를 신호화하여 구매자의 심리적 가치 기준을 충족시키는 것이 대체재 채택을 결정하는 관건이 될 것이다.

또한 기존 제품과 비교해서 대체재의 상대적 가치는 대체재가 구매자의 가치사슬에 미치는 직간접적인 영향의 총합이 어느 정도 수준이냐에 따라 영향을 받는다. 대체재와 기존 제품은 직접적인 비교가 가능하지 않을 수도 있지만, 대체재는 구매자의 가치사슬에 기존 제품과는 다른 형태의 영향을 미칠 수 있다. 예를 들면 면 기저귀는 브랜드와 관계없이 사용자에게 본질적으로 똑같은 영향을 주지만 일회용 기저귀는 면 기저귀와 매우 다르게 사용된다. 이처럼 대체재와 기존 제품이 사용되는 형태가 다를 경우 이런 측면을 고려하여 대체재의 상대가치가격을 조정해야 한다.

 기존 제품의 가치에 대비한 대체재의 가치를 비교할 때는 보통 구매자 원가 또는 구매자 성과에 미치는 영향을 측정하는데, 이때는 다음과 같은 변수를 고려해 조정한다.

• **사용률** 주어진 결과를 가져오는 데 필요한 대체재의 양과 사용 빈도가 적다면 구매자 원가를 낮출 수 있으므로 구매자 원가 측면에서 본 대체재의 영향은 사용량과 사용률에 좌우된다. 예를 들면 아스파탐은 사카린보다 적은 양으로 비슷한 수준의 단맛을 낼 수 있으므로, 아스파탐의 상대가치가격은 이런 점을 고려해 조정해야 한다. 주어진 결과를 가져오는 데 필요한 대체재의 사용률은 순도, 농축도, 거부율 또는 작동 속도와 같은 요인에 영향을 받을 것이다.

• **배송과 설치 비용** 대체재의 배송 및 설치비용도 구매원가에 미치는 대체재의 영향을 파악할 때 고려해야 할 측면이다. 이러한 배송과 설치 비용에는 수송, 설치, 측정 또는 대체재를 수용하기 위한 공간 확장 및 재배치 비용과 대체재와 기존 제품 간에 차이가 나게 하는 기타 비용이 포함될 수 있다.

• **금융 비용** 내체새를 구입에 필요한 금융 비용도 구매자 원가에

영향을 준다. 예를 들어 동일한 주거 기능을 제공하는 여러 주택 형태 중에서 부동산으로 분류되는 전통 주택과 달리 이동식 주택은 교통수단으로 분류되어 이에 준하는 금융지원을 받게 된다. 이러한 경우 이자율과 융자 조건은 주택의 형태에 따라 다른데, 전통 주택을 구입할 때와 달리 이동식 주택을 구입할 때는 융자를 받을 가능성은 높지만 그만큼 높은 이자를 부담해야 한다. 이러한 금융 비용은 몇몇 산업에서는 총원가의 상당한 부분을 차지한다.

• **가격의 상대적 변동성 또는 획득 가능성** 구매자 입장에서 대체재의 비용은 예상되는 가격의 변동 폭과 빈도가 어느 정도이며, 제품 및 부품서비스 등이 원하는 시기에 원하는 양만큼 구매될 수 있느냐에 따라 크게 달라진다. 공급물량이 모자라는 기간에 가격이 변동된다면 구매자는 비용을 추가로 부담해야 할 수도 있다. 예를 들어, 세라믹의 잠재적 이점 중 하나는 금속제 부품이 금속원료의 가격변동에 연동되어 가격변화가 심하지만, 세라믹은 풍부하고 값싼 원재료를 사용하므로 가격변동 위험이 적다. 이러한 가격변동의 위험과 조달상의 어려움은 기존 제품과 비교해 대체재가 믿을 만한 공급원을 얼마나 많이 확보하고 있는지에 따라 그 정도가 달라진다.

대체재가 특히 중요한 투입 자원인 경우 충분한 공급량이 보장되어 필요한 때 핵심 구매자의 욕구를 잘 처리해주고 있는지가 비용에 영향을 미친다. 구매자는 종종 대체재 제조사들이 충분한 공급능력을 갖추어서, 구매자의 협상력이 우위에 놓이게 되는 시점에 이르기 전까지는 기존 제품을 변경하려고 하지 않는다. 따라서 대체재가 성공적이려면 수요 창출에 앞서 물량을 늘릴 필요가 있다.

- **대체재 사용 시 발생하는 직접비용** 대체재가 구매자 원가에 미치는 영향을 바르게 평가하기 위해서는 구입과 설치하는 데 드는 초기 비용뿐만 아니라 기존 제품과 비교하여 대체재를 사용하는 기간에 발생하는 직접비용의 현재가치를 함께 고려해야 한다. 이러한 직접 비용에는 다음과 같은 요인이 포함된다.

  - 필요한 노동의 질이 반영된 노동 비용
  - 재료, 연료 필터와 같은 소모품
  - 보험
  - 대체 시기
  - 보수 빈도와 비용
  - 교체 부품 비용
  - 여유분 보유 비용 또는 기회비용을 고려한 파손(고장)시간
  - 필요 공간 유지 비용
  - 청산 가치
  - 분해 비용

소비재에서 대체재를 사용하는 데 드는 노동 비용은 구매자 시간의 암묵적인 기회비용 개념을 반영하고 있다. 예를 들어, 냉동식품이 구매자에게 주는 주요 혜택은 다른 식품에 비하여 준비하는 시간이 절약된다는 점이다. 그렇지만 현실적으로 구매자의 시간에 가치를 부여하는 것은 4장에서 논의된 바와 같이 금전적 지출을 수반하고 있지 않기 때문에 어려운 일이다.

엘리베이터, 비행기 엔진과 같은 많은 산업에서 있어서 전체 사용

기간에 대체재를 사용하는 데 들어가는 추가 비용이 구매가격을 초과할 수 있는 점은 구매 결정을 흔들리게 할 수 있다. 예를 들면 래디얼(radial) 타이어는 바이어스 플라이(bias ply) 타이어보다 약 25%가량 더 많은 거리를 달릴 수 있고, 펑크로 인한 정지시간이 상대적으로 작다. 바이어스 플라이 타이어는 한 번 재생할 수 있는 데 반해 래디얼 타이어는 두 번까지 재생할 수 있다. 래디얼 타이어는 또한 2~6%까지 자동차의 연료 효율을 높여주는데, 이러한 사용 원가 측면의 개선을 수치화하면 래디얼 자동차 타이어의 40~60%에 이르는 가격 프리미엄을 상쇄하고도 남는다.

• 사용 시의 간접비용 대체재 사용의 상대적 비용을 파악하기 위해서는 대체재가 직접 사용되는 가치활동에서 발생하는 직접비용뿐만 아니라 구매자의 가치사슬 전반에 걸쳐서 발생하는 간접비용까지 반영해야 한다. 그러나 이러한 간접 또는 전체적인 영향은 기업과 구매자가 자주 소홀히 하는 부분이다. 예를 들면 자동화된 컨베이어 조립공정은 작업자의 수와 필요한 기술 수준, 공장에서 필요한 리프트 트럭의 수, 일반적 재료 취급 방법에서 이동 컨테이너의 강도 등을 줄여줄 수 있다. 마찬가지로 일회용 기저귀는 접착테이프와 압착형태의 이점으로 아기에게 더욱 편안함을 선사하는 것 말고도 더러운 기저귀의 세탁과 저장보관의 필요성을 없애준다. 또 다른 예로 POS 기기는 즉각적으로 거래 데이터를 산출할 수 있어 기계식 기기보다 필요 재고량과 관리 비용을 훨씬 많이 절감할 수 있다.

대체재는 다음과 같은 경우 구매자의 가치사슬 내 다른 가치활동의 비용에 영향을 미칠 수 있다.

- 다른 가치활동의 생산성에 영향을 미치는 경우
- 기존 제품과는 다른 원재료가 필요하거나 원자재의 품질 수준 결정에 영향을 미치는 경우
- 다른 보조장비가 필요한 경우
- 재고 수준에 영향을 미치는 경우
- 요구되는 품질관리 검사의 빈도와 복잡성에 영향을 주는 경우
- 선적 시 필요한 포장재료의 양과 형태에 영향을 미치는 경우
- 제품 하중과 운송 비용에 영향을 주는 경우

• **구매자 성과** 대체재의 가치는 기존 제품과 비교했을 때 구매자의 성과에 미치는 영향의 차이를 모두 반영해야 제대로 평가할 수 있다. 예를 들어, 텔레커뮤니케이션용 전자 교환기 시스템은 전기기계식 교환기보다 새로운 상황 변화에 더욱 쉽게 적응할 수 있다. 초대형 TV는 작은 TV보다 더욱 현실감 있는 화면을 제공하므로 큰 흥미를 준다. 구매자의 성과를 증진하는 데 크게 기여한 대체재의 예로 일회용 기저귀를 빼놓을 수 없는데, 일회용 기저귀는 면 기저귀보다 청결하고 부드러우며 땀띠를 덜 생기게 하는 장점이 있다. 한편 차별화를 할 때와 마찬가지로 대체재 사용을 통해 얻을 수 있는 사회적 지위와 인간 관계의 질적 개선 같은 무형의 성과도 구매자 성과의 일부를 차지하므로 대체재가 구매자 성과에 미치는 영향을 계량화하기란 쉽지 않다.

기존의 수동 기구를 로봇으로 대체하는 것은 대체재 사용 시 필요한 직접비용과 간접비용, 구매자 성과에 대한 영향을 포괄하는 복잡한 형태의 예시가 될 수 있다. 로봇은 자본비용을 증가시킴으로써

노동비용을 줄이며, 생산단계에서 산출률을 증가시킨다. 또한 유지보수만 잘 된다면 로봇은 원재료를 절약함은 물론 연중무휴로 조업에 활용할 수 있다. 로봇 이용 시 간접적 효과로써 생산 준비 단계에서 필요한 원료 준비 및 취급 유형과 시간을 변경시킬 수 있으며 높은 수준의 제품 신뢰도, 높은 유연성 및 작업장 안전도를 달성할 수도 있다.

• **제공 기능의 수** 구매자 원가와 성과에 미치는 대체재의 영향은 기존 제품과 비교해서 대체재가 수행할 수 있는 기능의 범위가 어디까지인지에 따라 조정되어야 한다. 즉 대체재가 많은 기능을 수행할 수 있고, 구매자가 추가되는 기능을 가치 있다고 느낀다면 대체재의 상대적 가치는 높아진다. 그러나 너무 많은 기능의 제공으로 주요한 기능의 질이 떨어지거나 추가비용이 발생한다면 반드시 바람직하다고 볼 수는 없다. 예를 들면 게임이 가능한 개인용 컴퓨터는 콘솔게임기보다 더 많은 기능이 있지만, 콘솔게임기의 경우 사용이 간편하며 게임에만 특화되어 있다는 장점이 있다. 반대로 제공 기능을 줄이면 보통 대체재의 가치도 줄어든다. 그러나 이에 따른 가격의 감소 또는 주요 기능만을 강조한 데서 오는 장점으로 그런 가치의 감소는 상쇄될 수 있다. 또한 제공하는 기능을 변화시킴으로써 구매자 성과에 영향을 미칠 뿐만 아니라 구매자의 사용 비용을 변경할 수 있다.

상대가치가격을 계산할 때 성과에 영향을 주기 위해 추가되거나 삭제되는 보조적 기능에 대한 가치를 고려하기란 쉽지 않으며, 특히 소비재는 구매자 성과가 종종 무형의 욕구를 만족시키는 측면을 포함하기 때문에 더 어렵다. 따라서 기능에 대한 가치를 평가하는 원칙은 제공되는 기능이 구매자의 가치사슬에 어떤 영향을 주는가를 검증하여 구매자 원가 또는 성과에 미치는 각 기능의 영향을 계산하는 데 초점을 두고 있다. 주요 기능의 가치를 평가하는 방법으로는 그 기능만을 수행하는 제품에 구매자가 과연 기꺼이 값을 지불하는가를 확인하는 것이다. 한편 구매자 원가에 영향을 끼치는 기능의 차이에 가치를 부여하는 것은 구매자 성과에 영향을 미치는 각 기능에 가치를 주는 것보다 훨씬 쉽다.

• **보완재의 비용과 성과** 구매자 원가와 성과에 대한 대체재의 영향을 제대로 평가하기 위해서는 기존 제품에 사용되는 보완재와 대체재에 사용되는 보완재의 원가와 성과를 함께 고려해야 한다.[2] 예를 들면 영화관은 TV와 비디오의 대체 위협에 직면해왔다. 영화관에 가는 구매자의 비용은 그곳에 가기 위한 교통수단과 주차 공간 그리고 영화를 보면서 먹는 주전부리의 비용을 모두 합해 결정되는데, 집에서 TV나 비디오를 볼 때는 이런 불필요한 지출이 없기 때문에 미국 가정의 여가비 지출에서 영화관람비 비중이 1936년 8.2%에서 1970년대 중반에는 3%까지 감소하는 이유 중 하나가 되었다.[3] 마찬가지로 레크리에이션 목적의 교통수단 대체재로 이동식 주택의 가치는 주유비, 도로여건 그리고 캠핑 장소와 같은 보완재에 따라 결정된다.

• **불확실성** 대체재가 구매자의 성과나 비용에 미치는 영향을 분석할 때는 불확실한 측면이 개입되므로 이러한 불확실성이 상대가치 가격 계산에 반영되어야만 한다. 예를 들어, 대체재의 품질이 계속 개

선될 것으로 전망한다면 이러한 제품 발전단계에 대한 판단의 불확실성이 구매자의 대체재 구입 시기를 늦출 수 있다. 따라서 대체재의 가치를 불확실성을 반영한 몇몇 할인요소를 포함해 낮춤으로써 상대가치가격에 불확실성의 개념을 도입할 수 있다.

• **가치의 인식**   대체재의 위협을 결정하는 것은 반드시 실제 상대가치가격에 있는 것이 아니라, 대체재의 상대가치가격에 대한 구매자의 인식에 크게 좌우된다. 구매자는 기존 제품에 대해 아는 만큼 대체재를 알지 못하고 대체재가 주는 혜택과 특징에 대한 정보 또한 부족하다. 따라서 대체재의 심리적 가치 기준을 제대로 인지하지 못한다면 대체재의 상대적 가치를 낮게 평가할 것이다. 구매자가 이렇게 대체 행위를 줄이는 경우는 다음과 같다.

• 대체재의 이점이 구입 즉시 구매자 원가를 줄이기보다는 사용 기간 전체의 비용을 낮추는 형태로 단계적으로 실현될 경우
• 대체재의 이점이 이용되는 가치활동 내에서 직접 발생하기보다는 다수의 가치활동에서 간접적으로 발생하는 경우
• 대체재의 이점이 구매자 성과를 구매 즉시 늘리기보다는 사용 기간 전체의 성과를 상승시킬 경우
• 대체재의 이점을 얻기 위해서 구매자의 행동이나 사용 관습의 중요한 변화를 일으킬 경우
• 대체재의 이득에 대한 신뢰성 있는 검증이 어려운 경우

위와 같은 상황에서 구매자는 대체재의 영향을 완전히 이해하지 못

하는 경우가 다반사이므로, 기업은 다양한 수단을 동원하여 대체재의 가치를 구매자에게 인식시켜야 한다. 앞서 서술한 대로 기존의 생산장비를 로봇으로 대체하려고 했을 때 일본에 비해 로봇의 가치에 대한 인식이 부족했던 미국의 경우 대체하는 데 걸리는 시간과 규모에 제약이 있었다.

이처럼 구매자가 대체재의 가치를 인식하기 어려운 것이 보통이나, 간혹 그 반대의 경우도 발생한다. 때때로 대체는 대체재의 실제 가치에 대한 이해가 부족한 상황에서 더욱 매력적으로 보일 수 있다. 대체재는 기업이 제품 차별화를 위해 일반적으로 하는 것과 같이(4장 참조) 광고, 판매조직, 제품전시회, 인플루언서 등에게 대체재를 제공하는 등의 마케팅 도구를 사용하여 가치를 신호화한다. 대체재에 대한 심리적인 인식을 높이기 위해 투입되는 비용과 대체재와 관련한 구매자의 정보력은 대체재의 가치를 구매자가 어느 정도 정확하게 인지하는가를 결정하는 두 요인이다. 또한 기업이 직접 통제할 수 없는 '바이럴(word of mouth)' 효과와 기타 정보의 원천도 가치 인식에서 핵심적인 역할을 한다.

교체 비용

구매자가 대체재를 구입할 때는 항상 교체 비용이 발생하는데, 구매자는 이러한 교체 비용을 대체재의 상대가치가격과 비교한다. 교환비용이 크면 클수록, 대체는 더욱 어려워지게 될 것이다. 대체에 있어서 교환비용은 산업으로 치면 공급자를 바꾸는 데 드는 비용과 유사한 속성을 지닌다.[4] 그러나 대체는 대체된 기능을 수행할 새로운 방법으로 전환해야 할 필요가 있으므로 단순 공급자 교체보다 더 많은 교체 비용이 든다.

교체 비용은 대체재가 영향을 미치는 모든 구매자의 가치사슬에서 나타난다. 대체재가 직접 사용되는 가치활동은 물론 대체재가 간접적으로 영향을 주는 여러 부수적 활동에서도 나타난다. 대체에 있어서 가장 빈번히 발생하는 교체 비용은 다음과 같다.

• **대체재의 원인에 대한 인지 및 품질확인 비용** 대체재의 성능에 관한 정보를 모으는 과정에서 교체 비용이 발생한다. 대체재가 성과표준을 충족시키는지를 확인하기 위해서 구매자는 대체재를 검사할 필요가 있다. 예를 들면 16K 메모리칩을 대체한 64K 메모리칩을 평가하는 데 드는 비용은 5만 달러로 추정되었으며 걸리는 시간도 총 1년이나 되었다.

기업 가치활동의 재형성에 따른 가치사슬 재설계 비용 구매자의 제품 또는 가치활동들이 대체재를 받아들이기 위해서는 재설계가 필요하다. 예를 들면, 식료품에 설탕 대신 높은 과당을 지닌 시럽을 사용하도록 가치사슬을 재형성하기 위해서는 새로운 가치사슬에서 창출된 제품을 검사하는 데 드는 기회비용과 시간뿐만 아니라 실질적인 비용지출이 필요하다.

이러한 가치사슬의 재설계를 위한 비용은 많은 가치활동에 영향을 끼칠 수 있다. 예를 들면 전체 공장의 설비 배치는 대체된 새로운 원료를 사용하려면 다시 바꿔야 한다. 그리고 천연가스 대신 석탄가스에서 만들어진 합성가스를 구입하려면 가스 정화 장비를 교체해야 한다.

- **재훈련 또는 재학습 비용** 대체재로 전환하기 위해서는 대체재의 사용방법을 배우거나 지금까지의 사용 패턴을 바꾸어야 할 때가 많다. 예를 들면 요리사가 전자레인지를 사용하기 위해 새로운 도구 사용법이나 요리 절차를 배워야만 하는 것처럼 수동타자기를 사용하는 타이피스트는 전자타자기의 더욱 가벼운 터치에 익숙해져야만 했다. 공장 기술자와 유지보수 인력은 새로운 기계가 도입될 때 학습곡선을 낮추기 위해 재학습 과정이 필요하다.

재교육 비용은 교육 자체를 위한 비용지출 이외에도 교육 대상 인원의 차출에 따른 가동률 저하와 높은 제품 기각률에 따른 비용 등을 포함하여 산정되어야 한다. 이와 같은 재교육 비용은 대체재가 기존 제품과 사용방법이나 사용형태가 다를수록 높아진다. 예를 들면 전통적 오븐에서 마이크로웨이브 오븐으로 전환했을 때는 오븐 작동절차 및 요리시간에 대한 학습이 필요한 반면, 흑백에서 컬러TV로 전환했을 때는 별다른 학습이 필요하지 않아 대체가 쉽게 이루어졌다.

사용자의 역할 변경 비용 대체에는 교체 비용에 긍정적 또는 부정적 영향을 줄 수 있는 사용자의 역할 변경이 수반된다. 예를 들면 제조과정의 자동화로 장비 운영자나 엔지니어가 수동적 또는 상대적으로 중요성이 떨어지는 위치로 전락하면서 대체를 거부하는 유·무형의 저항을 시도하기도 한다. 또한 가족을 위해 즐거운 마음으로 요리하는 주부는 손맛을 발휘할 기회를 없애는 인스턴트식품에 부정적 반응을 보일 수도 있다.

• **실패의 위험에 따른 비용** 대체재가 제대로 기능하지 못하게 될 위험도 교체 비용의 중요한 발생 원인이다. 실패의 비용은 제품에 따라 차이가 크게 나타난다. 광케이블의 경우 대규모 커뮤니케이션 네트워크로써 핵심적인 기능을 수행해야 하는데, 본연의 기능을 다 하지 못한 사례가 발생하여 구매자가 구리선 케이블에서 광케이블로 전환하는 것을 꺼리도록 만들기도 하였다.

• **새로운 보조제품 구매비용** 대체재로 전환하는 과정에서는 검사 장비, 여유 부품, 소프트웨어와 같이 대체 과정에서 새로 필요하게 된 장비 또는 재료에 대한 투자가 병행되어야 한다. 이와 같은 보조제품의 사용 과정에서 발생하는 비용은 대체재의 상대가치가격에 포함되는 반면 장비 등을 새롭게 갖추기 위해서 투자되는 금액은 교체 비용이 된다. 새로운 보조제품 및 장비에 대한 투자 규모는 기존 제품에 사용되던 장비 또는 부품이 대체재에 사용되는 것들과 얼마만큼 호환되며 또한, 대체재가 다양한 보조제품 및 장비와 얼마나 호환성이 있는지에 따라 달라진다.

• **교체 비용 vs 재교체 비용의 비교** 대체재가 기대했던 기능을 발휘하지 못한다거나, 대체재로 교환 시 예상과는 달리 상대가치가격이 상당히 낮게 나타나서 발생하는 비용은 기존 제품으로 재전환해야 하는 재교체 비용(switching back cost)의 함수다. 만약에 다시 기존 제품으로 전환하는 것이 쉽고 비용도 적다면 교체 비용은 낮아지게 된다. 보통 기존 제품으로 재교체할 경우에는 기존 제품을 사용하며 축적된 사용방법 및 필요한 보조제품과 장비에 대한 지식과 경험을 이용

할 수 있으므로 대체재로 교체하는 비용보다 적게 든다. 그러나 설비 배치의 변경 및 설비의 전환 등에서 발생하는 일련의 교체 비용은 기존 제품으로 다시 교체하는 데 있어 피할 수 없는 비용이다. 또한 여기에는 구매자에게 혼선을 주는 데서 생기는 무형적인 비용도 포함되어야 한다.

재교체 비용은 대체재 사용 기간이 아무리 짧아도 일부는 발생하게 되지만 대부분은 대체 이후 시간 경과에 비례해 증가한다. 이러한 교체 비용과 재교체 비용의 관계는 다음에 서술될 대체전략에 대해 시사점을 던져주고 있다.

대체재에 대한 구매자 성향

구매자가 처한 환경과 소속 산업이 다르다면, 비록 유사한 경제적 상황에 직면하더라도 대체재에 동일한 선호도를 보여주지 않는다. 즉, 구매자의 상황에 따라 똑같은 상대가치가격과 교체 비용이 제시되더라도 대체재를 구매할 것인지에 대한 결정은 다르게 나타난다. 이 같은 차이점은 상대가치가격 또는 교체 비용을 수정하게 하는 요소로 다루어지기 때문에, 사실상 그러한 환경적 차이를 분리해서 생각하는 것이 좋다.

- **자원** 대체를 위해서는 보통 자본과 함께 다른 자원의 투자가 선행되어야 한다. 그런 자원에 대한 접근은 구매자마다 다르다.

- **위험에 대한 기업의 경험** 구매자는 그들이 하는 사업의 역사, 수

입, 소유, 구조, 배경, 경영 방침, 경쟁의 본질 등에 관한 특유의 지식과 경험을 축적하고 있다. 위험 선호형(risk-taking) 구매자는 위험 회피형(risk-averse) 구매자보다 더욱 쉽게 대체에 응할 것이다.

• **기술적 성향** 기술적 변화를 겪어본 구매자들은 대체에 따른 위험을 구분해내는 능력이 뛰어나 기술변화에 둔감한 구매자는 전혀 관심을 두지 않는 대체 위험에 대해서는 민감하게 반응한다. 반면 그들이 높은 관심을 보이지만 실제로는 위험이 적은 분야에는 무관심한 경우도 많다.

• **과거의 대체 경험** 첫 번째 대체가 성공적이었다면 두 번째 대체는 더욱 쉽게 이루어질 수 있다. 성공의 경험은 앞으로의 대체에 대한 불확실성을 줄이겠지만 과거에 대체가 어려웠다면 불확실성 때문에 대체를 실행하기가 조심스러울 것이다. 아스파탐이 소프트드링크 산업에 성공적으로 진입할 수 있었던 것도 마찬가지 이유였다.

• **경쟁 상황의 강도** 강력한 경쟁 속에 경쟁 이득을 추구하는 구매자는 그렇지 않은 구매자보다 빨리 대체를 추진하게 될 것이다.

• **본원적 전략** 대체재의 상대가치가격은 산업, 상업, 기관 구매자가 추구하는 경쟁적 우위의 유형 또는 가계 구매자의 시간에 대한 가치 인식과 함께 구매자가 중시하는 성과의 유형에 따라 매우 다른 중요성을 지닐 것이다. 예를 들면 비용 절감을 이루게 하는 대체재는 원가 우위를 추구하는 기업에 더욱 많은 이득을 줄 것이다.

이처럼 대체재에 대한 구매자의 성향을 나타내는 많은 요인은 최종적으로는 구매 결정권자의 특성에 좌우된다.

세분화와 대체

대체재의 정의와 대체의 위험은 보통 세분 산업에 따라 달라진다. 이것은 대체의 경제원리가 가치사슬의 구조적인 차이를 반영하므로 제품 다양성과 구매자에 따라 다르게 나타나기 때문이다. 그러므로 7장의 분석과 이 장의 분석을 통합함으로써 세분 산업 사이에서 나타나는 대체 위협의 차이를 인식할 수 있을 뿐만 아니라 산업 세분화 매트릭스의 구성에도 도움이 될 것이다.

대체재의 상대가치가격, 교체 비용, 구매자 성향이 달라진다면 구매자 그룹에 따라 대체재의 위협 정도가 변화하게 될 것이다. 보통 구매자들이 제품을 사용하는 방법의 차이, 그들이 제품 속성에서 느끼는 가치의 차이 및 구매자 가치사슬에 대한 제품의 다른 영향 요인 때문에 같은 산업에서도 구매자에 따라 대체재의 상대가치가격은 바뀐다. 예를 들면 앞에서 논의한 경마의 경우, 오락적인 면에 관심을 둔 구매자와 도박에 관심이 있는 구매자는 서로 다른 대체재를 가지게 될 것이다. 또한 주행 거리와 재생 능력에 있어서 래디얼 트럭 타이어의 장점은 단거리 운송업자보다는 장거리 트레일러 운전자에게 더욱 높은 평가를 받을 것이다. 그리고 일회용 기저귀의 편리함에 대한 가치평가는 맞벌이 부부에게서 더욱 높게 나타날 것이다.

교체 비용 또한 산업 내 구매자에 따라 달라진다. 재교육 비용 및 재설계 비용 그리고 새로운 보조제품의 구입 필요성은 기존의 교육

투자 및 절차 그리고 대체 대상인 기존 제품의 사용 양태와 밀접하게 관련되어 있다. 또한 대체재에 대한 구매자 성향은 구매자의 구매 자원, 구매 성향 등에 따라 급격하게 변화할 수 있다. 특히 소비재의 경우에는 대체재의 가격이 높을수록 고소득 구매자부터 구매가 먼저 이루어지게 된다.

　소규모 기업이 개인용 컴퓨터를 도입하는 과정은 구매자 집단에 따라 대체의 위협이 어떻게 달라지는가를 보여주는 좋은 예다. 개인용 컴퓨터의 도입으로 구매자는 수동식 사무기기는 물론 컴퓨터 서비스 부서를 대체시킬 수 있다. 〈그림 8-1〉에서 나타나는 것과 같이 컴퓨터 보급률은 기업의 규모와 관련이 있다. 즉 개인용 컴퓨터는 기업의 규모가 클수록 보급률이 높은데, 이들은 상대적으로 업무량이 많아서 사무자동화의 필요성이 더 크고 투자자금 또한 상대적으로 풍족하기 때문이다.

　대체 위협은 구매자 집단뿐만 아니라 제품 다양성, 지역, 유통채널에 따라 달라질 수 있다. 각 경우에서 대체재는 다른 기능을 수행하거나 서로 다른 방법으로 사용되므로 대체재의 상대가치값 또는 교체비용은 달라진다. 예를 들면 워드프로세서는 특수기능과 우수한 수정 능력 같은 다양한 특성으로, 사무 용도 가치가 높기 때문에 타자기들은 워드프로세서로 쉽게 대체되었다.

　대체재의 보급 정도는 이와 같은 세분 산업 간의 차이에 따라 좌우되는 경우가 많다. 어떤 대체재는 보급 가능한 세분 산업의 숫자를 최대한 늘린 후, 각 세분 산업별로 대체의 상대가치값과 교체 비용의 서열에 따라 신규 시장에 진입한다. 그러므로 세분호와 대체의 상호작용을 이해하는 것이 다음 논의 주제인 대체 채널 이해에 중요하다.

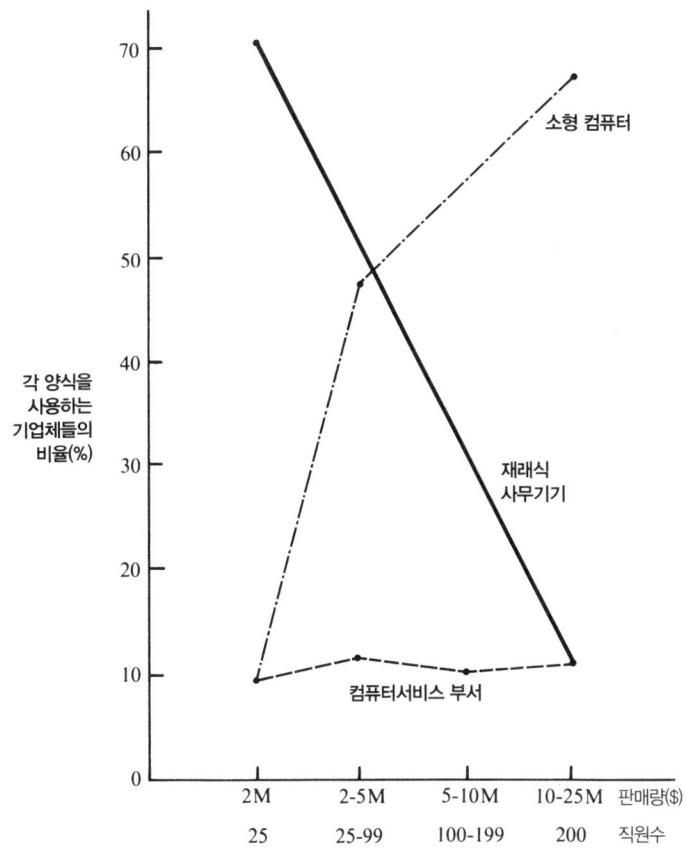

그림 8-1 소규모 기업의 개인용 컴퓨터 보급 형태(1981)

대체 위협의 변화

대체재의 위협은 시간에 따라 변하는데, 이에 상응하여 대체의 형태에도 영향을 준다. 대체 위협을 변화시키는 원천 중 상당수는 미리 예견될 수 있고 기업의 공격적 또는 방어적 대체전략에 영향을 받을 수 있다. 대체 위협의 변화는 대체의 경제원리로부터 직접 도출되는 5가지의 넓은 범위에서 나타난다.

- 상대가격의 변화
- 상대가치의 변화
- 가치에 대한 구매자 인식의 변화
- 교체 비용의 변화
- 대체재에 대한 성향의 변화

상대적 가격은 다음의 2가지 조건에서 변할 것이다. 첫째, 대체재의 상대적 원가와 제품 자체가 변하는 경우 기업이 제공하는 제품의 상대적 가격이 변하는데, 이러한 변화는 부분적으로 또는 완전히 구매자에게 전가되기 쉽다. 둘째, 상대적 이익 마진이 변하면 상대적 가격이 변하게 될 것이다. 한편, 대체재와 기존 제품 간 의미 있는 품질 및 가격의 개선 노력이 다른 속도로 이루어진다면, 상대적 가치 측면에서 대체 위협의 변화에 대한 평가가 이루어지게 된다. 그런데 이러한 가치에 대한 구매자 인식은 관련 정보의 확산 정도에 영향을 받을 것이다. 만약 대체재가 재설계되거나 초기 대체재가 나중에 등장한 대체재의 부담비용까지 해결해준다면 교체 비용은 변하게 될 것이다. 또한 대체에 대한 구매자의 성향은 구매자 태도, 자원 그리고 경쟁조건에 따라 결정된다.

시간 경과에 따른 대체 위협의 변화는 대체 산업과 대체 위협에 직면한 산업 양쪽의 산업구조와 경쟁자 행동으로 결정되는데, 보통 대체 산업은 공격적인 성격을 보이고 위협받는 산업은 방어적인 성격을 보인다. 이 두 산업은 대체 과정에 영향을 주기 위해서 치열한 다툼을 벌이기 마련이다. 이때 산업구조는 기업이 대체 과정에 대응하는 방법을 결정함으로써 산업 내 경쟁의 본질을 형성할 것이다. 한편 경쟁사의 움직임은 대체 과정 중 여러 방향으로 영향을 주기 때문에 경쟁사의 위치가 어딘지가 상당히 중요하다. 예를 들면 대체 산업에서 자본력이 뛰어난 경쟁사가 있다면, 원가절감이나 심리적 가치를 높이는 광고 활동에 더 많은 투자를 하거나 낮은 초기가격을 형성하게끔 많은 투자를 할 수 있기 때문에 경쟁에서 유리한 상황에 놓일 수 있다. 또한 컬러 TV의 특허권을 많은 기업들에 라이센싱 해준 RCA의 경우처럼 경쟁사의 전략적 동기는 대체 과정에 영향을 줄 수 있다. 따라서 대체 위협의 향후 변화를 결정하는 것은 대체에 영향을 주는 각 요인에 미치는 산업구조와 경쟁자 행위의 영향을 예측하는 과정이라 할 수 있다. 이러한 대체를 결정하는 5가지 영역에서 변화의 중요한 결정 요인을 자세히 설명하면 다음과 같다.[5]

상대가격의 변화

- **상대적 원가의 변화** 경쟁상태에 있는 대체재와 기존 제품은 경쟁적으로 상대적 원가를 개선하려고 한다. 대체재는 규모의 경제 또는 학습곡선을 통해서 대체의 상대적 원가를 개선시킨다. 예를 들면 탄소섬유의 가격은 자동차와 비행기에 쓰이던 철강과 알루미늄이 탄소섬유로 대체됨에 따라 1970년대 파운드당 100달러에서 1982년에는 약 20달러 수준까지 떨어졌다. 시간의 경과에 따라 대체재의 상대적 비용이 낮아지게 하는 또 다른 요소는 이 장 앞에 제시된 알루미늄과 근해 개발에서 예시된 대로 대체재의 투입량을 감소시키는 기술적 변화다. 물론 그와 같은 개선은 대체재의 판매량 감소를 야기

할 수도 있다. 반면 대체재의 성공이 핵심 원재료의 가격 인상을 유발한다면 대체재의 원가는 쉽게 증가할 수 있다는 점도 유의해야 한다.

한편 대체재에 의해 위협받고 있는 산업은 오래된 역사와 성숙도 때문에 원가를 줄이는 기회를 발견하기가 매우 어렵다. 게다가 대체재의 보급으로 산업의 규모와 설비 가동률이 저하됨으로써 오히려 원가 상승이 일어나기 쉽다. 그러나 과거 원가개선에 크게 노력을 기울이지 않았던 산업이 대체재의 위협에 마주하자 놀라울 만큼 원가의 감소를 이루어낼 수도 있다. 그래서 상대적 원가의 변화를 일반화하는 것은 불가능하다.

시간이 지나면서 일어나는 다른 대체재의 상대적 원가 행동 변화는 3장에서 제시된 틀을 사용하여 분석된다. 따라서 대체재와 기존 제품 모두에 해당하는 중요한 원가 동인을 파악해야 한다. 시간 경과에 따른 원가 행동은 경쟁사의 원가 행동에 결합되어 이들 원가 동인의 상호작용으로 결정될 것이다. 따라서 대체재와 기존 제품의 과거 원가 추세를 분석하면 미래의 상대적 원가를 예측할 수 있다. 그러나 위협받는 산업이 민감하게 반응하고 대체재에 의한 초기 단계의 원가 절감이 계속 유지되지 않을 수 있기 때문에 과거 추세 분석에 지나치게 의존하는 것은 위험하다. 상대적 원가변화를 예측하는 것은 종종 대체재에 미치는 원가 규모 및 학습과 기타 요인의 영향을 추정한 뒤 그 결과를 재설계, 위치변경 또는 신공정 기술의 도입을 통해서 원가를 절감하려는 기존 제품의 능력과 비교하는 과정을 포괄한다. 또한 3장에서 설명한 원가 행동의 원천이 가진 변동성은 차별적 인플레이션과 같은 중요한 상대적 원가변화를 설명해준다.

• **이윤의 변화**　대체재나 기존 제품의 가격에는 이윤이 포함되어 있다.[6] 대체재와 기존 제품의 상대적 이윤은 시간의 경과에 따라 변한다. 상대적인 이윤이 변하는 가장 일반적 이유는 대체재의 위협을 받는 산업이 그에 대응하는 방편으로 의도적으로 이윤의 폭을 낮추기 때문이다. 콘솔게임의 이윤은 게임용 컴퓨터와 싸우는 과정에서 급속도로 떨어졌다. 기업이 철수를 시작하기 전 위협받는 산업의 이윤이 얼마까지 줄어들 수 있는지는 초기에 설정한 이익의 폭이 얼마나 높은지, 그리고 낮은 수익에도 불구하고 철수장벽으로 기업이 산업 내에 잔류하게 되었는지 여부가 결정한다. 대체재의 이윤은 대체 산업의 구조에 의존하므로 대체가 진행됨에 따라 변할 수 있다. 대체 산업으로 초기에 진입한 기업이 고가전략을 사용하고 진입장벽이 높지 않다면 대체재의 이윤은 새로운 기업들의 진입으로 급속히 떨어질 것이다. 일단 대체재로 초기 진입에 성공한 기업은 대체재를 낮은 침투 가격(penetration price)으로 판매하여 시장점유율을 높이고자 한다. 개인용 컴퓨터에서 나타난 바와 같이 시간이 흐르면서 제품의 표준화가 더욱 확고해지고 폭발적 성장세가 둔화되면서 대체재 판매 경쟁이 증가한다. 한편 대체재의 보급이 확산되면 구매자에 의한 후방 통합의 위협이 증가한다. 이러한 모든 요소는 대체재의 이윤을 축소시킬 수 있다. 그러므로 대체재와 기존 제품의 이윤은 부분적으로 서로 영향을 주고받으면서 시간 경과에 따라 변하는 산업구조에 영향을 받는다.

상대가치의 변화

대체재의 구매자에 대한 상대적 가치평가는 기술변화, 더 나은 서비스 등의 여러 요인 때문에 자주 바뀌게 될 것이다. 대체재 생산기업은 대체 위협에 처한 기업이 가치를 증진시키는 길을 모색한다고 할지라도, 구매자의 욕구를 만족시키는 방향으로 그들의 가치사슬을 조정함으로써 특유의 가치를 창출할 수 있다. 4장에서 서술한 구매자의 가치를 결정하는 요인들은 모두 변할 수 있지만, 그중 상대적 기술변화의 단계, 기반 구조의 발달 정도 및 제도적 요인은 상대적 가치를 결정하는 더욱 중요한 원천이다.

대체재와 대체의 위협을 받는 제품은 더욱 빨리 가치를 높이기 위해 기술적인 경쟁상태에 놓인다. 기술변화의 속도와 정도는 5장에서 제시한 개념을 사용하여 분석할 수 있다. 대체재가 신산업을 형성한다면, 기술변화과정에서 우위를 확보하게 되는 것이 보통이다. 그러나 5장에서 제시한 몇 가지 예는 위협받고 있는 제품 또는 과정이 어떻게 중요한 기술적 진보를 성취할 수 있는가를 보여준다. 또한 기술변화의 속도는 경쟁자의 자원과 기술에 큰 영향을 받는다. 예를 들면 강철을 플라스틱과 알루미늄으로 대체하는 과정에서 플라스틱과 알루미늄 회사가 기술 혁신을 지향하는 성향이 컸기 때문에 빠른 속도로 변화가 진행될 수 있었다.

더 나은 인프라가 대체재를 지원하도록 발달하게 되면 대체재의 상대가치가격이 유리하게 변한다. 예를 들어 대체재가 자리를 잡으면 그에 필요한 제품 수리 전문점이 생기고 기존 도매상의 제품라인에 대체재가 추가된다. 이로 인해 대체재의 이용 가능성은 높아지고 재고 부족에 대한 우려가 해소된다.

또한 대체재의 상대가치값은 다양한 외부의 요인과 제도적 요소에 의해 변할 수 있다. 주택용 자재인 알루미늄을 PVC로 대체하려는 시도는 PVC가 발암물질이라는 것이 알려지자 무산되고 말았다. 이와 유사한 예로 식료품의 상대적 가치는 콜레스테롤과 소금이 건강에 미치는 영향에 대한 관심이 높아지며 변화를 겪었고, 태양열 난방의 보급은 정부의 정책변화와 안정된 에너지 가격 때문에 타격을 받았다. 이처럼 외부의 다양한 요인이 중요한 영향을 미칠 수 있지만 이를 예측하기란 어렵다.

가치에 대한 구매자 인식의 변화

구매자가 인식하는 가치는 시간의 경과와 기업의 마케팅 활동으로 변하기 때문에 기존 제품과 비교하여 대체재를 보는 시각과 인식은 시간이 지나면서 자주 변한다. 대부분의 경우 시간이 지나면서 구매자가 대체재의 사용방법에 더욱 익숙해질수록 그 가치에 호의적인 평가를 내린다. 예를 들면 비행기 날개나 다른 응용 분야에서 강철, 티타늄, 알루미늄을 대체하는 재료로써 탄소섬유는 초기 대부분의 엔지니어들이 어떻게 제품설계에 도입해야 하는지 몰라서 한계에 부딪혔다. 탄소섬유의 속성은 너무나 독특하여 설계자가 그 재질을 잘 이해해야만 장점을 온전히 살릴 수 있다. 때문에 엔지니어들이 탄소섬유의 재질을 점차 파악하게 되면서 새롭게 가치를 평가받게 되었다. 이처럼 시간이 대체재에 이롭게 작용하는 경우도 빈번하지만 해를 주기도 한다. 구매자가 대체재를 과대평가하는 가운데 더욱 많은 대체재가 출현한다면 시간이 지나면서 대체재의 가치는 낮게 인식될 수 있다.

대체재와 기존 제품에 대한 인식은 또한 심리적 가치증진 활동의 상대적 강도와 창의성에 영향을 받을 수 있다. 대체재의 인지도를 높이려는 활동은 이에 대응하여 기존 제품의 가치를 증진시키려는 움직임과 충돌하게 된다. 미국 레코드 산업의 예를 들면, 콘솔게임에 대항하여 '음악의 선물'이라는 캠페인을 벌이며 판매감소를 극복하려고 하였다. 레코드 제조업자는 레코드의 가치를 선물용으로 강조하면서 레코드당 0.5센트의 광고비를 지출하였다. 이처럼 적절한 가치의 신호화 활동은 제품의 심리적 가치 기준을 따르고 있다.

교체 비용의 변화

대체재에 대한 교체 비용은 시간에 따라 변하며 줄어드는 것이 일반적이다. 그 주된 이유는 초기 전환자들이 사용 절차를 개발하고 디자인 개선 또는 표준화에 박차를 가함으로써 후기 전환자보다 개발 비용을 조금 더 부담하기 때문이다. 예를 들면 강철 캔에서 알루미늄 캔으로 초기에 전환한 기업은 캔에 사용할 수 있는 석판인쇄법을 개발하고 제품 표준화를 진행하였다. 또한 대체재가 보조장비에 더욱 잘 들어맞도록 재설계를 거듭하고, 공급자가 구매자의 교체 비용을 최소화하는 전환 절차를 개발하기 때문에 시간이 지날수록 교체 비용 부담이 줄어들 수밖에 없다. 이외에도 컨설턴트, 전문 설치업자, 교육회사와 같은 집단이 교체 비용을 낮추는 역할을 한다. 사무기기 부문에서는 사무자동화로 전환할 때 생길 수 있는 혼란을 줄이기 위해 컨설팅 회사와 교육회사들이 많이 생겼다.

교체 비용은 부분적으로 구매자의 기술적 선호로 결정되며 구매자가 그들의 제품과 공정을 변경함에 따라 변한다. 예를 들면 강철과 주철을 알루미늄으로 대체하는 과정에서 새로운 구매자들의 기술은 교체 비용을 줄인다. 캔 제조사들의 새로운 제조라인은 알루미늄과 양

철을 모두 수용할 수 있으며, 자동차 제조사는 유연성을 확대해 알루미늄과 주철 중 어느 것이라도 가공할 수 있는 공장을 짓는다.

교체 성향의 변화

성공적인 대체재로 교체하고자 하는 성향은 시간이 지나면서 점차 증가한다. 대체재가 초기에 성공적으로 자리 잡으면 초기 전환자보다 심리적 안정감을 느낀 구매자의 위험 회피 성향이 줄어들면서 교체를 시도하려는 욕구가 커진다.

대체와 전반적 산업 수요

대체재는 기존 제품의 시장을 잠식하는 한편 전체 산업 수요를 증가시키거나 감소시킬 수 있다. 기존 제품보다 사용 기간이 긴 대체재는 초기 사용 기간이 경과하면 전체 수요가 감소한다. 이러한 형태는 바이어스 플라이 타이어보다 사용 기간이 긴 래디얼 타이어의 대체에서 잘 나타난다.

또한 대체재가 진입하여 산업을 확장시키거나 사용률 또는 대체율을 증가시킨다면 산업 전체의 수요를 확대할 수 있다. 예를 들어 BIC이 도입한 일회용 볼펜은 기존 펜을 대체하는 역할을 했을 뿐만 아니라 더 많은 볼펜의 판매를 촉진했다. 애플의 아이폰은 기존의 휴대폰 브랜드들을 시장 바깥으로 몰아냄과 동시에 전체 휴대폰 시장을 크게 확장했다. 따라서 시간 경과에 따른 대체재의 판매량을 예측하기 위해서는 대체재가 기존 상품의 수요에 주는 영향을 고려하고 이를 대체채널에 대한 예측과 결합하여 분석해야 할 것이다.

대체와 산업구조

대체재의 침투는 산업구조에 2차 효과를 가져올 수 있다. 예를 들면 대체재는 가격 민감도를 증가시키거나 감소시키는 방법으로 구매자의 원가구조에 변화를 가져온다. 또한 대체재는 새로운 공급자를 필요로 하고 기존 제품과는 다른 진입장벽을 형성한다. 그러므로 대체재는 제품의 단순한 변화라기보다는 새로운 산업의 출현으로 보는 것이 마땅하다. 대체재 산업이 대체의 위협에 직면한 산업보다 구조적으로 더욱 매력적이거나 덜 매력적일 수 있다는 사실은 대체재를 위한 전략 수립에 중요한 시사점을 제공해준다.

대체채널

산업에서 대체채널은 상대가치가격, 상대가치값에 대한 지각, 교체비용, 교체에 대한 구매자의 성향이 시간의 경과에 따라 어떻게 전개되느냐에 따라 달라지게 된다. 대체재의 침투비율은 산업에 따라 광범위하게 달라진다. 빨리 보급되는 대체재도 있고 늦거나 심지어는 전혀 보급되지 않는 대체재도 있다. 그러나 많은 산업에서 성공적인 대체재의 대체채널은 총수요에 대한 비율로 대체가 시간에 대하여 점으로 표시될 때 〈그림 8-2〉에서 보는 바와 같이 S곡선으로 나타난다.

수명주기의 초기 상태에 있는 대체재는 종종 다른 제품을 대체하고 있기 때문에 S모양의 대체곡선은 잘 알려진 제품 수명주기 곡선과 밀접하게 연결되어 있다. S모양의 대체채널이 성공적인 대체에 모두 공통으로 나타나는 것은 아니다. 그러나 대체의 저변에 있는 경제적 요인을 파악하려면 S곡선이 형성되는 이유에 대해서 이해할 필요가 있다.[7] 특정한 대체의 근본적인 경제 원리가 S곡선 채널을 암시한다면 대체율을 예측하는 데 도움이 되는 많은 기법을 도출해낼 수 있다.

〈그림 8-2〉에서 보이는 S곡선 채널에서, 초기에는 대체가 완만히 이루어지고 '정보제공 및 테스트 단계(informing and testing phase)'라 불릴 수 있는 상당한 기간에는 낮은 수준으로 진행된다. 대체재에 별다른 결점이 발견되지 않고 대체재에 의해 위협받는 산업이 대체재의 이점을 무용화하는 데 실패한다면, 대체재는 보통 최대한의 침투 상태를 나타내는 상한선을 향한 '도약단계(takeoff phase)'에서 급속도로 보급된다. 이러한 상한선은 대체재가 잠재적으로 가치가 있다고 느끼는 구매자의 숫자에 의해서 결정된다. 대체의 상한선은 기술의 변화 또는 구매자의 욕구 변화가 구매자에게 미치는 영향 정도에 따라 시간이 지나면서 변할 수 있다.

S모양의 대체곡선이 나타나는 이유는 실제 상대가치가격과 인지된 상대가치가격의 상호작용, 교체 비용, 시간 경과에 따른 구매자의 교체 성향에 대한 일련의 가정을 반영하였기 때문이다. 초기에 대체재의 성과는 불확실하며, 그것을 공급할 수 있는 기업도 거의 없다. 대체재의 특성은 물론이고 심지어 대체재가 존재하는지조차 모르는 구매자들도 많다. 또한 대체재의 가격은 적은 판매량 또는 공급자의 초기 고가전략 때문에 높게 책정된다. 그러나 대체재의 가치가 불확실하다고 해도 대체의 비용은 보통 매우 명확하며, 특히 대체재 사용법에 대한 구매자와 공급자의 미숙함 때문에 비용은 더욱 증가한다. 이에 더하여 대체의 비용은 대체의 이점이 인식되기 전에 이미 부담되

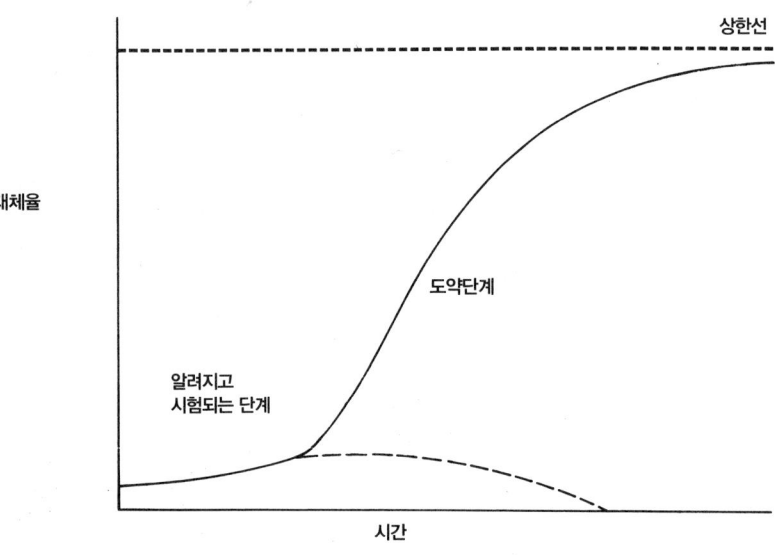

그림 8-2 대표적인 S모양 대체채널

는 경우가 많다.

'정보제공 및 테스트 단계' 동안에 대체재의 품질에 특히 가치를 부여하는 모험적 구매자는 테스트를 통해 대체재로 전환하게 되지만 대체의 상대가치값이 특히 높이 나타나면 대체재로 영구히 전환하게 될 것이다. 이 기간 동안 대체재는 그 가치를 나타내기 시작하거나 결점이 명백해진다. 이때 결점을 지닌 제품 성능이 개선되지 못할 것으로 판명되면 더 이상의 보급은 불가능해지며, 결점을 보완하고 개선할 수 있다면 시장에서 회수된 대체재는 결점을 수정한 후 다시 보급된다.[8]

대체재가 계속해서 초기 구매자에게 만족할 만한 성과를 준다고 가정하면 대체재의 침투비율은 다음에 제시되는 여러 이유로 S형태를 그러며 급속히 증가할 수 있다. 첫째, 초기 구매자가 대체재에 성공적인 경험을 하게 된다면 대체재의 가치에 대한 기존의 불확실성과 실패의 위험은 감소하게 된다. 둘째, 소수의 구매자가 교체에 성공하였을 때 나타나는 경쟁의 압력은 다른 구매자로 하여금 기존의 원가 우위 또는 차별화(또는 소비자에 대한 이미지)를 유지하도록 대체재로 전환하게 만든다. 셋째, 교체 비용은 앞에서 논의된 이유에 따라 하락한다. 넷째, 구매자들이 대체재를 선택하는 비중이 늘어나면 대체재에 대한 인식이 좋아져서 덩달아 신뢰성이 높아진다. 다섯째, 대체재의 판매량이 증가하면 규모의 경제와 학습효과를 통해서 원가가 감소한다.[9] 여섯째, 다양한 대체재의 도입으로 새로운 세분 산업이 형성된다. 마지막으로, 대체재의 보급이 늘어나면 대체 산업에 새로운 경쟁사가 진입하여 기존 대체재 공급사는 가격, 마케팅, 연구개발 부문에서 더욱 공격적인 모습을 보인다. 이러한 모든 요소는 자기 강화적인 경향이 있으며 대단히 빨리 대체재의 침투를 이끌어낼 수 있다.

대체재의 보급은 결국에는 대체재를 매력적으로 느끼는 거의 모든 구매자에게로 확산하게 된다. 이러한 상황에서 새로운 구매자에 대한 보급은 더욱 어려워지고 따라서 보급률은 안정을 이룬다. 그러나 기존 제품의 상대적 가치가 개선되거나 새로운 유형의 대체재가 속속 시장에 소개되면 대체재의 성장에 새로운 박차를 가하는 잠재적 구매자 집단을 초기의 예상보다 훨씬 넓힐 수 있다. 〈그림 8-2〉에서 상한선은 더욱더 많은 구매자를 포함하는 것으로 확장될 수 있다.

동시에 구매자가 대체재를 어떤 용도로 사용하느냐가 대체재의 수요를 증가시키거나 감소시키는 원인이 된다. 예를 들면 흑백TV는 컬러TV가 침투하기 시작한 이후에도 TV를 서너 대씩 보유하려는 구매자들 덕에 안정적인 판매 추세를 보였다. 또한 전기면도기로 대체되는 과정에서도 소형 전기면도기, 휴대용 전기면도기가 등장하면서 전기면도기의 용도가 더욱 다양해지고 가격은 오히려 낮아지면서 전기면도기 보급의 예상 상한선을 변경시켰다. 따라서 〈그림 8-2〉의 상한선은 제품 단위별 증가량을 나타낼 수 있다.

'정보제공 및 테스트 단계'의 지속시간을 결정하는 많은 요인들 중 특히 중요한 것은 대체재에 의해 일어나는 상대가치가격 개선의 규모다. 즉 상대가치가격 개선 요인이 크면 클수록 '정보제공 및 테스트 단계'의 지속시간은 짧아진다. 한편 대체재의 성과를 증명하는 데 걸리는 시간은 제품에 따라서 달라지며, 시험 기간의 길이에도 큰 영향을 줄 수 있다. 예를 들면 새로운 종류의 자본재는 생산라인에서 실제 성과를 검증하는 데 수년이 걸리는 반면, 전자동 커피머신의 성과는 몇 주 혹은 몇 달 이내에 증명될 수 있다. 또한 대체재를 생산하는 산업이 성과 또는 원가면에서 필요한 개선을 이룩하고 주요 구매자를 충족시키는 데 필요한 적절한 생산능력을 갖추는 데 드는 기간은 검사단계의 지속기간에 영향을 끼친다. 마지막으로, 구매자 산업의 경쟁 강도와 그러한 경쟁에서 대체재의 특정한 상대가치값이 가지는 중요성은, 한 구매자가 대체재로 전환할 때 다른 구매자가 느끼는 모방 압력을 결정함으로써 검사단계의 길이에 영향을 준다.

한편 도약단계의 기울기는 위에서 언급한 대체재 보급 확대를 촉진하는 유인들이 얼마나 강력한가에 따라 결정된다. 예를 들면 구매자 산업의 경쟁 양상이 매우 치열하다면 이 경우 대체재의 도약단계는 매우 빨라질 수 있다. 또한 도약 단계의 기울기는 대체재로 전환하는 데 걸리는 시간과 대체재의 공급능력에 영향을 받는다. 구매자들은 정상적으로 재주문을 하거나 어떠한 방법으로든 제품을 바꿀 때 대체재로 교체하려고 할 것이므로 구매자 산업의 구매주기를 파악하는 작업도 중요하다. 구매주기와 대체 시기가 겹쳐지게 되면 아직 사용기간이 남아있는 제품을 없애거나 구매자가 실질적으로 가지고 있는 기존 제품의 재고를 없애는 교체 비용을 줄여준다. 똑같은 이유로 내구재에 있어서 대체재로의 전환은 구매자 산업이 성장하여 새로운 설비와 장비에 투자하고 있을 때 더욱 빨라지는 경향이 있다.

위협받는 산업이 보이는 공격적 반응은 때때로 대체재의 침투를 증가시키거나 상당히 지연시킬 수 있다. 반대로 믿을 만한 경쟁사가 대체 산업으로 진입하는 것은 IBM이 개인용 컴퓨터 산업에 진입한 것과 코닥이 일회용 카메라 시장에 진출한 것처럼 대체재의 침투를 가속할 수 있다. 〈그림 8-2〉에 그려진 것과 같이 완만한 대체곡선은 대체재에 대한 수요가 많은 산업의 보편적인 특성이다. 구매자가 거의 없는 곳에서 중요한 구매자의 결정은 대체곡선을 하룻밤 사이에 완전히 변화시킬 수 있다. 그러한 경우 구매자별로 일정한 기준을 설정하여 대체 분석을 해야 한다.

세분화와 대체채널

산업에 있어서 대체채널은 종종 산업 세분화와 매우 밀접한 관련이 있다. 대체재가 조기에 시장 침투에 성공하려면, 대체재가 가장 높은 상대가치가격을 제공하거나 극히 낮은 교체 비용을 필요로 하거나 가장 모험적인 구매자 내지는 가장 높은 수준의 구매자 수요를 확보해야만 된다. 초기 진입에 성공한 세분 산업은 그다음 침투할 세분 산업에 필요한 원가 감소나 성과증진의 밑거름이 된다. 초기에 진입한 세분 산업에서 대체재가 높은 가치를 창출할 수 있다면 대체재의 높은 초기 비용을 상쇄시키거나 대체재 생산기업이 대단히 높은 수익을 기록하는 원동력이 된다. 대체재가 낮은 가치를 갖는 후속 세분 사업으로 진출함에 따라 보통 대체 산업에서의 이윤 폭은 시간의 경과에 따라 줄어든다.

소형 컴퓨터의 대체 사례는 대체채널이 어떻게 산업 세분화와 관련이 있는가에 대한 좋은 예를 제공한다. 소형 컴퓨터가 처음 진입에 성공한 산업은 사용자가 직접 프로그래밍할 수 있고 필요에 맞게 세팅을 하고 간단한 보수 정도는 가능한 수준을 갖춘 과학연구소나 전산원이었다. 이후에 자동제어 분야로 진출했을 때도 구매자들이 여전히 수준 높은 프로그래밍 능력을 갖추고 있어서 AS의 필요성은 그리 크지 않았다. 그렇지만 얼마 지나지 않아서 소형 컴퓨터는 소규모 기업에까지 보급되었고, 이들 구매자의 눈높이에 맞춘 서비스 및 지원 능력의 개발이 필요하게 되었다.

몇몇 세분 산업에서 초기 침투로 이어지는 동일한 요인은 세분 산업 내 침투율이 달라질 수 있다는 것을 의미한다. 각 세분 산업별로 상대가치가격과 교체 비용이 다르기 때문에 동시에 대체재를 보급하더라도 대체가 일어나는 속도는 산업에 따라 차이가 난다. 그러므로 산업 대체곡선은 사실상 세분 산업 대체곡선이 합해져서 형성된다.

대체 예측모형

성공적인 대체가 흔히 S모양 침투 곡선을 따른다는 사실을 잘 이해하면 대체 양상을 예측하는 데 도움이 된다. S모양 침투 곡선의 가정에 기초를 둔 일련의 모델은 확산과정에 관한 연구로부터 나온 것이다. 대체 초기에 얻은 데이터는 대체 과정이 S모양으로 일어날 것이라는 가정에 따라 수립된 모형을 이용해 전체적인 대체곡선을 예측하는 데 사용될 수 있다. 이런 과정을 거쳐 작성된 대체곡선에서 대체재의 기본적인 경제원리 분석이 시작될 수 있다. 특정 대체재가 내포한 경제원리를 반영하여 표준 S곡선을 조정함으로써 앞으로 일어날 대체 정도에 대한 정확한 예측이 가능하다. 이러한 분석 절차는 초기 침투 데이터를 기반으로 작성된 S모양 침투 곡선이 대체 양상을 정확히 예측할 수 있을 만큼 강력한 설명력을 가졌다는 것을 전제로 한다.

가장 많이 사용되는 확산 모형은 지수함수 형태인 '로지스틱 함수'다.[10] 대체에 적용되었을 때 함수의 형태는 다음과 같다.

$$\frac{F}{1-F} = 지수\ K\ (시간)$$

여기서 F는 대체재가 보급될 수 있는 전체 시장 중 실제로 교체가 이루어진 시장의 비율이고, K는 초기 대체재의 성장률과 동일한 상수의 집합이다.

로지스틱 함수는 두 가지를 가정한다. 첫째, 만약 대체재가 일정 비율로 성장한다면 이 성장률은 대체가 완결될 때까지 계속될 것이다. 둘째, 기존 제품에 대한 대체재의 일정한 부분 대체율(rate of fractional substitution)은 향후 전개 과정에도 적용이 가능하다. S곡선의 모양을 나타내는 것은 후자의 가정이다. 만약 F/(1-F)가 세미로그 모눈종이(semilogarithmic paper)에 시간의 함수로 표시되어 있다면 로지스틱 함수는 〈그림 8-3〉에서와 같이 기울기 K를 가진 직선인 대체곡선이 된다.[11]

일정한 부분 대체율에 관한 가정뿐만 아니라 S모양의 대체곡선에 내재된 논리가 특정한 대체 과정에서 유효하다고 판단될 때, 로지스틱 함수를 사용해 대체채널을 예측할 수 있다. 이를 위해 대체 역사(substitution history)에 관한 자료가 연도별 F/(1-F)를 결정하는 데 사용된다. 그리고 나서 연도별 F/(1-F)의 값이 시간에 대하여 세미로그 모눈종이에 점으로 표시되어 마침내 초기 대체의 역사를 반영한 직선이 작성되는데, 이 직선이 로지스틱 곡선을 따를 것이라는 가정하에 확장시킴으로써 미래의 대체채널을 추적한다.[12]

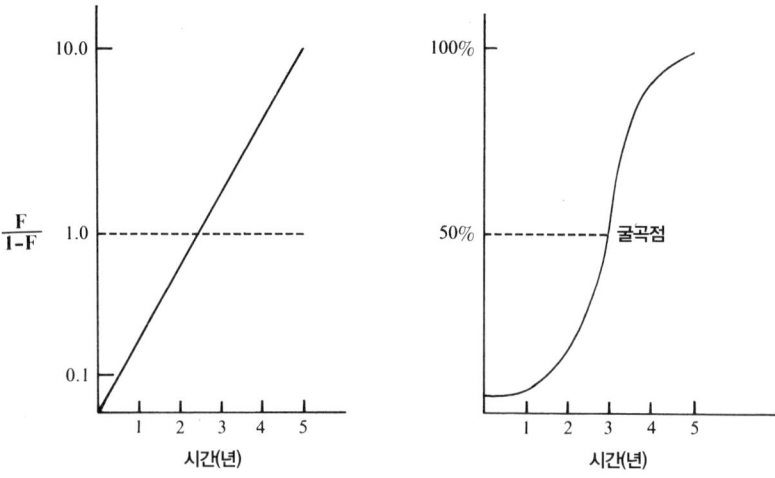

그림 8-3 대표적인 로지스틱 곡선

이는 〈그림 8-4〉에 나타나 있는 강철 맥주캔이 알루미늄 캔으로 대체되는 과정에 적용될 수 있다. 맥주캔의 예에서 보면 알루미늄 대체 과정에서 나타난 초기의 대체 역사는 로지스틱 곡선에 아주 잘 들어맞는다. 따라서 초기의 대체 역사를 기초로 로지스틱 곡선의 가정이 유효하다는 전제하에 1982년까지 약 91% 정도의 대체가 일어날 것으로 예측할 수 있었다. 그러나 이러한 예측의 정확성은 로지스틱 곡선이 특정 산업에서 대체의 경제원리를 얼마나 잘 반영하고 있는가에 달려있다. 이때 중요한 포인트는 잠재시장의 크기와 그 상한선이다. 음료수 캔의 경우 상한선은 매우 명백하다. 상한선이 증가하면, 로지스틱 곡선은 침투율을 과대평가하는 경향을 보이게 될 것이다. 또한 대체 과정에서 그 기능을 수행하는 데 필요한 대체재 사용 정도가 시간의 경과에 따라 변하게 될 것인가도 매우 중요한 변수다.

대체가 초기 대체역사로부터 도출되는 로지스틱 곡선을 따를 것인가 아닌가에 있어 가장 중요한 문제는 대체를 촉진하는 상대가치가격이 시간의 흐름에 따라 변하느냐 아니냐일 것이다. 로지스틱 곡선은 대체에 대한 안정적인 동기부여를 전제로 하고 있다. 만약 상대가치값이 떨어진다면, 대체재의 매력은 사실상 감소하게 된다. 만약 반대로 대체재의 상대가치값이 증가한다면, 침투율은 대체 초기보다 상승하여 대체채널은 상향 이동된 새로운 곡선으로 바뀔지도 모른다. 〈그림 8-5〉는 이러한 측면을 잘 반영하고 있다.

1976년 이후, 두 조각으로 구성된 투피스 강철 캔 기술의 도입으로 알루미늄 캔으로의 대체에 제동이 걸렸다. 크라운 코크 앤 실이 철강회사와 협업하여 강철 캔을 만드는 저렴한 방법을 개발함으로써 알루미늄 캔의 상대가치값이 감소되었던 것이다. 그러나 1978년 밀러 맥주(당시 맥주 산업 2위)는 강철 캔을 알루미늄 캔으로 대체하는 타당성을 조사하겠다는 계획을 발표하였으며 그 결과가 나오기까지 대체율은 답보상태를 유지했다. 1979년 드디어 밀러가 알루미늄 캔으로 대체하겠다는 결정을 내리면서 알루미늄 캔의 가치는 공인된 것이나 다름없이 인식되었다. 그 후 대체 속도는 1976년 이전과는 비교할 수 없이 빨랐다. 1979년 이후 알루미늄의 빠른 대체에서 빼놓을 수 없는 요인은 알루미늄 캔 재활용률의 급격한 상승이었는데, 재활용이 가능해진 알루미늄의 상대가치가격은 훨씬 나아졌다. 그 결과 1982년에 실제 일어난 알루미늄으로의 대체율은 초기 역사를 이용하여 예측했던 91%보다 높은 98%를 기록했다.

음료수 캔의 예에서 보는 바와 같이 로지스틱 곡선은 대체 분석에 정확성을 지닌 수단은 아니며, 대체 경제원리를 더욱 주의 깊게 분석하기 위한 출발점으로 사용할 수 있는 간단한 도구라고 할 수 있다.[13] 대체채널은 산업에 따라 바뀔 것이고 기술적인 변화와 경쟁적 동기에 영향을 받을 것이다. 로지스틱 곡선이 의미 있게 사용되기 위해서는 특정 산업에서의 상대가치가격, 교체 비용, 대체재에 대한 성향을 결정하는 요인 등을 먼저 이해해야만 하며 이러한 주요 변수의 변동을 예측할 수 있어야 한다. 대체재의 경제원리는 세분 산업마다 달라지기 때문에 로지스틱 곡선은 많은 경우 산업 수준이 아니라 세분 산업 수준에서 그려져야만 한다. 한 예로, 맥주 생산기업은 캔에 대한 가치평가가 다른 용도로 캔을 사용하는 기업과는 다를 것이므로 맥주캔만으로 로지스틱 곡선을 그려 분석하는 게 더 의미 있는 일이다.

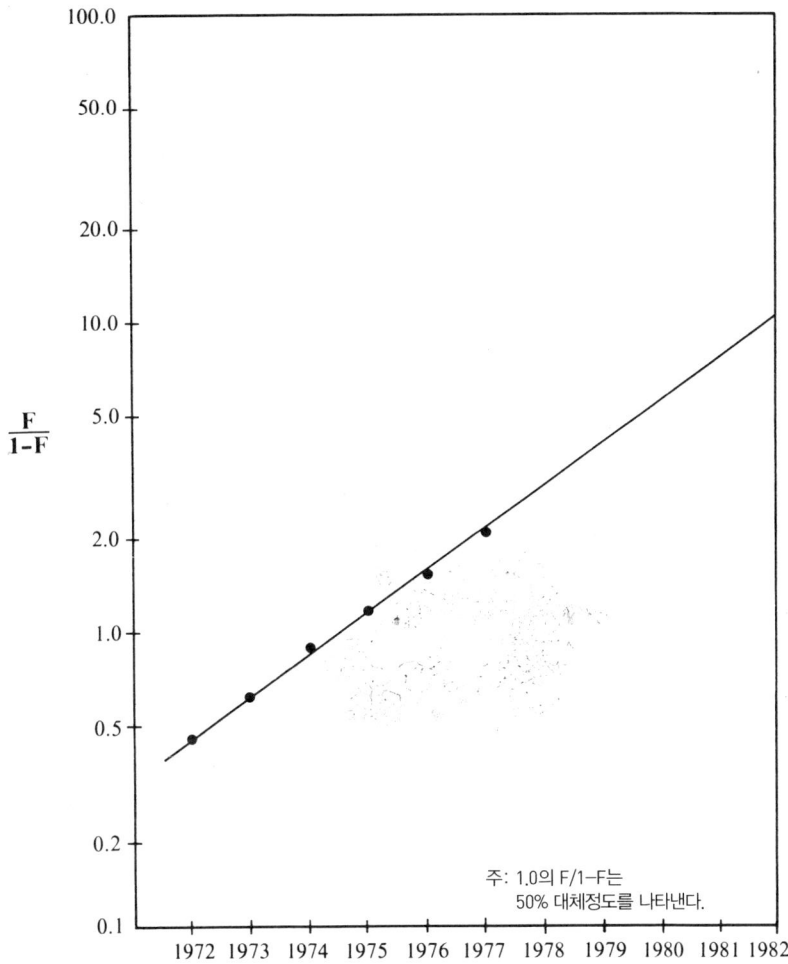

그림 8-4 강철 맥주캔에서 알루미늄 캔으로 대체되는 초기 과정

대체와 경쟁전략

대체의 경제원리는 대체재에 맞서 방어를 시도하는 기존 제품 생산 기업에뿐만 아니라 대체를 증진하고자 시도하는 기업에 다양한 전략

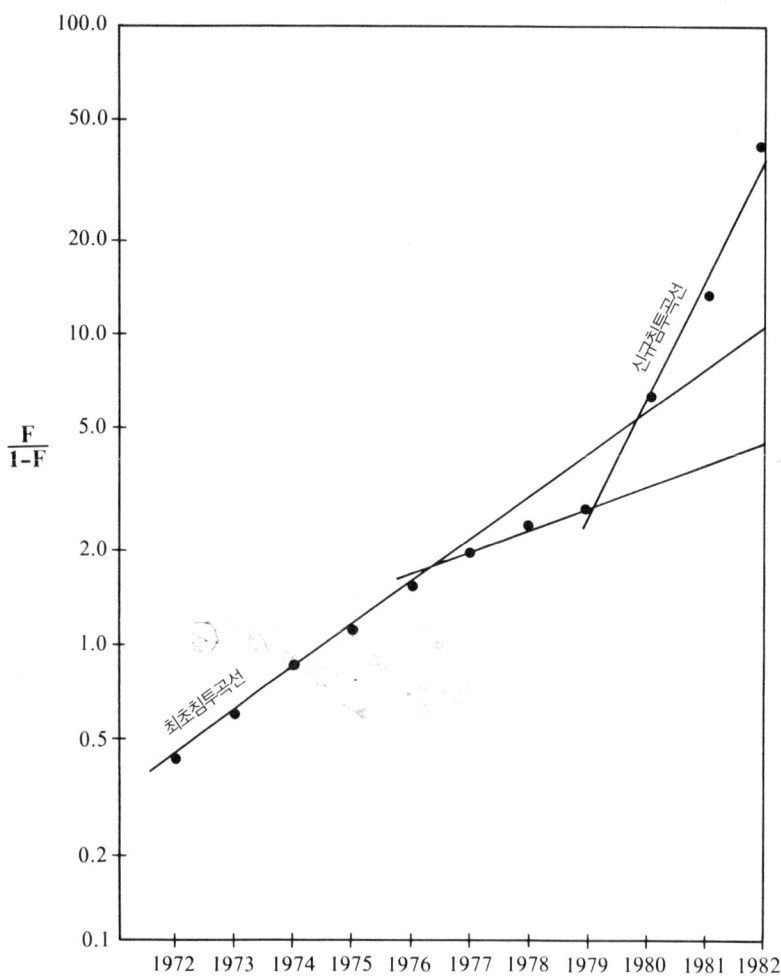

그림 8-5 강철 맥주캔에서 알루미늄 캔으로의 대체

적 시사점을 주고 있다. 대체를 방어하는 전략 대부분은 대체를 촉진하는 공격전략과 반대다. 여기서는 대체를 촉진하는 원칙을 먼저 서술한 다음 대체를 저지하기 위한 방어원칙에 관해 서술하겠다.

대체의 촉진

기업은 상대가치가격을 높이거나 교체 비용을 낮춤으로써 구매자의 교체 성향을 부추기는 전략적 노력으로 대체를 촉진할 수 있다. 이러한 노력에는 비용 및 위험부담이 따르는데 대체를 촉진하는 전략에는 다음과 같은 것들이 있다.

• **초기 전환자에 목표를 맞춤** '세분화와 대체'에서 강조한 것처럼, 한 산업에서 몇몇 구매자와 구매자 세분 산업은 더 높은 상대가치가격, 낮은 교체 비용, 좀 더 큰 교체 성향 때문에 다른 구매자나 시장보다 대체재를 채택하기 쉽다. 목표 세분 산업으로 진입하는 순서를 결정하는 일은 대체전략에서 가장 중요한 구성요소 중 하나다. 대체를 시도하려는 기업은 가장 최초로 대체재를 구매하려는 초기 전환자에게 초점을 맞춤으로써 이들과의 접촉에서 얻어진 상황 기록을 사용하거나 초기 전환자의 지원을 획득할 수 있다. 초기 전환자는 그들의 제품을 재설계하거나, 설비를 다시 대체하거나, 대체자가 제공하는 가치가 꼭 필요한 구매자일 수도 있고 모험적인 구매자일 수도 있다. 이들 구매자까지 도달하기 위해서 기업은 그들의 대체 노력을 지원해주어야만 한다. 이를 위해 마우나 로아(Mauna Loa)는 땅콩을 작게 포장한 후 목표 구매자의 시식을 유도하기 위해서 항공사에 매우 좋은 조건으로 납품했다.

• **가장 높은 상대가치값을 가진 영역에 대한 투자 증진** 대체제품 내에서 또는 가치사슬의 어느 부문에서의 가치증진의 영향 정도는, 영

향받는 상대가치가격이 높아질수록 더욱 커진다. 앞서 서술된 틀에서 도출된 상대가치가격의 원천에 대하여 잘 이해한다면, 기업은 그것과 일치하는 연구개발과 마케팅의 우선순위를 결정할 수 있다. 예를 들면 컬러TV의 경우 화질이 모양 또는 스타일보다 더욱 중요했다. 많은 산업에서 더 중요한 문제는 실제 제품 성능이 아니라 제품 성능에 대한 구매자의 확신이 부족해서 발생하므로 보증은 대체를 촉진하는 유효한 수단이 될 수 있다.

- **교체 비용을 줄이거나 보조 제공** 교체 비용을 줄이기 위한 투자는 대체재가 우월한 상대가치가격을 가지고 있다는 전제하에 대체를 자극하는 데 중요한 역할을 한다. 따라서 기업은 교체 비용을 절감하는 방향으로 연구를 진행한 후, 그 결과 산출된 정보를 구매자에게 확산시킬 수 있는 메커니즘을 만들어내야만 하는데, 이는 매뉴얼이나 뉴스레터 같은 간단한 형태일 수도 있다.

기업은 또한 특정 구매자에게는 교체 비용을 보조해줄 필요성을 느끼기도 한다. 물론 기업이 보조를 제공해야 할 대상은 대체재를 채택함으로써 도약단계를 유도해낼 수 있는 영향력 있는 구매자여야 한다. 다시 말해서 보조를 제공받는 이들 구매자는 다른 구매자에게 믿을 만한 가치의 신호 역할을 수행할 수 있는 리더 기업이어야만 한다. 이때 제공되는 보조에는 무료 교육, 설비의 재배치 또는 테스트 비용 지불, 부속 설비의 디자인 재고 또는 조언, 생산 과정의 수정을 위한 무료 서비스 제공, 높은 폭의 외상 매출 허용, 환불 보증, 직접 방문하여 무료로 설명하는 서비스 등이 포함된다.

• **가치의 신호화를 위한 투자** 대체재가 직면하는 주요한 장벽은 잠재적 구매자의 인식과 정보의 부족에서 기인하는 경우가 많다. 기업은 대체재의 가치를 판단하기 위해 구매자에게 가장 중요한 심리적 가치 기준을 알아내 여기에 영향을 주기 위한 투자를 해야 한다. 구매자는 특히 대체재의 상대가치가격을 잘못 인식할 경우가 잦기 때문에 성공적인 대체를 위해서는 가치의 신호화를 위한 투자가 매우 중요하다.

• **축소된 전방 통합을 사용하거나 후방 통합 유인 제공** 알루미늄 산업에서 무엇보다 성공적이었던 전략은 대체재에 대한 수요를 창출하기 위해 하류 부문(판매 부문) 제품으로 선택적 통합을 단행하는 것이다. 이 전략은 최종 사용자들을 자극해 대체를 꺼리는 중간 생산자를 버리고 중간 산업으로 후방 통합*을 유도하기 위한 것이다. 전방 통합**(유통업체 통합)으로 최종 사용자의 수요를 창출함으로써 기업은 때때로 그에 완강히 반대하는 중간 구매자들에게 대체재의 교체 비용을 부담하게 만들 수 있다. 전방 통합은 또한 대체재의 성능을 입증하고, 대체재의 사용 절차 개발이나 교체 비용 절감의 수단으로 활용될 수 있다.***

축소된 전방 통합(tapered forward integration)은 중간 구매자가 중요한 교체 비용에 직면하고 최종 소비자가 대체재로 전환하는 데 드는 교

---

* 후방 통합(backward integration): 부품공급업체 쪽을 통합하는 것.
** 전방 통합(forward integration): 생산업체가 유통업체를 통합하는 것.
*** 상부에서는 생산자가 원료(원자재) 일부를 자체 제작하고 나머지 부분을 독립 기업으로부터 구매하는 것을 뜻한다.

체 비용이 거의 없을 때 가장 효과적이다. 이러한 경우는 금속 캔의 예에서 잘 나타나는 데 음료수 생산자는 알루미늄 캔으로 비교적 쉽게 전환할 수 있으나 캔을 만드는 기업은 알루미늄 제조에 필요한 새로운 설비 도입에 따르는 높은 투자 비용을 감당해야 한다.

• **다수의 생산 기업 확보와 적정한 설비 능력 보장** 한 기업이 독점적으로 대체재를 생산한다거나 전체 생산 능력이 미래의 기대수요를 충족하기에 미흡하다면, 구매자는 대체 비용이나 위험을 부담하려 하지 않을 것이다. 따라서 대체재 산업으로의 신규 진입이 활발히 일어나게 하여 이러한 문제를 해결하거나 수요 증가에 대비하여 충분한 공급 물량을 확보함으로써 대체재로의 전환을 가속화시킬 수 있다. 이것은 유익한 경쟁사가 어떻게 혜택을 줄 수 있느냐 하는 논의의 좋은 예다(6장 참조).

• **보조제품 또는 인프라의 개선을 도모** 기업이 필요한 보조제품 또는 인프라의 비용 또는 품질에서 중대한 개선을 이루어낸다면, 그 기업은 상대가치값을 높이거나 교체 비용을 낮출 수 있다. 이것은 보조제품에 기술 투자를 하고, 그 결과를 다른 기업과 공유하려는 것을 정당화시켜준다. 또한 보조제품 생산기업과 합작회사를 설립하는 등 다양한 형태의 관계 형성이 필요할 수도 있으며, 서비스 센터와 같은 인프라의 구축이 필요한 경우도 있다.[14] 예를 들면 RCA는 컬러TV 도입 초기에 모든 컬러TV를 수리할 수 있을 만큼 많은 인력을 양성했다.

• **장벽 창출에 대항하여 높은 상대가치값을 획득할 수 있는 가격의**

설정 대체재의 유인은 구매자가 교체를 고려하게 만드는 대체재의 매력적인 가치의 일부로 작용해야 하기도 한다. 대체재의 가격이 상대가치가격에 얼마나 근접한가는 산업구조에 달려있다. 높은 진입장벽이 있다면 기업은 먼저 높은 가격에 높은 가치를 갖는 세분 산업으로 침투한 후 점차 가격을 내려 낮은 가치의 세분 산업으로 진입한 다음 서서히 대체의 확산에 따른 이익을 누릴 수 있다. 만일 초기 진입자 이익(5장 참조)이 있다면, 기업은 단기 이익을 희생하더라도 빨리 대체재 시장을 확보한 후 장기 이익을 방어하기 위한 장벽을 구축해야만 한다. 이때 장벽이 낮게 구축되었다면, 기업은 다른 기업의 진입으로 자신의 위치가 위협받기 전에 빨리 이익을 거두어들이려고 노력해야 한다.

• **대체재의 시장을 넓히는 새로운 기능의 고안** 대체재가 수행할 수 있는 새로운 기능을 고안함으로써 잠재시장을 크게 확장시킬 수 있다. 이것은 제품 디자인과 모양의 선택에서만이 아니라 가격 전략에서도 중요하다. 예를 들면 생화(生化)의 경우 유럽 소매상들은 결혼식 등의 특별한 이벤트에 사용되는 전통적인 용도 외에도 인테리어나 장식 등 여러 용도로 사용할 수 있다는 점을 인지하고 가격을 낮췄다. 그 결과 유럽의 꽃시장은 날이 갈수록 가격이 높아지는 미국 시장보다 훨씬 커졌다. 그렇지만 많은 산업에서는 새로운 기능을 적극적으로 탐색하여 수요를 늘리기보다는 수요가 성숙해지는 것을 잠자코 기다리고 있다.

• **대체재가 경쟁적 위치를 유지할 수 없을 경우 회수 전략을 사용** 기

업이 대체 산업에서 자신의 경쟁적 우위를 유지할 수 있고 산업구조가 매력적이라면 대체재의 점유율을 유지하기 위한 투자가 필요하다. 그러나 만약 그렇지 않다면 경쟁자의 신규 진입을 저지하거나 시장을 넓히려는 가격 정책보다는 초기에 높은 가격으로 이익을 회수하는 것이 더 나을 수 있다. 성공적인 대체재가 효과적인 사업의 필수요인은 아니기 때문이다.

대체재에 대한 방어

대체재를 방어하는 첫 번째 단계는 대체재에 대한 모든 것을 식별하는 일이다. 이 일은 제품이 수행하는 모든 기본 기능을 관찰해야 하기 때문에 어려운 작업이다. 대체재에 대항하는 방어전략은 촉진전략에서 서술한 많은 단계의 반대과정이라고 보면 되는데 주로 다음의 4단계를 거친다.

- 비용을 줄이고, 기존 제품을 개선하고, 보조제품의 성능을 향상시키는 것으로 대체재에 대한 기존 제품의 상대가치가격 증진
- 제품 이미지 수정
- 교체 비용의 상승 유도
- 구매자(buyers' buyers)에 대한 공격적 판매 노력을 기울임으로써 유인(pull through) 시도를 봉쇄

교체 비용이 높은 경우, 기업의 기존 제품의 상대가치값이 좀 더 근본적이고 장기적으로 개선되는 방안을 모색하는 동안 구매자의 교체

움직임을 막기 위해 단기적으로나마 시장점유를 유지하는 공격적 투자를 해야만 한다. 만일 높은 교체 비용으로 대체재에 구매자를 빼앗긴다면 그들을 되찾기란 무척 어려울 것이다.

이러한 행동 이외에도 대체재를 방어하는 방법은 다음과 같다.

- **대체재로부터 영향을 받지 않는 새로운 사용법의 발견** 때때로 대체의 위기에 직면한 제품이 완전히 새로운 사용법의 발견으로 다시 지위를 회복하기도 한다. 암앤해머의 베이킹 소다가 좋은 예다. 10년간 마케팅 캠페인을 벌인 결과, 암앤해머는 기존 베이킹 소다의 용도를 탈취제라는 새로운 용도로 전환하는 혁신을 일으켜 미국 냉장고의 50% 이상에서 사용되고 있다.

- **대체재의 강점에서 벗어난 경쟁** 대체재의 상대가치가격의 이점은 대개 낮은 가격 또는 어떤 새로운 유형의 가치로부터 나온다. 따라서 좋은 방어전략은 대체재가 이점을 지니는 영역을 피하고 자신이 강점을 지닌 분야의 산업경쟁에 영향을 끼치려고 시도하는 전략이다. 예를 들어 낮은 가격의 대체재를 몰아내기 위해서는 장기 보증, 더 많은 기술 지원, 또는 새로운 제품 특성의 추가와 같은 행동이 취해져야 한다.

- **방어하는 데 도움을 주는 공급업자와의 협력** 중요한 투입물 공급업체는 방어에 필수적인 자원과 기술을 제공해줄 수 있으며, 그 업체 자체가 대체를 방어하는 데 깊은 이해관계를 가지고 있는 경우가 많다. 따라서 기존 제품의 원가 구성에서 큰 비중을 차지하거나 가치에 영

향을 주는 핵심 투입물의 공급업체는 가장 최선의 협력자일 수 있다.

• **대체재에 의해 가장 적게 공격받는 세분 산업으로 전략 재수립** 대체의 위험이 상대적으로 낮은 제품이나 구매자 세분 산업에 방어적 투자의 초점을 맞춰 위기를 모면하는 방법도 있다. 반대로 대체의 공격에 가장 취약한 세분 산업에서 재빨리 철수하여 기존 투자를 조기에 회수하는 전략을 취할 수도 있다. 조기 철수는 대체재가 시장을 완전히 장악하기 전에 재고정리와 설비매각을 통해 더 많은 현금을 확보하는 방법이다.[15]

• **수확 전략의 시행** 대체의 공격에 직면한 기업은 대체재의 미래 상대가치가격과 방어전략의 실현 가능성을 타진해본 후, 가장 최적의 전략으로 방어가 아닌 수확(harvesting) 전략을 시행할지도 모른다. 그러한 전략은 대체가 가장 늦게 진행되는 세분 산업에 집중을 기울이는 등의 형태로 나타난다.

• **대체재 산업 진입** 대체재를 위협이 아닌 시장개척의 기회로 보는 것이 더욱 좋은 가능성을 열어줄 수도 있다. 대체재 산업에 진입함으로써 기업은 대체재와 기존 제품 공통의 채널, 공통의 구매자 같은 상호관련성을 활용하여 경쟁적 우위를 획득할 수 있다.[16]

산업 수준과 기업 수준에서의 대체전략

대체 과정은 대부분 기업의 통제와 더불어 산업의 여건에 의해 결정된다. 개별 기업은 산업 이미지와 산업 전반에 걸친 제품 제공의 일관성 같은 것에 영향을 받는데, 이러한 요소는 구매자 태도와 대체재의 이득에 대한 구매자의 평가에 영향을 미친다. 이러한 사실은 산업 차원의 노력이 보통 대체에 대한 방어나 촉진을 가져오려는 개별 기업의 노력을 보완할 수 있다는 것을 의미한다. 예를 들면, 뉴질랜드의 키위 생산자가 다른 과일 대신 주로 개량종 키위를 재배하게 된 배경에는 20종류의 키위를 한 종류의 키위로 통일시키려는 산업 차원의 연구개발 프로그램이 있었다.[17] 이러한 캠페인은 키위 광고를 통해 더욱 확대되었다.

대체를 촉진할 수 있는(혹은 막을 수 있는) 산업 차원의 행동에는 다음과 같은 사항이 포함된다.

- 전체 산업 수요에 영향을 미치는 제품 이미지광고 및 총체적인 산업광고
- 제품 신용도를 개발하거나 제품을 구매자 가치사슬로 통합하는 기술을 개발하기 위한 집단적 R&D 지출
- 나쁜 품질 또는 부적절한 성과에 대한 구매자의 불신을 완화시키는 제품 기준의 설정과 시행
- 구매자의 교체 비용과 인지된 위험을 낮추는 데 필요한 통일된 규제 기준의 수용
- 품질, 구매 가능성, 보완제품들의 비용을 증진함으로써 상대가치 값을 개선하기 위한 공동 노력

대체를 촉진하거나 저지하기 위해 행해진 지출은 경쟁자에게 무임

승차의 혜택을 제공할 수도 있다. 이러한 문제를 해결하기 위해서 산업별 협회 등을 통한 산업 차원의 집단행동은 대체를 촉진하거나 방어하는 공동 대응방안이 될 수 있다. 예를 들면 미국의 석탄 산업은 풍부한 매장량과 손쉽게 얻을 수 있는 '국민 연료'라는 이미지를 부각시키려고 TV와 광고 캠페인에 집중 투자하였다. 이와 같은 집단행동으로 세분 산업은 무임승차로 발생하는 문제에 대처할 수 있게 된다.

대체재에 대한 전략의 함정

대체는 모든 산업에서 정도의 차이는 있지만 긍정적 또는 부정적인 영향력을 행사한다. 그러나 기업은 대체재를 취급하는 데 있어서 공통적인 실수를 자주 범한다. 이러한 실수에 관한 논의를 통해서 이 장에서 제시된 중요한 개념의 일부를 요약할 수 있다.

• **대체재 인식의 실패** 기업은 제품 기능을 너무 좁게 보거나, 서로 다른 세분 산업이 직면하는 다른 대체재를 인식하지 못하거나, 하류 부문에서의 대체를 간과하기 때문에 대체 과정이 진행 중일 때까지 전혀 대체재를 인식하지 못한다.

• **상대가치가격 이해의 실패** 상대가치가격을 결정하는 요인이 상당히 복잡함에도 불구하고 기업은 자주 대체재의 성공과 실패 원인을 단순하게 판단하려고 한다. 예를 들어 어떤 제품이 구매자에게 낮은 원가를 제공할 수 있는 요인이 간단한 설치법에 있는데도 기업은

우월한 제품 성과가 대체의 원인이라고 쉽게 믿는다. 왜 대체가 성공하고 실패하는지 알지 못하면 잘못된 공격 또는 방어전략을 수립하게 되거나 대체재가 급격한 성공을 거두는 것을 그저 놀라워만 해야 할 것이다.

• **초기의 느린 침투에 대한 잘못된 해석** 대체 초기의 느린 침투율은 S곡선의 전형적인 예에서 나타나는 보편적인 현상임에도 불구하고 종종 대체의 위협이 심각하지 않은 것으로 잘못 해석하기 쉽다. 따라서 상대가치가격과 초기 구매자의 경험에 대한 세심한 분석이 필요하다.

• **상대가치가격에 대한 유연하지 못한 관점** 공격적이거나 방어적인 전략 모두 대체재의 현재와 미래 상대가치값을 고려해야 한다. 그렇지 않을 경우 기업은 제품개량이나 마케팅 노력을 잘못된 방향으로 전개할 수도 있으며 심지어는 시간 경과에 따른 상대가치가격 개선 계획 또는 대체재의 마진 축소에 대처하는 방법을 찾는 데 실패할 수 있다.

• **대항 vs 합류** 많은 기업은 장기적 상대가치가격 추세로 보면 대체재 생산에 참여해야 하는데도 기존 제품의 방어에만 신경을 쓴다. 이러한 방어 또한 세분 산업의 차이를 반영하는 대신에 산업 전반에 걸쳐 고르게 이루어진다. 경우에 따라서는 특정 세분 산업에 대한 선제적인 집중화, 수확 전략 내지는 대체재 산업에 합류하는 전략이 더 현실적일 수 있다.

• **성숙단계에서의 안주** 아마도 가장 위험한 함정은 제품의 성숙단계에 안주하면서 대체 가능성을 전혀 고려하지 않는 일일 것이다. 기업은 흔히 시야를 좁게 두고 경쟁사와 점유율 경쟁을 벌이는 데만 몰두한다. 그러나 때에 따라 기업 스스로 성숙기를 맞은 제품의 대체를 유도하여 산업 전체 수요를 크게 확장하는 것이 더 나을 수 있다. 산업의 성숙이 대체의 시점이 도래했다는 것을 의미하는 것은 아니며 산업이 성숙했다는 판단 자체가 그냥 착각일 수도 있다.

# 03

기업 전략과 경쟁우위

Corporate Strategy and Competitive Advantage

Chapter 09
사업단위 간의 상호관련성

Chapter 10
수평적 전략

Chapter 11
상호관련성의 획득

Chapter 12
보완재와 경쟁우위

Chapter 09
사업단위 간의 상호관련성

전략적 계획에 대한 이론과 실제가 발전함에 따라, 대부분의 기업은 2가지 형태의 전략을 구사하게 되었는데 하나는 사업단위 전략(business unit strategy)이고 나머지 하나는 기업전략(corporate srtategy)이다. 사업단위 전략은 각 사업단위에 있는 개별 산업에 대한 전략이고, 기업전략은 각 사업단위의 포트폴리오를 종합하는 기업의 총체적 전략을 의미한다. 이러한 전략의 차이를 알고 있는 대부분의 기업은 먼저 그들의 사업을 몇 개의 전략적 사업단위(SBU, strategic business units)로 나눈 다음, 그 사업단위에서 제시한 계획을 최고 경영진에서 매년 또는 반년을 주기로 검토한 후 계획이 수립되도록 하는 공식적 계획 과정을 발전시키고 있다. 동시에 기업 전체 전략은 70년대에 유행했던 포트폴리오 계획기법과 유사한 일종의 포트폴리오 관리(portfolio management)로 보려는 경향이 증가하고 있다.[1]

이러한 공식적인 계획 과정이 발전하면서 시너지(synergy)라는 개념은 구시대 유물로 간주되었다. 미국에서는 1960~70년대 초에 다른 분야지만 관련 있는 사업들의 시너지를 통해서 가치를 창출할 수 있다는 생각이 널리 퍼졌고 그러한 생각은 광범위한 다각화에 정당성을 부여하기도 했다. 당시 합병공시와 연차보고서에는 시너지에 적합한 분야의 설명을 담은 문구가 자주 등장했다. 그러나 1970년대 후반이 되자 개념상으로는 훌륭하지만 실제로 거의 효과를 확인할 수 없다는 점이 드러나며 시너지의 열기는 사그라들었다. 이런 상황에서 기업들은 그들의 성공에 중요한 것은 시너지가 아니라 사업단위 책임자에게 권한과 책임을 부여하여 그 결과에 따라 사업단위를 평가하는 분권화에 있다는 사실을 깨달았다. 권위 있는 경제지들은 분권화를 기업 성공의 기초라고 언급하고 있으며, 또한 많은 기업이 분권화를 신중하게 실천하고 있다. 시너지의 쇠퇴와 함께 부각된 분권화는 기업전략에서 가장 중요한 것이 포트폴리오 관리라는 생각을 강화시켰다.

그런데 시너지의 실패는 개념과 실제의 괴리 때문이 아니라 기업이 그것을 제대로 이해하고 시행하지 못한 데서 비롯된 것이다. 기업은 시너지를 종종 다른 목적을 가진 행동을 정당화하기 위해 사용했다. 예를 들어 많은 기업이 시너지를 인수전략의 목적으로 잘못 활용했다. 기업들은 시너지를 활용하기 좋은 기회가 있었어도 조직상의 문제나 시너지에 대한 올바른 분석기법의 미비 등으로 제대로 활용하지 못한 것이다.

그러나 시너지효과의 효용성에 대한 회의적인 평가에도 불구하고 기업은 시너지 개념을 재고할 필요가 있다. 경제적, 기술적 그리고 경쟁적인 측면에서의 발전은 기업의 경쟁우위를 증대시킨다. 이처럼 높아진 경쟁우위는 각 사업단위와 명확하게 구별되지만 연관되는 산업과의 상호관련성을 인식하여 활용할 수 있는 기업만이 얻을 수 있다.

이러한 상호관련성은 대부분의 시너지 논의를 뒷받침하는 '적합성'의 모호한 개념이 아니라, 가치사슬의 사실상 모든 활동에서 원가절감이나 차별화를 강화할 수 있는 가시적인 기회다.

이러한 논의의 발전과정에서 수평적 전략(horizontal strategy)은 기업의 각 사업단위 간 경계를 가로지르는 전략으로, 다각화된 기업에서 가장 중요하게 다루어야 한다. 다시 말하면 수평적 전략은 관련 있는 사업단위 간의 목표와 정책을 조정하는 것을 의미하며 그룹(group), 부문(sector) 그리고 다각화된 기업 전체 수준(corporate level)에서 모두 필요하다. 그렇다고 해서 이러한 수평적 전략이 개별 사업단위로 분권화되거나 개별 사업단위 수준 전략 수립을 불필요한 것으로 여기는 것은 아니다. 오히려 수평적 전략은 개별 사업단위 간의 조율을 통해 기업 전체의 전략이나 부문, 그룹 차원의 전략에서 창출된 경쟁우위의 합을 개별단위의 합보다 더욱 크게 끌어내는 결과를 낳게 한다. 따라서 수평적 전략은 다각화된 기업이 각각의 사업단위로부터의 경쟁우위를 모아서 그것이 기업 전체의 경쟁우위가 될 수 있게 하는 메커니즘이라고 할 수 있다.

수평적 전략은 증권시장 등에서 논의되는 재무적 측면에 기초를 둔 전략이 아니라 경쟁우위에 근거하여 작성된 그룹, 부문, 기업 전체 수준에서의 전략 개념이다. 재무적 관점만을 중시하는 기업전략은 다각화된 기업이 실제로 파악하기 힘든 모호한 개념만을 제시할 뿐이어서, 만약 그 전략이 성공하더라도 일시적 영광에 불과할 것이다. 수평적 전략 없이는 다각화된 기업의 존재를 위한 확실한 기준이 있을 수 없는데 그 이유는 수평적 전략이 없는 다각화된 기업은 단순한 투자신탁 펀드(mutual fund)보다 더 나을 것이 없기 때문이다.[2] 따라서 단순

포트폴리오 관리가 아닌 수평적 전략이야말로 기업전략의 핵심이라고 할 수 있다.

그런데 많은 다각화된 기업에서 전략적으로 중요한 상호관련성은 존재해왔으나, 이를 인식하는 데만 그치고 추구하려는 노력은 경시되어왔다. 상호관련성을 획득하고 활용하려면 그것을 실천하기 위한 방향으로 조직을 개편하면서 이에 따른 문제를 해결하는 과정이 있어야 한다. 그러므로 수평적 전략이 성공하려면 분권화된 기업의 전체 구조를 고려한 상호관련성을 촉진하는 조직의 메커니즘이 반드시 필요하다.

이 장은 사업단위 간의 상호관련성을 어떻게 인식할 수 있는가의 문제와 더불어 상호관련성이 경쟁우위 획득에 어떻게 기여하는지에 대한 분석의 틀을 제공할 것이다. 이러한 맥락에서 첫째, 사업단위 간의 상호관련성의 중요성이 점점 커지는 이유와 그것이 기업에 미치는 영향을 서술할 것이다. 둘째, 사업단위 간 나타나는 3가지 상호관련성인 유형의 상호관련성(tangible interrelationships), 무형의 상호관련성(intangible interrelationships) 그리고 경쟁자의 상호관련성(competitor interrelationships)에 관해 서술하고, 마지막으로 각각의 상호관련성이 경쟁우위 획득에 어떻게 기여하는지와 이러한 상호관련성이 어떻게 인식될 수 있는지를 서술할 것이다.

10장에서는 기업이 어떻게 사업단위 간의 수평적 전략을 형성하여 신규 사업 진출을 위한 다각화 전략을 수립하는지를 설명하는데, 이를 통해 상호관련성의 원리를 알아보기로 하겠다. 11장에서는 상호관련성의 획득과 관련된 조직의 문제에 대하여 알아보는데, 상호관련성의 획득에 있어 전략과 조직은 필연적으로 연계되어 있다고 할 수 있다. 따라서 사업단위 간 상호관련성과 세분 산업 상호관련성(segment interrelationships, 7장 참조)은 지역적 상호관련성(geographic interrelationships)이나 다른 지역, 국가에서 이루어지는 그 기업의 활동 간 상호관련성과 높은 평행관계를 보인다. 따라서 이 장에서는 서로 다른 산업에 있는 사업단위 간에 존재하는 상호관련성에 대하여 알아보기로 하겠는데, 전략의 많은 원칙들은 이미 다양한 형태의 상호관련성과 연결되게 하므로 이 책에서뿐만 아니라 다른 연구에서도 상호관련성은 거듭 언급된 바 있음을 밝힌다.[3]

증가하는 수평적 전략의 중요성

수평적 전략은 오늘날의 기업에 있어 결코 무시할 수 없는 대안 전략이다. 사업단위 간의 상호관련성 파악과 활용 능력에 대한 중요도는 70년대부터 계속 증가해왔는데 오랜 시간이 지난 지금도 여전히 핵심 요소라 할 수 있다. 이처럼 수평적 전략을 점점 중요하게 만드는 요인은 다음 4가지를 꼽을 수 있다.[4]

- **다각화 철학**(diversification philosophy)**의 변화** 많은 기업의 다각화를 이끌어왔던 철학이 1970년대 초 급격히 변화해, 지금은 대부분의 기업이 관련형 다각화를 강조하고 있다. 이는 다각화된 기업이 전략 수립 시 상호관련성을 추구하는 데 적합한 것에 관심을 두게 하여 포트폴리오적 다각화에 따른 기업 처분이 많이 이루어지고 있으며, 이렇게 함으로써 기업의 주가를 올리고 있다. 화물 운송 회사

인 보덴(Borden), 스코빌(Scoville), 트랜스 월드 코퍼레이션(Trans World Corperation) 그리고 IU 인터내셔널이 그러한 예다. 오늘날 기업흡수합병의 많은 부분이 적합 관계가 적은 부문을 관련성이 큰 기업에 매각함으로써 이루어지고 있다.

• **성장에서 성과로의 변화** 대부분의 선진국에서 전개되고 있는 산업환경 변화는 범세계적 경쟁의 증가와 더불어 상대적인 성장의 둔화 등으로 요약될 수 있는데, 이는 과거의 양상과는 판이하며 그 결과 기업전략 수립의 강조점이 성장에서 경쟁우위 향상으로 이동했다. 지금까지 독립된 사업단위는 성장을 추구하는 데 유용한 도구의 역할을 해왔지만, 오늘날의 복잡한 환경은 독립된 사업단위보다는 여러 개의 사업단위의 상호관련성을 이용하는 것이 더 적합하다.

구매자들은 많은 경우 사업단위 간의 조정을 촉진시키는 원동력이 되기도 한다. 예를 들면 병원들이 의약품을 구매하는 데 더 철저해지면서 존슨앤드존슨과 아메리칸 하스피틀 서플라이 등은 경쟁우위를 유지하기 위해서 의약품을 공급하는 각 사업단위의 판매조직과 유통시스템을 통합하지 않을 수 없었는데, 이들 두 기업은 과거에는 분권화의 가장 강력한 지지자였다.

• **상호관련성 요인을 증가시키는 기술변화** 기술은 산업 간의 장벽을 없애준다. 컴퓨터와 통신기술, 소형 전자기기 등은 이미 많은 산업에서 기술 공유와 융합을 촉발하고 있다. 이러한 기술은 많은 제품이나 생산과정에 이용되어 기술개발, 기술획득, 기술사용의 공유성을 증가시키고 있다. 전자회사 인수를 결정한 굴드(Gould)와 유나이티드

테크놀로지스(United Technologies)의 사례는 컴퓨터 통신기술을 이용해 상호관련성 요인을 증가시키려는 흐름을 보여준다.

이러한 기술은 또한 제품의 기능을 컴퓨터가 통제하는 시스템의 한 부분으로 바꾸고 있다. 통합된 항공 조정 장치, 사무자동화, 정보통신과 건물의 조명, 난방, 냉방, 보안 및 승강기 시스템은 과거에는 명백히 구분되는 기술이었지만 지금은 서로 밀접하게 관련되어 있다.

새로운 기술은 사업단위 간의 활동을 공유하게 하는데, 컴퓨터 제어 기계를 이용해 최소의 가동 준비시간에 다양한 종류의 유사 제품을 생산하는 것을 목표로 하는 신축적 자동화(flexible automation)가 그 대표적 예다. 신축적 자동화는 천천히 보급되고 있고 그 한계도 명확히 인식되어야 하지만, 이를 통해서 관련 제품을 생산하는 사업단위 간 조립시설의 공유 및 공동부품 제조 및 사용 등 여러 가치 활동에서 공유의 가능성을 증가시키고 있다. 이처럼 사업단위 간의 공유를 가능하게 해주는 유연성 측면은 자동검사나 CAD 분야에서도 유용하게 사용된다.

또한 정보시스템의 정교화될수록 상호관련성을 더욱 촉발하는 원동력이 될 수 있다. 복잡한 온라인 데이터를 처리하는 능력이 높아짐에 따라 정보기술은 자동 주문처리 시스템, 자동 재고관리 시스템, 자동 창고관리 시스템 및 기타 가치 활동의 자동화에 일익을 담당하고 있는데 이러한 시스템들은 관련 사업단위 간에 공유될 수 있다. 정보기술은 또한 보험과 은행 같은 산업에서 공유를 확대하는 방향으로 유통채널과 판매채널을 재편성하고 있다.

기술은 상호관련성을 형성하는 것과 동시에 기업이 상호관련성을 활용할 때 필요한 원가를 절감해주기도 한다. 예컨대 정보통신 분야의 편이성이 급격히 향상됨과 동시에 통신비용도 현저히 감소하면서, 사업단위 간의 조정 비용이 크게 줄어들었다. 또한 정보처리 기술의 발전은 MIS(Management Information System)가 물류관리, 재고관리, 생산계획, 판매조직 계획 등에서 구축될 수 있도록 만들었다. 이처럼 가치 활동에 유연성이 더해질수록 과거에는 관리가 거의 불가능했던 복잡한 활동을 관리하거나, 엄청난 비용을 수반했던 가치 활동의 공유작업이 더 적은 비용으로 이루어질 수 있게 되었다.

• **다점 경쟁의 심화** 기업에 수평적 전략 수립을 요구하는 네 번째 동기는 다른 3가지 동기에서 비롯된 결과적인 성격을 띠고 있다. 점점 더 많은 기업이 상호관련성을 가지게 됨에 따라 '다점 경쟁자(multipoint competitors)'가 점차 늘어나게 되었다. 여기서 이름 붙인 다점 경쟁자란 하나의 사업단위에서만 경쟁하는 것이 아니라 관련 있는 많은 사업단위의 여러 부분에 참여하는 경쟁사를 말한다. 예를 들면 P&G, 킴벌리 클라크(Kimberly Clark), 스콧 페이퍼(Scott Paper), 존슨앤드존슨은 일회용 기저귀, 종이타월, 생리대, 화장지 등 관련 있는 여러 가지 제품에서 동시에 경쟁하고 있다. 전기제품에도 제너럴 일렉트릭, 웨스팅하우스(Wesinghouse), 스퀘어디(Square D), 에머슨 일렉트릭은 다점 경쟁 관계를 이루고 있다. 이처럼 기업이 다점 경쟁자를 가지고 있을 때, 산업 단위 수준보다 훨씬 광범위한 수준에서 경쟁자를 볼 필요가 있는데, 경쟁우위 역시 더 광범위한 수준에서 결정되기 때문이다.

많은 산업 부문들이 위에서 언급한 4가지 요소의 영향을 받고 있다. 금융서비스는 정보기술로 더욱 밀접해진 상호관련성과 규제의 해제로 인해 혁명적인 변화과정을 겪고 있다. 예를 들면 아메리칸 익스프레스, 시티코프(citicop), 시어스, 푸르덴셜 바체(Prudential-Bache) 그리고 메릴 린치(Merrill Lynch)등은 분리되어 있던 금융서비스 산업을 통합하고 있다. 보건사업에서도 많은 기업은 이미 병원, 보육원, 요양원이나 가정 내 치료 서비스와 같은 수요에 대응하기 위해 상호관련성을 적극적으로 활용하고 있다. 엔터테인먼트 기업들은 다른 매체 간의 상호관련성이 가지는 전략적 가능성을 인지하고 있다. 맥그로힐(McGraw-Hill)이나 던 앤 브래드스트리트(Dun and Bradstreet)와 같은 정보회사들은 여러 유형의 데이터베이스 제품을 묶어서 판매하는 전략을 쓰고 있다. 공장자동화나 사무자동화 추세는 제너럴 일렉트릭, 웨스팅하우스나 제록스 등으로 하여금 더 광범위한 전략으로 많은 산업을 연결하게 만드는데, 이러한 예는 무수히 많이 목격되고 있다.

나의 기존 연구에도 이러한 경향은 나타났는데, 1971년과 1981년의 시점에서 포춘지 선정 500대 기업 중 75개의 다각화 기업을 추출해본 결과, 수천 개의 사업단위를 71년에는 300개의 그룹으로 81년에는 315개 그룹으로 통합한 실적이 있었다. 각 그룹의 새로운 잠재적 상호관련성도 10년 동안 수와 강도 면에서 증가했다. 이러한 조사 대상 기업들이 잠재적 상호관련성을 활용하여 성과 향상을 이룩했는지는 명확하게 확인할 수 없었다. 그렇지만 분명한 건 이 기간에 대상 기업들이 점차 관련 사업을 그룹화하였다는 점이다.

이처럼 수평적 전략의 중요성은 점차 커지는 반면, 과거의 시너지 개념을 활용하려고 시도하는 것이 미래에 별 도움을 주지 못하는 것으로 드러나고 있다. 동시에 많은 기업이 그들의 잠재적 상호관련성을 경쟁우위의 원천으로 삼고 있지 못하는 점도 지적되어야 한다. 또한 그룹화를 이루고 있는 기업조차도 상호관련성을 제대로 이해하지 못하고 마치 포트폴리오를 관리하듯 그룹을 경영하는 경향이 있다. 그러므로 다각화 기업은 상호관련성을 관리하는 법을 알고 있어야 함은 물론 꾸준히 새로운 상호관련성을 찾아 이를 관리할 수 있도록 해야 한다.

사업단위 간의 상호관련성

사업단위 사이의 상호관련성에는 3가지 유형이 있다. 유형의 상호관련성, 무형의 상호관련성, 그리고 경쟁자 간의 상호관련성이다. 이 3가지 유형은 경쟁우위에 서로 복합적으로 중요한 작용을 한다.

• **유형의 상호관련성** 유형의 상호관련성이란 관련 있는 사업단위의 가치사슬에서 어떤 행동들을 공유하는 기회에서 파행되는 것으로서 공동 구매자, 채널, 기술 및 기타 요인에서 생기는 것이다. 유형의 상호관련성으로 공유를 추진할 때 공유 비용을 초과할 정도로 총원가를 낮추거나 차별화를 강화할 수 있다면, 이는 경쟁우위의 원천이 될 수 있다. 예컨대, 판매원을 공유하는 사업단위 간에는 판매비용을 낮추거나 독특한 제품 패키지를 만들어 경쟁사보다 독특한 차별화를 형성할 수 있다. 유형의 상호관련성을 획득하려면 하나의 가치 활동에 사업단위의 결합된 활동이 있어야 하지만 때에 따라서는 복수의 활동을 통해서 상호관련성을 획득할 수 있다. 예컨대 사업단위 간에

서로의 제품을 판매해줄 수 있다면, 이들은 판매원을 공유하는 셈이 된다.

• **무형의 상호관련성** 무형의 상호관련성은 각각 독립된 가치사슬의 경영 노하우를 이전함으로써 발생한다. 가치 활동을 공유할 수 없는 사업단위일지라도 본원적 의미에서 구매자 유형, 구매자에 의한 구매유형, 제조공정의 유형이나 대정부 관계 유형 등의 동질성을 포함하고 있는데, 이러한 본원적 기술이나 노하우의 이전을 통해 무형의 상호관련성은 경쟁우위의 원천이 될 수 있다. 이는 또한 원가 우위나 차별화를 불러일으킬 수 있을 것이다. 예컨대 맥주나 담배는 맛의 차이와 더불어 브랜드 이미지에 좌우되는 기호식품이라는 공통점이 있으며, 트럭 운송이나 쓰레기 처리업은 여러 장소를 동시에 관리해야 한다는 점에서 유사성을 지니고 있다.

무형의 상호관련성은 본원적 기술의 전이 또는 하나의 사업에서 다른 사업에 이르기까지 특정 경영 활동을 관리하는 경험을 통해서 경쟁우위를 형성한다. 필립 모리스는 담배 산업에 진출하여 획득한 제품관리, 브랜드 파워, 광고개념 등을 맥주 산업으로 전이시켜 이 기업의 맥주 브랜드인 밀러의 경쟁 지위를 크게 강화했다. 즉 필립 모리스는 담배와 맥주의 마케팅 활동은 별도로 수행하면서 각 산업에서 얻을 수 있는 경영관리의 비결이라든지 시장정보 등을 공유하여 상호관련성을 효과적으로 관리하고 있다.

종종 무형의 상호관련성은 각 기업의 전략 추구 관점에서 전혀 관련이 없는 사업부에서도 인용하고 있다. 예를 들어 하인즈나 에머슨 일렉트릭은 저원가를 달성하기 위한 가치 활동 관리법의 비결을 축적한 후, 이 노하우를 각 사업단위의 유사한 가치 활동에 도입하였다.

• **경쟁자의 상호관련성**　세 번째 유형인 경쟁자의 상호관련성은 다수의 산업에서 현재 또는 잠재적으로 경쟁하는 기업이 있기 때문에 발생하는 것이다. 이러한 다점의 경쟁자와 맞서고 있는 사업단위를 연계시킬 필요가 있는데, 이는 한 사업단위에서의 행동이 다른 사업단위에서도 하나의 지침이 될 수 있기 때문이다. 경쟁자의 상호관련성은 아무런 상호관련성이 없는 경우에도 존재하지만 유형 또는 무형의 상호관련성이 다각화의 기초를 제공해준다는 점에서 경쟁자의 상호관련성과 유형 또는 무형의 상호관련성은 동시에 나타나는 것이 대부분이다.

경쟁자의 상호관련성이 존재하면 유형의 상호관련성과 무형의 상호관련성을 인식하여 활용하는 것이 매우 중요한 의미를 갖는다. 다점 경쟁자는 경쟁사가 유무형의 상호관련성을 추구하도록 만드는데, 만일 제대로 추구하지 못하는 경우 그 기업은 경쟁상의 불이익에 처할 위험이 높아진다. 다점 경쟁자는 그 기업의 상호관련성과는 다른 상호관련성으로 연결된, 일부 영역에서는 중복되지만 서로 다른 사업단위를 가질 수 있기 때문에 그러한 상호관련성을 일치하기 어렵게 한다.

유형의 상호관련성은 무형의 상호관련성에 의해서 보완될 수도 있고 그 반대의 경우도 가능하다. 다점 경쟁자가 존재할 때 유무형의 상호관련성은 동시에 존재하기도 하며 3유형이 모두 같이 존재할 수도 있다. 그러나 3가지 유형의 상호관련성은 각기 다른 방법으로 경쟁우위를 가져온다.

그러므로 시너지는 하나의 개념이라기보다는 위의 3가지 유형이 보여주는 것처럼 각기 다른 3가지 개념이라고 보아야 하는데 하나로 생각해오다 보니 모호한 개념이 된 것이다. 한 사업단위에서 다른 사업단위로 경영기술이나 노하우를 이전하는 무형의 상호관련성만이 시너지가 아니다. 경쟁우위를 형성시키는 데 있어서 무형의 상호관련성의 역할은 확실하지 않으며 그렇게 형성된 경쟁우위는 일시적일 뿐이다. 그러므로 무형의 상호관련성만을 시너지로 알고 시너지의 결실을 보고자 했던 많은 기업이 실제 기업활동에서 어려움을 겪는 것은 놀라운 일이 아니다.

이 장에서는 3가지 상호관련성을 모두 설명할 것이다. 무형의 상호관련성은 경쟁우위의 중요한 원천이기는 하나 활용하기에는 많은 함정과 어려움이 있고, 유형의 상호관련성은 경쟁우위와 반드시 연결되어야 하며 무형의 상호관련성보다 활용하기가 쉽다고 할 수 있다. 물론 3가지 상호관련성은 수평적 전략에서 중요한 역할을 하는데 이러한 측면은 10장에서 다룬다.[5]

유형의 상호관련성

유형의 상호관련성 분석은 가치사슬에서 출발한다. 기업 내의 한 사업단위는 다른 사업단위와 기본적 활동과 지원적 활동 모두를 포함한 어떠한 가치 활동도 공유할 수 있다. 예를 들어 P&G는 일회용 기저귀와 종이타월의 상호관련성을 잘 활용하고 있다. 일부 원재료는 함께 구매하고 취급할 수 있으며, 생산공정에 필요한 기술개발도 함

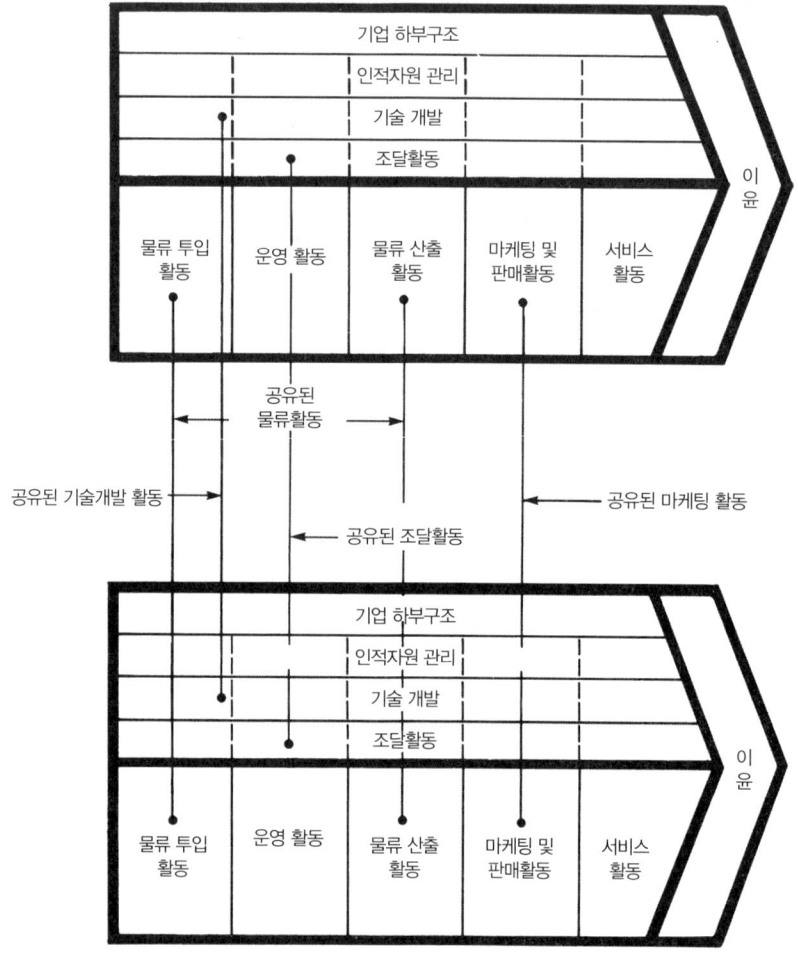

그림 9-1 종이 제품 가치사슬 간의 상호관련성의 예

께 할 수 있고, 공동 판매조직을 형성하여 각각의 제품을 구매자에게 동시에 판매한다. 또한 동일한 물류시스템을 통하여 구매자에게 수송할 수 있게 된다. 이러한 상호관련성은 〈그림 9-1〉에서 살펴볼 수 있는데, 이를 보면 두 사업단위에 일어나는 유형의 상호관련성은 하나

이상의 가치 활동을 포함한다. 그러나 만약 두 사업단위가 대부분의 가치 활동을 공유한다면, 두 사업단위는 전략적으로 별개가 아닌 실질적으로 하나의 사업단위로 볼 수 있다.

만약 공유의 이익이 그 비용을 능가하고 경쟁자들이 이러한 공유에 대응하기 어렵다면, 기업은 공유활동을 통해 지속 가능한 경쟁우위를 누릴 수 있다. 공유가 원가를 줄이고 차별화를 증진시킨다면 경쟁우위를 창출한다. 그러나 공유가 촉진되기까지는 사업단위 사이의 조정 비용부터 전략 수정에 이르는 비용이 항상 소요된다.

공유와 경쟁우위

가치활동을 공유하는 것이 운영비나 자산의 중요한 부분을 나타내는 활동인 '큰 가치활동(large value activity)'을 수반하는 경우 그리고 공유를 통해 활동 수행원가를 절감할 경우, 기업에 상당한 원가 우위를 가져다줄 것이다. 마찬가지로 차별성을 증가시키거나 차별적 요인을 만드는 활동에서 공유가 발생하면 중요한 차별화 우위를 기업에 가져다준다. 따라서 3장과 4장에 언급된 바와 같이 원가 우위와 차별화 동인에 영향을 줄 수 있는 공유는 경쟁우위로 이어진다.

공유와 원가

공유는 공유되는 가치 활동들이 영업 비용이나 자산의 구성에 큰 비중을 차지하거나 앞으로 그렇게 된다면 기업의 원가 지위에 구체적인 영향을 미친다. P&G는 공유된 가치 활동이 수입의 50% 이상을 차지하고 있다. 그러나 공유된 활동이 다른 원가 동인에 유리하게 작용하지 않는 한 원가절감을 기대할 수는 없다. 공유로 규모의 경제, 학습효과, 조업도 향상 등을 이루어 가치 활동의 원가가 절감된다면, 공유에 따른 원가절감은 이루어지기 쉽다고 할 수 있다.[6] 공유가 활동의 규모를 확대하고, 학습효과가 누적된다면 학습률을 높일 수 있다.[7] 따라서 관련된 사업단위가 시차를 두고 공유활동을 이용한다면 그 기업의 생산능력은 향상될 수 있다. 예컨대, 특정 사업단위의 판매조직이나 물적 유통시스템이 연중 특정 시기에만 집중적으로 사용된다면, 그 시기를 제외한 다른 시기에는 다른 사업단위에 활용할 수 있을 것이다. 이러한 3가지 형태의 공유 이익은 동시에 발생하여 원가지위를 향상시킬 수도 있다.[8]

사업단위 간에 활동을 공유하는 것은 어떤 한 사업단위에서 시장점유율을 높이기 위한 것이기도 하다. 많은 사업단위 사이에서 규모와 학습에 민감한 활동을 공유하는 기업은 하나의 사업단위에서 높은 시장점유율을 가진 기업의 원가 우위를 무력화할 수 있다. 그러나 공유활동은 같은 규모라고 해도 하나의 사업단위에서 벌어지는 활동보다 훨씬 복잡하기 때문에 한 사업단위에서 시장점유율이 증가하는 것과 공유의 이익이 정확히 대응하지는 않는다. 10가지 다양한 상품을 포함하는 공유 물류시스템과 5가지만 취급하는 시스템은 그 복잡성의 차원이 다르다. 여기서 추가되는 복잡성이 공유 비용이 된다.

만약, 규모나 학습 또는 이용 패턴이 중요한 원가 동인이 아니라면 공유는 원가를 증가시킬 수 있다. 따라서 어떤 활동에 여분의 능력이 있다고 해서 무작정 이를 공유해서는 안 된다. 여분의 능력이 있어서 이를 공유하더라도 규모나 학습의 이익을 얻지 못하거나 장기적으로 이용 패턴을 개선하지 못하면 공유는 기업에 불리할 수 있다. 그럴 때

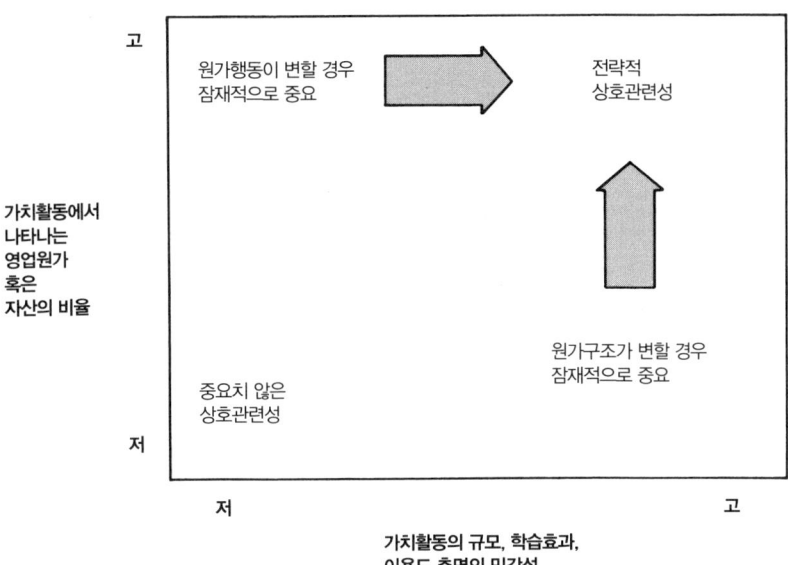

그림 9-2 공유된 가치 활동과 원가 지위

는 오히려 여분의 능력을 감소시키는 것이 공유보다 더 좋은 대안일 수 있다.

〈그림 9-2〉는 공유된 가치 활동과 원가 지위의 관계를 보여주는데 그림의 오른쪽 윗부분의 가치 활동에서 상호관련성은 잠재적으로 원가 규모가 크고 규모나 학습 혹은 조업도에 대한 민감성이 크기 때문에 매우 중요하다. 왼쪽 윗부분의 상호관련성은 당장 중요하지는 않은데, 그 이유는 가치 활동이 영업원가나 자산에서 큰 비중을 차지하더라도 공유를 통해 비용을 절감할 수 없기 때문이다. 그러나 만약 가치 활동의 원가가 규모, 학습 혹은 이용도에 대해 좀 더 민감해진다면 그에 따른 기술의 변화로 이 부분의 상호관련성이 중요해질 수 있다.

예를 들어, 많은 유통업체에서 일어난 주문처리 방식의 기술적 변화는 관련된 생산라인을 통틀어서 주문처리를 공유함으로써 중요한 이익을 얻기 시작했다. 오른편 아래에 나타나는 상호관련성은 만약 원가구조상의 변화가 그것들이 차지하는 영업원가나 자산에서의 비중을 높인다면 원가 지위에 있어서 중요할 수 있다. 예를 들어, 공장의 자본비용 증가와 기반시설에 대한 지원은 시설에 대한 공유의 잠재적 이점을 확대할 것이다.

공유와 차별화

공유는 어떤 활동의 차별성을 증가시키거나, 차별화의 원가를 낮추는 2가지 방법으로 차별화에 영향을 미친다. 4장에서는 구매자 가치, 즉 차별화에 영향을 미치는 활동과 그 방법에 대하여 알아보았다. 공유가 사용가치나 혹은 심리적 가치 형성에 중요한 부분을 차지하는 가치 활동에 영향을 미칠 수 있다면 차별화에 있어서 매우 중요한 요소가 될 것이다. 예를 들어 소비자 전기제품에서는 제품개발을 공유하는 것이 차별화를 위해 중요한데, 그 이유는 제품 디자인이 차별화에 크게 영향을 미치기 때문이다. 또한 공유가 광범위한 판매와 서비스 네트워크 같은 값비싼 차별화 형태의 원가를 절감할 수 있다면 차별화에서 공유의 중요성은 더욱 커질 것이다(예:사무기기 분야의 IBM).

공유는 어떤 활동의 차별성을 직접 증가시키거나 규모나 학습률을 높여 간접적으로 차별성을 증가시키기도 한다. 만일 공유활동이 구매자에게 더욱 가치 있게 인식될 수 있다면, 공유는 이러한 차별성에 직접적인 영향을 미친다. 예를 들면, 동일한 판매망을 통해 여러 제품을 판매하게 되면 구매자의 편의성이 높아진다거나, 일괄 판매에 따른 차별적인 이점을 획득할 수 있을 것이다(12장 참조). 또 다른 예로 정보통신 분야에서는 구매자 제품을 시스템으로 일괄 구매함으로써 공급업자가 AS까지 책임지는 형태를 선호한다. 또한 공동으로 제품개발을 하게 되면 관련 제품 간의 호환성이 증대된다. 한편 4장에서 논의했듯이 공유는 규모나 학습률을 증가하게 해 차별성에 간접적인 영향을 준다.

공유는 차별화를 일으키는 행동의 원가 동인에 영향을 미침으로써 차별화의 원가를 낮출 수 있다. 사업단위에서 제품개발을 공유하는 것이 규모의 경제에 영향을 받는다면, 급속한 모델 변화에 따른 원가를 줄여준다. 공유는 차별성을 심화하여 차별화를 증대시키거나 차별화의 원가를 낮출 수 있지만 한편으로는 복잡성이 증가하여 이로 인한 비용이 발생하므로 공유로 인한 차별화의 이득과 비용을 면밀히 분석해야 한다.

공유에 따른 개별 사업단위의 우월한 경쟁적 지위

어떤 가치 활동을 공유한다고 해서 관련된 각각의 사업단위가 원가나 차별화 면에서 동일한 영향을 받지는 않는데, 사업단위의 규모의 차이가 그 중요한 원인이다. 두 개의 사업단위가 함께 부품을 조립하는 활동을 공유한다고 해도 부품을 더 많이 쓰는 쪽의 원가에는 별 영향이 없을 것이다. 그러나 적은 양의 부품을 사용하는 사업단위는 공유를 통한 규모의 확대로 원가절감의 이득을 얻고 나아가 원가 지위도 개선할 수 있다. 이러한 원가 지위 개선은 결국 시장에서의 위치를 개선하게 만든다. 규모가 큰 사업단위의 입장에서 이러한 불균형은 상호관련성을 꺼리게 만드는 원인이 된다.[9] 또한 사업단위들이 소속된 산업구조의 차이로 공유의 이익도 달라진다. 예를 들어, 원가 지위가 약간 개선되는 것이 생필품 산업에서는 매우 중요할지 모르나 제품의 차별화가 고도로 이루어져 있고 품질과 서비스로 경쟁해야 하는 산업에서는 크게 중요하지 않다. 사업단위의 전략 또한 상호관련성의 중요성에 영향을 준다. 차별성을 창출하는 상호관련성이 있다고 해도 그 중요성은 사업단위마다 다르게 받아들일 것이다. 그래서 수평적 전략을 수립하고 각 사업단위가 상호관련성을 추구하도록 설득하는 최고경영자의 능력이 중요하다고 하겠다.

공유 비용의 발생

상호관련성 추구에는 항상 비용이 수반되는데, 이는 각 사업단위가 상호관련성을 맺기 위해 여러 방식으로 그들의 행동을 수정해야 하기 때문이다. 이처럼 가치 활동을 공유함으로써 발생하는 비용에는 다음과 같은 3가지가 있다.

- 조정 비용(cost of coordination)
- 타협 비용(cost of compromise)
- 비융통성 비용(cost of inflexibility)

조정 비용은 상대적으로 이해하기 쉽다. 사업단위들은 활동의 공유를 위해 일정계획, 우선권 부여, 문제해결 등의 분야에서 서로 조정을 해야만 한다. 이러한 조정과정은 필연적으로 시간, 인사, 자금 비용을 발생시킨다. 그런데 공유의 유형에 따라 이 비용은 달라질 수 있다.

예를 들어, 판매인력을 공유할 때는 지속적인 조정이 필요하지만, 공동 조달의 경우에는 각 사업단위가 일정 기간 필요한 구매량을 조정하는 과정만 있으면 된다. 또한 각각의 사업단위는 각자 처한 상황에 따라 조정 비용을 다르게 볼 수 있다. 예를 들어 소규모 사업단위의 입장에서는 조정 과정에서 계속 우선권 쟁탈전을 벌여야 하고 큰 사업단위로부터 지시를 받을 위험이 있기 때문에 조정 비용이 크게 느끼는 경향이 있다. 또한 활동을 공유하지 않거나 공유에서 거리가 먼 사업단위의 경우에는 그들의 최고 관심 분야가 공유 과정에서 손상될까 우려하기도 한다.[10]

조정 비용은 앞에서 기술한 것처럼 공유된 활동의 복잡성에 영향을 받는다. 공유의 복잡성은 가치 활동의 특수성에 따라 변한다. 예를 들어 대규모 생산라인의 물류시스템을 공유하는 것은 컴퓨터 주문처리 시스템을 공유하는 것보다 훨씬 복잡하다. 한편 하나의 사업단위에서 수행되는 활동과 비교해볼 때 공유활동으로 인한 복잡성은 때로는 규모의 경제를 상쇄하거나 학습률을 감소시키기도 한다. 따라서 규모와 원가 또는 학습과 원가의 관계를 변경하듯이 공유는 규모와 학습을 동시에 증대시킬 수 있다. 어떤 활동의 규모에 대한 민감성 혹은 학습에 대한 민감성이 변한다는 것은 상황에 따라 기업의 원가 지위에 이익이 될 수도 있고 손실을 줄 수도 있다. 그런데 컴퓨터가 널리 보급된 후로는 공유의 복잡성을 조절하는 비용이 감소되었고 이에 따라 상호관련성의 중요성도 점점 커지고 있다.

그런데 조정 비용보다 중요한 비용은 타협 비용이다. 가치 활동을 공유하는 것이 특정 사업단위에는 최적의 선택이 아니더라도 기업 전체에는 이익이 된다면 일관된 방법으로 가치 활동을 공유하는 것이 필요하다. 예를 들어 판매조직을 공유할 때 판매원이 공유 사업단위의 모든 제품에 충분한 정보를 가지고 있을 수도 있고, 제품 하나만 취급하는 판매조직에 비해 상품에 대한 지식이 부족할 수도 있다. 마찬가지로 부품조립 활동을 공유할 때는 부품의 설계가 특정 사업단위의 요구를 정확히 충족시키지 못할 수도 있다. 타협 비용은 공유된 활동 비용뿐만 아니라 다른 관련된 가치 활동의 비용도 포함한다. 예를 들어 판매력을 공유하면 판매원들이 부수적 서비스 기능을 수행하기가 힘들어져서 결국 필요한 서비스 기술자의 수를 늘려야 한다. 또한 공유를 촉진하는 정책을 선택하는 것이 관련 사업단위의 원가구조나 차별화 전략에 좋지 않은 영향을 미칠 수도 있다.

공유활동을 원하는 사업단위들은 어떤 방법으로든 각자의 요구와 반드시 타협해야 한다. 이러한 타협 과정에서 나타나는 타협 비용은 큰 의미가 없을 수도 있지만 때로는 공유의 가치를 헛되게 만들 만큼 큰 영향력을 발휘할 수도 있다. 예를 들어 크기, 무게, 운반 횟수, 운반 시간에 대한 민감성이 서로 다른 제품을 생산하는 사업단위들이 물류시스템을 공유하려다가는 어느 한 사업단위의 요구도 제대로 충족시키지 못하고 결국 공유로 얻고자 했던 원가절감을 상쇄해버리고 말 것이다. 그러나 브랜드 네임을 공유한다거나 공동으로 상품을 조달하는 경우에는 타협이 거의 또는 전혀 필요하지 않을 수도 있다.

한편 타협 비용은 영향을 받는 사업단위마다 다르게 나타난다. 예를 들면 판매가 쉽지 않은 제품을 생산하는 사업단위는 판매촉진팀과의 공유에 최대한도로 타협을 해야 한다. 또한 각 사업단위의 전략에 따라 같은 가치 활동이라도 다른 역할을 맡게 되므로 사업단위별로 타협 비용이 다를 수 있다. 예를 들어 보통 품질의 우유나 버터를 공동으로 구입할 때 품질 차원에서 이러한 타협의 문제가 있을 수 있는데 특히 저가 전략을 추구하는 생산자보다는 고품질 전략을 추구하는 식품 제조사에서는 더욱 첨예한 문제일 것이다.

만약 사업단위의 전략이 공유된 가치 활동의 역할에 일관성을 갖고 수립되어 있다면, 요구되는 타협 비용은 훨씬 적을 것이다. 사업단위들의 전략 방향이 시간을 초월하여 통합되어왔다면, 조정과정에서 전략의 일관성을 달성함으로써 나타나게 되는 사업단위의 희생은 거의 없게 된다. 예를 들어 두 사업단위가 동일한 전략으로 부품을 만들고, 그 부품을 필요로 하는 제품을 디자인한다면 어떤 부품을 공동으로 쓰더라도 두 사업단위의 제품 모두에 매우 효과적으로 이용될 수 있다. 그러나 두 사업단위의 디자인 파트가 독립적으로 활동하게 되면 공통 부품을 도입하였을 때 어느 한 사업단위는 만족하지 못할 가능성이 커진다. 그런데 공유를 촉진하기 위한 사업단위의 전략적 일관성이 자연적으로 생기는 경우는 거의 없다. 제너럴 푸드의 성공작인 푸딩 팝스(pudding pops)의 사례에서 타협 비용과 타협의 간접비용을 형성하는 기회를 확인할 수 있다. 푸딩 팝스는 아이스크림의 녹는 점보다 더 높은 온도에서 녹도록 제작되었으므로 제너럴 푸드의 냉동야채 브랜드 버즈 아이(birds eye)와 유통채널을 공유할 수 있다. 냉동식품의 배송 유지 온도는 영하 18도인 반면, 아이스크림은 영하 30도를 유지해야 한다. 푸딩 팝스와 버즈 아이 냉동야채를 함께 배송하는 것의 이점은 명확하지만 예상치 못한 결과를 초래하였다. 왜냐하면 푸딩 팝스는 슈퍼마켓의 냉동식품 관리자가 냉동식품과 함께 주문하지 않고 냉동야채들과 함께 주문해야 했으나 자주 잊어버렸기 때문이다. 그러므로 상호관련성을 추구할 때 발생하는 이익과 비용은 서로 공유하는 가치 활동의 관점에서만이 아닌 가치사슬 전반에 걸쳐서 검토되어야 사업단위별로 전략적 일관성을 형성할 수 있다.

한편 이미 독립되어 있는 활동을 단순히 결합하거나, 하나의 사업단위를 위해 고안된 활동을 절차나 기술상의 변화 없이 다른 사업단위에서 채택하는 것보다는 처음부터 공유를 목적으로 고안된 가치 활동이 더욱 큰 폭으로 타협 비용을 절감하곤 한다. 금융서비스 분야에서 발생한 최근의 사건들은 이러한 점을 부각시켰다. 즉 별도의 금융상품을 위해 설계된 컴퓨터 시스템을 단순히 통합했을 때보다 다수의 상품을 동시에 처리하도록 설계된 컴퓨터 시스템을 도입했을 때의 효율성이 월등히 높았던 것이다. 마찬가지로 주식 및 채권판매를 위해 만들어진 유통시스템을 통해 보험 및 기타 금융상품을 판매했을 때 어떤 상품도 제대로 취급하지 못하고 오히려 조직상의 문제만 유발했다. 그렇지만 증권 중개업자, 고객서비스 담당자 및 각종 금융상품 판매전문가들로 구성된 신종 금융 중개업소는 새로운 공유 정보시스템을 가지고 나타나 타협 비용을 줄이는 데 성공했다.

공유에 발생하는 세 번째 비용은 비융통성 비용이다. 기업이 공유 활동을 함으로써 분담해야 하는 비융통성은 2가지 형태로 나타난다. 경쟁자의 움직임에 대응하는 데 대한 잠재적 어려움과 철수장벽이 그것이다. 특정 사업단위가 위협에 대비하는 것이 다른 사업단위들과의 상호관련성에서 취득한 가치를 감소시킬 수도 있기 때문에 공유는 경쟁자들에 대한 발 빠른 대응을 어렵게 만들기도 한다. 또한 공유는 철수장벽을 더 높일 수도 있다. 아무런 경쟁우위를 갖지 못하는 사업단위가 철수하게 되면서 가치 활동을 공유하고 있던 다른 경쟁력 있는 사업단위에는 해가 되기도 한다.[11] 조정 비용이나 타협 비용과는 다르게 비융통성 비용은 공유할 때 발생하는 비용이 아니라 융통성이 필요할 경우에 발생하는 잠재적 비용이다. 따라서 비융통성 비용은 경쟁자에 대한 전략적인 대응이나 철수가 필요하게 될 가능성에 따라 좌우된다.

지금까지 언급한 조정, 타협 혹은 비 융통성 비용은 상호관련성을 성취하는 과정에 수반되는 비용이다. 이러한 비용들은 공유가 거론될 때마다 사업단위에서 제기되는 실질적인 관심사가 될 것이다. 사업단위의 입장에서는 모호한 상호관련성의 이득보다는 공유비용이 훨씬 분명해 보일 것이다. 게다가 공유의 비용을 최소화하기 위해 전략을 수정할 때 나타나는 상호관련성의 비용을 고려하기보다는 현재 전략에 근거한 잠재적 상호관련성의 비용을 인식하는 경향이 있다. 결국 공유에 수반되는 자율권의 문제와 같은 조직상의 문제로 인해 종종 상호관련성의 가치가 흐려진다. 그래서 기업 전체수준 전략의 일환으로 제시된 상호관련성을 추구하게 되면 결과적으로 특정 사업단위가 그것을 반대하게 된다.

특정 가치 활동을 공유해서 얻는 이득은 순수한 공유의 경쟁우위를 결정짓기 위해 조정, 타협 그리고 비융통성의 비용을 능가해야 한다. 또한 상호관련성으로 비롯된 경쟁우위의 평가는 관련 사업단위의 입장에서 개별적으로 행해져야 하며 기업 전체로 보았을 때 상호관련성의 가치는 관련 사업단위들이 얻게 되는 순이득의 합으로 계산되어야 한다. 특정 가치 활동을 공유함으로써 나타나는 순수한 경쟁우위는 사업단위별로 다를 것이다. 그러므로 타협을 강요당하는 사업단위에는 상호관련성이 주는 순수한 가치가 마이너스일 수도 있지만, 이 손실은 활동을 공유하는 다른 사업단위가 얻는 순가치창출분에 의해서 상쇄될 수도 있다. 이러한 이유에 더해 앞에서 논의한 상호관련성에 대한 편견으로 각 사업단위는 기업에 전반적으로 이익을 줄 수 있는 방향으로 상호관련성을 추구하는 것에 쉽게 동의하지는 않는다. 따라서 일반적으로 기업 내에 확실한 수평 전략이 수립된 상황에서만 별 이의 없이 진행될 수 있을 것이다.

이처럼 공유의 비용이 존재하는 한 많은 산업에서는 그 비용을 줄이기 위한 노력이 계속된다. 이 장의 앞부분에서의 언급한 새로운 기술을 도입함으로써 기업은 조정과 타협의 비용 그리고 비융통성 비용을 절감하는 데 효과를 보고 있다. 특히 더욱 간편한 커뮤니케이션 시스템과 더 좋은 정보시스템으로 조정은 한층 쉬워지고 있다. 다시 말해서 저가의 컴퓨터와 정보시스템은 가치 활동에 융통성을 부여하는 동시에, 타협 비용을 최소화하는 기술적 능력을 제공한다. 또한 서로 다른 요구를 가진 사업단위도 프로그래밍이 가능한 기계와 로봇을 공유할 수 있다. 많은 기업이 공유의 비용을 낮출 수 있는 이러한 가능성들을 인식하기 시작했지만 아직도 상당수의 기업에서는 시대에 뒤떨어진 방법을 고집하고 있다.

대응의 어려움

상호관련성을 추구할 때 창출되는 순수한 경쟁우위의 지속력은 경쟁자가 여기에 대응하면서 얼마나 어려움을 겪느냐에 좌우된다. 경쟁자들은 상호관련성으로 생성된 경쟁우위에 2가지 선택안으로 대응한다. 첫째, 경쟁사의 상호관련성을 모방하거나 둘째, 관련된 사업단위에서 시장점유율을 늘리거나 다른 유형의 상호관련성을 추구하는 것이다. 상호관련성의 모방 난이도는 경쟁자들이 관련 사업의 동일한 그룹에 속해 있는지의 여부에 따라 달라진다. 전략적 관점에서 상호관련성의 가치가 가장 크게 나타나려면 경쟁자가 없고 진입장벽이 높은 산업에 속해 있어야 한다. 예를 들어 P&G가 일회용 기저귀 사업부와 종이타월 사업부의 상호관련성에서 창출한 경쟁우위는 그 지속성이 매우 강력했는데, 이는 수많은 진입장벽으로 인해 종이타월 부문의 경쟁자들이 기저귀 부문으로 진입하지 못했기 때문이었다. 이와 같이 사업단위의 전략과 상황에 따라 이미 상호관련성을 성취한 기업보다 경쟁자가 가지게 되는 조정과 타협 비용이 더 높을 수도 또는 낮을 수도 있다. 다른 모든 조건이 같다면, 높은 조정 혹은 타협 비용 때문에 경쟁자가 대응하기에 가장 어려운 상호관련성을 찾아내어 이를 적극적으로 추구해야 한다.

경쟁자들은 전략의 변화를 꾀하거나 다른 유형의 상호관련성을 추구하여 관련 사업단위의 상황을 개선하는 또 다른 방법을 찾는 식으로 상호관련성의 이득을 상쇄시키려 할 수 있다.[12] 모든 가치 활동은 잠재적으로 공유될 수 있기 때문에 경쟁자는 서로 다른 사업단위의 그룹에서 나타나는 상호관련성을 모방할 수도 있고 동일한 그룹에서 상이한 가치 활동을 공유할 수도 있다. 그런데 여기에서 한 가지 주의해야 할 사항은 상호관련성을 추구하는 기업은 경쟁자 또한 대응방식으로 상호관련성을 추구하게 되어있기 때문에 상대적 위치에서 본다면 최종 성과를 보장받을 수 없는 위험에 처할지도 모른다는 사실이다.

경쟁자가 겪을 어려움을 평가하기 위해 마지막으로 고려해야 할 사항은 경쟁자가 제휴나 장기계약 등을 통해 동등한 수준의 경쟁우위를 달성할 수 있는가 하는 것이다. 다른 산업에 실제로 참여해야만 반드시 공유의 이익을 얻을 수 있는 것은 아니다. 때로는 다른 산업에 속한 기업과 합작이나 제휴를 통해 공유의 이익을 얻을 수 있다. 실행하기는 쉽지 않더라도 상호관련성의 가치를 평가하거나 상호관련성을 성취하는 방법을 평가할 때에는 제휴나 합작의 가능성이 항상 고려되어야 한다.

유형의 상호관련성 인식

기업에서 현재 이루어지고 있는 유형의 상호관련성을 밝히기 위한 유용한 출발점은 경쟁우위를 창출하는 대안들뿐 아니라 실제로 발생할 수 있는 공유의 모든 형태를 분류해보는 것이다. 〈그림 9-3〉은 공유의 형태를 '생산, 시장, 조달 활동, 기술, 인프라'의 5가지 유형으로 분류하였다. 또한 공유된 인적자원 관리를 공유 인프라의 일부로 포함했다. 이러한 범주의 상호관련성은 공유에서 각기 다른 문제를 제기하기 때문에 분리하는 것이 유용하다.

상호관련성은 결국 공통 구매자, 유통업자, 생산공정 등 산업간 다양한 유형의 '공통성'에서 비롯된다. 이러한 공통성이 잠재적인 상호관련성을 결정하는데, 상호관련성이 경쟁우위를 창출할 수 있는지의 여부는 위에서 설명한 이익과 비용의 함수관계에 의해 결정된다. 상호관련성의 각 부류의 원천과 가능한 공유의 형태는 〈표 9-1〉에서 볼 수 있다.

시장 상호관련성

시장 상호관련성이란 물류투입 활동에서 서비스 활동까지 구매자에게 제품이 연결되어 상호작용하는 데 수반되는 기본적인 가치활동을 공유하는 것을 의미한다. 사업단위 간 공통적인 부분이 구매자의 지리적 위치뿐일 때, 공유는 대체로 물적 유통시스템, 주문처리, 서비스와 판매영역에서만 일어나게 된다. 풍부한 공유의 기회는 사업단위들이 공통의 구매자, 공동의 채널 또는 모두를 소유하고 있을 때 주어진다. 사업단위들이 공통된 구매자나 유통채널을 가지고 있으면 사업단위 간에 물적 유통이나 주문처리 시스템을 공유하는 것으로 인한 복잡성이 줄어들어 공유의 비용이 감소한다. 게다가 공통의 구매자나 유통채널이 존재하면, 〈표 9-1〉에 나타나 있는 다양한 형태의 공유가 실현될 확률이 훨씬 높아진다.

잠재적인 시장 상호관련성을 설명하는 데 어려움을 겪는 이유는 구매자나 유통채널을 너무 광범위하게 파악하려는 경향 때문이다. 예를 들면, 석유회사는 굴착 장비, 정유 장비 및 유조선이나 유조차와 같은 수송 장비를 포함한 다양한 제품 및 서비스를 구매하므로, 석유회사는 다양한 산업에 속한 사업단위들에 공통의 구매자로 인식된다. 이처럼 다양한 제품이 석유회사의 각기 다른 부문으로 판매되지만 각 부문 간에는 접촉이 거의 없는 경우가 많다. 심지어는 굴착 장비 중에서도 탐사 장비와 생산장비는 서로 다른 부문으로 판매되는 경우가 많다. 또한 석유회사의 동일 사업단위에서 구매할 때도, 의사 결정을 하거나 의사 결정자에 영향을 미칠 수 있는 특정 개인이 서로 다른 회사의 장비를 선호하여 의견이 대립하기도 한다. 예를 들어 엔지니어들은 분출방지 장치와 같은 최신 장비를 선호하지만 구매 담당

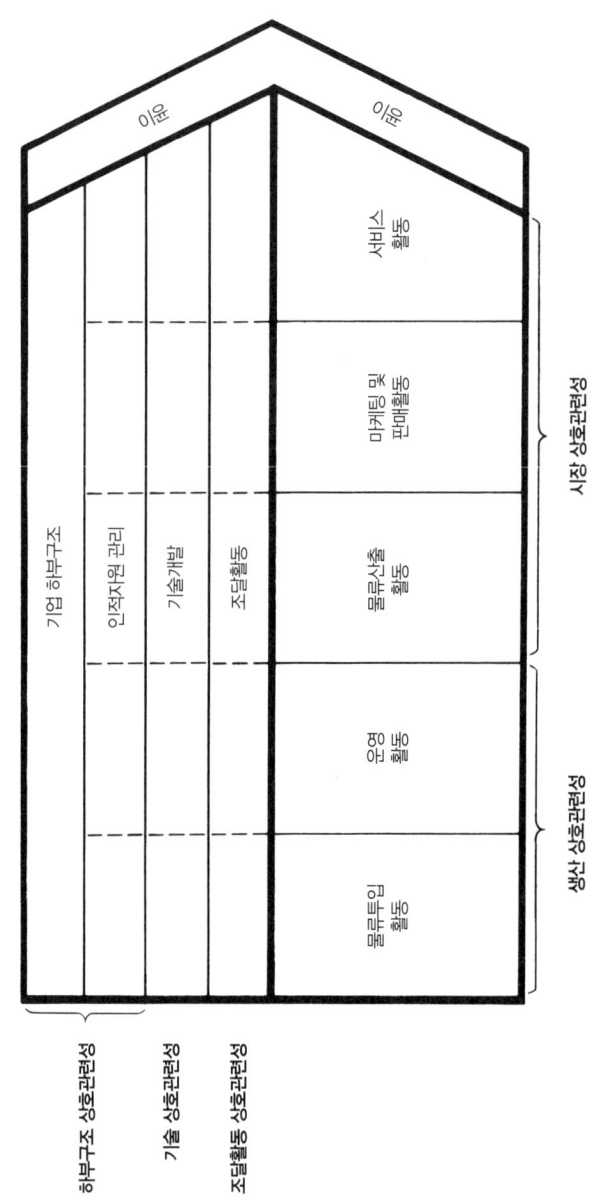

그림 9-3 유형의 상호관련성의 범주

자는 파이프와 같이 표준화된 장비를 선택하려는 경향이 있다.

금융서비스 또한 구매자를 광범위하게 설정해놓은 산업이다. 주식과 채권 부문의 전통적인 구매자는 생명보험 가입자와는 다른 집단이며, 이 둘은 선물(futures) 구매자와도 다르다. 이러한 구매자의 상이성은 금융서비스 부문이 시장 상호관련성을 획득하려는 노력을 물거품으로 만들었다. 사업단위 간의 시장 상호관련성을 개척하기 위한 의미 있는 기회는 구매 의사 결정자가 같거나 서로 어느 정도 밀접한 관계일 때만 생길 수 있다.

이와 똑같은 문제가 공통의 유통채널을 인식하는 과정에서도 발생한다. 예를 들어 두 제품 중 하나는 할인 백화점에서 판매되고 다른 하나는 로드 앤 테일러(Load&Taylor)나 니만 마커스(Neiman-Marcus)와 같은 고급 백화점에서 판매된다면 실질적인 유통채널의 상호관련성은 거의 이루어지지 않을 것이다. 또한 같은 유통채널이라 하더라도, 서로 다른 등급의 제품을 담당하는 각각의 판매 책임자가 있을 수도 있다. 대부분의 슈퍼마켓 체인에서 냉동식품은 육류와는 다른 구매자 집단을 형성하게 되는데, 설사 육류로 만들어진 냉동식품이라고 해도 그러한 현상이 나타날 수 있다. 그러나 의사 결정자가 다른 경우에도 공통된 구매자와 유통채널을 가지게 되면 물류와 주문처리 시스템을 공유할 기회가 생기게 마련이다.

공통의 구매자에게 판매되는 제품이 대체재냐 또는 보완재냐에 따라 시장과 관련된 활동을 공유함으로써 생기는 이득이 달라진다. 제품이 대체재인 경우 구매자는 둘 다 사는 것이 아니라 대체용 제품만을 구입하기 때문에 마케팅을 공유해도 얻을 수 있는 원가의 이득은 기대할 것이 못 된다. 그러나 대체 관계에 있는 제품을 구매자에게 공

조달활동 상호관련성		기술 상호관련성		인프라의 상호관련성	
상호 관련성 원천	가능한 공유의 형태	상호 관련성 원천	가능한 공유의 형태	상호 관련성원천	가능한 공유의 형태
• 공통 구매 투입물	• 합동 조달 활동	• 공통된 제품 기술	• 합동 기술 개발	• 공통된 기업 인프라의 요구	• 자본조달의 공유
		• 공통된 공정 기술	• 인터페이스의 공동 설계	• 공통자본	• 현금 이용의 공유
		• 상이한 가치 활동에 있어서 공통된 기술			• 회계의 공유
					• 법적 부문의 공유
		• 다른 제품에 결합되는 제품			• 정부 관계의 공유
		• 제품 간의 인터페이스			• 고용과 훈련의 공유
					• 다른 인프라 활동의 공유

급함으로써 기업의 위험을 감소시킬 수 있는데, 한 제품에서 손실을 보더라도 다른 제품에서 만회할 수 있기 때문이다(8장 참조). 또한 대체재 간의 합동 마케팅을 통해 기업의 차별화를 고도화시킬 수도 있다.

한편 여러 사업단위가 공통의 구매자에게 보완재를 판매할 경우, 서로 관련 없거나 대체재 관계인 제품을 판매할 때보다 공유로 인한 이득이 더욱 크다. 즉 보완관계에 있는 제품을 동시에 판매할 때는 공유된 가치활동의 효과적인 이용을 촉진하고 공통의 브랜드 사용, 합동 광고를 실행하도록 촉진하는 등 서로 밀접하게 관련된 요구사항

생산 상호관련성		시장 상호관련성	
상호 관련성 원천	가능한 공유의 형태	상호 관련성 원천	가능한 공유의 형태
• 원재료의 공통 사용 • 같거나 유사한 제작과정 • 같거나 유사한 조립과정 • 같거나 유사한 품질검사 절차 • 공통의 공장 지원 요구	• 물류투입의 공유 • 제품 구성요소 제작의 공유 • 조립시설의 공유 • 품질검사 설비의 공유 • 공장 간접활동의 공유 • 공장 인프라의 공유	• 공통 구매자 • 공통 유통채널 • 공통의 지역 시장	• 상품명의 공유 • 제품의 교차판매 • 일괄 판매 또는 패키지 상품 • 보완재에 대한 교차보조 • 마케팅 부문의 공유 • 판매력의 공유 • 서비스, 수선, 네트워크의 공유 • 유통시스템의 공유 • 구매자 금융 또는 유통업자 금융 조직의 공유

표 9-1 　상호관련성의 창출이 가능한 원천들

　을 갖게 되기 때문이다. 보완재에 따르는 전략적 이슈는 12장에서 따로 다루겠다.

　시장 상호관련성의 잠재적 경쟁우위와 타협 비용 원천의 주요 형태는 〈표 9-2〉에서 볼 수 있다. 시장조사, 판매촉진 관리, 광고 등의 간접적 활동은 타협 비용이 적게 들기 때문에 직접적 활동에 비해서 쉽게 공유될 수 있다.[13] 시장 상호관련성의 이점은 사업단위의 전략을 타협 비용을 절감하는 방향으로 전환하면서 증가하기도 한다. 예를 들어, 판매촉진의 실행을 표준화한다거나 자신들의 이미지 개선을

공유형태	잠재적 경쟁우위	타협 비용의 원천
브랜드 네임의 공유	• 광고비 절감 • 제품 이미지 / 명성의 강화	• 제품 이미지가 모순되거나 비일관적임 • 구매자는 한 기업에서 너무 많은 것을 구매하지는 않음 • 특정 제품의 평판이 나쁠 때 생기는 명성의 훼손
광고의 공유	• 광고비 절감 • 광고 구좌 확보에 유리	• 적당한 미디어나 메시지가 다름 • 복수제품으로 인해 광고 효과 감소
촉진의 공유	• 공동 쿠폰을 발행해 촉진 비용을 절감함	• 촉진의 적당한 형태나 시기가 다름
상대방의 구매자에게 제품의 교차 판매	• 새로운 구매자를 찾는 비용 절감 • 판매비 감소	• 제품의 이미지가 모순되거나 비일관적임 • 구매자는 한 기업에서 너무 많은 것을 구매하지는 않음
보완재 간의 상호 관련된 가격 결정	• 12장 참조	• 12장 참조
일괄 판매	• 12장 참조	• 12장 참조
마케팅 부분의 공유	• 시장조사 비용의 감소 • 마케팅 경비의 감소	• 제품 포지셔닝이 다르거나 모순됨 • 구매자의 구매 행동이 다름
유통채널의 공유	• 유통채널과의 교섭력 증대로 유지보수 및 지원서비스 강화 • 유리한 진열대를 확보함과 동시에 유통채널 이윤 보장 • 일괄 쇼핑이 차별화를 증대시킴 • 유통채널을 지원하는 인프라 비용 절감	• 기업보다 유통업자가 우월한 교섭력 확보 • 유통채널이 특정 기업에 매출의 많은 부분을 의존하려고 하지 않음 • 공유된 유통채널의 사용으로 다른 유통채널의 지원 상실

공유형태	잠재적 경쟁우위	타협 비용의 원천
판매원이나 판매 사무소의 공유	• 판매비나 판매원 원가의 절감 • 우수한 판매원 • 많은 제품이 구매자에 대한 접근을 쉽게 하거나 구매자 편의를 증진시킴 • 판매원을 이용하는 패턴이 제품별로 다를 때 좀 더 효과적으로 판매원을 이용할 수 있음	• 구매자의 상이한 구매 행동 • 특정 판매원에게 많은 양의 상품을 구매하는 것을 싫어하는 심리 • 판매원은 구매자에게 많은 제품을 보여줄 수 있는 충분한 시간이 없음 • 판매원의 유형이 다양한 것이 더 유용함 • 특정 제품은 다른 제품에 비해 많은 관심을 집중시킴
서비스 네트워크의 공유	• 서비스 비용의 절감 • 개선된 기술, 다수의 인접한 서비스 장소로 인해 더욱 정교해진 서비스와 고객 응대 • 제품별로 서비스 요구 내역이 서로 다를 때 서비스 설비의 활용도가 개선됨	• 제품별로 수선을 하는 데 필요한 도구나 지식의 차이 • 서비스에서 요구되는 적절한 타이밍의 편차
주문처리 과정의 공유	• 주문처리 비용의 절감 • 주문처리의 반응을 개선하고 주문정보를 처리해주는 개선된 기술을 사용하는 과정에서 비용의 절감 • 주문의 흐름이 상이할 경우 설비를 효과적으로 활용할 수 있음 • 구매자를 위한 일괄 쇼핑으로 차별화를 증대시킴	• 전형적인 주문 형태와 구성이 다름 • 주문 사이클의 차이로 인해 주문처리 과정에 일관성이 결여됨

표 9-2 시장 상호관련성으로부터 생기는 경쟁우위의 결정 요인

공유형태	잠재적 경쟁우위	타협 비용의 원천
물류투입 시스템의 공유	• 수송비와 원재료 취급비용 절감 • 좋은 기술이 운송의 안전성을 높이고 파손율을 줄인다. • 공유를 통해 더 자주, 더 작은 양의 운송을 시행할 수 있는데, 그로 인해 재고가 감소하고 생산성을 증가시킬 수 있다.	• 투입물의 구입처가 지역적으로 다르게 분포 • 공장들이 지역적으로 다르게 분포 • 투입물의 물적 특성이 다양할 경우 투입물을 취급하는 물류시스템이 최적이 아닌 준최적이 된다. • 사업단위에 따라 물류투입의 횟수와 신뢰성에 대한 요구가 다르다.
제품 구성요소의 공유	• 구성요소 제조원가의 절감 • 구성요소 제조기술의 개발로 품질을 향상시킨다.	• 사업단위마다 구성요소의 디자인과 품질에 대한 요구가 다르다.
제품의 구성요소 제조설비의 공유	• 구성요소의 원가절감 • 발전된 제조기술로 품질개선 • 비슷한 구성요소들에 대한 수요가 서로 완전히 연결되어 있지 않을 때 기업의 설비 이용도가 개선된다.	• 제조설비 설치 비용이 비싸다. • 사업단위 간에 구성요소의 품질에 대한 요구가 다르다. • 프로그램이 가능한 기계는 전문화된 기계보다 비용이 많이 든다. • 한 장소에서 노동력이 많아지면 노조 또는 생산성의 문제가 발생할 가능성이 있다.

위한 브랜딩 또는 지불 기간의 표준화 등을 단행해서 공유를 쉽게 할 수 있게 된다.

생산 상호관련성

생산 상호관련성의 범주에는 물류투입, 부품제작, 조립, 검사 등과 같은 가치활동을 공유하는 것이 포함된다. 가치활동을 공유하는 사업

공유형태	잠재적 경쟁우위	타협 비용의 원천
조립설비의 공유	• 조립 비용의 절감 • 개선된 조립기술로 인한 품질의 개선 • 수요가 서로 완전히 연결되어 있지 않으므로 설비 이용률 향상 • 공유된 원재료 처리시스템을 조립라인에서 공동 사용하는 것이 가능	• 각기 다른 제품을 위한 설치비용이 많이 든다. • 품질 기준이나 불량에 대한 허용률이 다르다. • 융통성 있는 조립설비는 원가가 더 높다. • 한 장소에서의 노동력이 더 많아지면 고용, 노조 또는 생산성의 문제가 발생할 가능성이 높다.
검사 / 품질 통제의 공유	• 검사 비용 절감 • 개선된 기술이 검사의 범위를 증가시키고 품질통제를 개선시킬 수 있다.	• 검사절차와 품질의 표준이 다르다. • 융통성 있는 검사설비와 시설이 비용을 높일 수 있다.
간접활동의 공유	• 간접활동 비용의 절감 • 간접활동의 질 개선	• 사업단위 간 간접활동에 대한 요구가 다르다. • 한 장소에서의 노동력이 더 많아지면 고용, 노조 또는 생산성의 문제가 발생할 가능성이 높다.

표 9-3 생산 상호관련성에서 생기는 순경쟁우위의 결정요인

단위의 공급자나 구매자가 넓은 지역에 분포되어 있을 경우, 운송 비용이 증가할 우려가 있으므로 공유하려는 활동이 지역적으로 가까운 곳에 모여 있을 필요가 있는데, 이때 타협 비용이 발생하게 된다. 한편 구매를 공유하는 것은 생산 상호관련성과는 별개의 문제인데, 이는 생산시설을 통합할 필요가 없기 때문이다. 투입물의 구매는 기업 전체수준에서 한꺼번에 이루어져 공급업자로부터 여기저기 분포되

어 있는 생산설비로 수송된다.

그런데 비슷한 가치활동을 엄밀하게 조사해보면 생산 상호관련성은 실제로 일어날 가능성이 없을 것 같은 착각을 일으킨다. 예를 들어, 기계 자체는 근본적으로 같지만 주문생산으로 상품을 제조하는 과정은 다른 제조과정과는 완전히 다른 특성의 기계가 필요하다거나 생산 규모나 조업시간 측면에서도 매우 다른 경우가 많다. 어쨌든 타협 비용을 감소시킬 수 있다는 점에서 생산의 상호관련성을 촉진시키는 간접적 가치활동은 공유를 유발하는 매력적 기회를 제공한다. 예를 들면 건물운영, 유지보수, 공장의 인프라, 검사시설 등의 경우 실제 제조과정이 달라도 공유될 수 있다.

〈표 9-3〉은 주요한 생산 상호관련성이 갖는 잠재적 경쟁우위와 타협 비용의 원천을 보여주고 있는데, 양자의 균형 관계는 관련된 사업단위의 전략에 따라 달라진다. 예를 들면, 두 사업단위가 모두 차별화 전략을 채택하고 있다면 각 사업단위가 서로 다른 전략을 채택하고 있는 경우보다 부품 사양, 허용 불량률, 검사 표준 등에서 상대적으로 유사한 요구사항을 가질 것이다.

조달 활동 상호관련성

조달 활동 상호관련성은 각 사업단위에 공동으로 소요되는 투입물 구매를 공유하는 것을 말한다. 이처럼 각 사업단위에서 동일한 투입물을 구매하는 일은 다각화된 기업에서 흔히 일어난다. 공급자는 전 세계에 분포하는 공장들의 요구를 토대로 거래를 성립시키려 하고, 이에 따라 기업 전체 차원의 수요가 반영되도록 가격을 협상한다. 그렇지만 일부 기업의 경우 잠재적 타협 비용을 전혀 인식하지 못

공유형태	잠재적 경쟁우위	타협 비용의 원천
투입물의 공동 조달	• 투입요소 비용의 절감 • 투입물의 품질향상 • 반응 감도, 재고의 보유에 있어서 공급자의 서비스가 개선된다.	• 품질명세서에 따른 투입물에 대한 요구가 다를 경우, 더 낮은 품질을 요구하는 사업단위에서 더 많은 비용을 부담하게 된다. • 사업단위마다 공급자에게 요구하는 기술자원과 운반 요구사항이 다르다. • 조달 활동의 집중화로 공장에서 구매 부서로의 정보 흐름이 감소되고 공장에서의 구매 요구에 대한 반응 감도가 떨어진다.

표 9-4 조달 활동과 상호관련성에서 생기는 순경쟁우위의 결정 요인

하거나 매력적인 구매 기회를 협상하는 과정에서 기회주의적 행동(opportunism)을 허용하지 않는 엄격한 조달 과정을 구축하기 때문에 공동 조달을 지나치게 많이 하기도 한다. 조달 활동을 공유할 때 발생할 수 있는 잠재적 경쟁우위와 타협 비용 원천은 〈표 9-4〉에 나타나 있다.

기술 상호관련성

기술 상호관련성은 가치사슬 전반에 걸쳐 나타나는 기술개발 활동의 공유를 지칭한다. 기술 상호관련성은 다음과 같은 점에서 생산 상호관련성과 구별된다. 기술 상호관련성은 제품의 실제 생산에 필요한 활동을 공유하는 것이다. 그러나 공정을 개발할 때 상호관련성은 흔히 생산 상호관련성이나 시장 상호관련성과 함께 발생한다. 일반적으

로 공정개발의 상호관련성은 본원적 가치활동과 연관된 상호관련성에서 발생하는 경우가 많기 때문이다.

그런데 상호관련성의 다른 형태처럼 기술 상호관련성의 실현은 신기루처럼 보일 수 있다. 또한 두 사업단위에 중복된 과학적 분야가 중복되지 않은 과학적 분야에 비해 덜 중요할 수도 있다. 예컨대, 해리스코퍼레이션(Harris Corporation)에서는 신문사에 판매하는 텍스트 편집 시스템 소프트웨어를 이용해서 워드프로세싱 부문으로 진입하는 데 필요한 개발비용을 줄일 수 있을 거라 기대했다. 그러나 텍스트 편집 시스템은 신문편집에 특화되어 있어서 워드프로세싱 시스템을 개발하는 데 적합하지 않다는 사실을 발견하게 되었다.

마치 마이크로일렉트로닉스 기술이 전기통신과 정보처리에 모두 중요하듯이, 실제로 중요한 기술의 상호관련성은 관련된 제품이나 공정의 원가 우위 확보나 차별화에 핵심적인 기술을 수반해야 그 의미가 있다. 많은 제품에서 볼 수 있는 기술들이 피상적인 유사성만을 가지고 있어서 오히려 진정한 기술 상호관련성의 실체를 파악하기 어렵게 만든다. 다른 형태의 상호관련성들과 마찬가지로 기술 상호관련성의 경쟁우위 또한 산업의 구조와 사업단위의 전략에 따라 달라진다. 예를 들어, 마이크로일렉트로닉스 기술을 공유하는 데서 발생하는 이익은 방위 산업 부문과 소비재 부문에서 공유가 일어날 때보다 두 개의 소비재 부문에서 더 크게 발생하기 마련이다. 실제로 록웰 인터내셔널(Rockwell International)은 방위 산업 부문의 엔지니어들을 어드미럴(Admiral) TV사업부에 투입하는 과정에서 기술적 공유로 인한 성과를 거두지 못하고 이러한 사실을 절감하게 되었다. 상업용 비행기 제조에서도 유사한 예를 찾을 수 있는데, 애당초 군사용으로 개발된

공유형태	잠재적 경쟁우위	타협 비용의 원천
기술개발 활동의 공유 (제품이 별개거나 다른 제품에 결합되는 경우)	• 제품 혹은 공정디자인 원가 절감 (디자인 시간의 감축 포함) • R&D 집중투자와 능력 있는 사람들을 끌어들임으로써 제품이나 공정디자인의 혁신을 증가시킨다. • 제품영역 간 기술의 이전은 차별화를 고도화시키고 새로운 기술로의 빠른 진입을 도와준다.	• 기술은 같으나 사업단위에 기술을 적용하는 것이 다를 수 있다.
기술적인 인터페이스를 가진 제품 간에 인터페이스 설계를 공유	• 인터페이스 디자인 비용의 절감 • 우월하거나 독점적인 인터페이스 성과 창출을 통한 차별화 • 비표준화된 인터페이스를 통해 창출되는 일괄 판매의 기회 (12장 참조)	• 비 표준화된 인터페이스가 이용 가능한 시장을 축소시킨다. • 일괄 판매의 위험 (12장 참조)

표 9-5 기술 상호관련성에서 생기는 순경쟁우위의 결정요인

비행기(예: sabreliner)는 상업용 항공기로 판매되기에는 너무 비싸다는 사실만 입증하고 말았던 것이다.

〈표 9-5〉에는 기술개발의 공유를 통해 얻을 수 있는 잠재적 경쟁우위와 타협 비용의 원천을 기술해놓았다.

인프라 상호관련성

상호관련성의 마지막 범주는 기업의 인프라에서 생기는데, 기업 인

프라란 재무, 법률, 회계, 인적자원 관리 활동을 총망라한 것이다. 2장에서 기술한 것처럼 몇몇 인프라 활동은 다각화된 기업에서만 공유해왔다. 대개, 이러한 공유의 경쟁우위는 별로 크지 않다. 이는 인프라가 원가에서 차지하는 비중이 크지 않고 그것을 공유해도 차별화에 거의 영향을 주지 못하기 때문이다.

그러나 역설적으로 공유와 관련한 자료에는 특히 재무와 자본의 이용에서 인프라를 공유하는 것에 대한 것이 많다. 특히 재무적인 측면의 상호관련성은 사업단위에 공헌하는 중요한 경쟁우위로 간주된다.

이와 같은 재무적인 상호관련성에는 2가지 기본 원칙이 있는데, 합동 자본조달과 자본이용의 공유(특히 운전자본)가 그것이다. 자본을 조달하는 데 규모의 경제는 실제로 존재할 수 있으며, 특히 자본이 필요로 하는 만큼 존재할 수 있다. 현금이 한 사업단위에서 다른 사업단위로 흐를 수 있도록 하는 사업단위 간의 자금순환과 소요금액의 계절적 차이가 존재하는 경우에는 공유를 통해 운전자본의 효과적 이용이 가능해진다. 재무적인 상호관련성에서는 타협 비용이 크게 발생하지 않으며, 더욱이 이를 추구할 수 있는 여지가 있다면 다른 상호관련성을 추구하는 것보다 달성하기가 쉽다. 이러한 점으로 인해 재무적 상호관련성은 가장 빈번히 논의되고 있다.

재무 공유에서 경쟁우위를 제한하는 주된 요인은 자본시장의 효율성이다. 재무 분야에서 규모의 경제는 대부분의 기업에서 비슷하게 나타나며 그로 인해 자금조달 비용에서 비교적 작은 차이를 나타낸다. 기업은 또한 상업어음 시장이나 기타 금융시장에서 단기 현금 수요를 충당하는 차입을 할 수 있고 남는 현금을 빌려줄 수도 있어서 운전자본을 공유하는 가치를 경감할 수 있다. 그러므로 경쟁자의 규모나 신용등급이 평정이 크게 다르지 않다면 재무적 상호관련성은 경쟁우위에 큰 효과를 내지 못한다. 다른 형태의 인프라 상호관련성도 특정 산업에서는 중요할 수 있다. 예를 들어, 고용과 훈련 인프라의 공유는 서비스 산업에서 중요하고 대정부 관계의 공유는 천연자원 개발산업에서 중요하다.

무형의 상호관련성

무형의 상호관련성을 맺으면, 서로 다른 가치사슬 간에 기술이전을 함으로써 경쟁우위를 얻게 된다. 기업은 한 가지 사업단위를 운영하면서 습득한 노하우를 다른 사업단위에 이전하여 사업단위 전반의 경쟁력을 강화할 수 있다. 이러한 내부 기술이전은 기존 사업단위에서 새로운 사업단위로, 또 그 반대로도 이루어질 수 있다. 노하우의 이전은 가치사슬의 어느 영역에서든 일어난다. 필립 모리스는 담배사업을 하면서 얻은 소비재 판매 노하우를 밀러 맥주에 전수했다. 에머슨 일렉트릭은 쇠톱을 만드는 베어드 폴란을 인수했을 때 공장설계와 비용삭감 기술을 전해주었다. 이 두 사례를 보면 기술을 이어받은 사업단위의 경쟁 방식이 변하면서 경쟁우위가 창출되었다.

노하우를 전수받은 사업단위에서 비용삭감이나 차별화 상황이 개선되는 폭이 이전비용보다 크다면 상호관련성이 경쟁우위를 가져다준다. 노하우의 창출 비용은 이미 계산되었으므로 개발 비용에 비하면 이전 비용은 아무것도 아니다. 그러나 실제로 노하우의 이전 과정에서는 기술을 가진 사람이 들이는 시간의 비용이나 독점정보가 새어나갈지도 모르는 위험부담으로 인한 비용이 어느 정도 들게 되어 있다. 전수받은 노하우를 사업단위에 맞게 적응시키는 것도 비용이 든다. 따라서 노하우의 이전에 드는 비용과 혜택을 비교해봄으로써 과연 무형의 상호관련성이 경쟁우위를 가져다줄지를 판단해야 한다.

다시 한번 강조하면 무형의 상호관련성이 경쟁우위를 가져다주는 경우는 노하우나 기술을 이전받는 사업단위가 비용을 줄이거나 차별화를 촉진시킬 수 있을 때다. 이는 기술이전으로 정책이 바뀌어 비용 삭감이나 차별화를 달성하거나 전수받은 사업단위가 기술이전 덕분에 비용과 제품 특성을 변화시키는 동인을 잘 알 수 있게 되기 때문이다. 예를 들면 필립 모리스에서 밀러 맥주로 기술이 이전된 후 바뀐 정책으로 매출액 중 맥주가 차지하는 비율과 맥주 판매방식이 바뀌었을 뿐 아니라 광고 지출이 증가하여 맥주 업계에 규모의 경제가 확산되고 밀러 브랜드는 경쟁에서 유리한 위치에 놓이게 되었다.

• **무형의 상호관련성의 식별** 무형의 상호관련성은 사업단위 사이의 다양한 형태의 본원적 유사성에서 나온다.[14]

- 동일한 본원적 전략
- 동일한 부류의 가치사슬(구매자가 동일인은 아니어도 된다)
- 유사 형태의 가치사슬(예: 여러 곳에 흩어져 있는 광석 채취 및 처리장)
- 유사한 중요 가치활동(예: 정부와의 관계)

비록 가치활동이 공유될 수 없는 경우라 하더라도, 사업단위 간에 유사성이 있다면 한 사업단위에서 획득한 노하우를 다른 사업단위로

전수할 수 있다.[15]

　사업단위 사이의 일반적 유사성은 수없이 많아서, 그 중 주요한 무형의 상호관련성의 형태를 유형의 상호관련성만큼 완전하게 식별하기는 불가능하다. 그러나 가치사슬은 무형의 상호관련성을 찾아내는 체계적인 방법을 제시해준다. 기업은 자사 내부 사업단위에서 벌어지는 주요 가치활동을 조사함으로써 활동의 유사성이나 가치사슬의 형태를 밝힐 수 있으며, 그렇게 되면 노하우를 이전하는 기반을 마련하거나 새로운 사업에 적용이 가능한 본원적인 기술을 강조할 수 있게 된다.

• 무형의 상호관련성과 경쟁우위　무형의 상호관련성은 종류에 관계없이 아주 흔하게 일어난다. 따라서 기업 내의 두 사업단위를 무작위로 비교해봐도 대개는 일정한 가치활동에서 본원적인 차원의 유사성을 찾아볼 수 있다. 항공사의 경우 지역적으로 널리 분산된 사업장이 대부분이며 예정시간표가 무척 중요한데, 이것은 트럭 운수회사와 국제적인 무역회사 또는 공업용 가스 생산회사도 마찬가지다. 그런데 무형의 상호관련성을 분석한다는 것은 상황에 따라 상당히 까다로울 수 있다.

　경쟁우위를 획득하는 데 중요한 역할을 하는 무형의 상호관련성을 식별하는 데 검토해야 할 사항에는 다음과 같은 것들이 있다.

- 사업단위의 가치활동이 얼마나 유사한가?
- 가치활동이 경쟁에 얼마만큼 관련이 있는가?
- 이전될 노하우가 관련 있는 활동의 경쟁우위 창출에 얼마나 중

요한가?

위 사항들에 대한 검토는 동시에 이루어져야 한다. 사업단위의 유사성은 노하우의 전수가 얼마나 많이, 유용하게 이루어질 것인지를 결정하고, 노하우를 이전받은 사업단위가 그로 인해 경쟁우위를 강화했는지에 따라 노하우의 중요성이 평가된다. 때로는 경영을 분석하는 새로운 시각의 이전을 통해서도 경쟁우위에 큰 변화를 줄 수 있다. 그러므로 별로 유사성이 없는 사업단위 사이에도 중요한 무형적 상호관련성은 있을 수 있다. 그러나 정말 중요한 무형의 상호관련성을 찾기란 예상했던 것보다 훨씬 어렵다. 게다가 과연 노하우의 전달이 그만한 가치가 있을지 예측하기도 쉽지 않다.

한편 무형의 상호관련성을 평가할 때 빠지기 쉬운 함정이 있는데 그것은 애써 발견한 사업단위의 유사성이 경쟁에는 별 영향을 미치지 않을 때 나타난다. 이때는 노하우를 전수받아도 원가절감이나 차별화에 중요한 가치활동에는 아무 영향도 주지 못하며, 경쟁자에게는 없는 새로운 시각을 제공하지도 못한다. 필립 모리스가 세븐업을 인수했을 때의 경우가 후자에 해당한다. 맥주 산업은 역사적으로 마케팅이 거의 없는 가족기업들의 차지였지만, 청량음료 산업은 코카콜라, 펩시, 닥터 페퍼와 같은 세련된 마케팅으로 특징지어져 왔다. 필립 모리스의 마케팅 노하우는 맥주 브랜드 밀러의 경우엔 성공적이었지만 청량음료인 세븐업에서는 별 도움이 되지 않았다. 실제로 많은 기업이 경쟁우위를 착각하거나, 전혀 무관한 무형의 상호관련성을 찾는 오류를 범했다. 이는 많은 경우 무형의 상호관련성이 억지로 만들어 낸 것처럼 보이고, 여타의 이유로 수행된 다각화 움직임을 사후에 무형의 상호관련성이라고 정당화시킨 결과라고 해석할 수도 있다. 중요한 무형의 상호관련성은 특히 시너지에 관한 논의에서 두드러진다. 여기서 핵심은 중요한 무형의 상호관련성을 찾아서 수행하기가 어렵다는 것인데, 많은 기업이 시너지 효과에 실망하게 된 이유 중 하나가 이것이다.

따라서 무형의 상호관련성을 효과적으로 이용하려면 관련된 사업단위와 그들이 경쟁하는 산업을 잘 이해해야 한다. 어떤 무형의 상호관련성이 경쟁에서 차지하는 중요성을 제대로 이해하기 위해서는 노하우가 변화를 일으키려면 어떻게 전수되어야 하는지 방법을 알아야만 한다. 다른 사업단위에서 성공한 방식이니 마찬가지일 것이라는 안일한 생각으론 아무 소득이 없을 것이다.

심지어 노하우를 이전해서 생기는 이익이 이전 비용을 훨씬 능가한다고 해도 실제로 노하우가 이전되기 전에는 무형의 상호관련성이 경쟁우위로 직결되지는 않는다. 일반적으로 기업 내부에서 일어나는 노하우의 이전 과정은 사업단위 양측의 경영자와 직원을 교환하는 형태로 이루어지는데, 이때 최고경영자의 적극적인 설득과 조율의 노력이 반드시 필요하다. 예를 들어 노하우를 전수받는 직원은 다른 사업부에서 개발된 노하우의 가치를 의심할 수 있고 따라서 노하우 습득에 강한 반발심을 가지게 될지도 모른다. 또한 노하우를 가진 사업부에서는 중요한 직원이 노하우 전수에 시간을 빼앗기고 노하우의 독점적 성격을 상실하는 것에 거부감을 느껴 이전 자체를 꺼릴 수도 있다. 마지막으로 노하우의 이전이란 주관적인 성격이 강해서 이전으로 얻는 이익은 유형의 상호관련성의 경우보다 경쟁자들이 알아차리기 어려울 때가 많다. 이 모두를 고려해볼 때 매우 중대한 무형의 상호관련성조차 성취하는 데 상당한 어려움이 있다는 것을 알 수 있다. 중요한 무형의 상호관련성을 이루기 위해서는 지속적인 노력과 공식적 메커니즘을 통해 필요한 기술을 이전해야 한다. 또한 적절한 조직 환경은 노하우의 이전비용을 삭감시킬 것이다.

경쟁자의 상호관련성

경쟁자의 상호관련성은 기업이 복수의 사업영역에서 다점 경쟁자와 경쟁을 할 때 나타난다. 이러한 다점 경쟁자를 상대할 때는 공동으로 경쟁하고 있는 사업 전체를 고려해야 한다. 또한 다점 경쟁자에 대한 기업의 경쟁우위는 양측이 맺고 있는 상호관련성에 따라 결정되는 경우가 많다. 다점 경쟁자가 가지는 경쟁상의 지위는 상호관련성의 작용으로 어느 한 산업에서의 시장점유율보다는 관련 산업 전반에서 나타나는 지위에 의해 결정된다. 다점 경쟁자와의 상호관련성이 반드시 존재하는 것은 아니지만 유무형의 상호관련성으로 경쟁사들이 유사한 다각화 채널을 따라가는 예가 많기 때문에 다점 경쟁자와의 상호관련성은 대체로 있다고 보는 편이다.[16]

현존하는 다점 경쟁자는 〈그림 9-4〉를 이용하여 쉽게 찾아낼 수 있다. 〈그림 9-4〉의 기업들 중 A, B, C, D, E가 다점 경쟁자다. 나머지 기업들은 다점 경쟁자가 아니지만 이들도 그렇게 될 가능성은 있다. 〈그림 9-4〉를 분석해보면 2, 3번 사업단위에 4개의 경쟁사가 참여하는 모습으로 이 두 사업은 매우 관련이 깊다는 것을 알 수 있다. 또한 사업단위의 관련성을 분석함으로써 잠재적 다점 경쟁자를 예측

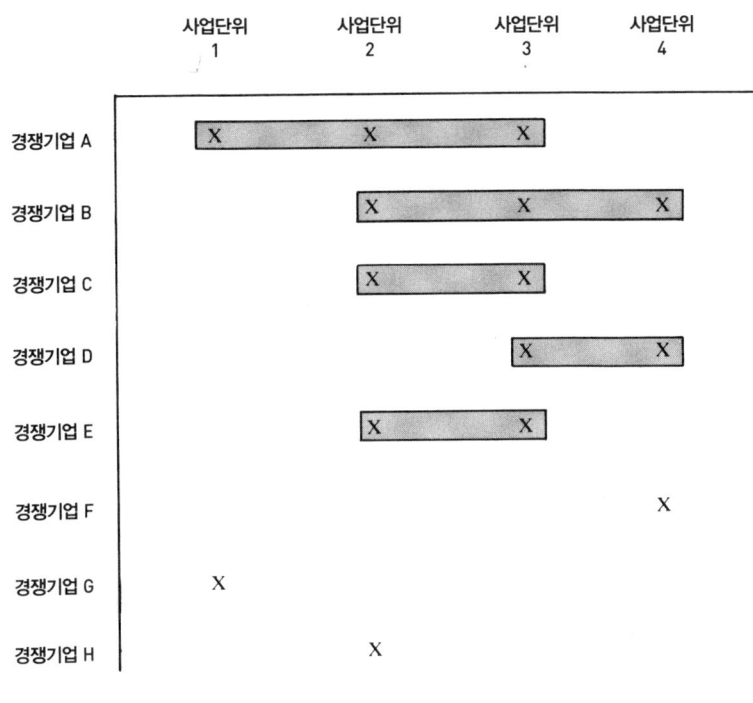

그림 9-4 기업 경쟁자 매트릭스

할 수 있다. 그림에서는 2번과 3번 사업단위가 명백히 연관되어 있으므로 H 기업이 다점 경쟁자가 될 가능성이 가장 높아 보인다고 할 수 있다.

〈표 9-6〉에는 1983년 종이제품 소비재 부문에 참여한 다점 경쟁자의 매트릭스와 각 회사의 신규 참여 연도가 나타나 있다. 이를 보면 여러 개의 경쟁자 상호관련성이 있고 그 수는 시간이 지남에 따라 증가한다는 점을 확인할 수 있다. 다른 부류의 산업에서도 유사한 패턴을 관찰할 수 있다. 표에 제시된 경쟁자 상호관련성의 유형은 뒤에서 좀 더 자세히 논의될 것이다.

구분	일회용 기저귀	화장실용 휴지	종이 타월	미용지	종이 냅킨	생리대	탐폰	유아용 종이타월
스콧 페이퍼	진입했다가 나감(1966)	× (1904)	× (1931)	× (1943)	× (1958)			× (1976)
킴벌리 클라크	× (1968)	× (1924)	× (1976)	× (1924)	× (1951)	× (1924)	× (1960)	× (1975)
P&G	× (1966)	× (1957)	× (1965)	× (1960)		× (1983)	진입했다가 나감(1974)	
조지아 퍼시픽		× (1909)	× (1909)	× (1909)	× (1909)			
존슨앤드 존슨	× (1972)					× (1972)	× (1978)	×* (1980)
와이어 하우저	×							
탐팩스						× (1981)	× (1936)	

표 9-6   종이제품 소비재에서 경쟁자 상호관련성(1983년)

* 이 경쟁자의 종이타월은 아기들을 위해서 제작되었다.

이와 같은 다점 경쟁자 분석은 기업마다 다른 패턴의 상호관련성을 가지는 단일 경쟁자(single point competitor) 분석에도 비슷하게 적용될 수 있다. 예를 들어 제록스와 캐논, 마쓰시타는 모두 편의형 복사기(convenience copier) 부문에서 경쟁하고 있다. 이 중 제록스는 대용량 복사기와 사무자동화 기기, 캐논은 휴대용 계산기와 카메라, 마쓰시타는 가전제품이나 기타 광범위한 전자기기들과 상호관련성을 가지고 있다. 그런데 흥미로운 일은 캐논과 마쓰시타는 제록스의 상호관련성에 대응하는 방편으로 사무자동화 영역으로 다각화를 하고 있다는 것이다.

다른 패턴의 상호관련성을 가진 단일 경쟁자는 대응하기가 힘들 뿐만 아니라 경쟁의 틀을 바꿀 수도 있는 경쟁우위의 또 다른 원천을 제공하기 때문에 더 중요하다. 더욱이 복사기 분야에서 본 것처럼 다른 패턴의 상호관련성을 가진 단일 경쟁자는 종종 다점 경쟁자가 될 후보자이기도 하다.

비관련 산업 내의 다점 경쟁자

비관련 산업에서 다점 경쟁자와 대면하는 기업이 전략적인 의사 결정을 내릴 때는 한 사업영역에서의 조치가 다른 사업에서 어떤 반응으로 나타나며 다른 경쟁 산업에서 경쟁자와 어떻게 균형을 이룰 수 있을까를 중점으로 고려한다. 기업은 다점 경쟁자와 여러 산업영역에서 부딪히게 되므로 기업의 상대적인 위치를 결정하는 데는 많은 변수가 작용한다. 이로 인해 경쟁사의 움직임을 잘못 해석하는 실수를 막기 위해서 상대방에 대해 광범위한 정보를 수집해야 한다. 한편 특정 산업에서 경쟁의 균형을 깨는 사건이 발생한다면 그 여파가 여타 산업으로까지 확장되고 경쟁 양상은 더욱 복잡해져 경쟁자와의 평화로운 공존이 어려워질 수도 있다.

다른 한편으로는 다수의 산업에서 다점 경쟁자와 경쟁하게 되면 가치의 신호화, 공격적 또는 방어적 포지션의 형성, 보복 행동 등의 측면에서 경쟁 양상이 더욱 두드러지게 된다. 예를 들면 한 산업에서 위협을 받는 경우 직접 맞대응하는 대신 다른 산업에서 보복하는 것으

	중심점1		중심점2		중심점3	
	시장점유1	시장점유2	시장점유1	시장점유2	시장점유1	시장점유2
경쟁자 A	50	50	60	40	70	30
경쟁자 B	50	50	40	60	30	70

표 9-7 경쟁의 중심점과 다점 경쟁자

로 전면전의 위험은 줄이고 효과적으로 불쾌감을 표시할 수 있다. 이처럼 복수의 산업에서 보복을 당할 수 있으므로 경쟁자는 위협적인 움직임을 먼저 취하는 전략을 자제하는 경향을 보인다.

기업은 결국에는 다점 경쟁자와 안정적인 관계를 유지할 수 있는데. 대표적인 안정화 요소로 경쟁 상황에서 발생하는 자연적인 균형점인 '경쟁의 중심점(focal points)'이 널리 분포되어 있다는 것을 들 수 있다.[17] 하나의 사업만이 경쟁상태에 있는 경우 각 경쟁사가 가지는 상대적 역량의 인식과 부합하는 경쟁의 중심점은 그 개수가 적을 것이다. 예를 들어 힘의 균형을 이룬 경쟁자 사이에는 시장점유율을 동등하게 나누는 것만이 유일한 경쟁의 중심점인데, 이것은 또한 시장점유율이 일시적으로만 변동해도 균형을 유지하기 위한 대응을 유발할 가능성이 크다는 의미라 불안정한 중심점이기도 하다. 두 개의 사업이 결합한 경쟁 산업에서는 더 안정적인 중심점이 여럿일 수 있고, 이 가운데 일부는 더 일찍 발견될 수도 있다.

이를 설명하고 있는 것이 〈표 9-7〉이다. 여기에서 경쟁의 중심점 2와 3은 중심점 1보다 안정적인 경향이 있다. 보통 시장에서 더 높은 점유율을 가진 경쟁자가 명확한 경쟁우위를 가지는 경향이 있으며, 그렇기 때문에 시장에서 일어나는 미미한 경쟁 양상의 변화를 두고 두 기업이 소모적인 경쟁을 벌일 가능성은 거의 없다.

한편 공격과 방어전략의 수립을 위해 다점 경쟁자를 총체적으로 분석해야 한다. 대부분의 경쟁자 분석은 개별 사업단위 영역에서 이루어짐은 물론 특정 산업에서 경쟁자의 위치 분석에 집중하는 것이 필요하다. 그러나 다점 경쟁자의 경우는 기업 수준 또는 그룹 수준에서의 분석이 반드시 이루어져야 하는데, 이는 다점 경쟁자를 좀 더 넓은 시각에서 조망함으로써 경쟁자에 대응하는 조치가 다른 사업단위에 미칠 수 있는 부정적인 영향을 최소화하기 위해서다. 이상적으로는 현존하는 다점 경쟁자 또는 잠재적인 다점 경쟁자에 대한 광범위한 분석을 통해 여러 사업영역 간에 잘 조정된 공격과 방어전략의 기회를 찾아내도록 해야 한다.

비관련 산업 내의 다점 경쟁자와 대응하여 전략을 수립할 때 추가적인 고려사항은 다음과 같다.

• **여러 사업단위가 결합된 모든 산업에서 가능한 보복수단을 예측하라** 다점 경쟁자는 기업의 공격적 조치에 대항하여 모든 경쟁 분야에서 복수할 수 있다는 점을 명심해야 한다. 한편 경쟁자의 도전에 보복 대응을 할 때는 가장 원가 효율적인 산업을 찾아서 행동을 취하는 것이 좋다. 예컨대 자사의 점유율이 낮은 분야에서 적은 비용으로 경쟁사에 큰 타격을 입힐 수 있다면 보복에 성공한 것이다. 다시 한번 강조하지만 각 산업은 서로 분리된 경쟁의 장이 아니라 서로 연결되어 있다.

• **주요 산업에서 미미한 시장점유율을 가진 다점 경쟁자를 주의하라** 낮은 시장점유율을 가진 다점 경쟁자는 그 점유율을 경쟁의 지렛대로 삼아 시장의 높은 점유율을 가진 기업에 대항할 수도 있다. 즉, 낮은 시장점유율이라는 경쟁적 지위가 오히려 효율적인 방어적 지위로 작용할 수 있는 것이다(14장 참조).

• **다점 경쟁자에 대응하기 위해 전체적인 기업의 시장 지위를 활용할 기회를 찾아라** 다점 경쟁자에 대한 기업의 전반적 지위는 위협에 대응할 수 있는 저렴하고 안전한 수단을 제공하기도 한다. 여러 사업단위 간의 잘 조정된 행동으로 경쟁자가 대응하는 데 힘에 부치게 하고 높은 비용이 들게 만든다.

• **방어적인 목적을 위해서 방어위치를 굳건히 하라** 다점 경쟁자의 주요 사업영역에서 소규모 사업을 벌이는 것도 하나의 방법이다. 상대적으로 낮은 가격으로 공략하면 다점 경쟁자에게 심각한 부담이 될 것이다.

다점 경쟁자에 대한 전략적 대응은 경쟁자가 산업 간의 연계를 얼마나 인식하고 있는지에 달려있다. 다점 경쟁자가 자율성이 고도로 부여된 사업단위에 의해 관리되고 있다면, 다수의 경쟁 산업에서 나타나는 상호관련성을 창출해내기란 거의 불가능하다. 또한 경쟁자가 여러 산업 간의 상호관련성을 제대로 인식하고 있지 않다면, 기업은 이를 이용하여 상대적 경쟁 지위를 향상시킬 수도 있다. 예를 들면, 특정 사업단위를 공격해서 경쟁자가 전략적으로 중요한 사업단위로 관심과 자원을 돌리도록 만들 수 있다면 공격한 기업의 전체 경쟁 지위가 향상되는 것이다.

관련 산업 내의 다점 경쟁자

기업이 관련 산업에서 다점 경쟁자를 마주하게 되면 전략적 문제는 더욱 복잡해진다. 관련 산업의 다점 경쟁자와의 관계를 분석하기 위해서는 앞에서 토의된 주제들이 그대로 적용될 수 있는데, 산업 간의 관련성으로 인해 경쟁자가 사업 간의 연계성을 이용할 가능성이 커져서 이전의 주제들이 더욱 중요하게 된다. 하지만 산업 간에 존재하는 유형의 상호관련성이 경쟁자 간의 상대적 지위를 측정하는 것을 더욱 어렵게 한다.

다점 경쟁자와 직면하는 사업영역에서는 상호관련성을 포함하는 가치활동의 전반적 지위가 기업의 경쟁우위나 열위를 결정한다. 예를 들어 어떤 기업과 경쟁사가 판매조직과 물류시스템을 공유하고 있다면 판매조직과 물류시스템을 통틀어서 본 전반적인 상대적 원가와 차별화가 경쟁의 관건이 되는 것이다. 이때 주의해야 할 점은 잠재적인 공유가 아니라, 상호관련성이 실제로 달성되는 정도가 경쟁우위에 미치는 영향을 결정하게 된다는 점이다. 또한 기업이 경쟁자와의 상호관련성으로 얻게 되는 순경쟁우위는 그들 각자의 전략에 영향을 받게 될 것이다. 예컨대 다른 기업보다 조정이나 타협의 비용을 잠재적으로 높이거나 낮추어서 상호관련성의 상대적 가치를 조절할 수 있다.

한편 기업의 관련 사업단위 조직이 경쟁자의 유사 조직과 정확히 겹치지 않을 수도 있다. 예를 들면 P&G는 일회용 기저귀, 종이타월, 여성용 위생용품과 화장지 분야에서 경쟁하고 있지만, 냅킨과 종이행주 분야로는 진출하지 않고 있다. 반면에 킴벌리 클라크는 이 모든 사업에 진출해 있다. 이처럼 경합하고 있는 산업이 정확히 일치하지 않을 때는 경쟁자에 대비한 기업의 전체 상호관련성에 중점을 두고 비교를 진행해야 한다. 경쟁자가 형성한 각각의 공유활동은 전반적인 관점에서 분석되어야 하고 그런 공유활동에서 일어나는 비용과 차별화 정도를 비교해야 한다. 앞서 예시한 킴벌리 클라크의 8개 사업단위와 P&G의 5개 사업단위의 규모 차이는 물류시스템과 같은 공유가치활동의 상대적 지위에 영향을 줄 것이다. 요컨대 어느 사업단위에서든 상대적 지위는 공유되지 않은 가치활동뿐 아니라 모든 공유가치활동을 비교해서 형성되는 것이다. 한편 특정 산업에서의 미약한 상대적 지위는 다른 사업에서 강한 지위를 가지고 있다면 완전히 혹은 부분적으로라도 상쇄될 수 있다. P&G는 킴벌리 클라크보다 적은 수의 종이제품 산업에 참여하고 있지만, 기저귀, 화장지, 종이타월 분야의 선두주자다. 특히 기저귀는 다른 제품에 비하여 규모가 매우 큰 산업이라서 종이제품 소비재 전체 매출 규모를 놓고 보면 P&G가 킴벌리 클라크를 훨씬 능가한다. 그러므로 다점 경쟁자에 대한 기업의 상대 지위를 분석할 때는 두 기업의 전체 사업구성 내용을 검토할 필요가 있다.

관련 산업의 다점 경쟁자에 대응하는 가장 기본적인 전략적 대안은 비관련 산업의 경우와 같다. 다만 여기서 한 번 더 강조하는데, 경쟁자를 분석할 때는 각각의 사업단위를 독립적으로 살피는 것이 아니라 경쟁자의 전체 사업구성 항목을 포괄해서 보아야 한다는 것이다.

특정 사업단위에서 경쟁우위는 경쟁자의 사업내용 중 다른 사업단위와의 잠재적 상호관련성 추구 정도와 그 달성 가능성에 따라 강하게 영향을 받을 수 있기 때문이다.

다점 경쟁자에 대한 공유된 가치활동에서의 균형 유지 또는 우위 확보 목표는 여러 방법으로 달성될 수 있다. 기업이 이미 높은 지위를 차지하고 있는 산업에서 그 지위를 더욱 강화하는 투자는 폭넓은 관련 산업군으로부터 경쟁자가 얻고 있는 우위를 상쇄시킬 수 있다. 그러나 공유활동으로부터 경쟁자가 획득하는 경쟁우위가 매우 중요하고 이러한 우위를 상쇄할 만한 경쟁우위의 원천을 발견할 수 없다면 기업은 관련 사업에서 경쟁자를 그대로 모방해야 할지도 모른다. 경쟁자를 모방하는 방안은 공격적인 이유뿐 아니라 방어적인 이유에서도 중요하다. 경우에 따라서는 기업이 현재의 사업단위에서 경쟁우위를 가지고 있다 하더라도 경쟁자가 저항 없이 상호관련성에 기초를 둔 경쟁우위를 얻는 것을 방지하기 위하여 경쟁자의 다각화 유형을 그대로 모방할 필요성이 대두되기도 한다. 반대로 기업이 경쟁자가 참여하고 있지 않은 새로운 관련 산업을 발견하게 된다면 이는 중요한 공유 가치활동에서의 경쟁적 지위를 강화시켜 줄 수도 있다.

종이 소비재 산업을 보면 상당히 공격적이면서 동시에 방어적인 속성을 지닌 다각화 유형이 발견된다. 〈표 9-6〉은 각각의 경쟁자가 각 산업에 진출한 시기를 보여준다. 경쟁자들의 사업 포트폴리오가 본격적으로 확장되기 시작한 것은 1950년대 말부터다. 그 출발선에는 P&G가 있다. P&G는 화장지에서 시작한 사업영역을 방어 차원에서 미용 티슈, 기저귀, 종이타월 등으로 확장해 나가며 다른 경쟁사의 참여를 촉발했다.

다른 형태의 상호관련성을 가진 경쟁자

단일 경쟁자와 다점 경쟁자가 서로 다른 유형의 상호관련성을 추구하면서 공유활동의 유형과 방식이 달라지는 것은 당연한 일이다. 종이 소비재 분야가 이런 상황을 잘 설명해준다(〈표 9-6〉 참조). 경쟁자들은 그들의 전반적인 사업단위의 포트폴리오나 그들이 사용하는 전략을 고려하여 서로 다른 방법으로 종이제품에서 상호관련성을 추구해왔다. 기저귀의 경우 P&G는 종이제품 사업단위에서 원재료 구입, 기술개발, 판매력, 물류시스템을 공유하면서도 제품별로 독자적 브랜드를 붙였다. 반면 존슨앤드존슨은 다른 모든 유아용 제품과 똑같이 기저귀도 존슨앤존슨으로 경쟁하고 있다. 이 회사의 상호관련성은 브랜드 공유는 물론 유아용품 분야의 공동 판매조직 및 시장조사 등이 포함되어 형성된 것이다. 그렇지만 관련 사업단위의 제품, 물류, 생산, 공정기술 개발에서는 공유성이 거의 없다. 〈표 9-6〉의 경쟁자들은 모두 약간씩 다른 상호관련성 유형을 지니고 있다.

  서로 다른 상호관련성 유형을 지닌 경쟁자는 기회와 위협을 동시에 제공한다. 이러한 경쟁자의 경쟁우위는 쉽게 모방할 수 없는 상호관련성을 통하여 얻어지게 되기 때문에 위협이 될 수 있다. 이는 상호관련성을 모방할 수 있을 만큼 똑같은 사업단위 조직을 갖거나 똑같은 전략을 취하는 것이 어렵기 때문이다. 존슨앤드존슨의 브랜드 공유 전략에 대응하려면 P&G는 제품마다 독립적인 브랜드를 부여하는 전략을 변경해야만 한다. 하지만 만약 기저귀 브랜드를 그와 전혀 무관한 다른 제품에 부적절하게 사용한다면 이러한 시도는 실패로 끝날 확률이 높다. 따라서 존슨앤드존슨만의 독특한 우위에 대응하기 위해 P&G는 존슨앤드존슨이 주도권을 쥐고 있는 유아용품 부문으로 더욱 다각화해야 한다.

다른 형태의 상호관련성을 가지고 있는 유능한 기업이라면 기업의 상호관련성이 다른 경쟁자의 것보다 전략적으로 더욱 가치 있는 것이 되도록 각 산업에서의 경쟁적 성격을 바꾸려 할 것이다. 다른 조건이 동일한 상태에서 기저귀에 대한 광고를 확대하면 공통 브랜드를 가진 존슨앤드존슨에 유리하게 작용할 것이다. 한편 기업은 경쟁자가 상호관련성을 달성하는 것을 막으려고 노력할 수도 있다. 가령, 존슨앤드존슨이 기저귀를 섬유 재료로 생산하는 것이 가능하다면 이는 이 제품계열에서 사업을 하고 있기 때문이다. 또한 기업은 경쟁자가 상호관련성을 달성하기 위해 지출하는 타협 비용이 증가하는 방향으로 전략변경을 유도함으로써 다른 사업 분야에서 피해를 보도록 만들 수도 있다.

따라서 다른 형태의 상호관련성을 추구하는 기업 간 경쟁의 핵심은 상호관련성 타협에 결정권을 가지거나 기업의 상호관련성 가치를 증진하는 경쟁의 기반을 변경하는 주도권 확보에 있다. 기저귀 산업은 이러한 전쟁이 어떻게 결론을 맺었는지 잘 보여주고 있다. 존슨앤드존슨의 강력한 시장 상호관련성은 기저귀 산업에서도 예외가 아니었다. 다만 전체 비용에서 판매 부문이나 물류 활동 비용의 비중이 높고 광고비는 상대적으로 적었다. 반면 P&G는 생산과 조달에 존슨앤드존슨보다 우월한 상호관련성으로 판매와 물류 비용을 절감해나가고 있었다. 기저귀의 총제조원가가 총원가의 매우 큰 몫을 차지하고 있고 제품과 공정의 기술적 변화가 신속하게 이루어지는 상황에서 이와 같은 점은 치명타가 되고 말았다. 결국 P&G의 생산, 조달, 기술의 상호관련성을 따라잡지 못한 존슨앤드존슨은 획기적인 우수제품이 없는 가운데 P&G의 높은 시장점유율과 상호관련성의 결합전략에 두 손을 들었다. 존슨앤드존슨은 결국 막대한 손실을 입고 미국 시장에서 철수해야 했고, P&G는 승자로서 기저귀 산업의 주도적 위치를 고수해왔다.

상호관련성을 통한 잠재적 경쟁자의 예측

유형의 상호관련성, 무형의 상호관련성 그리고 경쟁자의 상호관련성은 잠재적인 경쟁자를 예측하는 데 이용된다. 산업이 다음과 같은 상황일 때 새로운 진입이 발생할 수 있다.

• 중요한 상호관련성을 창조하거나 확장시키는 것이 경쟁에 필요하거나 당연시되는 산업일 때
• 경쟁자의 상호관련성에 대응하기 위하여 진입이 필요한 산업일 때

잠재적 경쟁자를 예측하기 위해서는 경쟁자의 상호관련성 및 한 산업과의 모든 상호관련성이 밝혀져야 하는데, 이러한 잠재적 상호관련성은 다수의 산업으로 연결될 것이다. 특정 산업에서의 경쟁자가 그 기업과는 다른 산업에서 활동하고 있다면, 그 기업과는 다른 유형의 상호관련성을 제시해줄 수 있다. 또한 관련 산업을 파악함으로써 동

일 산업으로 진출이 필요한 잠재적 경쟁자를 발견할 수 있다. 이처럼 잠재적 경쟁자를 예측해본 다음에는 이 경쟁자가 실제로 이 산업을 선택하여 투자할 확률을 추정하는 작업이 이루어져야 한다.

Chapter 10
수평적 전략

　다각화 기업이 전략을 수립하는 데 다음과 같은 2가지 근본적 이슈가 제기될 수 있다. 첫 번째는 산업 선택의 문제로 어떤 산업에서 다각화를 할 것인가에 관한 것이고, 두 번째는 전략 조정의 문제로 다각화된 기업이 각 사업단위의 개별 전략을 어떻게 조정할 것인가에 관한 것이다. 이러한 문제에 어떠한 의사 결정을 내리느냐 하는 것은 경쟁우위에 좌우되므로, 다각화 기업이 각 사업단위의 경쟁우위 형성에 공헌하는 방법을 찾는 것은 상당히 중요하다. 기업이 다각화를 추구할 때에는 필연적으로 비용이 발생하게 된다. 이러한 비용에는 제조 경비 같은 실체가 있는 비용뿐만 아니라 기업전략을 수립할 때 부과되는 잠재적인 제약과 같은 보이지 않는 비용도 포함된다. 이때 다각화로 얻을 수 있는 각 사업단위의 경쟁우위 향상 폭이 이러한 비용을 초과하지 못한다면 다각화 자체가 무의미하다.

　이제까지 다각화 기업은 2가지 문제 중에서 전략 조정보다 산업 선택에 더 많은 관심을 기울여왔다. 새로운 산업을 선택하는 문제에는 신중을 기하지만, 일단 선택한 산업 내에서 유기적인 관련성을 이루어 내는 문제에는 신경 쓰지 않았다. 다시 말하면 대부분의 다각화 기업은 사업단위 전략을 조정하는 데는 거의 무심했다. 그러나 앞에서도 언급했듯이 경쟁우위를 확보하기 위해서는 산업 선택의 문제와 더불어 전략조정의 문제가 원활히 이루어져야 한다. 다점 경쟁자와 서로 다른 형태의 상호관련성을 추구하는 경쟁자가 존재하는 상황에서 우월한 경쟁 지위를 확보하기 위해서는 사업단위 간의 전략조정을 통해 적절한 상호관련성이 이루어져야 하기 때문이다.

이러한 맥락에서 개별 사업단위의 목표와 전략을 조정하기 위해 수립하는 것이 수평적 전략이다. 수평적 전략은 기존 사업단위, 새롭게 형성된 그룹, 부문 및 기업 전체 등 서로 다른 차원에서 수립될 필요가 있다. 그러나 대부분의 기업이 이러한 비공식적인 수평적 전략에는 큰 관심이 없고 따라서 이런 전략을 수립한 기업을 거의 찾을 수가 없었다. 그렇지만 유형의 상호관련성이 경쟁우위의 중요한 원천을 구성하므로 명확한 수평적 전략은 그룹, 부문 및 기업 전체 수준선택의 분명한 핵심이다.

앞에서 언급된 추세에 따라 경쟁의 양상은 변하고 있고 새로운 경쟁 방식이 속속 등장하고 있다. 즉 개별 사업단위의 수준만이 아니라 관련된 사업단위가 모인 그룹 사이에도 경쟁이 유발되기 때문에 사업단위의 전략을 조정하고 새로운 산업으로 다각화가 확대될수록 상호관련성의 중요성은 더욱 부각된다. 따라서 전략적 의사 결정을 내릴 때는 사업단위의 제휴 관계에 더해서 기업 전반의 상호관련성을 모두 고려하게 되었다. 따라서 개별 사업단위의 경영자는 자본 확보를 위해 모기업의 계열사로 남기보다는 다각화 기업의 일부로 참여하여 기업의 경쟁우위를 향상시키는 방향으로 전략의 수정을 모색하게 된 것이다.

이러한 필요성을 바탕으로, 최근 주목받는 수평적 전략은 하위 사업단위에서 결정된 전략을 수용하는 상향식(bottom-up)이거나 불명확하게 형성되어서는 안 된다. 명확한 수평적 전략을 지니지 못한 기업은 개별 사업단위 부문의 최적화에만 신경을 쓴 나머지 기업 전체 성과를 간과하는 경우가 많다. 이러한 현상은 분권화가 강한 기업에서 특히 잘 나타난다. 개별 사업단위가 제안하고 동의해야만 상호관련성이 전략적 의미를 지닐 수 있다고 믿는 것이 수평적 전략에서 가장 빠지기 쉬운 오류인 것이다. 이러한 태도는 1970년대 조직 분권화(사업부 제도)에 그 이론적 근거를 두고 있는데, 이에 따르면 사업단위의 상호관련성을 이룰 책임을 기업이나 그룹 경영진이 지는 대신 자원과 영향력이 부족한 개별 사업단위에 부과시키는 결과를 초래하고 만다. 결국 사업단위의 전략을 수용하는 상향식 수평적 전략 수립은 불가능한 것이다.

수평적 전략의 명확화의 필요성

대부분 기업들의 조직구조는 상호관련성을 이루기에 적합하지 않은 경우가 많다. 그러나 이러한 조직구조적 장애 요인만으로는 왜 독립된 사업단위가 기업 전체의 경쟁 지위를 최적화시키지 못하는가를 설명하지 못한다. 단정적으로 말한다면 수평적 전략 없이는 상호관련성을 강화보다는 약화시키는 방향으로 행동하기 쉬운데 이는 다음과 같은 이유 때문이다.

• **일반적으로 개별 사업단위는 상호관련성에 서로 다른 가치를 부여하기 마련이며 쉽사리 상호관련성을 가지려 하지 않는다** 각 사업단위는 규모, 전략, 또는 산업의 차이로 인해 상호관련성으로 얻는 혜택이 다르다. 상호관련성을 이루는 데 필요한 비용 또한 사업단위마다 다르기 때문에 사업단위 경쟁우위의 원천인 원가 우위나 차별화 우위의 차이를 일으킨다. 어떤 사업단위는 상호관련성의 비용이 혜택보다 커서 기업 전체적인 입장에서 가치 있는 상호관련성을 이룰 수 없다고 주장한다. 특히 규모가 크고 성공적인 사업단위일수록 상호관련성에 대한 저항이 큰데, 이러한 사업단위는 무형의 상호관련성을 얻고자 하는 다른 사업단위로부터 노하우를 제공하도록 요청받기 때문이다.

• **개별 사업단위의 전략은 상호관련성을 약화시키는 방향으로 전개된다** 만약 사업단위별로 독자적인 전략이 수립되도록 내버려 둔다면 각 사업단위의 전략은 상호관련성이 달성되기 어려운 방향으로 전개되기 쉽다. 예를 들어 동일한 구매자 또는 동일한 유통채널을 공유하는 2개의 사업단위가 각각 차별화 전략과 원가 우위 전략을 추구할 수도 있다. 이렇게 각 사업단위의 전략이 개별 측면에서는 적절할지 몰라도 기업 전반의 상호관련성의 시각에서 보면 각 사업단위에서 서로 상충하는 전략은 구매자와 유통채널에 혼란을 주고, 관련 산업에서 기업 브랜드 이미지를 애매하게 만들고, 브랜드 점유율이나 판매력 강화 기회를 축소하는 요인이 된다. 또 다른 예는 두 사업단위가 동일한 구성 요소를 이용할 수 있는데도 불구하고 서로 다른 구성 요소로 특화하는 경우다. 결국 독립된 사업단위 전략은 개별 사업단

위 수준에서는 적정할지 모르나 기업 전체로 보았을 때는 비효율적인 것이 되기 쉽다.

• **독립적인 가격 결정과 투자 결정은 기업 전체의 경쟁적 지위를 약화시킬 수 있다** 상호관련성이 모든 사업단위에 똑같은 이익을 주지는 않는다. 예를 들어 한 사업단위에서 매출액 증대를 위해 가격을 인하하면 전체 매출량과 생산량이 크게 늘어나 원재료를 대량으로 값싸게 구매할 수 있다. 이때 공통 부품이나 원재료를 사용하는 다른 사업단위도 원재료 가격 인하에 따른 구매력 향상의 혜택을 누릴 수 있게 되는 것이다.[1] 그러나 이러한 혜택의 확산은 각 사업단위가 독립적으로 전략을 수립하고 그 결과를 측정하는 시스템에서는 결코 일어날 수 없다. 이 문제는 이전가격(transfer pricing) 설정으로도 해결할 수 없는데, 각 사업단위가 서로 매매 관계를 형성하지 않아도 똑같은 문제가 발생할 수 있기 때문이다.

또한 관련 사업단위가 독자적인 투자 결정을 할 경우, 그 결정은 준최적이 될 위험성이 있다. 예를 들어 공통 부품을 사용하는 두 사업단위 중 하나는 가격에 매우 민감한 구매자와 거래를 하고 다른 하나는 그렇지 않을 수 있다. 이럴 때 가격에 예민하지 않은 구매자와 거래하는 사업단위는 공통 부품의 원가를 줄이는 투자에는 별로 관심이 없고 대신 다른 곳에 투자하려고 할 것이다. 가격에 민감한 구매자를 가진 사업단위는 원가절감으로 큰 이익을 얻을 수 있으므로 공통 부품의 원가를 줄이는 공동 투자를 하도록 상대를 설득해야 하는데 이것이 쉽지 않기 때문에 기업 전체 수준의 조정이 이루어져야 하는 것이다.

• **개별 사업단위들은 내부에서 이용 가능한 상호관련성을 형성하기보다는 외부와의 제휴를 이용하려는 경향이 있다** 외부 기업과 제휴하는 것이 독자적으로 행동하는 것보다 마케팅, 생산, 기술개발, 구매 등의 공유로 많은 혜택을 누릴 수 있는 것은 사실이지만, 기업 내부에서 상호관련성을 이루게 되면 부분적인 혜택만을 향유하는 외부와의 제휴와는 달리 모든 혜택을 기업 내에 가져올 수 있는 장점이 있다. 다시 말해서 외부 기업과의 제휴는 혜택의 일부를 제휴사에 넘겨주어야 하고, 협력한 제휴사가 언제 경쟁자로 바뀔지 모르는 불안함과 기업 소유의 기술을 다른 분야에 전파할지도 모르는 위험을 떠안는다. 이러한 점을 고려한다면 내부 사업단위와 상호관련성을 이루는 과정에서 외부와 제휴할 때보다 더 많은 타협 비용을 부담하는 것이 합당함을 알 수 있다. 그러나 사업단위의 경영자들은 이러한 논리를 거의 무시하고 오히려 반대의 견해를 고수한다. 즉 그들은 기업 전체에 미치는 혜택을 과소평가하고 그들이 완전히 통제할 수 있는 범위에서 각 사업단위가 독립기업으로 행동하는 것을 선호한다. 이러한 경향을 뒷받침하는 조직상의 문제점은 11장에서 소개하겠다.

• **개별 사업단위는 중요한 잠재적인 경쟁자를 무시하거나 기존 경쟁자의 중요성을 인식하지 못하는 수도 있다** 앞에서 기술했듯이 개별 사업단위에서 경쟁자를 분석할 때는 경쟁자에 대한 좁은 시각으로 인해 잠재적인 경쟁자나 현존 경쟁자의 상대적 위치를 파악하는 데 필수적인 경쟁자의 상호관련성을 잘 파악하지 못하는 경우가 많다. 또한, 경쟁자 행동 분석에 핵심인 경쟁자가 그들의 전략을 수행하는 산업을 바라보는 시각을 파악하는 데도 실패하는 경우가 많다. 또한

특정 사업단위가 독립적으로 경쟁전략을 수행하는 과정에서 취하는 경쟁적 조치로 인해 다점 경쟁자가 다른 산업에서 자매 사업 부문에 보복적 행동을 취할 가능성을 간과하기 쉽다.

• 본원적으로 유사한 사업단위 사이에 노하우의 이전이 잘 이루어지지 않는다 무형의 상호관련성에 기반을 둔 노하우의 이전은 자연 발생적으로 일어나지 않는다. 각 사업단위는 독자적으로 전략을 개발하기를 원하고 자신들이 그들이 속한 산업에 대해 가장 잘 알고 있다고 믿는다. 따라서 각 사업단위는 기업 내 어디에서도 노하우를 찾으려고 노력하지 않는다. 더욱이 노하우를 지닌 사업단위는 이를 다른 사업단위에 이전할 준비가 되어있지 않다. 특히 노하우를 전수할 때 그 사업단위의 핵심 인사들이 시간을 많이 할애해야 한다거나 전수한 노하우가 유출되면 치명적인 독점 기술과 관련 있으면 더욱 그렇다.

명확한 수평적인 전략 없이는 기업 내에서 상호관련성을 인식·강화·확대시켜나갈 수 있는 체계적인 메커니즘이 존재하지 않을 것이다. 또한 이러한 수평적 전략은 넓은 시야를 지닌 최고경영자의 시각에서 이루어져야지 독립적으로 행동하는 사업단위 경영자의 시각에서 이루어져서는 안 된다.

수평적 전략의 형성

수평적 전략을 형성하기 위해서는 9장에서 서술한 틀에 따른 7단계의 분석 절차를 밟아야 한다.

• **모든 가능한 유형의 상호관련성의 파악** 수평적 전략의 형성은 기업의 사업단위 사이에 실질적으로 또는 잠재적으로 존재하는 모든 유형의 상호관련성을 파악하는 데서 출발한다. 그 첫 단계는 각 사업단위가 실제로 혹은 잠재적으로 공유할 수 있는 가치사슬을 파악하는 것이다. 이를 위해서는 먼저 기존의 모든 상호관련성을 파악해야 한다. 실체가 없거나 중요하지 않은 상호관련성은 추가적인 분석을 통해서 제거될 수 있기 때문이다. 또한 상호관련성을 파악할 때에는 공유의 기반을 제공할 수 있는 가치활동의 특성을 파악해야 한다. 예를 들면, 의미 있는 생산 상호관련성은 일반적인 유사성보다는 특정 생산장비나 과정에서 나타나는 구체적인 유사성에 기초해야 한다. 마찬가지로 특정 기술과 그 하위 기술은 기술 상호관련성의 기반이 되며, 구매자나 유통채널에서 공통적인 의사 결정은 주요한 시장 상호관련성의 기반이다. 〈그림 10-1〉과 같은 도표는 기업 내의 상호관련성을 파악하는 데 사용할 수 있는 간단한 체계를 보여준다.

상호관련성 매트릭스의 각 사각형은 9장의 〈표 9-1〉에 있는 상호관련성의 유형에서 도출될 수 있는 사업단위 쌍(pair)의 상호관련성을 나타낸다. 상호관련성이 광범위할 경우, 각 유형에 별도의 매트릭스가 사용될 수도 있다. 상호관련성 도표에는 관리 가능 사업단위가 많은 경우에 사용할 수 있는 상호관련성의 방식이 나타나 있다. 이를 통해 강력한 상호관련성을 가지는 사업단위를 통합할 수도 있으며, 그룹이나 부문의 기반이 될 수 있는 사업단위의 집단화를 시각적으로 표현할 수도 있다. 어떠한 방법을 사용하든 상호관련성은 잠재적 상호관련성과 실제로 존재하는 상호관련성으로 분리해야 한다.

다각화된 기업 내부에는 가끔 여러 가지 다른 형태의 상호관련성이 존재한다. 서로 다른 사업단위 그룹은 종종 다른 방식으로 관련되어 있다. 예를 들어 특정 그룹의 관점에서는 한 그룹이 시장과 관련될 수도 있고, 또 다른 그룹은 생산과 관련될 수도 있다. 〈그림 10-1〉의 상호관련성 매트릭스는 그러한 형태를 설명하고 있는데 사업단위 1, 3, 4는 공통 부품과 원재료를 사용하는 반면, 사업단위 1, 2, 3은 공통의 구매자를 갖고 있다.

많은 사업단위를 가진 다각화 기업에서는 가끔 복합적 형태의 상호관련성이 나타난다. 상호관련성을 파악하는 분석 작업을 단순화하기 위해 다각화 기업을 여러 개의 사업단위 그룹으로 나눌 수 있는데, 이때 각 사업단위 그룹은 그 내부에 많은 상호관련성을 가지지만 다른 그룹과의 상호관련성은 상대적으로 드물다.

각 사업단위 그룹이나 부문의 관련성에 대해서는 11장에서 다룰 것이다. 그런데 두 사업단위 간의 상호관련성이 광범위한 영역에서 일어나며 본원적 가치활동이 포함된 경우에는, 두 사업단위를 별도로 구분한 기존의 정의가 적합하지 않을 수도 있는데, 이와 같은 사업단위 경계를 긋는 문제는 7장에서 논의했다.

- **기업 외부에서의 유형의 상호관련성 추적** 기업이 기존의 사업단위와 관련된 모든 산업에서 동시에 경쟁하기는 어렵다. 따라서 기존 사업단위와 현재 포트폴리오에 속해 있지는 않은 다른 산업 간의 상호관련성을 파악해야 한다. 이를 위해서는 기업이 공유하고 있거나 앞으로 공유할 수 있는 관련 산업을 찾아내야 한다. 예를 들어 특정 구매자 집단에 효율적인 판매조직을 지닌 기업은 그 구매자 집단에 초점을 맞춘 별도의 제품을 개발하거나 기존 상품의 전문성을 살

A. 상호관련성 매트릭스

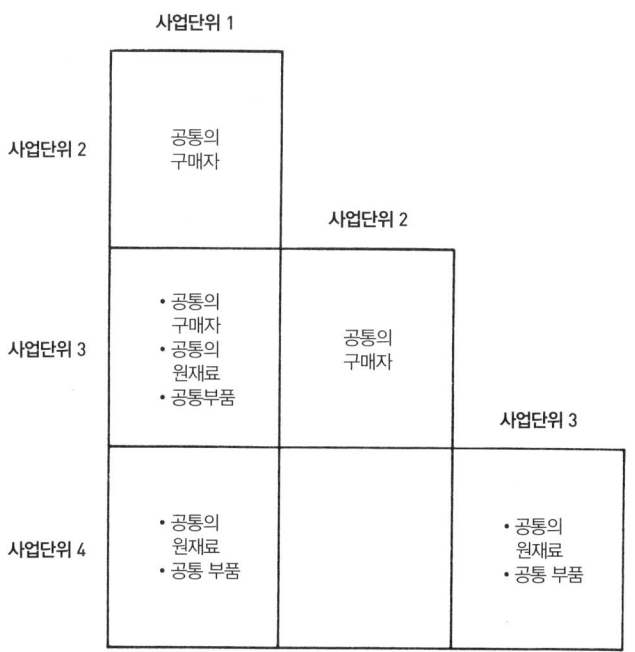

B. 연계도표

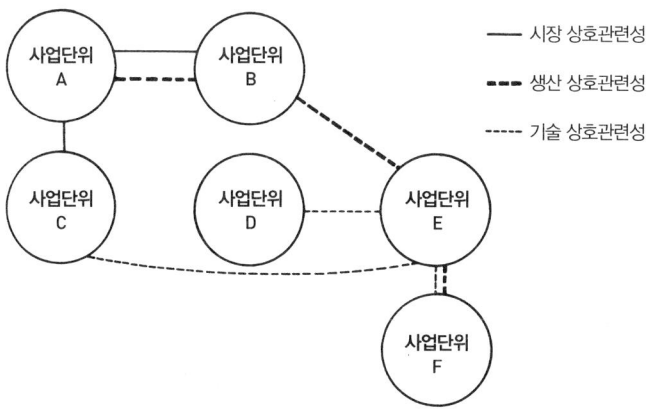

그림 10-1　다각화된 기업에서의 유형의 상호관련성

려 다른 구매자 집단에 판매할 수 있는 제품을 찾아내야 한다. 마찬가지로 다른 산업과 공유 관계를 형성하기 위한 잠재적 기회를 얻기 위해서는 각 브랜드, 유통채널, 물류시스템, 기술개발 활동 및 기타 중요한 가치활동 등이 파악되어야 한다. 또한 기업 외부에서 상호관련성의 경로를 파악함으로써 다각화를 계획하고, 잠재적 진입자에 대한 방어전략을 개발하는 데 상당한 도움을 얻을 수 있게 된다. 다각화된 경쟁기업을 파악하는 것은 그 기업과 중요한 상호관련성을 가진 산업을 이해하는 결정적 실마리를 얻을 수 있는 작업이다. 그러나 무엇보다 가치 있는 일은 그 어떤 경쟁자도 발견하지 못한 새로운 상호관련성을 찾아내는 것이다.

- **가능한 무형의 상호관련성 파악** 유형의 상호관련성을 파악한 다음 단계는 무형의 상호관련성을 찾는 일이다. 이는 기업이 다른 사업단위나 새로운 산업에서 사용할 수 있는 유용한 노하우를 지닌 가치활동을 분리하는 작업이라고 할 수 있다. 이를 위해서는 기업의 기존 사업단위에 유용한 노하우를 제공하는 새로운 산업을 파악해야 한다. 잠재적인 무형의 상호관련성은 본원적 전략, 구매자 유형, 혹은 가치사슬 구성 등이 유사할 때 활용 가능성이 더욱 크다. 무형의 상호관련성을 파악하는 것은 어렵지만 많은 측면에서 존재하며 경쟁우위를 형성하는 중요한 요소이기 때문에 상당한 가치가 있는 일이다.

- **경쟁자의 상호관련성 파악** 기업은 다점 경쟁자, 잠재적인 다점 경쟁자 그리고 기타 상이한 유형의 상호관련성을 추구하는 경쟁자를 모두 파악해야 한다. 〈그림 9-4〉에서 알 수 있듯이 다점 경쟁자는 가

끔 상호관련성 존재의 단서를 제공하며 그것을 파악하는 데 도움을 줄 수 있다. 거꾸로 상호관련성을 분석하는 과정에서 잠재적인 새 경쟁자의 존재를 예측할 수도 있다. 따라서 전사적 시각에서 다점 경쟁자를 파악한 후에 주요 다점 경쟁자의 사업구성에서 나타나는 상호관련성을 도표화 해야 한다. 가끔 경쟁자들은 기업이 현재 진출해 있지 않은 사업영역과 관련되는 다른 유형의 상호관련성을 가지기도 한다.

• **경쟁우위에 대한 상호관련성의 중요성 평가** 유형의 상호관련성에서 얻을 수 있는 경쟁우위는 공유에서 얻는 이익, 공유로 인한 비용, 경쟁자가 창출한 상호관련성에 대한 대응과정의 어려움 등에 따라 결정된다. 따라서 공유활동의 가치는 이와 같은 3가지 차원에서 경쟁자가 보일 대응 활동에 대비하여 반드시 측정해야 한다. 지금까지의 경험에 의하면 다각화된 기업에 존재하는 유형의 상호관련성의 수는 많지만 그 중 전략적 중요성을 지닌 것은 몇 개 안 된다. 따라서 기업이 현재 속해 있지 않은 산업과의 상호관련성까지 포함하여, 중요한 상호관련성을 분리시키는 일은 어려워도 반드시 해야만 한다. 그런데 주의해야 할 사항은 상호관련성이 없다고 해서 그 중요성마저 없어지는 것은 아니라는 사실이다. 상호관련성이 존재하는 데도 간과했을 수도 있고, 사업단위 전략을 보다 일관적으로 구성해 그에 관한 타협 비용을 줄일 수도 있기 때문이다.

한편 노하우를 이전해서 얻을 수 있는 혜택이 이전비용을 초과하면 무형의 상호관련성은 경쟁우위로 이어진다. 비슷한 가치활동을 하고 있고 그 활동이 관련 사업의 경쟁우위에 중요하며, 자매 사업단위에서 이전받은 노하우로 실질적으로 경쟁우위를 높일 수 있다면 노하우를 이전하는 것이 전사적 차원에서 유리하다. 여러 기업의 경험에 비추어 볼 때, 이론적으로는 그럴듯하지만 실제로는 쓸모없이 유사성을 추구하는 것을 회피하기 위해 무형의 상호관련성의 가치를 비판적 시각으로 철저히 평가하려는 것은 무의미한 행동에 지나지 않는다.

• **가장 중요한 상호관련성을 달성하기 위한 수평적 전략의 개발** 다음에 제시되는 여러 가지 방법으로 중요한 상호관련성을 달성 또는 고양시킬 수 있다.

• **적절한 가치활동의 공유** 공유의 이익이 비용을 초과한다면, 관련된 사업단위의 가치활동을 공유하는 것이 정당화될 수 있다. 이와 같은 이익과 비용의 관계를 분석할 때는 판매원의 결합, 생산시설의 합리화, 조달 활동 조정, 생산라인 조정 등을 측정해야 하고, 공유를 위해서 기존 활동을 수정할 필요가 있다. 즉 공유에서 얻는 우위를 극대화하기 위해 사업단위 전략 수정이 필요할 때가 있으며 타협 비용 감소를 위해 활동을 전면 재설계해야 할 때도 있다.

• **관련 사업단위의 전략적 자세 조정** 상호관련성 추구를 통해 창출된 경쟁우위를 증대시키고 타협 비용을 감소시키기 위해서는 관련 사업단위의 전략을 조정해야 한다. 이는 사소한 전략의 조정에서부터 인수 및 철수 등을 포함하는 시장 지위 재편성에 이르기까지의 모든 사항을 포괄한다. 이러한 전략을 조정할 때는 일관성 있는 마케팅 프로그램과 투자지출 계획이 필요하며 각 사업단위는 서

로 제품개발 및 다른 중요 영역에서의 일정과 계획을 알고 있어야 한다. 이런 조정과정을 거치게 되면 경쟁자에 대한 대응조치는 통합된 그룹, 부문 혹은 기업 차원의 계획으로 체계적으로 수행될 수 있다. 공통의 구매자나 유통채널에 대한 영향력을 최대로 하기 위한 일관성 있는 사업단위 전략의 필요성은 모든 형태의 상호관련성에서 어느 정도는 필요하다. 그러나 그 필요성은 시장 상호관련성에서 가장 두드러진다. 한편 사업단위를 조정할 때 상호관련성의 달성하는 것과 개별 사업단위의 지위를 강화시키고자 하는 요구가 상충하기도 하는데, 따라서 수평적 전략이 없다면 기업 전체의 이익보다는 개별 사업단위의 기득권 유지에 초점이 맞춰져 상호관련성 추구 노력은 결실을 맺기 힘들어진다.

- **각 사업단위의 목표 구분** 상호관련성을 이루기 위해서는 각 사업단위의 역할을 반영할 수 있도록 사업단위별 목표가 재정립되어야 한다. 예를 들면 어떤 사업단위는 그들의 매출액이 다른 사업단위의 경쟁적 지위를 개선하는 데 공헌한다는 측면이 고려되어, 이익은 낮아도 매출액은 높은 목표가 정립될 수 있다. 이때 주의해야 할 점은 모든 사업단위에 똑같은 목표를 부여하는 것이 가장 공정한 것처럼 보이지만 사실 그렇게 하면 경쟁적 우위에 있는 중요한 자원을 무용지물로 만드는 어리석은 전략이 될 것이다. 상호관련성을 반영하는 개별 사업단위별 목표는 보통 성장(build), 유지(hold), 수확(harvest)과 같은 개념만을 지닌 포트폴리오 기법이 규정하는 목표보다 더 광범위한 개념이다. 포트폴리오 모형은 사업단위의 현금흐름을 중점으로 각 사업단위에 서로 다른 목표를 설정하고 상호관련성은 일반적으로 고려하지 않는다. 이에 비해 상호관련성 모형은

경쟁우위에 기반을 둔 기업전략 추구에 필요한 광범위한 시각을 제공해주는 동시에 현금 흐름도 고려하여 작성된다.

• **다점 경쟁자 및 서로 다른 상호관련성을 가진 경쟁자에 대항하는 공격과 방어전략의 조정** 서로 다른 상호관련성 유형을 지닌 중요 다점 경쟁자를 다루기 위해서는 기업 전반에 걸친 계획이 있어야 한다. 이상적으로는 기업이 자사의 상호관련성 가치를 증대시키고 경쟁자의 가치를 하락시키는 방향으로 산업 발전의 진화를 유도해 나가는 전략을 수립해야 한다. 이러한 공격과 방어전략에 관한 구체적인 선택안은 14~15장에서 논의하겠다.

• **공식 프로그램을 통한 노하우 교환으로 중요한 무형의 상호관련성 활용** 기업은 잠재적으로 중요한 본원적 유사성을 가진 사업단위 간의 노하우 이전을 적극적으로 추진해야 한다. 그런데 노하우를 받는 사업단위는 자신이 개발한 것이 아니라는 이유로(NIH 증후군), 또 제공하는 사업단위는 노하우 개발과 이전에 걸리는 시간과 인력을 의식하여 거부감을 느낄 수 있다. 따라서 무형의 상호관련성을 달성하기 위해서는 노하우의 가치에 대해 공통된 평가를 내리도록 양측이 노력하는 동시에 노하우 이전을 촉진할 수 있는 조직의 메커니즘이 필요하다.

• **중요한 상호관련성을 강화하거나 새로운 상호관련성을 창출하기 위한 다각화** 다각화 전략은 가장 중요한 상호관련성을 강화해주는 신사업을 발견하여 진입하거나 전략적 중요성이 높은 새로운 상호관련성을 창출하는 데 초점을 맞추어야 한다. 이러한 방향의 다각화 전략은 뒤에서 다룬다.

• **다른 사업단위와 중요한 상호관련성을 가지지 않거나 중요한 상**

호관련성의 달성을 어렵게 만드는 사업단위의 처분 기업에서 다른 사업단위와 중요한 상호관련성을 가지지 않거나 추가적인 다각화의 기반이 될 수 없는 사업단위는 장기적인 관점에서 볼 때 처분하는 것이 옳다. 이러한 사업단위는 차라리 다른 기업의 일부가 되는 것이 경쟁적 우위를 높여주므로 비록 매력적이고 이익은 있다 하더라도 다른 기업에 양도하는 것이 더 낫다. 따라서 기업은 그러한 사업단위를 처분함으로써 그 사업단위의 모든 가치 또는 그 이상을 회수할 수 있으며, 회수한 자금을 상호관련성으로 경쟁우위를 높여줄 수 있는 다른 사업단위에 투자할 수 있다. 그러나 그와 같은 전략은 오랜 기간을 두고 시행해야 한다. 잠재적인 상호관련성이 아무리 크더라도 사업단위의 가치를 인식하는 구매자를 찾기란 쉽지가 않다. 더욱이 상호관련성이 없다는 이유로 이익이 많이 나고 있는 사업단위를 다른 사업단위로 대체한다는 것은 어려운 일이다. 중요한 상호관련성의 달성에 방해가 되는 사업단위 또한 처분 대상이다. 예를 들어 동일한 구매자 집단에 도달하는 데 서로 다른 경쟁적인 유통채널을 사용하는 사업단위들이 있다면 공유 유통망을 조성하기가 어렵다. 마찬가지로, 구매자 집단이 소속된 산업에 기업이 자사의 사업단위를 가지고 있다면 판매원과 마케팅 활동을 공유하는 기회를 갖기 어려울 것이다. 이와 같은 경우 상호관련성으로 인해 구매자, 공급자, 유통채널 사이의 갈등을 유발할 수도 있다. 아메리칸 익스프레스는 자사 발행 여행자수표의 주요 구매자인 은행과의 경쟁이 늘어나자 이러한 갈등을 경험한 적이 있다. 이런 경우 상호관련성을 풀어주는 것이 필요한데 때에 따라서는 그 산업에서의 철수를 고려해야 한다.

기업 내부에 서로 다른 사업단위 그룹과 관련된 여러 유형의 상호관련성이 있을 때 위에서 언급된 조치를 시행하는 것은 때때로 트레이드오프를 유발하기도 한다. 즉 트레이드오프가 일어나면 어떤 한 유형의 상호관련성을 달성하는 능력을 감소시킬 수 있다. 한편 사업단위의 목표를 구분하는 경우에도 유사한 형태의 트레이드오프가 나타날 수 있다. 이 경우, 다른 것은 희생하더라도 경쟁적 우위에 가장 큰 영향을 미치는 상호관련성만큼은 강화해야 한다. 그러나 다음 장에서 기술할 조직의 메커니즘은 서로 다른 사업단위 그룹 사이의 상호관련성이 별다른 대립을 일으키지 않고 동시에 달성되도록 만들어 주기도 한다.

- **실행을 보장하는 수평적 조직의 메커니즘 확보** 기업은 사업단위 간의 조정을 촉진하고 기술을 이전하는 수평적 조직(horizontal organization) 구조 없이는 상호관련성을 성공적으로 이용할 수 없다. 올바른 사업단위의 정의, 적절한 그룹 및 부문으로 집단화하는 작업, 사업단위 관리자들이 유연한 협업을 할 수 있도록 환경을 조성하는 등의 일은 상호관련성 추구를 성공적으로 진행하는 데 관건이 되는 중요한 문제다. 이러한 수평적 조직의 원리는 11장의 주제이기도 하다.

다각화 전략과 상호관련성

상호관련성에 기초하여 다각화 전략을 수립·실천하게 되면 기존 산업에서의 경쟁우위를 향상시키거나 새로운 산업에서 지속적인 경쟁우위를 창출할 가능성이 커진다. 다각화 전략에 있어서 유형 및 무형의 상호관련성은 중요한 역할을 한다. 유형의 상호관련성은 다각화 전략을 형성하는 시발점이 되어야 한다. 무형의 상호관련성은 유형의 상호관련성보다 경쟁우위상 불확실한 효과를 가지며 실제로 달성하기가 더 어렵다.

상호관련성은 내부적인 발전을 통해 다각화를 추구하는 기업이 그렇지 못한 기업보다 신규 산업에 더 적은 비용으로 진입할 기회를 준다.[2] 또한 상호관련성을 이용함으로써 인수를 통한 신규 산업 진입도 더 수월한데, 인수를 추진하는 기업은 인수대상 기업과 상호관련성이 없는 다른 기업보다 인수대상 기업에 대해 더 큰 가치를 가지기 때문이다. 또한 상호관련성이 존재하게 된다면, 내부적 발전을 통한 다각화로 새로운 사업단위와 상호관련성을 갖게 되는 기존 사업단위에 이득을 줄 수도 있다.

그런데 주의해야 할 사항은 어떠한 다각화의 움직임에도 산업의 구조적 매력도(1장 참조)에 관한 심사를 반드시 통과해야 한다는 점이다. 기업의 기존 사업단위에 관계된 산업은 단순히 상호관련성 때문에 구조적으로 더 매력적인 것은 아니다. 새로운 사업단위는 실제로 또는 구조적으로 매력적인 산업이어야 한다. 만일 상호관련성의 존재가 기업이 비 매력적인 산업을 매력적인 산업으로 변화시킬 수 있도록 만들지 않는다면, 구조적으로 산업으로 진입하기 위한 충분한 명분이 못 된다. 따라서 한 기업이 해당 산업에서 경쟁할 때, 경쟁적 우위를 확보할 수 있게 하는 산업, 즉 매력적인 구조와 상호관련성을 모두 갖춘 산업을 물색하는 것은 다각화 전략의 양대 지침이 된다.

유형의 상호관련성에 기반을 둔 다각화

다각화 전략을 추구하는 과정에서 〈표 9-1〉에 기술된 상호관련성의 유형 중 하나를 확장시킬 수 있다. 가장 바람직한 다각화의 방향은 앞에서 기술한 기준에 따라 경쟁적 우위에 최대한 효과가 있는 상호관련성을 달성하는 것이다. 어떤 경우에는 다각화가 주요 경쟁자에 대항하여 기업의 위치를 강화시켜주는 반면에, 경쟁자의 다각화에 방어적으로 대처할 필요 때문에 다각화를 시도하기도 한다. 또한 기업은 상호관련성을 이용하여 단일사업 경쟁자(single-business competitor) 또는 제대로 정비되지 않은 사업단위들을 가진 경쟁자를 압도할 수 있는 산업에 진입할 수도 있다. 유형의 상호관련성이 지니는 이점은 2가지 방향으로 활용될 수 있다. 하나는 새로운 사업단위를 개척하기 위해서 기존 사업단위의 경쟁적 지위를 사용하는 일이고, 다른 하나는 기존 사업단위의 경쟁적 지위를 향상시킬 수 있는 방향으로 상호관련성을 추구하는 것이다.

〈표 9-1〉에 나타난 유형의 상호관련성의 형태 중 시장, 생산, 기술 상호관련성은 3대 다각화 방안을 대표한다. 시장 지향적 다각화 전략은 시장 상호관련성의 이점을 획득하기 위해서 공동 구매자, 유통채널 또는 지역, 시장에서의 신제품의 판매를 목표로 한다. 생산 지향적 다각화 전략은 공유된 생산 가치활동을 가진 유사한 제품의 생산을 목표로 한다. 또한 조달 활동 상호관련성은 많은 경우 생산 상호관련성에서 비롯된다. 한편 기술 지향적 다각화 전략은 기존 시장 또는 새로운 시장에 판매되는 제품생산에 필요한 핵심기술을 토대로 새로운 산업을 개발하거나 신생 산업에 진입하는 것을 목표로 한다. 예

를 들어 성공적인 일본의 타자기 회사 브라더는 다각화에 '기술나무(technology tree)' 모델을 사용한다. 브라더는 기존 사업에서 획득한 소용 모터기술을 발판으로 소형 기구 및 전자타자기 사업에 진입하였고 타자기 사업에서 얻은 전자기술을 토대로 전자 프린터기 사업에 진입할 수 있었다.

이러한 3대 다각화 채널은 기업을 서로 다른 방향으로 뻗어 나가게 만든다. 공동 구매자, 유통채널 또는 지역에 판매되는 제품의 범위를 확장하는 것은 다양한 기술과 생산과정이 필요하다. 유사한 기술 또는 생산과정을 가지고 다양한 제품을 개발하는 것은 일반적으로 새로운 시장에 진입하는 것을 의미하지만 반드시 그렇지만은 않다. 예를 들어 가전제품에서 소니와 마쓰시타 같은 기업은 기존 제품에 사용했던 기술로 새로운 제품으로 다각화하는 동시에 시장 및 생산 상호관련성도 추구하였다. 소니와 마쓰시타, 파나소닉은 각각의 브랜드, 서비스 조직, 생산공정 그리고 조달 활동 등에서 공유 가치활동을 개발했는데, 그 결과로 이룬 상호관련성은 그들의 경쟁우위의 주된 원천 가운데 하나가 되었다. 또한 블랙 앤드 데커는 핵심사업인 전동공구에 사용된 소형 전기모터와 관련된 기술 및 생산 상호관련성을 이용하여 소형 전기사업에 진입할 수 있었다.

다각화는 몇몇 중요한 가치활동이 공유될 때, 전반적인 기업의 시장 지위를 확장할 수 있는 잠재적인 기회를 최대한 제공한다. 가장 성공적인 다각화 기업은 시장, 생산 그리고 기술 지향적 다각화를 서로 배타적인 것으로 보지 않으며, 오히려 그것들을 융합할 방안을 고려한다. 9장에서 기술한 1971년 및 1981년의 포춘지 선정 500대 기업 중 75개 기업의 상호관련성을 연구한 결과, 하이테크 기업이 시장, 생산 그리고 기술의 상호관련성을 동시에 증가시키는 데 최고의 능력을 보였다. 이러한 결과는 산업을 결합시키는 데 전자정보 처리 기술이 핵심적인 역할을 하는 사실을 반영한다. 이러한 기술이 발달할수록 기업은 좀 더 다양한 형태의 상호관련성을 이용할 수 있는 더 많은 다각화 채널을 찾을 수 있게 된다.

교두보를 통한 다각화

다각화를 통해 중요한 상호관련성을 성취하는 능력은 기업마다 차이를 보인다. 따라서 다음에 제시되는 것들은 기업이 가지는 다각화를 통한 상호관련성 달성 기회를 제약하는 몇 가지 요인들이다.

- 기업 내 기존 사업단위의 결합은 다른 산업과의 잠재적 상호관련성과는 거리가 멀 수 있다.
- 중대한 상호관련성이 이미 이용되고 있을 수도 있다.
- 기업의 기존 사업과 관련이 있는 산업이 구조적으로 매력이 없을 수 있다.
- 경쟁자가 관련 산업에 진입할 기회를 선점해버렸을 가능성이 있다.
- 독점금지법에 따라 일부 관련 산업으로 진입이 불가능할 수 있다.

유형의 상호관련성에 따른 다각화 기회가 거의 없거나 고갈되었을 경우 기업은 무형의 상호관련성에 기초한 다각화를 고려해야 한다. 무형의 상호관련성은 사실상 활동의 공유와 본원적 기술이전이 함께 이루어지기 때문에, 일반적으로 유형의 상호관련성을 가진 산업보다는 기존 사업단위에 대한 잠재적 무형의 상호관련성을 가진 산업이 많기 마련이다. 그러나 무형의 상호관련성으로 경쟁우위를 이룰 기회를 찾는 일은 매우 정교하고 어려운 과정이다. 기술이전이 어떤 효과를 나타낼지를 예측할 수 있을 정도로 새로운 산업을 충분히 이해할 수 있어야 하기 때문이다.

또한 새로운 산업과 기존 산업이 본원적 유사성을 가졌다는 자체만으로는 기술이전으로 경쟁우위를 직접 일으킬 수 없다. 새로운 산업의 경쟁자가 동등하거나 우월한 기술을 가지고 있을 수 있으므로 새로운 산업에서 기업이 보유한 기술의 적합성을 반드시 검토해야 하는데, 본원적 유사성에 대해 피상적인 분석만 한다면 잘못된 결론을 내릴 가능성이 크다.

실제로 산업 간에 잘못 추정되거나 부적절한 본원적 유사성을 근거로 다각화를 시도한 결과, 1960년대와 1970년대의 수많은 다각화 전략은 실패로 끝났다. 그러나 이 모든 위험부담을 차치하고, 주의 깊게 산업을 분석한다면 무형의 상호관련성이 다각화의 건실한 기초가 되는 새로운 산업을 발견할 수 있다. 그러나 무형의 상호관련성에 기초한 다각화는 신규 진입의 기회로서뿐만 아니라 추가적인 상호관련성 창출의 잠재적 교두보로서도 인식해야 한다. 즉 무형의 상호관련성에 근거하여 일단 새로운 산업에 진출하게 되면, 차후에 유형의 상호관련성에 근거한 다각화의 새로운 기회의 교두보로서 신규 산업을 이용할 수 있다. 그 좋은 예로 P&G의 차민 페이퍼 컴퍼니(Charmin Paper Company) 인수를 들 수 있는데, P&G가 고도로 연계된 종이제품 사업단위 그룹을 형성하는 데 훌륭한 교두보가 되었다. 〈그림 10-2〉

에는 교두보를 통한 다각화 과정이 일목요연하게 나타나 있다. 그림에서 보면 유형의 상호관련성으로 연계된 사업단위의 최초 집단과 무형의 상호관련성이 새로운 기업군을 형성하는 근거가 됨을 알 수 있다.

다각화된 기업은 무형의 상호관련성으로 연관된 기업군과 함께 유형의 상호관련성에 의해 관련된 사업단위 그룹으로 구성되어 있다. 따라서 무형의 상호관련성에 기초한 다각화 기회를 평가하는 척도는 각 신규 진입 대상 산업이 교두보로서 가지는 잠재력이다.

기업 전체 수준의 자원과 다각화

다각화된 기업의 유일한 자산은 그 기업에 속한 각 사업단위의 가치사슬에 존재하는 기존의 상호관련성 또는 잠재적인 상호관련성이다. 다각화 기업은 이러한 상호관련성을 통해 사업단위와 진입하려는 새로운 사업에 기여할 수 있다. 따라서 다각화 기업의 중심 역할은 이러한 상호관련성을 조성하고 확장하는 것이다.

다각화는 기업이 참여하는 가치활동의 경계를 확장함으로써 기업의 자산과 기술의 집합을 확대하는 수단이다. 새로 진입한 산업은 기존 산업과 관련될 뿐만 아니라 기업 전반에 걸쳐 새로운 상호관련성을 창출한다. 그러므로 최상의 다각화는 기업의 기존 장점을 강화하고 새로운 강점의 기초를 창출하는가의 여부로 파악할 수 있다.

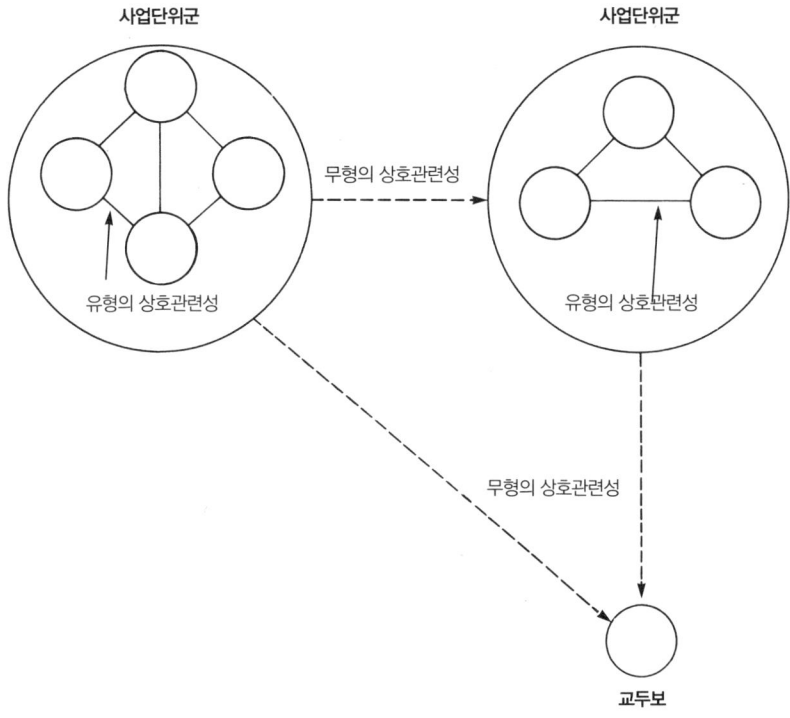

그림 10-2 상호관련성과 다각화 유형

수평적 전략의 함정

상호관련성을 활용해 실질적인 경쟁우위를 얻을 수 있지만, 그렇다고 수평적 전략을 수행하는 데 어떠한 함정도 존재하지 않는 것은 아니다. 물론 상호관련성을 전적으로 무시하는 것만큼 심각한 함정은 없다. 앞에서 살펴보았듯이 사업단위에 의해서만 실행된 전략계획에는 한계가 있기 때문이다. 그러나 동시에 모든 관계를 추구해야 한다고 가정하는 것 역시 마찬가지로 큰 잘못이 될 수 있다.

상호관련성을 무시할 때의 함정

본 장과 9장에서는 상호관련성을 무시함으로써 초래되는 수많은 함정을 소개하는데, 다음과 같은 몇 가지 주목할 만한 문제점을 확인해 보자.

- **각 사업단위의 전략적 공헌을 잘못 이해하는 경우** 상호관련성을 이해하지 못하는 기업은 타 사업단위의 공헌은 전혀 모르는 상태에서 자기 사업단위의 성과를 측정하게 된다. 따라서 그러한 사업단위는 상호관련성을 해치고 전반적인 기업의 시장 지위를 잠식하는 조치를 취할 위험이 있다.

- **주요 경쟁자의 상대적 경쟁 지위를 잘못 인식하고 있는 경우** 사업단위 수준에서만 계획을 수립하는 기업은 다각화된 주요 경쟁자에 대한 경쟁 지위를 진단하는 데 실패하게 되며, 전반적인 기업의 지위를 향상시킬 수 있는 방향으로 경쟁자에 대한 대응조치를 수립하는 데도 실패하게 된다.

- **포트폴리오 관리** 상호관련성, 특히 유형의 상호관련성이 존재하면 일반적으로 포트폴리오 계획 모델을 통해 얻을 수 있는 유용성에 제약이 생긴다. 포트폴리오 계획 모델은 재정적으로 균형 잡힌 포트폴리오를 달성하기 위한 다각화 기업의 노력을 지원하도록 설계된 도구다. 따라서 포트폴리오 모델은 기업이 사업단위 포트폴리오를 구성하면서 가장 필수인 전략적 문제점, 즉 상호관련성의 창출 및 강화

라는 논점을 불분명하게 만들 수 있다. 상호관련성이 존재할 때 사업단위를 형성 또는 철수하려는 의사 결정은 타 사업단위와는 독립적으로 행해질 수 없다. 특히 그룹 또는 부문 수준의 사업단위는 유형의 상호관련성을 가지기 쉽고 이에 따라 관리 되므로 포트폴리오 모델을 사용하는 것은 더욱 위험하다.

기업 전체 수준, 부문 그리고 그룹의 실무자는 수평적 전략과 포트폴리오 계획을 혼동해서는 안 된다. 수평적 전략은 포트폴리오 전략보다 수립하기가 더 어렵지만 다각화 기업이 그 사업단위를 위해 진정한 경제적 이득을 창출할 수 있는 방법이다.

상호관련성을 추구할 때의 함정

상호관련성을 무차별적으로 추구하는 것은 다음과 같은 위험을 수반할 수 있다.

• **공유 또는 노하우 이전에 따른 부정적인 레버리지** 유형의 상호관련성은 통상 관계된 사업단위 간의 전략적 타협을 수반하기 마련이다. 이 때문에 사소한 전략적 이득을 위해 잘못 선택된 상호관련성을 추구하다가는 관계된 모든 사업단위에 해를 끼칠 수 있다. 또한 노하우 이전은 비용을 발생시키고, 다른 사업단위의 경쟁에 부적합한 노하우를 무형의 상호관련성을 명분으로 이전하는 것 역시 큰 해를 초래할 수 있다.

요컨대 상호관련성이 전략적으로 바람직하려면 노하우를 공유하거나 이전하는 것이 관계된 사업단위에 확실한 잠재적 순이득을 주어야 한다.

• 소규모 가치활동에서 상호관련성을 추구하든지, 아니면 규모의 경제 또는 학습효과를 갖지 못하거나 차별화에 별 효과가 없는 가치활동에서의 상호관련성 추구 기업은 관련된 다각화 전략 수립에 몰두하여 실제로 경쟁우위에 별로 중요하지 않은 상호관련성에도 너무 많은 기대를 하는 함정에 빠질 수 있다. 상호관련성이 존재한다고 해서, 특히 그것이 이용 가능한 유일한 것이기 때문에 반드시 달성하기 위한 수평적 전략을 수립해야만 한다는 판단은 잘못된 것이다.

• 잘못된 유사성 인식 기술, 물류시스템, 조립과정 및 구매자 집단의 피상적 유사성이 사실상 가치활동 공유와는 별 관련이 없는 경우가 많다. 예를 들어 비전문가가 보기에는 해양 석유 시추와 내륙 시추가 거의 다를 것 없는 작업이라고 인식할 수 있겠지만, 사실상 각 시추업자 간에 공유할 수 있는 활동은 거의 없어서 이러한 무형의 상호관련성 역시 피상적인 것에 그칠 때가 많다. 일반적으로 사업단위 사이에는 경쟁에 별로 중요하지 않은 본원적 유사성이 많이 존재하기 마련이다. 따라서 시행착오를 되풀이하는 낭비를 막기 위해서는, 잠재적 상호관련성을 공유활동 또는 변형된 전략으로 수립하기 이전에 철저히 검토해야 한다.

Chapter 11
상호관련성의 획득

많은 기업의 예에서 보았듯이 상호관련성을 획득한다는 것은 결코 쉬운 일이 아니다. 그 이유 중의 하나는 보통 공유 비용이 상호관련성을 통한 경쟁우위 창출분보다 클 것이라고 생각해서 실행에 옮기는 것을 주저하게 했기 때문이다. 그러나 명백히 경쟁우위를 창출한 상호관련성에도 실제로는 많은 구조적 장애물이 조직구조와 문화, 관리요소에 전반적으로 걸쳐 있어서 상호관련성의 획득에 역작용을 불러일으키고 있다. 또한 사업단위 사이의 상호관련성의 획득은 그 자체가 많은 다각화된 기업에 확립된 기존 철학과 어긋난다.[1]

  대부분의 다각화 기업은 자율성의 원리에 따른 이익 책임제에 맞게 사업단위를 분권화해왔다. 어떤 기업들은 이 분권화를 거의 신봉하다시피 한다. 그러나 통제가 되지 않는 분권화는 사업단위의 경영자가 기업 전체보다는 사업단위의 성과를 극대화하는 전략을 추구하게 하여 상호관련성 획득에 역행하도록 만들었다. 더구나 포트폴리오 계획기법은 사업단위를 서로 연결되지 않는 현금창출원 혹은 현금 사용자로 인식하게 만들었다. 다각화 기업이 사용하는 인센티브 계획

(incentive plan)과 이전가격 정책 등 전형적인 조직 관행 중 상당 부분이 상호관련성 획득에 부정적 영향을 미친다. 즉 사업단위의 이익에 도움이 되는 상호관련성을 획득하는 데도 조직적인 어려움이 뒤따르게 되며, 이로 인해 많은 경영자가 시너지의 개념을 거부한다.

사업단위 간의 전략적 상호관련성을 시행할 때는 항상 상호관련성의 획득과정에서 직면하는 조직적인 측면의 난관을 극복해야 하며, 그렇지 않으면 수평적 전략이 실패할지도 모른다.[2] 이 장에서는 9장에서 설명한 전략적 중요성의 테스트에 부합하는 상호관련성을 기업이 인식하고 있다고 가정했다. 따라서 여기서는 이러한 상호관련성을 실제로 유도하는 과정이 어떻게 전개되는가를 중점적으로 알아보고자 한다.

우선 많은 기업에서 경험하고 있는 상호관련성의 획득에 따르는 구조적 장애와 그 원인을 살펴보자. 그리고 소위 수평적 구조를 통해 이 장애들을 어떻게 극복할 수 있는가를 살펴보겠다. 다각화된 기업에서 전형적으로 볼 수 있는 기업구조 유형은 최고경영자가 여러 사업단위의 행동에 직접 관계하는 수직적 구조다. 이러한 구조에서는 정보, 의사 결정 그리고 자원이 사업단위로부터 최고 경영진으로 또는 그 반대로 수직적으로 흘러간다. 그룹 혹은 부문과 같은 구조의 하부단위는 우선적으로 이 수직적 과정을 관리하기 위해 또 최고 경영진의 통제범위(span of control)를 축소시키기 위해 설계된다.

이와 대비되는 개념으로 기업의 수평적 구조는 사업단위 조직구조와 병행되며, 사업단위 간의 협력을 쉽게 한다. 수평적 구조로는 사업단위의 그룹화, 상임위원회의 설치, 전사적 관리시스템과 인적자원 관리정책 그리고 사업단위 활동을 조정하기 위해 설계된 기타 공식적, 비공식적 기구를 들 수 있다. 수직적 구조들 간의 주요한 상호관련성을 가진 기업도 그 구조를 보완하기 위해 수평적 기업조직을 필요로 한다. 즉, 상호관련성의 확대는 다각화된 기업을 관리하는 데 필요한 새로운 구조가 점차 더 필요하게 된다는 것(구조의 수평적 차원과 수직적 차원 사이의 균형을 좀 더 적절히 조화시키는 것을 포함하여)을 의미한다.

이러한 필요성에 따라 생기게 된 수평적 구조는 분권화를 제거하거나 대체하려는 것이 아니다. 분권화의 논리는 충분히 타당하며, 몇몇 다각화 기업에서는 각 사업영역을 분권화시키는 작업조차 실패하기도 했다. 수평적 구조란, 경쟁우위를 가져오는 상호관련성이 이루어지도록 수직적 구조 위에 하나의 조직형태를 덧붙이는 것이다.[3] 그 결과 매트릭스 구조가 아닌, 구조적 장치와 공유된 가치에 의해 연결된 독립 사업단위가 생기게 된다. 이러한 과정에서 사업단위의 자율성이 줄어들 수 있으나, 수평적 구조의 진정한 목적은 기업 전반의 성공을 이끌어내기 위하여 사업단위의 자율성을 재정의하는 데 있다.

상호관련성 획득의 장애 요인

유형의 상호관련성을 획득하기 위해서는 특정 사업단위가 다른 가치활동과 독립되어 행동하는 분리된 주체이며 자신의 이익에 대한 책임을 지고 다른 사업단위와의 가치사슬에서 특정 활동을 분담해야 한다. 이와 유사하게 무형의 상호관련성을 획득하기 위해서는 사업단위 사이의 노하우를 이전하는 것이 필요하다. 상호관련성을 추구하면서 가치사슬의 다른 부분에서 하나 이상의 자매 사업단위와의 공동

활동으로 이어질 수 있다. 특정 사업단위는 타 사업단위와 판매망을 공유할 수도 있고 또 다른 사업단위와는 공장을 공유할 수도 있다.

상호관련성 실행에는 기업이 어떤 조직구조를 가졌는지와는 관계 없이 조정 비용이 반드시 발생한다. 단지 다양한 구조적 장애로 인해 불필요한 비용이 야기될 수 있을 뿐이다. 이러한 구조적 장애는 단일 사업단위 내에서 기능적 조정을 어렵게 만드는 요소와 관계가 있다. 그러나 상호관련성에서 나타나는 구조적 장애는 기능적 조정을 불편하게 만드는 것보다 일반적으로 강도가 더 높다. 한 사업단위의 기능은 담당 사업을 위해 조정되어야 할 뿐 다른 사업단위와 조정을 굳이 필요로 하지는 않는다. 따라서 사실상 각 사업단위는 종종 서로를 경쟁자로 인식하여 한정된 자원을 많이 확보하고 상위 관리자의 관심을 끌기 위해 전사적인 성과보다 사업단위의 성과를 극대화하는 방향으로 행동한다.

장애 발생의 원천

사업단위를 조정할 때 발생하는 장애는 사업단위 관리자와 기업 전체 관리자의 관점의 차이에서 비롯된다. 가장 중요한 방해 요인에는 다음과 같은 것들이 있다.

불균형적인 혜택

상호관련성을 추구할 때는 그 혜택이 불균형적으로 나타나는 경우가 많아서 상대적으로 불이익을 받는 특정 사업단위의 저항을 받게 된다. 사업단위마다 각자의 규모와 전략이 달라서 상호관련성에서 발생하는 경쟁우위는 종종 특정 사업단위에 더 치우치기도 한다. 어떤 경우에는 상호관련성이 기업 전체에는 명백한 혜택을 가져다주지만 어떤 한 사업단위에는 부정적 영향을 주는 수도 있다. 따라서 전사적으로 적용되는 동기부여 제도가 이러한 차이를 반영하지 않는 한, 모든 사업단위가 동등하게 상호관련성을 추구하고 협동하도록 장려하는 것은 매우 힘들어진다. 그보다는 공동비용의 할당이나 이익의 분배 등에 대한 무익한 논쟁에 말려들기 쉽다. 그렇기 때문에 모든 관련 사업단위에 명백히 이익이 되는 상호관련성은 즉시 채택되지만 혜택의 불균형이 나타나는 상호관련성을 추진하기란 좀처럼 쉽지 않다.

자율성과 통제의 상실

경제적 측면에서의 저항과 더불어 관리자들은 때로는 자율권의 상실에 대한 우려 때문에 상호관련성 추구에 강력히 저항하게 된다. 이러한 저항의 몇몇 원인은 다음과 같다.

• **관할권에 대한 보호** 사업단위 관리자들은 자신의 관할권을 강력히 방어하려고 할 것이다. 그들은 그들의 작업에 전적인 통제권을 갖고 있으며, 이를 토대로 형성된 기업 내 자신들의 영향력은 물론 통제권 자체를 높이 평가함으로써 개인적 만족을 찾는다. 자율권은 모든 기능에 대한 전적인 통제와 관련이 있기 때문에 관리자들은 이것 중 어느 것도 포기하고 싶어하지 않는다.

• **고객과의 소원한 관계 인식** 특정 사업단위는 때때로 고객 통제권을 잃거나 고객과의 관계에 피해가 갈 수 있다는 두려움에 시장 상호관련성 추구를 반대한다. 각 사업단위는 자매 사업단위가 자사의 고객을 빼앗거나 이미지에 해를 입히거나 회사에 대한 고객의 기존 인식에 혼란을 일으키게 될 거라고 인식한다. 예를 들어 증권 브로커들은 금융서비스에 상호관련성이 존재하는데도 모기업의 자매 사업단위와 고객 명부를 공유하는 것을 꺼린다.

• **자매 사업단위에 대한 해고의 불가능** 각 사업단위는 서비스, 배송 또는 제품 문제 등에 있어서 자매 사업단위보다 외부와의 거래에서 더 많은 영향력을 행사할 수 있다고 자주 느낀다. 자매 사업단위와 분쟁이 일어나면 기업 경영진이 그에 개입할 여지가 많고 또 자매 사업단위의 성과가 좋지 못할 경우라도 협업 관계를 끊는 것이 용인되지 않기 때문에 상호관련성 자체를 구속이라고 인식한다. 외부 기업과 상호관련성은 실패할 경우 외부 기업을 '해고'할 수 있기 때문에 차라리 불만을 덜 갖는다.[4]

• **공유활동에서의 우선권에 대한 갈등** 공유과정에 참여한 사업단위는 공유된 판매망, 공유된 물적 유통구조 또는 개발 부서의 공유와 같은 공유 가치활동에서의 우선권에 대한 갈등을 가장 먼저 인식한다. 예를 들어 공유된 개발 부서에서는 기술개발 예정 기간을 가장 필요로 하는 사업단위에 맞추어 할당하게 되며, 공유 판매망은 불가피하게 특정 제품에 좀 더 집중되기 마련이다. 따라서 그와 같은 우선권이 기업 전체 측면에서 합리적이라 할지라도 상대적으로 불이익을

받게 되는 사업단위 경영자는 그러한 계획을 전적으로 수용하려 하지 않는다. 이와 같이 사업단위들은 대부분 처음에는 공유에 거부감을 드러내지만 일단 가치활동의 공유가 이루어지면 각자의 자율권을 획득하려고 애쓴다.

- **낮은 성과에 대한 부당한 책임** 사업단위 관리자는 상호관련성의 실패에 대한 부당한 책임을 지게 되는 것을 자주 두려워한다. 이들은 자신이 충분히 통제할 수 없는 상황에서 나타난 결과로 자신의 능력을 평가받을지도 모른다는 가능성을 인식하고 있다. 이와 같은 생각은 그들이 받을 평가에 대한 통제력을 강화하기 위해 상호관련성 추구를 포기하게끔 만든다.

기업의 역사와 조직구성(organizational configuration)은 관리자들의 완벽한 자율권 정도에 영향을 준다. 많은 다각화 기업에서 사업단위의 자율권은 오래전부터 조심스럽게 발전되고 강조되어온 정책 중 하나다. 컨솔러데이티드 푸드(Consolidated Foods), 베아트리체 푸드(Beatrice Foods), 존슨앤드존슨, 에머슨 일렉트릭 그리고 HP 등은 사업단위의 자율권에 대한 신념을 강력히 유지하고 있으며 기업의 성공 열쇠로 강조하고 있다. 사실 자율권은 기업의 성과 창출에 중요한 긍정적 역할을 하지만 너무 강조하다 보면 변화하는 경쟁적 환경을 무시할 수 있다. 이로 인해 오랜 자율권 행사의 역사를 가진 사업단위들은 매우 가치 있는 합작 프로젝트조차 거부하기도 한다. 예를 들어 에머슨 일렉트릭은 공동 R&D 센터 설립과 같은 각 사업단위에 상대적으로 덜 위협적인 상호관련성을 추구하는 것조차 그들을 설득하는 데 어려움을 겪었다.

이처럼 사업단위 자율권을 오래전부터 강조해온 기업들은 독립성을 강조하는 환경에서 잘 적응하는 방향으로 경영자들을 훈련시키고 승진시켜왔다. 또한 이런 경영자들은 독자적인 의사 결정이 가능하다는 점에서 자율성을 강조하는 기업에 스스로 합류하기도 한다. 더욱이 기업을 인수할 때도 피인수 기업의 자율권을 계속 보장해준다는 조항이 관건으로 작용할 때가 많다. 그러한 역사적 배경 때문에 관리자들은 자신의 자율권에 대한 어떠한 유형의 개입에도 반대하며, 원칙적으로 집중화를 지향하는 전사적인 노력에 반기를 들게 된다. 특히 경쟁이 가능한 최소 사업단위로 분권화를 단행한 기업들은 상호관련성에서 규모의 경제를 획득하는 데 많은 어려움에 처한다. 이처럼 세분화된 사업단위의 규모가 작을수록 자율권 방어 노력도 집요할 수밖에 없다. 예를 들어 아메리칸 하스피틀 서플라이는 동일한 구매자에게 여러 종류의 의료상품을 파는 작은 사업단위들을 가지고 있는데 사업단위별로 별도의 판매망을 통해 판매가 이루어진다. 이는 각 사업단위의 독립성이 너무도 뚜렷해 그사이의 조정을 이루기 어려웠음을 단적으로 보여준다.

편향된 동기부여 제도

전사적인 상호관련성을 추진할 때 이에 부합하도록 기업의 동기부여 계획을 변경하지 않아서 상호관련성 활용이 어려워지는 경우도 많다. 각 사업단위는 상호관련성에 참여하도록 만드는 적극적인 유인이 부족하다는 것을 자주 느낀다. 그들이 상호관련성을 성공적으로 이끌기 위한 노하우의 공유나 관련 활동을 수행하는 과정에서 득보다 실이 많을 수 있다. 오히려 어떤 동기부여 제도는 자매 사업단위와의 상호관련성보다 외부와의 상호관련성을 더욱 장려하는 듯한 인상마저 심어주고 있다. 이렇게 동기부여 제도가 상호관련성에 부정적인 영향을 미치는 경우는 다음과 같다.

• **다른 사업단위의 공헌에 대한 신뢰 부족** 동기부여 제도는 전형적으로 특정 사업단위 자체의 성과만을 측정하며 자매 사업단위에 대한 공헌은 측정하지 못하게 되어있다. 따라서 상호관련성 및 기업 전체 성과에 대한 특정 사업단위의 공헌은 가늠하기 매우 어렵다. 따라서 기업 경영진 입장에서는 사업단위별로 동일한 재정적 목적을 설정하고 이전가격과 할당 공식을 기계적으로 설정하는 것이 성과 측정에 쉽고 정확하다고 느낄 것이다. 그러나 이러한 방식으로는 기업의 성과에 대한 개별 사업단위의 전체적 공헌을 측정할 수 없다.

사업단위의 경영자들은 그들이 상호관련성을 창출하는 과정에서 어떤 대가가 주어지지 않는다고 생각하면 자기 사업단위의 시간과 자원을 활용하려는 노력을 아끼기 마련이다. 그들은 상호관련성을 추구하며 감수해야 하는 비용이 돌아오는 이익보다 적거나 자매 사업단위들보다 혜택을 못 받는다면, 상호관련성 형성과정에 참여하는 데 아무런 매력을 느끼지 못한다. 예를 들어 마쓰시타에서는 전 사업부문을 총괄하여 만든 제품개발팀(cross- divisional product development team)에서 이와 같은 유형의 문제에 봉착했던 적이 있다. 각 사업단위에서 파견된 참여자들은 신제품이 그들이 소속된 사업단위의 이익에 도움이 될 지 여부를 판단하기가 어려워서 전사적 개발 작업에 공헌하는 것을 꺼렸던 것이다.

• **측정의 오차** 특정 사업단위가 상호관련성을 무시하거나 이에 저항하는 또 다른 이유는 기업의 이익, 비용, 자산이 평가되고 할당되는 방법에서 생기는 오차 때문이다. 예를 들어 자산에 대한 투자나 외부에서 구입된 자산은 자본화하는 반면 상호관련성을 추구하는 데 사용되는 자금은 비용화한다. 또한 협의의 이익성장률 목표를 가진 사업단위들은 상호관련성 추구 과정에 참여하는 다른 사업단위들과 이익을 나누는 것을 원하지 않고, 매출액과 이익률로 성과가 측정되는 사업단위는 상호관련성 추구로 자신의 수익률이 줄어들 바에야 자산에 투자하겠다는 결심을 한다. 따라서 사업단위의 경영자 중에는 상호관련성 추구에 따른 비용을 부담하기보다는 차라리 외부의 기업과 접촉하는 비용을 늘리는 것이 더 낫다고 생각하는 사람이 있을 것이다.

사업단위 환경의 상이성

사업단위 간의 조직적 환경이 다를 경우에도 상호관련성을 추구하는 것이 쉽지 않다. 환경의 차이는 커뮤니케이션의 문제를 야기하며, 이는 자매 사업단위를 아예 '다른 기업'으로 인식하게 만든다. 이처럼 상호관련성 확보에 장애가 되는 사업단위 사이의 조직적 차이는 다음과 같다.

• **개별 사업단위의 강한 정체성** 사업단위의 역사와 정체성이 모기업과 다르다면 상호관련성을 추구하기가 더욱 힘들어진다. 예를 들어 일부 사업단위는 원래는 별도의 독립된 회사였다가 인수 합병이 되었을 수도 있으며, 어떤 사업단위는 독자적인 브랜드로 사실상 별도

의 회사처럼 경영되어왔을 수도 있다. 이 경우 그 사업단위의 경영자와 직원들은 모기업보다 소속 사업단위에 좀 더 귀속감을 가질 수 있다. 만일 사업단위가 산업 선도기업(industry leaders)이나 개척기업이었다면 자매 사업단위와 결합하는 노력에 저항하기도 한다.

• **문화의 차이** 사업단위 간의 문화의 차이는 상호관련성 달성에 큰 장애가 된다. 여기서 문화적 차이란, 개인 간 행동의 규범, 용어 그리고 사업의 기본철학 등이 포함된다. 이러한 차이는 원활한 소통을 방해하고 실무적 관계를 유지하기 힘들게 한다. 그 예로 아메리칸 익스프레스의 금융 부문 자회사는 서로 다른 경영 스타일과 언어장벽을 이유로 모기업이 인수한 스위스의 트레이드 디벨롭먼트 뱅크(Trade Development Bank)와의 통합을 반대하였다.

이처럼 문화적 차이가 있는 사업단위 간의 상호관련성 추구가 자칫 각 사업단위의 명백한 개성을 지워버릴 수도 있다는 불안감은 경영자들이 상호관련성 추구에 확신을 갖지 못하게 하는 원인이 된다. 그들은 상호관련성을 그들의 사업단위를 성공으로 이끈 특유의 문화를 위협하는 것으로 여긴다.

이러한 인식은 오랫동안 자율권을 강화해온 다각화 기업 또는 인수 합병된 사업단위에서 특히 발생하기 쉽다. 예를 들어 브런즈윅(Brunswick)은 그들 특유의 레저 지향적인 사업을 다양하게 운영하면서 많은 유명 기업들을 인수하였다. 그러나 사업단위 사이의 문화적 혼돈이 유발되는 것이 두려워 그 기업들을 통합하지는 않았다.[5]

• **관리의 차이** 만일 사업단위 간에 경영자의 프로필, 기술과 경영

스타일이 가지각색이라면 상호관련성 달성은 힘들 것이다. 이렇게 되면 사업단위들끼리 접촉이 서로 어색하고 불편하게 진행되어 특정 안건에 대한 합의를 얻는 것도 좀처럼 쉽지 않을 것이다. 이러한 차이에는 경영자의 나이, 직위, 교육적 배경(학력), 기술적 숙련도 그리고 재직기간 등이 포함된다.

• **운영 절차의 차이** 사업단위들은 회계 및 정보시스템, 업무상의 규제 그리고 노조와의 합의 등의 측면에서 서로 다른 운영절차를 가지고 있어서 상호관련성의 달성을 어렵게 만든다. 절차상의 차이는 사업단위에서 업무를 공동으로 진행할 때 마찰과 혼란을 일으키고 추가적인 조정 비용을 발생시킨다.

• **지리적 단절** 지리적으로 단절된 사업단위들은 상호관련성을 성공적으로 이끌기 위해 조정 활동을 지속하는 데 어려움을 겪을 수 있다. 즉 사업단위 간의 지리적 거리감이 있으면 문제해결을 위한 교류가 줄어들게 된다.

분권화에 대한 간섭의 우려

지금까지는 사업단위 관리자의 성향과 동기부여에 밀접한 관련이 있는 상호관련성 획득의 장애 요소를 알아보았다. 그러나 전체 기업의 경영자 또한 여러 측면에서 느끼는 우려 때문에 상호관련성 추구를 주저할 수도 있다.

그 이유는 다음과 같다.

- **기업가 정신에 대한 간섭** 경영자는 분권화에 대한 간섭이 기업가 정신을 약화시킬 수 있다는 두려움을 갖고 있다.[6] 그러나 기업가 정신을 좁게 보아 독립성과 동일시하지 않는 한, 기업가 정신과 상호관련성 사이에는 근본적 모순은 존재하지 않는다. 기업발전의 초기에는 극단적 분권화가 정당화될 수 있지만 어느 정도 성장하게 되면 사업단위 관리자들이 상호관련성을 인식하고 이를 활용하는 방향으로 기업가 정신을 구현할 때 최대의 경쟁우위를 창출해낼 수 있다. 그런데도 순수한 분권화만이 기업가 정신을 최대로 발휘하는 동기부여가 된다는 생각이 많은 경영자들의 마음속 깊이 자리 잡고 있다. 사업단위 관리자들은 기업가 정신을 저해할 뿐만 아니라 기업가 정신을 북돋우는 유인을 감소시키는 원인으로 상호관련성을 지목하며 비판한다.

- **일관된 조직에 대한 희망** 다각화 기업 중 상당수는 모든 사업단위를 거의 동일한 방식으로 조직해왔다. 이러한 방식은 관리 업무 체계를 간단하게 만들지는 모르지만 상호관련성으로 추구하고자 하는 바와는 모순되기 쉽다. 상호관련성의 추구는 서로 다른 사업단위 또는 사업단위 그룹 간에 성과와 목적에 대한 서로 다른 평가 척도를 설정해야 함과 동시에 가치활동에 대해 자율권과 통제의 정도를 다양화해야 한다는 가정을 내포하고 있기 때문이다.

- **성과 측정의 어려움** 많은 기업이 동기부여의 기준을 성장률이나 이익률 등 객관적이고 계량적인 기준에만 의존하고 있다. 그런데 상호관련성이 형성되면 성과 측정에 주관성이 도입될 수밖에 없는데,

이는 기업 전체에 미치는 사업단위의 공헌을 계량적으로 정확히 측정하기 힘들기 때문이다. 그러나 몇몇 기업에서는 이러한 주관성이 바람직하지 않은 것으로 받아들여지고 있다.

• **변명의 구실 제공에 대한 우려** 상호관련성은 사업단위의 자율성과 책임의 명확한 한계를 흐릿하게 만든다. 그래서 최고경영자는 사업단위 관리자들이 자신들의 낮은 성과를 합리화하기 위한 변명의 근거로 상호관련성을 이용할 것이라고 우려하고 있다.

상호관련성과 공정성

상호관련성을 획득하는 데에서 나타나는 조직적 장애의 상당 부분은 상호관련성과 공정성 사이의 갈등에서 비롯된다. 공정성 혹은 공평성은 모든 기업에서 적용되는 원칙이다. 공정성은 갈등을 조정하고, 관리자에게 동기부여를 하는 데 근간이 되는 조직구조의 일면에 해당한다. 그런데 상호관련성이 공정성의 개념과 상충한다는 생각을 하는 관리자도 일부 있다. 상호관련성이 적용되면 각 사업단위 관리자들은 지금까지와는 다른 자율권, 다른 목표, 다른 동기부여 기준을 가지는 것에, 그리고 타 사업단위의 성과보상에 차별을 느끼고 불만을 품을 가능성이 커진다.

많은 다각화 기업들이 명시적 또는 묵시적으로 합의한 공정성의 협의적 정의는 모든 사업단위를 동일한 방식으로 다루고 의사 결정에 있어서 주관성을 완전히 배제하는 것을 말한다.

협의의 공정성 개념은 모든 사업단위가 상호관련성 추구에 동의할 때에만 이를 이행할 수 있다는 사고를 합리화하는 근거로 이용될 수 있다. 그렇지만 공정성에 대한 협의의 개념은 논리적으로 부정확할 뿐만 아니라, 실제 상호관련성을 추구할 때 모든 사업단위가 공정한 혜택을 받거나, 사업단위 사이에도 시장가격 거래로 자율권을 보장하면서 상호관련성을 손쉽게 획득할 수 있는 경우에만 성립되도록 엄격히 제한한다는 점에서 문제가 있다. 공정성에 대한 좀 더 건설적인 견해는 최고 경영진이 사업단위를 다루는 방식에서 동일성(sameness)보다는 정당성(fairness)을 강조하는 데 있으며, 이는 상호관련성의 성공적인 획득에 꼭 필요한 전제라고 할 수 있다. 따라서 사업단위보다 상위인 전사적 목표를 우선순위에 두는 것과 동시에 이러한 건설적인 공정성의 개념을 창출하여 확산시키는 것이 수평적 조직의 구축에서 필수적 과제다.

기업 간 장애 요인의 차이

상호관련성 획득에 장애가 되는 요소의 범위는 역사, 사업구성, 조직구조 및 정책에 따라 기업별로 차이가 크다. 상호관련성의 획득에 있어 최대의 난관은 다음의 조건에서 일어나기 쉽다.

- 다수의 소규모 사업단위를 가지고 있는 고도로 분권화된 기업
- 자율권에 대한 굳건한 전통을 가진 기업
- 독립된 회사의 인수 합병으로 세워진 기업
- 기업 정체성(corporation identity)의 창출에 노력을 거의 기울이지 않는 기업

- 상호관련성 추구의 역사가 전혀 없거나 거의 없는 기업 혹은 상호관련성을 추구하려는 시도에 실패했던 기업

상호관련성 획득을 위한 조직적 장치

순수한 수직적 조직구조는 기업에 이로운 상호관련성이 인식되고 획득되는 여건을 만들어주기에는 불충분하다. 즉 수직적 조직에 구조적으로 내재된 장애 요소는 실무 수준에서의 상호관련성 추진에 방해가 될 뿐 아니라, 사업단위 관리자가 제기할 수 있는 반론의 근거를 제공해준다. 사업단위 관리자는 상호관련성의 획득과정에서 타협할 수밖에 없는 상황에만 주목하여 그것이 주는 혜택을 의심하게 된다. 또한 기업의 경영진은 관련 산업에 대한 심도 있는 지식 없이 사업단위의 저항에 대응하기 어렵다.

따라서 기업은 상호관련성 획득 과정에서 맞닥뜨리는 조직적 장애에 대응하기 위해 다음 2가지 방법 중 하나를 선택한다. 첫째는, 상호관련성 달성의 전략적 필요성에도 불구하고 그들의 조직에서는 절대 적용될 수 없다고 결론짓고 형성 노력을 포기하는 것이다. 그런 결론에 이르면 사업단위 관리자는 자매 사업단위와의 협동을 포기하고 독립적으로 일을 처리한다. 이에 따라 분쟁 해결과 책임 소재를 밝히는 과정에서 각 사업단위의 조직적 반발에 좌절한 기업 경영진은 결국 극단적인 분권화를 선택하게 된다. 두 번째는, 상호관련성에 따른 혜택이 매우 중요하기 때문에 기업의 제반 관리 관행이 그에 상응하여 변화되어야 한다는 것을 인식하는 경우다.

상호관련성은 우연히 생겨나거나 최고 경영진의 지시만으로 생겨나지 않는다. 따라서 사업단위 경영자들이 상호관련성을 추진하면서 내부의 조율과 소통의 어려움을 완화하고, 필요한 조직적 장치를 갖추는 데 힘써야 한다. 이 책에서는 상호관련성의 형성을 쉽게 하는 조직적 장치를 '수평적 조직'이라고 부른다. 수평적 조직은 수직적 조직 내 사업단위들을 연결시키는데, 특히 다각화 기업에서는 수직적, 수평적 요인들 사이에 균형을 이루는 것이 중요하다.

이러한 수평적 조직은 4개의 큰 범주로 나눌 수 있다.

- **수평적 구조**(horizontal structure) 사업단위의 그룹화, 부분적 분권화, 사업부 간의 TF팀 구성, 시장 혹은 유통채널 담당 위원회 설치 등과 같이 사업단위의 수직적 라인을 가로지르는 조직적 장치
- **수평적 시스템**(Horizontal system) 계획, 통제, 동기부여 제도 그리고 자본예산 등과 같은 분야에서 사업단위를 포괄하여 형성된 관리 시스템
- **수평적 인적자원 관리 관행**(horizontal human resource practice) 사업단위의 직무순환, 관리포럼 그리고 직무훈련 등과 같이 사업단위의 협동을 쉽게 만들어주는 인적자원 관리
- **수평적 갈등 해결 과정**(horizontal conflict resolution processes) 사업단위 사이의 갈등을 해결하는 관리과정으로, 수평적 구조 또는 수평적 시스템과 명확히 구별할 수 있으며 기업의 경영 스타일과 더욱 깊은 관계가 있다.

조직구조와 시스템은 수평 수직적 차원 모두를 가지고 있다. 예를 들어 사업단위의 그룹화는 어떻게 각 그룹이 관리되느냐에 따라 최고 경영진의 통제 범위를 줄이는 순수한 수직적 장치가 될 수 있을 뿐만 아니라 수평적 전략에서 중요한 역할을 담당할 수도 있다. 이와 유사하게 기업 내의 동기부여 제도는 완전히 수직적일 수 있지만, 이 경우에도 사업단위 간의 협동을 촉진하기 위한 조항을 포함하고 있을 수 있다. 이 책에서는 수평적, 수직적 측면이 상호작용한다는 것을 전제로 조직적 관행의 수평적 측면에 중점을 두기로 한다. 다각화 기업에서의 조직적 구조와 시스템의 수직적 측면에서 야기되는 문제는 많은 연구의 주제가 되어왔다.[7]

사업단위 간의 협력을 용이하게 하는 어떤 조직적 장치도 혼자서 전략적으로 유용한 상호관련성의 획득을 보장하기에는 불충분하다. 대신에 서로를 강화시키는 다양한 조직적 장치가 동시에 필요하다. 성공적인 수평적 전략을 가진 기업들은 상호관련성에서 최대한의 혜택을 얻기 위해 동시에 여러 가지 장치를 갖추려는 경향이 있다. 이때 필요한 관행이 적절히 구성된 형태는 사업단위별로 다르게 나타나는데, 이는 각각의 사업단위들이 이익과 비용의 균형에 있어서 서로 다르며 고유의 상호관련성 패턴을 지니기 때문이다.

또한 기업 경영자는 자신의 행동과 기업 목적을 수행하는 방식 그리고 새로운 사업 진입방식에 대한 선택을 통해 수평적 조직을 강화시키는 데 강력한 역할을 한다. 따라서 수평적 조직을 이용해 상호관련성을 획득하는 것에 대해 설명한 후 최고경영자의 역할에 대해 다시 살펴보기로 한다.

수평적 구조

수평적 구조는 기존 사업단위 구조에 병행하여 그 영역을 가로질러 형성된 일시적이거나 지속적인 조직형태를 말한다. 상호 배타적이지 않은 다양한 유형의 수평적 구조를 사용하여 상호관련성의 획득을 수월하게 할 수 있다.

사업단위의 집단화

가장 일반적인 수평적 구조는 아마도 그룹이나 부문 내에서 다수의 사업단위가 단일 경영진에게 보고하는 형태일 것이다. 대부분의 그룹과 부문 조직이 생기게 된 이유는 최고경영자의 통제범위를 줄이기 위해서 또는 기업 전반을 총괄하는 최고 경영진에 합류하기 전 중간과정으로서 관리자들을 훈련시키고 평가하기 위해서였다. 그룹의 부문은 수직적 조직에서 오랫동안 중요한 역할을 맡아왔다.

그러나 상당수의 기업에서 그룹과 부문의 임원들은 전략형성에서 상대적으로 소극적인 역할을 했다. 그들은 전략을 주도하기보다는 사업단위 전략을 검토하고 승인하며 사업단위 관리자를 감독한다. 그러나 그들도 그룹이나 부문의 영역이 충분히 설정되고 그 속에서 분명한 역할이 정해졌다면 상호관련성을 확립하고, 추구하고, 관리하는 중추적인 역할을 수행해야 한다.

한편 사업단위를 그룹이나 부문으로 묶을 때는 전략적으로 중요한 상호관련성이 있는지 살펴야 한다. 그러나 사업단위들은 다양한 상호관련성을 보이기 때문에 그룹이나 부문의 영역을 설정하기는 쉽지 않다. 예를 들어 제너럴 푸드에서는 제품형태와 제품기술(예: 냉동식품)

에서 관련성 있는 몇몇 그룹이 구매자와 유통채널도 동일한 경우가 있다. 다양한 형태의 상호관련성을 반영하여 집단화하는 데는 몇 개의 채택 가능한 기준이 있는데 기업은 그중 하나를 선택해야 한다. 그런데 상호관련성이 참여한 모든 사업단위에 똑같이 중요하지는 않기 때문에 분류의 기준을 선택하는 것은 더욱 어렵다.

사업단위를 집단화하는 것이 자로 잰 듯 정확하게 이루어질 수는 없지만, 집단화를 위한 원칙만은 명확히 설정할 수 있다. 즉, 기업 내의 상호관련성에 대해 체계적 관리·감독을 통해 경쟁우위 형성에 가장 중요한 상호관련성을 파악한 후, 이를 중심으로 그룹과 부문은 형성되어야 한다. 예를 들어 만일 제품의 포지셔닝, 광고 그리고 유통 활동이 원가의 상당 부분을 차지하거나 차별화의 가장 중요한 원천이 된다면, 시장 상호관련성에 따라 사업단위의 집단화가 이루어져야 한다. 즉 소비재를 생산하는 기업에서의 분류는 제조기술보다는 구매자나 유통채널을 따르는 것이 더 적절할 것이다. 반대로 차별화 전략을 구사하는 하이테크 기업에서는 기술적 상호관련성의 활용이 경쟁우위의 열쇠인 만큼 기술에 따라 사업단위들을 분류하는 것이 더 현명할 것이다. 만일 유형의 상호관련성이 몇 개 없거나 고갈되었다면 무형의 상호관련성을 기준으로 삼겠지만 미미한 유형의 상호관련성이나 무형의 상호관련성에 근거하여 분류된 부문도 그 하위조직은 다시 강력한 유형의 상호관련성으로 결합할 수 있다.

사업단위는 전략적으로 가장 중요한 상호관련성을 추구하는 방향으로 집단화해야 하는데, 이는 의도대로 관리될 경우 상호관련성에 집중하여 활용도를 높여주는 가장 강력한 조직적 장치가 될 수 있기 때문이다. 모든 사업단위가 동일한 그룹(혹은 부문)을 중심으로 움직인다면 사업단위 간의 조정, 분담 활동의 관리, 갈등 해결, 노하우의 이전 그리고 적절한 목적설정과 동기부여 등이 모두 쉽게 이루어진다.

상호관련성 창출이 가능한 사업단위들을 그룹화할 때 가장 중요한 사업단위를 중심으로 해야 한다는 원칙이 설정되었다고 해서 모든 그룹이 동일한 유형의 상호관련성을 따라 형성되어야 할 필요는 없다. 반드시 같은 기준을 적용해야 할 때도 있지만 모든 그룹이 시장기준이나 제품 기준 혹은 기술기준의 적용을 받을 필요는 없으며 그래서도 안 된다. 기업 전반에 하나의 상호관련성이 지배적이지 않다면, 상황에 따라 서로 다른 유형의 상호관련성에 기준을 두어야 할 것이다.

한편 그룹 내에서 사업단위 사이의 상호관련성의 강도는 그룹 내 사업구성의 차이에 따라 다양하게 나타난다. 그룹에 따라 상호관련성이 강하거나 약한 사업단위로 구성되었을 수 있다. 그룹을 관리하는 방식은 이런 차이를 반영해 결정되어야 한다. 더욱이 그룹 안에서 기존의 상호관련성의 정도는 그 구현과정에서 나타나는 사업단위의 전략적 중요도에 따라 달라진다. 그룹에서 혜택을 적게 받는 사업단위는 상호관련성을 강화하려는 방향과는 반대의 전략을 선택하기 쉬우므로 특별한 관리가 필요하며, 다른 사업단위와는 다른 성과 측정 방법이나 유인의 제공 방법을 사용해야 한다. 그러나 동시에 그런 사업단위들이 상호관련성을 추진한다는 명목으로 경쟁 지위에 손상이 갈 만큼 기존 전략을 수정하거나 타협하도록 강요받아서는 안 된다. 요컨대 상호관련성을 관리하는 것은 9장에서 설명한 방법을 이용해 비용을 고려하면서 전체적인 경쟁우위 균형을 추구하는 과정이라고 할 수 있다.

그룹 경영자의 역할[8]

전통적으로 그룹 경영자의 역할은 때로는 모호하고 불편하기도 하다.[9] 사업단위 관리자들은 전략가로 행동하고, 그룹 경영자는 사업단위 관리자들이 세운 전략의 검토자로서 활동한다. 따라서 많은 그룹 경영자는 그룹의 성과에 책임을 지면서도 사실상 그 성과를 결정할 만한 권한은 적다고 느낀다.

그룹 안팎에서 상호관련성을 설정하고 이를 획득하는 일은 그룹 경영자의 유일하고도 가장 중요한 과업이다. 중요한 상호관련성을 가진 그룹의 경영자라면 그는 그 그룹의 가장 핵심적인 전략 담당자가 되어야 한다. 그렇지만, '그룹 전략'이라는 것은 한마디로 정의하기 애매한 개념이다. 그룹 경영자들은 일반적으로 소규모 포트폴리오를 관리하듯이 그룹 내 각 사업단위의 자금 요청을 조정했으나, 상호관련성이 존재하는 경우 이런 역할개념에 대한 근본적인 문제점이 드러난다. 그룹 전략은 독립적으로 설정된 사업단위 전략의 합을 능가하는 시너지를 창출할 수 있어야 하기 때문이다. 따라서 모든 사업단위를 포괄하는 수평적 전략개념이 그룹 전략에 포함되어야 하며 사업단위 전략의 필요성을 대체하지 않는 선에서 이를 통합해야 한다.

상호관련성의 획득을 위해 그룹 경영자는 사업단위의 전략을 수정할 수 있는 최종 권한을 가져야 한다. 더욱이 그룹 경영자는 사업단위의 제안에 능동적으로 반응하는 동시에 수평적 조직을 이끌고 나가야 한다. 앞서 설명한 여러 이유로 인해 독립적인 사업단위는 상호관련성의 이점을 향유할 수 있는 전략을 거의 제안하지 않음은 물론, 그룹 이익을 위하여 자신의 목표에 반하는 타협은 하려고 하지 않는다. 따라서 그룹 경영자는 그룹의 주요 전략가로서 그룹 내외 상호관련성을 설정하고 분석하며, 특히 다점 경쟁자를 분석하는 능력이 필요하다. 또한 사업단위 관리자가 상호관련성을 획득하는 목표를 지향하게 하는 여러 수평적 조직 메커니즘에 의해 수평적 전략가로서 그룹 관리자의 역할은 강화되어야 한다. 즉, 주요 가치활동의 부분적 집중화, 동기부여 제도에 대한 통제 그리고 충원 시의 역할 등을 부여받음으로써 진정한 수평적 전략을 구축하는 과정에서의 그룹 경영자의 능력은 강화된다.[10]

부분적 집중화

수평적 구조의 또 다른 유형은 부분적 집중화(partial centralization)다. 각 사업단위가 이익을 책임지는 가운데 중요한 상호관련성이 있는 가치활동을 집중화시키는 일이 경우에 따라서는 필요하다. 이때 집중화된 가치활동은 때로는 한 그룹 이상에게 할당된다.

부분적 집중화는 조달 활동, 판매, 물류시스템 등의 활동에서 비교적 많이 나타난다. 제너럴 푸드의 경우 제품개발과 마케팅 기능은 각 사업부 관리자에게 직접 보고되지만, 제조, 조달 활동, 물적 유통 활동 등은 그룹 차원에서 집중적으로 행해지고 있다. 또한 맥그로힐은 책, 잡지 그리고 기타 사업단위들을 보조하는 주문처리 시스템을 공유하고 있고, 캐슬앤쿡(Castle and Cooke)은 다양한 신선식품을 위한 공동의 마케팅과 배분시스템을 가지고 있다.

공유활동은 여러 주체에게 보고될 수 있다. 일부 사업단위들이 공유활동에 대해 간접적인 보고 라인을 가진 반면, 특정 사업단위는 공유활동에 대한 공식적 통제권을 가지고 있거나 공유활동이 몇 개의 사업단위에 동시에 보고되기도 하며, 때로는 공유활동의 성과가 그룹이나 기업의 관리자에게 직접 보고될 수도 있다. 그렇지만 시장 지향성을 유지하기 위해서는 이처럼 집중화된 가치활동의 경우 라인 관리자에게 보고하는 것이 바람직하다. 공유활동을 책임지고 있는 관리자는 이 장과 이전의 장에서 제기된 이슈들을 염두에 두고 집중화된 가치활동과 사업단위 사이의 조정을 관리하는 데 적극적으로 임해야 한다. 이러한 방향으로 공유활동을 관리하려는 시도는, 일부 기업에서 시행하는 사업단위와 공유된 가치활동 관리 사이에 형성된 시장가격 거래라는 소극적 접근법과는 좋은 대조를 이룬다.

부분적 집중화의 성공을 위해서는, 사업단위가 가치활동을 스스로 관리하기에 적합한 구조와 동기부여 제도를 만들어주거나 아니면 관련 사업단위에 대한 통제권을 부여받는 라인 관리자에게 권한을 주어 가치활동의 공유를 시도해야 한다. 또한 집중화 활동과 관련 사업단위 사이의 공식적, 비공식적 조정 장치의 창출뿐만 아니라, 상호관련성이 기업에 기여하고 있다는 인식이 필요하다. 그러므로 관련된 사업단위들이 공통으로 수행하게 될 집중화 활동 계획과정에 공동으로 참여하는 일은, 활동 관리자와 사업단위 사이의 정기적인 공식접촉 못지않게 중요하다고 하겠다.

기타 범사업단위 간 조직적 장치의 구축

사업단위의 그룹화와 가치활동의 부분적 집중화는 상호관련성을 획득하는 조직 차원의 시도 중 가장 강력한 형태다. 그러므로 가장 강력한 상호관련성을 추구하도록 그룹구조를 설계해야 한다. 그러나 그룹 외부에 존재하면서 경쟁우위를 강화하는 이차적 상호관련성이 있을 수도 있어서 이런 구조적 장치 안에 모든 종류의 상호관련성을 포함할 수는 없다. 이와 같이 일차적 조직구조에 포함되지 않는 상호관련성을 획득하기 위한 수단을 제공하는 일시적 또는 영속적인 범사업단위 차원의 조직적 장치는 수평적 구조를 형성하는 데 핵심적인 부분이다. 이와 같은 메커니즘은 상호관련성에 대한 계획을 주도하고 실행하는 방법으로, 또 상호관련성의 중요성을 관리자에게 교육하는 장치로 활용될 수 있다.[11] 여기에서 주의해야 할 점은 이러한 조직형태를 매트릭스 구조와 혼동해서는 안 되며 사업단위들의 협력을 쉽게 해주는 하나의 장치로 인식해야 한다는 것이다.

이러한 목적에 부합되는 중요한 조직적 장치들은 다음과 같이 3가지가 있을 수 있다.

• **시장 중심 위원회 조직**(market focus committees) 기업이 제품이나 기술을 중심으로 조직되었을 때 시장에 대한 이차적 상호관련성이 종종 중요시된다. 예를 들어 맥그로힐은 책, 잡지, 데이터베이스 등의 제품형태에 따라 이차적 조직을 구성하였다. 그러나 건설업, 금융업 등 다수의 사업부가 판매에 참여하는 시장이 존재한다. 맥그로힐은 일차적 조직구조를 통해 제품 주변의 상호관련성을 활용하면서 동시에 시장을 조율하여 공격할 수 있다면 이러한 상호관련성을 획득할 수 있다.

따라서 기업은 시장 중심 위원회라고 불릴 수 있는 조직을 만들어서 이러한 시장 상호관련성을 획득할 수 있다. 이러한 위원회를 만들기 위해서 기업은 잠재적 상호관련성이 존재하는 주요 시장을 설정한 후, 각각의 시장을 관리·감독할 관리자를 배치한다. 이때 상임위원회는 그 시장을 대상으로 활동하고 있는 사업단위의 고위급 관리자로 구성되어 시장조사를 감독하고 기존의 제품영역에서 상호관련성을 달성하기 위한 계획을 세우는 한편, 시장에서 기업의 전체적 지위를 향상시키기 위해 보완해야 할 점을 파악해야 한다. 또한 이러한 과정에서 부분적인 분석을 도와줄 참모진이 동원된다. 한편 상호관련성을 추구하기 위한 특정 계획의 입안은 관련 사업단위 안의 라인 관리자에게 할당된다. 위원회가 시간 낭비하는 조직이라고 생각할 수도 있지만, 위원회가 없다면 이미 특정 시장에서 상호관련성을 추구하는 경쟁자에게 경쟁우위를 빼앗기게 될지도 모른다.

  시장 중심 위원회는 시장 상호관련성이 전략적으로 가장 중요하게 대두된다면, 제품 혹은 기술 위주의 조직에서 시장 위주 조직으로 전환하는 중간 단계로 활용할 수도 있다. 그러나 만일 기업이 시장 위주의 일차 조직을 형성하고자 한다면 현존하는 제품 상호관련성 혹은 기술 상호관련성을 강화시키는 차원의 메커니즘을 설정해야 한다.

• **기술, 유통채널 그리고 기타 상호관련성을 추구하기 위한 위원회 조직**   많은 사업단위를 포함하는 상임위원회나 실무그룹은 제품, 생산, 조달, 기술, 공유되는 유통채널, 물적 유통시스템 혹은 주문처리 시스템 등에서 나타나는 기타 중요한 상호관련성 위주로 만들어질 수 있다. 그 기능은 시장 중심 위원회와 유사하고 그것들을 조직화하는 원칙들도 비슷하다. 이때 상위 라인 관리자는 그러한 노력에 대한 전적인 책임을 져야 하며 정기적으로 진행 과정을 검토해 그러한 노력이 진지하게 이루어졌는지를 평가해야 한다.

• **임시 TF 조직**(temporary task forces)   일차적 조직구조를 횡으로 연

결해주는 상호관련성 중 일부는 상임위원회의 설치를 통해 상호관련성의 지속적 실행을 관리하는 것을 필요로 하는 반면 일부 상호관련성은 관련 사업단위의 관계자로 구성된 TF팀을 통해 가장 잘 시행된다. TF는 무형의 상호관련성에 관한 노하우의 이전을 촉진하는 경우 가장 일반적으로 사용되는 메커니즘이며, 일부 유형의 상호관련성도 이 방법으로 수행된다. 또한 TF팀은 상호관련성을 연구하여 부분적 집중화와 상임위원회의 설치, 또는 사업단위가 운영되는 방식의 변경 등 여러 방안 중 어느 하나를 선정해서 상호관련성을 나타낼 수 있다. 임시 사업단위를 교차하는 TF는 아마도 무수한 상호관련성의 유형에 직면한다. 예를 들어 GM은 사업단위의 라인을 횡적으로 연결하는 주요 계획을 관리할 프로젝트 센터를 만들었는데, TF팀 구성원들은 몇 년 간 이 계획에 참여하여 기존의 소속 조직단위와는 완전히 별도로 활동하였다. 맥그로힐의 정보자원 부문 TF는 GM의 경우보다 공식성이 덜한 임시조직이었는데, 이 조직은 기업 전체의 계산 능력 관리에 관해 연구하였다. 이러한 임시조직은 각 사업단위에서 차출된 파트타임 스태프들을 이용하는 한편 기업 기획 부서의 스태프들로부터 지원을 받는다. 한편 시어스는 사업단위의 상호관련성과 재정적 서비스에서의 상호관련성을 연구하는 그룹을 활용하고 있다.

그룹 또는 기업 전체 수준의 상호관련성 추구 담당자의 선정

상호관련성을 용이하게 하기 위한 구조적 장치로는 그룹, 부문 그리고 기업 수준의 관리자들을 상호관련성 추구 담당자로 지정하는 방안도 포함될 수 있다. 스태프 관리자는 자신이 맡은 영역에서 중요한 상호관련성을 규정할 수 있는 책임이 있으며 관련 사업단위와 함께 일함으로써 상호관련성을 획득하고 관리하는 데 큰 도움을 줄 수 있다. 예를 들어, 마케팅 스태프 관리자는 교섭력을 최대화하기 위해 광고 공간의 확보를 조정할 수 있으며, 공유된 유통채널에 대한 계획을 조정할 수도 있다. 또한 스태프 관리자는 상임위원회나 사업단위 관리자들의 TF와 같이 상호관련성의 시행을 위해 설립된 다른 조직 구조를 관리하는 데도 도움이 될 수 있다.

사업단위 조직의 관리

범사업단위 조직은 자율권의 원칙이 매우 뿌리 깊고 위원회의 관리를 시간의 낭비로 인식하는 경향이 있는 미국 기업에서 특히 유지·관리하기 어려우므로 이러한 점을 고려한 주도면밀한 설계가 필수적이다.

이러한 과정에서 만들어진 범사업단위 조직은 조직 내 필요한 영향력을 제공함과 동시에 항상 기업의 중요한 이슈를 중심으로 활동할 수 있도록 최고 경영진에게 활동 내용을 정기적으로 보고해야 한다. 또한 편견에 사로잡히지 않고 책임감이 투철한 신뢰도 높은 관리자가 주도해야 하며, 활동의 결과로서 가시적 성과를 창출해낼 수 있어야 그 유용성을 인정받을 수 있다. 한편 최고경영자는 상호관련성 획득 계획이 개발되면 반드시 실행될 것이라는 확신을 주기 위해 각 관련 사업단위로부터 범사업단위 조직에 이르기까지 라인 관리자를 설정해야 한다. 또한 의미있는 분석과 사려 깊은 조언을 구하기 위해 전문 스태프를 기용하거나 자문을 구할 수 있는 여건을 조성해야 한다. 마지막으로 범사업단위 조직은 상호관련성 추구시 직면하는 장애를 극복하기 위해 여러 유형의 수평적 조직으로 보완되어야 한다. 중요한 상호관련성을 가지고 있는 기업에서는 범사업단위 조직에 대한 불신을 극복하는 것만으로도 주요한 경쟁우위를 창출하는 계기를 만들 수 있다.

수평적 시스템

수평적 조직의 두 번째 측면은 사업단위 사이의 조정과 연계를 강화하는 경영체계인 수평적 시스템의 구축에 있다. 대부분의 경영 체계는 강력한 수직적 요소를 가지고 있으나, 상호관련성의 획득을 뒷받침하도록 재설계될 수 있다. 이러한 맥락에서 많은 수평적 시스템을 상호관련성의 획득 과정에서 유용하게 이용할 수 있다.

• **수평적 전략계획** 대부분의 다각화 기업에서는 각 사업단위 전략계획을 수립한 후 계획안을 상위 경영자에게 제출한 후 허가를 받는 수직적 전략계획 시스템을 이용하고 있다. 그러나 중요한 상호관련성이 존재할 때 진정으로 의미 있게 계획을 만들기 위해서는 수평적 측면이 수직적 전략계획 과정에 덧붙여져야 한다. 수평적 차원을 전략계획에 도입하는 데는 몇 가지 접근법이 있다. 우선 기업 내의 기획부서가 상호관련성을 인식하고 이에 대한 책임을 지고 주도적인 입장에서 추진하는 방안을 들 수 있다. 두 번째는 그룹이나 부분의 경영자가 수평적 전략에 책임을 지는 방안인데, 이때 그룹 계획의 내용은 상호관련성 추구에 초점이 맞추어져야 한다. 세 번째 접근법은 사업단위 계획에 상호관련성 추진 내용을 포함하도록 만드는 것이다. 이

때 각 사업단위는 그룹 내외의 다른 사업단위들과 중요한 상호관련성을 인식하고, 이를 개발하기 위한 실행계획을 수립하도록 요청받게 된다. 마지막 접근법은 각각의 중요한 상호관련성과 관계있는 사업단위 간에 별도의 공동 전략계획을 수립하는 것이다.

일본 NEC는 마지막 접근법을 선정하여 두 유형의 계획시스템을 채택했다. 즉 정규 사업단위 계획시스템에 덧붙여, CBP〔기업 사업계획(corporate business plan)〕 시스템을 확립했는데 이는 각 사업단위에서 세우는 전략계획들이 전 사업단위를 망라하는 규모의 중요한 투자프로그램을 중심으로 수립되도록 하기 위한 것이었다. 이 시스템은 관련 사업단위 관리자들이 장기적으로 상호관련성을 추진하기 위한 전략계획에 동의하고 적응하도록 만들었다. 따라서 사실상 이 시스템은 중요한 수평적 이슈를 해결하기 위한 특별 계획수립이 전제되어 있다.

이와 같이 계획에 수평적 요인을 덧붙이기 위한 여러 접근법은 다수가 동시에 추구되고 시행되는 경우가 많다. 그런데 수평적 계획을 위한 조직 차원의 메커니즘은 그룹과 기업 수준 양측에 모두 존재해야 한다. 이는 양측의 수평적 전략 이슈가 다르기 때문이다. 또한 어떤 사업단위도 자발적, 독자적으로 모든 상호관련성을 규정하거나 그것을 획득하는 계획을 개발할 가능성은 없다는 점을 기업의 최고 경영진은 항상 유의해야 한다.

• **수평적 절차** 범사업단위 활동을 관장하는 수평적 절차가 존재한다면 상호관련성의 달성이 더 수월해진다. 많은 기업이 이전가격 정책을 수립하고 있고, 몇몇 기업들은 외부 구매자와 별도로 기업

내부 구매를 관장하기 위한 정책을 시행하고 있다. 그러나 공동 프로젝트에서의 이익이나 비용분배, 혹은 자본예산 절차와 같은 이슈에 대한 지침을 가지고 있는 기업은 얼마 없다. 그러한 지침 없이 상호관련성을 추구하는 것은 관리 차원에서 상당한 혼란과 협상의 지연만 초래하게 된다. 따라서 일반적 지침이 존재하는 경우에는, 각 사업단위가 외부 기업과 제휴를 추구하거나 내부 상호관련성을 회피하도록 만드는 유인을 제한하여 상호관련성 추구를 쉽게 만들어 준다.

그런데 작성된 이전가격 정책과 구매규칙의 내용에 상호관련성에 대한 오해가 섞여 있을 때가 있다. 즉, 시장가격을 기초로 이전가격 정책이 세워져 있다면 이는 각 사업단위를 정상적인 거래 관계를 지니는 독립기업으로 취급하고 있다는 것이다. 이것은 관리적인 측면에서 호소력이 있든 없든 간에 상호관련성의 기본 논리를 부인하는 것이다. 상호관련성이란 이전가격 정책과 기타 정책들이 기업의 전체적 경영 지위를 증진시키기 위해 설계되어서 개별 사업단위의 재무적 성과만 추구하고 있지 않을 때 비로소 성립될 수 있다.[12] 예를 들어 퍼킨 엘머(Perkin-Elmer)는 기업 내 거래에서 판매 부문에는 시장가격을 적용하고 구매 부문은 원가를 적용하는 특유의 이전가격 시스템을 형성시킴으로써, 양쪽 모두에 내부거래를 지속할 만한 인센티브를 부여했다.[13] 이때 사업단위 목표는 이전가격 규칙에 부합하는 방향으로 조정되어야 한다. 예를 들어 기업 내부 거래 시 제품을 원가에 이전하는 사업단위를 대상으로 수익목표 추구를 강요한다면 이치에 맞지 않을 것이다.

한편 구매규칙은 이전가격 정책의 경우처럼 단순한 관리를 위해 전략적 논리를 무시할 가능성이 높은 영역이 될 수 있다. 만일 각 사업단위가 기업 외부든지 내부든지 간에 최상의 조건으로 구매할 수 있는 구매 라인을 택한다면 기업 전체 차원에서 상호관련성을 추구하는 데 어려움을 겪을 것이다. 상호관련성의 획득에 성공적인 대부분의 기업은 내부 구매를 우선으로 두고, 자매 사업단위에 재화나 용역을 제공하는 각 사업단위는 기업 내부의 구매자를 가장 중요한 구매자로 간주한다. 그러므로 최고 경영진은 각 사업단위에 이러한 점을 명확히 전달하고, 자매 사업단위를 중요하지 않은 구매자나 공급자로 여기는 사업단위는 보상받을 수 없다는 점을 확신시켜야 한다.

- **수평적 유인** 기업이 상호관련성에서 이득을 얻을 수 있으며 이를 획득하기 위해 사업단위나 그룹의 경영자가 노력할 때 그에 맞는 보상을 받을 수 있다는 점을 인식시키는 전사적인 유인시스템을 설계해야 한다. 또한 기업 외부에 단독 투자하는 것을 더 좋게 평가하는 성과 측정상의 편견을 제거하는 일도 중요하다. 요컨대, 중요한 상호관련성을 가진 기업에서는 사업단위의 성과뿐만 아니라 그룹 혹은 기업의 성과에 따라 사업단위와 그 관리자에게 보상이 돌아가는 시스템을 설계해야 한다. 실제로 상호관련성 획득에 성공한 대부분의 기업에서 실시하고 있는 보상제도는 그룹 혹은 기업성과를 강조하는 것이다. 이러한 예는 사업단위 관리자가 동기부여 받기 위해서는 사업단위 성과에 근거한 보상만이 유일한 근거가 되어서는 안 된다는 것을 보여준다. 사업단위의 성과에만 보상하는 것은 동기부여에 대한 지나치게 단순화된 견해를 반영하므로, 이러한 저차원적인 보상 대신에 좀 더 광범위한 기준에 따른 보상시스템을 도입함으로

써 사업단위의 관리자가 기업 전반 경영자의 일원이 될 수 있도록 유도해야 한다.[14] 성과 측정 또한 사업단위별로 달라져야 한다. 즉 성과목표에는 각 사업단위의 성과와 더불어 상호관련성 차원에서 폭넓게 기업에 공헌한 측면을 동시에 반영해야 한다. 또한 최고경영자는 모든 사업단위 관리자에게 이런 방식의 성과 측정이 공평하고 상위의 기업 목적을 반영하려는 것이라는 점을 수긍하게 만들 책임이 있다.

중요한 상호관련성을 가진 기업에서는 주관적인 평가요인을 반영해서 이러한 보상시스템을 설계해야 한다. 사업단위가 기업에 공헌하는 정도를 계량적으로만 측정할 수는 없다. 어떤 계량적인 표준도 전사적인 기업성과에 영향을 미치는 모든 요인을 나타낼 수는 없을 뿐만 아니라 기업의 이익에 어긋난 행동을 제대로 반영하지 못한다. 그러므로 그룹과 기업 경영자는 각 사업단위 활동이 그룹이나 기업전략에 얼마나 부합했는가 하는 관점에서 사업단위의 공헌을 평가할 수 있도록 준비해야 한다. 기업은 전통적으로 주관적 유인 제공을 거부해왔지만, 그룹과 사업단위의 경영자에게 기업 전체에 대한 공헌을 기준으로 보상하는 것이 공평하며 기업 이익을 위해 또한 필요하다는 점을 알리는 방향으로 소통을 원활히 수행해야 한다.[15]

수평적 인적자원 관리 관행

수평적 조직의 세 번째 측면은 인적자원 정책이다. 인적자원 정책의 범주에는 각 사업단위와 집중화된 기능 사이의 성공적인 관계 형성을 비롯하여 사업단위 간의 협력을 쉽게 만드는 고용, 훈련, 인적자원의 관리에 대한 모든 정책이 포함된다. 수평적 시스템과 마찬가지로 수평적 인적자원 정책은 전체 기업이나 중요한 상호관련성 추구 과정에 참여하는 사업단위에 적용해야 하는데, 그 대표적인 방안은 다음과 같다.

• **사업단위 간의 인사순환** 사업단위 간에 인적자원을 순환시킴으로써 다양한 방식으로 상호관련성의 획득을 촉진할 수 있다. 인사의 이동으로 사업단위 간의 문화적 차이와 절차의 차이를 줄이고 합동 프로젝트를 좀 더 수월하게 하는 인적 네트워크를 구축한다. 한편, 관리자들을 교육해 다른 사업단위와 상호관련성을 추구할 만한 기회를 찾도록 하고 사업단위의 정체성 인식에 덧붙여서 기업(또는 그룹)에 대한 정체성을 발전시키는 효과를 가져다줄 수 있다.[16] 인사순환에는 훈련시간에 대한 비용, 업무의 연속성 차원에서 추가 비용이 생기게 되지만 장기적으로는 상호관련성의 달성에 도움이 되고 각 사업단위에서 상호관련성 추구에 대한 전통적인 반감이 되살아나는 것을 방지한다는 점에서도 중요하다. 듀폰(Dupont), 제너럴 일렉트릭, 시티코프 등과 같은 회사들은 상호관련성 추구를 쉽게 만드는 적극적인 인사순환 프로그램을 운용하고 있다.

• **고용과 훈련에서 전사적 역할** 전사적 차원의 고용 및 훈련 프로그램을 통해 기업 정체성의 구축과 기업 전체 이익의 중요성을 인식하는 데 도움을 줄 수 있다. 기업 오리엔테이션은 일종의 관리자 교육 프로그램으로, 다른 사업단위에 대한 교육과 신임 관리자들의 인적 네트워크를 강화하는 기회를 줄 수 있다. 또한 지속적 관리개발 프

로그램도 상호관련성 개발을 수월하게 만들 수 있다. 이러한 교육훈련 프로그램은 교육적 기능에 더해 서로 다른 사업단위의 관리자들이 인적 교류를 하는 장으로도 활발히 이용될 수 있다. 그런데 기업이 전사적으로 오리엔테이션과 교육 프로그램을 시행한다고 해서 사업단위가 독자적으로 필요한 사람들을 고용하는 능력이 감소하지는 않는다.

• **내부 승진** 내부 승진은 관리자들이 기업을 장기적으로 바라볼 수 있게 하고, 기업 전체의 관점을 강화하게 한다. 이러한 두 가지 측면의 효과는 상호관련성의 추구를 더 원활하게 해준다. 내부에서 성장한 관리자는 기업에 강한 애사심을 느끼므로 기업 내 인적 관계의 연결망을 발전시켜서 수평적 협동을 용이하게 할 수 있다. 내부 승진은 보수적 사고를 강화할 위험도 있지만, 강한 상호관련성을 가진 기업에서 특히 중요하다.

• **사업단위 간 토론회와 회합** 사업단위 관리자들을 한 데 모이게 하는 기업 전체 토론회나 회합으로 상호관련성의 발견과 획득이 더욱 수월해질 수 있다. 모임에 참가한 관리자들이 서로의 소속단위를 간략히 설명하고 각 사업단위에 공통으로 적용되는 문제에 관해 그룹토론을 하는 것은 이런 모임에서 특히 효율적이다.

• **상호관련성의 개념에 대한 교육** 주요 관리자가 상호관련성 추구의 전략적 논리를 이해하는 것은 상당히 중요하다. 그러므로 소속사업에서 상호관련성을 규정할 수 있는 분석적 틀과 그에 대해 토의할

수 있는 공통의 의사소통 시스템을 가지고 있어야 한다. 이러한 목적으로 관리발전 프로그램, 전사적 토론회 등을 통해 주요 관리자를 대상으로 한 교육을 진행할 수 있다. 최고경영자는 상호관련성의 개념을 알고 있지만 중간 관리자는 잘 모르고 있는 경우가 많아서 실제로 중간 관리자의 행동 변화가 상호관련성의 생성과 유지에 큰 역할을 하므로 그에 대한 교육이 무척 중요하다.

수평적 갈등 해소 과정의 형성

수평적 조직구조의 네 번째 측면은 사업단위 간의 갈등을 해결하는 관리과정이다. 모든 성공적인 조직구조는 공식적인 구조와 시스템을 관리자가 상호작용하는 지속적 과정과 조화롭게 결합하고 있다. 이러한 상호작용 과정은 조직구조와 시스템보다는 실체가 덜하지만, 책임이 불명확한 조직 사이에 빈번한 상호작용이 일어나고 있다면 상호관련성을 성취하는 데 있어서 중요하다.

상호관련성을 획득하기 위해서는 권위의 분담, 거듭되는 조정과정, 그리고 주관적 성과 평가가 필요한 경우가 많다. 특히 사업단위 사이의 갈등 해결이 무엇보다 중요하기 때문에 상위 관리자는 사업단위의 상호작용에 대한 기준을 설정해두고 어떤 논쟁에서도 최후의 중재자로서 중요한 역할을 해야 한다. 그러나 이런 수평적 갈등 해결 과정은 모든 기업에 똑같이 적용되지는 않고 상황에 따라 다양한 방식으로 이루어진다.

중요한 점은 갈등 해결 과정의 형태가 아니라 기업 내부에 공평함을 인지하는 그룹, 부문 그리고 기업 경영을 관리하는 과정이 존재하는가에 있다.

상호관련성을 촉진하기 위한 기업 전체의 임무

상호관련성은 순수하게 상향식 접근법(bottom-up approach)으로는 이루어 내기 어렵다. 그런데 최고경영자의 행동은 상호관련성 획득에 중요한 영향을 미칠 수 있다. 어떠한 기업에서든지 최고경영자는 기업 전체의 목적을 정하고 상호관련성의 중요성을 강조하며, 사업단위, 그룹 그리고 부문 경영자의 범위를 초월하는 권한을 가지고 있기 때문이다. 최고경영자가 일련의 강력한 전사적 가치를 설정하고 기업정체성을 부여하기 위해 노력한다면, 수평적 조직구조를 형성하기 위해서 설립한 위원회에 대한 냉소적인 시각을 줄이고 수평적인 갈등을 해결하는 데 큰 힘이 될 수 있다.

한편 전사적으로 공통된 주제를 설정하고 추진하는 것도 상호관련성 강화의 한 방법이 될 수 있다. 기업, 부문 그리고 그룹 수준에서의 동일한 주제는 관리자들이 상호관련성을 발견하고 실행하도록 동기부여를 하는 강력한 도구가 될 수 있다. 이러한 전사적 주제는 회사 전체 영역의 상위 경영자에 의해 강조되고 반복되기 마련이다. 예를 들어 NEC는 'C&C(컴퓨터와 커뮤니케이션)'라는 전사적 주제를 가지고 있는데 이것은 기존의 전자와 커뮤니케이션 기술을 결합한 통합 시스템을 구축하려는 경영진의 의도를 상징화한 것이다. 이 주제를 뒷받침하기 위해 기술의 결합 정도를 생생하게 표시해주는 도표가 전시되는 한편, 전 직원의 의식 속에 주제를 정착시키기 위한 노력이 최고경영자의 연설, 연례 보고서 그리고 내부 토론과정에서 일관적으로 펼쳐진다. 그 결과 NEC의 모든 관리자는 이 공통의 주제를 잘 이해하였고, 이로 인해 사업단위에 의한 상호관련성 성취 정도가 향상될 수 있었다.

또한 각 사업단위에서 사용되는 로고, 사인 그리고 사무용품 등을 통일시켜 기업 정체성을 더욱 각인시키려 노력한다면, 상호관련성의 추구는 더욱 용이해진다. 이것 때문에 기존의 전통을 다 포기해야 한다는 것은 아니다. 이러한 기업 이미지통합(CIP)작업은 기업의 내부에서 사업단위의 정체성뿐만 아니라 기업 전체의 정체성을 개발해야 한다는 취지에서 진행되는 것이다. 이를 통해 각 부문의 관리자가 지녀왔던 소속감이나 애사심이 더욱 고취됨은 물론 구매자가 사업단위 사이의 연계를 더욱 잘 인식하게 됨으로써 시장 상호관련성의 획득을 쉽게 만들기도 한다.

상호관련성과 다각화의 제반 양식

상호관련성은 외부 기업을 인수 합병할 때보다 내부적으로 새로운 사업을 개발할 때 더욱 수월하게 달성된다. 이러한 내부적 사업개발은 전형적으로 상호관련성을 바탕으로 이루어지며, 내부적인 메커니즘을 통해 형성된 사업단위는 기업의 다른 부분들과 일관되는 전략을 가지려는 경향이 강하기 마련이다. 따라서 가치활동의 공유도 더욱 수월하다. 한편 인수 합병으로 상호관련성 추구에 장애 요소가 훨씬 많이 발생할 수 있으므로 인수 및 피인수 기업의 전략수정이 불가피할 여지가 많다.[17] IBM, 코닥, 제너럴 일렉트릭, 듀폰 그리고 P&G와 같은 기업은 상호관련성을 훌륭히 추구해온 회사들인데, 그 이면을 보면 공통적으로 인수전략보다는 내부적으로 많은 사업을 창출해 온 전통을 가지고 있다.

상호관련성 추구에 장애가 될 수 있다고 해서 인수를 절대 금해야 한다는 것은 아니다. 이러한 편협한 시각보다는 신규 사업 진출을 계획한 기업이 합병과 내부 설립 사이의 선택에 충분한 검토를 해야 하며 인수전략을 검토하는 데 있어서 수평적 전략의 이슈를 반드시 고려하는 것이 바람직함을 의미한다. 즉, 인수전략을 선택한다면 인수된 기업과의 상호관련성을 획득하는 데 예상되는 어려움을 충분히 고려해야 한다. 그렇지만 많은 기업이 초기 진출비용을 최소화하거나, 빠른 이익 창출을 목적으로 인수전략을 택하여 장기적인 상호관련성 확보에는 무관심한 것이 현실이다.

따라서 만일 인수전략이 최선의 방법일지라도 수평적 전략을 결코 도외시해서는 안 된다. 비관련 사업 부문에서 벌어지는 인수라면 몰라도 기존 사업 부문에서라면 상호관련성을 획득하는 방향으로 피인수 기업을 통합하는 능력이 의사 결정 시 충분히 고려되어야 한다. 상당수의 인수 기업은 피인수 기업 관리자에게 완전한 자율권을 약속한다고 해서 상호관련성이 저절로 성취될 수는 없다는 것을 경험하고 있다. 예를 들어 트랜스 아메리카(Trans america)가 보험 중개회사 프레드 제임스 컴퍼니(Fred S .James Company)를 인수하였을 때 보고 사항을 트랜스 아메리카의 보험 담당자를 통하지 말고 최고경영자에게 직접 하도록 하였다. 결과적으로 제임스 컴퍼니를 인수하는 것이 상호관련성 획득 가능성을 제공하기는 했지만, 실제로 기대한 만큼의 상호관련성을 달성하는 데는 시간이 걸렸다.

수평적 조직의 관리

상호관련성의 획득 여부는 일련의 수평적 관리 관행을 얼마나 잘 정착시키느냐의 여부에 크게 좌우된다. 상호관련성의 실현은 수평적 조직구조 형성이나 관련 사업들을 그룹화하는 것만으로는 부족하다.

따라서 조직구조는 적절한 관리시스템과 인적자원 정책뿐만 아니라 수평적 전략가로서의 역할을 이해하고 있는 경영자에 의해 뒷받침되어야만 한다. 일련의 수평적 조직 관행은 기업 전반에 걸쳐 반드시 동일하지는 않더라도 현존하는 상호관련성의 유형을 반영할 필요는 있다. 한편 사업단위별로 연계 정도에 차이가 있으므로 수직적, 수평적 조직 사이의 균형 수준도 달라지기 마련이다. 따라서 최고경영자는 상호관련성의 중요성을 명확히 밝히고, 사업단위의 문화를 장려하고 소속감을 강화하는 방향으로 기업문화를 발전시켜 상호관련성을 강화해야만 한다.

상호관련성의 획득을 위해서는 기업 내에 어느 정도 공유된 가치창조가 필요하다. 사업단위의 관리자들은 다른 사업단위와의 협동이 중요하며 협동의 대가로 보상을 받게 된다는 점을 인식해야 한다. 이를 위해서는 상위 경영자가 협동 과정에 참여한 개별 사업단위들의 성과 측정을 공정하게 할 것이라는 점을 인식하도록 해야 한다. 때로는 상호관련성 추구가 강요될 수도 있지만 강요된 상호관련성은 사업단위의 자발적 이해나 동의로 이루어진 것보다 강력하지 못하고, 그 지속기간도 길지 않을 것은 분명하다. 전사적으로 수평적 조직 메커니즘을 구성하는 것은 보통 이러한 태도가 일어날 때 더욱 필요해진다. 수평적 조직 메커니즘을 형성하는 과정이 많은 시간을 소요하지만 단지 상호관련성의 잠재성이 발견되었다고 저절로 이루어지지 않는다는 점에서 수평적 조직 메커니즘 구축은 타당성을 가진다.

상호관련성 달성 성공 사례

아메리칸 익스프레스는 상호관련성 추구를 촉진하는 방향으로 기업전략을 수립하여 실천하고 있는 대표적 기업이다. 이 기업은 금융기관과 금융기업에 전문화된 서비스를 제공할 뿐만 아니라 부유한 고객들을 대상으로 금융서비스를 제공하는 회사로 설립되었다. 따라서 시어슨 로엡 로드(Shearson Loeb Rhoades)를 인수한 것은 그 전 화이어맨 펀드(Fireman's Fund)와 합병했던 것과 마찬가지로 이러한 전략을 구현하기 위한 주요 포석이었다. 아메리칸 익스프레스, 시어슨 로엡 로드 그리고 화이어맨 펀드 간의 상호관련성을 구현하는 기회뿐만 아니라, 금융서비스 부문에서 아메리칸 익스프레스의 전체적 경쟁 지위를 강화시킬 수 있는 신규 사업과 기존 사업 간에도 여러 측면에서 상호관련성을 추구할 기회가 존재하였다. 그러나 아메리칸 익스프레스와 시어슨 로엡 로드는 서로 너무 다른 문화를 가지고 있었고 더욱이 아메리칸 익스프레스는 전통적으로 매우 자율적인 사업단위를 유지해왔다.

이러한 점을 감안하여 아메리칸 익스프레스는 다양한 수평적 장치를 도입하였으며, 금융서비스 전략의 조정이 아메리칸 익스프레스의 전사적 테마가 되었다. 아메리칸 익스프레스의 최고경영자는 이 테마를 빈번히 언급하고 강조했는데, 아메리칸 익스프레스의 연례 보고서에 기록된 내용을 인용하면 다음과 같다.

앞으로 기업의 성패를 좌우하는 문제는 우리의 주요 사업단위들이 제품 및 서비스, 유통과 전문기술을 서로 공유하기 위해 협력함으로써 '하나의 기업(one enterprise)'을 만들어, 주요 사업영역에 스태프 사무소를 설치해 세분화된 구매자의 수요에 부응하고 그들의 편익과 만족을 증진시킬 수 있는 능력일 것입니다. 상호관련성을 지닌 별도의 4개 사업 부문의 중앙에 우리 아메리칸 익스프레스의 로고를 그려 넣은 작년의 연례 보고서 표지는 이러한 하나의 기업 개념을 잘 묘사했습니다(〈그림 11-1〉 참조).[18]

또한 금융시장 접근을 위한 전반적 계획을 입안하기 위해 아메리칸 익스프레스와 시어슨 로엡 로드의 경영자로 금융서비스 위원회가 구성되었으며, 시어슨이라는 이름은 전체 기업의 정체성을 강화하기 위해 시어슨-아메리칸 익스프레스로 바뀌었다. 한편 다수의 고위급 경영자를 포함한 경영진의 인사이동이 단행되었다. 다양한 사업단위의 자금조달 업무를 관리하기 위해 조정팀이 설립되었으며, 전사적인 화합이 강조되었다. 또한 아메리칸 익스프레스의 경영진은 인수된 사업단위 사이에 존재하는 문화적 차이로 기업 전체 문화의 동질화가 강요될 수 없다는 점을 인식하였지만, 이와 더불어 각 사업단위의 문화 중 일부는 타 사업단위로 유용하게 전이될 수 있다는 점을 파악하게 되었다.

이제 아메리칸 익스프레스가 잠재적 상호관련성을 실행하는 데 실제로 얼마나 성공했는지 살펴보자. 아메리칸 익스프레스 관리자들은 끝없이 열리는 모임 때문에 이따금 불만을 토로한다. 그리고 사업단위 사이에 문화 및 경영 스타일의 차이가 아직도 강하게 존재한

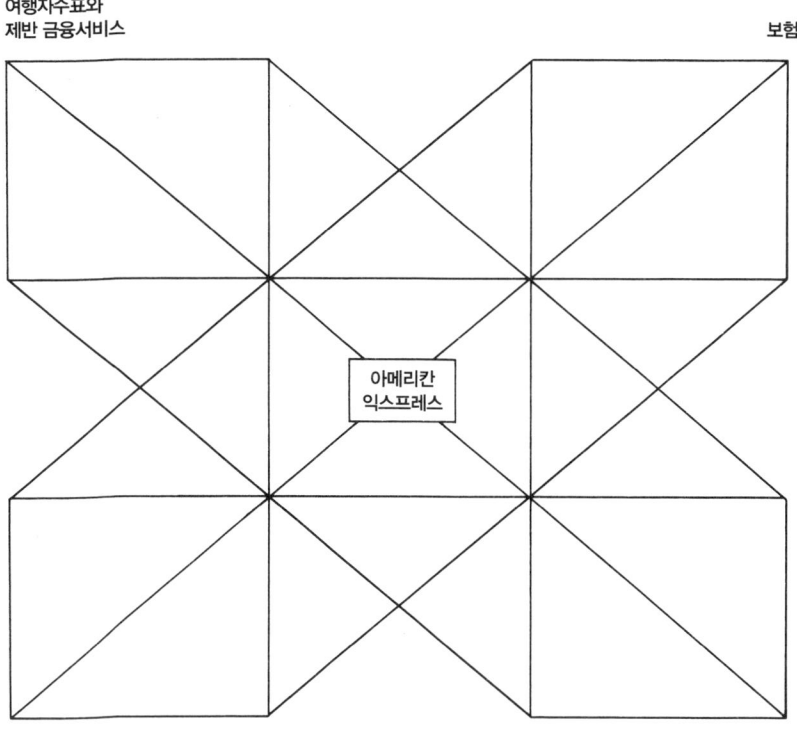

그림 11-1 아메리칸 익스프레스 로고

다. 그러나 많은 분야에서 상호관련성을 성공적으로 획득했다는 것이 나타난다. 예를 들어, 구매자에 대한 교차판매(cross selling)가 잘 진행되고 있고, 사업단위들은 서로 제품을 교환하는 한편, IDS(Investors Diversified Service)와 개인 재무상담 전문인 에이코 코퍼레이션(Ayco Corporation) 등을 새롭게 인수함으로써 기존의 상호관련성을 심화시키는 한편 새로운 상호관련성 구현 가능 영역을 창출해내고 있다. 더구나 상호관련성 달성 가능성이 새로운 합병을 추진하는 동인이 되기도 하며, 인수된 회사를 전사적 전략에 통합시키는 능력이 인수의 주요한 평가 기준으로 정착되었다. 예를 들어 IDS의 인수는 정밀조사 결과 컴퓨터 시스템의 호환성에 문제가 발견됨으로써 연기되었다. 그 후 협상 과정에서 컴퓨터 호환에 필요한 조정 및 타협 비용을 반영하여 종전의 인수비용보다 더 낮은 가격에 인수가 이루어졌다. 만일 아메리칸 익스프레스가 상호관련성을 규정하고 획득하려는 기존의 노력을 멈추지 않는다면 선도적인 금융서비스 기업으로 자리를 확고히 할 수 있을 것이다.

NEC 코퍼레이션 역시 관련 사업 분야에서 성공적으로 상호관련성을 획득한 대표적인 기업이다. NEC는 반도체, 통신, 컴퓨터 그리고 가전제품 산업에 참여하고 있다. 이 4개의 사업영역은 구매자, 유통채널, 기술, 조달 활동 그리고 생산과정에서 수많은 상호관련성으로 연결되어 있다. NEC는 내부적 갈등 없이 이러한 상호관련성을 놀랄 만큼 효과적으로 수행했다. 각 사업단위는 R&D 부문, 판매조직, 공장 그리고 유통채널 등을 포함하여 많은 가치활동을 공유하였다. 또한 상당한 수준의 내부 조정이 공동 판매, 기술이전, 구매자와 공급자 관계 등 다양한 영역에서 일어났다. NEC의 4대 사업영역이 주요 경쟁사에 비해 상대적으로 작은 규모라는 점을 감안할 때, 그들이 성공할 수 있었던 중요한 이유는 경쟁사들이 한두 개의 사업에만 집중하는 동안 상호관련성을 이용하는 능력 덕분이었다.

NEC가 어떻게 이와 같은 상호관련성을 획득할 수 있었을까? 그 해답은 NEC가 형성시킨 광범위한 수평적 조직에서 찾을 수 있다. 즉, 잘 발달된 수평적 조직에 잘 형성된 각 사업단위의 수직적 조직이 조화롭게 겹쳐짐으로써 분권화된 사업단위들의 계획, 통제, 자원할당 그리고 유인시스템이 효율적으로 관리되었다. 구조적으로 NEC는 전자장치, 통신, 컴퓨터, 가전제품 등 4개의 큰 그룹으로 기업을 조직화하였으며 그 중 컴퓨터, 통신, 전자제품은 기술 지향적으로, 그리고 가전제품은 시장 지향적 그룹으로 조직되었다. 이들 각각은 제품과 시장, 기술에 있어서 밀접한 상호관련성을 지녔다. 이러한 각 사업단위에 관련된 제품은 상호관련성을 반영하여 함께 그룹화되었다.

한편 각 사업단위의 관리자들을 한 데 모으기 위해 중요한 상호관련성을 중심으로 44개에 이르는 전사적 수준의 상임위원회를 만들었다. 여기에서 컴퓨터와 커뮤니케이션의 결합으로 창출된 잠재적 상호관련성을 인식하고 활용하는 작업을 총괄하는 'C&C 위원회'가 핵심적인 역할을 담당하였다. NEC의 C&C 테마는 상호관련성 활용의 필요성을 지속적으로 강조했다. 또한 NEC에서는 가치활동의 부분적 집중화 노력이 판매, 유통, 제조 그리고 기술개발 부문에서 활발히 이루어졌다. 생산기술과 소프트웨어 개발 같은 분야에서는 기업 단위가 널리 사용되는 기술의 개발을 분담하였다. 모든 사업단위는 NEC 브랜드를 사용함으로써 일체감을 형성하였다. 또한 기존 사업단위들은 대부분 내부적으로 발전하였으며, 각 사업단위 간에 관리자들이 순환되는 한편 기업 수준에서 고용된 관리자들은 퇴직할 때까지 기업 차원의 연수 교육을 받게 된다. 또한 자주 토론회를 열어 관리자들이 연관된 사업단위의 관리자와 함께할 수 있는 자리를 제공한다.

NEC의 전략계획 과정은 앞서 설명한 CBP 시스템을 포함하는데 이는 상호관련성을 가진 사업에 대해 기업 차원에서 통일된 계획을 제시한다. 또한 인센티브 시스템은 재무적인 성과에만 연계되지 않고 사업단위가 기업 전체에 공헌한 정도를 반영한다. 한편 내부 구매자가 외부 구매자보다 중시되며, 외부 구매자는 우수한 품질과 매력적인 가격조건이 제시될 때 한해서 시행된다. 그 결과 NEC에는 상호관련성의 발견과 활용을 강조하는 방향의 조직문화가 정착되었다.

일본 기업과 상호관련성

일본계 기업이 아니어도 훌륭히 상호관련성을 달성한 예는 많지만, 일본계 기업들은 다음과 같은 특성 중 많은 부분을 잘 이용해 상호관련성 확보에 남다른 성과를 나타내고 있다.

- 기업 테마에 대한 강한 믿음
- 신규 사업의 내부 개발
- 자율성 추구 전통의 부족
- 가치활동의 집중화 욕구
- 위원회 활용 전통과 관리자 간의 빈번한 개인적 접촉
- 집중적이고 지속적인 내부 연수
- 전사적 고용과 훈련 프로그램

강한 자율권 행사의 전통 또는 반대로 높은 수준의 중앙집권적 통제구조를 형성해온 미국이나 유럽의 기업에 비해 역사적으로 일본의 기업들은 수직적 조직과 수평적 조직 사이의 적절한 균형 유지를 잘 해왔다.

상호관련성의 중요성이 더욱 커지고 있는 현실에서 이러한 능력으

로 달성된 일본 기업의 우월한 상호관련성이 서구 기업과의 경쟁에서 새로운 무기로 활용될 가능성이 농후해지고 있다. 일본 기업이 처음 세계무대에 도전장을 내밀었을 때 이용했던 낮은 인건비라는 무기는 두 번째 도전에서 품질과 생산성으로 대체되었다. 아마 앞으로는 상호관련성이 증가하는 혁신능력과 함께 다음 일본 기업의 경쟁우위 원천으로 부상할 것이다.

그런데 제너럴 일렉트릭, 듀폰, IBM 및 P&G 같이 상호관련성을 이룩한 미국 기업들 역시 일본 기업과 유사한 특징을 많이 지니고 있다는 점은 매우 흥미로운 사실이다. 상호관련성이 점차 경쟁우위 창출에 핵심적인 관건이 되어감에 따라, 미국 기업의 특징이자 전통이라고 할 수 있는 극단적인 자율성과 인수를 통한 다각화로 어려움에 처한 대다수 미국 기업이 본받아야 할 모델로 이러한 기업들이 거론되고 있다.

새로운 조직형태

다각화 기업이 수평적 조직에 내재한 원칙을 충실히 따르려면, 새로운 형태의 조직을 형성할 필요가 있다. 분권화의 개념은 다각화 기업의 기존 경영방식을 혁명적으로 변화시켰는데, 이에 따라 다수의 선도기업은 분권화 전환에 성공하였다.

다각화 기업이 오늘날의 경쟁에서 살아남으려면 추가적인 조직적 혁신을 이루어내야 한다. 상호관련성의 중요성이 커지면서 수직적 그리고 수평적 차원을 동시에 인식하는 방향으로 새로운 조직형태를 설계해야 하는 문제가 현실적으로 제기되고 있다. 물론 다각화 기업에서의 분권화는 반드시 필요한 명제지만, 이에 더해 상호관련성을 추구하기 위한 조직적 메커니즘이 마련되어야 한다. 분권화를 기반으로 한 수직적 차원과 수평적 차원의 균형은 끊임없이 변화하는 속성을 지니고 있으므로, 서로 다른 가치활동의 변화를 반영하여 새로운 균형을 꾸준히 찾아 나가는 것이 가장 이상적이다. 이처럼 수평적, 수직적 요소를 결합하여 균형을 추구하는 일은 갈수록 중요해지고 있으며 이러한 균형은 사업단위별로 다른 모습을 보이는 상호관련성을 반영해야 한다.[19]

그런데 다양성이 반드시 상호관련성의 부재를 의미하지는 않는다. 즉 상호관련성에 의해 각 사업단위가 연계된 후에도 각 사업단위는 명백히 구분해야 하며, 분권화 구조에서 이익을 얻을 수도 있다. 강력한 분권화 전통으로 유명한 HP의 예는 수평적 구조와 수직적 구조의 균형을 추구하려는 경향을 잘 대변해준다. HP는 PC 관련 제품의 설계 및 제조에 연계된 다수의 사업단위를 재통합했다. 이러한 조치는 사업부들이 독자적으로 활동을 해온 결과, IBM이나 애플과 경쟁하는 데 필요한 규모의 경제와 제품 간 조정 측면이 결여되었다는 판단하에 취해진 것이다.

이러한 새 조직형태가 도입될 때는 필연적으로 인센티브 시스템이나 그룹과 부문 차원 경영자의 역할에 대한 태도 변화가 수반되어야 함은 물론, 자율성의 전통에 대한 완고한 집착을 조금은 버릴 필요가 있다. 또한 사업단위 관리자는 자율성만 추구하거나 위원회 등 공동 활동을 시간 낭비로 간주하는 태도를 버리고, 사업단위를 관리하는 것이 전사적 관점에서 무슨 의미를 지니는지 그 개념을 재정립해야 한다.

이러한 방향으로 새로운 조직을 형성하게 되면, 복잡성·불명확성·주관성·갈등의 증가로 추가적인 비용이 발생하기 마련이다. 그러나 다각화 기업이 이러한 전환과정을 성공적으로 이루어낼 수 있다면, 경쟁우위에서 그 이상의 보상이 주어질 것이다. 이에 따라 그렇게 하지 않은 독립기업보다 과연 더 많은 가치를 창출할 것인지에 대한 오래된 논란은 종식되고 말 것이다.

Chapter 12
보완재와 경쟁우위

산업 대부분은 어떤 식으로든 보완재(complementary products)의 영향을 받고 있다. 여기에서 보완재란 컴퓨터 하드웨어와 소프트웨어처럼 구매자가 함께 사용하는 재화를 말한다. 두 개의 보완제품이 존재할 때 한 제품의 판매증가가 다른 제품의 판매를 촉진시킨다는 점에서 대체재와는 반대되는 개념이다. 이러한 보완재는 한 기업의 제품라인에서 동시에 생산되기도 하고 별도의 산업에서 공급되기도 한다.

따라서 보완재의 존재는 산업 간의 상호관련성을 대변함으로써, 특정 기업의 경쟁 범위에 관한 중요한 이슈를 제기하고 있다. 산업 간 상호관련성의 일반적인 개념 및 특징은 이미 살펴본 바 있지만, 여기서 보완재에 대해서 논의하는 이유는 보완재는 기업의 경쟁 범위에 관한 의문을 제기할 뿐만 아니라 특정 산업의 경쟁전략 결정에 영향을 주기 때문이다. 따라서 보완재 자체의 의미와 전략적 시사점에 대한 별도의 분석이 필요하다.

이러한 맥락에서 이 장에서는 중요한 보완재를 가지고 있는 산업 내에서 특정 기업이 취할 수 있는 다음 3가지 방향의 전략적 행동에 관해 검토한다.

- **보완재에 대한 통제** 다른 기업에 의해 보완재의 일부가 공급되는 일이 없도록 모든 종류의 보완재를 생산하는 전략(we sell both)
- **일괄 판매전략**(bundling) 특정 재화의 보완재를 하나의 패키지로 만들어 단일 가격을 책정한 후 일괄 판매하는 전략(we only sell both together)
- **교차보조 판매전략**(cross subsidization) 특정 재화의 판매를 촉진할 목적으로 보완재의 판매조건을 구매자에게 유리한 방향으로 설정하는 전략

보완재와 관련하여 기업 경영자가 제일 먼저 결정해야 할 사항은 '자체적으로 보완재를 생산·공급할 것인가 아니면 외부 공급자들이 일부를 공급하도록 허용할 것인가'라는 경쟁 범위에 관한 의사 결정이다. 이에 관한 검토가 이루어지고 난 후에는 보완재 부문에서 어떠한 방식으로 경쟁할 것인가에 대한 결정이 뒤따라야 하는데, 그 하나의 대안으로 일괄 판매를 생각할 수 있다. 일괄 판매방식은 다양한 모습으로 오늘날 거의 모든 산업에서 찾아볼 수 있지만, 그 보편적인 활용도에 비해 보완재의 전략 대안으로 인식되어 사용하는 경우는 흔하지 않은 것 같다. 한편 교차보조 판매전략은 보완관계에 있는 각 재화가 각기 다른 가격으로 판매된다는 점에서 하나의 패키지로 만들어져 단일 가격으로 판매되는 일괄 판매와는 다른 전략 대안이라고 할 수 있다. 따라서 중요한 보완재를 지닌 제품을 생산하는 기업의 경영자라면 이러한 3가지 영역에서 전략적인 의사 결정을 내려야 한다.

이와 같은 3가지 전략 대안은 실제로 폭넓게 사용되고 있으며, 산업 내의 경쟁우위와 산업구조에 영향을 주고 있지만, 경영자들은 이들의 전략적 중요성을 간과하여 실수를 저지르는 경우가 많다. 예를 들면, 많은 기업에서는 자사가 일괄 판매전략을 사용하고 있다는 사실을 모르거나 교차보조 판매전략을 그대로 유지해서 경쟁자가 보조를 받는 제품을 집중 공략할 수 있는 여지를 제공해줄 때가 있다.

그러므로 이 장에서는 어떠한 조건에서 이 3가지 전략 대안이 경쟁우위로 이어지고, 각 대안을 채택할 때 나타날 수 있는 위험은 무엇인지를 상세히 살펴본다. 또한 산업의 변화에 따라 보완재에 대한 기업의 전략이 어떻게 바뀌어야 하는지를 검토한 후에 각 전략 대안을 실천하는 과정에 직면할 수 있는 전략적인 함정에 대해 고찰하기로 한다.

보완재에 대한 통제

거의 모든 산업의 제품들은 보완재와 함께 구매되어 사용된다. 컴퓨터는 소프트웨어 패키지 및 프로그램과 이동식 주택은 이동식 주택에 필요한 시설을 갖춘 주차 공간과 테니스 장비는 테니스 코트와 그리고 제트엔진은 대체부품과 보완재 관계를 형성한다.

이렇게 보완관계를 형성한 제품들은 각 제품의 판매 추이가 보완재와 연동되어 움직이는 양상이 흔히 나타난다. 그러나 판매액 추이의 연동성보다 훨씬 중요한 점은 이들의 전략적 관계에 있다. 보완관계에 있는 제품은 한 제품이 종종 구매자의 시각에서 다른 제품을 사용하는 비용뿐만 아니라 다른 제품의 시장 이미지와 인식된 품질에 영향을 미친다. 이는 4장에서 언급한 차별화 전략과 관련지어 볼 때 중요한 의미를 지닌다. 또한 보완재 간의 관계는 원가에도 영향을 미친다는 점에서 3장에서 언급한 원가 우위 전략과도 연관될 수 있다.

특정 재화가 보완재와 함께 사용될 때에는 한 기업이 모든 종류의 보완재를 생산할 것인지 아니면 외부 공급자에 일부를 맡겨 자체 생산을 포기할 것인지 등 보완재 생산의 범위에 관한 중요한 전략적 의사 결정 이슈가 제기된다. 보완재 전부를 자체 생산하여 공급하는 전략이 모든 산업에서 경쟁우위의 원천이 되는 것은 아니므로 신중한 검토가 필요하다. 한편 이와 같은 보완재 생산전략은 뒤에서 기술할 일괄 판매전략과 상호관련성은 있지만 명확히 구분되는 이슈다. 보완재를 병행 생산하는 기업은 일괄 판매전략을 채택할 수도 있고 안 할 수도 있는데, 이는 보완재를 자체 생산·공급할 때의 이익을 각 보완재를 따로 판매할 때도 얻을 수 있기 때문이다.

보완재 생산에 의한 경쟁우위

기업은 보완재를 병행 생산함으로써 기업전략과 산업구조와의 관련성에 따라 다음과 같은 여러 방향으로 경쟁우위를 획득할 수 있다. 넓게 보면, 경쟁우위는 9장에서 언급한 내용과 유사한 상호관련성을 얻기 위해 특정 재화와 보완재의 가치사슬을 조정하는 데서 발생한다.

• **구매자의 효용증대를 통한 차별화** 보완재는 특히 제품의 효용이나 기업의 가치에 대한 구매자의 인식에 영향을 준다. 잘 만들어진 소

프트웨어는 개인용 컴퓨터의 효용을 높여주기 때문이다. 보완재를 공급하여 구매자의 효용을 증대시키기 위해서는 흔히 일괄 판매방식의 채택이 필요하며, 이 경우 차별화 정도는 더욱 높아질 수 있다.

만일 경쟁자가 보완재를 병행 생산하지 않는다면 보완재를 함께 생산하는 기업이 경쟁우위를 가질 가능성이 매우 높다. 보완재의 병행 생산이 보편적인 산업에서는 어떠한 기업도 보완재 생산으로 경쟁우위를 획득하지는 못하지만, 보완재 생산이 전반적인 산업구조를 향상시킬 수 있다면 생산기업에도 유익한 결과를 가져다줄 것이다.

• **구매자의 가치 인식의 증진** 보완재는 대체로 보완관계에 있는 제품의 이미지 및 품질에 대한 구매자의 인식에 영향을 미친다. 즉 구매자의 마음속에서 일어나는 연상작용으로 보완재는 보완관계에 있는 특정 제품에 대한 심리적 가치 기준이 될 수 있으며,[1] 동시에 경쟁우위 창출의 원천으로 작용하기도 한다. 예를 들어, 코닥은 필름 시장에서 구축한 강력한 시장 지위에 힘입어 카메라와 필름을 별도로 판매했음에도 불구하고, 카메라만을 생산하는 제조업자보다 구매자에게 차별화된 이미지로 코닥 카메라를 인식시킬 수 있었다.

이와 같이 특정 제품의 가치 인식에 영향을 주는 보완재를 생산하는 것은 어느 한 기업이 경쟁우위를 얻지 못한다고 하더라도 산업구조 전반에 유익한 방향으로 작용할 수 있다. 예를 들어, 이동 주택(mobile home) 산업에서는 모든 생산자가 이동주택 사용자를 위한 주차공원을 개발해놓음으로써 이동주택에 대한 전반적인 이미지를 개선할 수 있었다. 이는 이동주택에 대한 수요를 증대시켜 결과적으로 산업 전체 생산자에게 이익을 주었다. 그런데 산업 내에서 보완재를 병행 생산하는 기업이 딱 하나뿐이라면 구매자의 인식 변화에 큰 효과가 없으므로 경쟁자가 보완재 생산 분야에 참여하도록 만드는 노력이 필요하다.

• **최적 가격설정** 구매자의 구매 의사 결정은 대개 제품 자체의 비용만을 고려하기보다는 제품과 보완재를 합친 총비용에 기초하여 이루어지기 마련이다. 예를 들어 콘도미니엄이나 자동차의 구매를 결정할 때 구매가격에 더해 보험료, 관리비, 수선비, 이자 비용 등을 모두 감안한 월별 지출 규모를 고려한다. 또한 영화를 보러 갈 때도 전체 관람 비용에는 영화 티켓값은 물론 주차비도 있다면 함께 고려하게 된다.[2]

따라서 특정 재화와 그 보완재의 가격은 전체 이윤을 극대화하는 방향으로 함께 설정해야 하는데, 이는 보완재를 자체 생산하지 않는 경우에는 어려운 이야기다. 예를 들어 극장의 주차요금을 책정할 때는 주차요금을 낮춤으로써 티켓 판매수입을 높일 수 있다는 점을 염두에 두는데, 이와 같은 교차보조 판매전략이 최상의 전략으로 사용될 수 있는 경우에 대해서는 이 장의 마지막에서 살펴보기로 하자.

보완재 가격을 설정할 때 반드시 일괄 판매가격을 책정할 필요는 없다. 보완재의 시장점유율이 원제품보다 못한 경우라도 별문제는 없다. 즉 보완재의 시장 지위가 상대적으로 약한 경우에도 특정 기업은 경쟁자가 따라갈 수밖에 없게끔 가격변화를 선도함으로써, 보완재 산업의 가격설정에 영향을 줄 수 있다. 예를 들어, 극장이 소유한 주차장의 요금을 내림으로써 인근 다른 주차장들의 주차요금 인하를 유도할 수 있다. 따라서 보완재 부문에서 기업의 위치는 보완재 산업의 발전에 영향을 주는 지렛대 역할을 할 수 있게 하므로 그에 충분할 정도의 점유율만 보유하면 된다.

• **마케팅 및 판매비용 절감** 보완재를 함께 생산·판매하는 것은 마케팅 비용을 절감하게 하는데 이는 특정 제품과 보완재의 수요가 연동되기 때문이다. 보완관계에 있는 제품에 대한 광고 및 기타 마케팅 투자는 다른 보완재에 대한 수요를 촉진할 수 있다. 또한 이미 판매된 제품의 판매거점을 이용함으로써 보완재의 비용을 절감할 수 있는데, 이는 콘솔게임 기계를 일단 설치하면 계속해서 게임 프로그램을 판매할 수 있는 것과 같은 논리다. 때로는 이러한 비용 절감 효과가 너무 커서 보완재를 생산하지 않는 기업이 그에 대응하는 효과적인 마케팅 활동에 투자하는 비용이 한계에 다다르게 하기도 한다.

특히 어떤 기업이 보완재를 병행 생산하는 소수의 기업 중 하나라면 그 기업이 가진 원가 측면의 경쟁우위는 더욱 커지게 된다. 그런데 보완재 병행 생산이 전체 산업의 추세가 된다면 마케팅이 확대될 것이고 이에 따라 수요가 급격히 늘어나 산업 전체에 이득을 줄 것이다. 또한 이렇게 보완재 생산이 보편화하면, 보완관계 제품 하나만 판매하는 기업이 보완제품을 병행 판매하는 기업의 수준 높은 마케팅 투자에 편승해 이익을 보려는 소위 '무임승차(free rider)' 문제를 해결하는 데도 도움이 될 것이다. 따라서 보완재를 생산하려는 기업의 결정이 경쟁자에 의해 신속하게 모방이 되더라도 그러한 일련의 움직임은 산업 전반에 이익을 주게 된다.

• **기타 활동의 공유**   보완재를 생산함으로써 마케팅과 판매 외에도 다른 가치활동을 공유할 수 있다. 예를 들어 제품과 보완재를 동일한 물류시스템을 이용해 배송하고 주문시스템도 공동으로 구축할 수 있다. 이는 동일한 구매자에게 보완재가 판매된다는 특성 때문으로 이외에도 공유할 수 있는 활동영역은 많다. 가치활동을 공유함으로써 경쟁우위가 창출될 수 있는 여건에 대해서는 이미 9장에서 설명했다.

• **이동장벽의 구축**   보완재 생산으로 경쟁우위를 획득할 수 있는 경우에는 보완재 부문으로의 진입장벽이 존재한다는 전제 아래 산업의 전반적인 진입장벽과 이동장벽이 높아지게 된다. 즉, 만약 어떤 토지 개발업자가 금융기관을 소유하고 있거나 아니면 더 유리한 조건으로 자금을 조달할 수 있다면 토지개발에서 자금조달의 진입장벽이 성패에 중요한 역할을 한다는 점에서 경쟁우위를 형성하게 되고, 이는 다른 기업에 진입장벽과 이동장벽으로 작용하게 되는 것이다. 지금은 토지개발 업자가 은행을 소유하는 것이 법적으로는 금지되어 있지만 향후 언젠가는 그 규제가 변경될지도 모르는 일이다.

지금까지의 열거한 보완재 생산으로 얻을 수 있는 각각의 이익은 양립 가능한 것이고, 모든 이익이 한 산업에서 동시에 나타날 수도 있다. 예를 들어 경마장 매점은 경마장을 이용하는 구매자의 만족도에 영향을 줄 뿐만 아니라 입장료 같은 관리비용을 함께 조정해서 가령 낮은 입장료를 책정해 고가의 핫도그를 살 수 있는 고객의 수를 늘리는 등의 마케팅을 할 수 있다. 이렇게 경마장과 매점을 같이 통제하는 것은 마케팅 비용에서도 경제적이다. 보완재를 통제하는 것으로 생긴 경쟁우위의 지속가능성은 보완재 진입에 대한 일부 장벽의 존재에 따라 달라진다. 장벽이 없다면 경쟁자는 보완재 산업에 즉각 진입하여 우위를 쉽게 모방할 수 있다.

또한 보완재를 통제하는 데 따르는 이익은 때로는 실질적인 소유권을 획득하는 대신 타 기업과의 제휴를 통해서도 얻을 수 있다. 예를 들어 특정 제품을 생산하는 기업과 외부의 보완재 생산업자는 제휴 관계를 맺어 가격설정 시 공동보조를 취하거나, 마케팅 예산 및 활동을 공동으로 설정·수행하는 데 합의할 수 있다. 그런데 이러한 제휴 관계는 장기적인 지속성을 보장받을 수 없다는 단점이 있다. 보완재를 공급하는 각 기업이 서로 독립적인 실체로 존재하는 한 기업은 제휴 기업의 노력에 무임승차하고 싶은 충동에 빠져들기 쉬우며, 결과적으로 자사의 이익만을 극대화하는 방향으로 가격 및 전략설정을 이끌어나가려 한다. 이러한 문제점에도 불구하고, 제휴전략 사용 여부는 충분히 논의할 가치가 있다. 제휴를 통해 보완재를 직접 생산하는 것과 동일한 이득을 얻을 수 있다면 원가절감 폭이 가장 큰 효과적인 대안일 수 있기 때문이다. 그밖에 지분참여를 통해, 또는 다른 형태의 의사통합(quasi-integration)을 통해 제휴 시 조정 활동의 어려움을 경감시킬 수 있다면 제휴의 중요성은 더 커질 수 있다.[3]

보완재 통제에 따른 문제점

보완재 병행 생산의 전략적 가치에 대한 진정한 평가를 내리기 위해서는 앞에서 열거한 보완제 통제의 장점들을 몇몇 약점과 대비해서 보아야 한다. 보완재 통제의 문제점 중 가장 먼저 지적하고 싶은 점은 대개 보완재 산업의 수익성이 현저하게 산업 자체의 매력이 높지 않다는 점이다. 따라서 보완재 통제가 보완관계에 있는 산업의 수익성을 높일 수 있다 하더라도, 보완재 통제에 소요되는 자금의 용도를 먼저 비교한 후 보완재의 수익성과 관련하여 이에 대한 평가가 이루어져야 한다.

두 번째 문제는 보완재 산업이 매우 다른 경영특성을 요구하므로 이러한 능력을 갖추지 못한 경우에는 경쟁우위를 얻기 힘들다는 점이다. 그러므로 보완재 생산으로 얻을 수 있는 예상 이득은 보완재 산업 진출에서 미약한 경쟁 지위밖에 구축하지 못할 경우의 위험과 대비되어야 한다. 이러한 경영기술 결여는 외부의 보완재 생산기업을 매수하거나 보완재 생산 부문을 독립된 실체로 경영한다고 해서 완전히 극복될 수는 없는데, 잠재적인 이득의 대부분은 보완재 간의 긴밀한 조정이 있어야만 가능하기 때문이다.

산업 진화에 따른 보완재 통제

보완재 통제에 대한 가치평가는 산업의 변화에 따라 당연히 달라져야 한다. 보완재 산업 진화의 초기에는 보완재의 품질이 균일하지 않고, 하루살이 기업(fly-by-night firms)이 여기저기 나타나므로 원제품의 품질 및 이미지 향상을 위해 보완재의 통제가 절실히 필요하다.[4] 예를 들어, 컬러TV가 처음 시장에 등장했을 무렵에는 RCA가 자체 AS 조직을 운영하여 직간접적으로 이득을 얻을 수 있어 보완재로서 AS 부문에 진출할 필요성이 높았으나, 시간이 지나 컬러TV 수리 기술을 익힌 외부 수리점들이 늘어나며 보완재 통제의 가치가 급격히 감소하였다. 이처럼 보완재 산업이 점차 성숙해지면 기업은 철수나 매각을 고려하는 것이 바람직하다. 능력 있는 외부의 공급업자가 있는데도 보완재 산업에 계속 머무르는 것은 차별화를 오히려 잠식하는 결과를 가져올 수 있기 때문이다.

또한 보완재 통제에 의한 가격우위는 보완재 산업이 성숙해지면서 손상될 수도 있다. 초기에는 공급자들이 효율적이지 못하기 때문에 보완재의 가격이 희망가격보다 높을 가능성이 크다. 또한 초기의 분열된 보완재 산업은 보완재 공급을 비효율적으로 만들고 마케팅 비용에도 많은 투자를 일으키지 못하게 한다.

보완재 산업이 진화해가면서 투자분을 회수하는 방향으로 영업 활동을 전개하거나 생산의 필요성이 감소하게 되는 것이 보편적으로 일어나는 현상은 아니다. 흔히 마케팅 비용 및 기타 활동의 공유에 따른 이익은 계속 존재하게 되어있다. 또한 예를 들어 호텔은 물론 골프장 및 기타 스포츠시설을 갖추고 자체 운송 수단을 제공하는 복합 리조트의 경우, 호텔만을 운영하는 리조트보다 지속적인 우위를 유지할 수 있다. 따라서 보완재를 병행 생산하고 있는 기업은 산업의 진화라는 관점에서 그 손익을 주기적으로 평가해볼 필요가 있다.

전략적으로 중요한 보완재의 식별

보완재가 경쟁적 지위 형성이나 산업구조에서 중요성을 지니고 있다는 관점에서, 어떠한 제품이 특정 기업에서 생산하는 제품의 보완재인가를 식별하는 것은 전략적으로 중요하다. 보완재의 식별을 위해서는 주의를 집중해야 하는데, 중요한 보완재를 간과하기 쉽기 때문이다. 대부분의 산업에서 어느 정도 보완성을 갖는 보완재를 열거해본 다면 그 수가 상당할 것인데, 〈표 12-1〉에서는 주거용 주택과 보완관계를 갖는 제품 목록 일부분을 제시하고 있다.

주택의 경우처럼 수많은 보완재 가운데 전략적으로 중요한 보완재와 그렇지 못한 보완재를 가려내는 작업이 이루어질 필요가 있다. 즉 주택 건설업자의 경우 〈표 12-1〉에 예시된 모든 보완재 부문에 참여하기보다는 전략적으로 중요한 소수의 보완재에 자원을 집중하는 것이 목표로 하는 경쟁우위를 획득하는 가능성을 높일 것이다.

여기에서 전략적으로 중요한 보완재는 구매자가 보완관계에 있는 제품이 상호관련성이 있거나, 상호관련성이 존재할 수 있는 것으로 인식하는 동시에 보완관계에 있는 제품의 경쟁적 지위에 상당한 정도의 영향을 끼쳐야 한다는 특성이 있어야 한다. 전자의 특성은 보완재 병행 생산 시 얻을 수 있는 경쟁우위의 항목 속에 있는데, 부연하면 보완재 사이의 연관성으로 구매자가 제품의 이미지를 연상하는 한편, 효율이나 비용을 생각할 때도 분리하지 않고 한데 묶어 평가하게 되는 것이다. 또 이러한 연관성은 공동 마케팅과 공동 판매의 기반을 마련해준다.

그러므로 보완재 사이의 전략적 관련성은 상당 부분 구매자의 인식에서 비롯된다. 따라서 기업은 보완재의 중요도를 평가할 때 구매자가 인지하는 관련성이 얼마나 강한가에 기초를 두게 된다. 위의 예에서 보면, 주택 구입과 자금융자는 구매자들이 관련성이 크다고 인식하지만, 주택과 애완동물은 보완관계에 있기는 해도 관련성이 크다고 보지는 않는다. 마찬가지로 영화 관람과 주차요금의 관련성은 높지만, 극장까지 차를 몰고 갈 때 드는 비용은 별로 관련성이 높지 않은

• 자금융자	• 잔디 깎기	• 가정용 집기	• 정원용 호스
• 보험	• 수영장	• 카펫	• 잔디
• 부동산 중개	• 바비큐용 석쇠	• 애완동물	
• 가구	• 조명		

표 12-1　주택의 보완재 목록

것으로 인식할 것이다. 따라서 제품 간에 보완관계가 분명히 존재하나 그 관련성을 구매자가 모르고 있다면, 구매자 교육을 통해 관련성을 인식시킴으로써 경쟁우위를 창출할 수 있다. 이를 위해서는 구매행위에 관한 면밀한 분석으로 구매자가 인식하는 보완재 간의 실재적 또는 잠재적 관련성을 파악해야 한다.

　보완재의 전략적 중요성에 관한 두 번째 검증 기준은 보완재를 생산하는 것이 기업의 경쟁우위나 산업구조에 어떤 영향을 미치게 되는지를 분석하는 데에서 출발한다. 만일 보완재를 병행 생산하는 일이 관련 제품군의 총체적인 원가절감이나 차별화 확대에 실질적으로 기여할 수 없다면, 보완재 생산은 무의미한 일이 될 것이다. 예를 들면 전구가 램프의 보완재인 것은 틀림없지만 램프의 차별화나 마케팅 비용 절감에는 큰 영향을 주지 못하므로 램프 생산업자가 전구까지 생산하는 것은 바람직하지 않다. 그렇지만 보완재 병행 생산이 산업 전반에 걸쳐 광범위한 추세를 이룬다면, 결국 산업구조를 바람직한 방향으로 변화시켜 모든 생산업자에게 이익을 줄 수 있으므로, 보완재 통제가 개별 기업의 경쟁우위 원천으로는 작용하지 못하더라도 산업 전체에는 효과가 있을 수 있다는 점을 기억해야 한다.

일괄 판매전략

일괄 판매란 별도의 제품이나 서비스를 하나의 패키지로 묶어 파는 것을 말한다. 예를 들면, IBM은 수년간 컴퓨터의 하드웨어, 소프트웨어 그리고 서비스 지원을 패키지로 만들어 단일 가격으로 판매해 왔다. 일괄 판매는 여러 형태로 광범위하게 이루어지고 있지만 잘 인식되지 않는다. 일괄 판매가 일어나고 있는지를 파악하기 위해서는 7장에서 언급한 산업 세분화의 관점에서 산업에 대한 기초적인 관찰이 필요하다. 즉 구매자에게 제공되는 잠재적으로 분리 가능한 제품과 서비스는, 비록 분리된 제품이 아닐지라도 별도의 것으로 분리하여 인식해야 한다. 예를 들어, 배송이나 AS는 흔히 제품 판매에 따라오는 것으로 인식하기 쉬우나 실제로는 따로 분리해 판매할 수도 있다. 마찬가지로 소매업자는 흔히 무료 주차시설을 제공하며, 항공기에서는 식음료와 수화물 취급을 무료로 제공하는데 사실상 모두 분리 판매가 가능한 것이다. 이와 같이 몇몇 형태의 일괄 판매방식은 오랜 역사를 지닌 산업에서 관습화되어 있어, 기업들은 스스로 일괄 판매를 하고 있다는 사실조차 깨닫지 못하는 일이 많다.

그런데 일괄 판매는 각각의 구매자가 지니는 욕구의 차이는 고려하지 않고 동일한 제품과 서비스 패키지를 일률적으로 제공하는 특성이 있다. 그러므로 구매자에 따라 일괄 판매에 대한 반응이 다를 수 있는데, 이는 제품과 서비스에 대한 구매자들의 욕구가 서로 다르기 때문이다. 어떤 경우에든 일괄 판매는 모든 구매자에게 최적의 만족감을 제공하지는 못한다.

따라서 충분한 만족을 얻지 못하는 구매자에게 이를 상쇄할 만한 이득을 제공해야 일괄 판매가 유용하다고 할 수 있다. 일괄 판매는 여러 방면으로 경쟁우위를 창출할 수 있지만, 그 중요도는 산업별로 다르다. 그렇기 때문에 일부 산업에서는 일괄 판매를 택하는 것이 오히려 독이 되기도 한다.

일괄 판매의 경쟁우위

일괄 판매의 잠재적 경쟁우위는 전체 패키지가 동시에 구매자에게 공급될 때 나타나는 각 제품 간의 가치활동을 공유하는 능력에서 창출된다. 이러한 경쟁우위는 다음의 여러 범주로 구분할 수 있다.

일괄 판매의 비용 절감 효과

기업은 구매자들이 원하는 다양한 제품 및 서비스를 일괄 판매를 통해 단일 패키지 형태로 제공함으로써 비용을 절감할 수 있다. 이러한 비용 절감 효과는 기업 가치사슬의 상호관련성에서 비롯된다. 일괄 판매를 통해 여러 제품을 패키지로 한데 묶어 공급함으로써 가치활동상의 각 활동을 효과적으로 공유할 수 있기 때문이다. 예를 들어, 똑같은 제품 패키지를 동일한 영업자가 구매자들에게 판매하고, 동일한 트럭으로 운송하며, 동일한 기술자가 서비스를 제공한다면 그렇지 않은 경우보다 원가절감의 효과가 클 것이다. 그러므로 패키지 가격은 각각의 제품을 별개로 판매할 때 가격의 총합보다 낮게 책정되기 마련이다. 이와 같이 일괄 판매 시 얻을 수 있는 원가절감 효과는 구매자에 관한 정보수집 비용을 분담하는 데에서도 발생한다. 예를 들어, 컨설팅 회사는 고객이 패키지 내의 특정 서비스를 이용할 때 제공한 고객 정보를 패키지 내의 다른 서비스를 이용할 때도 사용해서 정보수집 및 이용원가를 절감할 수 있다. 이와 달리 일괄 판매를 하지 않는 경쟁업자는 단일 서비스에 필요한 정보수집에도 일괄 판매 시와 동일한 수준의 투자를 해야 하는 것이다.

한편, 일괄 판매를 통해 기업은 제조 부문에서 규모의 경제 내지 학습곡선 효과를 얻어서 원가를 줄일 수 있다. 모든 구매자에게 동일한 패키지를 제공한다는 것은 패키지 내의 모든 항목에도 동일한 수요를 보장한다는 의미이기 때문이다. 또한 동일한 패키지를 공급함으로써 구매자에게 패키지에 포함된 제품을 선택하는 데 도움을 주는 정보를 따로 제공할 필요가 없어져 판매원의 생산성도 높아지게 된다. 마지막으로, 일괄 판매는 관리 및 판매 비용을 상당 부분 경감시켜주는데, 이는 서류처리 및 물적 유통과정에서의 거래 비용이 줄기 때문이다. 따라서 일괄 판매를 통해 표준화와 공유로 인한 비용 절감, 규모의 경제, 학습효과를 이루어낸 기업은 개별 제품을 원하는 구매자에게 별도 판매하는 것보다 낮은 가격으로 판매하는 경우가 많다.

주요 경쟁자가 경쟁자 간의 제휴나 계약형태로 일괄 판매방식을 채택하지 않는 한 일괄 판매 기업은 비용 절감을 통해 경쟁우위를 이룰 수 있다. 그러나 독립기업 간에 그와 같은 계약을 체결하기에는 어려운 점이 많아 계약형태를 이용한 일괄 판매 시도는 잘 이루어지지 않고 있다.

차별화의 증대

일괄 판매를 채택하는 기업은 패키지 안에 포함된 개별 제품을 판매하는 경쟁사에 대해 차별화의 경쟁우위를 가질 수 있다. 이와 같은 차별화는 일괄 판매된 각 제품이 구매자의 가치사슬에서 높은 상호 관련성을 보이기 때문이다. 따라서 일괄 판매를 하지 않는다면 차별화는 이루어낼 수 없었을 뿐만 아니라, 각 제품에서 발군의 경험과 능력을 갖춘 전문 생산기업과 경쟁해야 하는 어려움에 직면하게 된다.

• **차별화 기반의 확충** 일괄 판매를 할 수 있는 기업은 제한된 소수 제품만을 제공할 수 있는 기업보다 차별화 기반을 더욱 넓힐 수 있다. 예를 들어, 일괄 판매 기업은 패키지 내 전 제품의 신뢰도를 보증하고 있으며, AS에도 단일 기준을 적용한다. 또한 제공하는 제품이 그 기업만이 제공할 수 있는 특유의 것이 아닐지라도 일괄 판매를 통해 차별화가 가능하다.

• **제품 간 공유성의 증대** 각 보완재 간의 연계방식이 표준화되어 있지 않을 때 일괄 판매는 유용하다. 이는 구매자 욕구를 충족시키기 위해 공동으로 사용할 필요가 있는 제품을 단일 기업에서 패키지로 만들어 제공한다면, 각 제품 간의 연계성이 높아질 수 있기 때문이다. 이와 같은 차별화는 컴퓨터 기종별로 소프트웨어의 호환성이 서로 다른 것처럼, 제품 간 연계 기술개발이 비교적 어려우며 호환성이 높지 않은 경우를 주로 염두에 둔 것이다.

• **패키지 성과의 적정화** 패키지 내의 제품 간 연계방식이 표준화되었다 하더라도 일괄 판매 기업은 모든 제품의 디자인, 생산 및 서비스를 통제함으로써 패키지(정확히 말하면 패키지에 포함된 모든 제품)의 성과를 적정 수준으로 끌어올릴 수 있다. 이와 같은 이점은 패키지 내의

제품들이 상호의존적인 특성이 있어서 패키지 전체의 성과를 결정한다는 것을 전제로 한 것이다. 일괄 판매 기업의 경우 패키지 내 각 제품에 관한 정보를 내부적으로 축적할 수 있어서 외부에서 각 제품에 관한 정보를 얻어야 하는 경쟁업자에 비해 유리한 위치에 놓이게 된다.

• **원스톱 쇼핑**(one-stop shopping) 일괄 판매는 구매자의 쇼핑 활동을 간편하게 만든다. 구매자는 패키지 상품을 구매하면서 그 안의 모든 제품이 제 기능을 할 것이라는 믿음을 가져 구매위험에 대한 인식이 줄어든다. 또한 구매자는 제품에 대한 책임을 여기저기 묻지 않아도 되고, 불만 해결이나 서비스 제공도 단일한 조직에서 처리할 수 있다는 사실에 높은 가치를 부여한다.

가격 차별 기회의 증대

일괄 판매는 구매자들이 패키지 내의 개별 제품 가격에 대해 각자 다른 반응을 보여주는 상황에서 총이윤을 증대시키는 방안이다. 특히 복합 일괄 판매전략(mixed bundling strategy), 즉 단일 기업이 패키지를 단일 가격으로 제공하면서 그와 함께 패키지에 포함된 각 제품에도 별도의 가격을 책정하되 그 가격의 총합을 패키지 가격보다 비싸게 하는 전략을 채택하였을 경우 총수익을 더욱 크게 증대시킬 수 있다.[5]

이와 같이 가격 차별의 기회를 높이기 위한 일괄 판매의 성공 메커니즘은 일괄 판매제품 가격과 패키지 제품에서 구매자가 원하는 제품 가격의 총합을 비교해서 결정된다. 즉 구매 희망 제품의 가격보다 일괄 판매 제품을 구매하는 것이 가격에서 유리하다면 비록 패키지 내에 구매를 희망하지 않는 제품이 포함되어 있더라도 일괄 판매를 선호할 수 있기 때문이다. 더욱이 복합 일괄 판매전략을 사용할 경우 전체 패키지를 판매하는 수익에 더해 한가지 제품의 구매를 희망하는 구매자에게는 그 제품을 높은 가격으로 판매할 수 있어 총수익은 증가한다.

또한 가격설정 시 일괄 판매의 가치는 산업 내 구매자 욕구의 분포 성향에 따라 결정되는데, 구매자가 개별 제품에 대해 다양한 가격 탄력성을 보여주고 있다면 일괄 판매를 통한 이윤 증가의 가능성은 커진다. 그러므로 일괄 판매는 동일 제품에 대해 구매자별로 가격의 차이를 두지 않으면서 서로 다른 가격 탄력성을 극복하는 방안이다.

진입장벽과 이동장벽의 구축

일괄 판매 시 다수의 경쟁우위가 확보된다고 하면, 일괄 판매는 진입 및 이동장벽을 높일 수 있는 수단으로 이용될 수 있다. 이는 일괄 판매 기업에 대항하는 경쟁사들로 하여금 개별 제품에 전문화하는 전략을 포기하고 패키지 내의 모든 제품을 생산할 수 있는 능력을 개발하게 만들어서 능력이 부족한 경쟁사의 입장에서는 결과적으로 진입 또는 이동장벽이 더욱 높아진 것을 의미한다.

경쟁 의식의 완화

한 사업 내에서 모든 기업이 일괄 판매를 하고 있을 때는 그렇지 않은 경우보다 경쟁 관계가 더 안정적인 모습을 보인다. 모든 경쟁사가 동일 패키지를 제공하며 패키지 가격이 산업의 유일한 가격이라면,

기업 간의 상호의존성에 관한 인식이 높아질 것이며 특정 기업이 개별 제품을 공급하는 경쟁상황에서보다 가격 인하 경쟁의 유인이 줄어들 것이기 때문이다.

일괄 판매전략의 위험

일괄 판매전략은 그 장점 못지않게 많은 위험 요소를 내포하고 있는데, 이러한 위험의 심각도는 기업전략이나 산업구조에 따라 결정된다. 일괄 판매 시의 위험은 집중화 전략을 채택하고 있는 개별 제품 판매업체(unbundled competitor)의 공세에 일괄 판매 기업이 얼마나 취약한가로 결정되는 경우가 많다.[6] 그렇지만 IBM이 컴퓨터 업계에서 다년간 그러하였듯이 두드러진 경쟁우위를 갖춘 기업은 전문기업의 도전에도 불구하고 일괄 판매전략을 고수하는 예도 있다.

구매자 욕구의 다양성

일괄 판매전략은 기본적으로 상당한 수의 구매자들이 일괄 판매를 바라고 있고, 패키지 가격을 지불할 용의가 있다는 것을 전제로 한다. 만일 산업 내 구매자 기호가 다양하게 변화한다면, 특정 세분 산업의 구매자에게는 일괄 판매전략이 최적이 아닐 수 있으며 이러한 세분 산업을 겨냥하여 제품을 개량한 전문기업에 시장을 일부 잠식당할 위험이 높다. 예를 들어, 구매자에 따라 AS의 필요성에 대한 인식의 차이가 클 경우, 집중화 전략을 사용하는 경쟁자가 일체의 서비스를 제공하지 않는 대신 저렴한 서비스를 선보임으로써 시장진입에 성공하거나 경쟁 가능한 시장점유율을 확보할 수 있다. 예를 들어 미국의 항공사인 피플 익스프레스에서는 전통적인 항공운수 패키지의 일부인 기내식과 수하물 서비스를 없앤 개별 판매전략을 사용함으로써 저렴한 가격을 선호하는 구매자의 관심을 끌 수 있었다. 또한 새롭게 출현하고 있는 할인 소매업자(off-price retailers)들은 제공하는 서비스의 수를 줄이고 신용 판매와 광고 활동을 하지 않는 대신 가격 인하 전략을 통해 전통적인 소매업자와의 경쟁에서 성공적으로 자기 위치를 구축해냈다.

일괄 판매를 창출하는 구매자 능력

일괄 판매전략을 사용할 때에는, 판매 기업이 보완제품들로 패키지를 만들어 구매자에게 패키지로 판매한다. 그런데 구매자가 스스로 패키지를 구성할 수 있는 기술적, 재정적, 관리적 능력을 갖추고 있다면 일괄 판매의 유용성은 감소한다. 이러한 능력을 갖춘 구매자는 개별 공급자들로부터 패키지 구성에 필요한 제품을 구매하여 스스로 패키지를 만들거나, 일부 제품은 구매하고 서비스 같은 보완재는 스스로 창출해냄으로써 일괄 판매제품을 구매할 필요성을 별로 느끼지 못한다.

유리한 조건으로 개별 제품을 제공하는 전문기업의 능력

패키지에 포함되는 하나 또는 소수의 제품만을 전문 생산하는 기업이 일괄 판매 기업보다 원가 우위 또는 차별화 우위를 창출해낼 수 있으면, 일괄 판매전략은 위협을 받게 된다. 전문기업은 7장에서 기술한 이유로 인해 경쟁우위를 얻을 수 있는데, 이들 기업은 주요 사업으로 지목한 소수의 제품만을 생산 및 판매하는 데 적합한 방향으로 가치사슬을 설계할 수 있고, 패키지 내의 모든 제품을 생산 판매하는 일괄 판매 기업이 가치활동을 공유하는 과정에서 부담하게 되는 조정과 타협 비용을 피할 수 있기 때문이다.

또한 전문 생산기업은 다른 산업과의 상호관련성에서 경쟁우위를 창출해낼 수도 있다. 예를 들면, 전문 전자업체는 종합 전자업체보다 전자부품 생산에서 원가 우위를 누릴 수 있는데, 이는 전문 전자업체가 관련 전자업체들과 연구 개발 등 가치활동을 공동으로 수행할 수 있는 경우에 나타나는 현상이다.[7]

전문기업 간 제휴를 통한 일괄 판매 시의 위험

전문 생산업체 간에 제휴를 맺어 공동으로 일괄 판매를 하게 되면, 기존의 일괄 판매 기업은 일괄 판매의 이점을 상실하게 된다. 이때 제휴 관계는 기술 공동개발, 공동판매 및 공동서비스 조직 등과 같은 다양한 형태를 취한다.

일괄 판매전략과 개별 판매전략

특정 기업이 일괄 판매로 얻는 경쟁우위와 위험의 정도를 비교해보면, 그 기업에 대한 일괄 판매전략의 적합성을 판정할 수 있다. 위에 열거한 일괄 판매의 위험 요인들은 전문기업이 일괄 판매 기업을 공략할 수 있는 전략적인 기반을 제공해주고 있기 때문이다. 물론 일괄 판매 기업의 경쟁우위가 매우 크고 위험이 적다면, 일괄 판매전략이 산업 내의 지배적인 경쟁전략이 될 수 있다. 그렇지만 일괄 판매전략과 개별 판매전략은 서로 대칭되는 전략으로서 양 전략의 채택 가능성은 산업 특성이 바뀌면서 쉽게 변할 수 있다.

또한 많은 산업에서 일괄 판매전략과 개별 판매전략은 양립이 어려운 경향을 보인다. 만일 개별 판매 기업이 확고히 성공을 거두게 된다면, 일괄 판매 기업은 고수해오던 전략을 포기해야 하는 압력을 받을 수 있다. 더욱이 개별 판매 기업이 존재한다는 사실만으로도, 구매자는 일괄 판매 기업이 그들의 욕구를 정확히 충족할 수 없음을 인식하게 되고 이에 따라 개별 제품의 구입이 일괄 판매에 대한 대안으로 부각될 수 있다.

일괄 판매 기업에 대항하여 새롭게 산업에 진입하는 개별 판매 기업의 경우 부수적인 서비스가 딸려 있지 않은 기초제품을 제공하거나 상당수 구매자의 욕구를 완전히 충족시키는 패키지 내의 특정 제품을 집중 공략한다. 아니면 잉여부품이나 서비스같이 상대적으로 덜 중요하면서 일괄 판매 기업이 비효율적으로 생산하거나 과도한 가격을 책정해놓은 제품에 특화하는 전략을 펼친다. 개별 판매를 통해 일괄 판매 기업을 공략하는 전략은 시장 지위 획득의 주요 방안 중 하나이며 이에 관해서는 15장에서 상세히 언급하겠다.

개별 판매 기업이 최초로 진입에 성공하면, 다른 개별 판매 기업이 산업에 진입하여 패키지 내의 다른 개별 제품 항목을 공략하고자 하는 유인이 창출된다. 또한 시간이 지남에 따라 많은 수의 구매자가 스스로 필요 제품들로 패키지를 구성할 능력을 갖추게 된다. 일단 많은 개별 판매 기업이 시장진입에 성공하면, 규모의 경제, 경쟁 완화, 장벽 구축과 같은 일괄 판매의 주요 동인들이 사라지며 이에 따라 기존의 일괄 판매 기업은 개별 판매 기업으로의 전환을 검토하지 않을 수 없게 된다.

그러나 구매자 욕구가 다양한 가운데 특정 구매자 집단에서만 일괄 판매의 이점에 대한 강한 선호가 존재한다면, 일괄 판매전략과 개별 판매전략은 공존할 수 있다. 예를 들어, 일괄 판매를 통한 시스템 성과의 적정화를 바라는 구매자가 존재한다면, 전문 생산기업이 다른 구매자 집단에 제품을 공급한다고 하더라도 특정 구매집단을 겨냥한 일괄 판매전략은 계속 그 유용성을 인정받을 수 있기 때문이다. 또한 일괄 판매는 패키지를 스스로 구성할 능력을 갖춘 구매자보다는 그러한 능력을 지니지 못한 구매자 집단이 더욱 선호하기 쉽다. 예를 들면, 상업 항공운송 분야에서 세스나(Cessna)는 비행기 정비, 파일럿, 격납고, 사무실, 활주로 사용료 등을 포함한 패키지를 단일의 월정액으로 제공하고 있는데, 단일 기업이 모든 관련 업무를 책임지고 대행해 주기를 바라는 구매자들의 수요가 끊임없다. 한편 복합 일괄 판매전략은 일괄 판매에서 획득되는 경쟁우위에 따라 그 유용성이 결정된다. 즉 전체 패키지를 구매하거나, 아니면 동일 기업에서 개별 제품을 구매하도록 다수의 옵션을 구매자에게 제공함으로써 그 기업의 일괄 판매 여건 또는 기반을 약화시키는 반면, 일괄 판매의 주요 경쟁우위 원천이 차별화나 가격 차별이라면 복합 일괄 판매전략의 효과는 클 것이기 때문이다.

일괄 판매와 산업 진화

일괄 판매의 유용성은 산업이 진화해감에 따라 변하기 쉬운데, 이는 산업에 따라 일괄 판매전략의 장단점이 바뀌기 때문이다. 산업이 진화함에 따라 일괄 판매전략이 다양한 패턴으로 변화를 거듭하는 것은 현실 세계에서도 어렵지 않게 발견할 수 있다. 그러나 대부분의 산업에서는 발전에 따라 산업이 발전해나감에 따라 일괄 판매전략을 포기하고 개별 판매를 지향하는 경향이 관찰되고 있다. 예를 들어, 보험업에서 기존의 보험 패키지 판매방식에 변화를 시도한 결과, 오늘날 보험상품을 구매하려는 소비자들은 기호에 따라 종합보험이나 전문 보험상품을 선택할 수 있게 되었다. 이러한 개별 판매로의 전환추세는 오디오 시스템, 비디오 시스템, 빌딩관리 시스템, 컴퓨터, 병원관리 서비스업 등에서 두드러지게 나타나고 있다.

이와 같은 현상은 시간이 지남에 따라 산업이 진화하게 되고 일괄 판매의 경쟁우위와 위험이 변화하기 때문에 발생한다.[8]

• **구매자의 패키지 구성 능력이 증대되고 있다** 시간이 지나면서 기술 확산이 일어나고 이와 함께 구매자의 제품 지식이 늘어남으로써 스스로 패키지를 구성해낸다. 이에 따라 구매자는 제품의 호환성을 높일 수 있는 전문성을 갖추게 되어 단일 기업에 제품 보증 책임을 전담시킬 필요가 적어졌다. 더욱이 산업 규모가 커지면서 구매자가 후방 통합을 하는 일이 점차 늘어나 이와 같은 경향은 더 심해지고 있다. 즉 후방 통합을 이룩한 구매자는 패키지 내의 일부 제품을 스스로 만들어 사용할 수 있게 되었으며, 이에 따라 전체 패키지를 구매하지 않으려 하게 된 것이다.

• **제품 및 기술의 표준화가 심화되고 있다** 산업이 성숙하면서 제품은 표준화되는 경향을 보이는데, 이는 시스템 성과를 적정화하기 위해 전체 패키지를 통제할 필요성을 줄인다. 또한 표준화는 패키지 내

의 각 제품에 대한 진입장벽을 낮추어줌으로써, 구매자가 자체적으로 패키지를 구성하는 작업 또한 단순하게 만든다. 특히 제품 간 호환성 문제도 산업이 성숙해지고 제품 및 기술의 표준화가 진전됨에 따라 개선되는 모습을 보인다. 이로 인해서 과거와는 달리 자격을 갖춘 전문 생산업자가 각 제품 분야로 진출하여 개별 판매로의 전환을 촉진하고 있다.

• **패키지 내의 다양한 제품에 대한 구매 욕구가 감소 또는 변하고 있다** 8장에서 살펴보았듯이 산업의 발전단계 초기에는 제품 품질이 균일하지 않고, 신뢰도가 낮아 구매에 위험부담을 가지는 경우가 많다. 그래서 초기에 구매자는 일괄 판매업자가 제공하는 패키지의 신뢰성에 높은 가치를 부여하게 되고 일괄 판매방식은 그 산업의 도약을 위해 필수적인 판매방식으로 인식된다. 그러나 산업이 성숙해짐에 따라 패키지를 구성하는 제품 중 서비스 및 지원(support)에 해당하는 제품은 점차 구매자가 직접 수행하거나 일괄 판매를 통한 구매 욕구가 감소하는 추세가 나타난다. 더욱이 다양한 욕구를 지닌 새로운 구매자들이 산업 내에 진입하고 경쟁사에 의한 산업 세분화 노력이 가속됨으로써 구매자 욕구는 더욱 다양해지고 그에 맞는 패키지들이 속속 개발되고 있다. 또한 개별 판매 기업 내지 전문생산업체가 진입할 여지가 많아지고 있다.

• **산업 규모가 일괄 판매 시의 규모의 경제를 상쇄시킨다** 신생단계에서 성숙단계로 이행해가면서 늘어난 산업 규모는 전문기업이 일부 제품만을 생산할 수 있는 기반이 되어준다. 따라서 패키지 내의 특정

제품에 대한 수요 증가는 고정 판매비용을 감소시킬 뿐만 아니라 효율적인 생산 규모를 마련해준다. 이러한 현상은 7장에서 이미 언급한 집중화 전략으로 경쟁력을 확보할 수 있는 새로운 세분 산업의 출현과 관련된 특수한 예라고 할 수 있다.

- **구매자의 가격 민감도 증대는 개별 판매를 통한 비용 절감 압력으로 이어진다** 구매자가 가격에 관심을 갖기 시작하면서 기업에 비용 절감의 기회를 제공할 것을 요구하게 된다. 그 한 가지 방안으로 개별 제품을 구매하여 패키지를 스스로 구성한다거나 필요한 일부 제품만을 구매하는 행동 양상을 보여주는데, 이는 전문기업의 출현이 없는 경우라도 개별 판매의 유인을 제공한다.

- **전문 경쟁자가 출현한다** 일괄 판매 기업이 산업을 성공적으로 이끌게 되면 잠재적 경쟁사는 그 산업에 성공적으로 진입할 수 있는 길을 모색한다. 그런데 일괄 판매전략으로는 높은 진입장벽이 가로막고 있으므로 신규 진입기업은 개별 판매전략을 채택하기 쉽다(15장 참조). 이때 앞에서 서술한 여러 요소가 더해지면 신규 진입기업이 성공할 가능성이 생기는 것이다.

시간이 흐르면서 커지는 개별 판매 추세는 산업 내에 강력하고 능력 있는 구매자가 존재할수록 강화된다. 그런 구매자는 패키지를 신속하게 독자적으로 구성할 수 있는 기술적 능력이 있어서 기존 기업이 일괄 판매를 포기하고 개별 판매방식을 채택하게 만드는 협상 기반으로 작용할 수 있다. 동시에 전문 생산기업이 직면하게 되는 장벽을 낮추어주기도 한다. 예를 들어, 시장 선도적인 자동차회사들은 자동차 산업 발달 초기에만 브레이크 시스템과 연료 구입 시스템 같은 전체 시스템을 구매했으나, 기술이 어느 정도 발전한 다음에는 여러 공급자로부터 개별 부품을 조달하는 방식으로 전환하였다. 그들은 그 과정에서 개별 판매방식을 택하는 전문 부품 생산업체가 기반을 확립하는 데 도움이 되었다.

한편, 개별 판매방식은 경기후퇴기와 같이 경쟁이 치열한 시기에 더욱 광범위하게 사용된다. 위기에 처한 일부 경쟁사들은 수익을 증대시키기 위해 개별 판매방식을 채택하게 되며 이는 거역할 수 없는 흐름으로 정착되기도 한다.

한편 산업 내의 추종기업들과 신규 진입기업들이 흔히 먼저 일괄 판매방식을 버린다. 추종기업의 입장에서는 일괄 판매를 하는 선도기업과의 경쟁에서 불리한 점을 극복하고자 개별 판매방식을 앞장서서 채택한다. 이들의 최대 목표는 희망은 이동장벽을 낮추기 위해 경쟁의 규칙을 변화시키는 것이다. 신규 진입기업 역시 일괄 판매를 할 만한 경제적 동기가 없거나 일괄 판매를 시행해서 기존 일괄 판매 기업의 보복 대상이 되는 것을 피하려고 개별 판매를 선호한다. 구매자의 욕구가 변하고 있는 세분 산업이나 상황을 식별함으로써 일괄 판매방식 대신 개별 판매방식을 선호하는 것도 하나의 이유다. 개별 판매방식을 택해 신규로 사업에 진입하는 기업은 일괄 판매방식을 선호하지 않는 일부 구매자를 파악한 주로 일괄 판매 기업의 경쟁사들이다.

이와는 반대로 시간이 지날수록 개별 판매의 추세가 강해지는데도 일괄 판매로 얻을 수 있는 경쟁우위가 어전히 중요하고 그것만이 유일한 획득 방법이라면 일괄 판매방식은 지속될 수 있다. 예를 들어 패키지에 대한 구매자의 보증확보 동기가 사라진 후에도 일괄 판매의 성과나 원가의 이점은 계속 유지될 수 있다.

또한 사업의 선도기업이 패키지 내의 핵심 제품을 독점적으로 통제하고 있어 그 제품을 얻기 위해서 전체 패키지를 구매해야 하는 경우에도 일괄 판매가 계속 유지될 것이다. 선도기업은 간혹 제품 간의 호환성을 독점함으로써 전체 패키지를 지켜내기도 한다. 다시 말해서, 제품 간 호환성을 지니기 더욱 어렵게 만들어 전문 생산기업의 진입을 저지할 수 있는데, IBM이 전형적으로 이러한 방법을 사용해왔다.[9]

한편 일괄 판매에서 개별 판매 경쟁으로 옮겨가는 것이 일반적인 변화패턴이기는 하나 그 반대의 경우를 가정해보는 것도 중요하다. 때로는 기술변화가 일괄 판매의 효용성을 높일 수 있기 때문이다. 따라서 일괄 판매를 할 때 규모의 경제는 제조과정이 변한다면 시간이 지남에 따라 증가할 수 있으며, 경제적으로 합리적인 일괄 판매에 대한 규제도 시간이 지나면 완화될 수 있다. 그리고 일괄 판매가 경제적으로 효율적인 산업에서 개별 판매전략이 사용되어온 경우에도 일괄 판매로의 전환이 일어날 수 있다. 즉 신생 산업에 진입한 많은 중소 전문기업 중에 그 누구도 전체 패키지를 개발할 수 있는 자원이나 능력, 의사를 갖추지 않았다면 구매자들은 패키지를 스스로 만들어 낼 수밖에 없다. 이러한 경우 어떤 기업이 일괄 판매방식을 도입하는 방향으로 전략적인 혁신을 도모한다면, 경쟁사들이 뒤를 이어 일괄 판매방식으로 이행하게 되면서 산업구조의 변혁을 이루어낼 수 있다.

이처럼 일괄 판매가 개별 판매를 대체한 대표적인 예로 금융서비스 및 종합 건강진단 산업을 들 수 있다. 메릴 린치의 CMA(Cash management Account) 같은 금융서비스는 증권중개 및 신용카드, 기타 재무서비스 등 과거에는 분리되어 있던 금융상품을 결합시킨 패키지다. 이러한 상품을 가능하게 한 것은 정보시스템 구축 기술의 발전과 함께 탈규제(deregulation)라는 금융혁명이었다. 또한 건강관리센터는 여러 진단서비스를 결합한 종합건강진단 패키지를 만들어 냈다. 그렇지만 건강관리 부문에서 새롭게 부상하는 경미한 수술을 전문으로 하는 응급치료 회사는 과거 병원에서 제공했던 의료상품 패키지를 분리하여 개별상품으로 제공하는 형태다. 이러한 예는 일괄 판매의 경쟁우위가 세분 산업 기준(segment-by-basis)으로 고찰되어야 함을 잘 설명해준다.

일괄 판매의 전략적 시사점

일괄 판매 기업이나 개별 판매 기업 모두 일괄 판매전략의 분석을 통해 다음에 제시하는 중요한 전략적 시사점을 얻을 수 있다. 일괄 판매 전략과 개별 판매전략 간에는 일반적으로 끊임없는 긴장 관계가 존재하므로 이 두 전략의 적합성은 계속 검증되어야 한다.

• **경쟁우위가 위험을 능가하는 경우 일괄 판매전략을 시도하라** 일괄 판매전략은 경쟁우위가 위험을 능가하는 경우 경쟁우위의 강력한 원천이 될 수 있다. 각 제품의 생산기업이 패키지 상품을 원하는 구매자의 욕구를 소홀히 하고 있다면 일괄 판매 기업에는 산업구조를 자사에 유리한 방향으로 변화시킬 기회를 맞은 것이다. 각 세분 사업별로 구매자의 가치사슬을 면밀히 분석하고 그 변화양상을 파악하는 것은

일괄 판매전략과 개별 판매전략을 적절히 선택할 수 있는 전제조건이다.

• 무의식적인 일괄 판매전략을 회피하라 많은 기업들은 자기도 모르는 사이에 일괄 판매전략을 취하고 있다. 이와 같이 무의식적으로 일어나고 있는 일괄 판매전략은 위험한데, 집중화 전략을 쓰고 있는 경쟁사에 취약점을 드러내고도 위험한 상황을 감지하지 못하기 때문이다. 따라서 일괄 판매전략은 그 경쟁우위가 위험을 능가하는 경우에 이를 고려한 전략적인 결정에 따라 채택해야지 잠재적으로 분리 가능한 제품이나 서비스를 구분하는 데 실패한 결과 무의식적으로 사용되어서는 안 된다.

• 상황이 변화하면 시간 경과에 유념하여 개별 판매전략을 준비하라 시간이 지나면서 개별 판매전략에 유리한 환경이 조성되기 시작하면, 일괄 판매 기업은 경쟁우위와 위험의 관계 변화의 추이를 살펴보며 개별 판매전략으로 전환할 필요성에 항상 주의를 기울여야 한다. 특히 일괄 판매 기업은 일괄 판매를 지지하는 확고한 경제적인 동기와 구매자에 대한 부족한 지식에서 비롯된 일시적인 동기를 구분해낼 수 있어야 한다. 일괄 판매를 채택한 상당수의 기업이 미련하게 일괄 판매전략에 집착함으로써 시장점유율을 저하시키는 결과를 자초하기 때문이다.

• 일괄 판매 기업은 산업구조 개편의 기회를 제공할 수 있다 일괄 판매전략은 흔히 개별 판매 기업이 파고들 수 있는 약점을 지니고 있으

며, 이는 특히 무의식적으로 일괄 판매를 하거나 산업이 구조적으로 진화하고 있는 경우에 두드러지게 나타난다. 일괄 판매가 오랫동안 굳어진 관습으로 실행되고 있는 산업은 새로운 사업 기회를 모색하는 외부 기업에 좋은 진입 목표가 될 수 있을 것이다.

교차보조 판매전략

특정 기업이 함께 사용하거나 동시에 구매한다는 점에서 보완관계를 가지는 제품에 대한 가격설정은 보완재 간의 상호관련성을 잘 이용하는 방향으로 이루어질 수 있다. 즉 보완관계에 있는 제품 중 이익이 많이 나는 제품(이하 수익제품)을 더 많이 팔기 위해 일부러 다른 제품(이하 기초제품)의 가격을 낮게 설정할 수 있다.

이와 같은 손실 선도(loss leadership) 개념은 보통 소매업에서 나타나는 현상을 설명하기 위해 사용되고 있다. 소매점에서는 저가 제품에 관심이 많은 구매자를 유인하기 위해 일부 제품을 원가 이하로 판매하는데, 이러한 전략은 저가의 기초제품에 유도되어 소매점을 찾은 고객이 결국엔 수익제품을 더 많이 구매하기를 노린 것이다. 또한 손실 선도기업의 가격설정 방식은 그 상점의 저가 판매 이미지를 구축하기 위한 수단이기도 하다.

똑같은 가격설정 원칙이 소위 '면도기-면도날' 전략(razor and blade strategy)에도 적용된다. 대체구매가 계속 발생하여 수익성이 좋은 면도날의 판매를 늘리기 위해 면도기를 원가에 판매하는 것이다. 이와 같은 전략은 비전문가용 카메라, 항공기 엔진 및 엘리베이터 판매에도 사용된다. 보완재에는 필름처럼 제품과 함께 사용되는 소비성 제품, 게임용 소프트웨어 같은 비소비성 제품, 항공기 엔진 부품 같은 대체품 그리고 엘리베이터 유지보수와 같은 서비스제품이 포함된다.

교차보조 판매전략의 또 다른 변형은 트레이드업(trade-up) 전략이다. 이 전략에서는 다양한 기초제품 중 보통 최초로 구매되는 제품을 저가로 판매함으로써 뒤이어 구매하게 될 수익제품의 매출을 늘리려는 전략인데 경비행기, 모터사이클, 복사기 및 컴퓨터 사업에서 주로 볼 수 있다.

교차보조 판매전략의 필요조건

교차보조 판매전략을 채택하는 동기는 명백한데, 기초제품을 저렴하게 제공함으로써 더 많은 수량의 수익제품을 판매하여 총이윤을 증대시키려는 것이다. 이러한 논리는 다음 여러 조건의 존재 여부에 따라 그 타당성이 가려진다.

- **기초제품에 대한 충분한 가격 민감도** 기초제품 수요는 가격 할인이 수익제품에 대한 판매를 유도하여 총이윤을 증가하게 만드는 판매량을 달성할 만큼 충분히 가격에 민감해야 한다. 그러나 만일 기초제품의 수요가 가격에 민감하지 않다면, 기초제품 및 수익제품 판매에서 정상적인 이윤을 거두어들이는 것이 바람직하다.

- **수익제품에 대한 충분한 가격 민감도** 수익제품은 가격을 올리더라도 판매량이 크게 줄어서는 안 되는 것이므로 가격에 비탄력적인

수요 특성이 있어야 한다. 만일 그렇지 못하다면 기초제품의 할인판매에서 오는 이윤 저하가 수익제품 판매를 통해서 회복되지 못할 것이기 때문이다. 수익제품의 가격에 대한 비탄력적인 수요는 수익제품이 창출하는 가치와 타 회사 제품으로의 대체 위협의 함수인 것이다.

• **수익제품과 기초제품 간의 높은 연관성** 구매자가 저가의 기초제품만 구매해서 혼자 이득을 보지 않도록 기초제품의 판매는 수익제품 판매로 연결될 수 있어야 한다. 물론 기초제품 판매가 반드시 수익제품의 판매로 이어져야 하는 것은 아니지만, 두 제품을 동일 기업으로부터 구매하는 비율이 기초제품의 저가판매를 정당화시켜줄 수 있을 만큼의 연관성은 있어야 한다.

그런데 기초제품과 수익제품 간의 연관성의 원천은 산업별로 다를 수밖에 없다. 소매업에서는 그 연관성이 쇼핑비용에서 발생하는데 쇼핑비용을 절감하기 위해 구매자는 한 점포에서 여러 제품을 동시에 구매한다. 앞서 설명한 '트레이드 업' 관계에서는 브랜드 충성도와 교체 비용이 제품과의 연관성을 결정하며, '면도기-면도날' 전략에서도 브랜드 충성도와 교체 비용에 의해 구매자는 면도기를 공급한 회사로부터 면도날을 구매하는 것이다. 또한 필름이나 대체부품처럼 실제적 호환성 또는 인지된 호환성이 제품을 연결해준다면, 엘리베이터같이 특정 제품의 제조업자가 유지보수 서비스를 가장 잘 제공해줄 수 있다는 구매자의 믿음이 양 제품의 연관성을 높여주는 원천이 된다. 기초제품과 수익제품 간의 연관성을 결정하는 또 다른 중요 변수로는 수익제품의 대체 가능성을 들 수 있다. 만일 대체부품을 자체 수선하여 다시 사용할 수 있다면 장비판매와 부품판매 사이에 더는 연관 관계가 남아있지 않게 되는 것이다.

• **수익제품의 진입장벽** 기초제품과 수익제품 간의 연관성이 높지 않다면 교차보조 판매전략이 성공하기 위해서는 수익제품 부문으로의 진입장벽이 높아야 한다. 예를 들어 '면도기-면도날' 전략은 수익제품인 면도날 부문에 진입장벽이 높아야 성공할 수 있다.

교차보조 판매전략의 위험

교차보조 판매전략에서 발생할 수 있는 위험은 주로 앞의 세 번째 조건, 즉 수익제품과 기초제품 간의 높은 연관성이 존재해야 한다는 조건을 만족시키지 못할 때 발생한다. 두 제품의 연관성이 원하는 만큼 크지 않다면 교차보조 판매전략을 실행하는 기업은 저가의 기초제품만을 판매하고 정작 수익제품은 경쟁사에 잠식당할 수 있기 때문이다. 이러한 현상은 다음과 같은 경우에 발생한다.

• **구매자의 선별적 구매**(buyer cherry-picking) 구매자가 기초제품만을 구매하고 수익제품은 구매하지 않거나, 교차보조 판매전략을 사용하지 않는 경쟁사로부터 구매하는 경우를 말한다.

• **수익제품의 대체재 존재** 수익제품에 대한 구매 필요성이 감소하면 구매자가 수익제품을 구매하지 않으려 할 것이기 때문에 교차보조 판매전략을 수정해야 한다. 예를 들어 새로운 대체부품을 구매하는 대신 재사용이 가능하도록 하거나, 소비성 제품의 수명을 연장시

키는 것은 이러한 결과를 가져온다.

- **구매자의 수직적 통합** 구매자가 기초제품은 구매하지만, 수익제품은 자체 생산하는 경우를 말한다. 예를 들어, AS를 자체적으로 수행하거나 대체부품을 스스로 제작 또는 수리 후 재사용하는 것이다.

- **전문 경쟁사의 존재** 전문 경쟁사는 수익제품을 더 저렴한 가격으로 판매한다. 예를 들면, 많은 산업에서는 독립 서비스회사가 특정 브랜드의 장비에 대한 서비스를 제공하거나, 대체 부품을 모방 생산하는 방향으로 전문화를 추구한다. 이들은 산업 내 리더를 목표로 비교적 단순한 서비스를 제공하거나 가장 많이 대체되는 제품을 모방 생산한다. 장비 생산기업이 부품 및 서비스 부문에서 거두어들이는 이윤은 자연히 줄어들게 되며, 점차 특수한 수리업무 및 판매량이 많지 않은 부품생산만을 담당하는 처지로 전락할 수 있다. 이와 같은 전문업체의 진입으로 초래되는 위험은 결국 기초제품과 수익제품 간의 관계가 얼마나 밀접한가 그리고 수익제품 부문의 진입장벽이 얼마나 높은가에 의해 결정된다.

교차보조 판매전략과 산업 진화

교차보조 판매전략의 전략적인 적합성은 산업이 성숙해가면서 변해간다. 일괄 판매전략의 경우에서와같이 항상 그러한 것은 아니지만 대체로 시간이 경과하면서 그 유용성이 떨어지는 경향이 있는데, 이는 다음과 같은 이유에 근거한다.

• **기초제품과 수익제품 간의 높은 연관성이 점차 하락한다** 구매자의 제품 지식이 풍부해지고 가격에 민감해질수록 기초제품을 구매한 기업으로부터 반드시 수익제품을 구매해야 한다는 인식이 바뀌게 된다. 또한 기술 확산이 교체 비용을 낮추어주거나 수익제품을 기초제품과 호환성 있게 모방하는 일이 가능해지는 경우에도 제품 간의 연관성은 떨어지게 되어있다.

• **수익제품에 대한 진입장벽이 낮아진다** 기술 습득이 쉬워지고 차별화 정도가 낮아지면 수익제품 부문의 진입장벽 역시 낮아지는데, 그 결과 수익제품 부문으로의 구매자의 후방 통합이 이루어진다.

• **수익제품에 대체 가능성이 증대된다** 산업이 성숙화함에 따라 수익제품에 대한 대체재가 출현하기도 한다. 예를 들어 항공기 엔진 부품 부문에서 부품 재생기술이 발전된 것처럼 소비성 제품의 수명연장 또는 재사용 방법이 발견되는 것이다.

교차보조 판매전략의 시사점

교차보조 판매전략은 특정 조건을 충족시킬 수 있는 경우에는 성과를 크게 향상시킬 수 있는 방안이다. 질레트(Gillette), 코닥, 제록스 등의 유명 기업들이 교차보조 판매전략을 성공적으로 이용한 대표 사례다. 그렇지만 교차보조 판매전략을 성공하게 하는 여러 조건들은 가변적이어서 이 전략을 지속하기 위해선 적극적인 노력이 수반되어야 한다. 또한 교차보조 판매전략을 수행하는 기업은 그 전략을 무의식적이 아닌 의도적으로 사용하고 있음을 확신해야 한다.

　교차보조 판매전략으로부터 얻을 수 있는 중요한 전략적 시사점은 다음과 같다.

• **수익제품에 대한 진입장벽 창출**　교차보조 판매전략을 유지하기 위해서는 수익제품에 대한 진입장벽을 창출하거나 높여야 할 필요가 있다. 예를 들면 기업은 독점적인 서비스 절차, 부품 제조기술, 소비성 제품의 설계기술 등을 모방하려는 경쟁사로부터 이러한 특유의 노하우를 보호해야 교차보조 판매전략의 성공 가능성을 높일 수 있다. 이를 위해 기업은 특허출원에 노력을 아끼지 않으며 모델별로 서로 다른 소비성 제품을 개발해내고, 기초제품 공급자로부터 수익제품을 구입해야 하는 당위성을 적극적으로 마케팅해야 한다. 그렇지만 실제로 많은 기업은 이러한 측면에 관심을 가지지 않아 교차보조 판매전략의 이점을 사라지게 하기도 한다.

　수익제품을 보호하기 위해 적극적인 노력을 기울인 대표적 기업으로 제록스를 들 수 있다. AS 제공 및 토너 등 소모성 부품 공급이 주요 수익제품이라는 데 주목한 제록스는 복사기 모델별로 특화된 토너를 사용하도록 제품을 만들어놓은 후 최고의 품질을 유지하기 위해서는 동일 제조업자로부터 소모성 부품을 구매해야 함을 적극적으로 홍보했다.

• **기초제품과 수익제품 간의 연관성 강화**　기초제품과 수익제품 간의 연관성을 강화해주는 디자인, 광고 및 기타 노력들은 기업이 교차보조 상품 판매를 할 수 있는 능력을 유지하게 한다. 경쟁자가 제품

간 호환성을 획득하기 어렵게 만드는 제품설계가 그러한 노력의 대표적인 예라면, 코닥이 코닥 카메라에 코닥 필름을 사용하는 것이 사진의 질을 높인다고 광고함으로써 카메라와 필름판매 간의 관련성을 높이려고 노력하는 것이 또 다른 예라고 할 수 있다.

- **산업의 진화에 따라 교차보조 판매전략 수정을 고려** 교차보조 판매전략을 채택하고 있는 기업이라면 전략의 유용성을 높여주던 여건의 변화가 있을 때 전략을 수정할 준비를 해야 한다. 시간이 지남에 따라 기초제품과 수익제품의 상대적 마진은 비슷해지기 쉽다. 따라서 시간이 흐르면서 기업은 경쟁사로부터 수익제품이나 그 대체재를 구매할 우려가 있는 구매자에게는 수익제품의 가격을 인하하는 방식으로 가격설정을 조정하는 방안을 마련해야 한다. 수익제품을 고가로 판매하는 고집을 부려서 경쟁자가 수익제품 부문에 진입할 수 있는 여지를 마련해주어서는 안 된다.

- **수익제품의 판매를 증진시키기 위해 기초제품 부문의 경쟁사 진입 촉진** 만일 수익제품을 독점적으로 생산하고 있는 기업이라면 그 제품의 판매를 증진시키기 위해 기초제품 부문의 경쟁사에 라이센싱함으로써 경쟁사의 영업활동을 촉진시켜주는 것이 바람직할 수 있다.[10] 코닥은 이러한 이유에서 자사의 필름을 사용할 수 있는 카메라 생산기업의 시장 진입을 도와주었다.

- **의도하지 않은 교차보조 판매전략의 회피** 교차보조 판매전략을 사용하는 기업은 반드시 사전에 치밀한 계획을 세워야 하며, 이 전략

의 원가를 파악하지 못한 채 판매전략을 전개하는 것은 금물이다. 따라서 3장에서 언급한 전략적 원가분석 시스템을 도입하여 전략 채택 시의 원가를 파악하는 것이 효율적인 수행을 위해 반드시 필요하다. 만일 이와 같은 치밀한 분석 없이 교차보조 판매전략을 사용한다면 경쟁사가 수익제품 부문으로 손쉽게 진입하도록 만드는 결과를 초래할 수 있다는 것을 유의해야 한다.

보완재와 경쟁전략

보완재는 대다수 산업에서 광범위하게 존재한다. 그러므로 각 기업에서는 주요 제품의 보완재가 무엇인지를 파악해야 하며, 보완재가 경쟁우위와 산업구조에 어떻게 영향을 미치는지를 분석해야 한다. 또한 보완재 중 어떤 제품을 직접 생산해야 하며, 보완관계에 있는 제품을 어떻게 포장하고 가격을 책정할지를 결정해야 한다. 요컨대 보완재와 관련된 전략이 경쟁사의 경쟁우위 원천이 되어서는 안 되며, 보완재를 통제하는 기업의 기회 내지는 경쟁우위의 원천이 되어야 한다.

04

공격적 경쟁전략과
방어적 경쟁전략을 위한 시사점

*Implications for Offensive and
Defensive Competitive Strategy*

Chapter 13
**불확실성 하의 산업 시나리오와
경쟁전략**

Chapter 14
방어전략

Chapter 15
선도기업에 대한 공격

Chapter 13
불확실성 하의 산업 시나리오와 경쟁전략[1]

 미래의 불확실성에 직면한 기업은 어떤 방식으로 경쟁전략을 선택하는가? 예를 들면 유전설비 공급회사는 시추공사가 얼마나 지속될 것인가에 대한 고민을 하는데, 대개 시추공사의 추정 기간은 짧게는 1년에서 길게는 10년에 이른다. 산업구조는 유동적이어서 대부분의 산업에서 기업들은 앞으로 있을 산업구조의 변화에 대한 상당한 불확실성에 직면하고 있다. 이러한 불확실성의 원천은 수없이 많으며, 산업의 내외부 환경에서 모두 발생한다. 대부분의 산업관찰자들은 원자재 가격의 잦은 변동과 금융통화시장의 동요, 각종 규제조치의 철폐, 전자공학의 혁명적 발전 그리고 국제사회 경쟁의 심화 등에 의해 불확실성이 엄청나게 증가하였다는 데에 동의할 것이다.
 모든 기업은 그들 나름의 방법으로 불확실성에 대처한다. 그러나 불확실성이 경쟁전략 수립에 모두 잘 반영되고 있지는 않다. 많은 전략이 '역사는 되풀이된다'라는 추정 또는 경영자 자신의 기업 미래에 대한 예측에 근거하여 수립된다. 그런데 미래구조에 대한 명시적이고 암묵적인 예측은 사회 통념에 의해 종종 편향되고, 그렇게 만들어진 미래 설계도에 의해 산업이 직면하고 있는 모든 잠재적 불확실성을 평준화할 수 있다. 경영자들은 종종 산업구조나 기업의 경쟁우위 요소를 바꿔버릴지도 모르는 변경시킬지도 모를 급격한 불연속적 변화의 가능성을 과소평가하거나 전혀 고려하지 않고 있다.

소수의 기업은 주요한 불확실성의 원천에 대비한 전략을 실험하기 위한 시도로 위기대책(contingency plan)을 전략계획 과정의 하나로 삼고 있다. 위기대책은 실제로 잘 쓰이지는 않으나, 인플레이션율이나 유가 같은 중요한 한두 가지 불확실성의 요소에 대한 전략을 실험하는 데 사용될 수 있다. 그런 위기대책으로는 대체적인 미래 산업구조를 검토하지 못할 뿐만 아니라 경영자가 미래 산업구조가 나타내는 의미를 파악하지 못하게 한다. 그 결과 커다란 불확실성에 직면할 때 기업은 필수 자원확보의 비용 증가와 경쟁 지위의 약화에도 불구하고 필요 이상으로 유연성을 가지는 전략을 선택하는 경향이 있다.

계획수립 도구로서의 시나리오

불확실성을 고려한 체계적 계획을 수립해야 할 필요성이 높아지면서 불확실성의 전략적 시사점을 충분히 이해하기 위한 도구로 시나리오 작성법을 도입해왔다. 시나리오란 미래 상황이 어떤 모습으로 전개될 것인가에 대한 내부적 전망이다. 다수의 시나리오를 구성함으로써 기업은 각 전략 대안을 선택할 때 직면하게 되는 불확실성을 체계적으로 검토할 수 있다. 이와 같은 시나리오의 유용성은 1973년 석유파동이 불확실성을 증폭시킨 이후로 널리 인식되었다.

전통적으로 전략계획에 사용된 시나리오는 거시경제학적, 거시 정치학적 요소를 강조해왔는데 나는 이러한 형태의 시나리오를 거시적 시나리오라고 부른다. 이러한 거시적 시나리오의 내용은 경제성장률, 인플레이션, 보호주의 규제, 에너지 가격, 이자율 등을 포함한 국내외적 정치와 경제 환경에 대한 전망을 창출하는 데 집중해왔다. 이러한 거시적 시나리오는 석유회사, 천연자원 개발회사, 우주 항공사에서 가장 먼저 도입했는데 로열 더치 셸(Royal Dutch Shell)은 그 선구자로 널리 알려져 있다.[2] 거시경제나 정치적 문제와 같은 세계정세는 글로벌 석유·천연자원 회사의 성공에 심각한 영향을 줄 수 있다. 그런데 시나리오는 대부분 다각화된 기업의 수준에서 개발되므로 많은 사업단위에 광범위한 영향을 주는 변수들에만 초점이 맞춰지게 된다.

따라서 거시적 시나리오는 너무 큰 범위를 다루고 있어서 특정 사업의 전략개발에 적용하기에는 미흡한 점이 많아 개별 산업에는 별다른 의미를 제공해주지 못했다. 거시적 시나리오를 작성하려면 광범위하면서도 극히 주관적인 요인들의 분석이 필요하다. 그런데 모든 기간 산업에 동시에 중요한 전략적 영향을 주는 거시정치·경제 환경 변수란 거의 없다고 해도 과언이 아니다. 또한 거시적 시나리오가 간과한 미시적 기술변화와 경쟁 같은 불확실성 원천들이 특정 산업 구조를 변화시키는 주요한 요인으로 부각될 수 있다. 따라서 거시적 시나리오의 유용성은 많은 경영자로부터 의심을 받고 있으며 전략계획에도 반드시 필요한 것은 아니다.

산업 시나리오

시나리오는 전략 의사 결정에 있어서 불확실성 측면에서 보면 가장 강력한 도구다. 시나리오를 작성함으로써 기업은 불투명한 미래에 대한 단편적 예측을 해보고 앞으로 직면할지도 모르는 위험으로부터 피할 가능성을 높인다. 또한 시나리오는 경영자들로 하여금 미래 예측 도움을 주며 사회적 통념을 벗어난 창의적 사고를 유도하면서 기업이 직면한 불확실성을 어떻게 반영할지에 대한 제대로 판단하도록 이끈다.

경쟁전략에서 시나리오 분석에 적합한 단위는 산업이다. 이러한 시나리오를 산업 시나리오라고 정의하겠다. 산업 시나리오를 작성하게 되면 기업은 직면한 불확실성을 특정 산업의 전략적 맥락에서 해석할 수 있다. 이처럼 산업 수준에 초점을 집중시킴으로써 거시 정치적, 기술적 불확실성에 대한 분석은 그 자체가 지니는 의미보다는 그 산업에 어떠한 시사점을 제공하느냐의 관점에서 정밀하게 조사해야 한다. 또한 산업 시나리오에는 전략 선택에 있어 불확실성을 유발하는 주된 원천인 경쟁자의 행태분석이 포함되어야 한다.

이 장에서는 산업 시나리오를 어떻게 구축하고 이를 어떻게 경쟁전략 선택의 지침으로 사용할 것인지를 설명한다. 이를 위해 산업이 직면하는 불확실성 요인을 밝히고 이것을 어떻게 유의미한 산업 시나리오로 각색하는지에 관해 서술할 것이다. 그런 다음 어떻게 시나리오를 분석할 것이며 산업구조와 경쟁우위에 대한 시사점이 가장 큰 시나리오를 어떻게 확인할 것인지에 대한 토의를 할 것이다. 기업이 직면하는 불확실성에 비추어 최선의 전략을 세우는 방법을 설명한 다음 마지막으로 어떻게 하면 산업 시나리오를 기업의 지속적인 전략계획 과정에 녹아들게 할 수 있는지에 관한 논의로 마무리 짓는다.

산업 시나리오의 구성

산업 시나리오는 미래 산업구조에 대한 기업 내부의 일관된 전망이다. 즉 산업 시나리오는 산업구조에 영향을 미칠지도 모를 중요한 불확실성 원천들에 대한 의미 있는 가정으로, 경쟁우위를 창출하고 유지하는 데 필요한 시사점을 제공한다. 따라서 산업 시나리오는 단순한 예측이 아니라 하나의 개연성 있는 미래 산업구조다. 한 세트의 산업 시나리오는 경쟁의 측면에서 주요한 의미가 있는 동시에 개연성과 신뢰성을 바탕으로 미래 산업구조의 다양한 모습을 반영하도록 주의 깊게 선택해야 한다. 일반적으로 기업에서는 가장 개연성이 큰 시나리오보다는 시나리오의 전체 집합을 경쟁전략 수립에 사용하기 때문이다. 또한 산업 시나리오에서 설정한 기간은 가장 중요한 투자 의사 결정의 시한을 반영해야 한다.

각 산업에는 미래에 대한 저마다의 독특한 불확실성이 존재한다. 이 중요한 불확실성은 산업구조에 영향을 미치는데 기술의 비약적인 발전, 새로운 경쟁자의 침입, 이자율의 변동 같은 것이 그 예다. 외부 요인으로 거시경제 환경과 정부의 정책이 산업구조를 통하여 경쟁에 영향을 주기 때문에 이와 같은 요소는 산업구조와 따로 생각할 수 없다. 산업의 구조적 변화가 일어나면 전략의 수정이 뒤따를 것이고, 이로 인해서 경쟁사들이 상대적 지위를 변동시킬 수 있는 기회를 제공한다.

2장에서 언급한 5가지 경쟁요소는 산업 시나리오를 작성하는 데 필요한 개념적 기초를 이룬다. 5가지 경쟁요소에 영향을 주는 불확실성은 경쟁 관계 분석에 유용한 시사점을 제공하므로 시나리오 작성에

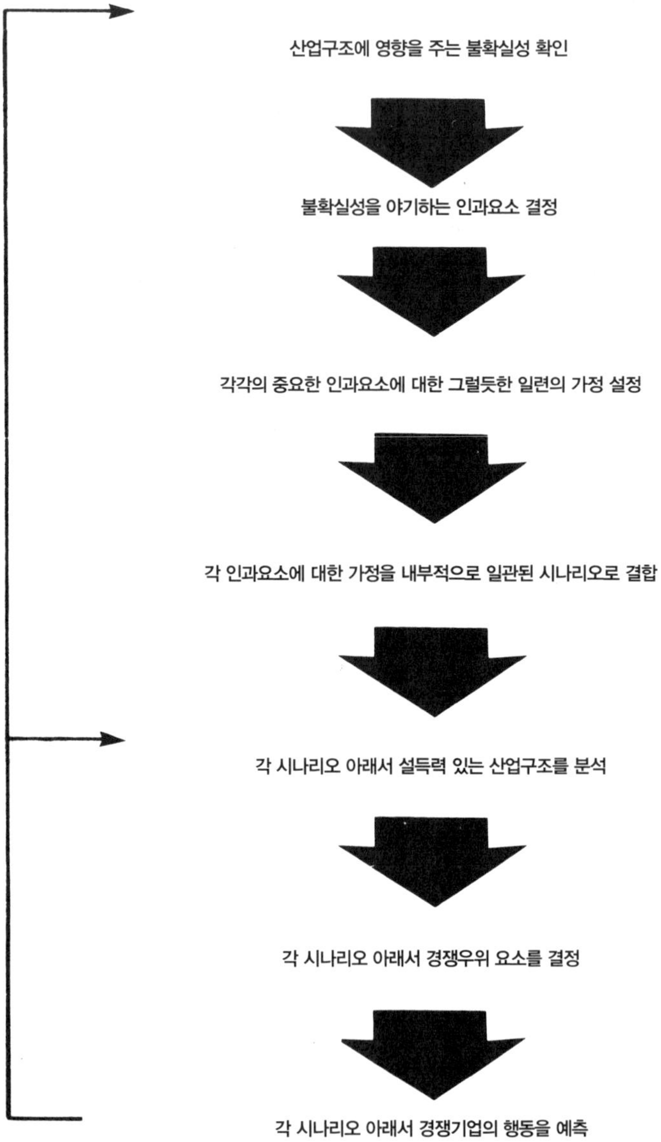

산업구조에 영향을 주는 불확실성 확인

불확실성을 야기하는 인과요소 결정

각각의 중요한 인과요소에 대한 그럴듯한 일련의 가정 설정

각 인과요소에 대한 가정을 내부적으로 일관된 시나리오로 결합

각 시나리오 아래서 설득력 있는 산업구조를 분석

각 시나리오 아래서 경쟁우위 요소를 결정

각 시나리오 아래서 경쟁기업의 행동을 예측

그림 13-1 산업 시나리오의 작성과정

반드시 고려해야 한다. 따라서 산업 시나리오 작성할 때 가장 처음으로 해야 할 일은 현재의 산업구조를 분석하고 산업구조에 영향을 끼치는 모든 불확실성을 확인하는 것이다. 그런 후에 불확실성 측면에서 서로 다른 미래 산업구조를 전망해야 한다. 이러한 일련의 과정의 개관은 〈그림 13-1〉에 있다.

산업 시나리오의 작성과정은 〈그림 13-1〉에서 보는 바와 같이 매우 간단하다. 그렇지만 실제로 산업 시나리오를 작성하려면 몇 차례의 판단과 반복과정이 필요하다. 어떤 불확실성이 가장 중요한지는 많은 예비 시나리오를 분석하기 전까지는 어려우므로 〈그림 13-1〉의 피드백 과정은 필수다.

〈그림 13-1〉의 일련의 과정을 보면 경쟁사의 행동이 산업구조에 영향을 주고 그 자체만으로도 불확실성의 원천이 된다는 사실에도 불구하고, 많은 기업에서는 산업구조와 경쟁우위의 필요조건을 개발하기 전까지는 경쟁사의 행동 분석을 미루고 있다.

그러나 시나리오에서 경쟁사의 행동을 예측하는 것은 경쟁사가 직면하게 되는 산업에 대한 이해 없이는 거의 실현 불가능한 특성을 지닌다. 각 시나리오에서 경쟁사의 예상 행동에 따라 산업구조가 수정되는데, 그들의 행동에 대한 불확실성으로 인해 부가적인 시나리오 작성이 필요할 수도 있다.

산업 시나리오를 어떻게 작성할 것인가의 문제를 미국의 기계톱 산업의 예로 설명해보겠다. 시나리오를 잘 이해할 수 있도록 기계톱 산업의 배경에 관한 정보를 우선 제공하는 것이 필요할 것이다. 기계톱 산업은 1970년대 이전까지 수십 년 동안 안정적인 수익성을 보장하는 산업구조 내에 있었다. 그러나 1970년대 초에 중대한 구조적 변화를 맞는다. 정원이 딸린 주택 소유자와 일반인을 대상으로 한 소형 기계톱 수요가 폭발적 성장을 보일 것으로 예측되었는데, 이러한 일이 일어난다면 산업의 구조적 변화의 계기가 될 것이며 쉽사리 예측하기 힘든 방향으로 여러 상황이 전개될 수 있었다.

1970년대 초기까지 기계톱 수요의 대부분은 벌목꾼, 농부 등 직업의 주된 도구로 기계톱을 사용하는 사람들이었다. 이 사람들은 톱을 거의 항상 사용하므로 내구성, 편리성, 신뢰성을 중시하였다. 그들은 기계톱을 주로 서비스와 교체 부품을 제공하는 중간상인에게서 구입했다. 중간상인들은 상대적으로 적은 수의 제조업자들로부터 제품을 공급받았다. 대부분은 크기가 크고 힘이 좋은 가솔린 기계톱이었는데, 제조업자가 자체 생산한 부품과 외부에서 구입한 부품을 결합하여 조립한 것이었다. 체인, 줄, 스프로킷 등 기계톱의 주요 부품 공급자는 이를 대량 생산하므로 규모의 경제와 어느 정도의 교섭력을 가졌다. 당시 가솔린톱의 대체대로 전기톱이 생산되기는 했지만 전문적으로 사용하기에는 부적합했다.

1970년대 초 기계톱 분야의 주요 경쟁업체는 홈라이트(Homelite, 텍스트론 계열 사업부), 맥컬로치(McCulloch), 스틸(Stihl)이 있었고, 여기에 로퍼(Roper), 레밍턴(Remington), 베어드 폴란(Beaird-Poulan)이 가세했다. 그런데 산업 내 경쟁은 심하지 않았고 품질, 제품 특성, 유통채널, 브랜드 충성도에 경쟁이 집중되었다. 이들 중 홈라이트가 업계 1위였고 다음이 맥컬로치였는데, 둘 다 차별화 전략을 추구한 기업이다. 그리고 스틸은 품질, 내구성, 서비스를 차별화하며 경쟁에 참여했다.

그런데 1973년부터 안정된 경쟁구조에 금이 가기 시작했다. 에너지 위기, 'Do it yourself' 운동 등 여러 배경 덕분에 일반인들까지 기계톱을 구입하기 시작하면서부터 이 부문의 수요가 폭발적으로 증가한 것이다. 일반 사용자들은 전문가들보다 기계톱 사용에 미숙했으며 자주 사용하지도 않았다. 그들은 또한 톱을 중간상에게 구입할 필요가 없었으므로 기계톱의 구매처는 철물점, 전시 판매장(catalog showrooms), 백화점 등으로 확대되었다. 상황이 변하자 기계톱 시장에는 새로운 업체들의 진입이 시작되었다. 블랙 앤드 데커는 맥컬로치를 인수하고 에머슨 일렉트릭은 베어드 폴란을 인수하였다. 기업 인수가 활발히 진행되자 이미 재무적인 압박을 느끼던 기존 경쟁사들은 변화하는 상황을 분석하여 적절한 대응책을 강구할 필요성을 느끼게 되었다. 이 장의 나머지 부분에서는 기계톱 산업에서의 산업 시나리오를 작성하고 동시에 시나리오 작성에 기반이 되는 원칙을 설명하고자 한다.

산업 불확실성의 인식

경쟁 양상에 가장 큰 영향을 미칠 수 있는 불확실성을 확인하는 것은 산업 시나리오 기법의 핵심이다. 그러나 불확실성의 원천을 제대로 파악하기는 어렵고, 변화를 인지하거나 경영자들이 전통적 통념을 떨쳐버리는 것은 더욱 어려울 것이다. 불확실성(uncertainties)을 식별하려면 산업구조의 각 구성요소를 정밀하게 조사하고 이를 불확실성의 세 범주인 불변, 예정, 불확실(constant, predetermined, uncertain)로 구분해야 한다. 산업구조의 불변 요소(constant element)란 시간이 지나도 거의 변화가 일어나지 않는 구조적 측면을 말한다. 예정 요소(predetermined element)는 산업구조가 변할 수는 있지만, 예측 가능한 변화일 때를 말한다. 이러한 예정된 추세는 시나리오에 따라 급격하게 발생할 수도 있고 느리게 발생할 수도 있다. 또한 주의 깊은 산업 분석이 선행된다면 일련의 구조적 변화가 예상대로 진행될 가능성이 높아진다. 불확실 요소(uncertain element)는 기업의 입장에서 통제가 불가능한 불확실성에 의해 나타나는 미래의 산업구조 변화다. 따라서 산업구조의 결정 요인 중 불변 요소와 예정 요소는 각 시나리오의 일부인 반면, 불확실 요소가 개입되면 실제로 다른 종류의 시나리오가 도출된다.

이처럼 산업구조 변수를 범주별로 구분하기 위해서는 먼저 모든 명백한 산업추세와 더불어 내부적인 토의와 산업관찰자에 의해 언급된 가능한 모든 주요 산업변화의 리스트를 작성해야 한다. 산업구조에 영향을 주는 불확실성 요소들만이 시나리오 구성에 중요하지만, 처음에는 중요한 변수를 빠뜨리지 않기 위하여 모든 불확실성 요소를 열거해 보는 것이 중요하다. 또한 발생 확률이 낮아도 잠재적으로 산업구조에 큰 충격을 줄 가능성이 있다고 판단되는 불확실성 요소 역시 무시해서는 안 된다. 각 산업구조 결정 요소의 추세나 가능한 변화 방향이 산업구조에 영향을 끼칠 것인지 그리고 그것이 얼마나 예측 가능한지를 파악하기 위해 세밀히 분석해야 한다. 이러한 절차에 따라 원인과 결과가 혼합된 불확실성 요소 리스트를 만들어 낼 수 있다.

그러나 산업구조 결정요인의 명백한 추세만을 확인하려 한다면, 산업구조 변화에 중대한 영향을 줄 수 있는 불연속적인 불확실성을 간과할 수 있다. 다시 말해서 명백한 추세만을 근거로 구성된 시나리오는 통념만 반영하기 때문에 미래 산업구조 변화에 대한 통찰력을 제공하지 못한다. 이처럼 중요한 불연속적 불확실성을 간과하지 않는

• 성장률의 장기적 변화	• 투입물과 통화 가치의 변화
• 구매자 세분 시장의 변화	• 제품 혁신
• 구매자 학습도 향상	• 마케팅 혁신
• 불확실성의 감소	• 공정 혁신
• 독점지식의 확산	• 인접 산업의 구조 변화
• 경험의 축적	• 정부 정책 변화
• 규모의 확장(또는 축소)	• 진입과 탈락

표 13-1 산업구조 변화를 일으키는 진화적 요인

하나의 방법은 새로운 가능성을 예측하는 산업 분석가를 발견하는 것이다. 즉 객관적인 의견을 제시할 수 있는 산업 외부의 전문가로부터 의견을 구하는 것은 산업 내부에서 가지기 쉬운 통념을 극복하는 데 유용한 또 하나의 메커니즘을 제공한다.

또한 광범위한 환경 요소는 기술추세, 정책변화, 사회적 변화, 불안정한 경제 환경 등의 측면에서 예측할 수 없는 산업변화와 예정된 산업변화를 모두 창출해낼 수 있다. 이러한 환경변화는 그 자체로는 중요하지 않으나, 산업구조에 영향을 줄 가능성 때문에 중요하다. 모든 산업에서 산업구조의 진화를 촉진시키는 환경요인은 〈표 13-1〉에 나타나 있다.[4] 이러한 산업구조의 변화를 일으키는 각 진화적 요인들에 대해 산업에 영향을 줄 것인지, 준다면 얼마나 큰 영향을 줄 것인지를 조사해야 한다. 산업구조의 진화과정은 예측할 수 있는 방향으로 전개될 수도 있지만, 진화의 속도나 방향이 불확실하여 산업구조 결정요인들의 불확실성을 초래할 수도 있기 때문이다.

예상하기 가장 어려운 산업변화는 대개 산업 외부에서부터 촉발된 경우가 많다. 예를 들면 전자공학과 접촉이 전혀 없거나 거의 없던 산업에서 활동하던 많은 기업들도 마이크로 컴퓨터의 개발로 충격을 받았다. 또한 새로운 진입자의 예상 활동은 예측하기 힘들 뿐만 아니라 산업 내의 신생 기업보다 산업구조에 더욱 심각한 영향을 미친다.

그러므로 일부 산업에서는 시나리오를 잘 구성하려면 산업 내부에서 작업을 시작한 후 산업 외부의 부수적인 불확실성 변수를 찾아보는 것이 중요하다. 또 어떤 산업의 경우 거시적 시나리오에서 시작하여 산업 내부로 초점을 좁혀나가는 것이 더욱 적합할 수도 있다. 이때 거시적 시나리오는 가능한 산업변화에 대한 통찰력을 제공한다. 이것은 산업 지향적 관점에서 외부환경을 볼 때 잘 예견할 수 없던 거시경제적, 정치적, 사회적 변수의 변화를 가늠하게 한다. 이 외에도 불확실성을 검증하는 기타 방법에는 기술적 예측기법이 있다. 기술적 예측기법은 기업의 기술이 외부 기술 발전 추세에 어떻게 영향받는지를 체계적으로 고찰함으로써 기업 내부의 전문가가 예측하지 못한 변화를 찾아내는 데 도움을 준다.

한편 시나리오를 구성할 때 기술의 급격한 변화와 같이 산업구조에 심각한 영향을 주는 주요 불연속성을 검증하고자 노력하는 것이 중요하다. 불연속적 불확실성이 실제로 어느 정도 확률을 가진다면, 시나리오 개발 시 중요한 불확실성의 하나로 취급해야 한다. 반대로 산업구조에 어느 정도 영향을 주기는 하나 발생 가능성이 매우 낮다면, 정규 시나리오와 분리하여 취급하는 것이 좋다.

지금까지의 이론적 고찰이 어떻게 실제 시나리오 작성에 적용되는지를 보기 위해 〈표 13-2〉에 1973년을 기준으로 본 기계톱 산업구조

진입장벽	• 특허권을 가지는 새로운 제품설계가 있는가? • 제조 측면의 규모의 경제 수준은? • 미래 마케팅 측면의 규모의 경제 수준은?(매체 혼합과 지출비) • 각 유통채널로의 접근 가능성은? • 어떤 안전 규제조치가 수행되고 있는가?
구매자	• 임시 사용자의 미래 수요는 어느 정도인가? • 직업적 사용자 및 농장의 미래 수요는 어느 정도인가? • 중간상 판매 및 기타 판매의 적절한 믹스는 어느 정도 수준인가? • 중간상 차원에서의 자가 상표부착(private labeling)이 얼마나 중요한가? • 직접 유통채널과 간접 유통채널 중 어느 채널이 중심이 될 것인가? • 구매자의 가격 민감도가 어느 정도인가?
경쟁자	• 부정기적 사용자의 시장점유 곡선은 어떤 모양을 나타낼 것인가? • 기존 경쟁사는 어떻게 행동하는가? • 새로운 진입 경쟁자는 어떻게 행동할 것인가? • 국내 산업에 외국기업이 참여할 것인가? • 고정 원가 수준은? • 각 경쟁자는 기계톱 산업을 얼마나 강조할 것인가?
대체재	• 전기톱은 가스톱 시장에 얼마나 침투할 수 있을 것인가?
공급자	• 비교적 일정함

표 13-2 미국 기계톱 산업에서의 산업 구조상의 불확실성 요인들

의 불확실성 요소를 적어놓았다. 5가지 결정 요인 중 공급자를 제외한 모든 요인에 중요한 불확실성 요소들이 존재한다. 각각의 불확실한 산업구조 결정 요인은 여러 시나리오의 기초가 되며 기계톱 산업에서 보듯이 불확실성 유발 요소의 목록은 매우 길다. 따라서 전략에 특히 중요한 몇 개의 시나리오를 구성하기 위해서는 이러한 모든 요인을 선별적으로 고려해야 한다.

독립적인 불확실성 변수와 종속적인 불확실성 변수

불확실한 산업 구조적 요소의 목록을 시나리오로 전환하자면 불확실성 요소들을 종속적 또는 독립적 요소로 구분해야 한다.

• **독립적 불확실성** 다른 산업구조 결정 요인과는 독립적인 불확실성을 가지는 결정 요인이다. 이 경우 불확실성의 원천은 산업 내부에 존재하거나(예를 들면, 경쟁자 행위) 사업 외부에 있다(예를 들면, 석유 가격).

• **종속적 불확실성** 독립적 불확실성 요소에 의해 결정되는 결정 요소다. 기계톱 산업의 예를 들면 미래의 TV 광고 수준은 상당히 불확실하나 대체로 임시 사용자 수요의 크기에 의해 결정된다. 직업적 사용자는 전문잡지로부터 제품 정보를 얻는 것이 보통이지만, 일반 사용자는 TV 광고에 더 친숙하기 때문이다.

독립적 불확실성은 시나리오가 이를 근거로 작성된다는 점에서 시나리오 변수다. 다시 말하면 독립적 요소가 불확실성의 진정한 원천이기 때문에 독립적 불확실성만이 시나리오 구성에 적합하다. 한편 종속적 불확실성은 독립적 불확실성에 대한 가정을 세우고 그에 따라 결정된 다음 각 시나리오의 부분이 된다.

그런데 산업구조 요소 중 상당수가 독립적 불확실성과 기타 산업 특성에 의해 결정되므로 독립적 그리고 종속적 불확실성은 정도에 차이가 있을 수 있다. 예를 들면 산업 집중도는 진입장벽의 높이에 영향을 받으므로 종속적이지만, 예측하지 못한 기업매수나 강력한 경쟁자의 진입과 같은 돌발적 환경변화에 크게 좌우될 수 있다. 따라

가장 중요한 시나리오 변수	• 일반 사용자의 수요 수준 • 부정기적 사용자의 시장점유 증가 곡선의 형태 • 중간상 판매와 기타 판매채널의 믹스 • 자가 브랜드와 제조업자에 의한 브랜드 판매의 비중
덜 중요한 시나리오 변수	• 직업적 사용자와 농장의 수요 • 전기톱의 시장 침투

표 13-3 기계톱 산업의 시나리오 변수

서 시나리오 구상의 모든 단계에서 각 불확실성 요소에 가장 강력한 영향을 주는 요인을 평가하고 이를 이용하여 종속적 변수 또는 독립적 변수로 분류해야 한다. 그러나 분석 초기에는 어떤 불확실성이 종속적인지 명백하지 않다. 따라서 시나리오 분석에는 수시로 상황을 점검하여 특정 산업구조 결정요인의 분류를 수정하는 작업이 필요하다.

이처럼 산업구조의 불확실성을 유발하는 요소를 시나리오 변수와 종속변수로 분리하자면, 각 구조요소의 불확실성을 야기하는 인과 요인을 식별해야 한다. 이러한 인과 요인은 각각의 불확실한 산업구조 요소의 미래 상태를 결정한다. 예를 들면 일반 사용자의 기계톱 수요 수준은 연료비, 장작 사용 벽난로와 함께 신축되는 가구의 수 등이 인과 요인이 될 수 있다.

그런데 현실적으로는 무수히 많은 인과 요인이 있고 일일이 측정하기도 어려우므로 가장 근원적 것까지 모두 도출해낼 필요는 없다. 그렇지만 인과관계는 시나리오 변수와 종속변수를 충분히 분리할 수 있을 만큼 깊이 추적해야 한다. 이와 같은 인과 요인은 각 시나리오 변수에 대한 적절한 가정의 범위를 결정하는 데 중요하다. 예를 들어 연료비가 부정기적 사용의 수요 기준에 크게 영향을 미친다면 연료비의 변동 범위를 예측하는 것이 실현 가능한 수요 수준의 범위를 이해하는 데 필요한 것이다.

〈표 13-3〉은 〈표 13-2〉에서 열거한 불확실성 요소 목록에서 기계톱 산업의 시나리오 변수를 추출하여 산업구조의 중요도에 따라 서열화한 것이다. 기계톱 산업의 시나리오 변수는 비교적 적다. 일단 임시 사용자의 수요와 주요 유통채널이 명백히 밝혀진다면, 이에 따라 기계톱 산업에서의 불확실성이 상당 부분 해소될 것이기 때문이다. 예를 들자면 일반 사용자의 수요가 증가하고 기술이 미숙한 그들이 기계톱 사용 중에 사고를 많이 당한다면 정부의 규제가 시작될 수 있다. 또한 일반 사용자의 구입이 늘면 마케팅 활동은 증대되고 TV 광고의 비중은 더 커질 것이다.

〈표 13-4〉는 기계톱 산업의 4가지 중요한 시나리오 변수의 인과 요인을 보여준다. 각 변수에는 여러 개의 인과 요인이 있는데, 이는 다른 산업에서도 마찬가지다. 이러한 인과 요인은 산업 내부와 외부에 미치는 중요 영향 요인을 반영한다. 〈표 13-4〉에서 보는 바와 같이 인과 요인 중 일부는 산업구조의 서로 다른 측면과 경쟁사의 행동을 반영하고 있다. 예를 들면, 부정기적 사용의 수요는 마케팅 활용 정도와 경쟁사의 가격 결정 행위로 결정된다. 또한 일반 사용자의 수요에 따라 미래의 유통채널이 어떻게 구성될 것인지 결정되는데, 이는 일반 사용자가 전문 사용자와는 다른 유통채널을 선호하기 때문이다. 그런데 시나리오 변수는 대개 내외적 원인을 동시에 가지므로 시나리오를 분석할 때는 이러한 상호의존성 측면을 고려해야 한다.

시나리오 변수	인과 요인
부정기적 수요 수준	• 외부 요인: 사회적 추세, 에너지 비용, 나무 스토브와 벽난로의 개발 정도, 벽난로 설치 가구 수, 부정기적 사용자 대상 유통채널 • 내부 요인: 경쟁사의 마케팅 활동, 경쟁사의 제품 변화
일반 사용자의 기계톱 시장점유 곡선의 형태*	• 외부 요인: 경제 상황, 연료 가격 변화양상, 사회적 추세의 변화, 톱의 대체율, 기계톱의 유통채널 전략 • 내부 요인: 경쟁사의 마케팅 활동
중간상 판매와 비중간상 판매채널의 믹스	• 외부 요인: 유통채널의 제품라인 전략, 소비자의 기계톱 구입 습관, 유통채널의 서비스 제공능력, 부정기적 사용자의 톱 사용 형태(대체행위와 대체부품 사용률 및 서비스 욕구를 결정) • 내부 요인: 경쟁사의 유통채널 전략
유통업자 상표와 제조업자 상표 비중	• 외부 요인: 유통채널 상표전략, 유통채널 제품전략 • 내부 요인: 경쟁사의 유통채널 전략, 경쟁사의 상표전략

표 13-4 기계톱 산업의 불확실성을 결정하는 인과요인

* 시장점유 곡선(penetration curve)은 기계톱을 소유한 가구 수의 증가율을 반영한다.

각 시나리오 변수의 인과요인을 포괄하는 주요 불확실성은 시나리오로 만들어진다. 시나리오 변수에 대한 가정은 종속적 불확실성 요소의 성과를 결정해줄 것이다. 산업구조의 예정 변수와 불변 변수는 시나리오에 투입되어 산업의 미래구조 프로필을 완성시킨다. 예정된 구조변수의 변화추세는 시나리오마다 다르다. 〈그림 13-2〉는 이러한 과정을 그림으로 보여준다.

유용한 시나리오를 구성하기 위해서는 다양한 산업구조 변수의 상호관련성을 설명하는 논리를 개발하고 시나리오 변수를 종속적 변수

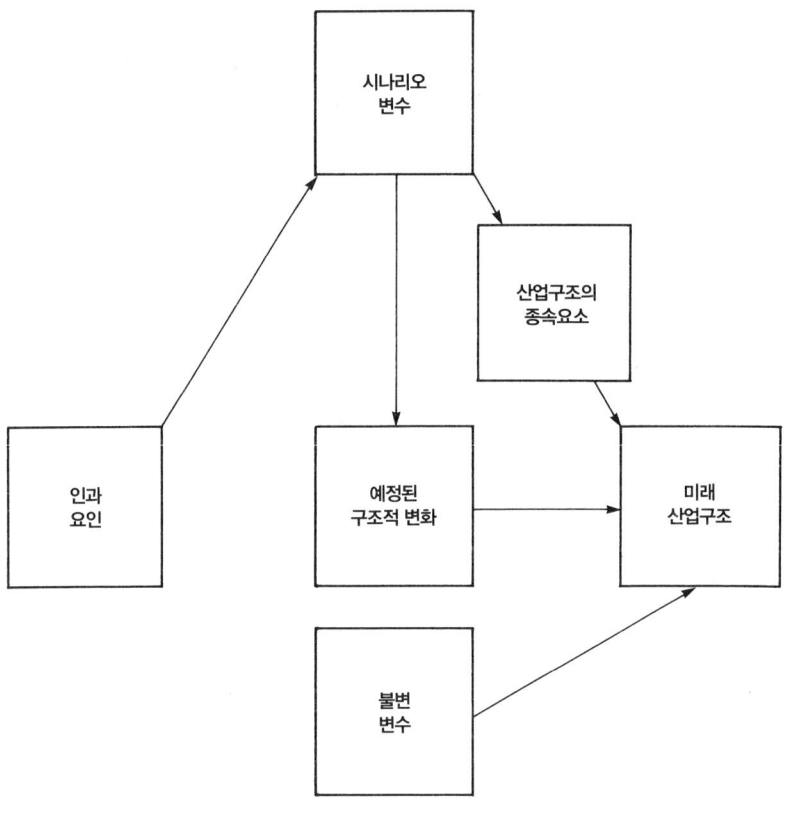

그림 13-2 미래 산업구조의 결정요인

또는 예정된 산업구조 변화와 분리 해야 한다. 각 시나리오는 산업의 한 측면의 변화가 다른 측면에 영향을 주는 데서 발생하는 산업구조 변화의 이차적 효과를 고려해야 한다. 또한 다양한 산업구조 변수의 상호관련성을 설명하기 위한 논리를 도출해내는 것이 시나리오 기법의 유용성을 좌우하는 핵심이다. 시나리오가 제시하는 전략적 시사점을 이해하는 것이 가장 중요하기 때문이다.

산업 시나리오 조합의 인식

산업 시나리오는 인과요인에서 파생된 각 시나리오 변수의 실현 가능한 가정에 근거하여 작성된다. 이러한 가정들의 조합은 〈그림 13-2〉에서 도해한 과정을 거쳐 미래 산업구조의 모습을 그려낸다. 즉, 각 시나리오는 이와 같은 일련의 가정으로 출발해 내부적으로 일치된 미래산업에 대한 전망이라고 할 수 있다. 따라서 시나리오 변수의 잠재적인 결과에 대한 일련의 과정은 분석 목적에 적합한 일군의 시나리오를 결정한다.

만일 시나리오 변수가 하나라면 산업 시나리오 작성은 비교적 쉽다. 예를 들면 기계톱 산업의 시나리오 변수가 오직 부정기적 사용의 수요뿐이라면 수요에 대한 그럴듯한 몇 가지 가정을 해봄으로써 처리하기 쉬운 소수의 시나리오만 작성하면 된다. 그러나 대부분 산업에서 적절한 시나리오 변수는 다수로 나타난다. 그러므로 각 시나리오 변수에 각기 다른 가정들을 결합하게 되면 가능한 조합의 숫자는 급격히 늘어나고 분석할 시나리오의 수도 증가한다. 기계톱 산업의 4가지 시나리오 변수로도 수십 가지 시나리오를 작성할 수 있다.

이러한 시나리오의 과다 현상을 제한하는 데는 시나리오 변수를 줄이거나 각 시나리오 변수에 대한 가정을 줄이는 2가지 방법이 있다. 이 작업을 위한 첫 번째 단계는 불확실하고 독립적인 특성을 지닌 시나리오 변수를 확인하는 것이다. 이런 검증을 통해 몇 가지 변수를 제거할 수 있다. 또 다른 방법은 산업구조에 심각한 충격을 줄 수 있는 변수들에만 주의를 집중하는 것이다. 미래구조에 어느 정도 영향을 주는 변수는 많아도 경쟁전략에 심각한 영향을 주는 요인은 적다. 그렇지만 시나리오 분석이 이루어져야 비로소 산업구조에 미치는 변수의 영향을 알 수 있을 때도 있다. 기계톱 산업에서는 4가지 시나리오 변수가 모두 중요하다.

분석 대상이 되는 일군의 시나리오를 결정하기 위한 다음 단계로는 각 시나리오 변수에 설정된 여러 가정을 설명하는 것이다. 이때 적절한 가정의 범위는 인과요인의 특성 차이에 따라 달라진다. 한편 시나리오 변수는 불연속적일 수도 있고 연속적일 수도 있다. 시나리오 변수가 불연속적이라면(예를 들면, 규제조치가 법률화되었는가 아닌가) 비교적 쉽게 적절한 가정을 선택할 수 있다. 시나리오 변수가 연속적이면(예를 들면, 부정기적 사용의 수요) 적절한 가정을 세우는 방법에 의문이 생길 수도 있다.

이처럼 각 시나리오 변수에 대한 가정을 선택하는 과정에는 다음의 네 요소가 지배적인 역할을 하는데, 불확실성 제한의 필요성, 산업구조에 미치는 영향의 규칙성, 경영자의 신념 그리고 실용성이다. 이런 원칙에 따라 시나리오 변수에 설정된 가정은 가능한 미래구조의 차이점을 드러내는 동시에 각 변수가 가진 가치의 실현 가능한 범위를 제한할 수 있다. 그런데 시나리오 자체가 예측을 의미하지는 않으므로 발생 확률이 낮은 변수도 간과하지 않는 것이 중요하다. 각 시나리오 변수가 나타낼 수 있는 가장 극단적인 값을 도출해낼 수 있다면, 산업구조의 진화 방향을 더욱 깊이 이해할 수 있다. 예를 들어 일반 사용자의 수요 수준이 큰 폭으로 차이가 난다면, 이는 기계톱 산업의 진화과정에 강력한 영향을 준다. 그러나 발생 가능성이 희박한 결과에 의해서 형성될 미래의 산업구조가 실현 가능성이 높은 결과가 도출하는 산업구조와 근본적으로 다른 모습을 보이지 않는 한, 실현 가능성이 극히 낮은 변수의 가치를 시나리오 작성에 반드시 고려할 필요는 없다. 이처럼 실현 가능성이 희박한 가정에 근거한 시나리오는 신뢰성이 떨어질 수 있기 때문이다.

따라서 불확실성의 실현 가능 범위를 제한하려고 한다면 각 변수에 설정할 가정의 수를 결정해야 한다. 만약 시나리오 변수의 가치 변화가 양극단 사이에서 예측 가능한 방식으로 산업구조에 영향을 준다면 가정의 수는 작아도 무방하다. 하지만 그렇지 않다면 가정의 범위는 주요한 불연속성을 반영해야 한다. 예를 들어 기계톱에서 부정기적 사용의 수요는 중간 정도 수준에서 결정되어 산업구조에 영향을 준다. 이처럼 중간 수준의 수요는 한두 개 정도 능률적인 규모의 제조 설비 증설 가능성만을 주게 되어, 여러 경쟁자가 동시에 시설을 확장하는 경우 과잉설비로 인한 공급 초과의 위험을 일으킨다. 이와 같은 불규칙적 영향에 대한 확실한 예는 중간상을 이용한 판매 수준 결정 과정에서 나타난다. 예를 들어 중간상을 통한 톱의 판매비율이 일반 사용자 수요가 증가함에 따라 급속히 감소하는 것은 가능하다. 그러나 구매자들이 AS를 요구하는 경향을 보인다면, 중간상의 판매 비중은 단번에 회복될 수도 있다. 이러한 예는 변동 없이 낮거나 높은 수준에서 지속되는 중간상 점유율을 상정한 시나리오의 시사점과는 상당히 다르다.

세 번째로 고려할 사항으로는 경영진의 신념이 있다. 경영진이 공통으로 가지고 있는 신념을 반영하는 가정을 토대로 최소한 한 가지 이상의 시나리오를 만드는 것이 필요하다. 이와 같은 작업은 시나리오 구성과정에서 신뢰성을 부여한다. 경영자의 가정을 반영하는 시나리오는 여러 경영자가 설정한 가정의 차이를 밝힐 뿐만 아니라 각 시

시나리오 변수	가정		
단위 수요의 수준	낮음	중간	높음
부정기적 사용자의 시장 점유 곡선 형태	중간상 우세	비중간상 우세	단기적으로 비중간상으로 이동, 장기적으로 중간상에게 회귀
유통업자 브랜드 vs 제조업자 브랜드의 비중	제조업자 브랜드가 높은 비율	자가 브랜드가 높은 비율	

표 13-5 기계톱 산업 시나리오에서의 가정의 범위

나리오 변수에 상정한 가정의 일관성을 검증하는 데도 유용하다. 만약 이러한 가정이 결합된 결과인 시나리오가 타당해 보이지 않는다면 경영자들의 미래에 대한 관점은 바뀔 것이다. 이 모든 것이 하나의 시나리오보다 다수의 시나리오를 사용하는 것이 바람직하다는 것을 보여주는 증거가 된다.

마지막으로 고려할 점은 의미 있게 분석될 수 있는 시나리오의 수에 대한 실제적인 한계다. 3~4개 이상의 시나리오를 작성하면 분석이 매우 어려워 각 시나리오가 의미하는 전략적 이슈가 불명확해질 위험이 있다. 따라서 검증되는 가정의 수를 줄이기 위하여 어느 정도 타협이 필요하다. 그렇지만 분석과정에서 시나리오들은 얼마든지 추가되고 제거되고 혹은 결합될 수 있기 때문에 이러한 제약에 너무 강하게 집착할 필요는 없다.

〈표 13-5〉는 기계톱 산업의 시나리오 변수들을 대상으로 선택된 가정의 범위를 보여준다. 일반 사용자의 수요와 중간상 대 기타 판매가 혼합된 경우를 제외한다면 산업구조에 대한 시사점을 밝혀내기

위해서는 일반적으로 각 시나리오 변수에 대해 2개의 가정을 설정하면 충분하다. 일반 사용자의 시장점유 곡선의 형태를 구별하는 열쇠는 곡선의 기울기가 완만하게 증가하는지, 혹은 급격히 증가해서 정점에 도달했는지의 여부에 있다. 중간상에 의한 자가브랜드 판매는 구매자의 협상력은 물론 맥컬로치와 홈라이트 같이 유명한 브랜드의 상대적 위치를 결정하는 데 있어서 중요하다(이러한 측면에서 제조업자 브랜드가 자가브랜드 판매보다 중요하지 않다). 〈표 13-5〉에 제시된 각 가정은 계량화할 수 있다.

가정의 일관성

시나리오는 미래의 산업구조가 어떻게 될 것인가에 대해서 기업 내부에 일괄되게 형성된 전망이라고 할 수 있다. 이러한 일관성은 시나리오 변수들을 종속변수에서 분리함으로써 부분적으로 보상되지만, 다른 측면에서 보면 각 시나리오 변수에 대한 가정들도 서로 일관성이 있어야 한다.

흔히 시나리오 변수들은 서로 영향을 주고받는 과정에서 그들에 대한 가정이 내적으로 일관되지 못한 경우도 있으며, 이는 특정 시나리오의 제거 원인이 된다. 〈그림 13-3〉과 〈그림 13-4〉는 기계톱 산업에서의 내적 일관성 형성과정을 보여준다. 〈그림 13-3〉은 일반 사용의 수요 수준과 시장점유 곡선의 형태를 비교하고 있다. 만약 일반 사용의 수요 수준이 높지 않다면 시장점유 곡선의 정점에 있을 가능성은 적다. 그러므로 〈그림 13-3〉에서 보듯이 가정들의 결합 중 두 유형에는 일관성이 부족하다. 〈그림 13-4〉는 수요에 대한 가정과 시장

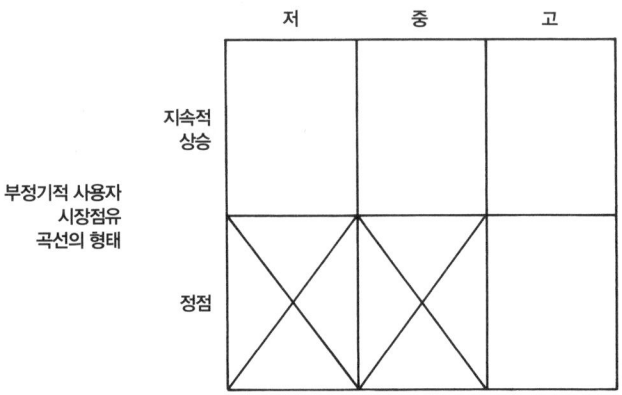

그림 13-3 기계톱 산업에서의 부정기적 사용자 수요와 부정기적 사용자의 시장점유 곡선의 일관성

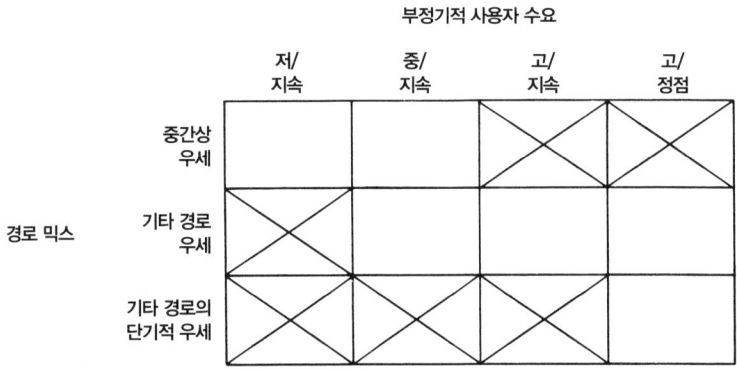

그림 13-4 기계톱 산업에서의 수요와 유통채널 믹스의 일관성

점유 곡선 형태 간에 나타나는 네 유형의 일관성을 갖춘 조합을 혼합된 채널과 비교하고 있다. 이 과정에서 다시 한번 일관성이 결여된 가정의 조합이 제거될 수 있다. 예를 들어 AS 제공 기능을 갖춘 중

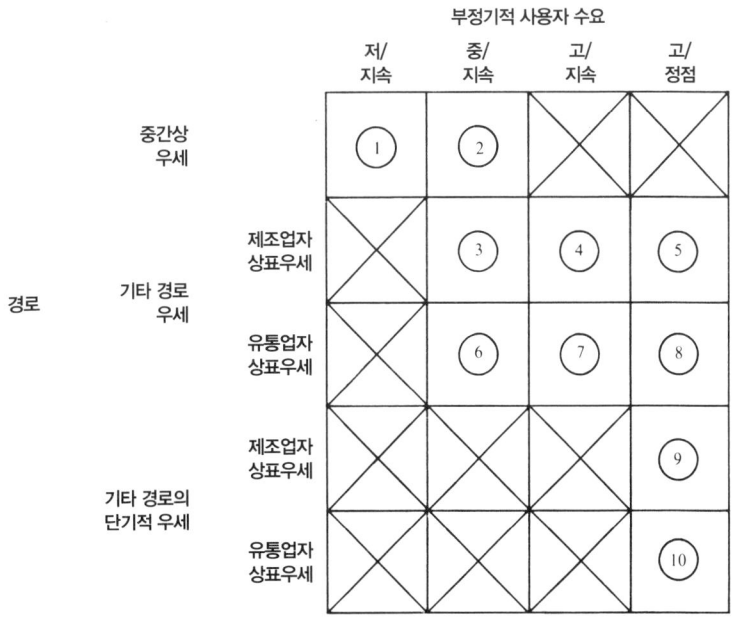

그림 13-5   기계톱 산업에 대한 일관된 시나리오

간상은 임시 사용자 수요가 높지 않을 때만 우위를 점할 수 있다. 또한 중간상을 제외한 기타 유통채널은 만약 일상적인 수요가 중간이거나 높지 않다면 시장에서 높은 점유율을 얻지 못하며, 오직 일반 사용자에 대한 수요가 높고 정점에 있을 때만 단기적 주도권 장악이 가능하다. 네 번째 시나리오 변수, 즉 유통업자 브랜드 대 제조업자 브랜드 판매비율은 〈그림 13-4〉에 나타나 있지 않다. 하지만 높은 자가브랜드 침투 수준은 중간상 유통채널의 우세와는 명백한 일관성이 없다.

따라서 우리는 〈그림 13-5〉에 나타나는 대로 기계톱 산업에서의 일관성 있는 시나리오의 수를 10개로 줄일 수 있다. 이와 같은 시나리오 변수에 대한 10개 가정의 조합은 내적으로 일관성을 확보했으므로 추가 분석의 대상이 된다. 기업 내부에 형성된 미래를 보는 일관성은 시나리오 기법을 통해 얻을 수 있는 가장 중요한 혜택의 하나이므로 내적 일관성을 가진 가정들을 결정하는 것은 산업 시나리오 구축에서 매우 중요한 작업이다.

산업 시나리오의 분석

시나리오 계획의 다음 단계는 각 시나리오에 내포된 의미를 분석하는 것이다. 시나리오의 분석은 다음을 포함한다.

- 시나리오 하에서 미래 산업구조의 결정
- 산업의 구조적 매력도에 대해 시나리오가 제공하는 시사점 도출
- 경쟁우위의 원천에 대해 시나리오가 제공하는 시사점 도출

미래 산업구조에 대해 시나리오가 제공하는 시사점을 파악하기 위하여 〈그림 13-2〉에 그려진 것과 같은 과정이 수행된다. 시나리오 변수에 대한 가정은 산업구조의 종속적 변수들을 결정한다. 이러한 변수들은 시나리오를 완전하게 구성하기 위하여 산업구조의 불변 변수 및 예정 변수와 결합된다. 따라서 산업 구조상 예정된 변화는 서로 다른 시나리오에 따라서 빨라지거나 느려질 것이다. 이때 각 시나리오는 가정들이 실현될 경우 산업구조의 5가지 결정요인에 대한 청사진을 제공한다.

이와 같은 미래의 산업구조는 수익성 측면에서 그 매력도가 평가

될 수 있다. 각 시나리오 하에서 산업구조는 경쟁우위의 원천을 결정하거나 변화시킬 수 있을 것이다. 예를 들면, 일상적 사용자의 수요가 낮은 특징이 있는 시나리오는 일상적 사용의 수요 비중이 높고 혼합된 유통채널이 중간상으로부터 기타 채널로 이동된 시나리오의 경우와는 매우 다른 경쟁우위의 필요요소를 내포한다. 후자는 시나리오 상에서 볼 때 우수한 딜러와 내구성이 높은 톱과 같은 전통적인 차별성 원천보다는 가벼운 소형 톱 디자인과 광고에 더욱 치중하게 될 것이다. 그러므로 각 시나리오의 분석과정에서, 가치사슬의 경쟁우위에 영향을 줄 수 있는 전략적 시사점을 명시해야 한다.

각 시나리오는 다음과 같은 측면에서 서로 다른 시사점을 제공한다.

- 가치활동의 상대적 중요성
- 가치사슬의 적절한 배열
- 원가 동인 및 차별화 동인
- 상호관련성의 중요성
- 서로 다른 경쟁우위의 원천의 지속가능성
- 본원적 전략의 선택

〈표 13-6〉은 기계톱 산업 시나리오 중 2가지에 대한 분석내용을 소개하고 있다. 시나리오 1은 최근의 산업구조와 비슷한 구조를 보여주고 있고, 시나리오 7은 경쟁우위 창출에서 매우 다른 원천을 지닌 산업구조를 나타내고 있다.

한편 시나리오 분석에서 중요하게 판단해야 할 사항은 특정 시나리오가 현실화될 시기가 언제 명백하게 드러나는가를 결정하는 것이다.

구분	시나리오 1 "부정기적 수요 시장은 전혀 구체화되지 않았다"	시나리오 7 "유통업자 브랜드는 우위를 가지고 있다"
미래 산업구조	현재와 동일	• 진입장벽은 규모의 경제와 절대 원가 우위를 구현하는 방향으로 만들어진다. • 유통채널의 영향력과 가격 민감도가 증가한다. • 경쟁압력이 증가한다. • 전기톱이 주요 생산라인이 된다.
산업의 구조적 매력도	높음	• 리더는 고수익을 실현할 수 있어도 평균적으로 보통 수준의 수익을 보인다.
경쟁우위의 원천	기본적으로 변화 없음	• 저원가 생산설계 • 광고에서 규모의 경제 • 저임금 영역에서 공장자동화 • 부정기적 사용자 부문의 경쟁으로부터 기업을 유지시켜 주는 작업 사용자/농장 부문에서의 우위

표 13-6 기계톱 산업 시나리오의 분석

시나리오는 이따금씩 갑자기 현실로 나타난다. 기계톱 부문에서는 부정기적 수요 수준에 대한 불확실성이 감소하는 데 1년이 걸렸다. 그리고 부정기적 사용 수요의 정점이 알려지는 데 몇 년이 더 걸렸다. 모든 경쟁자는 초기에 전략을 시행할 것인지, 아니면 더 좋은 정보가 입수될 때까지 기다릴 것인지를 결정해야만 한다. 그래서 기업은 자사의 전략을 구축하기 위해 경쟁자의 행동과 불확실성이 해소될 시기를 예측해야 한다.

시나리오상의 경쟁사 행동

기업이 산업에서 우세한 경쟁적 위치에 있거나 경쟁사의 행동이 산업구조에 잠재적 영향을 거의 미치지 못한다면, 각 시나리오의 분석은 산업 수준에서 멈출 수 있다. 그러나 대부분의 산업에서 경쟁사가 산업구조에 미치는 영향은 분명히 있으며, 그들의 전략은 기업의 전략 대안과 성공 여부에 영향을 미친다. 그래서 시나리오 분석에 경쟁사를 포함해야 하는 것이다. 강력한 경쟁사가 다수 존재하는 산업에서는 경쟁사를 분석하는 것이 시나리오 분석의 가장 중요한 부분이다.

개별 시나리오 하에서 미래 산업구조는 경쟁사에 따라 다른 결과를 나타낸다. 예를 들어 일상적 사용자의 수요가 늘고 있다면, 직업적 사용자의 수요에만 초점을 맞추는 기업과 비교했을 때 대량 유통 체계를 갖추고 부정기적 사용에 대한 대책을 세워놓은 기업에 크게 이익이 된다. 경쟁사들은 그들의 목표, 가정, 전략 및 능력을 반영하는 방법으로 산업의 구조적 변화에 대응할 것이다. 예를 들면 베어드 폴란은 증가하는 일상적 사용자에 대응하여 모회사인 에머슨 일렉트릭의 의욕적 성장목표에 발맞춘 공격적 전략을 전개했다. 경쟁사의 주요 행동은 산업 내에서 피드백 과정의 순환을 통해 산업의 구조적 변화의 속도와 방향에 영향을 미친다. 예를 들어 기계톱 시나리오 7을 보면, 베어드 폴란과 맥컬로치가 적극적인 신규 설비투자를 단행함으로써 두 회사 모두 보수적 입장을 고수하던 상황과 비교했을 때보다 경쟁이 강화된다.

각기 다른 시나리오에서 경쟁사의 행동을 예측하기 위해서는 가능한 모든 경쟁사 분석기법이 도입되어야 한다. 이 중에서도 전략지도(strategic mapping) 작성기법은 특정 시나리오 하에서 펼쳐질 경쟁자의 대응을 종합적으로 예측하는 데 유용한 도구다.[5] 전략지도의 각 축은 시나리오에 암시된 지속적인 경쟁우위의 중요한 원천을 반영할 수 있는 변수가 선택된다. 그런데 개별 시나리오가 서로 다른 미래의 산업구조를 담고 있어 경쟁사의 상대적 위치에 영향을 미치는 변수들은 매우 다양할 것이다. 예를 들면, 기계톱 시나리오 7에서 산업구조는 가격경쟁의 방향으로 이동할 것이기 때문에 생산 규모는 시나리오 1에서만큼 중요하지는 않더라도 경쟁우위의 중요한 원천이 될 것이다.

이러한 전략지도는 특정 시나리오 하에서 예상되는 모든 경쟁사의 행동을 동시에 보여줄 수 있다. 또한 경쟁사 간의 상호작용과 각자의 행동(움직임)에 대한 반응을 분석하는 데 도움이 된다. 예를 들면 모든 경쟁사가 하나의 시나리오 하에서 한 방향으로 움직일 것으로 예상한다면 몇몇 기업은 우세한 경쟁사와의 정면 대결을 피하기 위하여 전략을 다시 수정할 수도 있다.

그런데 경쟁사의 행동을 예측하는 것은 대부분 어렵다. 만약 특정 시나리오에서 다수의 주요 경쟁사의 행동이 불확실하고 그것이 경쟁에 큰 영향을 미칠 것 같다면, 기존의 시나리오에 추가되는 변수의 도입이 필요하다. 이때 경쟁사 측면에서 나타나는 불확실성이 중요시되는 시나리오는 경쟁사가 보일 다른 행동에 대한 가정에 기초하여 둘 혹은 그 이상의 추가적 시나리오로 나누어야 한다. 이런 접근법은 현존하는 경쟁사 외에도 그들과는 다른 자원과 기술을 가진 잠재적인 새로운 진입자의 가능성에 대한 불확실성을 다루는 데에도 필요하다.

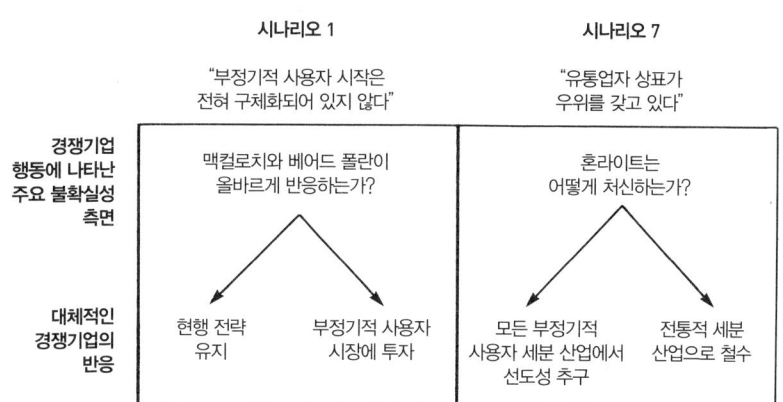

그림 13-6 기계톱 시나리오에서 경쟁사의 행동

〈그림 13-6〉은 〈표 13-6〉에서 분석한 기계톱 시나리오에서 가장 중요시되는 경쟁사 행동의 불확실성 측면을 설명한다. 시나리오 1에서 중요한 불확실성은 비록 부정기적 사용자 시장이 충분히 구체화되지 않더라도, 맥컬로치와 베어드 폴란이 신규설비와 광고에 공격적으로 투자할 것인가 하는 문제다. 두 회사 모두 모회사의 영향으로 매우 공격적인 성향을 가지고 있다. 게다가 어떤 시나리오에 유사하게 반응할지 여부도 명백히 밝혀지지는 않는다. 한편 시나리오 7에서는 맥컬로치와 베어드 폴란의 전략이 상당 부분 예측 가능하기 때문에 홈라이트의 전략이 불확실성을 일으킨다. 즉 홈라이트는 부정기적 사용시장 전체를 목표시장으로 선택할 수도 있고 반대로 전통적인 세분 시장을 유지하면서 여기에서 시장점유율은 감소하더라도 높은 이익을 추구할 수 있다. 또한 홈라이트 모회사가 높은 수익을 요구할 경우에도 빠른 성장의 기회가 제공된다면, 성장에 대한 측면이 홈라이트의 선택에 영향을 미친다.

산업 시나리오의 수

시나리오의 분석은 복잡하고 많은 시간이 소요되기 때문에 시나리오에서 도출이 가능한 모든 상황을 분석하기보다는 전략의 선택에 필요한 통찰력을 제공하는 작업을 가장 먼저 진행하는 것이 바람직하다. 따라서 가장 좋은 분석의 출발점은 양극단의 시나리오, 즉 상황이 완전히 다른 시나리오를 먼저 분석하는 것이다. 이처럼 예상이 극과 극인 시나리오는 서로 가장 다른 산업구조를 그려내어, 전략적 대안의 범위를 제한하는 것을 도와줄 것이다. 또한 극단적 시나리오들의 완벽한 대조는 전략적 사고 형성을 자극한다. 기계톱 산업의 경우에서 보면 〈그림 13-5〉에서 시나리오 1과 시나리오 7은 서로 대조되는 극단적인 시나리오다.

극단적 시나리오에 이어 분석되는 시나리오는 극단적인 시나리오와 매우 다른 결과가 예상되는 시나리오가 되어야 한다. 그리고 발생 가능성이 가장 높은 시나리오도 함께 분석해야 한다. 이러한 과정은 시나리오 변수가 미래의 산업구조를 결정하는 방식이 이해될 때까지 반복해야 한다. 한편 발생 가능성이 낮은 불연속 변수들은 자세하게 분석하지 않아도 되는 특별 시나리오의 범주에 들지만 전략적 선택을 내릴 때는 고려 요소로 포함해야 한다.

〈그림 13-7〉은 기계톱 시나리오에서 중간 정도의 상황을 보여주는 시나리오 9의 분석 내용을 보여주고 있다. 시나리오 9는 시나리오 1이나 7과는 매우 다른 모습인데, 이 시나리오에서 부정기적 사용의 수요는 일시적 유행이고 자가브랜드 판매는 인기를 끌지 못할 것이라고 가정한다. 그래서 시나리오 9는 각 기업이 중요한 경쟁력을

시나리오 9

"부정기적 사용자의 구매붐은
일시적 유행이다"

미래의 산업구조	• 진입장벽은 이동하나 시나리오 7에서 예상한 정도까지는 아니다. • 구매자의 파워는 유통경로 믹스가 이동하면서 시간에 따라 변화한다. • 경쟁 양상은 고성장기가 끝난 후 과열된다.
구조적 매력 정도	장기적으로 보통 수준
경쟁우위의 원천	• 일시적 수요로부터 단기적 이익을 획득하게 해주는 여유설비 • 전문적 사용자에 의한 상표 인지도 • 경쟁자를 압도할 저원가 지위 • 중간상의 충성도를 유지 • 과잉 설비투자의 회피 • 전통적 강점을 유지
경쟁자의 행동	맥컬로치와 베어드 폴란은 얼마나 공격적으로 투자하는가? 공격적 투자　　　　신중한 투자

그림 13-7 중간적인 기계톱 산업 시나리오의 분석

상실하거나 중간상과 결별하는 일 없이 임시 사용자의 일시적인 구매 붐에 편승할 수 있을 것인가에 대한 딜레마를 제기한다. 시나리오 9에서 경쟁적 우위의 결정 요인과 경쟁자의 행동이 앞의 두 시나리오

와는 매우 다르게 나타난다는 것이 〈그림 13-7〉에서 명백해진다. 이 세 개의 시나리오는 바로 경쟁 양상에 미치는 불확실성의 영향을 대표하고 있다.

시나리오를 작성하는 의도는 산업과 경쟁상황이 변하는 다양한 방식에 대한 이해를 도모하려는 것이다. 예측은 흔히 정확성이 부족해서 일련의 예측에 의한 논리적 결과를 설명하기 위한 용도로 시나리오를 이용하는 것이다. 그러나 산업의 진행 과정에서 발생 가능한 무한한 미래의 상황 중 몇 가지 시나리오만이 분석될 뿐이라는 사실도 잊어서는 안 된다. 그렇지만 잘 선택된 일련의 시나리오는 전략구성에 적합한 미래의 영역을 제시해줄 것이다. 또한 시나리오는 커뮤니케이션, 교육 그리고 경영자의 미래관을 확장시키기 위한 목적으로 사용될 수 있다.

산업 시나리오에 대한 확률 개념의 도입

미래의 상황이 개별 시나리오와 아주 유사하게 발생할 가능성은 거의 없다. 산업 시나리오는 가능한 미래 산업구조의 전략적 시사점을 탐색하는 도구로 작성되는 것이지, 발생 가능한 모든 결과를 설명하기 위해 작성되는 것은 아니다. 그러나 시나리오의 전략적 시사점은 발생 가능성에 좌우되는 측면이 있다. 따라서 시나리오에서 예측한 상황이 실제로 벌어질 가능성을 파악하는 것은 상당한 의미가 있다. 만약 분석할 시나리오를 잘 선택한다면 그것은 발생 가능한 산업의 미래상을 잘 표현하게 될 것이다. 기계톱의 경우에 시나리오 1에 가까운 결과는 발생할 확률이 거의 없는 반면, 시나리오 7과 9에 근접한 결과는 거의 같은 확률로 발생할 수 있다.

그런데 시나리오에 확률을 도입할 때는 전통적인 지식과 편견의 문제가 개입되기 쉽다. 따라서 각 시나리오 변수의 인과적 요소에 근거하여 확률을 공평하게 평가할 방법을 찾는 것은 매우 중요하다. 그리고 경영자가 스스로 설정한 각 시나리오의 기대 발생확률이 매우 넓게 분포하고 산업 분석에 의한 확률과는 상반되는 차이를 보인다면 경영자 스스로 내재적 확률을 식별하여 이를 시나리오의 기대 발생확률과 대비하여야 한다.

산업 시나리오 특성의 요약

산업의 수많은 특성은 산업 시나리오를 구별해준다. 산업 시나리오는 결국 산업구조, 경쟁사 행동 그리고 미래에 대한 일련의 가정으로 형성된 경쟁우위의 원천에 대한 전면적인 분석이라고 할 수 있다. 그러므로 경쟁우위와 산업 분석에 유용한 모든 기법이 시나리오 작성에 이용되어야 하는데, 시나리오 기법 자체가 중요한 의미를 지니는 것은 아니고 주요 불확실성을 인식하고 분석하는 기본 도구로 쓰이는 것이다. 따라서 불확실성이 미래 산업구조에 미치는 영향을 이해하는 과정은 실제로 구성된 시나리오 못지않게 중요하다.

그런데 산업 시나리오를 성공적으로 분석하는 데는 냉철한 판단과 적절한 타협이 필요하다. 시나리오를 구성하는 일은 전략적 선택을 유도할 불확실성 요소들을 추출하는 과정이다. 그러므로 미래 산업구조의 예상 영역에서 몇 개의 시나리오를 선정하여 분석하는 과정은 가장 중요한 사례를 골라 그것들을 단순화해야 한다. 이러한 과정은 반복적으로 이루어지게 되는데, 이는 분석이 진행될수록 분석자가 산업구조와 중요한 불확실성 사이의 관계를 더욱 잘 이해하게 되기 때문이다.

마지막으로 산업 시나리오의 중요한 목적이 기업 내부의 미래관에 확실한 일관성을 확보하는 데 있다는 것에는 의심의 여지가 없다. 산업 시나리오는 각기 다른 산업의 특성에 대한 가정 사이에서 일관성을 유지하면서 주요 변수들의 상호작용을 인식함으로써 미래 산업구조를 보는 관점을 창출하는 것을 목표로 한다. 요컨대 시나리오는 미래의 불확실한 추세들을 일관성을 지닌 여러 대안적 형태로 분류하는 방법을 제공한다. 그래서 시나리오에서는 산업추세와 경쟁자 행동이 상호작용하는 방식을 강조한다. 그러므로 시나리오는 산업에서 불확실성의 요소를 처리하기 위해 취해진 행동이 다른 불확실성과 대응하여 기업의 경쟁적 지위를 약화시킬 수 있는 가능성을 감소시키는 데 그 작성 목적이 있다.

산업 시나리오와 경쟁전략

지금까지 산업 시나리오의 체계를 개발하고 분석했다면 다음 과제는 산업 시나리오를 이용하여 경쟁전략을 수립하는 것이다. 많은 기업은 시나리오를 전략으로 변경하는 것을 어렵게 느끼는데, 이는 시나리오의 개발에만 관심을 기울인 나머지 시나리오가 주는 시사점을 소홀히 생각하기 때문이다. 또한 시나리오를 전략구성에 활용하는 법에 관한 자료조차 거의 없다.

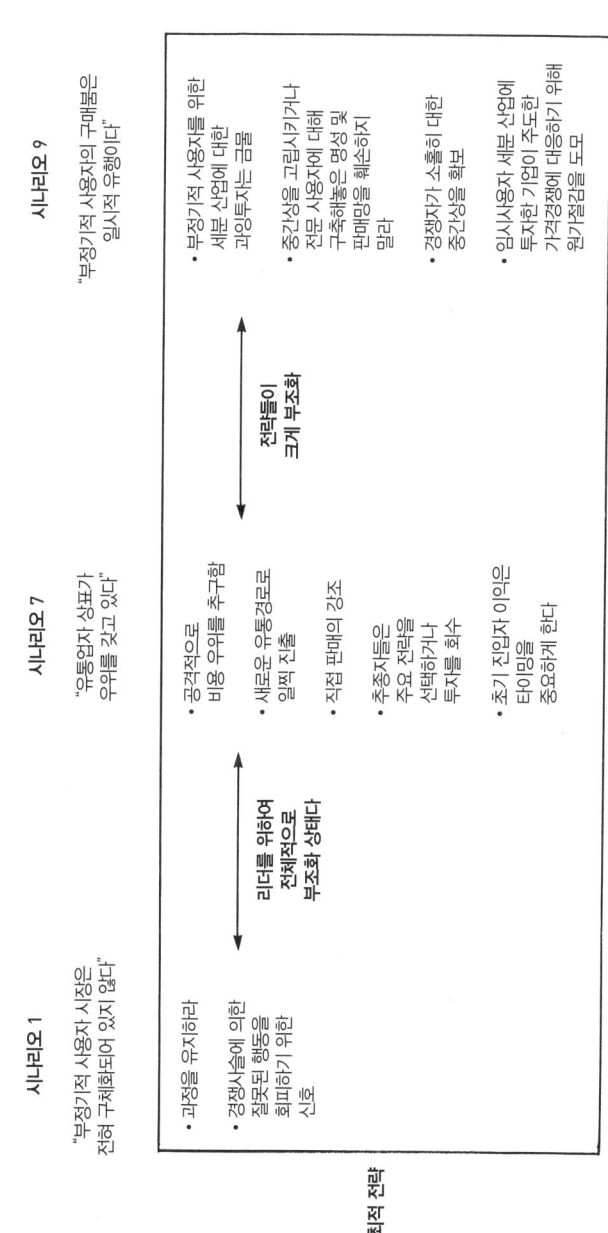

그림 13-8 기계톱 산업의 선택적 시나리오에서의 경쟁전략

기업의 최적 전략은 일반적으로 시나리오마다 다르게 제시된다. 각 시나리오는 각각 다른 산업구조와 주요 경쟁사의 행동, 서로 다른 경쟁우위를 창출하기 위한 요구사항을 내포하고 있다. 〈그림 13-8〉은 기계톱 산업에서 나타나는 이러한 측면을 잘 설명해주는데, 선도기업을 위한 전략이 각 시나리오에서 상당히 다르다는 것을 알 수 있다.

과연 어떤 시나리오가 실현될지 알고 있는 기업은 없다. 그래서 전략을 선택할 때는 주어진 자원에서 기존의 경쟁적 지위를 유지하기 위한 불확실성 조정에 최선인 방법을 선택해야 한다. 불확실성에 대비한 전형적인 대책은 어떠한 시나리오가 펼쳐지더라도 상관없이 적용할 수 있는 보편적이고 강건한 전략을 선택하는 것이다.[6] 그러나 이것만이 유일한 전략은 아니다. 그러므로 개별 기업은 특정 시나리오가 발생하지 않을 위험을 무시하고 하나의 시나리오에만 대비하는 전략을 택할 수도 있다. 반면에 막대한 자원을 가진 기업이라면 모든 시나리오에 동시에 대처할 수 있는 전략을 추구하면서, 특정 사건이 발생하기를 기다리다가 현실화되는 시점에 이르러 더욱 구체적인 전략을 추구할 수도 있을 것이다. 예를 들어 혼합된 유통채널에 대한 불확실성이 존재한다면 막강한 자본력을 가진 기계톱 회사는 모든 가능한 유통채널에서 자사의 위치를 개선하는 방향의 전략을 수립하게 될 것이다.

이처럼 하나의 시나리오에서 수립된 전략은 위험성이 높은 단점이 있고, 모든 시나리오를 고려하여 성공을 보장하도록 구성된 전략은 비용이 많이 든다는 단점이 있다. 게다가 서로 다른 시나리오를 바탕으로 세운 전략은 종종 모순된다. 예를 들면 기계톱 산업에서 중간상을 배제한 유통채널을 개발하는 것은 중간상과 결별하는 데 따르는 높은 위험을 수반하며, 이는 동시에 그러한 유통채널을 이용하는 것이 현실적으로 어렵다는 것을 망각한 전략이다. 이런 식으로 다수의 시나리오를 동시에 고려하는 방향으로 포지셔닝을 한 기업은 전략적 우위가 전혀 없고 기존의 브랜드 이미지가 퇴색되며 차선(suboptimal)의 조직구조를 가진 '어중간한 상태'에 빠질지도 모른다(1장 참조). 더욱이 서로 다른 시나리오에서 나타나는 전략의 비일관성은 종종 심각한 혼란을 일으킨다. 기계톱 기업의 경우처럼 모든 시나리오를 대비하는 것은 모든 차선책을 선택한 것밖에 되지 않으므로 전략을 선택하기 전에 시나리오 사이에 존재하는 몇 개의 복잡한 상충관계를 해결해야만 한다. 그러한 전략적 선택의 대상이 되는 전략적 요소를 밝혀주는 것이 시나리오의 중요한 기능 중 하나다.

산업 시나리오의 전략적 접근

기업이 서로 다른 전략적 시사점을 제공하는 그럴듯한 다수의 시나리오에 접했을 때, 전략 선택에 수반되는 불확실성을 다루기 위해 사용하는 5가지 기본 접근 방법은 단계적으로 혹은 결합되어 사용된다.

• **가장 가능성이 높은 시나리오에 승부를 걸어라** 이러한 접근법을 채택한 기업은 실현 가능성이 가장 높아 보이는 시나리오(시나리오의 영역)를 중심으로 전략을 구성하는데, 이는 그 시나리오가 발생하지 않을 위험을 감수한다는 의미이기도 하다. 기계톱 산업에서도 기업은 가능할 것 같은 3개의 시나리오 중 가장 발생 가능성이 큰 시나리오를 중심으로 전략을 세울 수 있다.

실제로 가장 가능한 시나리오에 승부를 거는 것은 불확실성 하의 전략 형성에서 보편적인 접근 방법이다. 경영자는 종종 미래에 대한 암묵적 가정하에 전략을 수립한다. 그러나 이러한 가정이 명확하게 수립되지 않는다면, 불충분한 지식에 근거하여 시나리오를 구성하게 되므로 불확실성 하에서 좋은 계획을 세우는 데 매우 중요한 요소인 내부적 일관성을 검증하는 데 실패하게 된다.

가장 가능한 시나리오를 중심으로 전략을 설계할 때는 그 시나리오의 발생 확률과 발생하지 않았을 때 미치는 여파 그리고 기업이 현재 지닌 자원 및 경쟁 위치에 얼마나 적합한 전략인지를 신중히 고려해야 한다. 그러나 이러한 전략을 설계할 때는 전략을 부적절하게 만들 다른 시나리오의 발생 가능성과 전략을 중도에 변경하는 것이 어렵다는 위험이 있다.

• **가장 좋은 시나리오에 승부를 걸어라** 이러한 접근을 채택한 기업은 주어진 경쟁적 위치와 자원을 기반으로 가장 지속적이고 장기적인 전략적 우위를 이룩할 수 있는 시나리오에 맞춰 전략을 구성하게 된다. 이러한 접근 방법은 장래에 그 기업에 가장 좋은 결과를 가져다주는 시나리오에 따른 전략을 구성함으로써 최대의 잠재력을 추구한다. 이 경우 나타나게 되는 위험은 시나리오대로 상황이 전개되지 않거나 선택한 전략이 그 시나리오에 부합하지 않는 것이다.

• **위험을 분산(hedge)하라** 이 접근 방법은 모든 시나리오 혹은 최소한 발생 가능성이 농후한 모든 시나리오에서 만족스러운 결과가 기대되는 전략을 선택하는 것이다. 이것은 확고한 전략을 설계하기

위한 하나의 접근 방법이다. 그리고 이 아이디어는 게임이론의 '미니맥스(minimax) 전략'과 유사한데, 이에 따라 경영자는 예상할 수 있는 최대 손실을 극소화하도록 행동한다. 기계톱 산업에서 위험분산 전략은 매우 넓은 범위의 모델을 개발하거나 중간상과는 교류를 유지하면서 제품에 약간의 변경을 주고 다른 브랜드를 부착해 기타 유통채널로 진입을 시도하는 형태로 나타난다. 일반적으로 위험분산 효과를 도모하게 되면 어떤 시나리오에도 최적이 아닌 전략을 채택하게 된다. 이때 전략적 위치에서 나타나는 결과적 희생은 위험을 줄이기 위한 트레이드오프다. 게다가 위험분산 전략은 일반적으로 몇 개의 가능한 전략적 상황을 동시에 대비해야 하기 때문에 위에서 제시한 전략들보다 더 큰 비용을 지불해야 한다.

• **유연성을 보존하라** 불확실한 시나리오에 대처하는 또 다른 접근 방식은 어떤 시나리오가 실제로 발생할지 더 명확해질 때까지 유연성을 보존하는 전략을 선택하는 것이다. 이는 견고한 전략을 만드는 또 하나의 방법이며 그러한 점에서 견고함(robustness)은 신중하게 정의되어야 함을 보여준다. 이러한 전략을 채택한 기업은 특정 전략에 자원을 집중적으로 투입하는 의사 결정을 일단 보류하고 있다가 불확실성이 해소되면 기업의 자원과 기술을 고려하여 발생할 것 같은 시나리오에 가장 적합한 전략을 선택한 후 자원을 집중 투입하게 된다. 기계톱 산업의 경우에는 전문가용 시장에서 기존 전략을 유지하면서 다른 기업에서 일반 사용자용 톱을 조달해 판매함으로써 유연성을 유지할 수 있다.

유연성을 유지하는 기업은 초기 진입자로 얻는 이익이 있기 때문에 그에 따른 전략적 위치에서 대가를 지불한다. 명성, 독점적 학습곡선, 최고의 소매 유통채널을 통제하는 능력 등, 초기 진입자 우위는 5장에서 자세히 설명했다. 기계톱 산업에서는 새로운 유통채널로 신규 진출한 기업이 가장 좋은 유통채널에 대한 선택권을 가지는 것이 이러한 경우다. 유연성을 유지하는 것은 위험을 줄이는 대가로 초기 진입자의 이점을 희생시킬 가능성이 높다. 이는 실현 가능한 모든 시나리오에서 합리적으로 잘 작동하는 전략에 착수하기보다는 전략적 투입을 지연시킬 수 있다는 점에서 위험분산 전략과 구별된다. 어떤 시나리오가 발생할지 미리 알 수 있는 기업은 유연성을 유지하기 위한 비용을 줄일 수 있다.

• **영향력을 발휘하라** 불확실성에 대처하는 마지막 접근법으로 바람직하다고 생각하는 시나리오의 실현을 유도하기 위해 기업의 자원을 사용하는 방법이 있다. 기업은 자사의 전략적 우위를 높여주는 시나리오의 발생 가능성을 키우려고 노력한다. 이를 위해서 기업은 시나리오 변수에 내재한 인과적 요소에 영향을 끼칠 수 있도록 해야 한다. 기계톱 산업에서 일상적 수요에 영향을 주는 인과적 요소는 나무를 땔감으로 쓰는 난로의 판매량이다. 그렇다면 기업은 난로의 수요에 영향력을 행사해야 한다. 다시 말해 난로 생산자와 제휴 관계를 형성하거나, 난로의 가치를 강조하는 광고를 기계톱 광고에 더할 수 있을 것이다. 또한 기업은 기술적 변화, 유통채널 정책, 정부 통제 그리고 많은 다른 불확실성의 근원에 영향을 줄 수 있다. 기업이 선호하는 시나리오의 발생 확률을 높일 수 있을 때도 이로 인해 얻어지는 경쟁 우위와 영향력 행사에 따르는 비용을 저울질해보아야 한다.

산업 시나리오 하의 전략의 결합과 단계화

전략을 결합하여 단계적으로 이용하는 방안이 가능하다면 이러한 움직임이 바람직할 수도 있다. 가령, 가장 가능한 시나리오 또는 가장 좋은 시나리오에 승부를 거는 전략과 발생 가능한 시나리오에 영향을 주는 전략은 서로 결합될 수 있다. 또한 유연성을 유지하는 접근법은 논리적으로나 궁극적으로 가장 가능한 시나리오에 베팅하는 단계적 전략의 일부분이다. 또한 유연성을 유지한 후에 가장 가능한 시나리오에 승부를 거는 것보다 비용이 더 들더라도, 처음에는 위험분산 전략을 선택하고 나중에 실제 상황이 더 명확해진 후 미래 산업구조에 승부를 거는 전략을 택할 수도 있다.

위험분산 전략 또는 유연성 유지전략을 채택하고 있는 동안에도 특정 시나리오를 중심으로 몇 가지 가치활동에 대한 정책을 입안할 수 있다. 예를 들어 기계톱 생산기업은 낮은 원가의 설비를 건설하고, 저렴하고 가벼운 모델을 설계해서 일상적 사용자의 수요에 대응하는 생산과 기술개발 활동을 벌일 수 있다. 동시에 생산의 수직적 결합 수준을 최소화함으로써 자본투자를 감소시켜 공급자에게 위험을 전가할 수 있다. 또한 중간상과의 관계 유지와 시장 지위의 보존을 위하여 마케팅과 판매 활동에 많은 투자를 단행해 위험분산을 도모할 수도 있다.

한편 설비투자 등 전환 불가능한 투자는 연기하고 전환 가능한 활동에 먼저 투자함으로써 위험을 회피할 수 있다. 이처럼 어떠한 형태로든 간에 본격적 투자를 연기하거나 위험을 분산시키는 것은 경쟁우위의 이점을 어느 정도는 포기해야 함을 의미한다. 그리고 증권분석가 같은 외부 관찰자와 고용인 모두에게 혼란을 줄 수도 있다.

산업 시나리오 하의 전략 선택

불확실한 산업구조의 변화를 다루는 각각의 방법은 잠재적 이익, 원가(비용) 그리고 경쟁우위 측면에서의 위험을 수반한다. 다음 제시하는 요소들은 기업의 접근 방법을 선택하는 데 있어서 상당히 중요한 것들이다.

- **초기 진입자 이익** 초기 진입자 이익의 크기(5장 참조)는 조기 투자와 투자의 연기전략 사이의 선택에 주요한 영향을 미친다. 예를 들면 초기 진입자가 명백한 경쟁적 우위를 얻는 곳에서 유연성 유지전략은 큰 장점이 없어서 배제될 수 있다. 기계톱 산업에서 새로운 유통채널을 확보하는 전략이 명백한 초기 진입자의 우위를 가져다줄 수 있는데, 이는 상당수의 대형 중간상들이 다수의 기계톱을 취급하려고 하지 않기 때문이다.

- **최초의 경쟁적 지위** 최초의 경쟁적 지위에 따라 기업의 입장에서 본 특정 시나리오의 잠재적 가치가 달라질 것이다. 기업이 최초의 경쟁적 지위에 적합한 시나리오에 맞추어 전략을 계획한다면 가장 가능한 시나리오 범주에서 전략을 설계하는 것보다 훨씬 좋은 결과를 얻을 것이다. 이런 성과의 차이는 가능성이 떨어지는 시나리오에 의존할 때의 위험을 보상할 수도 있다. 어떤 시나리오가 발생할 것인가에 영향을 주려는 전략 또한 기업이 최초의 경쟁적 지위에 비추어

볼 때 가장 큰 우위를 가진 시나리오를 실현시키고자 하는 시도다.

• 자원 소요량 또는 소요 원가 위험분산 전략이나 영향력 행사전략은 하나의 시나리오에 승부를 거는 것보다 더 많은 자원의 투입 또는 더 큰 비용을 수반하는 경향이 있다. 그리고 유연성 유지전략은 일반적으로 중간 정도의 비용이 필요하다.

• 위험 각 접근 방법이 내포하고 있는 위험은 다음과 같은 요소에 의해 결정된다.

• 자원투입 시기 자원을 초기에 투입하는 전략은 일반적으로 다른 전략보다 더 위험하다. 유연성 유지전략은 전면적인 자원투입 시기를 연기하여 위험을 최소화한다. 반면에 위험분산 전략은 다른 방법으로 위험을 감소시킨다. 얼마나 오랫동안 기업이 특정 부문에 대한 자원의 투입을 연기시킬 수 있느냐는 초기 진입자 이익과 본격적 행동을 취할 때 예상되는 생산 소요 시간에 달려있다.

• 대체 시나리오에 대한 전략의 불일치 정도 각 전략의 위험 정도는 '잘못된' 시나리오가 발생할 경우 전략이 얼마나 제대로 수행되지 않는지 나타내주는 기능을 한다. 위험분산 전략은 높은 원가 부담과 경쟁 지위의 약화를 초래하지만 이러한 위험을 최소화한다. 대체 시나리오에 대한 전략 간의 불일치 정도는 각 시나리오에서 서로 다른 산업구조와 경쟁우위의 원천이 어떻게 다른지에 대한 함수다.

• 시나리오의 상대적 발생 가능성 어떤 전략적 접근 방법을 선택

하느냐의 문제는 시나리오의 상대적 발생 가능성에 달려있다. 위험분산 전략은 특정 시나리오에 기업이 과도하게 노출되는 것을 줄임으로써 위험에 대처하는 방법이다. 반면에 영향력 행사전략은 바람직한 시나리오가 발생할 가능성을 높임으로써 위험을 감소시키고자 한다. 가장 그럴듯한 시나리오에 승부를 거는 것은 위험분산 전략보다 더 위험한 접근 방법이 될 수 있다.

• **불확실성이 해결된 다음의 전략변화에 따르는 비용** 생산라인, 유통채널, 광고정책, 설비투자 등을 확정해서 기업이 특정 전략에 얽매이는 정도에 따라 기업이 부담하게 되는 위험 수준이 달라진다. 이와 관련한 위험의 정도는 변경 불가능한 투자의 정도에 달려있는데, 변경 불가능 정도는 산업 간 그리고 전략 간에 서로 다르게 나타난다. 이때 만약 유연성 유지전략을 채택하였다면 전략의 변화 비용을 최소화할 수 있다.

• **경쟁자의 예상되는 전략 대안** 기업이 불확실성을 처리하기 위한 전략을 선택할 때는 그 기업의 경쟁자가 선택하였거나 선택할 것으로 기대되는 예상전략이 반영되어야 한다. 경쟁자가 먼저 특정 전략을 채택하여 투자를 시작했다가 그 시나리오가 적중한다면 선점 효과를 누릴 수 있다. 반대로 경쟁자의 선점전략은 서로 다른 시나리오를 가진 기업이 다른 전략을 채택할 여지를 확대할 수도 있다. 또한 경쟁자가 위험분산 전략이나 유연성 유지전략을 채택했다면 나중에 올바른 것으로 판명된 시나리오에 승부를 건 기업의 성과가 향상된다.

불확실성을 처리하는 가장 좋은 방법은 하나의 암묵적 시나리오나

타성에 근거한 선택보다 하나 혹은 몇 개의 접근 방법을 따라서 주의 깊게 전략을 선택하는 것이다. 위에서 서술한 접근 방법 선택에 포함된 요소들을 평가하기 위해서는 산업구조의 다양한 양상에서 나타나는 상호의존성을 묘사하는 각 시나리오에 대해 논리적 근거를 제시할 필요가 있다. 불확실성에 대처하기 위해 극복해야 할 최대의 과제는 위험분산이나 유연성 유지에 필요한 비용을 최소화하고, 발생 확률이 가장 높거나 최적인 시나리오에 따라 전략을 수립하고 실천하는 과정에서 경쟁우위를 극대화하는 창조적 방법을 발견하는 일일 것이다. 이를 위해서는 가치사슬의 각 가치활동이 다양한 시나리오에서 경쟁우위에 공헌하는 방법을 이해하는 작업이 선행되어야 한다.

시나리오 변수와 시장정보

어떤 시나리오가 발생할 것인가는 시나리오 변수가 결정한다. 따라서 시나리오 변수들은 산업구조 변경의 경로에 중요한 지표가 되는데, 이 변수들은 그 윤곽이 빨리 드러날 때도 있고 반대로 오랫동안 이 변수를 둘러싼 불확실성이 지속될 수도 있다. 따라서 기업이 시장정보를 수집하는 활동을 전개할 때에는 시나리오 변수들과 각 변수의 인과요소들에 대한 정보수집에 힘을 쏟아야 한다. 시나리오 변수에 영향을 미치는 변화들은 산업구조의 변화를 경고하는 신호다. 예를 들어 유연성을 유지하려는 기업은 언제 특정 부문에 본격적인 투자를 단행할 것인지를 결정하기 위하여 시나리오 변수들의 상태를 자세히 관찰하게 될 것이다.

시나리오 변수들의 미래 상태에 대한 정보는 입수 시기가 빠를수록 더욱 높은 전략적 가치를 가진다. 즉 기업이 특정 시나리오의 발생 예측을 더욱 확실하고 빠르게 하면 할수록 경쟁 위치에서 높은 이익을 창출해주는 전략으로 이행하는 속도도 빨라진다. 그러므로 정보수집 확대의 초점은 산업의 진화를 동반하는 수많은 변화에 대한 무차별적인 추적보다는 시나리오 변수에 집중되어야 한다.

또한 시나리오 변수에 대한 좋은 정보는 산업 시나리오가 형성되고 있을 때 될 때 더욱 가치가 있다. 시나리오 변수는 산업의 구조적 변화에서 핵심적인 동인이기 때문에 이에 대한 이해가 높아지면 작성 중인 일련의 시나리오의 질을 개선하며, 심지어 처음에는 단순 시나리오 변수로 분류된 항목을 예정요소로 전환시킬 수도 있다. 기계톱의 경우를 예로 들면 가계구성에 대한 데이터, 나무를 땔감으로 사용하는 벽난로를 가진 거주자의 수 그리고 이 밖의 인과적 요소들은 정기적이지 않은 수요에 대한 가정의 범위를 축소시킨다.

시나리오 계획수립 과정

모든 계획은 비록 암묵적인 형태를 취한다고 해도 다수의 산업 시나리오에 기초하여 작성된다. 명확한 산업 시나리오를 채택하는 것은 계획수립 과정의 불확실성을 표면에 드러내게 하여 경쟁 과정에서 예상되는 불확실성의 중요성을 완벽히 이해한 상태에서 전략을 수립할 수 있다는 의미다. 이러한 측면에서 시나리오가 기본적으로 새롭고 비밀스러운 것이 아니라고 인식된다면, 시나리오를 채택하는 것에 대한 거부감은 상당히 감소할 것이다. 요컨대 산업 시나리오는 전략을 수립할 때 미래에 대한 비현실적 가정을 수정하고, 미래에 대하여 체계적으로 생각하도록 경영팀을 유도하는 역할을 하는 유용한 도구다.[7]

산업 시나리오는 실제로 경쟁전략을 구성해야 하는 사람들에게 불확실성의 효과를 이해하는 과제를 부여해 사업단위에 적합하게 구성되도록 특정 사업단위 경영진이 개발하는 것이 가장 효과적이다. 물론 외부 관찰자뿐만 아니라 기업 내 타 사업단위 경영자의 도움을 받는다는 전제가 있다. 일단 산업, 경쟁자 그리고 가치사슬에 대한 기초적 분석이 진행되면 산업 시나리오는 계획 과정에 잘 활용되게끔 만들어져야 한다. 그렇지만 주의해야 할 사항은, 확고한 지식이 부족한 상태에서 작성된 산업 시나리오는 비효율적일 것이며, 계획 작성기법에 관한 기초가 없는 기업은 산업 시나리오를 계획시스템으로 도입해서는 안 될 것이다. 또한 산업 시나리오는 특정 전략의 타당성을 보증하는 수단이라기보다는 전략 선택에 지침이 되는 역할로 사용된다.

시나리오는 해마다 모든 사업단위를 대상으로 작성할 필요는 없으며, 특정 산업에 중요한 의미를 가져다주는 불확실성이 나타날 때 작성하면 된다. 그러나 비정기적으로 산업 시나리오를 작성하게 되면 경영자가 그들 산업에서의 주요한 불확실성을 간과하게 될 위험이 따른다. 시나리오를 작성함으로써 기업은 미래의 가능한 산업구조의 변화에 대한 창조적 탐구를 하게 된다. 시나리오 작성 빈도는 목적과 사업단위 경영자의 미래 비전에 최고경영자가 얼마나 확신을 두고 지원해 주는가와 밀접한 관련이 있다.

한편 산업 시나리오를 사용할 때 나타나는 중요한 조직적 이슈는 불확실성에 대한 경영자의 인식과 특정 방향으로 몰입하려는 경영진의 성향에서 비롯된다. 시나리오는 산업에 존재하는 불확실성을 강조하면서 조직 내에서 선택된 전략에 대한 광범위한 지지가 있는 경우 성공적인 구현에 더 효과를 발휘한다. 이러한 사실은 사업단위 경영진이 시나리오를 형성해야 한다는 사실에 힘을 실어 줄 뿐만 아니라, 일단 선택한 전략에만 조직 내에서 폭넓은 소통이 이루어져야 함을 시사한다. 조직이 대처할 수 있는 불확실성과 모호함은 일부에 지나지 않기 때문이다.

산업 시나리오의 구성에 있어서 전체 기업 수준의 역할

전사적 수준의 계획 부문이나 전체 기업 경영자는 비록 산업 시나리오가 사업단위에서 형성되어야 할지라도 다음과 같은 측면에서 산업 시나리오 작성에 중요한 역할을 할 수 있다.

- **거시적 시나리오의 제공** 기업은 산업 시나리오 작성에 필요한 환경 분석의 일환으로 각 사업단위에 거시적 시나리오를 제공할 수 있다. 거시적 시나리오는 사업단위 경영자의 관습적 사고방식의 폭을 확장시킬 수 있는데, 만일 시나리오가 전적으로 산업 단위 주도로 작성되었다면 이러한 기능은 기대하기 어려웠을 것이다.

- **기술 예측** 5장에서 제시된 바와 같이 전체 기업 수준에서 핵심적인 기술 또는 다수의 산업에 잠재적으로 영향을 주는 기술적 영역에 대한 예측을 수행하거나 지원할 수 있다. 이와 같은 연구는 산업의 주요한 불확실성의 원천인 잠재적인 기술적 영향에 관한 사업단위

경영자의 사고의 지평을 넓혀줄 수 있다.

• **훈련과 도전** 기업의 기획 부문은 산업 시나리오 기법을 사용하는 데 지침을 제공하고 훈련을 시켜주는 중요한 역할을 할 수 있다. 시나리오 구성은 본질적으로 매우 복잡한 과정이라서 기업 내부에서 공유 가능한 경험이 작성을 쉽게 하는 데 도움을 줄 수 있다.

이러한 시나리오 작성 훈련 외에도 외부 사업단위의 객관적인 시각은 시나리오 변수를 식별하는 것과 가장 중요한 시나리오의 결정, 시나리오별로 객관적인 발생 가능성 정도, 낮은 비용으로 위험을 분산하고 유연성을 보존하는 방법의 조사, 어떤 시나리오가 발생할 것인가에 대한 영향력의 행사 방법을 고안하는 데 유용하다. 또한 기업, 부문, 그룹 수준의 경영자는 이러한 사업단위의 시나리오 작성과정에 참여함으로써 도움이 될 것이다.

• **기업 위험분석** 개별 사업단위의 산업 시나리오를 분석함으로써 최고경영자는 다각화 기업에 영향을 주는 시나리오 변수들을 식별할 수 있다. 기업이 특별한 시나리오 변수에 특별히 노출이 크다면 계열 사업단위 전략을 이에 맞춰 수정해야 한다. 동시에 특정 시나리오 변수가 많은 사업단위에 영향을 준다면, 그 시나리오 변수를 기업에 유리한 방향으로 이끌기 위한 대규모 투자가 타당성을 인정받을 수 있다. 기업 차원의 위험분석에 대한 이와 같은 접근법은 불확실성에 대해 사업단위가 내린 체계적 평가를 기반으로 이루어진다. 전체 기업 차원의 위험분석에 흔히 사용되는 하향식(top-down) 접근법은 사업단위에서의 위험을 지나치게 간략하게 평가할 위험이 크기 때문이다.

산업 시나리오와 창조성

대부분의 전략적 계획은 경영자가 추측한 미래의 어떤 시점에 대한 평가를 기반으로 한다. 그러나 경영자들은 경쟁적 환경의 기본적 변화를 사전에 인식하기 힘들며 이러한 변화에 대응하기 위한 창조적 방법을 스스로 찾아내지 못하는 경향이 있다. 따라서 산업 시나리오는 주요 불확실성 요소, 즉 시나리오 변수를 식별함으로써 경쟁에 미치는 각 불확실성 요소의 영향을 조사하기 위한 체계적 도구다. 그러므로 미래에 대한 생각의 폭을 확정하고 전략 선택의 범위를 넓히는 것이 시나리오를 작성하는 목표다. 또한 시나리오는 기업 내부의 미래관점에 일관성을 부여하는 기회를 높여주는 메커니즘을 제공한다. 산업 시나리오를 작성함으로써 기업은 구체적 전략(영향력 행사, 위험분산, 유연성 보존)을 선택하여 불확실성에 수반되는 위험을 감소시키거나, 위험을 무릅쓰고 미래의 특정 부문에 투자를 단행하는 모험적 전략 중에서 하나를 결정할 수 있다. 또한 산업 시나리오는 미래에 대한 잘못된 예측의 결과를 조명하고 예측과정에서 수집이 필요한 정보의 목록을 알려준다. 그래서 산업 시나리오는 기본적으로 전략적 계획과정에서 창의성을 북돋아주는 도구로서 기능한다. 즉 시나리오 자체가 전략의 창의성을 가져다주지는 못하지만 시나리오를 작성할 때 창의성이 발휘될 가능성이 커지는 것이다.

산업 시나리오는 그 자체가 전략 형성에 충분조건은 될 수 없다. 다만 시나리오는 불확실한 상황에서 전략을 형성하는 데 필요한 도구를 제공해줄 수 있다. 요컨대 경쟁자 행동, 경쟁우위 그리고 산업구조를 이해하기 위하여 만들어진 개념적 도구와 결합되었을 때 비로소 시나리오 기법은 유용한 전략을 형성하는 데 없어서는 안 될 중요한 도구가 될 수 있다.

Chapter 14
방어전략

모든 기업은 경쟁자의 공격 위험에 노출되어 있다. 경쟁자에는 신규 진입자와 시장 지위의 재조정을 노리는 기존 경쟁자의 두 종류가 있다. 이 책에서는 이 2가지 유형을 모두 '도전자(challenger)'라고 하겠다. 도전자와 마주한 기업이 완벽한 공격적 전략을 수립하고 실천한다면 도전자의 공격에서 회사를 지킬 수 있는 최선의 방어가 될 수 있다. 상대적 원가 지위와 차별화의 개선에 의한 경쟁우위의 유지를 위해 계속 투자를 하는 기업에 도전하여 성공하기란 어려운 일이기 때문이다. 그러나 기업이 주로 적극적인 공격전략을 취한다고 해도 방어전략의 중요성은 그대로 남는다. 즉 대항수단을 잘 선택한 기업은 도전자의 공격을 막아낼 수 있다.

방어전략의 목적은 공격의 가능성을 낮추거나 위협이 덜한 영역으로 공격을 유도하거나 아니면 공격의 강도를 떨어뜨리는 데 있다. 방어전략의 목적은 경쟁우위를 확대하는 것이 아니라 지속시키는 것이다. 방어전략을 수행하기 위해서는 투자가 필요하며, 경쟁우위 지속력을 강화하기 위해서는 단기적 이익을 어느 정도 희생해야 한다. 요컨대 가장 성공률이 높은 경쟁전략은 공격과 방어를 적절히 배합한 전략이다.

이 장에서는 방어전략의 원리를 서술한다. 방어전략의 핵심은 도전자가 보기에 공격을 바람직하지 않은 것으로 만들도록 경쟁자의 의사 결정 과정에 영향을 미치는 것이다. 이는 도전 자체의 유인을 감소시키거나 진입장벽과 이동장벽을 높여 도전을 더욱 어렵게 만드는 방식으로 이루어진다. 도전자의 공격은 시간의 흐름에 따라 양상을 달리 하므로 방어전략 또한 진전과정의 단계에 따라 다른 모습을 보이는 것이 적절하다. 이 장에서는 먼저 방어전략의 전개 과정과 방어전술의 범위, 특성 등을 다룬다. 그리고 특정 산업에서 어떤 방어전략이 가장 효과적인지 식별하는 방법을 서술한다. 이러한 검토 결과를 종합해서 전반적인 방어전략을 수립하는 방법을 설명하겠다. 마지막으로, 방어보다는 철수를 고려하는 것이 더 좋은 상황에 대하여 서술한다.

신규 진입 또는 지위 재조정의 과정

방어전략은 도전자가 자신을 어떻게 보고 있는가를 정확히 이해하고, 도전자가 자신의 지위를 개선하기 위해 선택할 수 있는 각 대안의 예상 수익성을 전제로 수립된다. 따라서 방어전략의 수립은 신규 진입자나 기존 경쟁자의 공격이 일련의 시간 계획에 따른 행동인가의 여부를 알아보는 데서부터 시작된다. 즉 적절한 방어전략을 수립하려면 단 한 번의 공격이 아닌 공격 전체를 파악해야 한다. 한편 공격 과정의 진전에 따라 도전자의 열정과 투자 액수가 변하므로 적절한 방어 형태 또한 단계에 따라 그 모습을 달리해야 한다.

이러한 신규 진입이나 지위 재조정 과정은 아래 제시하는 4단계로 나뉜다. 이를 위해 먼저 신규 진입의 예를 들고, 그다음 동일한 과정이 지위 재조정을 노리는 기존 경쟁자에게도 적용된다는 것을 설명하겠다.

• **진입 전 단계**(pre-entry)　이는 신규 진입자가 진입을 개시하기 전 진입 목표로 삼은 기업을 조사하는 기간이다. 이 기간 중 신규 진입자의 투자는 시장조사, 제품 및 공정기술개발, 투자은행과의 인수 관련 접촉 등에 국한된다. 그런데 진입 전 단계는 진입자의 진의를 감지하기 가장 어려울 만큼 명확하지 않은 시기다. 진입 전 단계에서는 시간이 갈수록 단념하는 진입희망자가 많아진다.

• **진입 단계**(entering)　진입자는 이 시기에 산업 내에 기반을 쌓으려고 투자한다. 제품 및 공정기술개발, 시험 판매, 판매조직 편성, 공장건설 등의 제반 활동이 이 시기에 행해진다. 진입자는 이 단계에서 산업 내에 확고한 기반을 구축하고자 한다. 진입에 걸리는 기간은 세력 범위 확보에 필요한 준비 기간의 길이에 따라 수개월에서 수년이 걸린다. 레스토랑과 같은 서비스업의 경우엔 단 몇 개월이면 되지만 천연자원 사업의 경우는 수년 또는 그 이상의 기간이 필요하다.

• **단계적 전환기**(sequencing)　이 시기는 진입자가 진입 전략에서 장기 목표전략으로 전환하는 기간이다. 전략전환은 모든 진입자가 채택

해야 하는 것은 아니지만 나름의 장점이 있는데,[1] P&G의 가정용 종이제품 산업 진입이 좋은 예다. P&G는 브랜드 인지도가 낮고 판매 범위도 특정 지역에 국한된 차민 페이퍼를 인수한 다음, 판매 범위를 전국으로 확대한 뒤 광고에 상당한 투자를 하고 제품을 개량하는 등의 전략을 수정하였다. 이러한 전략 전환기에 진입자는 제품라인의 확대, 수직통합, 지점 확장 등의 행동을 취한다. 이를 위해서는 세력 범위를 구축하기 위한 투자 외에도 꾸준한 투자가 필요하다.

• **진입 후 단계**(post-entry) 신규 진입이 완전히 끝난 후의 기간을 말한다. 이 단계에서 진입자의 투자는 이제 산업 내의 지위를 유지 또는 방어하는 활동에 집중된다.

기존 경쟁자에 의한 지위 재조정 과정도 마찬가지 단계를 밟는다. 경쟁자는 먼저 경쟁적 지위의 향상 방안을 모색한 다음, 지위 재조정을 위해 투자를 실시하고, 최종적으로 의도한 몫을 획득하든가 아니면 실패로 끝난다. 또한 기존 경쟁자 역시 전략을 전환해서 경쟁적 지위 향상을 도모할 수 있다. 따라서 지위 재조정을 목적으로 하는 도전자의 초기 동향이 반드시 최종 목표전략을 보여준다고 단정할 수는 없다.

신규 진입이나 지위 재조정의 단계는 다음과 같은 이유로 방어전략에 중요하다. 첫째로 전략에 대한 도전자의 열의가 단계에 따라 달라진다. 일반적으로 도전전략에 대한 몰입 정도는 이러한 시도가 조금이라도 성공하게 되면 단계적으로 높아진다. 진입이나 지위 재조정에 대한 초기의 열의는 의사 결정의 적합성에 관한 경영진의 의견 일치 정도와 도전자가 이용할 수 있는 다른 기회가 내포하고 있는 매력도에 따라 변한다. 일반적으로 결정이 내려져서 자원이 투입되고, 시간이 경과하여 도전전략이 진행됨에 따라 도전자의 열의는 높아진다. 도전자의 열의는 도전을 받은 기업이 도전자의 목표를 방해하거나 제한하는 데 얼마나 어려울지를 가늠할 수 있게 하므로 여러 방어전략에서 대단히 중요하다.

한편 철수장벽이나 축소장벽도 도전 과정의 진행 정도에 따라서 높아진다.[2] 철수 또는 축소장벽이 높으면 도전자를 물리치거나 도전자가 목표를 제한 또는 축소하도록 만들기가 어렵다. 특히 도전자가 특수설비 도입, 장기계약 체결, 자매 사업단위와의 수평적 전략수행, 제품 및 공정 개발에 대한 투자 등에 힘을 쏟고 있는 경우 철수장벽 및 축소장벽은 높아진다. 특정 산업의 경우에는 초기 진입을 통해 교두보를 구축하기만 해도 상당한 철수장벽이 생기는 수가 있다. 경우에 따라서는 도전자가 철수장벽을 높이는 위험을 진입과정의 후기까지 늦추는 것도 가능하다.[3] 그러므로 도전자의 철수 및 축소장벽의 높이와 시간에 따른 변화를 이해하는 것은 방어전략에서 꼭 필요하다.

도전자의 열의와 철수장벽이 높을수록 방어는 어려워진다. 열의나 철수장벽은 투자액이 늘어날수록 단계적으로 높아지므로 방어행위는 시점(timing)이 중요하다. 특히 도전자가 철수장벽 또는 축소장벽을 높일지 말지 결정하기 직전에 기존 기업이 방어 행동을 취하는 것은 도전자의 사내 의사 결정 과정에 큰 영향을 미친다.[4] 가치사슬을 배열하기 위해서 위험이 큰 거액의 투자가 필요하다는 것을 알게 되면 도전자는 지속적인 투자냐, 아니면 철수냐의 중대한 갈림길에 서게 된다. 따라서 철수장벽을 높이기 전에 방어행위를 취하는 것이 방어전략상 중요한 원칙이다.

도전자는 이처럼 신규 진입이나 지위 재조정이 진행됨에 따라 경험을 축적해간다. 처음 의사 결정에서 세운 가설은 현실에 부합하는 것도 있지만 어긋나는 것도 있다. 또 진입 당시 체득한 경험을 바탕으로 미래에 대한 가정을 만들어내기도 하며, 진입 초기의 사건에 기초하여 전략을 변경하기도 한다. 이처럼 진입 초기는 방어자가 도전자의 정보나 가정에 영향을 줄 수 있다는 점에서 매우 중요한 시기라고 할 수 있다. 또한 방어자는 도전자보다 산업을 잘 파악하고 있으므로 도전자가 실행하고 있는 전략의 결과를 더 명확하게 예측할 수 있다. 그러므로 피해가 최소화되도록 도전자의 전략 방향을 변경할 수 있다.

또한 방어자는 도전자의 참여 정도가 높아지지 않게 저지하는 노력을 해야 한다. 새로운 분야로 진출하는 것에 따르는 위험과 불확실성을 고려하면 진입기업의 경영진은 진로에 방해를 받는 것과 초기 단계의 성공과 실패의 조짐에 특히 민감하다. 따라서 숙달된 방어자는 도전자가 초기에 목표를 달성하는 것을 방해하려 하거나 도전자가 산업이나 특정 지위의 매력에 근본적인 의문을 갖도록 산업의 경쟁 양상을 변화시키려고 노력한다.

한편 도전자의 진입과 지위 재조정과정이 진행됨에 따라 도전자의 의도에 관한 불확실성이 감소하는데, 이는 방어전략 수립과정에서 중요한 의미를 갖는다. 즉 진입과 지위 재조정과정이 시작되기 전에는 공격할 것이라 예상되는 진입자와 경쟁자를 추정하는 수밖에 없다. 그러나 일단 진입과 지위 재조정이 시작되면 도전자의 정체가 명백히 드러난다. 초기에는 도전자의 전략이나 장기 구상까지 명확히 파악하기는 힘든데, 진입 과정이 진행됨에 따라 도전자의 전략 및 장기 목표가 차츰 뚜렷해진다. 그러나 최종 전략은 거액의 투자가 완료되는 전략 전환기가 되기 전까지는 알 수 없다.

예상되는 모든 경쟁자가 취하는 모든 유형의 공격으로부터 자신을 지킬 수는 없다. 따라서 도전자가 드러나기까지의 방어는 일반적인 것일 수밖에 없으며, 이러한 종류의 방어를 효과적으로 수행하는 데에는 많은 비용이 든다. 그러나 일단 도전자가 확실해지면 그 도전자가 가하는 위협에 적합한 방어전략으로 수정하게 된다. 따라서 가장 유력한 도전자는 어떤 기업인가, 어떤 공격 방법을 사용하는 것이 가장 논리에 맞는가를 예측할 수 있다면 방어자는 유리한 고지를 차지할 수 있을 것이다. 가장 필요한 장소에 방어 투자를 집중할 수 있으므로 방어 비용의 효율이 높아지기 때문이다.

방어 전술

방어전략은 진입 또는 지위 재조정을 통해 얻을 수 있는 도전자의 수지타산에 영향을 주어 도전자가 이 전략은 별다른 매력이 없다고 결론 내리게 하거나, 아니면 위협이 적은 전략을 선택하게 하는 것을 목표로 한다. 그런데 방어 전술은 비용이 많이 들고, 장기적으로 기업 시장 지위의 지속력을 높이기 위해 단기적 이익을 포기할 수도 없다. 공격의 위협을 완전히 없애는 데는 천문학적 액수를 투입해야지만 가능할 것이다. 그래서 방어자는 공격의 위험과 방어의 비용을 비교하여 공격의 위협을 수용 가능한 수준으로까지 줄이는 방향으로 투자를 해야 한다.

구체적인 방어전략은 다음에 서술하는 3가지 유형으로 구성된다.

- 구조적 장벽을 강화한다.
- 예상 보복을 증가시킨다.
- 공격의 동기를 감소시킨다.

진입과 이동의 구조적 장벽은 도전자의 경쟁 열위를 초래하는 원천이다(1장 참조). 이러한 구조적 장벽이 존재하게 되면 도전자의 기대 이익이 감소한다. 예를 들어 제너럴 푸드의 맥스웰 하우스 커피 정도의 시장점유율을 얻으려면 도전자는 제너럴 푸드보다 큰 액수의 마케팅 비용을 쏟아부어야만 하므로 제너럴 푸드는 마케팅에서 규모의 경제를 누리고 있는 것이다. 이러한 거액의 비용은 신규 진출로 얻을 수 있는 예상 수익을 제너럴 푸드의 수익 이하로 떨어뜨리고, 따라서 도전 가능성을 감소시킨다.

방어 전술의 두 번째 항목은 도전자가 보복의 위협을 더 크게 느끼게 만드는 전술이다. 방어자가 보복의 강도를 높이면 도전자의 수입을 감소시키든지 비용을 증가시켜서 도전자의 예상 수익을 줄인다. 이처럼 구조적 장벽을 구축하거나 예상 보복을 증가시키는 것은 원가 동인과 차별성 동인의 측면에서 도전자의 경쟁적 지위를 약화시켜 그 상대적 지위를 떨어뜨린다.

방어 전술의 세 번째 항목은 도전자의 공격에 대한 동기 또는 유인을 감소시키는 것이다. 앞서 설명한 구조적 장벽과 보복의 강도를 높이는 것은 도전자의 예상 수익을 감소시키는 것이 주요 목적이지만, 동기 감소 전술은 방어자의 수익 저하를 수반한다. 따라서 방어자가 산업이 아닌 관련 사업단위에서 가격을 낮추거나 수익을 유지한다면 도전자는 공격에 성공해도 얻는 이익이 적다는 것을 깨달을 것이다.

이 3가지 전술은 도전이 시작되기 전에 시작해도 좋고, 진입이 시작되는 때부터 도 무방하다. 그러나 일단 도전이 시작되면 도전자에 대한 자사의 위치뿐만 아니라 자신의 방어 행동이 다른 유익한 경쟁자에 해가 되거나 거꾸로 자극하지는 않는지를 고려할 필요가 있다. 또한 방어전략에 대한 투자는 기존의 단기적 이익목표에 비추어 평가될 수도 없으며 그래서도 안 된다. 도전자를 단념시키는 행동은 장기적 이익을 보장하기 위해 단기적 이익을 의식적으로 희생시키는 속성을 지니고 있기 때문이다.

구조적 장벽의 강화

산업에 존재하는 각종 신규 진입 및 이동장벽에 대해서는 1장에서 개략적으로 서술했다. 방어자는 이 가운데 어느 것으로도 진입자에게 영향을 줄 수 있다. 광고, 판매원, 생산설비 그 밖에 사업을 운영하는 데 필요한 활동에 대한 지출은 (방어에 필요한 경비를 제외하고) 부수적으로 장벽을 높이는 역할을 한다. 특히 일상적으로 진행 중인 활동으로 자연스럽게 생긴 장벽이 유난히 높으면 장벽을 만들기 위하여 특별히 투자할 필요가 없으므로 편리하다. 그러나 자연장벽 위에 더 높은 장벽을 쌓도록 적극적으로 투자하는 것이 장기적으로는 유리하다.

가치사슬에서 경쟁우위를 강화하기 위한 공격행위 역시 구조적 장벽을 높이는 역할을 하지만, 여기서는 주로 장벽을 높이는 방어행위에 중점을 두고 서술하기로 한다. 구조적 장벽을 높이는 방어 전술은 도전자가 공격하리라고 생각되는 길을 차단하는 행위로, 주로 다음과 같은 형태가 있다.

• **제품이나 포지셔닝의 간격을 메움** 제품라인의 간격을 없애거나 도전자가 논리적으로 채택할 가능성이 있는 마케팅 테마를 선점하면 장벽은 높아진다. 그 결과 도전자는 저항 없이 진출로를 확보하는 대신 방어자와 정면대결 하거나 더 높은 비용을 상쇄하는 데 사용할 프리미엄 가격을 책정하는 수밖에 없다. 이러한 간격을 없애는 방법은 여러 가지인데, 예를 들어 다음과 같은 방법들을 생각할 수 있다.

- 제품라인을 확대해서 제품 간의 틈새를 가능한 한 없앤다. 세이코는 시티즌(Citizen)과 타이맥스의 공격으로부터 저가 제품군을 방어하기 위해 펄서라는 시계 브랜드를 인수하였다.
- 도전자가 가지고 있거나 사용할 수 있는 제품 특성이나 브랜드 포지셔닝에 맞는 브랜드를 도입한다. 이러한 저지용 브랜드 또는 전투용 브랜드는 주력 브랜드의 지위를 손상하지 않고 장벽을 높인다.
- 2차적 제품라인이나 간접 마케팅 캠페인 등으로 상대방의 마케팅 전략을 방해한다.
- 경쟁자가 제품라인을 확장하려는 의욕을 꺾기 위해 경쟁자의 제품라인과 아주 가까운 품목의 가격을 인하한다(7장 참조).
- 유익한 경쟁자(6장 참조)가 자사에 위협이 되지 않는 쪽으로 틈

을 메우도록 유도한다.

그런데 여기에서 주의해야 할 사항은 방어를 위한 제품생산과 마케팅 활동에서 핵심사업과 비슷한 수준의 이익을 기대해서는 안 되며, 판매가격에도 제한을 둘 필요가 있다는 점이다.[5] 이러한 제품과 마케팅 활동을 방어에 이용할 경우 반드시 막대한 투자를 할 필요는 없다. 격차를 줄여주는 제품 판매를 적극적으로 추진하지 않더라도 도전자가 위협을 느낀다면 도전을 저지하는 데 충분한 역할을 하는 것이므로, 이런 방어전략이 존재한다는 것만으로도 억제 수단이 된다. 예를 들어 장벽을 높이는 것은 강력한 보복 행위가 있을 것이라고 도전자가 생각하게 만드는 효과가 있다.

• **채널 접근성의 봉쇄** 도전자가 유통채널에 접근이 어렵다면 이는 유용한 구조적 장벽이 된다. 이처럼 유통채널과 관련된 방어전략은 자사의 유통채널뿐만 아니라 대체채널이 될 수 있는 다른 채널이나 도전자가 자사 채널에 끼어드는 발판이 될 만한 채널까지 모두 대상으로 해야 한다. 예를 들어 도전자는 유통업자 브랜드의 채널을 이용하여 조업도를 향상시키고 경험을 축적하려고 하기 때문이다.

이러한 채널봉쇄 전술에는 다음과 같은 방법이 있다.

- 유통채널과의 독점계약
- 유통채널에 전 제품라인을 제공하기 위하여 제품라인의 간격을 없앰으로써 경쟁자가 끼어들지 못하게 한다.
- 유통채널의 매장과 창고를 채우기 위하여 제품라인을 확대하

여 모든 사이즈와 종류의 제품을 구비한다.
- 도전자에 대한 취약성을 감소시키기 위하여 제품을 일괄 판매하거나 개별 판매한다(12장 참조).
- 유통업자가 새로운 공급자와 시험거래를 할 가능성을 줄이기 위해 유통채널과의 총거래량에 기초한 공급가격 인하를 공격적으로 실시한다.
- 자사 제품에 매력적인 AS를 지원해서, 유통채널의 기업들이 AS에 필요한 인원과 설비를 충당하지 않아도 되게 한다.
- 도전자의 조업도 향상을 저지하기 위하여 유통업자 브랜드 판매자에 제품을 공급해 준다.
- 유익한 경쟁자가 자사에 위협이 되지 않는 선에서 유통채널을 채우도록 한다.

• **구매자의 대체비용을 높임** 구매자의 대체비용을 높임으로써 장벽을 높게 할 수 있는데 그 방법은 4장과 8장에서 설명했다. 이러한 유형의 방어전략으로는 다음과 같은 방법을 생각할 수 있다.

- 자사 제품의 사용법이나 보수 점검법 또는 자사 제품의 구입에만 통용되는 장부 기입 방법 등 특별한 절차를 무료로 또는 저렴한 요금으로 구매자의 종업원에게 가르쳐준다. 존스 맨빌(Johns Manville)은 구매자 훈련을 잘 활용하여 공사 현장에서 재료를 구입할 경우의 대체 비용을 높이는 데 성공했다.
- 구매자와 공동제품 개발에 참여하거나 자사 제품을 구매자의 제품과 공정에 포함하기 위하여 기술 원조를 제공한다.

- 구매자가 자사 제공 단말기를 사용하여 발주와 조회를 직접 할 수 있도록 하거나 구매자의 데이터베이스를 자사의 컴퓨터에 접속시키는 등의 수단으로 유대를 강화한다.
- 구매자의 기업 내에 자사 제품의 저장설비와 기계를 설치한다. 예를 들어 자동차 윤활유의 경우, 대규모 제조사에서는 수리공장과 정비공장에 자사 제품의 저장 탱크를 설치해두고 있다.

• 시험사용 비용을 높임 구매자가 제품을 시험하는 데 필요한 비용을 높이면 도전자는 상당한 장벽에 부딪힌다. 이러한 종류의 장벽을 높이기 위해서는 처음에 구입되는 제품의 종류뿐만 아니라 도전자의 제품을 처음 실험하는 사람과 구입하는 사람의 유형도 아울러 이해할 필요가 있다. 경쟁자 제품의 시험구매를 저지하는 데는 다음과 같은 방법이 있다.

- 처음으로 구입될 만한 품목을 선택적으로 가격 인하한다.
- 시험 구매할 만한 사람을 대상으로 쿠폰과 샘플을 대량 배포한다.
- 가격 인하와 세일을 단행하여 구매자의 재고를 증가시켜 다음 발주까지의 기간을 연장하거나 계약 기간을 연장한다.
- 신제품 또는 가격변동 정보를 사전에 발표하거나 고의로 흘려 구매자의 구매 시기를 늦춘다.

• 방어 목적으로 규모의 경제를 증대시킴 규모의 경제가 커지면 장벽은 높아진다. 광고기술개발 등 규모의 경제의 상한선이 경쟁으로 결정되는 분야에서는 도전자보다 많이 투자하는 것이 유리하다.

예를 들어 기술개발 예산을 늘려서 신제품 개발을 촉진하면 도전자도 기술개발 예산을 늘릴 수밖에 없다. 이 경우 도전자는 매출 규모가 상대적으로 적어서 높은 생산비를 부담해야만 한다. 한편 최저규모가 기술이 아니라 경쟁자의 지출 수준으로 결정되는 경우에는 가치활동상 규모의 경제를 가장 효율적으로 높일 수 있다(3장 참조). 이는 비용 우위를 차별화의 수단으로 사용할 수 있다는 것을 말해준다(4장 참조).

방어목적으로 규모의 경제의 적정 수준을 높이는 데는 다음과 같은 방법이 있다.

- 광고비 증가
- 기술변화의 속도를 높이기 위한 예산 증가
- 모델 교체 비용이 고정되거나 반고정된 경우 모델 수명주기 단축
- 판매원과 판매지역 확대

• **방어 목적에서 경쟁에 필요한 자본을 증가시킴** 경쟁에 필요한 자본의 양을 증대하는 것은 도전자의 의욕을 꺾이게 한다. 방어전략은 대개의 경우 창업비용 증가라는 형태로 도전자의 필요자금을 증가시키지만, 다음과 같은 특정 국면에서 자금 수요를 확대하기도 한다.

- 판매점과 구매자의 융자금 규모 증가
- 보증조건의 확대와 반품조건의 완화
- 제품과 부품의 납품 기간을 단축하여 재고를 늘어나게 하거나 생산 설비 확대

• **대체기술의 독점**   기존 기업이 도전자가 채용할 만한 대체기술을 독점할 수 있으면 이 방면의 공격은 불가능하다. 이러한 기술독점에는 다음과 같은 방법이 있다.

  • 제품과 공정상의 실현 가능한 대체기술에 특허를 받는다. 복사기 산업의 초기 단계에서 제록스는 이 방법을 아주 잘 활용했다.
  • 특허의 취득, 대체기술을 이용한 실험공장의 가동, 대체기술에 정통한 다른 기업과의 제휴, 또는 대체기술을 이용하여 실제로 제품을 만들어내는 등의 방법으로 대체기술을 확보한다. 이렇게 함으로써 필요한 때 언제라도 대체기술을 사용할 수 있다는 사실을 도전자에게 확실히 인식시킨다.
  • 유익한 경쟁자에게 기술을 제공하거나 대체기술 개발을 장려한다(6장 참조).
  • 가치의 신호화를 통해 도전자가 지닌 대체기술의 가치를 평가 절하한다.

• **독점적 노하우를 지키기 위한 투자**   제품, 공정 그 밖의 가치사슬 활동에 관한 독점적 노하우를 보호할 수 있으면 장벽은 높아진다. 이러한 맥락에서 자사의 노하우 확산을 방지하기 위하여 여러 방법을 동원하고 있는 기업이 많이 있다. 5장의 논의를 기초로 하면 다음과 같은 예방수단들을 생각할 수 있다.

  • 시설과 임직원에 대한 접근을 엄격히 제한한다.
  • 제조설비의 조립과 변경을 자사에서 맡아 한다.

- 공급업자에게 노하우가 넘어가는 것을 방지하기 위해 주요 부품생산을 수직 통합한다. 미쉐린이 타이어 산업에서 이 방법을 적극적으로 활용했다.
- 임직원의 퇴직률을 낮추고 기술 누설을 막기 위한 인사정책을 펼친다.
- 발명 특허를 적극적으로 취득한다.
- 침입자에 대한 소송을 제기한다. 소송의 성공률이 설령 낮다 하더라도 불확실성이 해소되기까지 도전자의 투자를 저지할 수 있으므로 침입자에 법적인 대처는 효과가 있다.

- **공급자와의 유대강화** 원료, 노동력, 그 밖의 투입물 공급원을 독점하거나 도전자의 접근을 막을 수 있으면 장벽은 높아진다. 이러한 방향으로 사용되는 대표적인 수단은 다음과 같다.

- 최고의 공급자와 독점계약을 맺는다.
- 공급원을 독점하기 위하여 공급자를 후방 통합하거나 부분적 지분 확보 또는 인수를 통한 완전한 소유권 확보를 모색한다.
- 도전자를 배제하기 위하여 주요입지(광산, 삼림 등)를 필요 이상으로 구입한다.
- 자사의 요구에 맞추어 공급자의 가치사슬을 만든다. 이렇게 하면 공급자가 새로운 경쟁자와 거래를 시작하는 교체 비용이 높아진다.
- 공급자의 생산능력을 독점하기 위하여 장기 계약을 체결한다. 코카콜라는 대체재인 고과당 옥수수 시럽을 저렴한 비용으로 확보하는 데 이 전략을 이용하는 것으로 알려져 있다.

• **경쟁자의 투입 비용을 높임** 도전자의 상대적 투입비용을 늘릴 수 있다면 장벽은 높아진다. 그 결과 경쟁자(잠재적 경쟁자를 포함하여)의 비용구조가 달라져 특정 투입물의 가격변화가 자사보다 경쟁자에 더욱 큰 충격을 주는 경우 이 방법은 유용하다. 이와 관련해 흔히 사용되는 전술에는 다음과 같은 것들이 있다.

• 자사뿐만 아니라 경쟁자 또는 잠재적 경쟁자에게도 서비스를 제공하는 공급자와 거래를 중단한다. 공급자의 비용을 높이고 자사의 규모의 경제 중 일부가 공급자를 통해 경쟁사에 이전되는 것을 방지한다.
• 경쟁자의 비용에서 인건비와 원재료 구입비 항목이 차지하는 비율이 자사보다 높은 경우, 노동력과 원료가격을 차츰 올린다. 이는 큰 맥주 회사가 자동화 비율이 낮은 중소기업을 상대로 잘 이용하는 전술이다.

• **방어목적의 상호관련성 추구** 경쟁자가 흉내 낼 수 없는 상호관련성을 이용하여 비용을 줄이거나 차별화를 강화할 수 있다(9장 참조). 마찬가지로 경쟁자가 자사가 흉내 낼 수 없는 상호관련성을 추구하는 경우에는 위협이 되므로 이와 같은 움직임에 적극적으로 방어할 필요가 있다. 또한 새로운 사업 분야로 진입하는 등의 수단을 통해 특정 상호관련성을 추구하는 것도 방어전략으로서 고려할 필요가 있다.

• **장벽을 높이도록 정부 정책을 유도함** 제품과 공장의 안정성, 제품 검사, 환경규제 등의 분야에서는 정부 정책이 최대의 구조적 장벽

이 된다. 이러한 정책은 규모의 경제, 필요자금, 그 밖의 잠재적 장벽을 높인다. 따라서 자사의 경쟁적 지위 방어에 유리하도록 다음과 같은 방법을 통해 정부 정책을 유도할 수 있다.

- 안전과 환경기준을 엄격히 설정한다.
- 도전자의 제품 및 관행을 규제법규에 근거하여 고발한다.
- 까다로운 제품 검사 요청에 응한다.
- 외국 경쟁자에 대항하기 위하여 유리한 조건의 무역금융 및 기타 통상정책을 건의한다.

• 장벽을 줄이기 위한 제휴 또는 도전자를 흡수합병 다른 기업과의 제휴로 대체기술을 선점하거나 제품라인의 틈새를 없애는 등 이제까지 서술한 갖가지 형태로 장벽을 높일 수 있다. 동시에 도전자가 될 만한 회사와 제휴를 한다면, 이는 위협을 기회로 바꾸는 길이 될 수 있다.

예상되는 보복의 증대

방어 전술의 두 번째 항목은 보복의 위협에 대한 도전자의 인식을 높이는 것이다. 보복의 위협 정도는 도전자가 느끼는 보복의 확률과 강도로 결정된다. 예를 들어 다우 케미컬(Dow chemical)은 마그네슘의 수요가 상승하기 수년 전에 설비를 확대한 바 있다. 이는 점유율을 지키려는 열의가 행동으로 나타난 것으로, 다우 케미컬의 생산능력이 부족한 기미가 보였다면 도전자는 진입의 유혹을 받았을지도 모른다.

도전자가 예상하는 보복의 수준은 다양한 방식으로 높일 수 있다. 예를 들어 자사의 지위를 적극적으로 방어하고자 하는 의욕을 보인다든가, 보복할 수밖에 없는 상황을 고의로 만들어낸다든가, 도전자가 넘볼 수 없을 만큼 충분한 자원을 보유했음을 각인시키는 등 잠재적인 도전자가 느끼는 보복의 위협은 자사의 행동에 끊임없이 영향을 받는다. 또한 기존 기업의 보복자로서의 평판은 과거 역사, 특히 과거 도전자에 대한 대응이 어땠는가에 따라 강하게 영향을 받는다. 따라서 기존 및 잠재적 경쟁자에 주는 이미지를 신중히 관리할 필요가 있다. 이와 같이 도전자가 받는 보복의 위협을 강화하는 주된 방법에는 다음과 같은 것들이 있다.[6]

- **방어 의욕 과시** 기존 지위를 지키려는 의욕을 끊임없이 과시하면 도전자가 느끼는 예상 보복 수준이 높아진다.

  - 산업 내의 시장점유율 방어 의사를 경영자가 발표한다.
  - 전사적인 관점에서 본 특정 사업단위의 중요성을 본사가 널리 알린다.
  - 수요에 앞서 설비 확충을 발표한다.

이와 같은 발표는 기자회견, 업계전문지, 유통업자, 거래처 등 모든 채널을 통하여 최대의 방어 효과를 나타내도록 일관성 있게 진행해야 한다.

- **장벽 구축 의지의 표현** 구조적 장벽을 높이는 데는 막대한 투자

가 필요하다. 그러나 시장에서의 정보 공표 또는 부분적인 투자를 통해서도 유사한 효과를 거둘 수 있다. 이를 통해서 장기적인 보복을 할 가능성에 대한 의지를 드러낼 수 있다. 예를 들어 신제품 개발이라든가 대항 브랜드, 새로운 제조기술 등의 정보를 공표 또는 누설하여 실제 행동으로 곧 이어질 것이라는 도전자의 위기감을 조장할 수 있는데, 공표의 신빙성에 대한 정보가 확보될 때까지 도전자는 다음 행동을 보류한다. 이런 전술을 사용하는 기업으로 IBM은 신제품 개발 발표를 언제나 상당히 앞서 하고 있다.

• **방어 거점의 확립** 경쟁자나 잠재적인 경쟁자가 우위를 점하고 있는 다른 나라나 다른 산업에 방어거점을 구축하여 보복의 발판으로 삼을 수 있다(9장 참조). 경쟁자의 매출과 수익의 주요 원천인 사업 단위에 방어거점을 구축하는 전략은 특히 효과적인 보복 행위다.

이 전술의 가치는 점유율이 낮은 산업 또는 국가에서 가격 인하 및 그 밖의 보복 활동을 하는 것이 주력 산업에서보다 안전하다는 원리에 기초한다. 다시 말해서 주력 산업에서 행하는 직접적 보복은 경쟁을 과열시켜 선의의 경쟁자까지 다치게 할 위험성이 커지므로 이를 방지하려면 방어 거점 전술을 활용해야 한다.

• **동등한 수준의 판매정책 채택** 경쟁사가 제시하는 가격 및 그 밖의 조건과 같거나 그것을 상회하는 조건을 제시함으로써 예상 보복 수준을 높인다("우리는 제품을 적정가격 이하로는 팔지 않습니다"). 이런 일을 공표하고 나서 한두 번 실제 행동으로 보이면 도전자는 가격 인하를 통한 점유율 확보 시도를 포기한다. 물론 이 전략이 주효하려면 공언

한 일을 실행에 옮기는 힘과 신뢰가 있는 기업이라는 인식이 바탕에 있어야 한다.

• **철수 또는 점유율 저하에 따른 예상손실의 증가** 시장점유율을 유지하기 위한 비용을 높이는(축소장벽을 높이는) 행위는 보복의 두려움을 보여주는 설득력 있는 방법이다.

- 수요 형성에 상당히 앞서 설비를 확대한다.
- 일정량의 투입자원을 공급하는 장기계약을 체결한다.
- 수직통합을 추진한다.
- 특수 설비에 투자한다.
- 철수 시 고정비용을 높이는 방향의 계약관계를 공표한다.
- 사내의 다른 사업단위와 상호관련성을 강화하고, 사업의 성공에 전사적인 지원이 이루어지고 있음을 널리 알린다.

이렇게 점유율 저하와 철수에 따른 손실을 확대하는 것이 자신에게도 큰 손실을 입힐 수 있는 위험이 있다는 점은 유의해야 한다. 그러나 효과적인 방어 전술은 이러한 위험보다는 도전자에게 가해지는 부담과 비용에 대한 위험을 더욱 높여 방어자에게 유리하게 작용한다.

• **보복자원 축적** 효과적인 보복에 필요한 자원을 가지고 있으면 보복의 위협은 배가된다. 충분한 보복능력을 보이기 위해서는 다음과 같은 방법을 이용할 수 있다.

- 현금 및 예금, 즉 유동자산 형태로 '전투자금'을 충분히 보유한다.
- 신모델과 신제품을 보유한다. 이에 대한 정보는 누설되어도 무방하다.

• 유익한 경쟁자를 자극   유익한 경쟁자는 도전자에 대한 방어 전선을 구축해주는 역할을 하며, 보복의 위협을 한층 높인다(6장 참조). 또한 공격의 화살이 향하는 과녁이 되어주기도 한다.

• 본보기를 보임   위협적인 도전자에 반격하기 전에 실제로는 두렵지 않은 경쟁자에 보복을 시행하여 보복자의 이미지를 강하게 심을 수 있다. 다소 다루기 쉬운 상대에게 가혹한 보복을 펼쳐 보복의 두려움을 심어줄 수 있다면 방어의 목적은 달성된다. 어떤 도전자에 대한 강도 높은 반격의 소식은 다른 도전자들에게도 초미의 관심사이기 때문이다.

• 방어적 제휴 관계를 구축   다른 회사와의 제휴는 이제까지 서술된 많은 요인에 영향을 주면서 보복의 위협을 높인다. 이를테면 제휴를 통해 자사에는 없는 방어거점과 보복자원을 가질 수 있다.

보복의 위협을 높이는 방법이 많을수록 자사가 직면하는 위험도 덩달아 커진다. 실제로 자사를 위험에 처하게 하면서까지 벌이는 보복이야말로 경쟁자에게 가장 위협적일 것이다. 따라서 이러한 방식으로 확고한 지위의 지속성을 확보하려는 기업은 이를 위해 적극적으로 투자하려는 준비가 필요하다.

공격 중의 보복

지금까지는 도전자가 예상하는 보복수준을 높여 공격을 예방하는 방법을 설명했다. 그러나 공격이 시작된 직후야말로 도전자에게 있어 특히 중요한 시기다. 도전자는 공격 개시와 함께 작전의 진도를 확실히 함은 물론 성패 여부를 조속히 판단하고 싶어한다. 따라서 도전자는 초기의 성과를 파악하는 일에 특히 열심이며 이를 장기예측의 근거로 삼는 수가 많다. 그러므로 초기 단계에서 방어자가 행하는 보복은 오래 계속되지 않아도 도전자의 예측을 형성하는 데 큰 역할을 해낼 수 있다. 일반적으로 신속하고 과감한 보복만큼 공격을 저지하는 데 효과적인 것은 없다.

한편 공격이 시작되면 도전자의 정체와 전략이 뚜렷해지므로 추가적인 방어 수단을 동원할 수 있다.

• **시험판매와 시장진입 교란** 도전자의 시장진입을 교란하여 초기 데이터의 해석을 어렵게 만드는 방법은 얼마든지 있다. 예를 들어 P&G는 경쟁자의 시험판매를 집요하게 방해한다. 이러한 행위는 불확실성을 더욱 확대해 도전자가 시장을 비관적으로 전망할 수 있도록 유도할 수 있다. 이와 같은 교란 전술에는 다음과 같은 방법이 있다.

• 광고, 쿠폰, 견본 배부 등을 강력하게 그리고 불규칙적으로 실시한다.
• 저렴한 비용의 서비스, 품질보증 또는 중고품 보상 판매를 실시한다.

• **경쟁자의 뒤통수 치기**(leapfrogging) 도전자가 공격 중일 때 방어자가 신제품과 신공정을 도입하게 되면 도전자의 공격 의지는 크게 손상을 입는다. 만약 이로 인해 시장진입에 상당한 자원을 투입한 도전자가 그보다 더 큰 금액을 투자해야 하는 경우 특히 그렇다.

• **소송** 방어자는 소송을 통해 도전자의 추가 투자 위험과 비용을 높이며 진입 과정의 진행에 단계적 제동을 걸 수 있다. 보복에 사용하는 소송 수단에는 다음과 같은 것이 있다.

- 도전자의 제품과 공정의 미래에 관한 불확실성을 높이는 특허 소송
- 도전자가 실시하는 공격에 대해 공정거래법에 근거한 제소
- 도전자가 주장하는 제품 특성에 관한 소송

공격 유인의 축소

세 번째 방어 전술로는 비용을 높이는 대신 공격 유인을 감소시키는 것이 있다. 넓게 보면, 도전자를 유인하는 것은 특정 산업에서 기대하는 이익이다. 진입에 성공한 도전자가 기대하는 이익은 미래의 시장환경에 관한 잠재적 도전의 가정과 기존 경쟁자의 이익목표에 좌우된다.

• **이익목표를 낮춘다** 기업의 실적은 그 경쟁적 지위의 매력도를 보여주는 더없이 확실한 지표다. 따라서 방어전략의 핵심은 현재의

가격과 이익 수준을 유지할 수 있는가를 결정하는 데 있다. 현재의 이익에 집착한 결과 도전자에게 그 산업이 매력적이라는 인식을 심어줌으로써 공격을 유발한 예는 수없이 많다. 그러므로 높은 이익의 유인을 감소시키기 위하여 가격 인하, 할인 폭의 확대 등을 통해 의식적으로 현재의 이익을 희생하는 길을 택할 수도 있다.

한편 진입과 이동에 대한 구조적 장벽 및 보복의 위협과 회사 수익률 간의 균형을 검토해볼 필요가 있다. 엄청난 수익률을 보이는 산업이라면 도전자는 장벽의 높이는 개의치 않고 진입하려 할 것이며 그에 따른 강력한 보복에도 굴하지 않을 것이다. 예를 들어 유전 서비스업과 제약업은 오래전부터 수익률이 높아서 막강한 장벽과 방어전략에도 불구하고 많은 기업이 투자를 아끼지 않고 진입하길 원하는 매력적인 산업이다. 그래서 TRW는 유전 서비스 산업에 진입하고 P&G는 제약 산업에 신규 진입하였다. 높은 수익률에 이끌린 진입자의 상당수는 진입비용을 신중히 계산하지 않거나 낮게 산출한다. 또한 경기순환 변동 과정에서 나타난 산업의 일시적 고수익을 장기적인 것으로 오해하는 경우도 많다. 단기적 이익에 지나치게 집착하는 것은 도전자가 지위를 잠식하는 것을 허용하게 하므로 묵시적 또는 명시적 수확 전략의 발단이 될 수 있다.

• **경쟁자의 가정에 영향을 미친다**   산업의 미래구조에 대한 도전자의 가정이 공격을 일으키는 원인이다. 폭발적 성장 전망을 예상하는 분야에는 아무리 높은 장벽이 있어도 공격을 시도한다. 이에 따라 경쟁자의 가정에 영향을 주는 방법에 대해서는 6장에서 논의했다. 잠재적인 경쟁자의 장밋빛 전망을 완전히 버리도록 할 수는 없으나 좀 더

현실적인 가정을 할 수 있도록 시도하는 것이 방어전략으로 적절하다. 이를 위해서는 다음과 같은 방법을 생각할 수 있다.

- 기업 내부에서 계산해낸 현실적인 성장 예측을 공표한다.
- 산업 내 사건들의 현실적 해석방안을 공개장소에서 토의한다.
- 경쟁자의 비현실적 가정에 의문을 던지는 제3자의 조사를 지원한다.

방어전략은 보복 장벽의 높이 등에 관한 가정을 포함하며, 넓은 의미에서 경쟁자의 가정에 영향을 주는 행위다. 요컨대 산업의 미래구조에 관한 경쟁자의 가정에 영향을 주는 것은 방어전략의 중요한 사명이다.

방어 전술의 평가

앞에 서술한 방어 전술은 모두 다른 특성과 적합성을 보인다. 그러므로 잠재적 도전자를 고려하면서 어떠한 전술이 가장 효과적일지를 결정할 필요가 있다. 방어 전술을 평가할 때는 다음과 같은 여러 방법이 이용된다.

- **구매자에 대한 가치** 기업은 구매자 입장에서 가치 있는 방어 전술을 선택해야 한다(4장 참조). 방어 전술을 시행하기 위해서는 광고, 대항 브랜드 그리고 특정 품목의 가격 인하 등에 투자가 필요하다. 구

매자를 대상으로 한 전술은 구매자가 고마움을 느끼지 않으면 기대했던 방어목적을 달성하지 못한다. 예를 들어 광고비를 증가시켜도 구매자의 인지도와 충실도가 높아지지 않으면 도전자가 대항할 필요가 없으므로 방어의 의미가 없다. 반면에, 만일 구매자가 신용판매에 비상한 흥미를 보이는 경우 지급 기간을 연장하면 불이익을 피하고자 도전자도 대항하지 않을 수 없을 것이다.

자사의 경쟁 지위의 지속성을 높이면서 동시에 차별화를 강화하는 방어 전술은 부분적으로는 자사에도 이익을 준다. 그러나 방어 전술을 사용하면서 구매자로부터 모든 비용을 회수할 필요는 없으며, 방어 전술에 대응하지 않는 도전자를 불리한 입장에 두는 것만으로도 방어 전술은 소기의 성과를 거둔 것으로 평가할 수 있다. 예를 들어 광고 증가가 매출액 증가로 이어져 광고비를 회수할 수 있는지로 방어적 가치를 판단해서는 안 되며, 도전자가 자사의 지위를 공격하기 위하여 광고비 증액을 절실히 고민하는지 아닌지를 고려할 필요가 있다.

• **비용 격차**(cost asymmetry) 효과적인 방어 전술은 잠재적인 도전자를 비용 측면에서 현저하게 불리한 입장에 몰아넣을 수 있어야 한다. 방어 전술의 효과는 자사의 전술 비용과 도전자의 전술 비용 사이의 격차가 좌우한다. 예를 들어 점유율이 높은 회사가 전국 네트워크의 TV 광고를 증가시키면 이 TV 광고는 전국 시장점유율이 높은 만큼 규모의 경제를 누릴 수 있으므로, 점유율이 낮은 도전자는 능력에 걸맞지 않은 과도한 규모의 광고비를 지출할 수밖에 없다. 또한 신제품 개발비용은 대부분 고정비용이며 도전자는 상대적으로 적은 매출

수준에서 그 비용을 생각해야만 하므로 신제품의 도입은 도전자에게 비용 부담을 증가시키는 원인이 된다. 반대로 가격 인하 시에는 기업이 추가로 부담하는 비용이 도전자와 같아지거나 그보다 커진다. 쉽게 말해 가격 인하는 어려운 일이 아니고 그렇게 해서 손해 보는 쪽은 도전자가 아니라 오히려 방어하려는 기업이 될 수 있음에 유의해야 한다.

이와 같은 비용 격차는 규모, 학습효과, 입지, 상호관련성 등의 원가 동인에 관한 자사와 도전자의 지위 차이에 따라 생겨난다. 기업은 도전자보다 비용의 상승이 적은 방어 전술을 택해야 하는데, 비용 우위가 차별화 수단일 경우에는 이것이 차별화 동인이 된다(4장 참조). 또한 광고비 증가가 도전자에게 최대의 불이익을 가져다주는 수도 있고, 판매조직 확충이 비슷한 효과를 내는 경우도 있다. 따라서 3장에서 서술한 원가 행동의 분석은 이러한 격차를 식별하는 단서가 된다.

방어 전술을 시행할 때 나타나는 비용 격차는 방어 전술이 예상 공격 경로 또는 공격을 가하는 도전자에 초점이 맞춰질 것인지 아니면 더 광범위한 대상을 설정할 것인지에 따라 영향을 받는다. 후자와 같이 일률적으로 적용되는 전술(예를 들어 가격 인하)은 초점을 맞추는 전술에 비하여 비용이 많이 든다. 예를 들어 신규 거래처가 시험구매를 할 만한 품목만을 겨냥하여 가격 인하 정책을 펼칠 수 있다면 전 품목을 가격 인하하는 것보다 훨씬 안정적이다. 따라서 도전자의 전술에 초점을 맞추어 방어 투자를 하는 것이 현명한 방법이다.

한편 방어 전술의 비용 격차는 도전자에 따라 달라질 수도 있다. 예를 들어 도전자가 소규모 신생기업이라면 전국 단위 광고의 증가에 대항할 수 없지만, 도전자가 주요 가정용품을 공급하는 대기업이라면 상황이 달라진다. 따라서 비용 격차를 이용한 방어 전술은 상대적이지 절대적인 것은 아니다.

• **효과의 지속성**　기업은 가능하면 효과가 오래 가는 방어 전술을 택해야 한다. 방어 전술의 비용효율은 방어 효과를 유지하기 위한 재투자가 필요한지가 결정한다. 예를 들어 광고의 증가는 잔존효과가 있겠지만 그것으로 장벽을 유지하기 위해서는 투자가 끊임없이 이어져야 한다. 그러나 신공정에 대한 투자로 구축한 장벽은 조금 더 오래 가는 편이다. 마찬가지로 공급자를 독점하기 위한 투자는 재투자가 필요 없는 장기적인 장벽을 만든다. 이처럼 지속성 있는 장벽과 장기간에 걸친 확실한 보복의 위협을 만들어내지 않으면 방어에 투자하는 의미가 없으며, 오히려 신규 진출의 유인을 줄이는 일에 투자하든가 회수전략을 취하는 편이 현명하다.

• **메시지의 명확성**　기업은 잠재적인 도전자가 확실히 의미를 감지하고 이해할 수 있는 방어 전술을 택해야 한다. 산업 내의 경제 논리에 대한 이해도와 가치의 신호에 대한 인지능력은 경쟁자들 사이에 차이가 있어서 주요한 가치의 신호가 간과되거나 전술의 중요성이 잘못 인식되는 수가 있다. 일반적으로 가격, 신용, 광고, 판매조직, 신제품 차원의 전술은 특히 눈에 띄나 간접적 신호(예를 들어 설비확장의 발표), 공정변경, 퇴거 및 축소장벽 고양 차원의 전술은 잘 두드러지지 않는다.

또한 방어 전술이 감지되고 이해되는 확률은 전술의 내용뿐만 아니라 도전자의 성격으로도 달라진다. 적절한 원가계산 제도가 없는 경쟁자는 방어 전술이 원가에 미치는 충격을 이해하지 못하는 수도 있다. 이런 경우 도전자는 전적으로 가정에 의존해 방어자의 행동을 해석한다.

• **신뢰성** 기업은 도전자가 신뢰할 수 있는 방어 전술을 택해야 한다. 방어 전술의 종류에 따라 도전자의 대응 태도는 현저하게 달라진다. 예를 들어 장벽을 높이는 방어 전술은 도전자가 이를 장기적인 경쟁수단이라고 인식하지 않으면 그 지속성을 의심하여 효과가 떨어진다. 따라서 보복 위협이 신뢰성을 가지려면 보복을 실행할 자원을 충분히 가지고 있고 보복 실행에 확고한 의지가 있는지 명백히 밝혀야 한다.

• **경쟁자의 목표에 대한 영향력 행사 정도** 기업은 가능하다면 잠재적인 도전자가 설정한 특정 목표에 상당한 충격을 주는 방어 전술을 택해야 한다. 도전자의 목표가 일반적으로 일치하는 것은 아니므로 모든 전술이 같은 효과를 가져다주지는 않는다. 예를 들어 자사와 똑같은 경영형태를 가진 경쟁자에 효과적인 방어 전술이 국영기업에는 전혀 효과를 보이지 않는 수도 있다. 동시에 진입 초기의 손실과 단기적 이익에 대한 민감도도 도전자에 따라 다르다. 도전기업의 경영자들은 때로는 비이성적인 공격을 당했다고 불만을 토로하는데, 이렇게 인식하는 것은 도전자가 그 기업과 다른 목표를 지니기 때문이다. 따라서 방어 전술에서 중요한 것은 자사의 목표가 아닌 도전자의 목표다.

• **기타 산업구조적 효과** 기업은 산업구조의 다른 요소에 긍정적인 영향을 주는 방어 전술을 택해야 하며, 산업구조를 영구히 망가뜨릴 위험이 있는 전술은 피해야 한다. 예를 들어 교체 비용을 높여주면서 동시에 대체를 자극하는 식의 신제품 개발은, 구매자의 가격 민감성을 장기간에 걸쳐 높이는 효과를 주는 가격 인하보다 훌륭한 방어 전술이다. 한편 보복 위협을 증대시키는 전술은 산업 내에 적대관계를 만든다는 점에서 바람직하지 못한 부작용을 가져온다. 예를 들어 철수장벽을 높이는 전략을 채택하였는데 산업 내 기존 참여 기업이 같은 길을 택할 경우 그동안 좋은 관계를 유지하던 동업자 간의 싸움으로 번질 위험이 있다. 특히 산업의 선도기업이 취하는 방어 행동은 산업구조를 변화시킬 힘을 갖고 있다.

이와 같은 방어 전술은 유익한 경쟁자를 다치게 하는 수도 있다. 광고비의 증액과 가격 인하는 선의의 경쟁자의 상대적 지위를 저하시켜 6장에서 서술한 유익한 역할을 해내는 능력을 잃게 만든다. 그러므로 방어행위의 대상이 유익한 경쟁자가 아닌 다른 도전자임을 인식하게 해주어야 한다. 방어 전술은 진공상태에서 설정해서는 안 되고 다른 산업구조적 효과를 인식해야만 한다.

• **다른 동업자의 동조** 방어 전술은 다른 동업자가 모방하는 경우에 신규 진입자의 방어에 최대 효과를 보인다. 동업자가 동조하면 진입자가 산업 내 특정 기업을 공격할 여지를 주지 않아 방어투자 장벽을 일시적으로 피할 수조차 없게 한다. 그러나 이 경우 점유율이 낮은 기업이 별다른 수고 없이 최상위 기업의 방어전략에 편승할 위험이 있다. 따라서 다른 동업자의 동조를 구하는 것은 신규 진입자의 위협

이 동업자의 편승에 의한 위협보다 크게 나타나는 산업에서 전략적 우위를 발휘한다.

방어전략

방어전략이 경쟁우위를 높이는 공격전략과 결합한다면 그 어떤 경쟁우위의 지속성도 키울 수 있는 최강의 전략적 조합이 된다. 방어전략의 이상은 첫째로 '억제(deterrence)', 즉 도전자가 행동을 저지하든가 아니면 그 방향을 돌려 위협을 줄이는 것과 두 번째로 '반격', 즉 도전받는 즉시 공격하는 데 있다. 이와 같은 반격은 다시 공격하려는 도전자의 의욕을 감퇴시키든가 아니면 완전히 상실시키는 것이 목표다. 억제든 반격이든 간에 그 원리는 도전자가 공격의 효과나 매력에 의문을 갖게 하는 데 있다.

억제

억제에 드는 비용은 도전이 시작된 후 그에 보복하는 비용보다 더 적게 나타난다. 그러나 위협의 성격을 알 수 없으면 도전자를 억제할 수 없다. 군사전략에는 다음과 같은 격언이 있다. '적이 어떤 무기를 가지고 어디에서 공격해오는지 알지 못한 채, 모든 전선을 지키는 것은, 구멍 난 독에 막대한 논을 쏟아붓는 것과 같다.' 경쟁전략에도 같은 원리가 적용된다. 어떤 경쟁자가 위험한가, 그들은 어떠한 행동을 택하는가를 미리 알 필요가 있으며 이를 바탕으로 적절한 방어전략을 세우고 이런 갖가지 가능성을 모색하는 시나리오(13장 참조)를 만들어야 한다.

이러한 억제전략을 수립하는 중요한 순서는 다음과 같다.

• **기존 장벽을 완전히 이해한다** 억제전략을 시도하려는 기업이라면 지금 어떤 신규 진입·이동장벽을 갖고 있으며 이러한 장벽이 어떻게 변하는가 등을 먼저 명확히 이해할 필요가 있다. 또한 '자사는 규모의 경제에 의해 보호받고 있는가?' '이러한 장벽이 가치사슬의 어디에서 발생하고 있는가?' '유통채널에의 접근이 어려운가? 어렵다면 그 원인은 무엇인가?' '차별화의 원동력이 되는 가치활동은 무엇인가?' '자사의 비용 지위와 차별화 원천은 얼마나 지속될 수 있는가?(3장과 4장 참조)'라는 질문에 대해서도 스스로 답해볼 필요가 있다.

일반적으로 기존 장벽의 높이가 자사의 경쟁 지위에 대한 위협의 크기를 결정한다. 예를 들어 장벽이 무너져가고 있는 경우, 수익성을 유지하려면 장벽을 수리하든가 신축할 필요가 있다. 또한 장벽의 성질에 따라 도전자가 택할 전략 형태도 다르며, 방어 전술이 가장 효과적으로 나타나는 전선도 다르다. 예를 들어 유통채널 접근에 관하여 높은 장벽을 설정하고 억제하고 있는 회사의 경우, 도전자는 기존 유통채널을 침범하지 않고 새로운 유통채널을 만들려고 할 것이다. 또한 규모의 경제도, 지속적 비용장벽도 갖고 있지 않은 회사는 약간의 투자이익률로도 만족하는 소규모 기업의 공격에 약하다. 한편 도전자는 기존의 장벽을 빠져나가거나 무력화시킬 방법을 찾아내려 노력한다(15장 참조).

장벽형성을 통한 억제전략을 이해하려 한다면 각 장벽을 이루는 특정 원천에 대하여 정확한 지식이 있어야만 한다. 예를 들어 주택 지붕 공사 용품의 경우, 규모의 경제는 주로 지역 수요의 크기(운송비가 높으므로), 생산 및 판매원의 조업도, 제품믹스의 지역 차 등에 좌우된다. 따라서 지붕 공사 용품 메이커가 규모의 장벽만 믿고서 장벽의 원천을 이해하지 않으면 잘못된 방어전략을 제시할 우려가 있다.

• **발생 가능한 도전자를 예상한다** 억제전략을 효율적으로 수행하려면 가장 발생 가능한 도전자를 예상할 필요가 있다. 잠재적인 신규 진입자인가 또는 시장에서의 지위를 변화시키고자 하는 경쟁자인가, 누가 도전해오는가를 파악해야 방어투자의 초점을 맞출 수 있다. 장벽의 높이와 보복이 미치는 충격 정도는 도전자가 누구인가에 따라 달라진다. 예를 들어 모터오일의 경우 캐스트롤(Castrol), 퀘이커 스테이트(Quaker State) 등 기존의 경쟁사가 직면하게 될지도 모르는 가장 유망한 진입후보자는 석유 메이저(major) 기업들이다. 막강한 자금 동원 능력을 갖춘 메이저들에는 자금력과 규모 등의 장벽이 소용없을 것이다.

도전자들을 예상하려면 다음 3가지 질문에 답해보면 된다.

• **기존의 경쟁자 가운데 만족하고 있지 않은 기업은 어디인가?** 가장 확률이 높은 도전자는 현재의 지위에 만족하고 있지 않은 기존 경쟁자다. 항상 목표달성에 실패하고 있는 경쟁자는 경쟁 지위를 개선하려 노력할 것이다. 따라서 이들의 가정, 전략, 능력을 평가해 보면 자사를 위협할만한 쪽으로 지위 개선을 꾀하는지 알 수 있다.

다만 유익한 경쟁사(6장 참조)는 무익한 경쟁사에 비하면 지위 개선의 위협은 적다. 한편 경쟁자가 다른 회사에 인수되면 그 목표가 변하여 도전자로 변신하기도 한다. 예를 들어 맥주 업계에서 필립 모리스가 밀러를 인수한 뒤, 밀러는 앤호이저 부시(Anheuser-Busch)에 행해진 맹렬한 공세의 선봉이 되었다.

• 발생 확률이 가장 높은 신규 진입자는 누구인가? 지위의 개선을 노릴 만한 기존 경쟁자를 파악하기도 쉽지는 않지만, 신규 진입자를 예상하는 것은 더욱 어렵다. 진입후보자를 식별하려면 기존 사업의 확장이 자연히 관련 산업으로 신규 진입에 연결되는 기업을 찾으면 된다. 이러한 진입 후보 기업은 일반적으로 다음과 같은 범주에 들어간다.

- 지역적 기반이 서로 다른 경쟁사
- 아직 진입하지 않은 외국계 기업
- 산업과 전방 또는 후방으로 관련된 기업
- 산업에 진입함으로써 유형의 상호관련성, 무형의 상호관련성 또는 억제거점이 만들어지는 기업(9장 참조)

지역회사는 흔히 다른 지역에 진입하거나 전국적인 활동 전개를 도모하는데, 이는 특히 식품업계에서 자주 볼 수 있다. 컨솔러데이티드 푸드와 하인즈 등 대규모 식품 메이커는 지역회사를 인수하는 방법을 통해 전국 영업망을 구축할 수 있었다. 또한 산업이 글로벌화되면서 외국기업의 진출도 증가했다. 영국에 본사를 둔 부츠 컴퍼니(Boots Company)가 미국의 항관절염약 시장에서 업존(Upjohn)을 공격한 사례가 이를 잘 보여준다.

9장에서 서술했듯이, 사업단위 간의 명확한 상호관련성을 이용한 다각화의 예는 많다. 그러므로 특정 산업과 잠재적인 상호관련성이 있는 기업을 조사해보면, 진입 근거를 가진 회사를 식별할 수 있다. 예를 들어 코닥이 화학과 광학지식을 이용하고 마쓰시타가 사무자동화 추진전략 목적으로 복사기 부문에 진입한 것은 예상할 수 있었던 일이다.

그런데 잠재적 진입후보자를 식별하고 나서는 고정관념에 빠지지 않도록 주의해야 한다. 실제로 많은 기업이 전통적으로 신규 경쟁자의 주요 원천인 지역회사와 신흥기업에만 정신을 쏟아 외국기업의 진입 또는 관련 사업의 다각화 등을 통한 유력한 잠재적 경쟁자의 출현 가능성을 간과하는 일이 많다. 그렇지만 산업이 진화함에 따라 가장 확률이 높은 진입후보자의 특징도 바뀐다는 점을 반드시 명심해야 한다.

• **대체재의 경쟁은 없는가?** 업계에 따라서는 대체재가 가장 위험한 경쟁자가 될 수 있으므로 방어전략은 이에 초점을 맞출 필요가 있다. 대체재의 식별법과 대체재의 위협을 저지하는 방법에 대해서는 8장에서 서술했다.

• **예상 공격 경로를 파악한다** 억제전략 수립의 세 번째 단계는 예상 공격 경로를 파악하는 것이다. 즉 자사에 가장 취약한 곳에 방어투자가 집중될 수 있도록 가장 공격받기 쉬운 취약지점을 결정해야만

한다. 이를 위해 경영진은 역지사지로 공격의 취약점을 분석해볼 필요가 있다.

그런데 이러한 예상 공격로는 현존하는 신규 진입 및 이동장벽과 그 변화에 좌우된다. 예를 들어 겨자 산업에서는 그레이 푸폰이 광고를 대폭 늘린 차별화 전략으로 프렌치즈(French's)를 공격했다. 이 전략은 프렌치즈의 규모의 우위를 생각해보면 진흙탕 싸움으로 번질 가능성이 큰 가격 경쟁보다는 현명한 방식이었다. 타자기 산업에서도 비슷한 일이 일어났는데, SCM의 유통채널과 브랜드 충성도를 고려하면 SCM의 휴대용 타자기는 첨단 전자공학 기술을 결합한 브로슈어(Brocher)의 유통업자 브랜드 정책에 취약할 수밖에 없었다. 또한 미국의 농기구 메이커는 대형 트랙터보다 소형 트랙터 분야에 취약했는데, 대형 트랙터 분야에서만큼은 미국 내수 시장의 크기가 일본 기업보다 나은 물량 측면의 우위를 제공해주었기 때문이다.

이러한 예상 공격 경로는 도전자의 가정, 전략 및 능력의 표현이다. 밀러는 맥주 산업의 집중적인 광고와 시장세분화를 잘 활용했는데, 이러한 전략은 모회사인 필립 모리스와 보이지 않는 상호관련성을 생각하면 놀랍지 않다. 텍사스 인스트루먼츠가 PC 시장에서 전개한 가격 인하 작전도 비록 실패하긴 했지만, 반도체 업계의 전통적 영업 태도를 생각하면 예측 가능했다. 한편 이군 기업을 인수하는 전략은 잠재적 진입자들이 기존 기업에 도전하는 일반적인 방식이므로 이러한 가능성을 언제나 염두에 둘 필요가 있다. 예를 들어 트럭 산업에서 다임러 벤츠(Daimler Benz)가 프레이트 라이너(Freightliner, 당시 업계 6위)를, 볼보가 화이트 모터(White Motor)의 트럭 부문(당시 7위)을 인수하였으며, 르노(Renault)는 맥(Mack)과 제휴하였다.

• **예상 공격 경로를 봉쇄하기 위한 방어 전술을 택한다** 잠재적 진입자의 도전을 효과적으로 억제하려면 도전자의 예상 공격 경로를 철저히 막을 필요가 있다. 이를 위해서는 앞서 서술한 방법 가운데서 가장 원가 효율이 좋은 산업에서 구조적 장벽과 예상 보복 수준을 높이는 방어 전술을 택할 필요가 있다. 회사마다 이러한 방어 전술의 적절한 조합은 다르겠지만 앞에서 서술한 기준에는 부합해야 한다. 예를 들어 유통업자 브랜드의 공격에 가장 약한 회사는 그에 대항하는 특별 브랜드 제품을 만들어 가격경쟁 의지를 보여야 한다. 그런 다음 가장 진입확률이 높은 도전자에게 방어 전술의 초점을 맞출 필요가 있다. 이처럼 방어 전술은 도전자의 실제 목표를 반영함과 동시에 상대방에 분명히 인지시키는 것이 무엇보다 중요하다.

• **강한 방어자라는 이미지를 준다** 성공적인 방어자가 되기를 원하는 기업이라면, 방어 자체에 총력을 동원할 뿐만 아니라 분명한 방어 의도를 상대에게 전달해야 한다. 즉 방어에 힘을 쏟고 있다는 것을 끊임없이 선전하고 스스로의 이미지를 신중히 관리할 필요가 있다. 방어자가 시장에 공표하는 내용과 취하는 행동은 방어 의도가 명백히 드러나는가에 따라 평가될 필요가 있는데, 이렇게 해서 P&G와 같은 이미지가 만들어지면 더 바랄 것이 없다. 한 여론조사 결과에 의하면 비소비재 부문을 포함하여 거의 모든 산업의 경영자로부터 P&G가 자사 사업의 이미지를 지키는 데 전력을 다하는 기업이라는 인정을 받았다. P&G가 이러한 이미지를 지니게 된 것은 다년간에 걸친 의사표시와 행동의 결실이다.

• **현실에 근거하여 수익전망을 설정한다** 방어자의 수익전망이 현실에 입각하지 않으면 방어전략은 별 효과가 없다. 그런데 수익전망을 계산하기 위해서는 지금 존재하는 장벽은 물론 방어투자로 새롭게 만들어질 장벽을 계산에 넣을 필요가 있다. 경우에 따라서는 당장의 이익을 줄임으로써 장차 훨씬 큰 이익을 얻을 수 있다는 점도 염두에 두어야 할 것이다.

반격

잠재 경쟁자의 시장진입을 사전에 억제하는 데 실패할 경우, 방어자는 도전자의 공격이 개시되면 어떻게 반격할 것인가를 결정해야 한다. 억제전략으로 공격 기회를 완전히 차단할 수는 없으며 그러한 노력을 해야 하는 것도 아니다. 모든 가능한 도전을 예상해서 막는다는 것은 엄청난 비용을 수반하며 사실상 거의 불가능하다. 따라서 적절한 시기를 선정하여 도전자의 공격에 대응하는 것이 방어전략에서 합리적인 선택이 될 것이다.

도전자가 최종 목표를 바꾸게 된다면 반격은 효과를 거둔 셈이다. 이를 위해서는 지금까지 서술한 방어전술 중에서 특정한 도전자의 목표, 가정, 능력에 꼭 맞는 전략을 선택해서 사용하는 것이 좋다. 예를 들면 제너럴 푸드의 맥스웰 하우스는 P&G의 특성에 대한 사전연구를 시행한 끝에 매우 거칠지만 효과적인 반격을 시작했다. 즉 시장점유율을 지키고자 하는 제너럴 푸드의 각오를 보여주는 대담한 가격 인하, 광고 확대, 대항 브랜드 출시 등을 단행했다. 그 결과 P&G는 신규 진출한 커피 산업에서의 목표를 다시 세워야 했다. 이처럼 제너럴 푸드의 방어가 너무나도 거세서 P&G는 커피 산업에서 얻을 수 있는 이익이 얼마 되지 않았을 것이다.

반격할 때는 다음과 같은 원칙을 지켜야 한다.

• **빠를수록 좋다** 도전자가 진입 초기에 쉽게 목표를 달성하게 내버려 두면 도전자의 열의가 높아져 추가 투자가 이루어질 것이다. 즉 완벽하게 반격할 준비가 되어있지 않더라도 도전자의 목표에 제동을 걸기 위해서는 신속한 반격이 무엇보다 중요하다. 심지어 적당하지 않은 억제 행동이라도 도전자의 목표달성을 초기에 저지할 수 있다면 지체없이 실천에 옮겨야 한다.

• **실제 동향을 조기에 발견하기 위해 투자한다** 앞에서 살펴보았듯이 진입 예상자의 신규 진입 및 지위 향상의 동향에 조기에 대응하면 유리하므로 도전자의 실제 동향을 초기에 감지할 수 있도록 관심을 기울여야 한다. 이를 위해서는 다음과 같은 방법이 있다.

• 발주의 유무 혹은 관심의 유무를 알기 위해서 원료 공급업자, 설비 공급업자, 건축회사와 접촉한다.
• 광고 집행 상황을 감지하기 위해 광고 매체와 밀접하게 접촉한다.
• 잠재적 진입자가 견본시장에 참관하는 것을 감시한다.
• 새로운 경쟁자가 맨 먼저 접근할 만한 사람, 대체 매입처를 항상 찾아다니는 사람 등 산업 내에서 도전정신에 가득 찬 구매자와 늘 접촉한다.

- 기술자가 모집되는 시기에 기수 회의, 학교, 기타 장소를 감시한다.

• **공격의 이유를 알아보라** 도전자가 왜 공격하는가, 목표는 무엇인가, 어떠한 장기 전략이 있는가 등을 이해하려고 노력할 필요가 있다. 방어자는 주먹구구식 공격과 사업단위의 성장을 추구하는 모회사의 압력에서 나온 공격을 구분하여, 각자에 대한 대응을 달리해야 한다. 이에 따라 적절한 반격이 이루어지면, 도전자의 목표와 시간 계획이 마침내 수정될 가능성이 높으므로 도전자의 목표와 시간 계획을 알아두어야 한다. 또한 적절한 반격을 하기 위해서는 도전자의 특정 행동이 장기 전략의 일환인가 아닌가를 알아볼 필요가 있다.

• **도전자를 저지할 뿐만 아니라 도전 방향을 돌린다** 도전자에게 반격하는 목적 중의 하나는 상대의 행동을 저지할 수 없다 하더라도 위협을 줄이는 데 있다. 경우에 따라서는 도전자를 완전히 퇴출시키는 것보다 전략 방향을 바꾸게 하는 것이 간단할 수도 있다. 즉 도전자가 자사에 가장 위협적이지 않은 방법으로 일부 혹은 완전히 목표에 도달하도록 도전자의 전략을 유도하는 방향으로 반격을 전개하는 것도 좋은 방안이 될 수 있다.

• **모든 도전자를 충분히 진지하게 검토한다** 무시해도 좋은 도전자란 없다. 따라서 모든 도전자의 동기와 능력을 진지하게 분석할 필요가 있다. 아무리 약한 도전자라도 산업구조를 파괴하고 유익한 경쟁자를 다치게 할 수 있기 때문이다. 더욱이 덜 위협적인 경쟁상대에 대

한 진지한 반응이 매우 위협적인 경쟁상대에 보내는 경고의 메시지가 될 수 있다. 그러나 어떤 경우에도 도전자에게 과도한 반격을 해서는 곤란하다. 반격에는 상당히 많은 비용이 들기 때문에 가상의 위협이 아니라 실제의 위협에 대해서만 반격해야 한다.

- **반격을 지위 향상의 수단으로 간주한다** 반격은 단지 경쟁상대를 저지할 뿐만 아니라 경쟁적 지위를 향상하기 위해서도 사용된다. 청량음료나 맥주 산업에서 나타나는 것처럼 주요 경쟁자끼리의 싸움은 서로가 다치기보다도 상대적으로 약한 동업자를 다치게 하는 수가 있다. 그러므로 경쟁자가 어떤 세분 산업을 공격한다면 다른 세분 산업에서 그 경쟁상대의 힘이 약화되는 점을 이용할 수가 있다.

가격 인하에 대한 대응

도전자가 취한 가격 인하 전략은 수익에 즉시 영향을 미치는 데다 자칫하면 끝없는 가격 인하 전쟁으로 번질 위험이 있으므로 방어자가 반격하기 가장 어려운 공격형태다. 따라서 가격 인하 전략에는 특히 신중히 대응해야 한다. 가격 인하에 대항하는 방식에는 지금까지 얘기했던 것 외에 다음과 같은 견해를 참고하기 바란다.

- **경쟁대상의 가격 인하 이유** 가격 인하가 단기적으로 현금을 상환해야 하기 때문일 수도 있지만 점유율 향상을 위한 장기 캠페인의 일환일 수도 있다. 또는 비용 생각 없이 단순한 매출 올리기로 가격 인하를 시행할 수도 있다. 가장 곤란한 경우는 경쟁상대의 비용

이 현저히 낮아서 할 수 있는 가격 인하다. 어떤 경우든 가격 인하의 근거가 되는 사유에 따라 적절한 대응 형태가 매우 다를 것이다. 따라서 가능한 신속하고도 정확하게 가격 인하 이유를 진단할 필요가 있다.

- **전투 의욕** 경쟁상대의 가격 인하는 방어자가 도전에 직면하더라도 적극적인 반격보다는 수익을 확보하기 위해 가격 수준을 유지하려 한다는 가정에 기초하여 행해지는 경우가 많다. 그러므로 도전자의 가격 인하에도 신속하고 과감한 반격이 필요하다. 다만 가격 인하의 폭은 상대방과 같지 않아도 되지만 가격변동 주도자가 도망갈 수 없는 수를 쓸 필요는 있다. 요컨대 방어자가 대항하여 가격 인하를 하더라도 여전히 이익을 확보할 수 있다는 사실을 가격변동 주도자에 인식시켜야 한다.

- **국지적 반격** 가격 인하의 반격 대상을 특히 공격당하기 쉬운 구매자나 차별화 정도가 적은 품목에 한정시키면 전면적인 대결을 피할 수가 있다. 이러한 국지적 반격은 비용을 절감할 수 있어서 바람직하다.

- **교차 공격** 방어자가 상대방의 주력 거래처나 주력 제품군에 가격 및 기타수단으로 빈번한 공격을 가함으로써 가격 인하를 저지 또는 배제할 수 있다. 마찬가지로 반격을 위해 다른 산업에 방어거점을 확보함으로써 가격 인하를 막을 수 있다. 이러한 대응 방향은 가격전쟁을 시작하기 전에 얻는 것보다 잃는 것이 많다는 사실을 알리는 것

이 주요 목적이다.

- **국지적 방법을 통해 간접적으로 가격을 인하한다** 경우에 따라서는 가격 인하에 똑같은 가격 인하로 맞서지 않고 무료 서비스, 보조설비의 할인 등 복원하기 쉬운 방식을 이용해 효율적으로 가격 단가를 떨어뜨릴 수가 있다. 이러한 간접적 가격 인하는 경쟁상대가 대항하기 쉽지 않은 국지전에 더욱 적합하다. 간접적 가격 인하나 할인, 기타 특별가격 인하는 실패한다고 해도 정찰가격의 인하보다는 복원하기 쉽다.

- **'특별' 제품을 만들거나 채택한다** 대항 브랜드의 도입 또는 모든 무료 서비스를 제외한 한정기능 제품을 도입하는 방법이 본 제품의 가격을 인하하는 것보다 효과적으로 가격 인하에 대항하는 방법일 때도 있다. 또한 특가품을 낮은 가격으로 제공할 수도 있는데, 이때는 특가품이 일반제품보다는 열등한 것이라고 알려줄 필요가 있다.

방어와 철수의 선택

많은 산업에서 방어적 투자는 높은 수익을 가져다준다. 그렇다고 방어적 투자를 극대화하기보다는 최적 수준에서 행하는 것이 현명할 것이다. 산업에 따라서는 방어적 투자가 적당하지 않기도 하고 일시적 지연 작전에 불과한 때도 있는데, 회사의 경쟁적 지위가 궁극적으로 지속되지 못할 때가 여기에 해당한다. 이런 산업에서는 '투자원금을 회수하여 도망가는 것'이 최선의 방어전략이다. 이때는 상대의 진입 또는 지위 향상에 의해 최종적으로 자사의 지위가 침식당할 것을 파악한 후에 가능한 한 많은 현금을 회수한다. 이 전략의 일부로 경쟁상대의 진입을 장려해서 전체 시장의 규모를 늘린 후 단기간에 걸쳐 투자이익을 회수하는 작전이 고려되기도 한다.

이처럼 철수가 방어보다 바람직한 때는 다음과 같은 경우다.

- 장벽이 낮다. 혹은 산업의 발전에 따라 장벽이 무너진다.
- 장벽을 만들 가능성이 희박하다.
- 진입 예정자와 기존 경쟁자가 우수한 자원을 지니고 있다.
- 경쟁상대의 투자이익 목표가 낮다. 또는 경쟁상대가 무익한 경쟁자의 성질을 내포하고 있다.

방어의 함정

방어전략 역시 많은 함정이 있는데, 강력한 경쟁적 지위를 지닌 선도기업들도 이 함정에 빠져 잘못된 방어전략으로 공격을 받고 점유율을 빼앗길 수 있다. 방어전략에서 최대의 걸림돌은 단기적 수익에 집착하는 편협함이다. 이는 방어를 위해서는 투자가 필요하다는 현실과는 대립되기 때문이다. 따라서 사내 의사 결정 과정에서 방어투자는 왜곡되기 쉽다. 흔히 경영진은 단기적 이익은 평가하면서 방어전략이 추구하는 위험부담의 감소는 평가하지 못한다. 또한 방어전략은 성공해도 아무 일도 일어나지 않은 것과 같아서 그 이익을 측정하기 어렵다.

방어전략 수립의 두 번째 함정은 자기만족이다. 흔히 방어자는 현실에 안주함으로써 도전자의 출현에 대비하여 환경을 점검하지 않거나, 도전자의 출현 가능성을 세밀히 고려하지 않는다. 그 결과 간단하고 안전한 방어대책조차 없는 회사가 놀라우리만큼 많이 존재한다. 그런 까닭에 단기적 이익만 추구하거나 구매자의 욕구를 무시함으로써 오히려 산업에 경쟁자를 불러들이고 있는 예도 적지 않다. 다음 장에서는 경쟁적 지위를 획득하는 원리에서 방어전략을 수행하는 과정에서 나타나는 애로사항을 명확하게 분석할 예정이다.

Chapter 15
선도기업에 대한 공격

한 산업의 선도기업이 취약점을 드러낼 때는 언제일까? 선도기업의 시장점유율과 수익률은 이제 막 그 산업에 참여하려는 기업이나 산업구조를 바꾸려고 노력하는 기업의 관심사일 수밖에 없다. 하지만 산업 선도기업은 시장점유율과 수익률뿐만 아니라 명성, 규모의 경제, 축적된 지식, 유리한 원료 공급원 및 제품 유통채널 확보 등의 여러 차원에서 우위를 점하고 있다. 게다가 대다수 선도기업은 소속 산업에 전력투구하고 있으며, 새로이 도전해오는 회사들의 전략에 장기적으로 대응할 수 있는 자원을 기본적으로 가지고 있다. 그러므로 시장선도기업에 대항하여 시장에서의 지위 향상을 노리는 도전자는 심각한 위험에 직면할 수도 있음을 각오해야 한다.

하지만 선도기업도 공격에 무너진다. 나이키는 아디다스를 제압했고, 냉동식품 산업에서 스토우퍼는 방켓 앤 스왓슨(Banquet and Swanson)을 능가했다. 성공적인 전략이라는 것은 그 산업 특성에 따라 크게 차이가 있기는 해도 공통적인 맥락이 존재한다. 성공적인 도전자들은 산업 선도기업과 정면대결을 피하면서도 그들의 경쟁우위 요소들을 타파하는 데 전략적인 주안점을 두고 있는 경우가 많다. 때로는 산업의 구조 변화가 산업 선도기업을 불리하게도 하지만, 현재의 구조를 더욱 잘 이해하고 있는 후발기업이나 잠재적 진입자가 선도기업을 앞지르게 될 가능성도 있다.

그러므로 이 장에서는 취약점이 있는 선도기업을 파악하고 더 나아가서 선도기업을 성공적으로 공격할 수 있도록 도와주면서 전략개발에 관한 개념적 틀을 제시하는 것으로 이 책 전체를 결론짓도록 하겠다. 이를 위해 특정 산업 내의 추종자나 그 산업에 새로 진출하려는 도전자의 시각으로 논의를 전개하겠다. 따라서 이 장에서는 도전자가 선도기업을 성공적으로 공격하기 위해 반드시 만족시켜야 할 까다로운 조건들이 무엇인지 정의한 다음, 경쟁기반을 바꾸는 것부터 선도기업의 융통성 결여를 이용하는 방안까지, 적용할 수 있는 여러 종류의 전략을 살펴본다. 또한 산업 선도기업이 취약함을 보이는 산업 특성과 선도기업의 특징에 대해서도 설명한다. 그 후 선도기업을 공격할 때 흔히 저지르기 쉬운 실수를 설명하고 결론 내리겠다.

이 책의 모든 장에서 공격전략을 제안하고 있지만, 선도기업을 공격할 때 그 제안들을 어떻게 효율적으로 혼합해 사용하느냐가 성공의 관건이자 가장 어려운 문제다. 이 장에서는 산업 선도기업을 공격하는 것에 초점을 맞추고 있지만, 여기 제시한 공격전략은 다른 경쟁자에게도 적용할 수 있다. 심지어는 선도기업들까지도 자사의 보완점을 이해하고 더 나아가 좀 더 효과적인 방어전략을 개발하기 위해서 여기에 제시한 이론을 사용할 수 있다.

선도기업에 대한 공격 조건

공격전략의 기본 법칙은 도전자의 자원이나 지속력과 관계없이 다른 기업의 전략을 모방하는 정면충돌식 공격을 피하라는 것이다. 선도기업은 이미 가지고 있는 경쟁우위 요소를 활용하여 도전자의 공격을 쉽게 물리치며 되려 강력한 보복 조치를 취할 수 있다. 다시 말해서 선도기업과의 경쟁은 거의 예외 없이 도전자의 자원이 먼저 바닥날 확률이 높다.

P&G는 제너럴 푸드의 맥스웰 하우스 브랜드에 도전할 때 이러한 측면을 고려하지 않았다. P&G의 다른 제품들과는 달리, 커피만큼은 P&G의 폴저스가 맥스웰 하우스보다 품질이 우수하다고 말할 수 없었다. 그런데도 P&G는 제너럴 푸드와 동일한 가치사슬을 이용하여 폴저스를 생산했다. 이에 맥스웰 하우스는 높은 시장점유율 및 원가구조 등의 유리한 조건을 바탕으로 여러 방면에서 방어 전술을 펼쳐 폴저스에 강력한 보복을 했다. 이로 인해 폴저스 커피는 처음에만 소규모 경쟁자들과의 경쟁에서 약간의 시장점유율을 기록한 이후로는 이렇다 할 수익을 올리지 못했다. 반면 맥스웰 하우스는 기존의 수익률을 계속 유지하고 있으며 폴저스가 시장확보를 위해 세우는 전략에 계속 성공적인 방어를 할 수 있게 되었다.

또한 코카콜라가 와인 스펙트럼(Wine Spectrum)이라 불리는 포도주를 시그램스(Seagrams)에 판매한 것 역시 선도기업을 공격하는 기본 법칙을 어긴 또 하나의 전형적인 예다. 코카콜라는 포도주 산업에서 이류 경쟁자들을 상대로 시장점유율을 늘리긴 했지만, 갤로보다 훨씬 불리한 원가 요소(3장 참조)를 감당해야만 했고 품질이나 마케팅의 혁신적인 변화를 일으키기도 전에 자금만 낭비했다. 따라서 갤로의 강력한 저항으로 포도주 산업에서 코카콜라가 수익을 제대로 올리지 못하게 된 것이다. IBM 역시 복사기 산업에서 비슷한 어려움에 처했다. 이 회사도 복사기 산업에서는 특별한 차별화나 원가 우위를 갖고 있지 않아서 중대형 복사기 분야의 강자인 제록스와 코닥으로부터 강력한 저항을 받았다. 도전자가 선도기업을 성공적으로 공격하기 위해서는 다음의 3가지 기본적 조건을 갖추어야 한다.

• **도전자의 지속적인 경쟁우위 확보** 도전자는 원가나 차별화 측면에서 선도기업보다 명백히 우월하며 지속성이 있는 경쟁우위를 반드시 갖고 있어야 한다. 만일 경쟁우위가 저렴한 원가에 있다면 선도기업보다 낮은 가격을 책정하여 시장에서의 지위를 높일 수 있거나, 시장가격으로 판매하여 얻은 높은 이윤으로 마케팅이나 기술개발에 재투자할 수 있게 된다. 두 방법 모두 도전자가 시장점유율을 확대할 수 있게 해줄 것이다. 또 다른 대안으로, 만일 한 기업이 차별적 경쟁우위를 갖고 있다면 그것으로 가격을 할증하여 책정하거나 마케팅 비용을 최소화하며 선도기업을 대상으로 시험 삼아 도전을 해볼 수도 있다. 그런데 이때 도전자가 경쟁의 무기로 내세우는 우위는 반드시 지속가능한 것이어야 하며 그 기준은 3장과 4장에서 논의했다. 이처럼 도전자가 지속성 있는 경쟁우위를 가지고 있다면 선도기업이 도전자의 전략을 모방하기 전에 도전자가 시장점유율 차이를 극복할 수 있는 충분히 긴 시간을 확보할 수 있게 된다.

• **선도기업 우위 요소에 필적하는 도전자의 기타 우위 요소 확보 가능**

성 도전자는 반드시 선도기업이 지닌 고유의 우위 요소들을 부분적으로 또는 전체적으로 무력화하는 방법을 갖고 있어야만 한다. 만일 도전자가 차별화 전략을 사용한다면, 그 전략으로 선도기업이 가진 규모의 우위로 인한 자연 발생적인 초기 진입자 효과 또는 다른 우위 요소들을 부분적으로나마 상쇄해야 한다. 도전자가 원가 측면에서 선도기업에 맞설 수 없다면 선도기업은 자사의 원가 우위를 도전자의 차별화 전략을 무력화하기(혹은 뛰어넘기) 위해 이용할 것이다. 마찬가지로, 만일 도전자가 원가 우위로 선도기업을 공격한다면 구매자가 인식하기에 도전자의 제품이 선도기업의 제품보다 우월한 가치를 제공해야만 한다. 그렇지 않으면 선도기업은 프리미엄 가격을 계속 유지할 수 있고, 결과적으로 높은 이윤을 얻어서 도전자에게 보복할 수 있는 능력을 키울 수 있다.

• **선도기업의 보복에 대한 장애 요인의 시장 내 존재 여부** 도전자는 선도기업의 보복을 막을 수 있는 몇 가지 방법을 갖고 있어야 한다. 선도기업이 처한 주변 환경 때문이든지 도전자가 선택한 전략 때문이든지 간에 선도기업은 장기적인 보복을 별로 내켜 하지 않을 것이다. 그렇지만 보복에 대비하지 않고 막무가내로 선도기업을 공격했다가는 아무리 많은 경쟁우위를 가지고 있다 해도 선도기업의 보복을 감당할 수 없을 것이다. 더욱이 풍부한 자원을 가지고 확고한 위치를 이미 구축해놓은 기존 산업에 전력투구하는 선도기업이라면 아주 격렬한 보복을 가해서 도전자가 회생 불가할 정도의 경제적 비용을 부담하게 할 수 있다.

위의 세 조건은 1장에서 언급한 경쟁우위의 원리들에서 그대로 도출한 것이다. 확고한 기반을 얻기 위한 도전의 성공 여부는 도전자가 이 각각의 조건에 얼마나 부합하는지에 달려있다. P&G의 폴저스 커피, 코카콜라의 와인 스펙트럼 및 IBM의 복사기 등은 이러한 조건들을 제대로 충족시키지 못했기 때문에 그런 실망스러운 결과를 받아들여야만 했다.

이와 같은 조건들은 선도기업의 전략과 보복 정도에 따라 충족 여부가 결정된다. 만일 선도기업이 아무런 경쟁우위도 없이 어중간한 상태에 머물고 있다면, 도전자는 비교적 쉽게 원가나 차별화의 경쟁우위를 획득할 수 있다. 이러한 경우라면 도전자는 선도기업의 취약점을 알아낸 후, 그 약점을 잘 이용할 수 있는 전략을 수행하기만 하면 된다. 반면, 원가 선도성이나 차별화 전략을 강력하게 추진하는 선도기업을 성공적으로 공격하려면 도전자는 새로운 가치사슬 개발 등과 같은 주요한 전략 혁신을 꾀해야만 한다.

옥수수 제분 산업에는 이 3가지 조건을 모두 만족시킨 도전자들이 속해 있었다. 카길(Cargil)과 ADM(Archer-Daniels-Midland)은 그 산업의 기존 선도기업이었던 CPC인터내셔널, AE스테일리(AE Staley) 및 스탠다드 브랜즈의 틈바구니를 헤집고 성공적으로 진입하였다.

카길은 최신 공정기술을 가미한 새로운 연속 공정설비의 도입으로 성공적으로 진입했다. 카길은 또한 대량 판매되는 종목으로만 생산을 집중하고 판매원 수를 줄이는 등 조직을 능률적으로 개편해 총경비를 줄였다. 이러한 선택으로 카길은 기존 생산자들보다 훨씬 유리한 원가 우위를 가질 수 있게 되었다. 동시에 카길은 산업 선도기업들의 차별화 전략 추구 노력에도 불구하고 차별화 전략에서도 그들과 같거나 거의 비슷한 우위를 가질 수 있었다. 제품 자체가 일차 상품인 만큼 구매자들은 선도기업이 제공하던 높은 수준의 서비스에 큰 가치를 두지 않았다. 게다가 몇몇 다른 요인이 기존의 산업 선도기업들의 보복을 방해했다. 선도기업들은 그 산업의 경쟁 양상이 신사들의 모임(gentlemen's club)으로 오랫동안 특징지어진 만큼 산업 평형이 깨지는 것을 두려워했으므로 도전자들에게 보복하기를 꺼려했다. 동시에 업계 최대 규모의 CPC와 스탠다드 브랜즈는 다각화 계획에 착수하여 그들의 관심과 지원을 옥수수 제분 산업에서 다른 데로 돌리기 시작했다.

3가지 조건을 모두 충족한 옥수수 제분 산업과는 달리 세 조건 중 한 가지만을 충족하고도 도전에 성공한 예가 있다. 저가 항공사의 대표인 피플 익스프레스와 사우스웨스트는 2가지 조건을 크게 만족시킴으로써 충족되지 못한 세 번째 조건을 상쇄했다. 3장에서 이미 저가 항공사가 기존의 주요 항공사와는 다른 가치사슬을 사용해서 원가 우위를 획득했음을 설명한 바 있다.

동시에 저가 항공사를 이용해 본 많은 승객이 대형 항공사를 이용하는 것과 별반 차이가 없다는 것을 느끼게 되었는데, 이는 항공운송에서 차별화를 달성하기가 쉽지 않다는 점을 반영하는 것이었다. 하지만 저가 항공사는 기존의 시장점유율을 철저히 지키려는 대형 항공사들의 보복 위협에 직면했었다. 가격을 낮추기 위해 드는 비용과 서비스의 질을 떨어뜨리지나 않을까 하는 두려움이 대형 항공사들의 보복 의도를 망설이게 했지만, 저가 항공사의 위협이 워낙 거세서 결국 보복은 단행되었다. 저가 항공사가 보복의 두려움 없이 지낼 수 있었던 것은 단지 짧은 기간에 불과했지만, 그들이 얻은 원가 우위가 상당했기 때문에 대형 항공사들이 보복을 단행하는 데 든 비용도 엄청났다. 많은 대형 항공사는 결코 저가 항공사의 가격에 자신들의 가격을 맞추려고 하지는 않았다.

에머리 에어 프라이트(Emery Air Freight)를 상대로 성공적인 진입을 한 페덱스도 한가지 영역에서 강한 경쟁우위를 가지고 선도기업이 오랫동안 지켜왔던 강점들을 상쇄시킨 전형적 예를 보여준다. 페덱스의 자체 화물 비행기와 멤피스 허브(Memphis hub)를 중심축으로 한 독특한 배송 체계는 특급 소화물의 야간 배송에 차별화를 가져왔다. 따라서 4장에서 설명한 다른 차별화 형태와 같이 페덱스는 에머리 에어 프라이트보다 더욱 큰 신용을 얻게 되었다. 결국 페덱스가 에머리보다 원가구조에서 우위를 확보하기는 했으나 가치사슬의 규모에 대한 민감도가 매우 컸다는 사실을 감안한다면 페덱스의 초기 원가 지위가 에머리보다 비교적 불리했다는 사실을 알 수 있다. 이와 같은 원가 우위와 높은 부채비율로 페덱스가 만약 초기에 보복을 당했다면 방어할 능력이 전혀 없었다. 하지만 에머리는 페덱스의 전략에는 별로 관심이 없어서 페덱스가 원가구조에서 비슷한 시장점유율을 보일 때까지 그냥 내버려 두기로 했다. 이 사례는 선도기업이 보복을 미루면 도전자에게 원가나 차별화의 불리한 요소를 극복할 수 있는 시간과 자원을 제공해준다는 사실을 잘 보여준다. 14장에서 설명한 바 있지만 민첩한 대응 원칙은 선도기업이 자신의 경쟁적 지위를 방어하는 능력을 결정하는 관건이다.

선도기업을 공격하는 방법

선도기업을 성공적으로 공격하기 위해서는 전략적 통찰력이 요구된다. 다시 말해서 도전자는 선도기업의 기본적 경쟁우위 요소를 무력화하기 위해서 선도기업의 전략과는 다른 독특한 전략을 찾아야 하고 선도기업의 보복에 대한 대응책을 생각해놓거나 만들어놓아야 한다. 선도기업을 상대로 성공한 전략을 검토해보면 산업의 종류에 따라 큰 차이를 보이기는 하지만, 다음의 3가지 공격방법이 가능함을 알 수 있다.

- **재배열**(reconfiguration) 도전자가 자신의 가치사슬의 행동방식을 혁신하거나 전체 가치사슬의 배열을 혁신적으로 바꾼다.
- **재정의**(redefinition) 선도기업과 비교하여 자신의 경쟁 범위를 재정의한다.
- **순수지출**(pure spending) 도전자가 우수한 자원을 보유하거나 상당한 자본투자 의지를 드러냄으로써 시장점유율을 끌어올릴 수 있으며 이로 말미암아 경쟁우위가 드러나게 된다.

이 3가지 방법은 특정 산업에서 선도기업의 경쟁우위를 상쇄하고 도전자가 원가 우위나 차별화 우위를 갖도록 함으로써 경쟁 법칙을 바꾸어 놓는다. 특히 이 세 방법은 상호 배타적이지 않으며 동시에 성공적으로 추진되었던 것들이다. 예를 들어, 범위의 재정의(redefinition of scope)는 가치사슬의 평행적 재배열(parallel reconfiguration)을 수반한다. 따라서 이 3가지의 공격 방법 중 다수의 방안을 채택하게 되면 선

	가치사슬의 배열		
	선도기업과 동일한 사슬	새로운 활동	새로운 가치사슬
경쟁 범위 — 선도기업과 동일	순수 지출	재배열	재배열
경쟁 범위 — 선도기업과 상이	재정의	재배열과 재정의	재배열과 재정의

그림 15-1 선도기업 공격법

  도기업을 성공적으로 공격할 확률이 높아진다. 이와 같은 3가지 방법을 도식화하면 〈그림 15-1〉과 같다.

  선도기업을 공격하는 방법은 〈그림 15-1〉에 나타나 있는 것처럼 2개의 중요한 차원에 따라 다르게 나타난다. 즉 선도기업의 가치사슬과 비교한 도전자 가치사슬 배열의 차원과 선도기업의 경쟁 범위와 비교한 도전자의 경쟁 범위의 차원이 바로 그것이다. 도전자는 선도기업과 동일한 가치사슬을 사용할 수도 있지만, 전체 가치사슬 또는 개별 가치활동을 재배열한 가치사슬을 쓸 수 있다. 동시에 선도기업의 활동 범위와 같은 수준 혹은 더 넓거나 좁은 범위에서 경쟁할 수 있다. 2장에서 설명했듯이, 범위라는 것은 그 산업 내에 존재하는 세분 시장 범위(segment scope), 통합의 정도(degree of integration), 지리적 범위(geographic scope)와 산업 범위(industry scope) 또는 그 기업이 조정 전략을 가지고 경쟁을 벌이는 모든 산업의 범위를 총망라한다.

순수한 재배열(pure reconfiguration)은 선도기업과 동일한 경쟁 범위를 갖고 있지만, 재배열된 가치활동이나 궁극적으로는 완전히 다른 가치사슬을 야기한다. 순수한 재정의(pure redefinition)는 선도기업의 경쟁 범위와는 다른 경쟁 범위를 요구하지만 경쟁에 사용되는 기본적 가치사슬은 선도기업과 유사하다. 따라서 재배열과 재정의를 동시에 하게 되면 도전자는 선도기업과 비교했을 때 새로운 가치사슬과 서로 다른 경쟁 범위를 가질 수 있다. 순수지출은 가치사슬을 재배열하거나 경쟁 범위를 재정의하지 않고 경쟁우위를 획득에 필요한 자금을 투자하게 하는 방법이다.

재배열

재배열은 비록 선도기업과 동일한 경쟁 범위에서 경쟁하기는 하지만 그 방식을 전혀 새롭게 해준다. 즉 도전자는 원가를 낮추거나 차별화를 강화하기 위해 개별 가치활동을 선도기업과는 다르게 수행하거나 전체 사슬을 재배열한다. 이와 같은 가치사슬의 재배열은 선도기업이 쉽게 모방하기 어려운 지속적인 경쟁우위 요소가 되어야 공격의 기본 무기가 될 수 있다. 재배열된 가치사슬의 지속성은 초기 진입자 이익과 3장과 4장에서 설명한 여러 요소들에 좌우된다.[1]

재배열이 경쟁우위를 가져다주는 구체적인 방법은 이 책 전체를 통해서 설명하고 있는데, 가치사슬의 어떤 활동도 재배열의 대상이 될 수 있다. 3장과 4장에서는 가치사슬을 재배열하는 것이 어떻게 원가우위나 차별화를 가져다주는지를 상세히 설명했다. 예를 들어 3장에서는 포도주 산업에서 어떻게 갤로가 경쟁자를 물리치고 조달 활동,

블랜딩, 병입 작업(bottling), 물류 활동 및 마케팅 등에서 가치활동의 재배열을 통해 확고한 원가 우위를 성취했는지 설명했다. 마찬가지로 4장에서는 냉동식품 산업에서 스토우퍼가 차별화를 달성한 후 이를 지속시키기 위해서 마케팅, 기술개발, 조달 활동 및 브로커 관계 등을 어떻게 재배열했는지 설명했다.

이와 같은 사례에서 알 수 있듯이 재배열될 수 있는 가치활동이 많을수록 선도기업을 능가하는 도전자의 경쟁우위가 오래도록 유지될 가능성 또한 커진다. 저가 항공사와 이 책의 앞부분에서 소개한 아이오와 비프의 사례처럼, 가치사슬 전체를 재배열하는 것은 기존의 전통적 가치사슬만 고수하는 선도기업을 상대로 경쟁우위를 획득할 수 있는 가장 유력한 방법이 될 수 있다.

재배열을 기본 원칙으로 선도기업을 성공적으로 공격한 몇 가지 사례를 소개한다.

제품의 변화

도전자는 제품의 변화를 통해 선도기업을 공격할 수 있다.

• **제품 성능이나 외양의 개선** 구매자가 가치를 부여하는 제품은 구매자의 가치사슬을 이해함으로써 파악할 수 있다(4장 참조). 예를 들어 P&G의 차민 화장지는 스콧 페이퍼의 화장지보다 더 부드럽고 흡수력이 강해 P&G를 선도기업 자리로 이끌었다. 마찬가지로 쿠퍼비전(Cooper Vision)과 하네스 하인드-하이드로커브(Harnes Hind/Hydro-curve, 레블론의 사업부)는 기존 선도기업인 바슈롬을 장시간 착용 가능한 소프트렌즈라는 성능을 개선한 제품으로 공격하였다.

• **저원가 지향 제품 디자인** 3장에서 이미 상품 디자인이 어떻게 상대적 원가 지위에 영향을 줄 수 있는가를 언급했다. 토너 투사개발 기술(toner projection development technology)을 사용한 캐논 복사기 NP200은 경쟁사의 복사기보다 훨씬 적은 부품으로 만들어졌으며, 이에 드는 저렴한 디자인비용이 소형 복사기 산업에서 캐논의 위치를 확고히 해주는 역할을 했다.

판매 물류 활동과 서비스의 변화

도전자는 제품지원, 애프터서비스, 주문처리 또는 물류 등과 같은 활동에서의 변화의 통해 선도기업을 공격할 수 있다.

• **효율적 물류시스템 구축** 3장에서는 물류시스템에서 상대적 원가 지위를 증진시킬 수 있는 기회를 어떻게 분석할 수 있는지 설명했다. 페덱스가 그랬던 것처럼 가치활동을 재배열하여 효율적인 물류시스템을 구축함으로써 유리한 원가 우위를 확보할 수 있다.

• **적극적인 애프터서비스 지원** 4장에서는 구매자에게 더욱 가치 있는 서비스가 될 수 있는 척도가 무엇인지를 평가하는 방법을 소개했다. 구매자의 문의나 문서 등에 즉각적 반응을 보이기 위해 가치사슬을 재배열한다면, 도전자는 이러한 서비스의 신속성 측면에서 차별화를 이룰 수 있다. 한 예로 해저 유전 굴착 장비를 판매하는 컴버스천 엔지니어링(Combustion Engineering)의 사업단위인 벳코(Vetco)는 구매자가 복잡한 수중 굴착작업에 완전히 익숙해지도록 도와주는 훌륭

한 교육 프로그램과 애프터서비스를 제공해 유리한 위치를 갖게 되었다.

• **주문처리 체계의 확충** 4장에서는 배송시스템의 발전 가능성과 그것이 어떻게 평가되고 또 어떻게 차별화할 수 있는지 설명했다. 즉 구매자용 재고를 강력히 통제함으로써 주문처리 기능을 확대할 수 있는데, 이를 통해 종전에는 소비자의 가치사슬에 속한 활동을 기업이 대신하게 된다. 예를 들어 몇몇 도매상은 재고관리의 온라인 주문처리를 도입하여 차별화를 이룩하였다. 매케슨(McKesson)의 예를 보더라도 약품 배송에 3PM 주문처리 시스템을 도입하여 시장 지위가 상당히 올라갔다. 이 시스템은 약사가 직접 주문을 할 수 있도록 해주는 동시에 유용한 정보를 제공해서 인기를 끌었다.

마케팅의 변화

도전자들은 많은 산업 분야에서 선도기업을 성공적으로 공격하기 위해서 마케팅 가치활동을 혁신하기도 한다. 다음은 가장 보편적인 마케팅 혁신의 몇 가지 유형이다.

• **시장성이 낮은 산업에서 마케팅 비용의 증가** 도전자는 시장성이 낮은 산업에서 마케팅 비용을 올림으로써 선도기업을 공격할 수 있다. 예를 들면 그레이 푸폰, 스토우퍼, 오리 아이다(Ore-Ida)는 각각 겨자, 냉동식품 그리고 냉동감자 등에서 이런 방법으로 성공했거나 광고비를 예전보다 많이 지출하는 공격적 자세를 취하고 있다. 일반적으로 볼 때 높은 수준의 광고비는 상품의 이미지를 향상시켜 가격을

높게 책정할 수 있도록 함으로써 상품이 실제보다 높은 평판을 받도록 해준다.

• **새로운 제품 포지셔닝** 도전자는 선도기업을 공격하기 위하여 새로운 방법으로 상품을 포지셔닝하는 방안을 모색할 수 있다. 4장에서 설명했듯이 스토우퍼가 간편 냉동 식사를 요리용으로 포지셔닝한 전략이 경쟁 판도를 뒤바꿔놓았던 주요 요소 중 하나였다.

• **새로운 판매조직 형태의 도입** 전혀 다른 스타일의 판매원을 고용하여 만들어진 새로운 분위기의 판매구조가 성공적인 선도기업을 공격하는 기본이 될 때도 있다. 캔과 캔 뚜껑 그리고 포장 용기 기계 등 캔 관련 제품의 일체를 판매하기 위해 새롭게 구성된 크라운 코크 앤 실의 역량 있는 기술진들의 판매능력은 크라운 사가 아메리칸 캔이나 콘티넨탈 캔(Continental Can)을 제치고 단연 선두에 설 수 있었던 근본 원인 중의 하나였다.

생산공정의 변화

원가를 낮추거나 차별화를 높이는 원인이 될 수 있는 생산공정의 가치활동 변화가 성공적인 선도기업 공격을 할 수 있는 밑받침이 될 수 있는 경우도 많다. 3장에서 설명한 바와 같이 아이오와 비프는 정육 포장에서 전혀 새로운 가치사슬을 개척하였다. 카길과 ADM도 옥수수 제분 산업에 진입하기 위하여 새로운 연속공정 설비를 도입했다. 상품의 질을 더욱 높게 해준 개선된 생산공정 역시 냉동감자 분야에서 오리 아이다의 성공을 가져다준 주요 원인이었다. 이와 같이 때로는 생산방식을 완전히 바꾸는 새로운 기술이 도입되기도 하고 혹은 기존의 기술을 활성화할 수 있는 부분적 기술 혁신이 이루어지기도 한다(5장 참조).

하류 부문(고객 접점 부문) 재배열

선도기업이 무시해버린 유통채널을 이용하거나 이제 막 시도되는 유통채널을 선도기업보다 먼저 확보하여 공격하는 것도 좋은 방법 중 하나다. 다음은 이러한 하류 부문 혁신의 몇 가지 예다.

- **새로운 유통채널 개척** 타이맥스는 1950년대에 부로바(Bulova)와 스위스 시계회사들의 확고한 지위에 굴하지 않고 약국이나 대형 소매점을 새로운 판매채널로 개척해서 시계 산업의 새로운 강자로 부상했다. 기존 선도기업들은 귀금속 가게만을 그들의 유통채널로 삼고 있었다.

- **새롭게 부상하는 유통채널을 선점** 리차드슨 빅스(Richardson-Vicks)는 올레이 오일(Oil of Olay)을 필두로 한 고급 기초화장품의 유통채널로 슈퍼마켓을 선정했다. 이때부터 유통채널로 새롭게 부상하던 슈퍼마켓을 통해 고급 기초화장품이 판매되기 시작했으며, 이를 계기로 리차드슨 빅스는 초기 진입자에게 주어지는 엄청난 경쟁우위를 얻게 되었고 올레이 오일은 아직도 동사의 최대 판매 상품으로 남아 있다.

- **직거래 추진** 일본의 지퍼회사인 YKK는 도매상을 거치지 않고 직접 의류회사와 거래를 함으로써 탈론(Talon)을 앞질렀다.

그런데 선도기업을 공격하는 데 있어서 크게 성공하려면 가치사슬에 있어서 다수의 가치활동을 혁신해야 한다. 스토우퍼는 마케팅에서의 대대적인 개혁과 상품변경을 결합했다. 카길 역시 생산공정의 변화와 마케팅 전략의 변화를 함께 시도하였다. 타이맥스도 저원가 기술로 제조된 시계를 새로운 유통채널에 판매했으며 여기에 전례 없는 TV 광고를 집행했다. 더욱이 이러한 공격전략을 통해 새로 창출해 낸 경쟁우위의 지속가능성은 3장과 4장에서 언급된 다수의 경쟁우위의 원천에서부터 생겨난다.

한편 산업의 구조적 변화는 종종 가치사슬을 재배열할 기회를 부여해준다. 스위스 시계를 공격한 타이맥스는 시계 제조기술의 급속한 발전과 더불어 TV의 보급과 대중을 상대로 한 판매채널의 출현을 잘 활용했다. 또한 수입의 증가와 거주지의 이동이 잦은 미국인의 생활패턴은 시계를 생필품으로 만들었다. 하지만 아직도 많은 산업 분야에서는 재배열 작업이 실제로 새로운 분야를 개척하기보다는 이제까지 해왔던 일들을 다시 점검하는 선에서 그치고 있다. 그렇지만 궁극적으로 가치사슬을 규칙적으로 예측할 수 있게 재배열하는 것은 쉽사리 성취하기 어려운 창조적 행위다. 따라서 이 책의 산업분석, 가치사슬 분석, 기술분석, 산업 시나리오 그리고 기타 이론은 재배열의 가능성을 타진해보는 데 도움이 될 것이다.

재정의

선도기업을 공격하는 두 번째 방법은 경쟁 범위를 재정의하는 데 있다. 경쟁 범위를 좁혀서 어떤 특정 목표에 가치사슬을 맞출 수도 있고, 경쟁 범위를 넓혀서 상호관련성의 성취 혹은 통합의 이득을 획득할 수 있다. 앞의 장, 특히 2, 7, 9 그리고 12장에서 계속 설명한 것처럼 기업의 활동 범위는 경쟁우위에 지대한 영향을 미친다. 따라서 도전자는 4가지 유형의 경쟁 범위를 반영하는 다음의 4가지 방법으로 경쟁 범위를 변화시킬 수 있다. 이렇게 경쟁 범위를 재정의하는 4가지 유형은 상호 배타적이지 않다는 점도 잊어서는 안 될 것이다.

- **산업 내 집중화** 경쟁의 기본 범위를 축소하여 특정 세분 시장에 국한한다.
- **통합 또는 통합의 해체** 사내 활동 범위의 확대 또는 축소
- **지역적 재정의** 경쟁의 기본 범위를 한 지역 내지 한 국가에서 세계로 확장하거나, 그 반대로 전 세계적 경쟁을 지역 범위로 축소한다.
- **수평적 전략** 경쟁의 기본 범위를 한 산업 분야에서 관련성 있는 다른 산업 분야로 확장한다.

집중화

선도기업에 대항하는 성공적 집중화 전략에는 7장에서 설명한 모든 유형이 포함된다.

- **구매자 집중화** 라 퀸타 같은 모델 기업은 회사의 중간 관리자들의 출장에 초점을 맞추어 그들의 요구에 맞는 새로운 저원가 가치사슬을 창조했다.
- **제품 집중화** 제록스에 대항하여 캐논, 리코(Ricoh), 사빈(Savin) 등

은 기능이 한정된 소형 복사기 부분에 초점을 맞추었다.

• **유통채널 집중화** 스틸은 홈라이트와 맥컬로치 등에 대항하여 기계톱에 있어서 오로지 중간상에게 서비스를 집중하는 구매자 서비스에 중점을 두었다.

이러한 집중화 전략은 선도기업이 도전자에게 보복하려면 자사의 전략을 수정해야 하는 어려움이 따르게 하는 경우가 많아서 도전자에게는 매력도가 높다. 즉 선도기업이 전략을 수정하는 동안 도전자는 그 산업 분야에 어느 정도 발판을 굳히게 되며, 이로 인해 선도기업의 보복은 더욱 늦어지고 어려움이 가중된다. 더욱이 선도기업을 공격하기 위한 집중화 전략은 단계적 진입전략(sequenced entry strategy)의 한 부분으로도 쓰일 수 있다.[2] 단계적 진입전략에서는 도전자가 처음에는 일단 집중화 전략으로 선도기업을 공격한 다음, 시간을 두고 선도기업과 모든 분야에서 경쟁하기 위하여 활동 범위를 서서히 넓혀 나간다. 일본 기업들은 TV와 오토바이 같은 산업에서 이 전략을 사용해왔다. 다시 말해서 그들은 저급품을 생산하는 것에서 시작해 점차 생산품 종류를 확장했다. 나이키 역시 운동화 부문에서 아디다스를 공략하기 위해 이런 식으로 접근했는데, 처음에는 고급제품 생산에만 중점을 두다가 여기서 명성을 얻게 되자 품질이 낮은 저렴한 운동화에까지 경쟁 범위를 확장하였다. 이처럼 단계적 진입전략은 한 회사가 어떤 특정 세분 시장에서 얻은 경쟁우위를 다른 세분 시장에까지 영향을 주는 상호관련성이 있을 때 더욱 유용하다(7장 참조). 더욱이 단계적 진입전략은 선도기업을 공격하는 과정에서 초반부터 보복을 유발하지 않도록 조정해주는 이점도 있다.

통합과 통합의 해체

도전자는 통합이나 통합의 해체를 통해 선도기업을 공격할 수 있다. 전방이나 후방 통합은 때때로 원가를 낮추어주기도 하고 또는 차별화를 증진시키기도 한다.[3] 포도주 산업의 예를 본다면 갤로가 병입 작업을 통합한 것이 원가 우위 형성에 한몫했다. 스위스 소매기업인 미그로스(Migros)는 소매 산업을 기반으로 제품과 포장의 후방 통합을 이루어냄으로써 극적인 성장을 하였다. 또한 주변 여건의 변화도 통합된 선도기업에 맞서 경쟁우위를 얻을 수 있는 수단이 되기도 한다.

지역적 재정의

한 나라 혹은 몇몇 나라에서 기업을 경영하는 선도기업은 때때로 도전자가 채택한 지역적 전략 내지 글로벌 전략에 공격당하기도 한다.[4] 이러한 전략을 채택한 도전자는 광범위한 지역에 걸친 상호관련성을 추구하기 위해 시장의 지역적 영역을 확장시키고, 그 결과 원가 우위 또는 차별화 우위를 얻을 수 있다.

이처럼 여러 나라에 걸친 가치활동을 통합 조정하는 글로벌 전략은 생산이나 제품개발에서 규모의 경제를 가져오기도 하고 전 세계 구매자가 더욱 만족할 만한 제품이나 서비스를 개발하기도 하는 등, 이 책의 다른 곳에서 언급한 경쟁우위 요인의 창출을 촉진할 수 있다. 산업 분야에서 일어난 세계화 추세는 자동차, 오토바이, 트럭, TV, 각종 의료기구 등과 같은 산업에 속한 도전자들에게는 성공적 전략의 일부분이 되어왔다.

그렇지만 한 산업이 다지역특성(multidomestic)을 지닌 경우, 각 지역과 국가의 차이로 인해 글로벌 전략이 오히려 비생산적일 수 있다. 이런 경우 글로벌 전략을 쓰는 선도기업이 있다면 국가별 현지 적응 전략을 채택한 도전자에게 약점을 잡힌 것과 같게 된다. 캐스트롤은 이 같은 현지 적응 접근법을 써서 자동차 윤활유 산업에서 세계시장을 개척하는 데 성공했다. 또한 글로벌 산업에서도 일부 세분 시장의 경우에는 현지 적응 전략이 필요할 수 있다. 이 2가지 경우 모두 선도기업을 공격하는 데 있어서 세계화를 포기하고 현지 적응 전략을 추구하는 것이 기본원리가 되어야 할 것이다.

한편 많은 산업에서는 기업들이 국내 혹은 세계적인 경쟁자들을 성공적으로 물리치기 위하여 한 나라의 특정 도시나 지역에 그들의 활동을 집중시키고 있다. 하지만 경쟁자가 지역적으로 가까운 곳에 있을 경우에는 전국적인 접근법을 택하는 것이 경쟁우위를 얻는 지름길이다. 개닛(Gannett)이 발행하는 『USA 투데이』는 신문 산업에서 이 방법을 쓰고 있다.

수평적 전략

도전자들은 사업단위의 상호관련성을 개발해 경쟁의 범위를 넓힐 수도 있다. 9장과 10장에서 자세히 설명한 대로, 관련 산업에 계열 사업단위가 포진해 있는 기업이 상호관련성을 잘 이용하면 경쟁우위를 획득할 수 있다. 이와 마찬가지로 관련 산업의 모든 사업단위를 포괄하는 수평적 전략을 쓰는 도전자는 산업의 더욱 좁은 범위, 혹은 다른 범위에서 사업을 운영하는 선도기업을 성공적으로 공격할 수 있다. 예를 들어 IBM은 개인용 컴퓨터 산업에서 애플과 탠디(Tandy) 같은 선도기업을 제압하기 위해 관련 산업에 속한 계열 사업단위들과 새로 진출한 PC 산업 간에 상호관련성을 만들었다. 어떤 산업 분야를 막론하고 상호관련성은 시장점유율 획득을 위한 대체재 같은 역할을 하여 선도기업의 경쟁우위를 무력화시킨다.

상호관련성 추구의 한 유형인 보완재는 12장에 설명되어 있다. 어떤 산업에서는 일괄 판매전략이 경쟁우위를 창조하는 반면 또 다른 산업 분야에서는 개별 판매(unbundiling)가 그 역할을 하기도 한다. 예를 들어 메릴 린치가 이전의 개별 금융서비스를 묶어 일괄 판매하기 위해 도입한 CMA는 메릴 린치의 지위를 향상시켜 다른 종합 금융서비스 제공 회사들과 대항할 수 있도록 하였다.

다수의 재정의 전략

앞서 기술한 4가지 유형의 재정의는 상호 배타적이지 않다. 따라서 마쓰시타가 가전 산업에서 보여주었던 것처럼 도전자는 상호관련성을 추구하는 동시에 사사의 선략을 세계화할 수 있다. 마쓰시타는 여러 종류의 가전제품에서 제조 활동, 유통채널 및 기타 가치활동을 공유하고 있다. 이 회사는 또한 자사의 전략을 전 세계에 걸쳐 통합, 조정한다. 이렇게 다수의 재정의 전략을 채택함으로써 마쓰시타는 하나의 특정 제품 또는 특정 국가에만 의존하는 경쟁자를 물리쳤다.

한편 도전자는 어떤 측면에서는 좁은 경쟁 범위를 사용하는 동시에 다른 측면에서는 넓은 범위를 쓰는 방식으로 전략을 결합하여 사용할 수도 있다. 예를 들어 도전자는 지역적 범위에서 세계적으로 경쟁하면서 동시에 특정 산업의 특수 분야에만 중점적으로 선도기업을 공격할 수 있다(산업 내 세분 시장 집중화와 지역적 범위의 재조정). 또한 도전자는 한 산업에 중점적으로 투자하면서 관련 산업에서의 상호관련성을 개척할 수 있는데, 이 또한 넓은 경쟁 범위를 동시에 여러 방면으로 재정의함으로써 더 우월한 경쟁우위를 창출할 수 있다. 그 이유는 각각의 재정의로부터 나오는 경쟁우위가 누적되기 때문이다.

〈그림 15-2〉의 범위표(scope diagrams)는 여러 종류의 범위 수준을 도식적으로 나타낸 것이다. 이는 도전자들에게 어떤 전략이 선도기업을 공격하기에 합당한 방법인지를 알아내도록 각각의 범위 수준을 검토하는 법을 보여준다. 우선 선도기업의 범위가 표시된 후, 도전자가 유력한 경쟁우위를 창조할 수 있을 것인지 확인하기 위하여 여러 가능성 있는 재정의된 범위들이(좁게 또는 넓게 혹은 둘 다 동시에) 그림 위에 표시된다. 예를 들면 아래 그림은 1970년대의 자동차 산업을 나타냈다. 여기에서 보면 GM은 모든 모델의 자동차를 망라하여 넓은 범위를 무대로 하는 경쟁사의 전략에 강력히 대응하였다. GM이 미국 국내뿐만 아니라 국제적으로 경쟁을 하고는 있었지만, 그들 전략의 초점은 주로 미국에 맞춰져 있었고 글로벌 전략은 최소 수준에 머물렀다. 한편 도요타와 닛산은 소형 자동차에 중점을 두고 잘 통제된 글로벌 전략을 시도하였으며, 그 과정에서 GM을 훨씬 능가하는 경쟁우위를 얻을 수 있었다.

〈그림 15-3〉은 미국의 신문 산업의 경쟁유형을 나타내주는 범위표다. 여러 도시의 신문들이 동일한 가치사슬에 속해 있기는 하지만, 이 산업의 기존 전략은 여러 분야의 뉴스를 총망라한 도시 지역 신문으로 만드는 것이었다. 그런데 『월스트리트저널』과 『뉴욕타임스』가 신문 산업의 특정 세분 단위를 겨냥한 전국적인 경쟁전략을 도입하였으며, 『월스트리트저널』의 경우는 한발 더 나아가 최근 유럽과 아시아판을 만들어 부분적으로나마 글로벌 전략에 눈을 돌리기 시작했다.

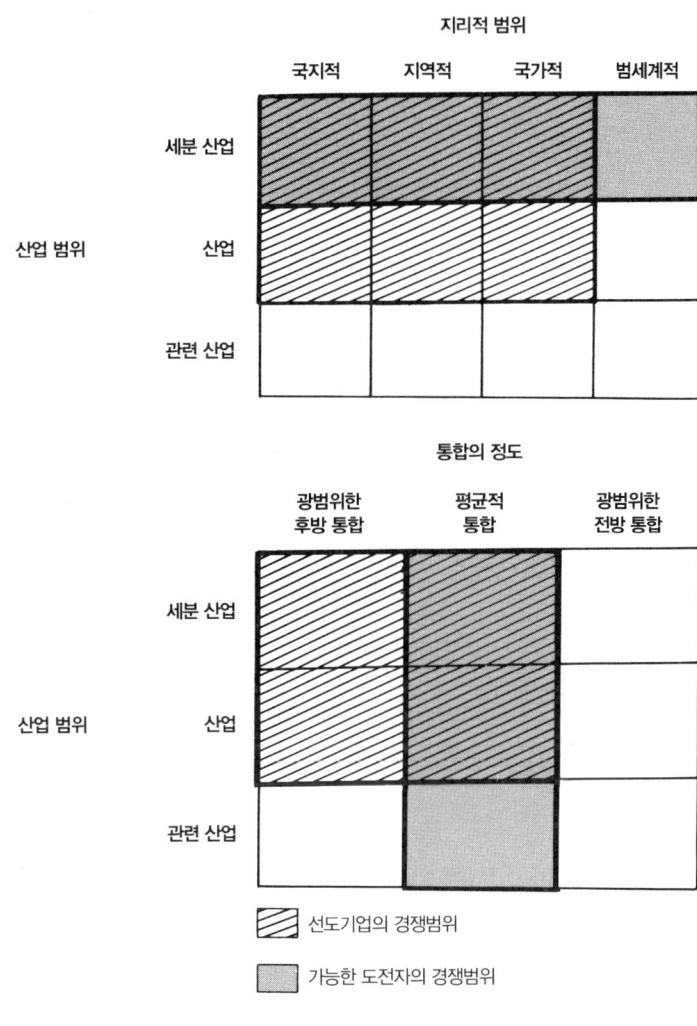

그림 15-2 선도기업의 대체적 경쟁 범위와 도전자의 전략

이와 동시에 『USA 투데이』와 『월스트리트저널』의 전략은 모두 현대의 통신, 컴퓨터 및 인쇄기술의 덕분에 가능할 수 있었다. 이러한 추세에 따라 신문 산업에서는 범위를 재정의하는 것이 경쟁우위에 필

수적인 요소가 되었다.

이제까지 소개되었던 재정의의 많은 예는 재정의와 재배열이 보통 어떻게 함께 쓰이는지 보여준다. 『월스트리트저널』이 기업의 가치사슬을 처음에는 전국 단위, 그다음에는 글로벌 단위로 변화시키지 않았다면 지금과 같은 성공은 없었을 것이다. 따라서 도전자는 선도기업을 공격하는 데 있어서 재정의와 재배열이 서로 보완적인 관계라는 것을 명심해야 한다.

순수지출

선도기업을 공격하는 데 가장 마지막으로 사용 가능한 그리고 가장 위험한 방법이 바로 재배열이나 재정의를 전혀 고려하지 않은 순수지출 방법이다. 순수지출은 가격설정 및 대규모 광고 등을 통하여 시장점유율, 누적판매량 혹은 상표 인지도에서 좋은 성과를 얻기 위한 투자에 드는 비용이다. 충분한 투자를 통해 도전자는 목표로 삼았던 시장점유율, 판매량 또는 명성을 얻어 상대적 원가 지위나 차별화에 도달할 수 있다. 이러한 순수지출 방안을 채택한 도전자는 선도기업과 차별화된 전략을 사용하지도 못하고 유사한 전략을 더 잘 수행하지도 못하지만, 풍부한 자원과 언제라도 투자가 가능한 태도로 선도기업에 위협을 가할 뿐이다.

그렇지만 선도기업의 경쟁우위를 이런 식으로 상쇄하려 하는 것은 종종 큰 대가를 치르게 하며 실패를 하는 경우도 자주 있다. 만일 선도기업이 원가 우위나 차별화 우위를 가지고 있다면 도전자의 전략은 선도기업들의 풍부한 재력에 무참하게 당하는 것이 보통이다. 선

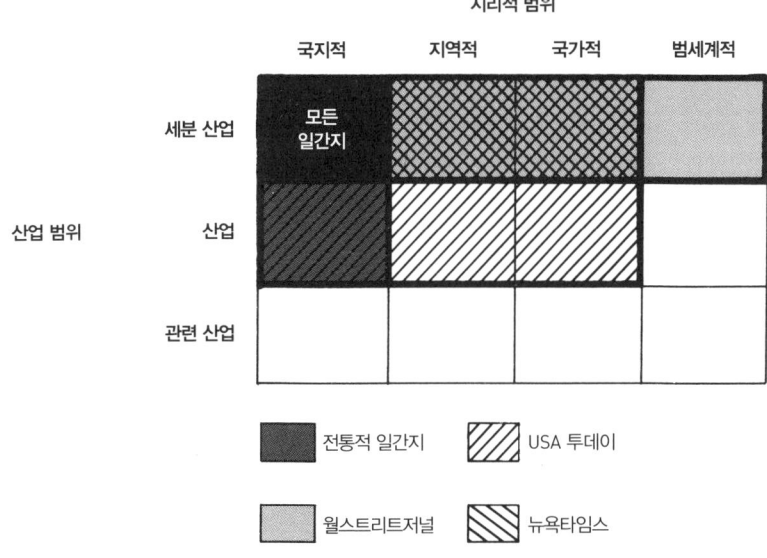

그림 15-3 신문 산업에서의 대체적 경쟁 범위

도기업은 대부분 그들의 위치를 지키기 위해서 막대한 규모의 투자도 단행할 용의가 있다. 순수지출의 위험을 생생하게 묘사해주는 예는 석유회사들이 비료와 화학회사로 다각화한 경우에서 찾아볼 수 있다. 석유회사들은 충분한 재력이 뒷받침되었음에도 불구하고 재배열이나 재정의를 통하여 얻은 경쟁우위가 충분하지 못했기 때문에 대부분 비참한 결과만을 낳았다.

그러므로 순수지출 전략은 도전자가 무한대의 액수를 투자할 능력이 있거나 선도기업이 그 산업에 더이상 돈을 투자할 의사가 없을 때만 성공 가능성이 커진다. 아무리 막강한 재력을 가진 선도기업이라 해도 자신의 입지에 만족하거나, 조직 내에 문제가 자주 발생하거나, 다른 사업에 우선순위를 두고 있거나, 혹은 현금을 회수해야 하는 등의 내부적인 압력이 있을 수 있기 때문이다. 순수지출이 성공할 확률이 가장 높은 산업은 선도기업이 소규모 회사를 운영하며 자금력이 충분하지 않은 경우다. 이런 산업의 선도기업은 도전자를 포기하게 할 만큼 충분한 보복 조치를 실행할 능력이 없다.

  따라서 순수지출 전략은 선도기업을 공격하는 데 가장 취약하며, 단독으로 사용하는 것은 결코 바람직하지 않다. 하지만 대규모 투자에 대한 결연한 의지는 재배열이나 재정의에 기초한 전략의 성패에 영향을 줄 수 있는 중요한 요소다. 예를 들어 크라운 코크 앤 실은 아메리칸 콘티넨탈(American Continental)이 그들의 기존 투자분을 회수하는 데 만족하고 있을 때 대규모 투자를 단행하여 최신 장비를 구입할 수 있었고 이를 바탕으로 빠른 시일 내에 원가 우위를 확보할 수 있었다.

선도기업 공격을 위한 연합전선 구축

도전자는 선도기업을 공격하는데 필요한 자료, 기술, 시장정보 혹은 기타 여러 가지 이득을 얻기 위하여 다른 도전자와 관계를 맺을 필요가 있을지 모른다. 이와 같은 연합관계는 물론 성공의 필수조건은 아니지만 재배열이나 재정의 혹은 순수지출의 여러 유형을 달성하는 한 가지 방법이 될 수 있다. 역사적으로 볼 때 기업 간의 연합은 선도기업을 공격하는 성공적 전략형성에 대단히 중요한 역할을 해왔다. 이러한 기업연합을 크게 2가지 유형으로 나누어보면 다음과 같다.

- **인수** 한 기업이 다른 기업을 인수하거나 다른 기업으로 인수되

는 것이다.

- **제휴** 한 기업이 라이센싱, 합작투자 그리고 공급계약 등의 방법으로 인수를 거치지 않고 다른 기업과 힘을 합한다.[5]

인수전략을 채택함으로서 도전자는 새로운 세분 시장에서 선도기업으로 부상할 수도 있으며, 아울러 새로운 지역에서 위치를 확고히 하거나 통합의 정도를 높일 수 있다. 아니면 새로운 관련 산업에서 교두보를 확보할 수 있게 되어 경쟁 범위를 넓힐 수 있다. 예를 들어 이베코(Iveco)는 일련의 인수과정을 거쳐 유럽의 몇 개 트럭 제조업체를 합병하자 경쟁력이 놀라운 수준으로 강화되었다. 한편 인수전략은 재배열이나 순수지출 전략에서 핵심적인 역할을 하기도 한다. 인수 당사자인 두 기업은 재배열이나 순수지출을 가능하게 하는 범위에서 자원과 기술을 잘 결합할 수 있기 때문이다.

제휴전략 역시 재배열, 재정의 또는 순수지출을 가능하게 해주는 기술과 자원의 조화를 이루게 한다. 예를 들면, 일본의 TV 제작자들은 RCA와 컬러TV 기술 부문에서 기술을 제휴함으로써 그들의 생산품과 생산공정 혁신에 중요한 전환점을 가져왔다. 비슷한 예로 에어버스를 탄생시킨 기업 간 제휴는 곤경에 처한 대규모의 기업들이 세계적 수준의 기업으로 재탄생한 사례다. 제휴는 또한 경쟁 범위를 넓히기 위해 기업이 스스로 행한 활동에 이어 시도되는 경우가 많다. 예를 들어 밸브산업에서 WKM은 오로지 미국에서만 밸브 제조 및 판매를 하며 미국 이외의 국가에서는 라이센싱을 통해 진출하고 있다.

제휴는 또한 선도기업을 공격하는 데 있어서 눈에 잘 띄지 않는 역할을 하기도 한다. 5장에서 설명했듯이 도전자들은 가끔 나중에 선도기업을 공격하는 데 기본이 되는 기업 간 제휴를 바로 그 선도기업과 형성하기도 한다. 선도기업으로부터 얻은 기술제휴, 혹은 마케팅이나 제조의 합작 등을 통해 도전자는 선도기업의 강점을 배운 다음 대등한 위치로 도약할 수 있다. 실제로 많은 일본 기업들이 외국 선도기업과의 제휴로 앞선 기술을 도입해 그들의 기술력을 향상시켰다.

하지만 인수와 제휴전략에도 문제가 없는 것은 아니다. 인수 시에는 인수 기업과 피인수 기업의 가치사슬을 통합하기가 어렵고, 제휴 시에는 파트너들 사이의 조정이 매우 어렵다. 예를 들어 복사기 산업에서 제록스는 합작투자 파트너인 랭크 제록스 그리고 이어서 후지 제록스 등과 전력을 조정하는 과정에서 많은 문제점을 노출하였다. 여기서 발생한 문제점을 잘 활용해 이득을 본 기업이 캐논이다. 캐논은 제록스의 사례를 본보기로 글로벌 기업 간 제휴에 더욱 야심을 품게 되었고 이는 경쟁우위를 획득하는 데 중요한 역할을 하였다.

선도기업의 보복을 방해하는 요인

성공적인 도전자라면 선도기업의 보복에 대비하여 방해물을 미리 생각해두거나 만들어두어야 한다. 이러한 방해물이 효과적으로 설치된다면 선도기업이 가진 경쟁우위를 무마시킬 것이며, 이로 인해 공격에 들어가는 비용을 절감할 수 있다. 다음에 제시되는 다양한 요인들로 인해 선도기업은 도전자에 대한 보복의 어려움에 직면하게 된다.[6]

- **복합동기**(mixed motive)   도전자의 전략에 대응하기 위하여 기존

전략을 약화시켜야만 하는 선도기업은 복합동기에 직면하게 되고, 보복능력이 떨어질 것이다. 예를 들어 서비스 산업에서 경쟁우위를 쌓은 선도기업은 그러한 서비스를 무용하게 만드는 도전자의 전략에 대응하다가 어렵게 얻은 명성을 잃어버릴 수 있다. 또한 선도기업은 기존의 전략을 고수하지 않고 도전자에 대한 보복을 선택하여 시장점유율의 하락을 경험할 수도 있다. 문구회사인 BIC이 처음 시장에 저가의 일회용 볼펜을 소개했을 때 질레트의 페이퍼메이트(papermate) 사업부에서는 복합동기를 경험하지 않을 수 없었다. 페이퍼메이트 사업부는 오랜 기간에 걸쳐 펜의 고급 브랜드 이미지를 키워가고 있었다. 하지만 BIC의 도전에 보복으로 맞서려면 고급 브랜드 이미지를 포기해야만 했다. 결국 페이퍼메이트는 BIC에 맞서는 전략으로 완전히 새로운 브랜드인 라이트 브라더스(write brothers)를 출시했다.

한편 선도기업과 그 모회사의 여러 사업단위 사이에 형성된 상호관련성은 복합동기의 근본 요소가 되기도 하는데, 그 이유는 상호관련성을 추구할 때 비유연성 비용이 수반되기 때문이다(9장 참조). 또한 상호관련성 추구 시에 선도기업은 자매 사업단위에 해를 끼치지 않는 범위 내에서 보복하도록 강요받기도 한다. 복합동기는 12장에서 설명했듯이, 선도기업이 여러 전략을 묶어서 사용할 때 일어난다. 선도기업은 독립적으로 활동하지 않고 도전자가 어느 정도 시장을 나누어 갖게끔 허락하기도 한다. 그렇지 않으면 전체 산업이 분리되어 나누어질 수도 있기 때문이다.

- **높은 보복비용** 만일 도전자의 전략이 선도기업에 높은 보복비용을 부담하게 한다면, 선도기업은 보복을 포기하는 편이 좋을지도 모

른다. 예를 들어 선도기업의 높은 시장점유율은 전반적 가격 인하와 보증비용 증가와 같은 값비싼 보복 행위를 제지하는 요인이 된다. 또한 선도기업이 비효율적이고 오래된 설비와 기기를 보유하거나 노사 관리를 하고 있을 경우에도 보복비용은 높을 수 있다. 방어 전술에 드는 비용이 어떻게 측정되는지는 14장에서 언급했다.

• **서로 다른 투자 결정 기준** 투자 우선순위가 다른 선도기업은 도전자의 공격에 응하지 않을 수도 있다. 예를 들어, 단기수익에 중점을 두는 선도기업은 수익보다는 일단 공격에 집중하는 도전자에게 어느 정도의 몫을 주고 말 것이다. 마찬가지로 빠른 현금회전을 희망하는 선도기업은 보복에 상당한 재투자가 필요하다면 하지 않을 확률이 높다. 탐팩스(Tampax)의 경우도 도전자와는 서로 다른 투자 우선순위가 공격을 불러들인 사례다. 여성 위생용품에서 일정한 수준의 수익을 유지하는 것이 탐팩스가 가장 우선적으로 해결할 일이었으며, 이러한 측면이야말로 탐팩스가 반복되는 공격에도 불구하고 거의 반응을 보이지 않은 이유다. 이와 같이 독특한 투자 우선순위를 간파함으로써 미국의 선도기업들을 공격한 많은 외국기업들이 성공을 거둘 수 있었다.

• **포트폴리오 제약** 선도기업은 기업의 몰입도나 참여도가 다른 산업으로 집중되고 있는 경우에 도전자의 공격에 직면한 특정 사업단위의 원자재를 제한하거나 그 사업단위의 목표를 전사적 관점에서 결정함으로써 보복을 포기하기도 한다. 예를 들어, 모회사로부터 현금 제조기(cash generator) 역할을 하는 선도기업은 도전자의 공격을 막

기 위한 자원을 쉽게 얻을 수는 없을 것이다. 한편 적극적으로 다각화를 추진하는 선도기업은 핵심 산업에 대한 관찰과 방어에 소홀하게 된다. 예를 들면 아메리칸 캔과 콘티넨탈 캔을 상대하여 얻은 크라운 코크 앤 실의 성공은 이 두 선도기업이 다른 형태의 포장재 부문으로 다각화 전략을 시도함으로써, 주력업종인 캔 부문을 소홀히 하고 있던 점을 간파한 결과다.

• **법적 규제압력** 만일 자사가 법적 규제 때문에 소신껏 보복할 수 없다고 믿는 선도기업이 있다면 그 기업은 보복하지 않을 것이다. 또한 독점 금지, 안전규정, 공해규제 및 다양한 종류의 법적 규제는 선도기업의 보복심리를 위축시킨다. 어떤 이들은 워싱턴 DC에서 만드는 병입업자 프랜차이즈제(franchise bottler system)에 대한 규제의 압력이 코카콜라가 펩시의 도전에 대응하기 위해서라고 믿고 있으며, 비슷한 예로 규제에 대한 두려움 때문에 AT&T가 새로운 경쟁에 직면해 있어도 보복의 충동을 억제한다고 믿는다.

• **맹점**(blind spots) 선도기업은 산업의 상태를 진단하는 데 있어서 잘못된 가정이나 맹점으로 어려움을 겪을 수 있다. 예를 들어 만약 선도기업이 구매자의 니즈나 중요한 산업변화를 잘못 판단한다면, 도전자는 선도기업이 궤도를 수정하기 전에 미리 공격전략을 실시해서 경쟁 지위를 확고히 할 수 있다. 게다가 도전자가 자신의 위치를 확고히 할 만큼 시장점유율을 기록할 때까지는 도전자의 행동에 큰 위협을 느끼지 않을 것이다.

이와 같이 많은 도전자들의 성공 이면에는 맹점의 역할이 컸다. 할리 데이비슨(Harley Davision)은 소형 오토바이의 수요에 잘못된 판단을 하고 있었기에 혼다가 자리를 잡는 동안 속수무책으로 지켜볼 수밖에 없었다. 제록스 역시 소형 복사기의 중요성을 간과했고, 제니스는 디자인과 자동생산 기술의 진보를 무시하고 수작업으로 만든 TV만을 고집했다. 경쟁자의 가정을 면밀히 분석하면 이러한 맹점은 금방 찾을 수 있을 것이다.

- **부적절한 가격설정** 선도기업은 특정 제품을 특정 구매자에게까지 전달하는 데 드는 직접비용보다는 평균비용을 기준으로 가격설정을 한다. 만일 도전자가 과다 청구되는 제품이나 구매자를 겨냥하여 저렴한 가격전략으로 나아간다 해도 선도기업은 그 실제 원가를 알아내는 데 많은 시간이 걸릴 뿐만 아니라 총 마진을 감소시키려고 하지 않을 것이다. 선도기업은 종종 도전자가 선도기업으로 군림할 때까지 차례로 세분 시장에서 물러나는 식으로 그와 같은 전략에 대응하기도 한다.

- **신사의 게임**(gentlemen's game) 경쟁을 '신사의 게임'이라고 여기는 산업에서는 선도기업의 대응이 아주 천천히 일어날 것이다. 그러한 산업의 선도기업은 지금까지 좋은 관계를 유지해온 다른 경쟁자와의 관계가 악화되는 것을 원하지 않아서 도전자에 대항하여 보복하는 일 자체를 거북스럽게 여기는 것이 상례였다. 예를 들어 많은 기업의 좋은 본보기였던 청량음료 산업의 지도자인 코카콜라는 그 오랜 역사와 명성으로 인해 펩시에 미미한 수준의 보복만 행사해 왔다.

지금까지 살펴본 바대로 선도기업의 보복을 가로막는 방해 요인은 다양한 원인에서 비롯된다. 어떤 방해 요인은 복합동기나 자원 배분 우선순위 같은 눈에 보이는 요소들이 원인이 될 수도 있고, 또 다른 방해요인은 선도기업이 지니는 맹점과 부적절한 가격설정의 경우처럼 인식의 오류로 발생하기도 한다. 따라서 도전자의 성공 가능성은 선도기업의 공격에 맞서는 유형의 장애 요인이 존재할 때 가장 높아진다. 복수의 장애 요인은 선도기업의 문제점을 더욱 가중시킨다. 예를 들어, 타이맥스에 대응해야 했던 스위스 시계회사들은 타이맥스의 휴대용 시계 판매능력에 아무런 통찰력도 갖지 못한 맹점 상태였다. 그들은 또한 타이맥스처럼 약국의 유통채널을 사용하게 되는 경우 기존의 유통채널인 보석상과 거래를 끊어야 할지도 모른다는 갈등에서 야기되는 복합동기와 함께, 스위스 시계 특유의 노동집약적인 공정을 기반으로 타이맥스의 자동설비 능력에 대응하려고 한 결과 높은 대응비용을 낳았다.

한편 재배열과 재정의 전략도 선도기업의 보복에 자주 장애 요인이 된다. 이러한 재배열 또는 재정의 전략은 흔히 복합동기나 높은 대응비용을 불러일으키기도 하고 선도기업이 인식의 착오를 일으키게 하기도 한다. 그렇지만 순수지출 전략의 경우에는 나머지 2가지 방법과는 달리 선도기업 보복의 장애 요인과 별로 연관되지 못한다는 애로사항이 있다. 따라서 순수지출 전략은 선도기업이 색다른 투자 우선순위를 가지고 있고, 도전자의 자본투자에 대응할 의사가 별로 없을 때 가장 큰 효과를 볼 수 있다.

선도기업이 취약성을 나타내는 신호

앞에서 설명한 내용은 선도기업이 취약함을 나타내는 여러 종류의 신호를 제시한다. 이러한 신호는 2가지 그룹으로 나뉘는데, 하나는 산업 자체의 취약성 신호이고 다른 하나는 선도기업의 특성에 따른 신호다.

산업 자체의 취약성 신호

산업구조의 변화는 산업 선도기업이 취약점을 안고 있다는 가장 강력한 신호로 보아도 무방하다. 산업 외부에서 야기된 구조 변화는 선도기업의 취약성을 드러내는 특별히 강력한 징조인데, 지위가 확고한 선도기업들은 이러한 변화를 종종 잘못 해석하기 쉽다.

선도기업 취약성을 암시하는 중요한 산업 자체의 취약성 신호는 다음과 같다.

• **불연속적인 기술변화** 불연속적 기술변화가 일어나게 되면 5장에서 설명했듯이 선도기업의 경쟁우위가 사라질 가능성이 높아진다. 예를 들어 타이어 사업에서 래디얼 타이어는 미쉐린에 기술적 불연속성을 제공해 굿이어와 파이어스톤(Firestone)에 도전할 수 있게 만들었다. 또한 타자기 산업에서 전자기술은 언더우드(Underwood)와 SCM을 위협하고 있다. 하지만 지속적 기술변화에 대응하는 데는 일반적으로 선도기업이 도전자보다 더욱 유리한 위치에 놓이게 되는데 그 이유는 선도기업이 가진 규모의 경제나 축적된 지식 때문이다.

• **구매자 변화** 어떤 이유에서라도 구매자 가치사슬에서의 변화는 차별화, 새로운 유통채널, 개별 판매 등의 기회 및 여러 다른 기회를 제공해줄 수 있다. 예를 들면 일하는 여성이 날로 증가함에 따라 여성용이나 가정용 제품을 제조하는 산업의 선도기업에 도전할 수 있는 기회가 많아졌다. 새로운 구매자 세분 시장의 대두 역시 기회의 확장으로 볼 수 있는데, 선도기업이 아직 그 세분 시장의 구매자들을 만족시킬 준비가 되지 않았을 수도 있기 때문이다.

• **채널 변화** 새로운 유통채널의 개발은 현재의 유통채널을 모두 확보하고 있는 선도기업을 공격할 수 있는 잠재적 기회를 제공해준다. 예를 들어 다양한 소비재를 새롭게 슈퍼마켓에서 팔게 되면서 도전자가 슈퍼마켓을 새로운 유통채널로 이용하여 여러 선도기업을 공격할 수 있는 조건이 만들어졌다.

• **투입원가나 품질의 변화** 품질의 변화나 주요 투입요소 원가의 변화는 상품의 내용물을 줄이거나 변화시키기 위한 새로운 생산공정, 원자재의 새로운 출처 독점, 또는 상품 디자인 등을 통하여 도전자가 원가 우위를 얻을 수 있다는 신호가 되기도 한다. 예를 들면, 전력비의 급속한 증가는 알루미늄 제련 산업의 위치를 재수정할 기회를 제공한다.

• **신사의 게임** 앞에서도 말했듯이 오랜 번영의 역사를 가진 산업은 선도기업이 지도자로서의 모범적인 역할을 해왔음을 시사하며 이러한 선도기업일수록 보복을 하기를 꺼리는 경향이 있다.

선도기업의 취약성 신호

아래 제시한 선도기업들의 특성은 선도기업을 분석함으로써 도출해 낼 수 있는 취약성의 신호다.

• **어중간한 상태** 어중간한 상태(경쟁자에 비해 원가 우위나 차별화 우위가 결여된 상태)에 처해 있는 선도기업은 구미가 당기는 목표물이 된다. 이 경우 도전자는 이 장 앞에서 제시한 3가지 조건을 만족시키기가 수월하다.

• **불만 있는 구매자** 제품에 불만이 있는 구매자를 가진 선도기업은 흔히 취약점을 갖고 있다. 불만이 가득 찬 소비자들의 존재는 선도기업이 구매자에 비해 우월한 교섭력을 행사하였거나 과거의 성공에 자만해 오만불손한 태도를 지녀왔다는 것을 시사한다. 따라서 불만 있는 구매자는 적극적으로 도전자를 후원하고 밀어줄 것이다.

• **현재 산업기술의 개척기업** 특정 산업의 1세대를 개척한 선도기업은 다음 세대의 기술을 받아들이길 거부하며 초기 기술설비에 들인 투자로 인해서 상당히 유연성이 결여된 상태일 수 있다. 포드는 자동차 산업 초기에 이와 같은 문제로 더욱 고생한 것으로 보인다.

• **매우 높은 수익성** 특별히 많은 수익을 얻는 선도기업은 만일 그 산업의 높은 수익이 도전자가 공격에 부담해야 하는 비용보다 훨씬 크다면, 오히려 도전자에게 도전기회와 의욕을 제공하는 셈이 된다.

큰 수익을 내는 선도기업은 그들의 수익금을 보복하는 일에 쓰려고 하지 않는다. 게다가 비정상적인 고수익이 내포하는 또 다른 의미는 도전자에게 비교적 수익률이 낮은 제품에 눈을 돌릴 기회를 제공해 주며, 선도기업이 그러한 제품시장은 포기할 수 있다는 점이다.

•**법적 규제의 역사** 독점금지법 등과 같은 규제에 제재를 당한 역사가 있었던 선도기업은 실제로 적극적인 보복을 하기가 어렵고 그 기업도 그렇게 믿고 있을 것이다.

•**모회사 포트폴리오의 기준에서 볼 때 성과가 나쁜 선도기업** 모회사에 의해서 좋은 실적을 올린 사업단위로 인식되지 못한 사업단위는 최신기술을 도입 또는 개발하는 데 필요한 자본을 부여받지 못하거나, 도전자들에게 적극적으로 대응하는 데 있어서 그들의 수익률을 고려해 신중을 기해야 한다.

산업구조와 선도기업에 대한 공격

선도기업을 공격하는 데 있어서 마지막 시험절차는 이러한 공격이 산업구조 전반에 미칠 효과를 측정하는 것이다. 만일 도전자의 공격이 산업구조에 파괴적인 결과를 초래한다면 선도기업에 대한 공격은 지혜롭지 못하다. 이런 경우 도전자는 선도기업에 대응하여 승리하기 위해서 새로운 경쟁 방법을 찾아야 한다. 하지만 어떤 경우는 이렇게 찾은 새로운 경쟁방법이 차별화 진입장벽을 낮추는 가능성을 줄여주거나 1장에서 설명한 대로 다른 불리한 산업구조의 변화를 가져오기도 한다. 선도기업을 공격할 때 수반되는 또 다른 위험은 도전자가 일정한 시장점유율을 얻었다 하더라도 선도기업을 확실하게 능가하는 경쟁우위를 확보하지 못한 경우에는 두 기업 모두 경쟁적 지위 측면에서 비슷비슷한 수준에 머문다는 것이다. 그렇게 되면 그 산업의 불안정기는 오랜 기간 지속될 것이라고 확신해도 무방하다. 이러한 결과를 초래하는 경쟁은 많은 시간과 비용만 소모할 뿐 누구도 경쟁우위를 차지하지 못하게 된다.

6장에서 언급했듯이, 선도기업 중에서는 유익한 기업도 있다는 사실을 도전자는 반드시 기억해야 한다. 유익한 선도기업을 공격하는 것은 만일 그런 선도기업에서 받은 가치를 중도에 잃게 된다면 오히려 도전자의 수익을 악화시키는 작용을 한다. 이런 경우는 도전자가 선도기업을 공격하는 것을 즉각 중지해야 하며, 성장의 발판이 될 산업을 다시 찾아야 할 것이다.

주석

개정판을 내며

1 리엔지니어링에 관한 부분에서는 처리과정(process)이라는 용어를 사용하기로 했다. 이 말은 활동(activities)과 동의어로 쓰이기도 하고, 어떤 경우에는 여러 조직 단위에 걸쳐 일어나는 행동이나 그 행동들의 집합을 의미하기도 한다. 어쨌든 어떤 경우에도 핵심 개념은 동일하다. 전략적, 기능적 양 측면 모두 활동 수준(activity level)에서 가장 잘 이해할 수 있다.

2 Adam Brandenburger와 Barry Nalebuff는 보완재 역할을 더 깊이 탐구하는 『Co-opetition』(New York, Currency/Doubleday,1996)이라는 아주 멋진 책을 출간했다.

3 이 개념들은 M. E. Porter의 「From Competitive Advantage to Corporate Strategy」, Harvard Business Review(May-June, 1987)에서 더욱 자세히 다루고 있다.

4 M. E. Porter(ed.), Competition in global Industries(Boston, Harvard Business School Press, 1986).

5 M. E. Porter, The Competitive Advantage of Nations(New York, The Free Press, 1990). 포터는 최근까지 몇몇 글에서 지역의 역할과 글로벌 네트워크의 장점 등을 합쳐 각 국가 간이나 지역 간의 경쟁에 관한 통합된 관점을 만들어냈다. Harvard Business School Press에서 출간된 포터의 『Michael Porter on Competition』에서 Competing Across Locations: Enhancing Competitive Advantage Through a Global Strategy 부분 참고.

6 이 아이디어는 M. E. Porter의 「What is Strategy?」, Harvard Business Review (November-December, 1996)에서 처음 거론되었다.

1장

1 전략계획에 관한 개념을 정립한 기존 연구 중 상당수는 산업 매력도 측면을 무시한 채 이전투구식 경쟁에서 승리하기 위한 비법으로 시장점유의 추구만을 강조했다. 그러나 아무런 매력 없는 산업에서 경쟁을 통한 최고의 시장점유율 획득은 수익성을 보장할 수 없으며, 이러한 경쟁은 산업구조를 더욱 악화시키거나 승자의 수익성을 잠식시킬 수도 있다. 또 다른 연구에서는 기업 자체의 경쟁력에 약하거나 교착 상태에 직면한 경우를 비매력적인 수익성과 연결짓기도 하지만 매력도가 높은 산업에서는 교착상태에 빠진 기업들도 높은 수익성을 실현할 수 있다.

2 이와 같은 개념은 제품과 서비스에 동일하게 적용될 수 있다. 이 책에서는 제품과 서비스 산업을 포괄하는 본원적 개념으로 '제품'이라는 단어를 사용했다.

3 산업구조는 『경쟁전략』1장에서 상세히 논의되었다.

4   무인제품(Generic products)은 다수의 소비재 산업에서 동일한 위험을 창출하였다.

5   지속적인 경쟁우위가 존재하지 않는다면 평균 이상의 성과는 수확(harvesting) 전략을 알리는 신호다.

6   경쟁사와 차별화 면에서 동등하다는 의미는 경쟁사에 제공되는 제품이 동일하거나, 제품 속성의 조합이 구매자들에 특징 없이 무차별적으로 인식되는 것이다.

7   원가선도기업이 가장 높은 수익성을 실현하는 것이 일반적이지만, 효율성을 극대화할 수 있는 생산 규모를 갖추기 힘든 1차 상품 산업에서 평균 이상의 수익성을 실현하기 위해 원가선도기업이 될 필요는 없다. 원가선도기업과 비슷한 수준의 원가구조를 가질 수 있다면, 평균 이상의 성과를 유지하는 데 큰 문제가 없을 것이기 때문이다. 이러한 상황은 특히 알루미늄 산업에서 두드러지게 나타나는데 낮은 원가의 전력, 보크사이트 및 적정 수준의 하부구조 측면의 제약으로 인해 저원가를 달성해주는 방향으로 생산설비를 증설하기가 쉽지 않기 때문이다.

8   전반적인 차별화 전략과 차별적 집중화 전략은 실제 활용할 때 가장 큰 혼돈을 가져다주는 전략적 개념이라고 할 수 있다. 이 둘의 차이점은 예를 들어 컴퓨터 산업에서, 전반적인 차별화 전략을 채택한 IBM이 광범위한 가치 속성의 차별화를 추구하는 반면, 크레이 리서치(Cray Research)는 슈퍼컴퓨터에 주력하는 차별적 집중화 전략으로 특정 요구가 있는 세분화 시장을 발견하여 이를 잘 충족시키는 데 중점을 두고 있다는 것이다.

9   이 사례는 7장에서 좀 더 자세하게 다룬다.

10 『경쟁전략』 8장에서 산업의 구조적 변화를 유도하는 과정을 설명한다.

11 각 본원적 전략이 요구하는 차별화 기술에 대한 자세한 리뷰는 『경쟁전략』의 2장에 나와 있다.

2장

1 McKinsey&Company가 개발한 비즈니스 시스템(business system) 개념은 '기업은 기능의 연속체'라는 아이디어를 포착하고 있다 (예: R&D, 제조, 마케팅, 유통). 또한 각 기능이 다른 기업과 비교해서 어떻게 수행되는지를 분석하는 것이 유용한 시사점을 제공한다. 또 Mckinsey는 경쟁우위를 얻기 위해 비즈니스 시스템을 재정의하는 것이 큰 파급효과를 가져온다고 강조한다. 그러나 비즈니스 시스템 개념은 활동에 국한되기보다는 광범위한 기능을 다루고 있으며 활동 유형을 구분하거나 얼마나 그들이 연관성 있는지를 보여주지 않는다. 게다가 이 개념은 경쟁우위나 경쟁 범위에 특별히 연결되어 있지 않다. 비즈니스 시스템 개념의 가장 완벽한 설명은 Gluck(1980), Bauron(1981) 그리고 Bower(1973)의 연구에서 찾아볼 수 있다.

2 전략적 사업단위 수준의 전략형성에서 적절한 차원이라는 사고는 이제 보편적으로 수용되고 있으며 많은 학자와 컨설턴트들이 이에 대한 연구결과를 발표하고 있다. 그러나 뒤에 다시 논의할 가치사슬 분석을 보면, 흔히 사업단위를 어설프게 정의해서 사용하고 있다는 것을 알 수 있다.

3 그룹이나 부문 수준에서 하부구조 활동이 존재할 수도 있다.

4 구조적 문제에 대한 논의는 『경쟁전략』 1장과 6장을 참조하면 된다.

5 가격이나 수익으로 가치를 측정할 수 있는 기업과 달리, 소비자의 가치 측정은 욕구의 충족과 관련된 복잡한 것이다(4장 참조).

6 기업의 차별화를 결정하는 동일한 원리는 대체재의 위협을 분석하는 데 사용할 수 있으며 8장에서 논의하겠다.

7 기업의 범위라는 용어는 기업이 내부에서 수행하는 활동과 시장거래를 통해 달성하는 활동 사이의 경계를 반영하기 위한 경제 이론에서 사용된다(수직적 통합, Coase의 예 참조[1937, 1972]). 몇몇 연구에서는 기업의 다각화 정도를 범위에 관한 이슈로 점검했다(Teece 참조[1980]). 경쟁 범위는 여기에서 산업 세분화 시장 도달 범위, 통합, 활동 중인 지리적 시장 그리고 관련 산업에서 조정된 경쟁 등 한 기업의 전면적인 활동 범위를 광범위하게 포괄하는 개념을 일컫는 데 사용했다.

8 상이한 세분 산업, 지리적 영역 또는 연관 산업을 대상으로 한 가치사슬 간의 상호관련성은 기본적으로 동일하다고 분석된다. 7장과 9장을 참조하라.

9 Porter(1985) 참조.

10 Porter(1985) 또는 Porter, Fuller and Rawlinson(1984) 참조.

11 Lawrence와 Lorsch(1967)의 연구를 참조하라.

3장

1 이 장은 John R. Wells와의 공동연구 결과를 토대로 작성되었다.

2 경쟁자가 관련 사업단위와 가치활동을 공유할 때와 그렇지 않을

때도 포함한다. 9장 참조.

3 만약 자산이 몇몇 자산 가치 측정 수단에 의해 할당된다면, 자본비용 역시 현재 운영 비용과 트레이드오프 관계인지 평가하기 위해 필요할 것이다.

4 규모는 시장점유율과 같지 않다. 규모에 적합한 측정에 따라서 규모 대용으로 사용된 시장점유율에 대한 적절한 정의는 상당히 다를 것이다.

5 경험이라는 용어는 종종 광의의 학습 가능성을 반영하여 시간이 경과함에 따라 원가를 절감하는 현상을 설명할 때 사용된다. 그러나 경험 곡선은 학습과 규모의 경제라는 매우 다른 두개의 원가 동인 개념을 결합한 것이다. 이 책에서는 학습이라는 용어를 노하우와 규모로부터 독립적인 절차에서 발생한 모든 종류의 원가절감을 포함한 의미로 사용할 것이다.

6 누적 생산량이 두 배가 될 때, 원가 15%가 절감된다는 수치는 수많은 학문적 연구에서 중간값으로 나타난다. 그러나 이 평균값은 활동별 학습비율에서 광범위한 편차를 보인다. 학습에 대한 심도 있는 자료를 얻으려면 Pankaj Ghemawat(1984) 연구를 참조하라.

7 비록 학습이 특정 기업의 전유물이 될 수 없을지라도, 특정한 종류의 학습을 개척한 것에 대한 초기 진입자의 이점(first-mover advantage)이 있을 수 있다. 아래와 5장을 참조하라.

8 학습률의 가장 보편적인 측정치인 기업의 누적생산량은 단순하다는 이점을 가진다. 그러나 이러한 측정치는 가치활동의 서로 다른 학습비율을 모호하게 하고 있으며 많은 활동에서 발생하는

학습률을 적절하게 보여주지 못한다.

9 『경쟁전략』 14장에서 통합과 경쟁우위 사이의 관계에 대해서 상세히 서술했다.

10 보완재의 묶음 판매에 대해서는 12장에 상세하게 서술하겠다.

11 피플 익스프레스는 저가 항공사의 효시로 소규모로 시작한 지 불과 5년 만에 유수의 항공사들을 제치고 미국 항공사 랭킹 5위로 급부상했다. 그러나 이후 경영 위기를 겪다가 콘티넨탈 항공에 합병되었다.

12 가변생산공정(flexible manufacturing process)이란 대형 컴퓨터와 수치제어기, 로봇 그리고 현대식 생산관리기법을 최대한 활용하여 공정의 통제를 자동화함으로써 다품종 소량생산을 할 때도 원가를 낮출 수 있는 생산체제를 말한다.

13 산업구조 요소에 관한 서술은 이 책 1장과 『경쟁전략』 6장을 참조하라.

14 잠재적 경쟁자의 비용을 검토하는 데에도 똑같은 원칙이 적용된다.

15 다른 전략적 목적뿐만 아니라 수요량의 변동을 줄이기 위한 경쟁자의 활용은 6장에서 논의한다.

16 5장에서는 기술이 경쟁에 미치는 영향을 상세히 논의한다.

17 Iowa Beef에 관한 전반적인 내용은 Stuart(1981) 참조.

18 방어적 전략에 대한 논의는 14장 참조.

19 신중한 상호 교차보조는 어떤 산업들에서는 전략적으로 정당화될 수 있다. 12장 참조.

20 시장선도기업을 공격하는 교차보조를 개척하기 위한 기회는 15

장에서 논의될 것이다.

4장

1. 이제부터 차별화가 가져다주는 이러한 효익을 총괄하는 용어로 가격 할증 또는 가격 프리미엄이라는 용어를 사용하겠다.

2. Lancaster에 의해 연구가 활발해진 수요이론에 의하면, 제품은 구매자가 기대하는 속성들의 집합이라고 규정할 수 있다. 이러한 수요이론의 최근 연구 동향을 알고 싶으면 Lancaster(1979)를 참고하면 된다. 4장에서는 이러한 가치 있는 제품 속성들이 구매자의 가치사슬로부터 어떻게 도출되는지, 제품 속성이 실제로 어떻게 구매자 가치를 창출하게 되는지 그리고 제품의 가치 있는 속성이 기업이 수행하는 활동과 어떻게 관련되는지를 논의할 것이다.

3. 마케팅 문헌에서는 신제품 혹은 더 좋은 제품을 식별할 때 물리적 제품에 초점을 맞추고 희망하는 제품의 속성은 이미 잘 알고 있다고 가정하고 있다(Shocker와 Srinivasan의 연구(1979) 참조). 그렇지만 이 책 4장에서는 무엇이 제품 속성을 구매자에게 가치 있는 것으로 만들어주며 기업의 총체적 활동이 어떻게 창출되는지 분석하는 데 초점을 맞추었다.

4. 같은 분석으로 대체재의 상대적 가치를 결정하며 이는 8장에서 논의될 것이다. 기업들이 어떻게 실질적으로 구매자의 비용을 낮추거나 구매자의 성과를 향상시키는지에 관한 다른 예를 보려면 8장을 참조하면 된다.

5. 구매자의 실패 위험을 낮추는 것도 구매자의 비용을 낮추는 것

과 같은 맥락이다.

6 구매자 원가를 절감하는 방법은 8장에서 대체재에 관한 예를 설명할 때 다시 논의할 것이다. 한편 Forbis and Mehta(1979)를 보면, 구매자 원가절감에 관한 문제들이 비교적 잘 분석되어 있다.

7 이러한 전략은 구매자보다 기업이 이러한 가치활동을 더 저렴한 비용으로 수행할 수 있다는 것을 전제로 수립된 것이다.

8 구매자 가치를 초과하는 가격 프리미엄을 지속적으로 유지하는 것이 가능한 유일한 상황은 기업과 그 기업의 제품이 구매자의 원가나 구매자 효용에 미치는 영향이 무형적(intangible)이어서 계량화가 곤란한 경우다.

9 더 자세한 내용을 알고 싶다면 Steinway and Sons(1987)를 참조하라.

10 이런 문제에 대한 심층적인 분석과 사례를 접하고 싶다면 Levitt(1981)를 참조하라.

11 스타일과 같은 무형적 사용가치 기준도 산업 조사에서 책정된 등급(Rating) 등의 척도를 이용하면 계량화가 가능하다.

12 각 제품 속성의 상대적 가치를 서열화하기 위한 계량적 기법들이 마케팅 문헌에 소개되어왔으나 이러한 가치를 직접 계산하지 못하고 경쟁제품과 비교한 상대적 제품판매 실적자료 및 소비자 의견 조사자료 등을 근거로 삼고 있다. Shocker와 Srinivasan의 연구(1979) 참조.

13 교체 비용의 원천에 대해서는 『경쟁전략』 1장과 6장에 자세히 설명되어 있다. 교체 비용에 대한 상세 설명은 본서 8장을 참고할 것.

5장

1 따라서 이 책에서는 연구개발보다 광의의 개념인 기술개발이라는 용어를 사용하고 있다.
2 『경쟁전략』 13장 및 Porter(1985)를 참조하라.
3 동일한 개념이 마케팅이나 조달 활동 등 모든 분야에서 선도적 가치활동을 평가하는 데 사용될 수 있다.
4 이러한 이익 요인 중 일부는 최초 진입자는 물론 조기 진입자에게도 발생한다.
5 개척 비용에 관해서는 신생 산업을 소개한 『경쟁전략』 10장에서 논의되고 있다.
6 타 기업과의 공동 기술개발도 제휴의 한 형태가 될 수 있는데 이러한 공동 기술개발에는 라이센싱과 같은 이슈가 포함된다.
7 Abernathy와 Utterback의 연구(1978)를 참조하라.
8 Abernathy와 Clark and Kantrow(1983).
9 산업의 진화와 그 원인에 대해 상세히 알고 싶다면 『경쟁전략』 8장을 참조하라.

6장

1 가격 차별이란 동일 제품을 구매자에 따라 다른 가격으로 판매하는 경우를 말한다.
2 이러한 문제에 관해서는 뒤에서 좀 더 상세하게 설명할 것이다. 가격 우선 및 기타 요인들에 의해 발생하는 선도기업의 취약점에 대해서는 14장에서 논의하겠다.
3 수익률에 근거하여 규제 조치가 시행된다면 특정 산업 내의 모

든 경쟁자의 수익률을 평균한 산업 내의 평균 수익률이 채택되기 마련이어서 효율적인 생산자의 입장에서는 경쟁자가 있을수록 유리하게 되는 것이다.

4 이러한 독점금지법이 선도기업의 형태에 어떤 영향을 주는지 상세히 알고 싶다면 Bloom과 Kotler(1975)를 참조하라.

5 보완재와 연계 전략에 관해서는 12장에서 설명한다.

6 신생 산업을 탄생시키는 데 따른 문제는 『경쟁전략』 10장에 소개되어 있다.

7 15장에서 집중화 전략으로 어떻게 효과적으로 시장선도기업을 공략할 수 있을 것인가에 대하여 논의한다.

8 아침 식사용 시리얼 산업에서 제품 다양화가 진입에 미치는 영향에 관해서는 Schmalensee(1978)에 잘 나와 있다.

9 경쟁자 분석에 관한 상세한 내용은 『경쟁전략』 3~5장에 기술되어 있다.

10 방어전략에 관한 자세한 내용은 14장에 기술되어 있다.

11 14장 참조.

12 100% 시장점유율이 바람직하지 못하다는 사실은 Bloom과 Kotler(1975)의 연구에서 제기되었다. Bloom과 Kotler는 그 근거로서 독점금지법과 관련된 장애 요인 발생 확률 증가, 진입 유발 효과, 소비자 단체 및 공공 이익집단의 비판대상이 될 위험 등을 제시하였다.

13 이러한 요인들 중 일부에 대한 실증조사는 Caves, Fortunato, Ghemawat(1981)이 진행한 바 있다.

14 최적 점유율을 결정하기 위해서는 산업성장률과 규모의 경제를

함께 고려해야 한다. 고성장 산업에서는 저성장 산업과 비교하여 규모의 경제가 진입장벽으로의 기능 및 원가 우위를 제대로 창출해내지 못하는 것이 일반적이다.

15 Bloom과 Kotler(1975) 참조.

16 산업에 관한 횡단면 분석(cross section analysis) 결과를 보면 경쟁자 간 시장점유율의 유의미한 차이가 산업의 높은 안정성과 상관관계가 있음을 알 수 있다. Buzzell(1987)의 통계적 검증에 의하면 안정적인 시장점유율 패턴은 세미로그 분포형태를 보여주고 있어서 각 경쟁자의 시장점유율은 그 기업보다 바로 아래 시장점유율을 보여주는 경쟁자의 시장점유율과 일정하게 비례하고 있다. 또한 Boston Consulting Group(1976)은 시장의 세 중요 경쟁자들이 4:2:1의 비율로 시장점유율을 가질 때 가장 안정적인 형태라고 가정하였다. 이러한 사실은 세미로그 분포의 특수한 경우다. 이러한 사실을 일반화시키는 것은 그들이 산업과 점유율 이외에 다른 경쟁자 특성들을 고려하지 않았기 때문에 잘못된 것일 수도 있다. 예컨대 BCG의 가설은 모든 산업에서 일괄적으로 적용될 수 있는 것이 아니라 대부분 무익한 경쟁자들이 존재하는 일용품 산업에 적합하다.

7장

1 집중화 전략은 1장에 기술되어 있다.

2 '제품(product)'이라는 용어는 이 책 전반에 걸쳐 재화와 서비스를 포괄하는 광의의 개념으로 사용되고 있다. 대부분 산업에서 재화를 판매할 때 여러 종류의 서비스가 동시에 제공되는 것이 상

례이며, 이러한 서비스가 세분화 될 때 더 중요한 변수가 될 수도 있기 때문이다. 세분화를 위해 제품을 분석할 때 적용되는 원칙은 재화의 형태이든 서비스의 형태이든 모든 제품에 똑같이 적용된다.

3　12장에서 물리적으로 구분되는 제품을 한데 모아 패키지를 형성한 후 일괄 판매하는 전략을 소개한다. 많은 기업은 자사가 제공하는 제품이 복수의 별도 제품으로 분리될 수 있는 일종의 패키지라는 사실을 인식하지 못한 채 제품을 판매하고 있다.

4　앞으로 살펴보게 되겠지만, 산업 세분화란 기업의 기존 전략과는 상관없이 산업 내 제품과 구매자의 본질적 특성에서 나오게 된다.『경쟁전략』7장에 등장하는 전략집단(strategic group)은 각 기업의 전략적 차이로 형성되는데, 그중 한 가지 차원은 그들이 서비스하는 세분 산업의 다른 부문일 수 있다. 따라서 산업 세분화 개념은 전략집단 분석의 구성 요소로 보아야 한다.

5　대체의 위협 및 신규 진입 위협은 산업 전체보다는 세분 산업 차원에서 더욱 크게 나타난다. 이는 제품 구색 및 잠재적 경쟁자의 측면에서 특정 산업 내 각 세분 산업의 대체 또는 신규 진입이 더 쉽기 때문이다.

6　구매자의 지리적 위치 변수는 2장에서 정의한 지리적 범위의 중요성을 반영하여 세분화 변수로 선정되었다. 실제로, 산업 내의 경쟁 범위와 더불어 지리적 범위는 세분화 시 가장 중요한 변수로 다루어져야 한다.

7　12장에서는 일괄 판매전략과 관련된 전략적 이슈를 상세히 소개할 것이다.

8   이러한 문제에 관해서는 Moriarty(1983)를 참고할 수 있다. 한편 Bonoma와 Shapiro의 연구(1984) 역시 산업 세분화와 그 시사점에 대하여 유용한 분석을 제공한다.

9   마케팅 학자들은 구매자의 특성이나 브랜드 충성도 같은 다양한 척도로 구매자를 세분하는 방안을 제시해왔다. Kotler(1980) 참조.

10   산업 내 또는 산업 간에 존재하는 상호관련성의 강도에 따라 전략적으로 구분이 되는 산업의 경제도 다르게 나타난다.

11   각 세분 산업에서 강력한 경쟁적 지위와 약한 경쟁적 지위의 차이점을 살펴보는 방안도 상호관련성의 유형에 관한 통찰력을 얻는 데 유용하다.

12   세분화 매트릭스에서 각 세분 산업을 수평적 또는 수직적 관계에 따라 결합해주는 전략이 반드시 필요한 것은 아니지만 집중화 전략은 보통 수평적 내지 수직적 특성을 지니게 되는데 이는 제품, 구매자, 유통채널 또는 지역 중 하나를 선택하는 방향으로 집중화 전략이 주로 사용되기 때문이다.

8장

1   이처럼 제품의 기능을 중심으로 대체재를 탐색해야 하는 필요성에 대해 알고자 하는 독자는 Levitt(1960)을 참조하라.

2   12장에서는 보완재에 의해 제기된 전략적 이슈를 상세히 설명한다. 그런데 보완재 간의 원가 및 성능의 차이는 동일 제품의 상표 차별화 추구 시에는 무시해도 좋은 문제다.

3   General Cinema Corporation, 1976.

4   공급자 교체 시의 교체 비용에 대해서는 『경쟁전략』 1장과 6장에

상세히 소개되어 있다.

5   『경쟁전략』 8장을 보면 대체 산업 및 대체위협에 직면한 산업의 구조적 변화를 예측하는 데 유용한 도구를 제시해주고 있다. 또한 『경쟁전략』 10장에 제시된 신생 산업에 대한 분석 역시 대체 산업 분석에 적용이 가능한데, 대체 산업은 대개 새로 탄생한 산업이기 때문이다.

6   마진이 마이너스(즉 순손실 발생)로 나타날 수도 있는데 대체재의 진입 초기에는 더욱 그러하다.

7   『경쟁전략』 8장에는 제품 수명주기가 산업구조 변화를 일반화하는 데 있어서 얼마나 문제가 많은 개념인지 논리적으로 제시되어 있다. 대개 이러한 제품 수명주기 개념으로부터 S 모양 매출액 성장경로가 도출된다.

8   대체채널에 관한 분석은 기술 혁신의 확산에 관한 연구에도 유추하여 적용할 수 있다. 기술 혁신 확산과정에 관한 연구에서는 확산과정에 영향을 주는 정보 관련 요인이나 태도 변수를 중시했는데 이에 관해서는 Robertson(1971)을 참조하라.

9   대체재의 보급률을 높이는 다른 대부분의 요인들처럼 원가가 감소되는 측면이 대체 시 필연적으로 발생한다고 여겨서는 안 된다.

10 이러한 확산모형은 신규 브랜드의 성장률과 기술의 확산 속도를 예측하는 데 널리 사용되어왔는데, 중요한 예측모형으로는 Mansfield(1961), Bass(1969)와 Fisher 및 Pry(1971)의 모형을 들 수 있다. 여기에 제시된 로지스틱 모형은 Fisher 및 Pry가 정립한 모형과 유사하다.

11 로지스틱 함수는 50% 대체 수준에서 S곡선상의 굴곡점이나 나

타나게 된다. 그런데 로지스틱 함수와 유사한 Gompertz 함수에서는 37% 침투 수준에서 굴곡점이 나타난다. 두 곡선 모두 실증 연구로 그 타당성을 인정받고 있기는 하나 로지스틱 함수가 실제 적용에 더 유용하다. 확산모형에 관해 더 알고 싶은 독자는 Mahajan과 Muller의 연구(1979)를 참조하라.

12 대체재를 공급하는 데 설비 능력의 제약이 있다면 이에 따라 침투율이 조정되어야 한다.
13 경영자나 경영 자문자들은 대체에 내재하는 경제원리를 지나치게 잘못 사용하는 실수를 범하기 쉽다.
14 보완재의 전략적 연구에 관해서는 12장에 설명되어 있다.
15 이러한 개념은 사양 산업에서 특히 중요하다. 사양 산업과 수확 전략에 관해 알고 싶다면 『경쟁전략』 12장을 참조하라.
16 9장 참조.
17 World Business Week(1981) 참조.

9장

1 Haspeslahg(1982)의 최종 논문에서는 포트폴리오 계획기법이 포춘지에서 선정된 1000대 기업 중 약 300개 이상의 기업에서 어떤 형태로든 사용되고 있다는 증거를 제시하였다.
2 증권시장에서 주식평가에 관한 최근의 연구서는 복합기업의 비관련 사업단위의 가치가 독립기업보다 낮게 평가되는 복합기업 할인 개념을 도입하고 있다. 실제로 상호관련성을 활용하는 수평적 전략 없이 기업할인 개념이 종종 정당화되기도 한다.
3 지역적 상호관련성을 파악하기 위해서는 Porter(1985)를 참조하라.

4   이와 같은 요인 중 일부는 산업의 세계화로 이어진다.

5   John R. Wells(1984)는 다각화된 기업의 예에서 포트폴리오의 구성이 어떻게 사업단위에 영향을 미치는가에 대한 시사점을 제공하는 상호관련성에 관한 중요한 연구를 했다.

6   경제학자들은 복수제품 제조기업이 얻을 수 있는 이점을 '범위의 경제'라고 명명하였다(Baumol, Panzar and Willig, 1982 참조). 범위의 경제의 원천은 아직 조직화되지 않았거나 위에서 논의한 것들을 파기하는 조건들을 가지고 있지 않다.

7   산출량의 증대를 공유하면 가치활동의 학습률이 증가할 수 있다. 무형의 상호관련성도 학습의 한 형태인데 한 사업단위에서 얻어진 무형의 상호관련성은 다른 사업단위로 전이된다.

8   공유경험 또는 공통자원이라는 용어가 가치활동의 공유 가능성을 시사하려는 의도로 사용되었다. 그러나 그와 같은 용어는 잘 정의된 개념은 아니며 공유와 원가에 근거한 잠재적 경쟁우위를 규정하는 틀에서 도출된 개념도 아니다.

9   사업단위 간의 중요한 규모의 차이란 공유된 특정 가치활동에서 규모의 차이를 의미하며, 이는 사업단위 전체 규모와 반드시 일치할 필요는 없다. 예를 들어 소규모 기업은 아마도 유통 구조를 훨씬 집중적으로 활용할 것이다.

10 조정 비용은 기업조직 관계에 따라 다르다. 11장을 참조하라.

11 철수장벽에 대해서는 『경쟁전략』 1장을 참조하라.

12 특정 산업에서 경쟁우위를 확보하는 방안은 15장에 정리되어 있다.

13 Wells(1984) 참조하라.

14 John R. Wells(1984)의 연구는 무형의 상호관련성이 언제 어떻게

발생하는가에 대한 통찰력을 제시해주고 있다.

15 노하우 이전과 기술개발 공유는 구분될 수 있는 개념이다. 유형의 상호관련성과 무형의 상호관련성을 구별하는 기준은 가치활동이 계속 공유되지 않으면 사실상 별도의 가치활동 사이에서 노하우가 이전되고 있는지를 판별하는 것이다.

16 관련 및 비관련 산업에서 나타나는 다점 경쟁자에 대한 분석은 전세계적 경쟁상황에서의 분석뿐만 아니라 지역 차원의 경쟁자 분석과 높은 유사성을 지니고 있다. 예를 들어 항공운송업 같은 지역 산업에서 기업들은 다수의 중복되는 항로에서 서로 경쟁관계를 형성하고 있다. 따라서 여기에서 기술되는 원칙을 이와 같은 모든 상황에 적용할 수 있다(Porter, 1985 참조).

17 경쟁의 중심점에 대한 정의와 논의는 Thomas Schelling(1960)과 『경쟁전략』 5장을 참조하라.

10장

1 조정된 가격설정의 또 다른 예는 12장에서 논의될 것이다.

2 신규 사업 진출의 전략적 논리를 파악하기 위해서는 『경쟁전략』 16장을 참조하라.

11장

1 조직행위에 관한 문헌에 사업단위 간의 상호관련성을 달성하는 문제에 관한 유용한 시각이 담겨 있기도 하지만 이 주제를 중점 연구한 예는 거의 없다. 조직행위에 관한 문헌 대부분은 사업단위 간의 조정 시 나타나는 조직적 문제와 더불어 어떻게 조직

을 사업부로 편성하는가에 초점을 맞추고 있다. Lorsch와 Allen (1973), Galbraith(1973)는 사업단위 간 조정에 관한 유용한 아이디어를 제시했지만 상호관련성을 주요 테마로 간주하지는 않았다.

2 따라서 전략에 관해 기술하고 있는 이 책에서도 조직에 관한 장을 포함하지 않을 수 없다.

3 다각화된 기업이 기능 있는 분권화 조직을 갖추고 있지 못하다면 기존의 사업단위와 병행하여 수평적 조직을 설계하기 전에 분권화를 진전시켜야 한다.

4 경제학자의 용어를 빌어 말하면 외부와의 거래 비용이 내부거래 비용보다 적다고 인식된다.

5 Brunswick 사례에 대한 자세한 내용은 Stengrevics(1981)에 나와 있다.

6 기업가 정신은 계열 사업단위 간의 경쟁이 장려되는 기업에서 특히 중시된다.

7 이에 관한 주요 연구로는 Lorsch와 Allen(1973), Galbraith(1973), Lawrence and Lorsch(1967)과 Kotter(1982)를 들 수 있다.

8 부문 관리자의 역할은 설명한 그룹 관리자의 역할에서 유추할 수 있는데, 수평적 전략을 실행할 때는 그룹 관리자의 역할 못지않게 중요하다.

9 그룹구조에 관한 연구는 많지만, 그룹 경영자의 역할에 관한 연구는 놀라울 만큼 찾아보기 힘들다. Stengrevics(1981)의 연구가 유일한 포괄적인 분석으로, 그룹 관리자의 역할과 직무 만족에 대한 유용한 시각을 제공해준다.

10 이를 지지하는 견해로는 앞으로 나오게 될 Stengrevics의 연구가 있다.

11 Galbraith(1973)는 그러한 여러 조직형태와 이들이 성공할 수 있는 조건에 관해 기술했는데, 그의 연구 및 기타 학자들의 연구는 주로 사업단위를 포괄하는 조직적 시도보다는 사업단위 내의 조직유형에 초점을 맞추고 있다.

12 Eccles(1985)는 이러한 이슈의 상당 부분을 반영하는 이전가격 정책의 방향에 대해 탁월한 연구결과를 제공해준다.

13 Stengrevics(1981)를 참조하라. 어떠한 이전가격 정책도 완벽할 수는 없지만, 정상가격 거래는 중요한 상호관련성을 추구하는 입장에서는 심각한 문제를 일으키는 것으로 보일 수 있다.

14 Lorsch와 Allen(1973)은 수직 통합된 기업에서 나타나는 이러한 기능을 제공하는 유인시스템에 관해 설명하였다.

15 상호관련성이 강하게 나타날 때 주관적으로 측정된 유인을 제공할 필요성에 대한 논리를 원한다면, Gupta와 Govindarajan(1983)을 참조하라.

16 예컨대, 상호관련성 측면에서 관계가 깊은 두 사업단위의 관리자를 교환하면 효과가 클 것이다.

17 이러한 점을 고려해보면, 소규모 기업을 인수하여 특정 산업에 발을 들여놓은 후, 인수 기업을 확장하는 전략은 상호관련성을 추구하는 관점에서 볼 때 인수보다는 내부 개발과 비슷한 양상을 보여준다.

18 American Express Company, 연례보고서, 1982.

19 이러한 새 조직형태는 기업의 최고 경영진이 사업단위의 영업활

동에는 관여하지 않으나, 전사적인 관점에서 사업부를 통제하는 패턴으로 특징지어지는 Williamson(1973)의 M형 조직보다 복잡한 특징을 보인다. 상호관련성이 중요해지면서 전통적 의미에서의 분권화만으로는 부족함을 느끼는 기업이 많기 때문이다.

12장

1 이러한 심리적 가치 기준에 대해서는 4장에서 소개했다.
2 그러므로 보완재 구입에 드는 추가비용은 특정 제품과 그 대체재의 관계를 분석하는 일부로 간주해야 한다. 8장을 참조하라
3 준의사통합에 관해서는 『경쟁전략』 14장을 참조하라.
4 보완재의 역할을 포함해 신생 산업에서 나타나는 문제에 관해서는 『경쟁전략』 10장을 참조하라.
5 독점기업의 예를 설명한 연구로는 Adams와 Yellen(1976)을 참조하라.
6 일괄 판매를 하지 않고 개별 제품을 판매하는 전략(unbundling)은 구매자들에게 적은 기능만을 제공하는 집중화 전략의 한 형태다. 7장을 참조하라.
7 9장을 참조하라.
8 5장에서는 한 산업에서 기술변화의 양상이 시간이 지나면서 어떻게 진화하는지에 대해 논의하고 있다.
9 일괄 판매되는 제품 패키지를 보호하는 것은 때로는 방어전략의 일부로 시행된다. 14장을 참조하라.
10 이러한 점은 경쟁사를 보유하는 것이 때로는 이익이 될 수 있다는 주장을 뒷받침하는 일련의 논거 중 하나다. 6장을 참조하라.

13장

1. 이 장은 1983년 6월 하버드 비즈니스 스쿨에서 개최된 시나리오 기획과 경쟁전략에 관한 콜로키움(colloquium)에 참여한 참가자들(특히 Pierre Wack, Richard Rumelt 그리고 Ruth Robitschek)이 제기한 코멘트에서 많은 도움을 받았다.

2. 1979년의 연구조사 결과에 따르면, 포춘지 선정 1000대 기업 중 8~22%가 어떠한 유형이든 간에 일종의 시나리오를 작성해왔다. 이러한 시나리오의 주 사용자들은 특히 공정 산업과 항공우주 산업에 몰려있다[Klein and Linneman(1979)]. Malaska 등에 의해 진행된 유럽 기업을 대상으로 한 1938년의 연구자료에 따르면, 시나리오의 사용비율이 높아졌음을 알 수 있다. 그러나 이와 같은 자료를 해석에 시나리오의 개념이 광범위하게 변하고 있으며, 시나리오가 상용되는 방식이 광범위하게 변할 수 있거나 실제로 변하고 있음을 인식할 필요가 있다.

3. Shell이 개척한 시나리오 계획 기법은 Shell's Multiple Scenario Planning(1980), Mandell(1982), Wack(1984)에 소개되어 있다.

4. 진화를 촉진시키는 요인에 대해서는『경쟁전략』8장에서 설명했다.

5. 경쟁기업 분석기법에 대해 자세히 알고 싶으면『경쟁전략』3~5장을 참조하라.『경쟁전략』7장에서는 전략집단도 작성기법을 소개한다.

6. 예를 들어, Hamilton(1981)을 참조하라.

7. Royal Dutch Shell에서의 경영적 사고 변화 과정에 대한 흥미 있는 분석을 접해보고 싶다면 Wack(1984)을 참조하라.

14장

1. 도전자가 처음부터 단계적인 진입전략의 전환을 염두에 두지 않고 산업에 진입할 수도 있지만, 대부분 최초 진입이 성공하게 되면 전환기로 이어지게 되어있다. 단계적 진입전략의 동기에 대해 파악하기 위해서는 『경쟁전략』 16장을 참조하라.
2. 6장에서 제시한 축소장벽은 판매량을 감소시키는 것에 대한 장벽으로서 철수장벽과 밀접한 관련이 있다.
3. 위험의 연기 측면은 단계적 진입전략 채택을 위한 중요한 동기를 부여하고 있다.
4. 진입에 관한 경제학자의 연구 중 상당수는 진입을 투자 과정의 확장으로 인식하지 않고 있어서 일단 초기 진입 투자가 행해지면 진입저지 투자를 할 필요가 없다고 결론짓고 있다. 이러한 예는 A. Dixit(1980)에 잘 나와 있다. 진입을 저지하기 위해 초과 설비를 갖추려고 하는 예가 진입저지 투자의 전형이라고 할 수 있는데, 이 경우 기업은 잠재적 진입자가 진입을 시도하면 초과 설비를 가동한 물량 공세로 가격전쟁 분위기를 조성해 위협한다는 것이다. 그렇지만 일단 진입이 이루어진 후에는 초과 설비가 위협수단으로 더는 유용하지 않기 때문에 이런 위협을 계속하는 것은 바람직하지 않다고 주장한다. 그렇지만 도전자가 진입을 시작하는 단계에 모든 자원을 투입하는 열의를 보이지 않는 경우가 많으며, 진입에 성공했다고 해서 반드시 그 산업에 머물러 있으면서 단계적 진입전략을 시도할 것이라고 생각해서는 안 된다는 점에서 이러한 주장은 약점을 지니고 있다. 따라서 기존 기업이 진입단계 및 전환단계에서 가격경쟁을 시도하게 된다면 도

전자에게는 적당한 비용만으로 최종 목표달성을 이루어낼 수 없다는 인식을 심어줄 수 있게 되어 효과가 클 것이다. 이렇게 되면 도전자는 진입을 포기하거나 목표를 하향 수정하게 되는데 이와 같은 상황이 콘솔게임 산업이나 반도체 산업에서 일어난 적이 있다.

5 새로운 브랜드 또는 포지셔닝은 공격적인 기회가 될 수 있다. 이 책에서는 공격적인 기회가 될 만큼 매력적이지 못한 상황에 초점을 맞추었지만 새로운 브랜드나 포지셔닝의 도입을 통해 예상되는 공격로를 차단할 수 있기 때문에 방어목적에 비추어볼 때도 상당한 가치를 지니고 있다.

6 기존 기업의 강력한 보복 의지를 도전자가 인식하게 만드는 조건은 『경쟁전략』 5장에 기술되어 있다.

7 산업 수준에서 이러한 측면의 균형은 『경쟁전략』 1장에서 제시한 진입 억제 가격의 개념을 반영한다.

15장

1 도전자가 어떻게 진입의 기회를 찾아내는지에 관한 Yip(1982)의 연구결과를 보면 선도기업이 어떤 식으로 취약점을 드러내게 되는지를 잘 알 수 있다. Yip은 도전자가 기록한 기술개발 혁신과 마케팅 개혁이 진입 시의 여러 장애물을 어떻게 극복해내는지를 잘 설명해준다.

2 단계적 진입전략은 『경쟁전략』 16장에 자세히 설명되어 있다. 단계적 재정의 역시 같은 원칙을 채택하고 있다.

3 『경쟁전략』 14장을 참조하라.

4   글로벌 전략의 경쟁우위 원천 및 글로벌 전략이 적합한 환경에 관해서는 『경쟁전략』 13장과 Porter(1985)에 기술되어 있다.

5   Porter(1985)에 수록된 제휴에 관한 장을 참조하라.

6   선도기업은 경쟁자 분석을 통해 도전자가 설치해놓은 장애물을 파악할 수 있는데, 이를 위해서는 『경쟁전략』 3장에 제시된 경쟁자 분석의 틀과 이 책에 소개되는 복합동기와 맹점과 같은 개념을 먼저 숙지해야 한다.

참고문헌

ABERNATHY, WILLIAM J., AND JAMES M. UTTERBACK. "Patterns of Industrial Innovation." Technology Review, Vol. 80, No.7 (June-July 1978).

ABERNATHY, WILLIAM J. KIM B. CLARK, AND ALAN M. KANTROW. Industrial Renaissance. New York: Basic Books, 1983.

ADAMS, WILLIAM J., ANDD JANET L. YELLEN. "Commodity Bundling and the Burden of Monopoly," Quarterly Journal of Economics, Vol. SC (August 1976), pp. 475-498.

AMERICAN EXPRESS COMPANY, 1982 Annual Report.

BASS, FRANK M. "A New Product Growth Model for Consumer Durables," Management Science, Vol. 15 (January 1969), pp. 215-227.

BAUMOL, WILLIAM J., JOHN C. PANZAR, AND ROBERT D. WILLIG, with contributions by Elizabeth E. Bailey, Dietrich Fischer, and Herman C. Quirmbach, Contestable Markets and

The Theory of Industry Structure, New York: Harcourt Brace Jovanovich, 1982.

BLOOM, PAUL N., AND PHILIP KOTLER, "Strategies for High Market Share Companies," Harvard Business Review (November-December 1975), pp. 62-72.

BONOMA, THOMAS V., AND BENSON P. SHAPIRO. Segmenting the Industrial Market. Lexington, Mass.: Lexington Books, 1983.

BOSTON CONSULTING GROUP. "The Rule of Three and Four," Perspectives No. 187 (1976).

BOWER, JOSEPH, L., "Simple Economic Tools For Strategic Analysis," Harvard Business School Case Study, No. 9-373-094.

BUARON, ROBERTO, "New-Game Strategies," The McKinsey Quarterly (Spring, 1981), pp. 24-40.

BUZZELL, ROBERT D. "Are There Natural Market Structures," Journal of Marketing (Winter 1981), pp. 42-51.

CAVES, RICHARD E., M. FORTUNATO, AND PANKAJ GHEMAWAT. "The Decline of Monopoly, 1905-1929," Discussion Paper 830, Harvard Institute of Economic Research, Cambridge, Mass., June 1981.

COASE, RONALD H., "The Nature of the Firm," Economica (November 1937), pp. 386-405.

COASE, RONALD H., "Industrial Organization: A Proposal for Research," in V. R. Fuchs, ed., Policy Issues and Research in Industrial Organization, New York: National Bureau of Economic Research, 1972.

DIXIT, AVINASH K., "The Role of Investment in Entry-Deterrence," Economic Journal (March 1980), pp. 95-106.

DIXIT, AVINASH K., AND VICTOR NORMAN. Theory of International Trade: A Dual, General Equilibrium Approach, J. Nisbet: Cambridge, England: Cambridge University Press, 1980.

ECCLES, ROBERT G. The Transfer Pricing Problem: A Theory for Practice, Lexington, Mass.: Lexington Books, 1985.

FISHER, JOHN C., AND ROBERT H. PRY. "A Simple Substitution Model of Technological Change," Technological Forecasting and Social Change, Vol. 2 (May 1971), pp.75-88.

FORBIS, JOHN L. AND NITIN T. MEHTA, "Economic Value to the Customer," McKinsey and Company Staff Paper (February 1979).

GALBRAITH, JAY. Designing Complex Organizations, Reading, Mass.: Addison-Wesley, 1973.

"GENERAL CINEMA CORPORATION," Harvard Business School case Services 9-377-084,1976.

GHEMAWAT, PANKAJ. "Building Strategy on the Experience Curve," Harvard Business Review, forthcoming.

GLUCK, FREDERICK W., "Strategic Choice and Resource Allocation," The McKinsey Quarterly (Winter 1980), pp. 22-23.

GUPTA, ANIL K., AND VIJAYARAGHAVAN GOVINDARAHAN. "Resource Sharing Among SBU's: Strategic Antecedents and Administrative Implications," Working Paper, Boston University, December 1983.

HAMILTON, RONALD H. "Scenarios in Corporate Planning," Journal of Business Strategy, No. 2 (Summer 1981), pp. 82-87.

HASPESLAGH, PHILLIPE. "Portfolio Planning: Uses and Limits," Harvard Business Review, No. 1 (January-February 1982), pp. 58-73.

KLEIN, HAROLD E., AND ROBERT E. LINNEMAN. "The Use of Scenarios in Corporate Planning: Eight Case Histories," Long Range Planning, No. 14 (October 1981), pp. 69-77.

KOTLER, PHILIP. Marketing Management: Analysis, Planning and Control, 4th ed., Englewood Cliffs, N.J.: Prentice-Hall, 1980.

KOTTER, JOHN P. The General Manager, New York: The Free Press, 1982.

LAWRENCE, PAUL R., AND JAY W. LORSCH. Organization and Environment: Managing Differentiation and Integration, Cambridge, Mass.: Harvard Graduate School of Business Administration, Harvard University, 1967.

LEVITT, THEODORE. "Marketing Intangible Products and Product Intangibles," Harvard Business Review, No. 3 (May-June 1981), pp. 94-102.

LEVITT, THEODORE. "Marketing Myopia," Harvard Business

Review (July-August 1960), pp.26-37.

LORSCH, JAY W., AND STEPHEN A. ALLEN. Managing Diversity and Interdependence: An Organizational Study of Multidimensional Firms. Cambridge, Mass.: Harvard Graduate School of Business Administration, Division of Research, 1973.

MAHAJAN, VIJAY, AND EITAN MULLER. "Innovation Diffusion and New Product Growth Models in Marketing," Journal of Marketing, Vol. 43 (October 1979), pp. 55-68.

MALASKA, PENTTI, MARTTI MALMIVIRTA, TARJA MERISTO, AND STENOLOF HANSEN. "Multiple Scenarios in Strategic Management: The First European Survey" Working Paper, Turku School of Economics and Business Administration. Turku, Finland, 1983.

MANDELL, THOMAS F. "Scenarios and Corporate Strategy," Planning in Uncertain Times. Business Intelligence Program, SRI International, November 1982.

MANSFIELD, EDWIN "Technological Change and the Rate of Imitation," Econometrica, Vol. 29, No. 4 (October 1961), pp. 741-766.

MORIARTY, ROWLAND T. Industrial Buying Behavior: Concepts, Issues and Applications, Lexington, Mass.: Lexington Books, 1983.

PORTER, MICHAEL E. Competitive Strategy: Techniques for

Analyzing Industries and Competitors, New York: The Free Press, 1980.

PORTER, MICHAEL E., ed., Competition in Global Industries, Cambridge, Mass.: Harvard Graduate School of Business Administration, 1985, forthcoming.

ROBERTSON, THOMAS S. Innovation Behavior and Communication. New York: Holt, Rinehart & Winston, 1971.

SALOP, STEVEN C. "Strategic Entry Deterrence," American Economic Review, Vol. 69 (May 1979), pp. 335-338.

SCHAMLENSEE, RICHARD. "Entry Deterrence in the Ready-to-Eat Breakfast Cereal Industry," Bell Journal of Economics, Vol. 9, No. 2 (Autumn 1980), pp. 305-327.

SCHELLING, THOMAS C., The Strategy of Conflict, Cambridge, Mass.: Harvard University Press, 1960.

"SHELL'S MULTIPLE SCENARIO PLANNING," World Business Weekly, April 7, 1980.

SHOCKER, ALLAN D., AND V.SRINIVASAN, "Multiattribute Approaches for Product Concept Evaluation and Generation: A Critical Review, Journal of Marketing Research, XVI (May 1979), pp. 159-180.

STENGREVICS, JOHN M. "The Group Executive: A Study in General Management," Doctoral Dissertation, Harvard Graduate School of Business Administration, 1981.

STENGREVICS, JOHN M. "Making Cluster Strategies Work," Journal of Business Strategy, forthcoming.

STUART, ALEXANDER. "Meat Packers in Stampede," Fortune, June 29, 1981, pp.67-71.

TEECE, DAVID J., "Economies of Scope and the Scope of the Enterprise," Journal of Economic Behavior and Organization, Vol. 1 (1980), pp. 223-247.

WACK, PIERRE A. "Learning to Design Planning Scenarios: The Experience of Royal Dutch Shell," Working Paper, Harvard Graduate School of Business Administration, 1984.

WELLS, JOHN R. "In Search of Synergy: Strategies for Related Diversification," Doctoral Dissertation, Harvard Graduate School of Business Administration, 1984.

WILLIAMSON, OLIVER E. Markets and Hierarchies: Analysis and Antitrust Implications, The Free Press: New York, 1975.

World Business Weekly, September 21, 1981, p. 36.

YIP, GEORGE, Barriers to Entry: A Corporate Strategy Perspective. Lexington, Mass.: Lexington Books, 1982.

마이클 포터의 경쟁우위
탁월한 성과를 내는 기업의 비밀

초판 발행일 2020년 12월 11일 | **1판 2쇄** 2022년 9월 27일

발행 비즈니스랩 | **발행인** 현호영 | **지은이** 마이클 포터 |
번역 범어디자인연구소 | **편집** 황정란 | **주소** 서울시 서대문구 신촌역로 17, 207호 |
팩스 070-8224-4322 | **이메일** bizlabkorea@gmail.com

낙장 및 파본은 구매처에서 교환해 드립니다.
구입 철회는 구매처 규정에 따라 교환 및 환불처리가 됩니다.

ISBN 979-11-88314-64-5

• 비즈니스랩은 유엑스리뷰 단행본사업부의 경제경영 전문서적 브랜드입니다.

COMPETITIVE ADVANTAGE:
Creating and Sustaining Superior Performance
by Michael E. Porter

Copyright © 1985 by Michael E. Porter
Introduction copyright © 1988 by Michael E. Porter
All rights reserved.

This Korean edition was published by UX REVIEW in 2020
by arrangement with the original publisher, Free Press,
a division of Simon & Schuster, Inc. through KCC(Korea Copyright Center Inc.), Seoul.

이 책은 (주)한국저작권센터(KCC)를 통한 저작권자와의 독점계약으로
유엑스리뷰에서 출간되었습니다.
저작권법에 의해 한국 내에서 보호를 받는 저작물이므로 무단전재와 복제를 금합니다.